天津市红楼梦研究会
天津社会科学院出版社 主办

京津冀学刊

第1辑

主　编◎赵建忠　苗怀明

执行主编◎韩　鹏

天津社会科学院出版社

图书在版编目（CIP）数据

京津冀学刊. 第 1 辑 / 赵建忠，苗怀明主编 ； 韩鹏执行主编. -- 天津 ： 天津社会科学院出版社，2025. 5.

ISBN 978-7-5563-1097-5

Ⅰ. K292-53

中国国家版本馆 CIP 数据核字第 2025AZ3216 号

京津冀学刊. 第 1 辑
JINGJINJI XUEKAN. DI YI JI

选题策划：吴　琼
责任编辑：刘美麟
装帧设计：高馨月
出版发行：天津社会科学院出版社
地　　址：天津市南开区迎水道 7 号
邮　　编：300191
电　　话：（022）23360165
印　　刷：天津市宏博盛达印刷有限公司
开　　本：787×1092　1/16
印　　张：33
字　　数：580 千字
版　　次：2025 年 5 月第 1 版　2025 年 5 月第 1 次印刷
定　　价：128.00 元

京津冀学刊

天津市红楼梦研究会
天津社会科学院出版社　主办

目 录

·特 稿·

·学术前沿·

·《红楼梦》研究·

·京津冀研究·

·北京学·

·天津学·

·畿辅学·

·文献整理·

·口述历史·

·文坛忆旧·

·图书评论·

·学术综述·

·青年园地·

·特 稿·

《周氏师古堂法帖》出版说明

杜泽逊 刘 尚

【提 要】1925年周馥祠堂在天津落成,周馥之子周学熙裒辑其父遗墨刊刻于石,嵌于师古堂藏书楼壁间,是为《周氏师古堂法帖》。此帖收录周馥手书作品三十件,包括古诗文名篇、宋明理学家语录、自作之诗等。周氏家族是我国近现代史上的显赫世家,其家风家教亦颇具典范意义。周学熙编刻《周氏师古堂法帖》可视为周氏家族教育与家风建设的一项重要举措,亦是家族文脉传承的一个缩影,我们可以从中汲取丰富的文教资源。山东大学图书馆藏《周氏师古堂法帖》拓本是二十世纪五十年代初由周学熙次子、青岛华新纱厂经理周志俊捐赠于山东大学的。

【关键词】周氏师古堂法帖 周学熙 家风家教 山东大学

《周氏师古堂法帖》四册,清周馥书,1925年周学熙辑刻,拓本。

周馥(1837—1921),字玉山,安徽建德人(今安徽省池州市东至县)。青年时入李鸿章幕府,得其器重,参与筹办北洋水师学堂、天津武备学堂,及办理开平煤矿、唐胥铁路等事宜。历任四川布政使、署理直隶总督兼北洋通商大臣、山东巡抚、两江总督、两广总督等职。晚年先后寓居青岛、天津两地。1921年逝世,清逊帝溥仪予谥"悫慎"。周馥担任山东巡抚期间(1902—1904),认为"高等学堂为阖省观瞻所系,规制宜闳",故决定将山东大学堂由泺源书院旧址迁至济南杆石桥新址。新校址占地一百四十余亩,历时二年建成。大学堂于1904年秋迁入,并改名为山东高等学堂,每年拨银八万两作为学堂经费。

周学熙(1866—1947),字缉之,号定吾,别号止庵,周馥第四子。光绪十九年(1893)举人。两度出任北洋政府财务总长,先后创办滦州矿务公司、中国实业银行、京师自来水公司、耀华玻璃公司等三十余家企业,有"北方实业巨子"之誉,与张謇并称"南张北周"。1901年,周学熙应时任山东巡抚袁世凯之邀至济南筹办大学堂,并参与《山东大学堂章程》拟定。《章程》第三章第八节云:“公家设立学堂,是为天下储人才,非为诸生谋进取;诸生来堂肄业,是为国家图富强,非为一己利身家。”[①]山东大学办学宗旨“为天下储人才,为国家图富强”即来源于此。是年农历十月十五日,大学堂开校,周学熙任总办(即校长)。周学熙主持大学堂期间,“所有功课,以中学为体,西学为用,校风甚饬。重印《中学正宗》,又采各家所译西文格言及科学理化之论,成为《西学要领》一书,以授学子,使端趋向而重实学。”[②]这些举措,在当时具有引领新式教育的示范意义。

1924年,周学熙辞去商界诸职务,专心致力家族教育与慈善事业。据《自叙年谱》民国十四年乙丑(1925)记载:“四月,天津慤慎公专祠落成。在河东小孙庄大成路建天津周孝友堂支祠,又建师古堂藏书楼于支祠之西,占地二十余亩,略具园林之胜,刻先公法书嵌于墙壁。”[③]这就是《周氏师古堂法帖》。

周氏家族极为重视教育。周馥晚年曾撰《负暄闲语》一书,该书采用对话体,分读书、处事、待人、治家等十二个方面,对子弟进行教导。周学熙秉持其父遗志,对家族教育进行了全方位提升与拓展。其主要举措,一是建立家塾,如宏毅学舍、慤慎精舍、师古堂等,延请名师教导族中子弟,研习经史典籍与诗赋文章,对课目设置与考评奖罚都有严格规定。二是设立家族刻书机构,刊刻书籍,“取古人最纯正之书,博观约取,以子弟日力精力所能及,读之可以淑身、可以淑世者为标准”[④]。同时刊刻周氏先人之著作与家训,如将周馥生平著述汇编为《周慤慎公全集》三十四卷刊行于世。三是于天津祠堂内附设师古堂藏书楼,周馥所藏古籍碑拓、文稿遗墨、往来书札等皆保存于此。

周氏家塾沿袭了中国旧式私塾的办学形式,在教学内容上亦是以“四书五经”为主干,忠实地践行了周馥以圣贤之书、程朱之学培植家族精神根脉的理想。其宏毅学舍办学宗旨则云:“以中国旧道德旧文学为根本,辅以英文、数学及新知识之切于实用者,以期养成任重致远之人才。”[⑤]可见,周氏家塾教育可视作周学熙所

---

① 陈学恂主编《中国近代教育史教学参考资料》上册,人民教育出版社,1986年,第626页。

② 周学熙:《周止庵先生自叙年谱》,《近代中国史料丛刊》第三编一辑,台海出版社,1985年,第22页。

③ 周学熙:《周止庵先生自叙年谱》,第70页。

④ 周学熙:《周止庵先生自叙年谱》,第79页。

⑤ 周学熙:《周止庵先生自叙年谱》,第62页。

秉持的“中体西用”思想下的“立本之学”。周氏后人学理、学工、学商、学艺者皆有，但他们都有坚实的国学教育作根基，以此提升文化修养，养成品性操守。尊古而不泥古，坚守传统而又面向时代，是周氏家族教育的精华所在。周学熙编刻《周氏师古堂法帖》，可视为周家家族教育与家风建设的一项重要举措。

《周氏师古堂法帖》卷首有民国十三年（1924）仲秋周学熙序，述编刻始末：

> 先慤慎公生平学宗程朱，勤苦克励，倍于恒人。虽戎马倥偬，簿书鞅掌，必日亲丹铅，手不释卷。书法得颜鲁公神髓，下笔丝毫不苟，力透纸背。晚年解组归田，悯时势之阽危，慨士风之陵替，每事挥翰，辄取圣贤嘉言懿行，及古人诗文有益于世道人心者，书示家人子弟，以为准绳。戚友多从而索去之，室中所存，百不获一。今天津祠内师古堂藏书楼告成，既刻先公全集保而存之，乃搜辑遗墨数则，敬摹上石，列之壁间，名为《师古堂法帖》。噫！音容虽邈，手泽犹存，后世子孙，奉斯模范，亦可知先公为学之大旨，而不仅见书法之渊源已也。

由此可见周学熙辑刻法帖之旨趣。

周馥祠堂后为当地中学占用，1987 年祠堂建筑群除荐福庵保留外，其余均被拆除，法帖刻石恐不可问。

《周氏师古堂法帖》收录周馥手书作品包括古诗文名篇、宋明理学家语录、自作之诗，详目如下（按帖中顺序）：《前出师表》《归去来辞》《酒德颂》《大人先生传并二跋》《朱子语一则》《存诚录一则》《朱子诗一首》《邵子诗五首》《白香山诗一首》《陶渊明诗二首》《丁未除夕旧作一首》《宣统三年正月一首》《感赋一首》《胶澳岛上一首》《青岛元旦一首》《至天津一首》《朱子调息箴并跋》《谢元晖诗六首并跋》《吕东莱语四则》《张南轩一则》《薛敬轩语三则》《魏庄渠语三则并跋》《程明道定性书并跋》《朱子语三则》《尹和靖语一则》《薛敬轩语二则》《吕东莱语一则》《许鲁斋语一则》《程子语二则》《读易堂偶》题十首。

所录诗文语录之末，往往有简短跋文，或为品评鉴赏之语，或为教导子孙之辞。前者如《谢元晖诗六首》之跋曰：“谢元晖诗清新俊逸，千古无对，读之如啖哀家梨，病起书此，尚觉不疲倦也。”后者如《魏庄渠语三则》之跋曰：“生平私淑胡居正主敬之学，择执尤精，余喜其议论明显，于初学尤宜，故录以示子弟。”周馥作为一族之长，亲手书写并遗赠族中子弟，此行为本身颇具“训示”意味，而周学熙将之刊刻于石，广其传而永其存，则进一步强化了周馥手泽对于家族教育之特殊意义。

周氏家族之家风家教,在中国近现代史上具有典范意义,而《周氏师古堂法帖》正是周家家风建设与文脉传承的一个缩影,我们可以从中汲取丰富的文教资源,这是其主要价值。其次,周馥之书法造诣颇深,厚重雄健,独具风骨,故可供书法爱好者欣赏临摹,故其艺术价值亦不逊色。

山东大学图书馆藏《周氏师古堂法帖》拓本是二十世纪五十年代初由周学熙次子、青岛华新纱厂经理周志俊捐赠于山东大学的。

周志俊,本名明焯,以字行。他于实业上的主要成就,一是南下上海开拓周氏家族事业,创办久安资本集团并以经济力量支持抗战,二是主持经营青岛华新纱厂。青岛华新纱厂是周学熙创办的华新纺织公司所属四厂之一,抗日战争期间该厂沦于日本人之手,抗战胜利后即被国民政府接收,后又被周志俊赎回。新中国成立后,周志俊先后担任青岛市政协副主席、全国工商联执行委员、山东省工商联主任委员、山东省政协副主席等职,1990 在济南病逝。其著述有《读易随笔》《系辞一得》《瀛寰小记》等。周志俊抗战前在青岛时,就与山东大学有所联系。他曾设立病虫害防治实验站、植棉传习所与植棉实验场,邀请山东大学相关专家参与科研活动,青岛华新纱厂还接收山东大学化学系学生到厂实习。

与《周氏师古堂法帖》同批捐赠的周志俊藏书有数千册,涵盖清代刻本,民国时期刻本与石印、铅印书籍,其中包含数十种周家刊刻或排印之书,如《玉山诗集》四卷、《周氏师古堂书目提要》四卷、《师古堂丛刻》八种二十六卷、《周悫慎公哀荣录》《周悫慎公祀典录》等。部分古籍上钤有"周氏宏毅学舍藏书""秋浦周悫慎公祠图书室藏本""秋浦周悫慎公祠图书室之章"等藏书印,少数图书还可见周志俊题跋。

《周氏师古堂法帖》刊刻时间较晚,且为周氏后人所私藏,故流传不广,山东大学所藏乃其完本,传拓精良,装裱考究,是周氏家族与山东大学深厚渊源的见证。山东大学出版社对此藏本进行高清仿真影印,可使原本化身千百,嘉惠学林。希望通过这种方式向周氏先贤致以怀念与敬意,并以此书向山东大学校庆献礼。

《周氏师古堂法帖》的影印出版工作得到山东大学党委书记任友群同志的高度重视。他与专家们一同检阅原件并做出影印决定,山东大学文学院教授徐超先生为此书题写书名,这是传承弘扬山东大学优秀传统的重要举措。特此说明。

杜泽逊,山东大学讲席教授,《文史哲》编辑部主编。

刘尚,山东大学图书馆特藏文献研究所馆员。

靖藏本真伪考辨

乔福锦

【提 要】《红楼梦》靖藏本真伪，曾是红学届长期讨论的问题。《红楼梦靖藏本辨伪》的问世，使得这一问题成为学界内外关注的焦点。从外证、内证、旁证、理证、反证五个方面综合考察，靖藏本之真难以否定。靖本真伪之争，某种意义上也是版本鉴定方法论之争。

【关键词】红楼梦　毛国瑶　靖藏本　真伪考辨　五项证据

二十世纪五十年代末出现于南京的《红楼梦》靖藏本，待到六十年代中期被学界重视之时，原件已经“迷失”。由于留下的过录批语“错讹混乱”严重，难以读通，传出的当时，即有人抱怀疑态度。九十年代以来，不断有研究者著文以辨其伪，“靖本”不可信的呼声时断时续。中华书局近期出版的高树伟博士《红楼梦靖藏本辨伪》一书，由于材料翔实，考辨认真，受到广泛关注，关于靖本的争论，成为学界内外关注的焦点。笔者多年前就靖本“内证”问题写过一篇文稿①，登在一个内部刊物上，之后收入裴世安等先生编辑的《靖本资料》中。笔者认为，靖藏本曾是真实存在的珍贵版本，否定靖本批语的观点难以成立。为使争论探讨走向深入，本文拟整合外证、内证、旁证、理证、反证等五个方面材料即五项证据，对这一问题作进一步考论。

一、外证

1959 年夏一个沉闷的日子，被划为“右派”后闲居在南京浦口老家的原安徽合

① 乔福锦：《“风月宝鉴”观照下的靖藏本》，《红楼》2001 年第 4 期，载裴世安、柏秀英、沈柏松编《靖本资料》，2005 年 10 月印本，第 253—258 页。

肥师院中文系学生毛国瑶,到昔年同事靖应鹍先生家中做客,在堆满书籍旧物的靖家阁楼上,发现了十厚册抄本《石头记》。借回家后,毛先生将其与自己原有的戚序本对照阅读,随手将戚本所无的批语抄录了一百五十条。

1964年初,毛国瑶先生偶然看到刊于上年《文学评论》上俞平伯先生《红楼梦中关于"十二钗"的描写》一文,引起自己对靖本批语的重视。3月上旬,毛先生以读者投书方式给红学大家俞平伯先生写信,告诉俞先生五年前的夏天曾经看过靖藏本及随手过录脂批的消息。3月18日,俞平伯先生复函毛国瑶先生。之后毛先生将这些批语誊写在一个笔记本上,寄给俞先生。1964年4月4日俞平伯先生致毛国瑶先生函云:

> 承挂号寄来尊抄脂评小册子,感谢感谢。尚未细检对,粗粗一看,其诸本未见之佚文,恐不出前次来函抄示之外,足见您选择甚精也。仍当细校,再将原件挂号寄还,祈勿念。他日写成文字,当志尊惠于勿忘也。①

毛国瑶先生随后根据靖家回录本将靖本批语抄寄给周汝昌、吴恩裕、吴世昌三位先生。周汝昌先生1965年元旦写给靖应鹍儿子靖宽荣的信中说:

> 我愿意强调向你说明,您家收藏的这部《红楼梦》,恐怕是二百年来发现的各种旧抄本中最宝贵的一部。②

1965年7月25日,周先生在香港《大公报》发表《红楼梦版本的新发现》一文,"靖藏本"始为世人所知。1965年11月12日,靖宽荣致周汝昌先生函,对靖本批语刊发表示感谢。函云:

> 很久没有通信,非常想念!上月底毛叔把您登在《大公报》上的一篇文章给我看,并说如果有可能您还要寄一份给我,真是万分感谢!③

"毛叔"当时的感激之情,应与靖宽荣先生一样。④

---

① 俞平伯:《俞平伯致毛国瑶信函辑录——关于红楼梦版本问题的通信》,《红楼》1998年第4期。

② 靖宽荣、王惠萍:《靖本琐忆及其他》,《红楼梦研究集刊》第12辑,《靖本资料》,第161页。

③ 乔福锦:《周汝昌先生年谱长编》,中华书局,即将出版。

④ 二十世纪九十年代初,辨伪风潮兴起引出诸多矛盾。周汝昌因公开发表靖批使毛国瑶及靖家人在运动中被怀疑"里通外国"而遭受磨难,自然是不当之论。

靖藏本批语抄录的具体经过,魏绍昌先生《靖本石头记的故事》文云:

> 这位靖应鹍的朋友就是毛国瑶,1930年生于安徽安庆,1949年高中毕业,解放初在浦口税务局工作,其时靖应鹍在浦口工商联,两人因工作联系而相识。1956年毛考入合肥师范学院中文系就读,第二年被错划为右派,未能毕业,仍回浦口老家闲住。一天去靖家做客,提出想借书消遣解闷,靖应鹍便教他上阁楼自己去挑选。毛国瑶上楼翻到了这部十厚册抄本的《石头记》(系十九小册合并装订而成,因为每一小册的蓝色封皮仍粘连在一起),未标书名及抄写年月。书已破旧,多虫蛀小洞,纸张黄脆,每页骑缝处大多断裂,全书缺二十八、二十九回两回,第三十三回残失三页,实存七十七回余。引起毛国瑶注意的当然不是这部书的这些形状,而是他看到书中附有大量批语,因为他自己家里有一部有正石印大字本的《石头记》也附有不少批语,想到可以拿去对照比较一下,于是他就借了回去。他在同有正本对读校阅时,随手将有正本内所没有的批语抄录下来。由于有正本的天头较窄,字多了便写不下,他先抄在纸上,然后再过录到一本六十四开有横蓝线练习本上。批语共抄一百五十条,批语中错乱讹倒之处均未改动,悉依原式。现在国内外众所周知的靖本脂批,就是从这本小册子里流传开来的。[①]

魏先生明确指出:“他在同有正本对读校阅时,随手将有正本内所没有的批语抄录下来。由于有正本的天头较窄,字多了便写不下,他先抄在纸上,然后再过录到一本六十四开有横蓝线练习本上。”其中先有散纸本,后有过录笔记本,十分关键。“练习本”之说,则不准确。

据笔者2001年5月26日拜访毛国瑶先生时所见,靖批抄在一个非常精致的六十四开硬面笔记本上。笔记本红布漆面,有轻度磨损。左上方框内有“学习与工作”字样,下方横题“南京市人民政府税务局印”。道林纸,有蓝色横格,上下双栏,上栏标“年月日　星期”。面十七行,行抄十五字左右。

1959年夏抄成的散纸本待文字誊抄到笔记本上以后,被放置一边,日后散失。但散纸本为原书之外靖批第一文献载体或第一文本,在没有充分证据的前提下,不能轻易否定或忽视其存在。离开1959年夏形成的第一文本即毛国瑶第一次过

① 魏绍昌:《靖本石头记的故事》,原载《香港公报》1982年8月27—29日,《新观察》1982年第17期转载。

录纸本,仅以1964年誊写笔记本靖批为依据,即会失去文献鉴定的原始证据。换言之,至少目前没有找到证伪1959年散纸本存在的根据,即否定靖本为真的外在文献证据。

二、内证

与版刻本鉴定不同,抄本文献鉴定有自己的特殊方法。外证属"书皮之学",能否从内在文字中寻找证据,才是判定抄本文献真伪的关键。如果发现文本内证,即使面对的是新抄文献,也不能否定所据底本为真。

产生于中国古典历史文化综汇期的《红楼梦》,是一部文、事、义三者皆备的"千古奇书"。书之第一层是由"《诗径》古文"虚拟而成的曹家四辈"家传";第二层记载着明末四朝"国史";自第三层观,则是"一部"如脂砚斋所讲的关乎中华文化命运的"反面《春秋》"。[①] 脂砚斋以批评者身份直接参与了《红楼梦》创作过程,"一芹一脂"缺一不可。孟子解《春秋》,从文、事、义三层切入。我们试从文、事、义三个层面各举一例靖本独有脂批,看其中能否寻到靖藏本真实可信的内在证据。

现存甲戌本第十三回,有回后总批云:

> "秦可卿淫丧天香楼",作者用史笔也。老朽因有魂托凤姐贾家后事二件,嫡是安富尊荣坐享人能想得到处。其事虽未漏,其言其意,则令人悲切感服,姑赦之崐(昆),因命芹溪删去。

目前所能见的本子中,"淫丧天香楼"一节均已删去。然而故事背后所寄寓的经典依据并未舍弃,书中留下的蛛丝马迹,十分耐人寻味。"靖本"同样有这段"总批"(为第六十八条),却在末尾"删去"二字后,多出"遗簪,更衣诸文"六字。此六字,正是芹书"原稿"天香楼丑事的关键提示。以"《诗经》古文""虚拟故事",是曹雪芹一以贯之的创作理念。靖本批语中的"遗簪更衣"故事,,不仅是雪芹苦心设计的与芹书"警幻"意图相关的重要情节,"典故"即出于《诗经》。

秦可卿与贾珍"私通"一事,笔者在《"诗经古文"故事传述》稿中做过初步考论。

---

① 乔福锦:《脂砚斋重评石头记校笺前言》(上、下),《河南教育学院学报》2021年第6期、2022年第1期。

《诗·鄘风·墙有茨》云：

> 墙有茨，不可扫也，中冓之言，不可道也。所可道也，言之丑也。
>
> 墙有茨，不可襄也。中冓之言，不可详也。所可详也，言之长也。
>
> 墙有茨，不可束也。中冓之言，不可读也。所可读也，言之辱也。

此“不可道”“不可详”“不可读”之“中冓之言”，正是第七回宝玉与凤姐在回荣国府的车上，从宁府之老奴焦大口中听到的关于“爬灰”丑事的“中冓”秘言。言自焦大口中出，无伤其“丑”，宝玉听到后“详”询“细”问，则有伤其“雅”，故凤姐立刻将其口“堵”住。《齐诗》云：“墙茨之言，三世不安。”《鲁诗》曰：“卫宣姜乱及三世，至戴公而后宁。”齐鲁诗论，正是“箕裘颓堕皆从敬，家事消亡首罪宁”之本。研究者据“从敬”二字，推论贾敬亦淫及孙媳，据此可以断言，秦氏确是“乱及三世”之妇。

“乱及三世”之少妇，有无“遗簪、更衣”之风流事？《诗·鄘风·君子偕老》云：

> 君子偕老，副笄六珈。委委佗佗，如山如河。象服是宜，子之不淑，云如之何。
>
> 玼兮玼兮，其之翟也。鬒发如云，不屑髢也。玉之瑱也，象之揥也，扬且之皙也。胡然而天也，胡然而帝也。
>
> 瑳兮瑳兮！其之展也，蒙彼绉絺，是绁袢也。子之清扬，扬且之颜也。展如之人兮，邦之媛也。

《毛序》云：“《君子偕老》，刺卫夫人也。夫人淫乱，失事君子之道，故陈人君之德，服饰之盛。宜与君子偕老也。”“簪”为“饰”，“衣”为“服”，《毛序》所谓“服饰之盛”，正是靖批“遗簪、更衣”之经典出处。《毛传》云：“副者，后夫人之首饰，编发为之。笄，衡笄也。”《说文》云：“笄，簪也。”“象揥”乃象牙之簪，珈则为笄下之垂饰。如此，“副笄六珈”“象之揥”均指秦氏所“遗”之“簪”。《孔疏》解“象服”云：“象鸟羽而画之，故谓之象服也。”《毛传》云：“絺之靡者为绉，是当暑袢延之服也。”如此，象服，绁袢，展衣，即是可卿所“更”之“衣”。

与《君子偕老》一致，《红楼楼梦》第五回，关于“邦之媛”秦可卿的“服饰之盛”，描述笔墨极重。此处为何显“服（衣）饰（簪）之盛”，书中明确写道：秦氏“鲜艳妩媚，有似乎宝钗，风流袅娜，则又如黛玉”，故名之曰“兼美”。原来秦可卿一人之身即是林薛二人之体现,所谓“兼美”者,亦可“兼”林黛玉之“服”——“玉带”与薛宝钗之“饰”——“金簪”而有之。至此文便可理解,林薛二人之“判词”——“玉带林中挂,金簪雪里埋”合于一,另有寓意。芹书如此安排,即出于以“兼美”“警”宝玉“幻”梦之需要。由此可知,靖批独有的“遗簪、更衣”情节不仅为芹书“原稿”所有,在“《诗经》古文”虚拟的“故事”中,在“悲金悼玉”的“幻笔”中,亦有其特殊存在价值。

“反清悼明”是红学索隐派最为关注的话题。现存脂批虽有提示,却欲说还休,含混不清。靖藏本批语中,关于此一话题,有明确提示,且有大段引论。“靖批”第八十三条,是元妃省亲一回的一条长批。抄录如下:

> 孙策以天下为三分,众才一旅;项籍用江东之子弟,人惟八千,遂乃分裂山河,宰割天下。岂有百万义师一朝卷申(甲),芟夷斩伐如草木焉?江淮无涯岸之阻,亭壁无藩篱之固。头会箕敛者,合从(纵)缔交;锄耰棘矜(荆)者,因利乘便,将非江表王气,终于三百年乎?是知并吞六合,不免轵道之灾;混一车书,无救平阳之祸。呜呼!山岳崩颓,既履危亡之运;春秋迭代,必有去故之悲,天意人事,可以凄沧(怆)伤心者矣。(庾信《哀江南赋序》)
>
> 大族之败,必不致如此之速,特以子孙不肖招接匪类,不知创业之艰难。当知瞬息荣华,暂时欢乐,无异于烈火烹油,鲜花著锦,岂得久乎?戊子孟夏,读《庾子山文集》,因将数语系此,后世子孙,其毋慢忽之。

如果仅从“自传”或“家传”层面看待《红楼梦》,靖本此段批语极难理解。从“明清兴亡史”一层观,此种“血泪”文字,断非数百年后历史记忆已经淡去的今人所能“伪造”出来。曾被认为是“完全不通”的这条“长批”,今日看来,不仅所本有自,其悲壮凄怆,足以令“后世子孙”荡气回肠,其精神力度不仅超过甲戌本第一回“有命无运,累及爹娘”八字之下同样以“家国君父”立言的那几条有“忠臣孝子”“仁人志士”“武侯之三分”“武穆之二帝”字样的“长批”,亦是现有脂批中关于作者“奇苦极郁”之情淋漓尽致的诉说。此种怀抱大寄托之悲怆文字,不仅“独寄兴于一情字”不能解之,即使以“大族”之兴衰系之,亦觉气局狭小而不可配。唯有天下兴亡之恨,江山故国之悲能当得起。自“明清兴亡”一层观,“靖本”此批,正可作清兵南下,南明朝瓦解之可悲历史的真实写照!

这条“长批”,主体一大段,录自庾信《哀江南赋》。写于“大盗移国,金陵瓦解”之特定时代,“哀梁亡”之庾文,亦是“一芹一脂”抒发“亡国”之悲的凭借。“江东”,南明所辖之江南也。“江淮”,史可法守卫之淮扬区也。“合纵缔交”,“因利乘便”,是明末“叛军”与“造反者”“乘乱”而起之比喻;“百万义师,一朝卷甲,芟夷斩伐,如草木焉”,则是清兵南下如卷席,明师一溃千里,“三百年王气”一旦尽销之隐语。“山岳崩溃”,与“当日地陷东南”“山崩地陷”同义,“春秋迭代”可与“春荣秋枯”“春恨秋悲”合观。“平阳之祸”为脂批中“二帝”之悲的因由,喻北京、南京两度大“祸”,亦是贾宝玉“平阳苗裔”之喻;“轵道之灾”则为“明天子”失“传国玉玺”之确证。《汉书·高帝纪》:

沛公兵遂先诸侯至霸上。秦王子婴素车白马,系颈以组,封皇帝玺符节,降轵道旁。

“颈”下“系”传国玉玺之“秦”君,即是《文选》所载苏武“邈若胡与秦”诗句中与“胡虏”相对之“秦”王,被“胡虏”“盗”去“传国玉玺”之“宝天王”。亡国之君乘“素车”,可卿葬礼一回有特别叙述。乘“白马”而“降”,在第五十二回“叛臣”王子腾生日之时有特笔。

除“靖批”所明录者外,《庾子山文集》中尚有大量文字被芹书引用。同是《哀江南赋》,其中“城崩杞妇之哭”与“竹染湘妃之泪”事迹一致;“既而鲂鱼赪尾,四郊多垒”与《红楼梦》收尾处之“大火”相映;“舟楫路穷,星汉非乘槎可上,风飚道阻,蓬莱无可到之期”,乃“海失灵槎”,“乘槎待帝孙”之出处;“路已分于湘汉,星犹看于斗牛”“嗟有道而无凤,叹非时而有麟”可与“因麒麟伏白首双星”合观。

芹书多次引《庾子山文集》以行文,不仅是表达“亡国”之痛的需要,自有特殊的家世之感在其中。庾氏家族之流离播迁史,同曹氏家族南北迁移颇为相似。庾子山去梁而留仕北虏之“惭恨”,亦是曹氏祖孙几代人心中挥不去的悔恨心绪与忧苦情结。曹寅的《读洪昉思稗畦行卷感赠一首兼寄赵秋谷官赞》一诗,可作“靖批”引《庾子山文集》之因的注解。此诗《楝亭诗钞》和《清诗别裁集》均收入,文字略有异同,兹依沈德潜初选本抄如下:

惆怅江关白发生,断云零雁各凄清。
称心岁月荒唐过,垂老文章忧患成。
礼法世难拘阮籍,穷愁天欲厚虞卿。
纵横捭阖人间世,只此能消万古情!

诗之“命意”,取杜工部“庾信文章老更成,凌云健笔意纵横”,“庾信平生最萧瑟,暮年诗赋动江关”意。“惆怅江关”“断云零雁”一句,抒发的是无尽的故国乡关之思。“称心岁月”“垂老文章”一联,是“穷愁”“忧患”的结果。“纵横捭阖”之笔,倾诉的是万古难销的家国深情。曹家几代人的苦难心声,隐隐然已传于今!

曹雪芹与《红楼梦》所寄托的,不只有家国情怀,“天下”兴亡,才是这部“千古奇书”的最终寄托。《风月宝鉴》为一部“反面《春秋》”,是脂砚斋对于《红楼梦》文本性质的最终判定。从“拟《春秋》”一层观,靖批同样有关键文字,可证其真。靖藏本第九十八条批,是关于妙玉未来命运的一段,在第四十一回叙妙玉不收刘妪用过之成窑杯处。批云:

> 妙玉偏辟(僻)处,此所谓“过洁世同嫌”也。他日瓜洲渡口劝惩,不哀哉!屈从红颜,固能不枯骨□□□。

此一条批语,向来被认为是靖批错乱讹误的典例。辨其伪者以此为“故意作伪”之马脚,信其真者却又不得确解。有研究者将“屈从红颜,固能不枯骨”校为“红颜屈从枯骨”从而推测出妙玉将来要嫁给一个行将就木的老朽。其实这条批语虽有残缺,“枯骨屈从红颜”之核心意思非常清楚。自“反面《春秋》”一层观,靖本这条独有批语,不仅有经典出处,亦是脂砚斋关于妙玉下场的特别说明。庚辰本第十七至十八回,妙玉刚出场,即有林之孝家的来回:

> 因听见长安都中有观音遗迹并贝叶遗文,去岁随了师父上来,现在西门外牟尼院住着。他师父精演先天神数,于去冬圆寂了。妙玉本欲扶灵回乡的,他师父临寂遗言……后来自然有你的结果。所以他竟未回乡。

一出场即有“扶灵回乡”之意,可见这位“文墨也极通……模样儿又极好”的“红颜”,命中注定要与“枯骨”纠缠在一起。第四十一回妙玉讲“五年前我在玄墓蟠香寺住着”一节,是与“坟墓”“枯骨”相关之叙述。第六十三回邢岫烟言及妙玉,再次说起她在玄墓“蟠番寺修炼”之事,高洁盖世之美人,为何如此“放诞诡僻”——与“坟墓”“枯骨”难解难分?其因正出于《春秋经》。

在“反面《春秋》”角色系统中,妙玉属“十二诸侯”中之“蔡”。鲁哀公二年“十有一月,蔡侯迁于州来,蔡杀其大夫公子驷”经文下,《左传》有“哭而迁墓。冬蔡迁于州来”之解释。据此可知,妙玉后来南“迁”师父“灵柩”一节,正本于“蔡”侯“哭而迁墓”之经传。“他日瓜洲渡口劝惩”,即是针对妙玉不听“师父临终之遗言”,未在京中“静养”,自京师“栊翠庵”“迁”往“玄墓”之“变节”行为而言。“瓜洲”本于“蔡侯迁于州来”经文中之“州来”，兼喻《左传》襄公十四年、昭公九年“蔡”人所有之瓜州。不听师父当年之“劝”，失身从虏，故有《春秋》大义之“惩”。“不哀哉”，恰是对植有“红梅”的“栊翠庵”主人清名被玷辱的惋惜悲叹！“蔡”侯“哭而迁墓”——妙玉违背师父遗言，强“迁”师父之“灵柩”于“玄墓”——“扶灵回乡”，固有“枯骨”“屈从红颜”之悲。如此看“屈从红颜，固能不枯骨□□□”一条“错乱讹误”，“毫无理路可寻”的靖本独有的批语，竟是靖本之真的最关键内证。

以上所举三条靖批，均是脂砚斋根据《红楼梦》作者曹雪芹的构思意图而给予读者的解读性提示。不仅提供靖藏本的毛国瑶先生，业内一流专家也难以伪造。靖批的真实性不容否定，靖藏原本的真实性自然也不容否定。

三、旁证

文献真伪考辨，如能获得考辨对象之外的旁证，可信度即大大增强。幸运的是，靖本确有可以作为旁证的材料。

1964 年 6 月，靖本《石头记》收藏者靖应鹍先生在清理旧书时，在《袁中郎集》中发现一页原附在靖藏本扉页后面的残纸，随后寄给俞平伯先生。

毛国瑶先生《靖应鹍藏钞本〈红楼梦〉发现的经过》一文云：

> 这条批语是针对“满纸荒唐言”那首五言诗的，故开头就说“此是第一首标题诗”。但此批又见于甲戌本，“此是第一首标题诗”八字单独写在上述五言诗的下面，另外在书眉隔了很远的地方，从“能解者”开始至“怅怅”止写为一段，然后另起一行，自“今而后”起至“泪笔”止再为一段，而批末记年是“甲午八日”。
>
> …………
>
> 这一残页当年靖应鹍同志委托我寄给俞平伯先生转送文学所，俞先生曾摄成照片分寄我们留念。闻此残页初存俞先生处，文化大革命时不知流往何处。残页的文字因我在 1959 年阅靖藏全书时未见到，故不自在所录 150 条之内，但残页字迹纸张与我所见靖本中其他夹条相同，知非赝鼎，且从种种情况分析，绝非后人所能伪托。①

---

① 俞平伯:《记“夕葵书屋〈石头记〉卷一”的批语》,《红楼梦研究集刊》1979 年第一辑。

1964年6月24日,俞平伯先生接到靖本收藏者靖应鹍先生的来信:

> 日前清理旧书纸出售,在《袁中郎集》中找到《红楼梦》残页一张,是夕葵书屋《石头记》卷一,约一百字。该页在我过去阅读该书时,曾记得贴在书的封面后面的。大概是脱落后夹在别的书内的。据毛君说,这是批语,不是原文,认为很有价值。①

第二天,俞先生又收到毛国瑶先生的信:

> 本月廿三日靖应鹍君来访,并带来残书一片。据云系于旧书中发现。其内容是第一回“满纸荒唐言”一诗的批语。应鹍说,这页残纸他曾于抗日战争前在抄本中见过,原附粘在书的扉页后面。……观此页所抄之批前注明“夕葵书屋《石头记》卷一”,可知是从他本过录。批语与脂砚斋《红楼梦辑评》所载甲戌本之批全同,仅个别字有差异,末句作“甲申八月泪笔”。……我以为甲申去壬午很近,或者是对的。甲午也许是甲申之误,究竟是否,殊难断定。您的意见如何,希示知。又此残页我已商得应鹍同意,送给您收存。②

是年7月2日,毛国瑶先生给俞平伯先生的回信中讲:

> 我五九年作笔记时未曾见到。观此页笔迹与书中所附其他单纸之笔迹相同,可知为一人所抄。③

1964年,俞先生根据毛国瑶先生提供的新材料,写下《记“夕葵书屋〈石头记〉卷一”批语》一文,“文革”结束之后的1979年11月在《红楼梦研究集刊》发表。夕葵书屋《石头记》残页原文如下:

> 夕葵书屋《石头记》卷一
>
> 此是第一首标题诗,能解者方有辛酸之泪哭成此书。壬午除夕书未成,芹为泪尽而逝。余常哭芹,泪亦待尽。每思觅青埂峰,再问石兄,奈不遇癞头和尚何,怅怅。今而后惟愿造化主再出一脂一芹,是书有幸,余二人亦大快遂

---

① 《俞平伯论红楼梦》,上海古籍出版社,1988年,第1109页。

② 《俞平伯论红楼梦》,第1110页。

③ 俞平伯:《记“夕葵书屋〈石头记〉卷一”批语》。

心于九泉矣。甲申八月泪笔。卷二[①]

残页所录为《指(脂)砚重评石头记》第一回一条批语,与甲戌本批语基本相同,然格式不同,且有异文。其中"此是第一首标题诗"一句与"壬午除夕"一条连为一体。甲戌本中"甲午八日泪笔"一句,在此作"甲申八月泪笔"。

据毛国瑶先生讲,靖家先人在扬州时与藏书家吴鼒交游。吴氏藏有"夕葵书屋本",此本则为靖家另一旧藏。关于"夕葵书屋",周汝昌先生在《红楼梦新证·靖本传闻录》中亦作过考证。其文如下:

> 夕葵书屋是吴鼒的书斋名。吴鼒字山尊,全椒人,也是乾嘉时期的一位诗文书画俱能的著名文士。他晚居扬州,据说靖本原藏者的先人八旗某氏,因罪由京迁杨,如此,则可能与吴鼒有所交游,所以靖本中才会有了这一页残纸。吴鼒富收藏,精校勘,又是八旗诗汇《熙朝雅颂集》的主要编纂者,其中竟然选录了有关曹雪芹的诗篇,我看很可能与他编辑有关。他如曾收藏的《石头记》,应非一般常本。[②]

周先生从吴鼒"富收藏,精校勘"的嗜好特长以及《熙朝雅颂集》选录曹雪芹诗作等方面,为吴鼒"夕葵书屋本"的真实性提供了证据。

夕葵书屋批语残页毁于"文革"劫难中,照片存中国社会科学院文学研究所资料室。据俞平伯先生《记"夕葵书屋〈石头记〉卷一"批语》可知,这张残页的特殊抄写格式及独有异文,对"甲戌本中原有的问题""靖藏本批语所见的新问题""夕葵书屋本的批语""脂砚斋与《红楼梦》""作者的卒年"等有争议问题的解决,均有重要参考价值,[③]绝非毛国瑶先生或靖家人等非专业人士所能为。"夕葵书屋本"的存在,也是靖本与靖批真实存在的旁证。

四、理证

辨伪者或以"名利"二字解释毛国瑶及靖家造假的意图,或将俞平伯先生与周汝昌先生之间的对立作为理据,给出靖藏本伪造的理由。然逻辑判断与历史事实

---

① 俞平伯:《记"夕葵书屋〈石头记〉卷一"的批语》。

② 周汝昌:《红楼梦新证》,人民文学出版社,1976 年,第 1061 页。

③ 俞平伯:《记"夕葵书屋〈石头记〉卷一"批语》。

结合,才能得出符合本真的结论。只有将毛国瑶及靖应鹍两位靖批提供者与俞平伯先生和周汝昌先生三方的境况放到特定时代环境中,才能做到"同情地了解",道理才能讲通。

1957年"反右扩大化"之后,学界人士乃至普通文化人说话处事都十分谨慎。1962年初"七千人大会"召开,政策开始"调整",然思想路线之争并未停歇,1963年曹雪芹300周年诞辰系列纪念活动虎头蛇尾即是证明。1963年冬"四清"运动大规模展开,城乡社会均受到影响。至1964年,"年年讲,月月讲,天天讲"逐步落实,斗争形势越来越紧,人们的行事更加循规蹈矩。毛国瑶先生及靖家人的具体处境,魏绍昌先生《两吴一周》一文,说得十分清楚,引如下:

> 我认为毛国瑶虽有大学文化水平,毕竟是个水利技术人员,他绝不至于精通《红楼梦》到能够伪造脂批的地步,而且居然骗得过众多专家的眼力;再说他也没有作伪的必要(他为名利吗?他别有阴谋企图吗?)而且书是靖家的,他如行骗岂能单干?何以数十年来,毛、靖双方的态度始终如一呢?特别他们经过文化大革命,那时上级向他们追查靖本不遗余力,威迫利诱,双管齐下,毛和靖家老头又是靠边受审的对象,如若心虚,怎么能顶得过来呢?何况至今已过去二十年了。也可以说,靖本如果拿得出来,对毛国瑶和靖家实在是有百利而无一害的,至少那些各色各样的责难与怀疑可以一扫而光,去掉他们精神上长期负担着的重重压力,因而渴望着靖本之能出现,他们和我们实在是一致的,甚至他们比我们更加迫切。①

放在当时的环境中,魏先生的解释,十分合理。毛国瑶先生无意图、无能力作伪,特殊年代,靖家更无共同承担风险的必要。

俞平伯先生一向谨小慎微。1954年"批判"运动之后,自我边缘化意识非常明确。"山雨欲来"之际,俞平伯先生的学术研究更趋循规蹈矩。1964年11月20日俞平伯先生致毛国瑶先生函云:

> 今主癸未说者三人,吴恩裕、(吴)世昌,周汝昌。此三君皆好臆测,与我都有相当的熟识,故我对于癸未说不欲多加讥弹。你既看了怀疑,提起这重

① 裴世安、柏秀英、沈柏松编《靖本资料》,《红学论争专题资料库第一辑》,内部资料,2005年,第386页。

公案，不妨为您言之。但有些话亦不必为他人道也。[①]

1965年1月9日俞平伯先生致毛国瑶先生函云：

> 周汝昌与我本相识，如要来，尽可自来，自无须您来函介绍也。至于他以前主张脂砚斋为史湘云，故现在仍保持其为女性之说，我却不信，知尊意亦同。[②]

俞先生的态度，可见一斑。

周汝昌先生在材料不利于自己的情况下公开发表靖本批语，是高风亮节的体现，靖藏本也不是否定周汝昌红学观点的关键证据。周先生在红学研究领域所作的全方位重大贡献，不可能因一个靖本即可否定，何况此本涉及周先生的信息并不多。靖本提出的问题，从周先生的角度看并不重要。"卒年说"不是新材料，脂砚斋与畸笏叟一人或两人，并不影响周汝昌先生"脂砚即湘云"核心观点的成立。[③]俞平伯先生与周汝昌先生之间，"文革"之前并无大的矛盾，此点俞先生致毛国瑶先生信中也有披露。俞平伯与周汝昌关系紧张，是二十世纪八十年代中期之后，尤其是九十年代初期有人制造、强化与夸大的结果。周先生早年对靖批某些文字虽有疑问，整体上是认可的。吴世昌先生曾说："我一见到这些评语，即信其本身可靠，也立即发现其中有许多可疑之点"，[④]这一点与周先生完全相同。

周汝昌先生《靖本石头记佚失之谜》文云：

> 1984年12月13日，我收到尹先生的一封来信。……尹延宗先生的来信接着说："魏绍昌的这篇《靖本石头记的故事》引起了我很大的兴趣：一是因为这个故事发生在南京；二是《靖本石头记》在研究《红楼梦》及其作者方面都具有重要的价值和地位。因此我就以《南京站本石头记的发现和失落》为题，将魏的文章摘登在1982年10月25日《南京日报》文摘版上，以期引起南京读者的关注，共同为寻找"失落"的《靖本》而努力。文章见报翌日，南京浦镇有人打电话来，说他了解《靖本石头记》的下落。考虑到在电话里谈这个问题诸多

---

① 《靖本资料》，第414页。

② 《靖本资料》，第418页。

③ 乔福锦：《脂砚的确是湘云》，《河南教育学院学报》2023年第1期。

④ 吴世昌：《红楼梦探源外编》前言，上海古籍出版社，1980年。

不便,于是我决定到浦镇与他面叙。但是他所谈的涉及北京的事,我鞭长莫及,不知周先生对此有兴趣否?如有,我可以向你提供情况……”①

尹延宗先生调查对象所提供的《千里捎书到京华》一类不实信息,不只激化了俞平伯先生与周汝昌先生两位红学大家之间的矛盾,客观上也给有意抹黑周汝昌先生的人士提供了口实。九十年代之后质疑文章的出现,才使周先生改变了本初看法。

平心而论,二十世纪九十年代以来产生于南京地区种种辨伪文章,有些根据传闻材料写成,更多的是臆测之文。质疑者给出的作伪理由,与五六十年代以来历史环境与文化生态相脱节,很难说通。

五、反证

根据传闻撰写或臆测而成的辨伪文章,不可采信。确能提出疑问或说明问题的证据,则不能回避。

郑庆山先生在《读俞平伯致毛国瑶书》中指出:

> 靖批发现于1959年夏,毛国瑶得《辑评》在1964年4月,借用俞藏甲戌本在同年7月,订购庚辰本似未果,至1965年3月尚未出版。故皆风影之谈,风马牛不相及也。②

根据此前学人文章及高树伟博士的最新考证,郑庆山先生早年的结论并不可靠。毛国瑶所抄靖本批语,“脱文、误字、错简、理校”等方面的错误,与已经出版的俞平伯先生《脂砚斋红楼梦辑评》的确有“关联”。换言之,毛抄靖本已然继承了俞辑脂批的错误,所抄靖批的确参考过俞平伯先生《脂砚斋红楼梦辑评》。这一点表面看是靖本为真的有力反证,必须认真对待。

据前面列出时间表,1964年初,毛国瑶先生看到刊于上年《文学评论》上俞平伯先生的红学文章,开始重视自己抄于1959年夏的散纸本靖批。1964年3月上旬,毛先生以读者投书方式给俞平伯先生写信,告诉靖本消息。3月18日,俞平伯

① 《靖本资料》,第329—330页。

② 《靖本资料》,第442页。

先生回毛国瑶先生信。据俞平伯先生所讲,初次通信中毛已摘了部分批语。之后毛国瑶先生将全部批语誊写在一个笔记本上,挂号寄给俞平伯先生。4 月 4 日俞平伯致毛国瑶函,感谢“挂号寄来尊抄脂评小册子”。校完全部靖批之后,俞先生在第一回批语页眉写下“1964(年)、4 月平伯阅。校正本均用朱笔注明”一行文字。

据毛国瑶先生《再谈靖应鹍藏抄本红楼梦批语及有关问题》,1964 年 4 月,毛先生收到俞平伯先生寄来《脂砚斋红楼梦辑评》,“方得了解脂评各抄本及批语的情况”。[①] 毛国瑶先生致俞平伯先生函,毁于“文革”劫难中。俞平伯先生寄《脂砚斋红楼梦辑评》给毛国瑶先生的具体时间,难以确考。无非两种可能,或在 1964 年 3 月中旬至 4 月初之间即收到笔记本靖批之前,或在 1964 年 4 月 4 日之后即俞平伯先生收到笔记本之后。毛国瑶先生给俞平伯先生所寄载有靖批的笔记本,有可能是参考俞寄《辑评》整理之后再寄之本,也有可能收到俞寄《脂砚斋红楼梦辑评》之前,已先从某个图书馆提前借到《脂砚斋红楼梦辑评》及《红楼梦新证》等参考书籍改订的结果。要之,毛国瑶先生根据俞平伯先生《脂砚斋红楼梦辑评》修订靖批并过录到笔记本上,之后再寄俞平伯先生校阅,是不争的事实。

1964 年 4 月 11 日毛国瑶致俞平伯先生函云:

> 我抄的时候,的确费了不少力,我所遗漏未抄的,记得只是几个字的或当时我看来没有什么重要的。但这只是以我个人的看法取舍,现在想来当然是不对的。[②]

毛国瑶先生抄录靖批时的随意“取舍”,于此可见。由于认识不到问题的严重性,毛国瑶先生此后多次改动靖本批语,也有证据在。靖藏本先后多次刊印,其中有与毛国瑶先生过录原件完全相同者,也有与原件略有出入者。目前发现的发表本中,有三本发表前做过不同程度的修订。

1974 年,全国规模的“评红”运动如火如荼的特殊情势下,经南京师范学院教授唐圭璋先生建议,毛国瑶先生将一百五十条批语靖批发表于南京师院中文系所编《文教资料简报》1974 年 8、9 期合刊。1975 年 7 月出版的《〈红楼梦〉研究资料》(北师大学报丛书之三)转载批语全文。1976 年 5 月,靖批收入《红楼梦版本论

① 《靖本资料》,第 124 页。

② 《靖本资料》,第 217 页。

丛》之时,曾加编者按:

> 脂靖本是1959年在南京一度出现过的一种《红楼梦》乾隆时抄本,上面有大量批语。毛国瑶先生用脂戚本作了比较,把后者没有的或与后者文字不同的批语摘记下来,共150条。周汝昌先生在1973年第2期《文物》上发表的《〈红楼梦〉及曹雪芹有关文物叙录一束》一文,曾对脂靖本及其部分批语作了介绍。本院《文教资料简报》1974年8、9月号合刊(总第21、22期)刊登了批语全文(部分批语附有周汝昌先生的校读),同时发表了毛国瑶先生写的《对靖藏抄本〈红楼梦〉的几点看法》一文。1975年7月出版的《〈红楼梦〉研究资料》(北师大学报丛书之三)转载了批语全文。由于上述书刊印数有限,读者仍不时来信要这份资料,因此将批语及毛国瑶先生《几点看法》一文收入本书,并承毛国瑶先生对批语类别作了订正。周汝昌先生文章中有关部分仍旧作为附录,供读者参阅。①

此次发表时因"对批语类别作了订正",第三、四条比较原抄笔记本文字与1974年发表文字,已有出入。第一回关于甲戌本多出的四百余字的两条批语,原抄笔记中并无注明具体所在,在此次发表本中,注明是"侧批"。

1982年江苏红学会编印的《江苏红学论文选》,收入靖批。毛国瑶先生明确承认,此次发表本括弧内的注文,是他"当日斟酌批语所对应的正文加上去的"②。1985年10月出版的《红楼梦研究集刊》第十二辑再次发表靖批。此次发表文字,与毛国瑶先生过录笔记原文一致。

魏绍昌先生在《文汇读书周报》1998年4月4日《关于俞平老佚文》中讲:

> 至于靖本的一百五十条批语,初次正式发表于南京师范学院的《文教资料简报》1974年8月—9月合刊号,那是由于唐圭璋教授的推荐。随后该刊1976年编的《红楼梦版本论丛》、江苏红学会1982年编印的《江苏红学论文选》,以及1985年10月出版的《红楼梦研究集刊》第十二辑又都曾先后发表,共计刊出过四次。不过第二次由编者附加了周汝昌的校文,第三次由毛国瑶将逐条用括号注明了批语所系的正文,只有第一次与第四次发表的才是完全

① 毛国瑶:《脂靖本〈红楼梦〉批语》,南京师范学院中文系资料室编《红楼梦版本论丛》,内部资料,1976年,第301页。

② 《靖本资料》,第527—528页。

依照当初抄录下来的原状。[①]

另据唐松茂先生考证，正式刊出的靖藏本，有五个版本，即“文教资料本”“论丛本”“论文选本”“集刊本”“文教资料重刊本”，其中前三个本子各有异同，只有最后刊出的“集刊本”“文教资料重刊本”与毛国瑶先生过录笔记本一致。[②] 加上毛国瑶先生最早抄在纸上的第一本、过录笔记本和靖家1964年再据毛抄本回录的副本，靖藏版本已有八个之多。即毛国瑶原抄纸本、毛国瑶过录笔记本、靖家回录副本、文教资料本、论丛本、论文选本、集刊本、文教资料重刊本。如果再加上1975年《〈红楼梦〉研究资料》（北师大学报丛书之三）转载本，共有九个版本。这还不算根据靖家回录本寄给吴恩裕、周汝昌、吴世昌三位的抄本。除去重出本，目前知道的靖批，已有毛国瑶原抄纸本、毛国瑶过录笔记本、文教资料本、论丛本、论文选本共五个不同版本。

由上述材料可知，毛国瑶先生过录批语寄俞平伯先生之前，已据《辑评》等文献对靖本批语做过修订，靖批发表过程中，也曾不断修订。毛国瑶先生笔记本文字与俞平伯先生《脂砚斋红楼梦辑评》的错误有相同之处，只能证明1964年4月间毛先生过录靖批给俞平伯先生时，曾经参照过俞校《辑评》等材料，不能证明毛国瑶先生1959年夏抄录的第一文本即散纸本也与俞平伯先生《脂砚斋红楼梦辑评》错误相同。以笔记本过录文字作靖本真实存在的“反证”，并不能令人信服，何况还有内证、旁证、理证在。

需要最后说明的是，靖藏本批语“伪造”的结论不正确，并不意味着反向思考与考辨毫无意义。严肃认真的辨伪论著，即使结论不正确，也具有启示意义。高树伟博士《红楼梦靖藏本辨伪》一书对原抄者毛国瑶与原藏者靖应鹍家世背景及批语状况做了认真调查与详细比对，关于甲戌本递藏的过程，文献梳理很见功夫。不仅为学术界留下继续探索的凭据，带动相关研究走向深入的作用也十分明显。还需强调的是，《红楼梦》是中国文化史上的一个特殊存在，红学的问题不能简单化，《红楼梦》版本考辨理应考虑红楼版本自身的特殊性。靖本真伪之争，某种意

① 中国社会科学院文学研究所红楼梦研究集刊编委会编《红楼梦研究集刊》第十二辑，上海古籍出版社，1985年，第267—270页。

② 唐松茂：《关于脂靖本〈红楼梦〉批语的校正》，《江苏社会科学》1984年第10期；俞润生：《对靖本〈石头记〉及其批语的若干疑问》，《红楼》1992年第3期；毛国瑶：《致〈红楼梦〉研究者的公开信》，《红楼》1995年第1期。

义上也是版本鉴定方法论之争。历时性考察与综合性考辨相互结合,特殊问题特殊对待,结论才能靠得住。

乔福锦,邢台学院教授,中国红楼梦学会理事、河北省红楼梦学会副会长。

“神韵”视域下《红楼梦》当代改编路径研究

曹立波

【提　要】近五年,《红楼梦》的改编,好评较多者多以神韵见长。具体表现为,在尊重小说文本的基础上,对于小说“情、诗、幻”的内涵与表现形式的追求。而这三者,与古代神韵诗学中的“清远”之境有同工之妙。清代王士禛的神韵说“虽令人觉得玄虚缥缈,但细绎其言说方式,总能觅见落实之处”。在《红楼梦》的改编过程中,如果单纯追求形似,则缺少神韵,难以把握《红楼梦》这部“大旨谈情”的小说之幻情、诗情,乃至情情。本文以近年戏剧改编方面令人印象较深的三部作品为例,探讨其“神韵”在情观红楼、诗社聚散、红楼幻城等剧情中的具体呈现,即时代之真与剧情之幻交融出的艺术之美,以及当代舞美所营造的幻境之中所蕴含的世情之真。

【关键词】《红楼梦》改编　神韵　《情观红楼梦》　“只有红楼梦”

2020年以来,《红楼梦》的改编作品层出不穷,好评较多者多以“神韵”见长。具体表现为,改编者在尊重小说文本的基础上,着眼对“情、诗、幻”的追求。而这三者,与神韵诗学中的“清远”之境有同工之妙——并非追求豪放直白的表达,而是清幽旷远的韵味,要求作品摆脱世俗的琐碎与繁杂,以一种纯净、蕴藉的艺术格调展现生活与情感的本质。神韵说,是由清初王士禛所倡导的古代诗论,影响较大。神韵说起初源于画论,强调“典远谐丽”。在诗歌创作中,提倡语言含蓄、风格清丽,追求悠然淡远的意境。当时在诗歌创作实践和评论中得以广泛运用,曾与袁枚的性灵说、沈德潜的格调说、翁方纲的肌理说等清代著名的诗歌理论齐名。“在王士禛诗学中,声韵之学主要代表‘实’的一极,神韵之论主要代表‘虚’的一极。……王士禛的神韵之说虽令人觉得玄虚缥缈,但细绎其言说方式,总能觅见落实之处。”[①]的确,文学艺术作品中的神韵,其内在精神气质、审美意蕴,比外在的面貌形态美更难呈现,但又是不可或缺的。

在《红楼梦》的改编过程中,如果改编者单纯追求形似,则缺少神韵,难以把握《红楼梦》这部“大旨谈情”的小说之情情、诗情、幻情。唯有求实与务虚相结合,着眼对诗与远方的追求,《红楼梦》的改编才能留住小说的神韵,以情动人。

一、情情:《情观红楼梦》对“有情之天下”的诗性诠释

循着“情”的线索,《红楼梦》实践课上的学生演员们在“当代空间—太虚幻境—大观园”三个戏剧时空中自由穿梭。没有像影视剧那样,照书中的描写去海选与十二钗的相貌相似度较高的演员,甚至贾宝玉的扮演者是从仅有的几个男生中脱颖而出的。但是,一部校园红楼戏看下来,笔者面对立在舞台中央或坐在台口上的学生演员,不禁产生“定是红楼梦里人”[②]的观感。究其原因,应是他们努力捕捉到了红楼神韵。

《情观红楼梦》是由北京大学艺术学院教授顾春芳担任导演的校园戏剧,在没有布景的空荡荡舞台上,以简洁而诗性的导演手法来展现《红楼梦》的舞台叙事,步入红楼人物的内心世界,呈现《红楼梦》的意象世界,引领观众品味《红楼梦》“有情之天下”的至情和至美。值得注意的是,顾春芳的多重身份为《情观红楼梦》提供了多重视角——不仅是学者的情观、导演的情观,更是教师的情观。当一位教师把对《红楼梦》的教学体验和观念展现在舞台上,当同学们把关于《红楼梦》的学习体悟带入角色和表演中时,即可通过师生的合力彰显出“情”的感人力量,让这部燕园红楼戏饱含独特的诗情、人情和芳情。可以说,《情观红楼梦》是北京大学开展美育浸润行动的一次生动实践。正因教学研究的加持,《红楼梦》的神韵被精准地提炼,成为改编作品的内核。

该剧所演出的“有情之天下”不局限于爱情,同时囊括了亲情和友情,以此展现《红楼梦》中多元的真实情感。《情观红楼》中两个婚嫁的情节“黛死钗嫁”和“探春远嫁”颇具创意。尤其是舞美的设计,对小说叙事空间具有开拓作用。如“黛死钗嫁”一场戏,在宝钗和宝玉大婚的红毯上,黛玉素装出场,三人同台,不同

---

① 黄金灿:《声韵与神韵:王士禛诗学的实与虚》,《文学遗产》2021年第4期。

② 周汝昌:《定是红楼梦里人》,团结出版社,2005年,第17页。

空间的组合,黛死与钗嫁的悲剧效果相得益彰。又如,“探春远嫁”一场,舞台上T型的延伸空间除了盛装远行的探春,还有风筝相伴,以风筝意象喻指贾探春,表现她远嫁前与兄弟贾宝玉的诀别,“千里东风一梦遥”的意蕴得以强化(图1)。

图1:《情观红楼梦》舞台表演

叶朗认为,曹雪芹把“‘有情之天下’作为人生的本源性存在,作为人生的终极意义之所在;它不在彼岸,而在此岸;它不是虚幻的存在,而是本真的存在;它就存在于实在的、生动的、鲜活的生活世界之中”①。《情观红楼梦》应是对这一观点的演绎和延伸,不仅唤起场内观众的情感共鸣,更把情感的余波与启发性的思考延伸至场外。

虽然,顾春芳导演将该剧戏称为“贫困戏剧”,即缺少声光电等高科技手段加持的戏剧,但《情观红楼梦》却在一众大投资的红楼戏中脱颖而出。究其原因,该剧降低了排演《红楼梦》的门槛,不仅保留小说的本味,而且“真空生妙有”,升华了《红楼梦》的诗意。如林黛玉偶遇《牡丹亭》唱段,原文本是她立于梨香院墙外,听到墙内扮杜丽娘的女戏唱道“则为你如花美眷,似水流年”,与其诗情、心事相应,因此心痛神痴。《情观红楼梦》的舞台上,昆曲扮相的杜丽娘由幕后来至台前,唱起《红楼梦》第二十三回中所涉及的《牡丹亭》唱段,而林黛玉望向杜丽娘的身影。此时,黛玉与丽娘隔空相知,观众与台上黛玉、丽娘同频共情。这样的设计十分巧

① 叶朗:《“有情之天下”就在此岸——从美学眼光看〈红楼梦〉》,《曹雪芹研究》2019年第2期。

妙:一方面,改编者将小说文字变为视与听的双重刺激,让观众深度感受到戏文的诗境、昆曲的艺境,尤其是小说的情境或意境。另一方面,改编者通过戏剧的假定性展现林黛玉的心理空间,让戏剧空间内只余虚实二人,说明林黛玉听戏入迷,已将自我投射于杜丽娘,又以空间跨越即隔空的手法,来表现林黛玉与梨香院内杜丽娘角色的隔墙关系,实质是现实与想象的隔空呼应。这也是对现场观演关系的一种暗喻:《红楼梦》中的人物虽在眼前,但因诗性戏剧的留白,观众仍需发挥各自的审美想象力,与演员共同完成一出红楼戏的创作。

《情观红楼梦》通过打破空间、延伸想象的方式,打破了戏剧与观众之间的“第四堵墙”,打造出更具情感延展性的诗性空间,让红楼戏在当代校园舞台上体现出更为直观可感、更需审美想象的诗意空间。

二、诗情:赣剧《红楼梦》对诗社线索的诗性展现

不同于过往以爱情为主线的改编,赣剧版《红楼梦》别出新意,选取海棠诗社作为全剧线索。该剧通过《结社》《兴社》《衰社》《散社》四场主戏,串联起元妃省亲、黛玉葬花、宝玉出家等诸多情节,展现了大观园中的少男少女们从结社言欢到分离流散的全过程(图2)。

青春版·赣剧《红楼梦》

- 结社、兴社、衰社、散社
- 聚会结社到离散分别
- 纵然是齐眉举案
- 辜负了题蟹咏絮

图2:赣剧《红楼梦》舞台表演

整体来看,剧本结构“分为上下两大部分,第一部分从元春省亲开始,包括结社、兴社两折戏;第二部分从宝玉挨打开始,包括衰社、散社两折戏。整出戏可以说是从热热闹闹开始,到冷冷清清结束。元妃省亲是‘热热闹闹’的,最后贾宝玉

出家,'落了片白茫茫大地真干净',是冷冷清清。这种冷、热对比强烈的艺术构思是很有意蕴的,一热一冷,遥相呼应,意味深长。"①正如宣传册上的介绍语所言:"这里汇聚了年轻生命最美丽的芳华时刻,也展开了大观园中人最寂寥的终局篇章……人世浮沉,仿佛大梦一场,飘散在书稿焚尽的烟尘之中。"评点者也指出:"罗周的改编,跳出了宝黛爱情的传统主线,以结社、兴社、衰社、散社为架构,展现《红楼梦》的主题与内涵,给人以新的观感。"②赣剧的改编以"诗社"为魂,进行重构叙事,着力渲染《红楼梦》"使闺阁昭传"(第一回)并体现"闺阁面目"(第七十六回)的诗意题旨。

诗情：青春版·赣剧《红楼梦》

此剧以《红楼梦》海棠诗社为线索和叙述载体,通过《结社》《兴社》《衰社》《散社》四场主戏,对应大观园中的青年儿女从雅集结社到离散分别之流变过程。

图 3:赣剧《红楼梦》舞台表演

从结构层面来看,以诗社为线索,一百二十回《红楼梦》的主线故事得以凝结于赣剧《红楼梦》近三小时、四场主戏之中(图 3)。笔者曾将《红楼梦》的主线概括为小说的三重悲剧,包括"家族悲剧(既有贾家,也有其他三家)、婚恋悲剧(既有二玉的爱情,也有二宝的婚姻)、人生悲剧(既有女儿们,也有贾宝玉)。"③《红楼梦》中,大观园众女儿的第一次结社见于小说第三十七回"秋爽斋偶结海棠社",诗社成立后,组织起一系列吟咏活动,如咏白海棠、作菊花诗、螃蟹咏、芦雪广联即景诗等。而伴随着贾府走向衰败,诗社也难以避免离散的结局。到第七十回"林黛玉重建桃花社"时,乃是诗社最后一次集体唱和。第七十六回"凹晶馆联诗悲寂寞",

① 张庆善:《别具一格别开生面》,《人民政协报》2023 年 3 月 18 日,第六版。

② 《对青春版·赣剧〈红楼梦〉的十五种解读》,"江西文艺"微信公众号,2022 年 6 月 28 日。

③ 曹立波:《〈红楼梦〉立体式网状结构模型的构建》,《红楼梦学刊》2007 年第 2 辑。

不仅贾府的中秋夜宴令人倍感凄清,“冷月葬诗魂”更可谓是海棠诗社的余晖。赣剧《红楼梦》以海棠诗社为切入点进行改编,可以说诗社由“结”到“兴”,再至“衰”“散”的历程,以小见大,展现家族兴衰。

着眼于《红楼梦》的“神韵”,青春版·赣剧《红楼梦》立足于海棠诗社的故事展开改编,把握住红楼之“情”的另一个维度,即诗情。论者曾为赣剧《红楼梦》题《临江仙》一句:“诗心无处放,槛外客堪怜。”①赣剧《红楼梦》以“诗心”的消散写出小说中“千红一哭”与“万艳同悲”之叹。以“焚稿”为例,《红楼梦》文本中,第九十七回回目“林黛玉焚稿断痴情”。黛玉在宝玉宝钗成婚之时焚毁诗稿,意在断绝过往的情愫。赣剧《红楼梦》将这一情节改编为众钗在宁荣二府查抄后一起焚稿,如论者所言,“她们烧掉的是每个人的人生,宏大的、卑微的、天真的、世故的,鲜活的生命,生比夏花,灭如青烟”②。如此,“焚稿”这一情节承载的便不仅仅是有情人未成眷属的爱情悲剧,也包括大观园理想世界以及青年男女诗意人生的幻灭。

三、幻情:“只有红楼梦”对梦幻主旨的跨界表达

位于河北廊坊的“只有红楼梦·戏剧幻城”(以下简称“只有红楼梦”或“红楼幻城”),近年颇受瞩目,许多北京的大中小学的学生,结合《红楼梦》学习,利用假期前去游学。“只有红楼梦”是由4个大型室内剧场、8个小型室内剧场、108个情景空间组成的“剧场聚落群”,其中景观、戏剧的共同特征便是真假难辨,虚实留白的。

“只有红楼梦”在体现神韵方面可谓独具特色。具体表现在幻城的空间设置、“梦中人”的舞台表演,以及不同时代读者与书中人的互动等。虽然源于《红楼梦》文本,但不局限于文本的描述,却又与《红楼梦》、与作者心心相印。

其一,“只有红楼梦”的情景空间设置展现《红楼梦》虚实相生的神韵。以大观园为例,这座为元妃省亲而建造的园林,本质是“衔山抱水建来精”的想象空间——“它是曹雪芹出于创作需要,综合了许多皇家园林和私家园林的各种各样的优点与特色,以他天才的艺术想象力加以改造,虚构出来这样一个全新的园林

---

① 《对青春版·赣剧〈红楼梦〉的十五种解读》,“江西文艺”微信公众号2022年6月28日。

② 《对青春版·赣剧〈红楼梦〉的十五种解读》,“江西文艺”微信公众号2022年6月28日。

类型或者说园林品种。”①从小说家的想象、虚构来说,大观园并非世间实有,而是诞生于曹雪芹的奇思。“红楼幻城”的情景园林巧妙地综合“现实”与“理想”,以大观园为参照对象,却并非全然还原,而是大量采用写意、留白之法,构造了园内108处景观。各处景观各具特点,取小说“神韵”加以艺术改造,如黛玉葬花的“桃花冢”,不是一处写实的黄土堆,而是粉树环围中的一滴黛玉泪。创作者写意地呈现“葬花”,不仅以桃花意象喻指包括林黛玉在内的红楼诸钗,展现花与人、一人与千红万艳共同的生命力,更以中心泪滴点题,表明《红楼梦》中美好事物易逝的感伤主题。可以说,“桃花冢”以建筑、装点的方式演绎了《葬花吟》,兼具《红楼梦》的诗意与美感,是一次抓住神韵的艺术设计(图4)。

图4:“戏剧幻城”情景园林之桃花冢

“红楼幻城”通过构建实境来实现虚境,又让实境始终处于在虚境的统摄下,这与王士祯虚实互渗的诗学结构异曲同工。我们假设沙漏结构一端的球体是声韵,其中装有由字音、平仄、音节、押韵、节奏、音律等概念汇成的细沙;另一端的球体是神韵,其中装有由“兴象”“清远”“风神”“风调”“神妙”“神采”“气韵”“格韵”等概念汇成的细沙。只有两团细沙通过狭窄管道实现交融互渗,方能皆得沙漏之用,小说、戏剧与此同理。《红楼梦》开篇即提道:“此回中凡用‘梦’用‘幻’等字,是提醒阅者眼目,亦是此书立意本旨。”②作为改编作品,“只有红楼梦·戏剧幻

① 周思源:《欲明〈红楼梦〉,须至大观园——从创作角度谈大观园无原型》,《红楼梦学刊》2002年第4辑。

② (清)曹雪芹著,(清)无名氏续:《红楼梦》,人民文学出版社,2022年,第2页。

城”同样以“梦”“幻”为创作主旨,却将“沙漏”的另一端改为戏剧、舞蹈、建筑、音乐、灯光、影像等艺术形式,采用多种媒介融合的方式追求《红楼梦》的神韵。

其二,“梦中人”的舞台表演突出神韵的展现。改编者以三方互动为编演理念,构筑作者、读者与书中人物三位一体的阅读共同体,让这部古典名著中的作者和人物,穿越两百年七十余年沧桑岁月,共同走进当代人的审美视野。

主场剧《有还无》让曹雪芹出现在舞台中央,大幕拉开之前,他孤灯独坐,若有所思,在为闺阁昭传的过程中,他时而若有所思、几回掩卷,与“梦中人”促膝谈心。观众看到,薛宝钗、林黛玉、王熙凤、秦可卿、晴雯等金钗,是怎样被雪芹写进他的梦中,又是怎样走上舞台的。这也是作者、人物、观众三方互动的具体体现:第一方是通过幕后的作者即曹雪芹走到台前,将创作心理袒露给读者,便于读者加深对书中人物的理解与共情。第二方是通过红楼女性人物与曹雪芹对话的形式,从作者视角展现红楼众钗的悲剧命运,也溯洄了曹雪芹创作时的贫苦环境和悲悯心态。第三方观众通过参与到作者,书中人的情感交流中,并同双方的知音,交汇成三方的共鸣。例如:

> 曹雪芹:我坐在一盏昏灯的后面,书写一座府邸的明亮。我,走在破碎的隔扇门前,侧耳细听琴声悠扬。
>
> 曹雪芹:我,饱蘸了墨笔,叹了叹人生……就两个字,无常。
>
> 曹雪芹:你道我是谁呀?假作真时真亦假。
>
> 曹雪芹:你道这是哪儿啊?无为有处有还无。

主场剧《有还无》的舞台,借助曹雪芹的一声声慨叹,让第三方即观众,进一步成为与人物与作者对话的听众。三方互动的表现形式,缩短了传统观演的距离感,有助于增强读者沉浸感,深得《红楼梦》“假作真时真亦假”的神韵,让观众在“庄周梦蝶”的神游中,直面“无为有处有还无”的叩问与体悟。

此外,值得一提的还有《书不尽》剧场。剧情对程伟元、高鹗“广集核勘,斟情酌理,补遗订讹”①的工作给予理解,肯定他们东西南北中的帮忙与寻找,以及为《红楼梦》的出版发行、广泛传播做出的积极贡献。而这个抽象的话题,“只有红楼梦·戏剧幻城”通过这两位修订者与十二金钗众人的对话,以及对她们的扶持加

---

① 小泉、蘭墅(程伟元,高鹗):《红楼梦引言》,见《红楼梦程乙本:北京师范大学图书馆藏》,人民文学出版社,2020年,第9页。

以呈现，打破百余年来“狗尾续貂”之说的成见，拉近观众与程高之间的距离，让剧场充满“书不尽”的包容与暖意。

其三，不同时代读者与书中人的互动。“只有红楼梦·戏剧幻城”新颖地采用《红楼梦》读者的改编视角，聚焦不同读者与小说之间的情感链接，塑造了更广泛的红楼“情韵”。为全面地呈现世情，改编者以时间为叙事横截面，以空间为抒情场域。这样的构想正是基于戏剧抓住神韵的独特优势，“戏剧最不可替代的本质正是它以空间的形式重构时间，戏剧最本质的特性在于创造出控制流动的时光的‘诗性空间’”①。细论改编的方法，一方面，改编者使用年岁符号（讲述 1754 年、1973 年、1987 年、2018 年、2024 年阅读《红楼梦》的故事）配合建筑空间（上海路甲 36 号、四合院、筒子楼、二商店、博物馆）的方式，营造诗意融融的读书氛围，展现《红楼梦》强烈的艺术感染力。这种感染力主要通过“情韵”展现，读者可以随时随地阅读《红楼梦》，走进曹雪芹的“大观世界”。例如，《二商店》的王志刚热爱《红楼梦》，又因擅长女红手艺，成为远近闻名的“贾宝玉”。《你试试看》中的李先生痴迷《红楼梦》，一喝咖啡就会进入红楼世界，偶然发现太太也能看见，明白她就是自己的知己爱人。可以说，“只有红楼梦·戏剧幻城”呈现时代之真与剧情之幻，更在幻情之中蕴涵世情之真。经由“人间天上总情痴”的《红楼梦》，“红楼幻城”塑造出一个个情痴情种的艺术典型，为读书空间带来春风化雨般的暖意，滋养心田，润物无声。

此外，改编者让小说中的人物走上舞台，从书里走到书外。“只有红楼梦”的剧场众多，分主剧场和小剧场。在主场剧目《读者》中，王熙凤与读者对话，不断询问自己的命运走向（图 5）。与此同时，读者也打开凤姐的心扉，诉说一个女管家的种种不容易，让贾府上上下下、老老少少，从自己的角度，以自己的家庭关系和特殊称谓，共同呼唤王熙凤，肯定“末世”“凡鸟”为大族世家付出的辛酸。这种阅读共同体视角的尝试，不仅抓住王熙凤形象的神韵，更为我们提供一种可操作性较强的解读方式，来理解《红楼梦》的“圆形人物”。

“有情之天下”是“情”的真实，无论外物如何变化，“情”始终被人们所感知、所追求、所珍惜。耿兆春认为小说家进行虚构叙述写作，是为了寻找真实：“这不是赤裸裸的真实，这是需要通过虚构和想象甚至梦想，才能追寻到的真实。”②因

① 顾春芳：《意象生成：戏剧和电影的意象世界》，中国文联出版社，2016 年，第 16 页。

② 耿占春：《叙事美学：探索一种百科全书式的小说》，郑州大学出版社，2002 年，第 3 页。

图5:王熙凤剧场的读者与书中人共读红楼

而,“只有红楼梦”不止织造梦幻,更尝试传递真情实感,让读者、人物与作者得以突破媒介与时空的隔绝,于此刻“精神会面”。

四、结语

幻情浓处故多嗔,岂独颦儿爱妒人。
莫把心思劳展转,百年事业总非真。

此诗见于戚序本、蒙府本第八回回前评。评书人理解作者的寓意,写黛玉的娇嗔,并非要人误解她“爱妒人”,应包容“幻情浓处”的表现方式。读此诗评,感叹诗作者对黛玉之情的心领神会。

《红楼梦》传世百年,历久弥新的生命力始终在于其小说内涵,既展现了“幻境之美”,也突显了“世情之真”。《情观红楼梦》对“有情之天下”的诗性诠释、赣剧《红楼梦》对诗社线索的诗性展现、“只有红楼梦 · 戏剧幻城”对梦幻主旨的跨界表达,皆因深植小说内核,方能在创新中守住神韵与灵魂。经典改编的困境,本质是文化传承与当代表达的碰撞张力。当前《红楼梦》改编存在过度迎合市场,忽视小说精髓等问题,亦包括表演时长限制与小说宏大叙事的矛盾,以及年轻观众对经典的快餐化需求等。成功的改编,必然建立在尊重之上,在尊重中创新,在编新中述旧,保持对经典的敬畏。正如曹雪芹笔下的“真假”“有无”的哲学辩证,改编者不应执着于“风月宝鉴”之“形似”的牢笼，而应以当代之“真”叩问原著之“神”，方能在幻境中照见《红楼梦》改编的真谛。总之，经典改编需要“形”与“神”的统一，既要展现故事内容，更要寻求红楼“神韵”，追求《红楼梦》与当代人的精神共鸣，“今人不见古时月，今月曾经照古人”，经典的改编，应是联通古人与今人心神感应的一轮明月。

曹立波，中央民族大学文学院教授，中国红楼梦学会副会长。

曹雪芹卒年“三说”的学术史考辨与证据审视

顾 斌

【提 要】本文详细梳理了百年红学史中有关曹雪芹卒年“三说”的建立，以及相互博弈的论证过程，具体分析了各自立论的证据瑕疵和论证的主观臆断。认为曹雪芹卒年“壬午说”“癸未说”“甲申说”，虽然都有存在的合理因素，但缺乏坚实的证据支撑。同时对曹学考证中的证据使用原则提出了新的思考。

【关键词】曹雪芹卒年证据 考证方法

1926年顾颉刚在《北京大学国学门周刊发刊词》[①]里提出：“我们的研究主旨在于用了科学方法去驾驭中国历史的材料。”何为科学方法？胡适于1928年谈治学方法时说：“科学的方法，说来其实很简单，只不过‘尊重事实，尊重证据’。在应用上，科学的方法只不过‘大胆的假设，小心的求证’。”[②]这种“尊重证据”的科学方法，胡适曾用于《红楼梦》研究中，取得了《红楼梦》作者为曹雪芹的重大研究成果。此后，以胡适为代表的考证大军将此研究方法运用到红学研究的方方面面，而有关曹雪芹卒年的研究最为突出。

实则科学的曹雪芹卒年考证，在于强调史料和证据的辩证关系；在于强调考证过程中证据、论证和结论之间的逻辑关系，这需要我们利用客观、可靠的材料反复论证，在不断地否定过程中寻求无限接近真理的答案。

当我们站在学术史的角度客观梳理、审视这段越百年的研究历程，不难发现曹雪芹卒年考证的实际与顾颉刚、胡适倡导的“尊重事实，尊重证据”，尚存在一定的距离。吴恩裕先生曾感言：“考证曹雪芹的卒年要实事求是。必须有充分的正面证据，才能十分肯定。这是最理想的结果。现在还不可能达到这种理想的结

① 蒙思明：《考据在史学上的地位》，《责善半月刊》1941年第18期。

② 胡适：《治学的方法与材料》，《胡适文存三集》卷二，上海亚东图书馆，1930年。

果。目前所能得出的结论，只能是一个在现有各种证据下比较合理或正确的结论。”①

一、曹雪芹卒年“三说”的提出

有关曹雪芹的卒年问题，目前学术界主要有三种观点：一是，壬午除夕（乾隆二十七年，公元1763年2月12日），简称“壬午说”。二是，癸未除夕（乾隆二十八年，公元1764年2月1日），简称“癸未说”。三是，甲申春（乾隆二十九年，公元1764年春），简称“甲申说”。

“壬午说”是胡适于1928年提出的。早在1921年，胡适在写《红楼梦考证》的时候，就已根据一些零星材料，推断曹雪芹卒于乾隆三十年（1765）左右。1922年，他得到了雪芹好友敦诚的《四松堂集》付刻底本，发现敦诚挽曹雪芹的诗题下注有“甲申”二字，便断言曹雪芹卒于乾隆二十九年。1927年，他购买到《脂砚斋重评石头记》甲戌本，因此书第一回中有“能解者方有辛酸之泪，哭成此书。壬午除夕，书未成，芹为泪尽而逝。余常哭芹，泪亦待尽。每思觅青埂峰再问石兄，奈不遇癞头和尚何！怅怅！今而后惟愿造化主再出一芹一脂，是书何幸，余二人亦大快遂心于九泉矣。甲午八月泪笔”的批语，他又于1928年发表了《考证〈红楼梦〉的新材料》②一文，将曹雪芹卒年定为乾隆二十七年壬午除夕。

“癸未说”系易俊元于民国十九年（1930）提出的，③此后周汝昌力主此说。1947年，周汝昌从《八旗丛书》中发现雪芹好友敦敏《懋斋诗钞》，其中有《小诗代简寄曹雪芹》一诗，“东风吹杏雨，又早落花辰。好枉故人驾，来看小园春。诗才忆曹植，酒盏愧陈遵。上巳前三日，相劳醉碧茵”。周汝昌认为《懋斋诗钞》是一个严格编年的本子，他考证出《小诗代简寄曹雪芹》写于癸未年。“既然癸未年敦敏还邀请曹雪芹赏花，则曹雪芹断不可能卒于壬午年”。同时周先生认定了“壬午除夕，书未成，芹为泪尽而逝”批语中的“除夕”这个特定时间批书者不会记错，从而

① 吴恩裕：《曹雪芹的卒年问题》，《光明日报·东风》1962年3月10日。

② 宋广波编校《胡适论红楼梦》，商务印书馆，2021年，第239页。

③ 易俊元编《曹雪芹生卒年表》，载1930年《益世报》。引自奉宽《“兰墅文存”与“石头记”》，《北大学生》1931年第1期第4卷。

撰《曹雪芹生卒年之新推定》[1]一文,否定“壬午说”。

“甲申说”的最早提出者为胡适,主要依据还是敦诚《挽曹雪芹》的署年为“甲申”,但他在 1928 年放弃了“甲申说”,根据“壬午除夕,书未成,芹为泪尽而逝”这条批语主张“壬午说”。1980 年,梅挺秀发表《曹雪芹卒年新考》[2]一文,把曹雪芹卒年定于 1764 年春天。继梅挺秀之后,1981 年徐恭时发表《文星陨落是何年?——曹雪芹卒年新探》[3]一文,更具体地将曹雪芹卒期定为“乾隆二十九年甲申(一七六四年)春天”。

“壬午说”自 1928 年胡适提出后不久,1930 年易俊元就提出了“癸未说”,直到周汝昌《曹雪芹生卒年之新推定》一文发表,两说便一直争论不休,在 1962 年前后引发了一场大辩论。1980 年梅挺秀又重提“甲申说”,三说遂成鼎足之势。

二、“壬午说”的论据与论证

1930 年易俊元虽然提出“癸未说”,但“癸未说”在当时并没有引起多少反响,“壬午说”自 1928 年提出,直到 1947 年周汝昌发现敦敏《懋斋诗钞》重论“癸未说”,“壬午说”始面临挑战。1954 年,俞平伯首次撰文反驳“癸未说”并力主“壬午说”,拉开了两说互辩的序幕。

俞平伯于 1954 年 3 月 1 日发表了《曹雪芹的卒年》[4],1958 年又在《红楼梦八十回校本·序言》中申述自己的观点。他首先强调了“壬午除夕,书未成,芹为泪尽而逝”的可信性,认为脂砚斋的批语就是“明文”,是“明明白白的话”,凡是信脂批的人就应该相信其可靠性,并且针对主“癸未说”者对于“壬午除夕”一语只取“除夕”而怀疑“壬午”的做法提出批评。在强调了“壬午说”之后,他又对“癸未说”者所依据的材料进行了分析和辩驳。周汝昌提出“癸未说”的立论基础是敦敏的《懋斋诗钞》严格编年,在此基础上推导出《小诗代简寄曹雪芹》写于“癸未”。俞平伯则认为:“前三首诗(指《小诗代简寄曹雪芹》前的第三首诗《古刹小憩》)虽

---

① 周汝昌:《曹雪芹生卒年之新推定——懋斋诗钞中之曹雪芹》,载天津《民国日报·图书》第七十一期,1947 年 12 月 5 日。

② 梅挺秀:《曹雪芹卒年新考》,《红楼梦学刊》1980 年第 3 期。

③ 徐恭时:《文星陨落是何年?——曹雪芹卒年新探》,《红楼梦学刊》1981 年第 2 期。

④ 俞平伯:《曹雪芹的卒年》,《光明日报·文学遗产》第 1 期,1954 年 3 月 1 日。

题癸未,但《小诗代简寄曹雪芹》这一首并未题癸未,安知不是壬午年的诗错编在这里呢?""《懋斋诗钞》稿本剪贴,次序可能凌乱,其《小诗代简寄曹雪芹》一诗并未注明年月,证据很薄弱。"对于敦诚《四松堂集》中的那首《挽曹雪芹》诗,俞平伯作了这样的解释:"这诗写于乾隆二十九年甲申,是癸未的次年。末句说'絮酒生刍上旧坰',注意这'旧坰'两字。旧坰者,即礼记所谓'朋友之墓有宿草而不哭焉',是旧坟不是新坟。若雪芹死于癸未除夕,其葬必在甲申,则同年的挽诗,如何能说'旧坰',用这样的典故,应该说新坟呵。"

1957年5月,俞平伯的助手王佩璋发表了《曹雪芹的生卒年及其他》[①],支持"壬午说",反驳"癸未说",她在对《懋斋诗钞》原稿本进行了仔细考察后,发现其中有"粘接""留空和缺页""贴改""文字错装"等几种情况,她又依据《懋斋诗钞》的诗题及内容所示年月季节而排列了一个"时序表",结果亦发现它完全不是编年的情形,因此便断定《懋斋诗钞》是"一个后人剪接拼凑的本子",是"被后人剪贴挖改过的",其中"有许多颠倒紊乱之处",里面的诗并不是按年月次序编排的。

1961年,胡适在《跋乾隆甲戌〈脂砚斋重评石头记〉影印本》[②]一文中重申"壬午说",并阐明了自己的看法:"周汝昌先生曾发现敦敏的《懋斋诗钞》残本有《小诗代简寄曹雪芹》的诗,其前面第三首诗(《古刹小憩》)题着'癸未'(乾隆二十八年)二字,故他相信雪芹死在癸未除夕。我曾接受汝昌的修正。但近年那本《懋斋诗钞》影印出来了,我看那残本里的诗,不像是严格依年月编次的;况且那首'代简'只是约雪芹上巳前三日(三月初一)来喝酒的诗,很可能那时敦敏兄弟都还不知道雪芹已死了近两个月了。所以我现在回到甲戌本的记载,主张雪芹死在'壬午除夕'。"

1962年3月14日,周绍良发表了《关于曹雪芹的卒年》[③]一文,对"癸未说"加以反驳。他认为,《小诗代简寄曹雪芹》一诗中的"上巳"是指壬午年3月12日清明节,"前三日",即3月9日,是特为避开清明扫墓之期;如果指癸未的三月初九,则不但谷雨已过,杏花开落,无可玩赏,而且提前三天也太无意义了。对于《懋斋诗钞》是否编年的问题,他的回答是否定的,他以其中三首诗为例,证明其排次是

---

① 王佩璋:《曹雪芹的生卒年及其他》,北京大学文学研究所编《文学研究集刊》(第五册),人民文学出版社,1957年,第256页。

② 宋广波编校《胡适论红楼梦》,第239页。

③ 周绍良:《关于曹雪芹的卒年》,上海《文汇报》1962年3月14日。

实有错乱的。至于敦诚《挽曹雪芹》诗所注明的“甲申”二字,他觉得也不可靠。

1962年4月8日和6月10日,陈毓罴相继发表了《有关曹雪芹卒年问题的商榷》[①]和《曹雪芹卒年问题再商榷——答周汝昌、吴恩裕两先生》[②]两篇文章,1964年,又发表了《曹雪芹卒于癸未除夕新证质疑——与吴世昌先生商榷》[③]。与俞平伯一样,陈毓罴亦特别强调“脂批”的可信性。他在对脂砚斋与曹雪芹的密切关系做了分析研究后指出:脂砚斋与曹雪芹“既有着如此深厚的情谊,在这样表示深切悼念的一条批语里,竟会把死者的卒年弄错了一年,在记忆中把‘癸未’误记为‘壬午’,这实在是令人难以想象的事。要知道,曹雪芹的死对脂砚斋是多么沉重的打击!‘余尝哭芹,泪亦待尽’,很难相信这样的人会把他所痛哭的人的卒年忘记或在记忆中将它搞乱。如果没有十分确凿可靠的证据,我们就不能轻易勾销其中的‘壬午’二字,硬说脂砚斋是误记的。”对于“癸未说”者引以为据的《小诗代简寄曹雪芹》诗,陈毓罴认为其编年可疑,他以《懋斋诗钞》中的三首诗为例,指出“这个稿本是属于剪贴性质的,剪贴时很难避免不发生错误”,“由于它本身就大有问题,我们不能把它作为证明曹雪芹死于癸未除夕的一个‘间接材料’。无论如何,它绝不是‘癸未说’的一个有力的根据。”至于敦诚的《挽曹雪芹》诗,陈毓罴也承认它是甲申年作的,但“它和脂砚斋的批语并没有丝毫矛盾。曹雪芹死于壬午除夕,停灵一年,到甲申年初才下葬”。

1962年4月17日,邓允建发表《曹雪芹卒年问题商兑》[④];同年6月10日,又发表了《再谈曹雪芹的卒年问题》[⑤],亦从《懋斋诗钞》的编年问题出发对“癸未说”者进行了反驳。

以上所述,便是“壬午说”的主要论点、论据和论证过程。其核心论据是甲戌本《脂砚斋重评石头记》中的“壬午除夕,书未成,芹为泪尽而逝”这条脂批。他们认为,这条脂批无论是出自脂砚斋还是畸笏叟,总比依敦诚兄弟诗的年代来推断曹雪芹卒年可信。因脂批者与曹雪芹的关系远比二敦更为密切,这段“明明白白的话”,是不容否定的“明文”,持“癸未说”的人既然怀疑“壬午”就不应该再采用

---

① 陈毓罴:《有关曹雪芹卒年问题的商榷》,《文学遗产》,1962年第409期。

② 陈毓罴:《有关曹雪芹卒年问题的商榷》,《文学遗产》1962年第409期。

③ 陈毓罴:《曹雪芹卒于癸未除夕新证质疑——与吴世昌先生商榷》,《新建设》1964年3月号。

④ 邓允建:《曹雪芹卒年问题商兑》,《文汇报》1962年4月17日。

⑤ 邓允建:《再谈曹雪芹的卒年问题》,《文学遗产》1962年第418期。

“除夕”。“癸未说”者所依据的《懋斋诗钞》是一个传抄本,它“不是严格编年”的,《小诗代简寄曹雪芹》可能是壬午年的诗“错编”在癸未年了,它不能证明曹雪芹在癸未年还活着。即使此诗确是作于癸未年,也有可能“直到此年的‘上巳前三日’”,“敦敏兄弟都还不知道雪芹已死了近两个月了”。至于敦诚在甲申年所作的那首《挽曹雪芹》诗,应是雪芹壬午除夕死,癸未年葬,而甲申年敦诚去给他上坟时写的上坟诗而非送葬诗,因为其中有“旧垧”二字,“旧垧”亦即“旧坟”,如果曹雪芹死于癸未除夕,则其葬必在甲申年,同年的挽诗,怎么能说“旧垧”呢?

三、“癸未说”的论证理路

“癸未说”在1930年虽经易俊元提出,但在当时并没有引起反响,直到1947年周汝昌发表《曹雪芹生卒年之新推定》一文才引起学界关注。1953年周汝昌在《红楼梦新证》①中重加申述。1962年,他又连续发表了《曹雪芹卒年辩》②《再商曹雪芹卒年》③等文章。其中《曹雪芹卒年辩》从“消极方面”列举了“壬午说”的“十个论点”,并逐条进行商榷,然后又从“积极方面论述了自己主张‘癸未说’的几点理由”,最终得出结论,“曹雪芹卒于乾隆二十八年癸未除夕,合当公元一七六四年,二月一日”。

1954年4月26日,曾次亮发表《曹雪芹卒年问题的商讨》,赞成“癸未说”并反驳俞平伯的观点。在文章中,他利用天文和气象学方面的知识,论证了《小诗代简寄曹雪芹》一诗应是作于“癸未”而非作于“壬午”。他指出:敦敏诗约曹雪芹于“上巳前三日”去喝酒,上巳即农历三月三日,则此诗必作于农历二月底的前数日,暂假定为二月二十五日。但此诗一开始就说“东风吹杏雨,又早落花辰”,则其时已是“落花时节近清明”。乾隆壬午二月小,二月二十五日春分;三月大,三月十二日清明。癸未年则二月小,二月二十二日清明。故敦敏写此诗时杏花已落,只能是癸未二月二十五日,即清明后三日。若此诗是壬午二月二十五日所作,则在春分这一天,其时北京冰雪未融,杏花未开,又怎么会有“落花”?此诗既作于癸未,那么曹雪芹就不可能去世于壬午除夕!

---

① 周汝昌:《红楼梦新证》,棠棣出版社,1953年,第167页。

② 周汝昌:《曹雪芹卒年辩》,《文汇报》1962年5月4—6日。

③ 周汝昌:《再商曹雪芹卒年》,《文学遗产》1962年第422期。

1962年,吴恩裕连续发表了《曹雪芹的卒年问题》《曹雪芹卒于壬午说质疑——答陈毓罴和邓允建两同志》《考证曹雪芹卒年我见——再答陈毓罴和邓允建两同志》三篇文章。吴恩裕认为,“壬午说”者所依据的那条脂批只是一个孤证,它是脂砚斋“在事隔十一年(乾隆三十九年甲午所批)之后”的“追忆记载”,“并且也不是回忆者本人的亲笔;而是抄了不知多少遍的过录。”“记错了或算错了干支”是完全可能的事。“二敦的诗固然也是用干支纪年,但他们的诗都是逐年逐月写了诗随即录入誊清本的集中的,……其错的可能是远比十一年以后再去追忆弄错的可能小得多的。”曹雪芹癸未除夕死后即葬,敦诚的挽曹诗是甲申年初的送葬诗。

1962年4月21日,吴世昌发表《曹雪芹的生卒年》,1963年发表《综论曹雪芹的卒年问题》;十几年后的工1978年,又发表了《郭沫若院长谈曹雪芹卒年问题》。他认为,《懋斋诗钞》编年不误,《小诗代简寄曹雪芹》一诗确为癸未上巳前所作。敦诚挽诗中的“絮酒生刍”指新葬,其“两首挽诗中无一句不证明其为雪芹初丧时送葬之作。”“壬午说”者所依据的那条脂批,有可能是脂砚斋年老误记,“其中关键性的‘壬午’二字根本有问题,则壬午说的唯一‘证据’即不能成立,可证雪芹卒于癸未除夕,即一七六四年二月一日。”

“癸未说”如果想确立,就必须先驳倒异说。因此,他们大都从脂批入手,以证实“壬午”二字的不可信性,然后再从另一个方面抛出自己的证据。主要有以下几条依据:

1. 脂批误记。

2. 敦敏《小诗代简寄曹雪芹》一诗作于癸未春,既然此时他还邀请曹雪芹去喝酒,可证曹雪芹壬午除夕未死。

3. 敦诚挽曹雪芹诗是他甲申年的第一首诗,诗中内容说的是雪芹初丧,可证曹雪芹卒于癸未除夕。

4. 敦诚甲申年初挽曹雪芹诗中有自注云“前数月,伊子殇,因感伤成疾”,而癸未年秋冬之际,北京有严重的瘟疫,儿童死者数万,大概雪芹之子亦死于此疫,这亦可证明曹雪芹不可能卒于壬午除夕。

以上便是几十年来“壬午说”与“癸未说”的主要文章和论点。1980年,梅挺秀发表了《曹雪芹卒年新考》一文,对“壬午”和“癸未”二说相互论争的原因及其“问题的症结”作了概括:“主‘壬午说’的红学家”认为甲戌本的那条眉批是曹雪芹卒年的“明文”,“但问题是这一‘明文’同其他一些材料发生矛盾,譬如,据敦敏

《懋斋诗钞》之《小诗代简寄曹雪芹》似乎作于乾隆癸未清明前,雪芹的好朋友敦敏还请他到家喝酒;敦敏、敦诚兄弟的雪芹挽诗,也都作于甲申。如果雪芹真死于壬午除夕,为什么到第二年春天还约他‘上巳前三日,相劳醉碧茵’呢?为什么等到第三年春天才写挽诗呢?”如果说“雪芹死于‘壬午除夕’,葬于甲申初春,挽诗作于下葬之时。为什么死了一年多才下葬呢?”“既是停灵待葬,又怎么会选择在地冻三尺的正月营葬(新丧又当别论)?这些都是‘壬午说’者不大好回答的问题。”“至于敦诚兄弟挽诗之作于甲申春,对‘壬午说’更是解不开的死结。”敦氏兄弟在雪芹逝世和停灵时没有写诗,而在“过了三个年头,到‘下葬’后才写!这怎么解释呢?”如果说“敦诚兄弟在雪芹逝世时可能有诗哀悼,只是没有留传下来”,那么又怎会如此凑巧,“敦诚兄弟失落的都是逝世时的悼诗,而保留下来的都是下葬时的挽诗”,这也很难令人相信。“‘壬午除夕’的‘明文’同其他材料的矛盾,不能不引起人们对‘壬午说’的合理性产生怀疑。‘壬午说’者作了种种解释,试图消除矛盾,但每一解释又产生新的矛盾,使自己始终陷于矛盾之中。”

“‘癸未说’避免了‘壬午说’上面曾谈到的矛盾,既然雪芹卒于癸未除夕,癸未春天当然还活着,当然越年至甲申才下葬。因此,同敦敏兄弟的挽诗‘正合榫’。”但“它同其他材料没有矛盾却缺乏任何的根据。构成‘癸未说’的基石是《小诗代简寄曹雪芹》之作于癸未,首先碰到的问题就是《懋斋诗钞》是不是‘严格编年’。如果像‘壬午说’者所指出的《懋斋诗钞》经后人‘剪接’‘留空’‘挖改’‘粘补’五十多处,有些诗的系年明显错误,《小诗代简》系年‘必须存疑’,则‘癸未说’本身能否站得住也就成了问题。多年来,‘壬午说’和‘癸未说’的攻防线,主要就是围绕这个问题进行的”,“即使《小诗代简》作于癸未,也只是证实曹雪芹在乾隆二十八年清明节前后还活着,而不能证明他一定死于这一年的除夕。‘癸未说’的困境就在于它要证明雪芹不是卒于癸未的随便哪一天,而是卒于除夕这一天。也就是说,主要证明‘泪笔’的批者不多不少把雪芹卒年误记了一整年!”“恰恰在这个至关重要的问题上,‘癸未说’者拿不出任何证据。”

四、“甲申说”的立论

1980年,香港的梅挺秀发表《曹雪芹卒年新考》一文。在将“壬午”“癸未”二说作了概述并加以辩驳后,他随即从那条“泪笔”批语入手,指出它“是一条‘复合批’”,“是各自独立而又互相关联的三条批语”,“壬午除夕”四字应属上文,它并非曹雪芹卒年之“明文”,而是畸笏叟“加批所署之日期”。既如此,“则‘壬午说’即失去其存在的依据,‘癸未说’的基础亦随之而崩溃”。随后,梅挺秀又依据敦诚的挽曹诗、敦敏的吊雪芹诗、畸笏叟的“泪笔”批语及张宜泉的悼诗,分证曹雪芹卒于甲申年。

梅挺秀认为曹雪芹的英年早逝,“不可能不在朋友中引起反应。而事实上,也正是如此。雪芹逝世后,有的在他下葬时写诗深切哀悼,有的在春日聚会时追念他而题壁凭吊;有的在重读《红楼梦》时感到由于他的去世而无法完成这部伟大作品写下沉痛的批语……。所有这一切都发生在甲申年。这绝不是偶然的巧合。它们从不同的角度反映了一个基本事实:曹雪芹就是死于这一年的春天。”

1981年,徐恭时发表《文星陨落是何年?——曹雪芹卒年新探》一文,更具体地将曹雪芹的卒年定于1764年3月20日。他先“对甲戌本中的评语文字”做了“一番概括考察”,最后证明“壬午除夕”“是畸笏叟的评语系年,与曹雪芹卒年无关”。在排除了“壬午”与“癸未”两说后,他又从敦诚《挽曹雪芹》诗中,探出了“写挽诗的时间,是在甲申年二月,雪芹即卒于此月。”接着继续分析,又依据敦诚的《挽曹雪芹》诗、《七子醉歌行》诗、敦敏的《河干集题壁兼吊雪芹》诗、张宜泉的《伤芹溪居士》诗等材料,推断出曹雪芹卒于“清乾隆二十九年,岁次甲申,仲春二月十八日春分节间。

五、结语

在过去的一百年里,围绕曹雪芹卒年的争辩,无论是参与人数之多,还是争论之激烈,都堪称红学史上一道蔚为壮观而绚丽的风景。众多学者为此奉献出了自己的心智与汗水,取得了骄人的成绩,为后人的进一步探讨奠定了坚实的学术基础。他们在茫茫书海中搜寻有关的零星资料,在一次次争辩中碰撞智慧的火花。但是,每一次的争辩是否都彰显了“一切以证据说话”的求真理念呢?

胡适于《古史讨论的读后感》[①]里说:“我们对于证据态度是:一切史料都是证据。但史家要问:(1)这种证据是什么地方寻出的?(2)什么时候寻出的?(3)什么人寻出的?(4)地方和时候看起来,这个人有做证人的资格吗?(5)这个人虽有证人资格,而他说这些话时有作伪(无心的或有意的)的可能吗?”如果用上了错误

① 胡适:《古史讨论的读后感》,载顾颉刚《古史辨》(第一册),上海古籍出版社,1982年,第191页。

的材料作为证据,必然会导致考证的失败。

史料是某一特定历史事实原貌的载体,是历史遗留下来的人们对历史事件(或事实)的记录。这种记录本身并不能直接构成考察曹雪芹卒年的证据,因为这些史料会因为记录者本人的立场、观点和方法等因素,而与实际的曹家所经历的历史事件存在程度不同的差距,有的甚至是与实际事件完全相反的信息。因此,在做曹雪芹卒年考证时,就必须对史料的真伪和价值进行考辨,以科学的态度和方法对史料进行判断。

静心反思,要确定曹雪芹到底是死在"壬午""癸未",还是"甲申",或者其他哪一年,还有很长的路要走,这是一个客观而不争的事实,主要原因还是发现的有关曹雪芹的证据材料太少。当然,如果没有新的史料发现,这个问题或许将成为一个历史的疑案。这不是遗憾,而是真理。

顾斌,中国红楼梦学会理事。

权衡在文本世界与人情道理之间
——《红楼梦》解读的基本依据

魏暑临

【提　要】文本提出《红楼梦》解读中在文本世界与人情道理之间“度”的问题，通过对相关具体情节的细读，指出解读《红楼梦》人物和情节的“度”，一方面往往体现于“人情的天然”，即不宜过分拔高其“智慧”，而应理解其任情天真，过分拔高人物，反而会降低作者塑造人物的实际水平，即用世俗贬低纯粹；另一方面又需读者在日常的人情道理与哲理和超验的因素之间找到恰切的边界，而现实生活的人情道理与小说文本世界的适用关系，亦需权衡读解，不能生搬硬套。

【关键词】红楼梦　文本细读　人情道理　事体情理

一、度的依据:《红楼梦》阅读亟须解决的问题

从《红楼梦》早期被读者评点到红学成为显学，以至于今日，原著容易读完却解味不尽，红学引人深入却学说纷纭，也许仅是想把所有红学著述读完，早已成为奢望了。作为普通的读者看红学，简直是一团乱麻，背离或偏离专著的自说自话或似是而非的议论充斥眉宇，似乎因为原著的残缺使得红学天然具有标准缺失的基因。但是，在原著和红学愈加为大众关注，整本书阅读已经成为学校教学的重要任务的今天，我们必须更加关注文本的世界和人情的原理对解读原著和规范红学的重要意义。

人情的原理，或者直接称为“人情练达”，既是阅读原著的依据，也是有效阅读的目的之一；而文本的世界纵然潜质深厚，但总有原始的不可改变的构造、纹理和可以把握且必须尊重的边界。自说自话的“再创作”是一般读者的自由，也为原著者所乐见，但红学一旦忠实原著，就必然不再有肆意的权利。否则，文学作品无尊严，学术无法则，阅读看似发散升华而实际无意义。

但实践并非如此简单,以贾宝玉为例,他的“好”,好到什么程度?好在哪些方面?有的学者对他的标榜已经近乎神祇,无可附加了。回到文本,是这样吗?他的可爱,不会因为过度的拔高反而被折损吗?再如对雪芹的创作,各种评定、推测、解构,不少是正确的废话或似是而非的误判。太多失“度”的解读,已经让读者无所适从。而如今,这样的问题也已经提不完了。

本文略举文本细读的实例,针对文本世界和人情道理对解读原著之重要性做浅显的说明,其实是老生常谈,却庶几不乏实际的意义。

二、人情的天然:过度拔高等于用世俗贬低纯粹

贾宝玉因“爱博而心劳”,博得了一些女儿心目中“色色想的周到”的好感,他的“周到”,当然是因为泛爱、“意淫”,尤其是对众女儿相对平等的情感照应,甚至还有更深广的原因。但我们对其内涵和意义的分析,仍要以文本和人情的综合标准为依据。

詹丹先生在《“情种”宝玉的周到与无奈》一文中,将宝玉的“周到”上升到智慧的层次。其中一例是庆宝玉生辰群芳开夜宴,宝玉、芳官酩酊大醉,不知避讳,睡在一张床上,次日醒来,袭人嘲笑芳官睡错了地方,芳官醒悟,忙笑着下床,说:“我怎么吃的不知道了。”宝玉笑道:“我竟也不知道了。若知道,给你脸上抹些黑墨。”詹先生指出,“脸上抹些黑墨”纯粹是玩笑话,但恰恰是不能当真的玩笑话,掩盖了他们之间的一个无礼行为,这样,就把芳官流露的含羞心理化解在似乎毫无心机的游戏中。正因为有宝玉这样的假设,芳官本来是不该有的一种无礼的举动,现在好像也当作可以接受的了,因为,这是带有合法性的小孩子的游戏。同时,袭人的隐隐不满,也一并得到化解。但是,以这种议论来说明宝玉的“智慧”,其实是说不通的。

首先,如果宝玉真的认为二人同睡一床是需要用语言“掩盖”一下的无礼行为,一句“不知道”已足够,所谓“脸上抹些黑墨”的玩笑话,是起不到“掩盖”无礼的作用的,恐怕在“有心人”听来,还会延伸轻佻的嫌疑。当然,玩笑的轻松可以冲淡尴尬的注意力,但是宝玉和芳官是否真的会感到羞涩,或者即便有了羞涩感,又是否到了自己觉得应该掩盖的地步,其必然性和必要性是否存在,都值得怀疑。从原著看,按照他们日常的关系和行为表现,这种所谓的“无礼”似乎已算不得什么。何况,这次夜宴之后的就寝,本就是十分仓促,在来不及做任何整理和安排的

状态下的和衣而卧,用宝玉的话说就是“且胡乱歇一歇”而已;且芳官“枕着炕沿上”,未与宝玉有贴身之举。

其次,从原著芳官与众人日常的关系看,大家对她应该是不设防的,更关键的,她好像是一个假小子式的女孩儿。夜宴情节之中,先是宝玉嫌热,脱去外衣,随即芳官也喊热,也穿着很简单的衣裳,加之二人面貌颇有相似处,“引的众人笑说:‘他两个倒像是双生的弟兄两个。’”夜宴情节之后,原著很快就写到了芳官让宝玉把她当作小厮,宝玉给她起男性化的绰号等情节。这些内容都表明,宝玉和众女儿本就不设防,对芳官尤其宠爱而不设界,这种感情颇似淡化了性别的知己,几乎没有异性的暧昧。这一点,周遭众人必然司空见惯,又何谈“无礼”,以及为了“无礼”而“遮盖”呢?芳官的“忙笑着下床”如果说有“含羞”的因素,也是因为自尊,或出于身份意识,这些都是不需宝玉为之辩护的。宝玉的任情天真,与芳官等人相处的纯真自然,是不需要复杂曲折的“智慧”去遮掩的。

再有,袭人是否会对芳官的侧卧报以“隐隐不满”的情绪?原文明确写道:“芳官……睡在袭人身上,道:‘好姐姐,心跳的很。’袭人笑道:‘谁许你尽力灌起来。’小燕四儿也图不得,早睡了。晴雯只管叫。宝玉道:‘不用叫了,咱们且胡乱歇一歇吧。’自己便枕了那红香枕,身子一歪,便也睡着了。袭人因见芳官醉的很,恐闹他唾酒,只得轻轻起来,就将芳官扶在宝玉之侧,由他睡了。”很明显,芳官之所以能睡在宝玉旁边,不无袭人的权衡考虑。本来就有“不设防”的常态,又有袭人自己可以把控的特殊情况,她何必要不满呢?且以袭人的修养,这些小事儿她大概不放在心上,否则以宝玉的表现,袭人早就被气死了。事实上,芳官是先睡在了袭人身上,又被袭人扶到宝玉旁边的,这就更没有“不满”的可能性了,假设是小燕、四儿,估计也会有这样的安排,只是她们没有被宝玉、袭人宠到那个层次而已。再看原文,“袭人笑道:‘不害羞,你吃醉了,怎么也不拣地方儿乱挺下了。’”与其看作是“敲打”,不如看作善意的提醒,也更像对可爱小朋友的逗弄口吻,不像对“敌人”或宝玉的含沙射影的酸句。所以,宝玉的玩笑话,不是针对袭人,对袭人也无效,也就谈不上是什么“智慧”。

这样分析,是否就贬低了宝玉的智慧呢?并非如此,我们强调的是这种情节所体现的宝玉的天然与任情。像“开夜宴”这种充满理想主义色彩和青春气质的情节,是对宝玉与众女儿纵情享受青春之美,深入绽放纯真之情的“极而言之”的有意安排。这固然是“世情”“人情”的一种,但在雪芹的年代,几乎又是“世情”“人情”所无法实现的超然的梦,是只能在“梦”里才能实现的生命绽放,在这种特殊的语境中，“智慧”也就是世故的心机、人际关系的调和、隐约冲突的折中等，都如同杂音一般，干扰着情感世界和生命状态的纯粹。硬说这里宝玉显露“智慧”，可能恰恰没有抬高，却是把他以及这段情节的水平说低了。应该注意，宝玉固然因“心劳”而可爱，但当他“无心”的时候，也同样因天真而可爱，甚至更加可爱（在另外某些情节中，也正因“无心”而可憾可恨，但这都是真实的宝玉）。这是我们分析这一案例要说明的第一个要点。

“事事想的周到”这句评语，单拿出来分析，可以写一篇很长的宝玉人物论；现仅从原著的情节看，这句话其实不完全符合宝玉行为和心理的全部表现。宝玉的确在“讨好”众女儿时很热忱，也当然容易换得及时的好感，但我们不能肤浅地把人物因一时得益而给出的一句好评作为对宝玉整体为人的定评。把握文本和人情，一个重要的原则是不过分拔高人物。这是我们分析这一案例的第二个要点。

回到“脸上抹些黑墨”，宝玉的这句玩笑话的确很有情趣。如果他只说“不知道”，就显得死板无生趣，加上这句玩笑话，就看出人物的性情与关系。试想，不设防、无杂念的少男少女，朦胧睡意未解，笑语脱口而出，显得多么天真。他们未因身体的亲近而产生性的吸引，只有心与情的平等与自然。我们甚至想让宝玉这时有一点儿男孩子带有挑逗性的坏坏的感觉，让情节有一点青春偶像剧中暧昧的氛围，以满足我们甜腻的起哄心理，但是，原著没有，坏坏的宝玉有的只是青春的坦然和无心的亲近而已。恍然童话，超然脱俗。

三、从经验到超验：不可违背的事体情理，不可套用的现实理由

《红楼梦》的叙写最讲究事体情理，对其中很多情节的把握完全可以参照现实生活的原理。

詹丹先生在《黛玉进贾府和肖像描写的合理性》中指出原著借黛玉的视角对宝玉做肖像描写与借宝玉的视角对黛玉做肖像描写有明显的不同，即对宝玉兼写容貌神态与打扮，对黛玉却不写打扮。詹先生自认为给出了比脂砚斋评语更加合理的解释，主要有以下两点。

第一，认为男女在观察异性时有天然的差别，男性更注重异性的长相，女性则连同衣服一起看。詹先生所指出的这种“一般性的意义”，其“一般性”在现实生活的事体情理中能有多少依据，似乎颇值得怀疑，这大概是不须多辩的。依原著，黛

玉对人的观察并非以性别为区分,她不但仔细端详了宝玉的穿着,也整体观察了熙凤的外貌,不但看到了宝玉的情思,也看到了熙凤的性格。其实,她之所以仔细打量宝、凤二人,不但是行文的需要,在语境中,只有这两人外貌极度夸张不凡,且看迎、探、惜三春"钗环裙袄,三人皆是一样的妆饰",较无特色,不比熙凤"恍若神妃仙子",也就没有仔细描写的必要了。

第二,认为更关键的原因是特殊的语境,因为黛玉面对陌生的环境,必然全面仔细地观察,而宝玉站在主人的立场,宜于忽略外来者的穿着,而更聚焦于人本身。这个论点从黛玉的角度说可以基本成立,但过多地关注服饰,有妨碍其"眼熟"心理之嫌,其必要性不突出。从宝玉的角度看,也不能完全成立,因为黛玉对宝玉来说毕竟也是陌生的。纵使宝玉更关注黛玉的内涵,但按照情理,正因为有眼熟的感觉,才应该全面地审视,退一步讲,想要只看脸不看身体,也不是这么容易的。其实,宝玉不是没有看黛玉的打扮,只是没有特意看,看了也没什么需要说的,因为黛玉的穿着至多也就是三春的水平,她又有亲丧在身,打扮必须朴素,这又有什么奥秘可言呢。

一方面是穿着太突出,一方面是穿着太普通,就是这么简单。从叙述视角的学理上做深细之论,难免超出原著的界限,附着论者的一厢情愿。即便是《红楼梦》这种体大思精的大书,有的时候道理也很朴实,没那么复杂。朴实的地方如同生活一般真实,这才是原著给人巨大真实感的原因。该朴实的地方朴实,该深细的地方深细,才是阅读之能得正解真味的前提。

但《红楼梦》作为小说,又不是生活真实的直接翻版,更在艺术的文学性之上颇有哲理和超验的因素。

宝、黛二人初次见面即有似曾相识之感,正是原著最浪漫的情节之一。思索二人眼熟的原因,当然最容易联想到灵河岸边绛珠仙草和神瑛侍者的前世因缘。如此,一见钟情的原因是前世记忆,有某种超验的意味。

但是,詹丹先生在《黛玉进贾府和肖像描写的合理性》一文中又指出:"有一个更现实的理由是,因为他们彼此内心都曾想象自己中意的异性对象,只有当现实中特定的某人与意中人相符时,自然就有了久别重逢的感觉。"

詹先生要找"现实的理由",其所论乍一看也完全可以还原到现实中——试想,情窦初开的少年以其纯情的想象,构思过自己理想的异性形象,一旦成真,会迸发何等的惊奇与欣喜之情。但平心而论,这样任由主观构思而来的想象,是否等同于所谓的似曾相识呢?一般情况下,眼熟的感觉所指向的多是曾经的视觉记忆特征，似乎很难指向未曾见而只是凭空幻想过的形象。何况，人对于他人形象的所谓想象，也肯定要基于已有的视觉经验。既如此，没有想象过却还能眼熟，就是来自前世的，超越审美经验的，寄托于生命深层次根源的，是不可改变的；而基于想象又心想事成的眼熟，就是此世的，基于审美经验的，也是容易被其他审美经验所冲击或取代的。

原文的描述，一方面，“黛玉一见，便吃一大惊，心下想到：好生奇怪，倒像在那里见过的一般，何等眼熟到如此！”一方面，“宝玉看罢，因笑道：‘这个妹妹我曾见过的。’……‘虽然未曾见过他，然我看着面善，心里就算是旧相认识，今日只作远别重逢，未为不可。’”

黛玉心中的大惊，固然不排除对宝玉眼之所见的美好与心中预想的顽劣之间有巨大的差异，更重要的还是她作为女孩子，本来就缺少与少男接触的经验，如今却如此眼熟，绝非常情常理可以解释，这哪里看得出她的吃惊是因为宝玉的形象与她曾经的梦中情人高度吻合呢？而且，既然已经感到“眼熟到如此”，她的内心正应不是对眼熟的惊奇，而是对佳想成真的惊喜。

宝玉的表达则从容自然很多，当然，原著侧重刻画黛玉心理的内在，而只写了宝玉语言的外在。他没有像黛玉那样大吃一惊，一方面是因为他作为男性，且自幼身处众多女儿之间，不缺少接触异性的经验，另一方面则更能体现他对黛玉的面熟之感，不是因为自己曾经的“意淫”，否则凭借他对异性的好奇，恰恰值得“大惊一番”，赞叹自己对异性的把握已经炉火纯青，天造地设，完全足以成真。而“远别重逢”四字，其实已经道出了与灵河岸边前世故事之间的玄机。在前世因缘中，宝玉是施恩者，他不知道、不预期仙草的转世报答；在现世中，宝玉又是一味利人的寄情者，所以，他没有黛玉那般心灵震撼，则更属“真实”。如果他也来一番“吃一大惊”的心理独白，看似与黛玉心电呼应，实则与他前世的作为、现世的身份处境都不合，在描写上也必然显得太过力。而原文既已写到他观察了黛玉的眉、目、愁、病，更透视到了她的心，其观察时的既细且详、既深且“痴”，也算是显而易见了。

单从黛玉的心理描写来说，按照詹先生倾向于“现实”的理解，我们就必须承认，宝玉在她眼中的似曾相识，也许符合她曾经对异性的想象，而这种想象，又只能是基于对其他异性的审美经验而得来。这样理解，将不再具有原著描述的一刹那莫名其妙的“眼熟”所蕴含的那种毫无理由、无法诠释、似乎迸发于命运深处、明显超越于经验之上的强烈的情感冲击力。原著的“眼熟”，神奇就神奇在没有此世生活经验的基础,没有任何想象的前提,没有任何心理的准备,却来源于灵魂深处、前世注定的、如同“当头一棒”的冲击力。凭借我们的感受经验,仔细把握原著文本的世界,詹先生这种解读是不太符合人之常情和文本脉络的。

当然,人的感觉是存在个体差异性的。但纵使我们可以承认在现实生活中确有类似情况的可能性,即真的会有人把自己执着的设想朦胧地错认为曾经真实存在的记忆,那么,我们仍然必须要验证,这种现实的可能性和原著文本世界的内容又是否符合呢?

现实生活固然千姿百态,文本的解读空间固然多元立体,但这不意味着二者之间可以进行任意的接榫,何况,现实生活自有其常情的原理,文本空间自有其内在的限定。这就要求我们在文本的细读与现实人情道理的练达之间,找到最恰切的联结点。

如果遵循詹先生的解读,一见钟情的原因是现世联想,而不再是具有超验意味的前世记忆,这就很容易泯灭原著那神话故事带给我们的神秘、神奇、浪漫、无解、空灵、虚幻、不可思议又无从改变、暂时不觉其重却又是生命不可承受之重的情感要义。看上去是“现实的理由”,却在现实生活中不能成立;原著的情节固然“荒诞”,却恰是文学作品原初世界带给我们的意外惊喜。

令人遗憾的是,原著在写了宝玉的陈述后,没有继续描写黛玉的心理。她本已有了似曾相识之感,一旦听闻宝玉类似的狂言,内心必然是又“吃一大惊”翻江倒海不能平静的吧?如果说似曾相识已经是懵懂的好感,那么宝玉突如其来而又相辅相成的陈述,是不是奠定了她从一开始就要以心相许的冲动呢?我们不知道她之所想,但我们断定她不会这样想:原来这个哥哥也像我一样设想过自己的另一半,如今和我一起美梦得圆——如果是这样,就真成了才子佳人小说的陈词滥调了。

在情节上,宝、黛二人相似的感受仿佛是彼此呼应的,但是,我们必须意识到,宝玉虽然说出了口,但是黛玉止于内心思绪,宝玉并不知情。我们不知道她最终是否把这种第一眼的好感告诉过宝玉。在现实生活中,假设他们最终长相厮守、与子偕老,谈起往事,温情浪漫无可附加,我们设想有一天,黛玉把深藏心底的秘密告诉宝玉:当初,我第一眼见到你,好像前世注定!这是何等的深情,假设她说:当初,我第一眼见到你,你的相貌和我曾经的内心速写完全一致!是不是煞风景?宝玉肯定会问他:你看过多少美男子,最终提炼升华出了对我的预设?这就成了青春偶像剧的低级趣味了。

但是，宝、黛是不可能与子偕老的，前世的因缘固然可以转世再遇，但太虚幻境中的命运预判却无情地注定了今生的悲惨。我们又不知道，就在黛玉将死之时，她会不会对宝玉讲述那第一眼刹那间的原始好感，那曾经来自命运深处和心灵底层的吃惊与波澜。但从小说文本可知的是，前世因缘看似荒唐，却奠定了情节和意义的特殊的背景，且再荒唐也荒唐不过薄命司中对人之薄命的薄情预判，这是“无理”的，才是文学的，才是揭露真理的。而现实中的种种“合理性”，也未必可以随手套用到小说情节的分析中。

可见，我们分析这个案例，旨在指出现实生活中的理由究竟是否能够作为小说情节的“现实的理由”，还须从文本世界与人情道理的权衡中加以判断。

总之，事体情理的真实需要朴实的把握，超验构思的内涵不可生硬地套解，权衡读解，宜在文本与人情之间寻找恰切的路径。

魏署临，天津文史学者，天津市红楼梦研究会常务理事，天津第二中学副校长。

“新红学”时期的天津红学*

林海清

【提　要】天津与红学的发源地北京近在咫尺，同样是新红学的重镇。这里生活过两位红学大家周汝昌和李辰冬，他们的《红楼梦新证》和《红楼梦研究》都是新红学的优异成果；发达的近代天津报刊是新红学的重要传播渠道；繁盛的天津俗文化是红学文化的重要载体。天津对新红学的诞生、推动、研究、接受与传播都作出了突出贡献。

【关键词】天津新红学　周汝昌　李辰冬　大公报　俗文化

“五四”前后的思想先行者们高举“科学”“民主”两面大旗，大力提倡科学精神和科学方法。胡适正是在这科学化运动的大潮中，尝试运用自然科学方法研究中国传统人文学科《红楼梦》的。他继承乾嘉学派的考据传统，对《红楼梦》的相关资料进行深入考查，确认作者为曹雪芹，进而发掘出与曹雪芹生平相关的资料，证明《红楼梦》不是明清的宫闱秘史，也不是什么官宦家庭生活的写照，而是以作者家世和经历为创作素材的带有自传性质的小说。同时，他对已发现的《红楼梦》的不同版本及来历进行了考证，把一百二十回本与八十回本《红楼梦》作了比较，得出后四十回不是曹雪芹所作的结论，从而实现了作者和版本两个方面的突破。他在1921年写了一篇《红楼梦考证》；次年，又写了《跋〈红楼梦考证〉》，这两篇文章奠定了“新红学”的基础。与旧红学相比，新红学主张的“自传说”虽有其局限，但它所关注的是《红楼梦》的作者和版本，较之旧红学的“漫猜谜”进步了不少。而且“处处尊重证据，让证据做向导”，较之旧红学的凭空影射也科学了不少。胡适的《红楼梦考证》问世之后，新红学日渐勃兴，遂使旧红学渐渐偃旗息鼓，人们开始用

* 本文系教育部人文社会科学研究青年项目“《红楼梦》日韩译介与影响研究”（项目编号：23YJC751014）阶段性成果。

新的思路新的方法去解读《红楼梦》,正是《红楼梦考证》开辟了红学史的新纪元。

天津拱卫京畿,距离曹雪芹当年生活与著书的"花柳繁华"之地仅有百余公里,又是海运、漕运的枢纽,大运河流经其间,应为当年曹府人员的往来必经之路,红学遗存,有迹可循,蛛丝马迹,时隐时现,引起众多红迷的极大兴趣。天津也是北方通俗小说的中心,这里曾吹起"小说界革命"的号角①,孕育了"民国北派通俗小说"流派,涌现了一大批通俗小说作家和作品,新红学也催生了具有广泛影响的红学学者和红学大家。天津地处九河下梢,五方杂处,市民群体庞大,近代俗文化畸形繁荣。这里是戏曲的摇篮,京剧、评剧、越剧争奇斗艳。这里更是"北方曲艺之乡",鼓曲、评书、单弦、时调等曲种应有尽有,这些都是《红楼梦》的理想传媒。

本文拟对新红学时期(1921—1954)以来,天津地域的红学文物文献发掘、文本研究与传播接受情况略作描述,以此纪念新红学发展前行的百年之路。

一、天津对"新红学"的初始贡献

如果放在五四新文化运动的广阔背景下进行考察,以胡适《红楼梦考证》为标志的新红学的诞生自有其必然性,但其中也有偶然性。说来有趣,这篇具有划时代意义的大作并非出于胡适的主动请缨,而是在上海亚东图书馆老板汪孟邹和侄子汪原放再三催逼下勉强为之②。二十世纪二十年代初,在五四新思潮新文化的影响下,汪氏叔侄经营的上海亚东图书馆陆续出版新式标点的系列小说《水浒传》和《儒林外史》,深受读者欢迎。当他们把目光转向影响更大更为读者期待的《红楼梦》时,又担心篇幅过大,成本太高,希望胡适写篇"序"来作宣传。可当时胡适对《红楼梦》的出版没有信心,而且正在生病,加上与红楼相关的资料稀缺,所以态

---

① 1897年10月至11月,天津国闻报发表了旅居天津的严复与夏曾佑合撰的《本馆附印说部缘起》一文,被认为是一篇吹响"小说界革命"号角的"雄文"。参见张宜雷主编《图说20世纪天津文学》,延边大学出版社,2003年,第18页。

② 民国九年(1920)12月,汪孟邹在写给胡适的信中第一次谈到为即将排印出版的《红楼梦》写序的事情:"《红楼梦》有一千二百页之多,阴历年内为日无几,拟陆续排完,待开正再行付印,约阴历正月底二月初即出版发行……不识吾兄是拟代撰一篇考证,或一篇新叙,请斟酌函知,以便登而告白。"参见周宁《从广告看20世纪20年代亚东图书馆的出版与经营》,《编辑之友》,2015年第6期。

度并不很积极。经汪氏叔侄反复央求、鼓励,胡适推脱不过,才答应下来,并开始搜集资料,时间大约在1921年3月。不到一个月,初稿告罄,但由于时间仓促,胡适本人不甚满意。4月,他写信请学生顾颉刚帮助校对《红楼梦考证》,并说"如有遗漏的材料,请你为我笺出"。还委托顾颉刚到图书馆查阅《南巡盛典》《船山诗草》等与曹家相关的文献资料,为其补充史料。

顾颉刚受命后不敢怠慢,数十次往返京师图书馆,使许多有关曹家的重要历史文献得见天日。他又与胡适、俞平伯频繁通信,三人通过书信往来讨论与《红楼梦》作者、版本、续书相关的问题。尤其值得一提的是,顾颉刚还来到天津访书,而且在直隶省立第一图书馆(天津图书馆的前身)发现了《楝亭文集》等关于曹寅的重要资料,于是立刻写信告知胡适。胡适闻讯后,于1921年4月30日乘火车从北京来到天津。次日上午,先拜访了天津乡贤严范孙先生,并留下《红楼梦考证》手稿请求斧正。下午两点,来到中山公园旁的直隶省立第一图书馆,仔细阅读《楝亭文集》,看了整整四个小时,觉得其中的"文钞"部分最有价值。《楝亭文集》使他弄清了曹寅的生卒年,曹寅和李煦任职互代关系和曹家的"禄田"所在等几个重要问题。并接受了严范孙先生的两条附证意见,可谓收获颇丰。回京后,对《红楼梦考证》进行进一步审定,在许多细节上做了补充和改写,当年11月12日,完成了《红楼梦考证》改定稿。与初稿相比,无论是在材料上,还是在立论上,都有显著的提高。如此说来,在新红学刚刚起步初始阶段,天津曾对胡适《红楼梦考证》这部奠基之作的完成作出过重要贡献。

二、从天津走出的"新红学"大家

周汝昌是从天津走出的"新红学"大家。他出生于津南区咸水沽镇,少年时期就常听母亲讲"红楼"故事。他在燕京大学西语系学习期间,受其兄周祜昌之托,机缘巧合地在校图书馆发现了敦敏的《懋斋诗抄》,并发表了《曹雪芹生卒年之新推定——懋斋诗钞中之曹雪芹》的红学文章,得到胡适的激赏,从此走上了红学研究之路,而且一发不可收拾。六年之后便完成了他的经典大作《红楼梦新证》(以下简称《新证》)。这部著作的出版引起巨大的轰动效应,也奠定了他无可置疑的红学大师地位。

在《新证》之前,人们对《红楼梦》的价值评价不一,远未达到现今"四大名著之首"的崇高地位。以蔡元培为代表的旧红学索隐派认定《石头记》旨在"吊明之亡,揭清之失",是把《红楼梦》当作历史来读的。王国维开始从哲学、美学角度审视《红楼梦》,却又照搬叔本华的理论对作品作了曲解。林纾、曼殊等文人虽多好语[①],但影响不大,当时的主流红学对它并不看好。以胡适、俞平伯为代表的新红学考证派虽然能够尖锐地指斥旧红学索隐派对《红楼梦》的误读,却又认为《红楼梦》的见解与文学技术"比不上《儒林外史》《海上花列传》和《老残游记》"[②]。唯鲁迅独具慧眼,认为《红楼梦》的价值不可多得,惜未展开;李辰冬也认为《红楼梦》当为"一流小说",又多侧重于艺术研讨。周汝昌在《新证》卷首就从总体上明确提出《红楼梦》是一部石破天惊的伟著,曹雪芹是旷世天才,而后就思想内容、时代价值以及作者"奇迹"般的文学才能三方面对曹雪芹推崇备至,充分肯定《红楼梦》的在小说史乃至文学史上的崇高地位,并逐渐得到国内外红学界的认可。

胡适、俞平伯开创的新红学体系,考证出《红楼梦》的作者是曹雪芹,写的是他的"自叙传"。进而又提出"后四十回是高鹗续补"这一论断,将对《红楼梦》的解读带入学术研究的领域中来,但尚不够深入。周汝昌的《新证》承接了胡、俞的基本观点,却有了重大发展,尤其是对"自传说"的考证。他在极为有限的条件下,几乎一网穷尽地挖掘出与曹雪芹的身世与家世相关的大量珍贵资料,引证文献多达千种。正是有了《新证》,曹雪芹的轮廓在人们的心目中才渐渐清晰起来。

《新证》也初步构建了由曹学、版本学、脂学、探佚学组成的红学体系,使红学能够发展成为国内外的一大"显学"。周汝昌是曹学的首倡者,而且提出几个相关的分支,从而构建了周氏红学体系,而这个红学体系思想根基则是由《红楼梦新证》奠定的,这是周汝昌对红学的大贡献。

周汝昌在《新证》中还提出了不少独树一帜的新观点,如曹雪芹卒年的"癸未说",曹雪芹祖籍的"丰润说",大观园原址的"恭王府说"等,有的属首倡,有的为光大,在红学界都引起热议,对繁荣与推动红学发展都起到了积极作用。

不可否认,《新证》还存在着宣扬"自传说"、考证过于烦琐等时代局限,晚年的周汝昌耳失聪,目失明,丧失了广泛的查阅资料的能力,靠着深厚积累和超常的记

---

① 林纾:"中国说部,登峰造极者,无若《石头记》。"参见朱一玄编《红楼梦资料汇编》,南开大学出版社,1985 年,第 861 页;曼殊:"《水浒》《红楼》两书,其在我国小说界中,位置当在第一级。"见朱一玄编《红楼梦资料汇编》,南开大学出版社,1985 年,第 864 页。

② 梁归智:《问题域中的〈红楼梦〉"大问题":以刘再复、王蒙、刘心武、周汝昌之"红学"为中心》,《晋阳学刊》,2010 年第 3 期。

忆力、判断力著书立说,常常悟出一些别出心裁的观点,引起红学界一波又一波的争论,引出了一个又一个的“话题”。有《新证》这部具有“里程碑”意义的鸿篇巨制,其后又有《石头记会真》这样独具特色的汇校本,还有多达几百万字的红学研究著作,又一手构建了曹学、版本学、脂学、探佚学的红学体系,周汝昌先生对红学的杰出贡献是不能否定的。

三、“新红学”时期的又一部力作

二十世纪二十年代初,胡适《红楼梦考证》和俞平伯《红楼梦辨》问世后,在将近二十年的时间里,天津的红学研究和全国一样,走的仍是旧红学的老路。1925年5月,天津《大公报》断续转载了旧红学索隐派的代表作之一阚铎的《红楼梦抉微》,长达半年之久。阚铎站在道学家的立场上,把《红楼梦》看作是一部比《金瓶梅》更淫的“淫书”,并据此再进行牵强附会的索隐,荒唐得令人啼笑皆非。1928年6月天津《京津泰晤士报》又连载张笑侠的《读红楼梦笔记》,同样观点陈旧,受排满思想影响,仍属于蔡元培索隐一类。直到李辰冬《红楼梦研究》问世,才改变了这种守旧局面,使红学有了新发展。

李辰冬,一名振东,河南济源人。1924年入燕京大学国文系学习,1928年赴法巴黎大学学习,获博士学位。从1931年开始,他用法文撰写《红楼梦研究》,历三年完成,因此获得博士学位。同年回国,就教于母校燕京大学,后于1935年执教于天津河北省立女子师范学院,任国文系教授。此间,他将《红楼梦研究》改写成中文,分章登载在民国二十四至二十五(1935—1936)的天津《国闻周报》上。

《红楼梦研究》全书七万余言,前有“自序”,后分列五章。他大体同意胡适的“自传说”和后四十回的补续说,但又有自己的解释:“文学事实,不完全为历史事实,作者可以任意增加取舍”,也就是说,作家可以根据创作的需要,对现实生活和历史资料进行增删。因而小说里的人物,也不是来自一位模特,可能来自十位、二十位,是“普遍的,共性的”①。在新红学“自传说”开始大行其道,马克思主义典型观刚刚传入中国的三十年代,能得风气之先,持有如此卓见是很难能可贵的,这与他身处异邦接受新思潮的熏陶不无关系。对后四十回为补续的说法他也提出补充意见,认为胡适、俞平伯只是从版本、回目、故事和章法去考证还不够,还应从

① 王振良编《民国红学要籍汇刊:全11卷》第7卷影印本,南开大学出版社,2017年,第3页。

“书里所表现的环境、风格与思想三方面”来提供区分的证据，不能只以前后故事不合，便武断判定不是一个作者。在第二章“曹雪芹的时代、个性及其人生观”中，他就从“特殊环境、教育、血统、生活”等因素分析作家创作个性的形成因素。经过李辰冬的论证，关于后四十回的补续说就更具说服力了。

后面的三章“红楼梦重要人物的分析”“红楼梦的世界”“红楼梦的艺术价值”使《红楼梦》的研究真正回到了文本，是全书的精华与重心所在。从几百个人物中选出贾宝玉、林黛玉、薛宝钗、王熙凤、贾雨村和薛蟠六人进行分析，从纵横两个角度论述作品中所反映的家庭、教育、政治、法律、婚姻、社会、宗教、经济等方方面面的内容，分别论述了《红楼梦》的结构、风格、人物描写和情感表现，有些分析相当精彩。应该说，此前人们对于《红楼梦》的写作手法和艺术成就的研究还很不够，往往只是三言两语，浅尝辄止，不能尽人意。李辰冬对《红楼梦》篇章结构、人物描写、艺术风格予以全面关注与研究，把红学研究提升到一个新的阶段，说明红学研究朝着现代化方向有了重要进展，开创了古代小说研究的新范式。“他的文学观和方法论，他所建构的研究范型，他所得出的许多结论，至今仍有学术的生命力。李辰冬不愧为‘五四’现代学术第二代学者中的佼佼者。”①。

包括新红学派的创始人胡适、俞平伯在内，对《红楼梦》的思想意义、写作手法和艺术程度评价都不高。李辰冬则不然，他写自己读《红楼梦》的感受时说：“读《红楼梦》的书，因其结构得周密，错综的繁杂，好像跌入大海一般，前后左右，波涛万湃；且前起后拥，大浪伏小浪，小浪变大浪，也不知起于何地，止于何时，不禁兴茫茫沧心无边无际之叹！又好像入海潮正盛时的海水浴一般，每次波浪，都带来一种抚慰与快感；且此浪未及，他浪继起，使读者饮罢不能，非至筋疲力倦而后已。”②。确为的论，他是饱蘸着感情研读《红楼梦》的，充分肯定《红楼梦》的价值。他运用从西方学来的先进文学理论及文学批评方法，对《红楼梦》进行分析研究，读来耳目一新。他还把《红楼梦》与但丁的《神曲》、莎士比亚的戏剧、塞万提斯的《堂·吉诃德》、歌德的《浮士德》、巴尔扎克的《人间喜剧》等人们公认的世界名著进行中西比较研究，认为曹雪芹与这些世界一流名作家一样，开创了一个时期的文学。这是在周汝昌的《红楼梦新证》问世之前，少有的旗帜鲜明地充分肯定《红楼梦》价值的观点。

---

① 李辰冬：《李辰冬古典小说研究论集》，中华书局，2006 年，第 18 页。

② 王振良：《民国红学要籍汇刊：全 11 卷》第 7 卷影印本，南开大学出版社，2017 年，第 103 页。

李辰冬的《红楼梦研究》受了王国维的“解脱”说的影响,存在对《红楼梦》的主题曲解等方面的不足,但在红学史上,他的《红楼梦研究》是第一部从文学的立场,用西方的文学观点对曹雪芹和《红楼梦》比较全面系统研究的重要红学专著。上承王国维《红楼梦评论》之余绪,下启社会历史批评派之先鞭,是一部具有开创意义的力作。

四、天津报刊上的“新红学”信息

自清末始,随着门户开放和西风东渐,古老的中国也进入了使用近代印刷技术的报刊时代。天津是近代中国报刊业发展的重地,报业是近现代天津文化的支柱之一。据不完全统计,新中国成立前的天津有近二百种报刊,众多报刊都刊登过大量红学信息,其中以《大公报》的副刊最为丰富。

天津《大公报》于光绪二十八年(1902)由英敛之在天津创刊,历经坎坷,一直坚持到中华人民共和国成立,才改组为《进步日报》,成为办报时间最长,记录中国近现代史最全面的报纸之一。《大公报》副刊设置了几十种专栏,文化负载深厚,红学信息丰富。除了连载旧红学索隐派阐铎的《红楼梦抉微》和寿鹏飞的《红楼梦本事辨证》之外,不断推介新红学的信息。

1926年10月4日《大公报》刊登了一篇《蓼轩杂记》,对《红楼梦》的作者和后四十回续作者进行了梳理介绍。基本接受了新红学的“红楼二说”①,认定作者为曹雪芹,续作者为高鹗。

1927年胡适得到甲戌本《石头记》,经过初步研究,于1928年初写成研究报告《考证〈红楼梦〉的新材料》,这篇文章是胡适红学文献的代表作之一,也是红楼梦版本学的奠基之作,在红学发展史上有着深远影响。1928年4月16日的《大公报》,介绍了《新月月刊》创刊号“论丛”专栏的推介文章。文章转述了胡适对甲戌本重要性的评价,并详细介绍了持有者刘铨福和有关脂评的情况,阐述了甲戌本发现的重大意义,客观地总结了当时的红学研究解决了哪些问题,还有哪些问题没有解决。对胡适的这篇文章推崇备至,认为是红学“最后之定论”“红学从此可以告一段落”,可见评价之高。

---

① 胡适在《红楼梦考证》中提出的“自传说”与“后四十回续书”两个观点影响深远,被称为“红楼二说”。

自1791年程高本问世以来,《红楼梦》刻本一直是程甲本的天下。到了1921年,运用新式标点的“亚东初排本”面世,由于更便于阅读而大受欢迎,但仍是程甲本的翻版。1927年11月,出版家汪原放用胡适所藏的乾隆程乙本做底本,重新进行了标点排印,再版《红楼梦》亚东本。1928年2月27日的《大公报》上刊登了一篇《红楼梦善本之新刊布》的文章,及时介绍了这个本子的优长:“文辞与事实多较旧本为优。书中有校读后记,将新旧本重要异点对照举出”。这部新出版的“亚东重排本”就是后来通行的程乙本。经过胡适的推荐和报刊的宣传,它很快取代了程甲本,到1948年先后再版多次。程乙本的印行,是二十个世纪红学史上的大事,标志着《红楼梦》一个新的阅读时代的到来。

在新红学考证之风盛行的影响下,天津《大公报》的考证文章也日渐增多。

对于《红楼梦》大观园的考证是人们感兴趣的话题之一。《大公报》不止一次刊载文章,认为位于北京什刹海岸曾作为明珠府邸的醇亲王府为大观园旧址,且与作品中的“鼓楼西大街”的地望相合。1935年7月14日刊登的署名藏云的文章《大观园源流辨》,系统梳理了从袁枚的《随园诗话》,周春的《阅红楼梦随笔》到胡适、俞平伯、顾颉刚等诸家的主南主北的各种主张,是一篇对大观园旧址的阶段性总结,对探索大观园原型有重要参考价值。

还不乏对《红楼梦》内容文本的考证与讨论。1923年3月24至28日,报纸连续推出了著名学者胡怀琛对《林黛玉葬花诗考证》的重头文章。他认为林黛玉的葬花诗受了刘希夷《代白头吟》、唐寅《花下酌酒歌》、汉乐府的《薤露歌》的明显影响,与唐代岑参、宋之问、施肩吾的诗作也不无关系,甚至可以联系到袁枚的《祭妹文》。这是当时考证《葬花诗》渊源最彻底最具权威性的文章。

更有意思的是天津《大公报》发起的那场关于红楼梦女性大小脚的讨论①。1927年2月18日的天津《大公报》上,刊登了署名“培基”的一篇《请求答复》的小文,提出《红楼梦》中的众多女子究竟是小脚还是天足的问题。接下来就有几篇文章予以答复,举例说明大观园里的少女们应为小脚,只是因为作家痛恨缠足,但又不能违背时代潮流,所以未做正面描写。3月31日刊登署名“心冷”题为《品头论足,辩论终结》的文章,对这场讨论草草作结,认为讨论这些“虚无缥缈的小说人物”脚的大小无大意义。到了5月29日、30日和7月1日,北京《益世报》又连续

① 红学界一直误认为1929年北京《益世报》发表署名芙萍,题为《红楼梦脚的研究》是讨论红楼女子脚的大小问题最早文章。

发表了著名红学家张笑侠写的《读红楼梦脚的研究以后》和《红楼梦的脚有了铁证》两篇文章,举出一些相反的例证,证明红楼女子不是小脚而是大脚,立即又有不少人响应。后来,还有人提出,红楼女子的脚有两种情况,汉人为小脚,满人为大脚等,很是热闹了一番。

《红楼梦》中的女性究竟是大脚还是小脚?表面看这是个细枝末节的小问题,实则不然。因为女子缠足,是汉族的遗风,而满族女子都是天足。所以,这个问题的结论,涉及《红楼梦》的成书时间、作者的民族归属、作品的民族思想等大问题。直到1980年在美国威斯康星大学召开首届国际《红楼梦》研讨会上,唐德刚向大会提交的论文《曹雪芹的文化冲突》中重提红楼女子大小脚问题,仍是个很引人注目的话题。越到后来,《大公报》关于《红楼梦》文本的研究与评论越多,而且出现了几篇人物形象的分析文章。

五、"新红学"在天津的俗文化传播

天津新红学研究的主体是文人著述,属于雅文化领域;传播主体则为民间艺人,主要在俗文化领域。随着新红学的兴起,《红楼梦》的影响也越来越大,不但在京师广受观注,在津沽大地也迅速传播。除文献传播之外,它的传播渠道是很多的。

首先是民间说唱艺术。

最早的为子弟书。子弟书是中国北方一种传统的说唱艺术,为清代八旗子弟首创而得名,以七言为体叙述故事,辅以八角鼓击节伴奏。大约在道、咸年间,由北京传入天津,称为"卫子弟书"。《红楼梦》题材作品是卫子弟书创作的重点之一,相关作品有四十余种。

清末民初,子弟书逐渐衰落,许多内容被大鼓等北方曲艺吸收,京韵大鼓、梅花大鼓、河南坠子等很多曲目的唱词都来源于子弟书。

京韵大鼓约起源于十九世纪二十年代,衍生出众多曲种。民国三十五年(1946)北京成立曲艺公会后,统一命名为"京韵大鼓"。刘宝全、白云鹏、张小轩分别代表了三大流派,争相献艺,各放异彩。刘宝全一生多次寓居津门献艺,为津门曲艺发展做了出卓越贡献。白派京韵大鼓与《红楼梦》关系更为密切,经典之作是《黛玉焚稿》,此外,《宝玉娶亲》《探晴雯》《黛玉归天》等作品也流传至今,成为一代经典。梅花大鼓承载红楼曲目更多,分为"金派"与"卢(花)派"两个派系。金派以金万昌为代表，他演出的《探晴雯》《宝玉探病》《黛玉悲秋》等红楼曲目，享誉京津一带。“卢（花）派”土生土长于津沽大地，著名的盲人弦师卢成科独创的演奏技法，成为“津派梅花大鼓”；女艺人张淑文（花四宝）为一代名师，被誉为“梅花歌后”，代表曲目是《宝玉探病》。此外，在岔曲、单弦、评书、太平歌词等曲种中也多有红楼曲目，都为红楼文化在天津的普及起到了积极的推动作用。

其次是戏曲。

天津是京剧重镇，民国之初，京剧大师梅兰芳、荀慧生都活跃在天津的舞台上。梅兰芳多次来天津大戏院演出，红楼戏代表作是《黛玉葬花》，还有《千金一笑》和《俊袭人》等；荀慧生的艺术之路是从天津起步的，他对《红楼梦》情有独钟，红楼戏代表作是《红楼二尤》，还编演了《晴雯》《平儿》《香菱》等几出红楼戏。在天津编演京剧红楼剧目的还有陈墨香、金少梅、李万春等名家。此外，民国京津文坛核心人物之一的郭则沄（1882—1946）寓居天津期间，曾据他的红楼续书《红楼真梦》写了一部《红楼真梦传奇》，填补了昆曲的空缺。

还有图像传播。

杨柳青年画、“泥人张”“刻砖刘”“风筝魏”、剪纸、吹糖人等，以杨柳青年画与“泥人张”的红楼主题作品最具代表性。古老的杨柳青年画兴于明而盛于清，传承延续了四百多年，为蜚声中外的中国“四大年画”之一。红楼故事是它的重要题材。民国之前的杨柳青年画中的红楼作品现存近百幅，《藕香榭吃螃蟹》《大观园》《史太君两宴大观园》《薛蘅芜讽和螃蟹咏》《红楼梦庆赏中秋节》等，都是不可多得的珍品。红楼故事也广受天津泥塑、面塑艺人的青睐。天津“泥人张”是中国四大泥塑之一，创始于清代道光年间，如今已经传至六代，计有大量红楼作品，如《惜春作画》《黛玉葬花》《宝钗扑蝶》《二春对弈》《宝黛读曲》《黛玉题帕》《湘云醉卧》《中秋联诗》《玉钏尝羹》《薛蟠唱曲》等。“泥人张”彩塑用色简雅明快，用料讲究，所捏的泥人历经久远，栩栩如生，在国际上享有盛誉。

综上所述，天津对新红学的诞生、推动、研究、接受与传播都作出了突出的贡献。

林海清，天津师范大学国际教育交流学院副教授，中国红楼梦学会理事、天津市红楼梦研究会副会长。

顺懿密妃会亲史事之考辨与补考*

——脂批“借省亲事写南巡”之注脚

黄郁娇

【提　要】结合康熙朝起居注、清官修实录,及相关清人文集,对坊刻本与抄本《惠爱录》所载顺懿密妃会亲史事进行考辨,发现康熙三十八年顺懿密妃确实曾随驾南巡,并在苏州织造府行宫会见亲人。坊刻本与抄本《惠爱录》所记顺懿密妃的籍贯、生育情况与官方档案高度一致,部分史事细节存在错漏,有“欺诳”之嫌;二书所载顺懿密妃家庭住址及父兄为苏州织造织户的信息,极有可能属实,但尚需更为可靠的文献证实。康熙朝南巡期间恩准江南籍汉人官员省亲的史事,可作为顺懿密妃会亲事的补充考证材料。康熙朝南巡的“会亲”“省亲”史事,可为脂批“借省亲事写南巡”提供注脚,可视作“红学”与清史的呼应。

【关键词】:顺懿密妃　康熙　南巡　会亲　省亲

曹雪芹之祖父江宁织造曹寅,曾与连襟苏州织造李煦一道,如《红楼梦》中“江南的甄家”一样“接驾四次”,于康熙三十八年(1699)、康熙四十二年(1703)、康熙四十四年(1705)及康熙四十六年(1707)四度接待康熙帝玄烨巡幸江宁(今江苏南京)。自《红楼梦》问世以来,不少学者依据甲戌本《脂砚斋重评石头记》第十六回“贾元春才选凤藻宫,秦鲸卿夭逝黄泉路”中的脂批“借省亲事写南巡,出脱心中多少忆惜[昔]感今”①,认为曹雪芹祖辈在康熙朝四度南巡侍驾的史事,是曹雪芹创作“元妃省亲”这一情节重要的素材来源之一。详细考证玄烨南巡时的部分相关史事,有助于丰富对《红楼梦》写作背景的认识。

2013年,黄一农发表《〈红楼梦〉中“借省亲事写南巡”新考》一文,发现台北

---

* 本文系“江苏省社科基金文脉专项课题《曹雪芹传》”(项目编号:22WMB008)阶段性成果。

① (清)曹雪芹著、(清)脂砚斋评:《脂砚斋评石头记》,上海三联书店,2011年,第154页。(本文所引《红楼梦》原文与脂批均同此版,不另出注。)

“国家图书馆”藏有坊刻本《圣驾阅历河工兼巡南浙惠爱录》(下文简称坊刻本《惠爱录》)。书中记有康熙三十八年三月“贵妃”王氏随驾至苏州,寻得断绝音讯已二十年的父母的故事。黄一农认为,《惠爱录》中的“贵妃”王氏,即玄烨之顺懿密妃王氏。顺懿密妃年轻时随南巡之康熙帝寻得失联父母这一“世所罕闻之异事”,或许就是脂砚斋所谓“忆昔”的具体所指。①

2015年,杨勇军在进一步考察坊刻本《惠爱录》后认为,《惠爱录》“不免存在添枝加叶的文学想象和描写,而过分渲染故事情节和追求戏剧化的表现手法均不免有损于历史事件的真实”。与此同时,杨勇军表示“即使《惠爱录》不曾被曹雪芹读过,《惠爱录》记载的南巡事通过‘京报、小抄’等传播渠道也必为曹雪芹耳熟能详”,“《惠爱录》的存在,已让读者初步窥见南巡事这只‘无形的手’是如何点燃了《红楼梦》作者创作的火花”。②

2021年,高树伟在《走出索隐与考证的迷宫》一文中,提及北京大学图书馆藏有一部抄本《惠爱录》(全称《圣驾南巡惠爱录》),此版相较坊刻本“既无作者信息,又无序跋题记”,且“内容多有不同”,“记清康熙三十八年三月十九日密妃与父母相见情形”,“内容较台北‘国图’所藏刻本更详。其细节描写处,无论故事环境、人物言语、肢体动作、内心情感等,无一不与小说里的元妃与父母相见情形酷肖”。高树伟认为,“曹雪芹是否曾看到《惠爱录》(北京大学图书馆藏)里这段材料已不重要”,重要的是这段史事“当时也应是曹、李二府上上下下传闻之事,它作为故事的源头,至少已影响《惠爱录》《红楼梦》中相关文本的书写”。③

需要指出,黄一农与高树伟将坊刻本与抄本《惠爱录》中顺懿密妃会亲的记载与《红楼梦》“元妃省亲”情节相联系的前提,是认为康熙三十八年玄烨南巡时,王氏确实随驾至苏州,并得恩旨会见亲人。然而,自坊刻本《惠爱录》这一文献发现以来,便有学者对其记载内容的可信度提出质疑。

2023年,清史学者毛立平从史料辨析的角度,对坊刻本《惠爱录》进行了考察,

---

① 黄一农:《〈红楼梦〉中“借省亲事写南巡”新考》,《中国文化研究》2013年第4期。(本文所引黄一农观点皆出自此文,不另出注。)

② 杨勇军:《论记康熙第三次南巡事迹的〈惠爱录〉兼及〈红楼梦〉》,《南京师范大学文学院学报》2015年3期。(本文所引杨勇军观点皆出自此文,不另出注。)

③ 高树伟:《走出索隐与考证的迷宫》,澎湃新闻2021年3月27日,https://m.thepaper.cn/newsDetail_forward_11898611,访问日期:2024年5月20日。

将其文体定义为“笔记史料”,认为书中有关“贵妃”王氏会亲的描述“较难取信”,但“可以为小说创作者提供官员世家与皇帝、妃嫔接触细节的相关素材”,对《红楼梦》中“元妃省亲”部分的建构或许有所助益。①

不难发现,杨勇军与毛立平虽然对坊刻本《惠爱录》的可信度提出质疑,却并未否认这一文献对红学研究的参照作用。

因此,本文拟在梳理学界现有研究成果的基础上,参照清官修实录、起居注、地方志等历史档案,以及部分康熙朝诗文集,对康熙三十八年南巡顺懿密妃会亲的史事进行考辨与补充考证,力求进一步接近史实,为解读“借省亲事写南巡”提供助力。

一、顺懿密妃会亲史事考辨

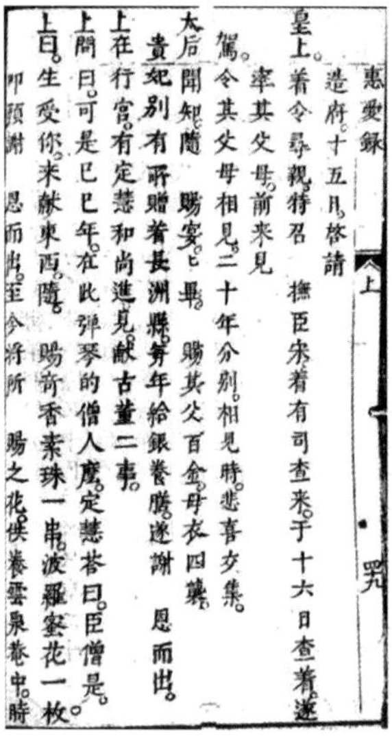
惠愛録
造府。十五日。啓請
皇上。着令尋親。特召　撫臣宋着有司查来。于十六日查着。遂
率其父母。前来見
駕。令其父母相見。二十年分别。相見時。悲喜交集。
太后聞知。隨　賜宴。宴畢。　賜其父百金。母衣四襲。
貴妃别有所贈。着長洲縣。每年給銀養贍。遂謝　恩而出。
上在行宫。有定慧和尚進見。獻古董二事。
上問曰。可是己巳年。在此弹琴的僧人麽。定慧荅曰。臣僧是。
上曰。生受你。来献東西。隨　賜竒香素珠一串。波羅蜜花一枚。
叩頭謝　恩而出。至今将所　賜之花。供養雲泉菴中。時

图一:台北“国家图书馆”藏坊刻本《惠爱录》记“贵妃”王氏会亲事书影

黄一农、杨勇军等已对台北“国家图书馆”藏坊刻本《惠爱录》进行过详细考证介绍,兹不赘述。坊刻本《惠爱录》载“贵妃”王氏会亲事云(图一):

苏州东城王姓者,开机为业,有女幼时德行兼优,后至京中长成,得入宫中,立为贵妃,生有二位王子,宠冠三宫。常思父母,未知如何,音信难通。己巳年,圣驾二次临吴,先曾访问,无从寻觅。今逢太后降香吴中,请旨欲随陪侍仝(同)行,兼访父母消耗。三月十四日临吴,在织造府。十五日,启请皇上,着令寻亲,特召抚臣宋着有司查来,于十六日查着,遂率其父母前来见驾,令其父母相见。二十年分别,相见时,悲喜交集。②

此外,为进一步了解抄本《惠爱录》的详细情况,

① 毛立平:《从清宫档案考察后妃的归家“省亲”》,《红楼梦学刊》2023年第3期。(注:本文所引毛立平观点皆出自此文,不另出注。)

② 沈汉宗:《圣驾阅历河工兼巡南浙惠爱录》(简称《惠爱录》)上,台北“国家图书馆”藏清坊刻本,第49页。

笔者曾于2023年11月在北京大学图书馆查阅该文献,现简要介绍如下。

抄本《惠爱录》是清抄本《圣驾南巡惠爱录》的简称。该书现藏北京大学图书馆,包含于一函四册抄本《南巡录》(典藏号“LSB/8982”)内。

《南巡录》由《圣驾南巡录》一卷、《圣驾南巡惠爱录》三卷组成,小楷抄录,无作者署名,亦无序跋题记。《圣驾南巡录》,卷首附小字“随銮日记”,全书记叙康熙二十八年(1689)玄烨第二次南巡事。《圣驾南巡惠爱录》三册封面分别题名《圣驾南巡惠爱录上卷》(附注“三十八年”)《圣驾南巡惠爱录中卷》《圣驾南巡惠爱录下卷》。《圣驾南巡惠爱录上卷》卷首题“圣驾南巡惠爱录前集”,记康熙三十七年(1698)冬至康熙三十八年三月三十日玄烨南巡相关事件。《圣驾南巡惠爱录中卷》卷首题“圣驾南巡惠爱录中集”,记康熙三十八年四月初一日至十三日玄烨南巡相关事件。《圣驾南巡惠爱录下卷》卷首题“圣驾南巡惠爱录后集”,记康熙三十八年四月十三日至五月初一日玄烨南巡相关事件。①

北京大学图书馆藏抄本《惠爱录》载“贵妃”王氏会亲事云(图二):

> 三月十九日……江苏抚院宋荦启奏皇上:“前臣奉贵妃王娘娘旨寻父母住处,随委苏州同知并长、吴二县知县密访。今得苏州城东狮林巷内有织造机户王寿官,系贵妃娘娘胞兄,有父母在堂。臣未敢擅便具实奏闻。”随即命下召见,当时有织造府备许多衣服帽靴等物,同吴县知县飞马到狮林巷,迎请王公夫妇并王寿官至馆教习礼仪。县官随即备轿马同到织造府,有内侍引入。
>
> 贵妃娘娘命内侍传旨问昔年家务事,王公夫妇逐一应对内侍,内侍复入奏贵妃娘娘,然后将王母引进内,先见贵妃娘娘,行朝见礼,礼毕,赐坐,赐茶,问慰寒暄,悲而后喜。
>
> 时有王子而问曰:“阿妈,此何人也?”与之坐焉。
>
> 贵妃娘娘说:“你是我所生,我是他所生。”
>
> 王子点首微笑,将手中所拿宝玩一具递与王母。
>
> 贵妃娘娘引王(按:疑脱“母”字)见皇太后,朝礼毕,贵妃将前事奏闻。
>
> 皇太后喜,向王母曰:“你好生得好女孩儿。”
>
> 贵妃娘娘启奏皇太后曰:“今没甚物与之,欲将衣赐可否?”皇太后说:

---

① 佚名:《南巡录》,一至四卷,北京大学图书馆藏清抄本。

"可。"遂与之衣。又曰:"与之簪可否?"皇太后曰:"可。"又与之簪。皇太后赐金、赐缎,王母谢皇太后恩。贵妃娘娘引回,与之饮食。

王公并王寿官有内侍引见皇上。王公叩首,俯伏阶下。天颜喜悦,问所做事业,王公朗对。皇上说:"好。"即向织造谕之曰:"尔狠(很)照看他。"

当时王公父子谢恩,见王母同出织造府,其时众侍卫见了,跪的跪,叩首的叩首,连府县各官尽迎接行礼称贺,织造随即送银千两。①

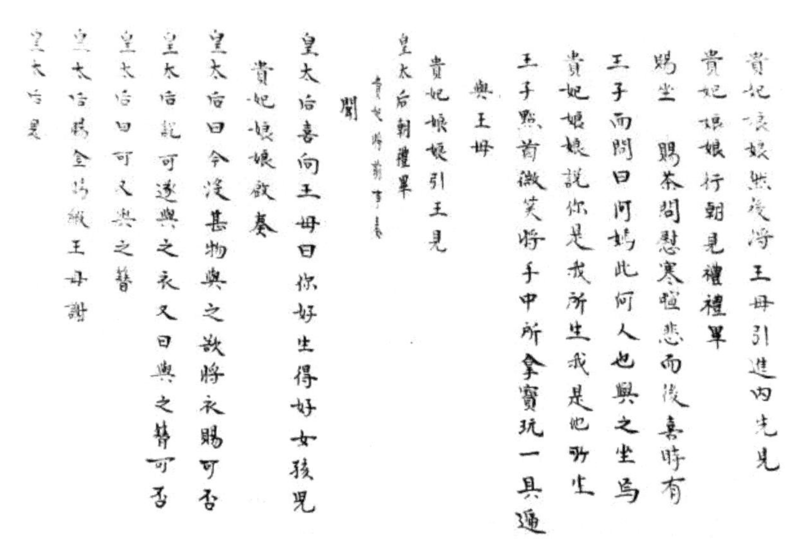
貴妃娘娘然後將王母引進內先見
貴妃娘娘行朝見禮禮畢
賜坐　賜茶問慰寒暄悲而後喜時有
王子而問曰阿媽此何人也與之坐焉
貴妃娘娘說你是我所生我是他所生
王子點首微笑將手中所拿寶玩一具遞
與王母
貴妃娘娘引王見
皇太后朝禮畢
貴妃將前事奏
聞
皇太后喜向王母曰你好生得好女孩兒
貴妃娘娘啟奏
皇太后曰今沒甚物與之欲將衣賜可否
皇太后說可遂與之衣又曰與之簪可否
皇太后曰可又與之簪
皇太后賜金賜緞王母謝
皇太后恩

图二:北京大学图书馆藏抄本《惠爱录》记"贵妃"王氏会亲事书影(局部)

已有不少学者指出,坊刻本与抄本《惠爱录》中会亲的王姓"贵妃""贵妃王娘娘",实际上是玄烨的顺懿密妃、王国正之女王氏。近来,学者王冕森结合康熙朝内务府奏销档考证,王氏最迟在康熙三十一年(1692)已经入宫,康熙三十三年(1694)十一月二十八日生十五阿哥允禑,康熙三十五年(1696)生十六阿哥允禄,康熙四十年(1701)八月初八日生十八阿哥允祄。康熙四十八年(1709)正月,王氏封嫔,时称"王嫔",康熙五十七年(1718)正式册封"密嫔",雍正年间晋封为"密妃",乾隆年间尊封"顺懿密妃"。② 由此可以确定,康熙三十八年时王氏尚为庶妃,"贵妃"之名号与史实不符。

尽管顺懿密妃自入宫之后称谓历经多次变动,但为论述方便,后文除必要的

---

① 佚名:《南巡录·圣驾南巡惠爱录上卷》,北京大学图书馆藏清抄本。

② 王冕森:《清代后妃杂识》,上海社会科学院出版社,2022年,第298—300页。

文献引用外,笔者拟将王国正之女王氏统一称作“顺懿密妃”。

相较于坊刻本《惠爱录》,抄本《惠爱录》的细节更为丰富,二者同为笔记史料,其中所记顺懿密妃会亲一事中的细节是否可以采信,尚需详细考证。

根据坊刻本《惠爱录》的说法,早在康熙己巳年(即康熙二十八年,1689)玄烨第二次南巡时,便已为顺懿密妃寻访多年未见的父母。但“无从寻觅”。康熙三十八年,玄烨奉嫡母孝惠章皇后三度南巡,顺懿密妃陪侍同行,再次寻访父母。三月十四日抵达苏州后,顺懿密妃与皇帝、太后住在苏州织造府行宫,三月十五日即命江苏巡抚宋荦寻访。三月十六日,顺懿密妃与分别二十年的父母在行宫相见。

抄本《惠爱录》无顺懿密妃与父母分别二十载的描述,记江苏巡抚宋荦差遣苏州同知与长洲吴县知县密访,访得顺懿密妃父母并胞兄“织造机户王寿官”住在“苏州城东狮林巷内”。得知顺懿密妃亲人确切的住址,苏州织造李煦带着织造府内的衣服帽靴等物,与吴县知县飞马赶往狮林巷,迎至苏州织造府教习礼仪。三月十九日,顺懿密妃与“王子”一同会见亲人。其母受太后召见赏赐,其父兄受皇帝召见。顺懿密妃家人离开行宫时,李煦赠银千两。

查阅康熙三十八年三月的《康熙起居注》可知,玄烨一行的确于康熙三十八年三月十四日驻跸苏州府城。但从三月十四日至三月十九日离开苏州为止,起居注中并无顺懿密妃会见亲人的记录。三月十九日,玄烨赐李煦“修竹清风”四大字,又字二幅。[①]

虽然李煦现存诗文奏折中并未提及康熙三十八年顺懿密妃会亲一事,但康熙四十八年(1709)七月十六日,李煦向玄烨密奏了“王嫔娘娘”(即顺懿密妃)之母黄氏七月初二日患痢疾,七月十四日午时病故的消息。[②] 该奏折可作为李煦曾受皇帝委托,照看居住在苏州的顺懿密妃之家人的旁证。抄本《惠爱录》中玄烨评价李煦很照看顺懿密妃父亲的表述,当属实情。

除李煦外,坊刻本与抄本《惠爱录》所载顺懿密妃会亲一事中均提到的另一位可以考证的重要人物,是时任江苏巡抚宋荦。

玄烨南巡结束后,宋荦曾撰《迎銮日纪》,记叙玄烨第三次南巡期间的活动。据宋荦回忆,玄烨一行在康熙三十八年三月十四日午后抵苏州府,驻跸苏州织造

① 徐尚定标点《康熙起居注:标点全本》第六册,东方出版社,2014年,第166—170页。

② 故宫博物院明清档案部编:《李煦奏折》,中华书局,1976年,第72页。

衙门。三月十九日辰刻,玄烨“乘御舟出葑门幸浙江,暮抵平望”。[①] 尽管宋荦对玄烨在苏州期间的活动记载甚详,但未见与顺懿密妃会亲相关的只言片语。黄一农推测,这是“事涉宫闱而讳言”的缘故。

一般情况下,获取玄烨嫔妃的个人信息绝非易事。词臣高士奇在《蓬山密记》记载,玄烨曾将“二贵嫔像”展示于他,称“尔年老,久在供奉,看亦无妨”。尽管高士奇有幸亲睹玄烨嫔妃之画像,所得知的信息也不过是“此汉人也”和“此满人也”。[②] 高士奇撰写《蓬山密记》时已经致仕,玄烨因其“年老”,方才将嫔妃画像展示于他。宋荦撰写《迎銮日纪》时,尚在江苏巡抚任上,即使奉旨促成过顺懿密妃会亲,恐怕也需为尊者讳,黄一农的观点具有一定的合理性。

在坊刻本《惠爱录》中,沈汉宗自称“吴门濠上草莽臣”[③]。“虎阜山人朱敬庵”所题坊刻本《惠爱录》跋文亦云,书中所记之事乃“山林隐逸遗言”“稗官野史遗事”。[④] 将坊刻本与抄本《惠爱录》所记曹寅及其母孙氏获赐御匾一事的细节与官方档案的记载对比参照,可证朱敬庵所言不谬。

坊刻本《惠爱录》康熙三十八年四月十四日记云(图三):

> 十四日……又赐织造府曹御书“宣端”二大字一匾,并赐御前物件等色。

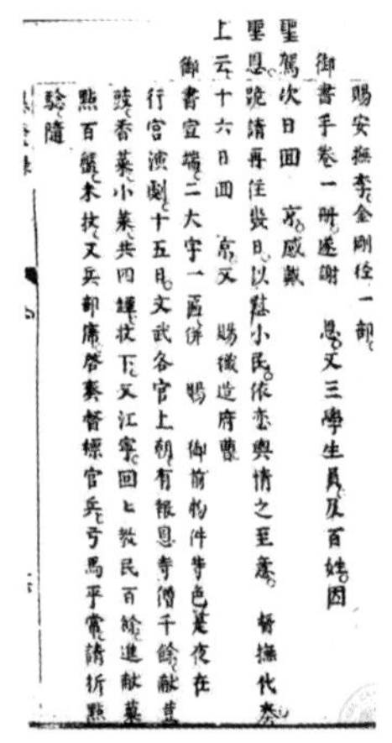
賜安撫李金剛經一部
御書手卷一冊。遂謝 恩。又三學生員及百姓因
聖駕次日回 京。感戴
聖恩。號請再住數日。以慰小民。依戀輿情之至意。 督撫代奏
上云十六日回 京。又 賜織造府曹
御書宣端二大字一匾。併 賜 御前物件等色。是夜在
行宮演劇。十五日。文武各官上朝。有報恩寺僧千餘。獻
香菓小菜共四罈。收下。又江寧回回教民百餘。進獻菓
點百盤。未收。又兵部庸啓奏。督標官兵弓馬平常。請折點
驗隨

图三:台北“国家图书馆”藏坊刻本《惠爱录》记康熙三十八年三月十四日曹寅获赐御书等物事书影

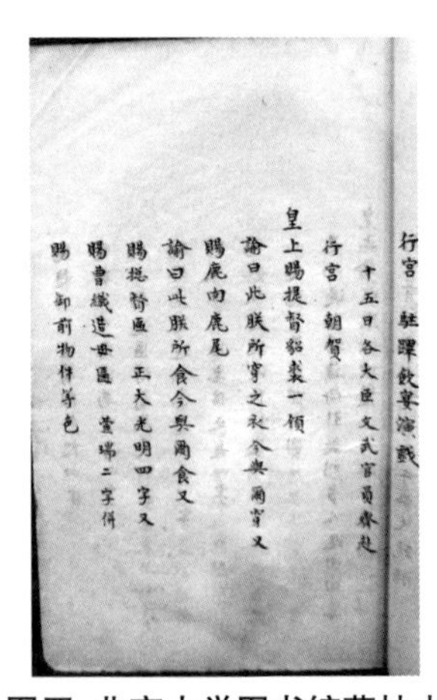
行宮 駐蹕 欽宴演戲
十五日各大臣文武官員恭赴
行宮 朝賀
皇上賜提督貂裘一領
諭曰此朕所穿之衣今與爾穿又
賜鹿肉鹿尾
諭曰此朕所食今與爾食又
賜提督匾 正大光明四字又
賜曹織造母匾 萱瑞二字併
賜 御前物件等色

图四:北京大学图书馆藏抄本《惠爱录》记康熙三十八年四月十五日曹寅母子获赐御书等物事书影

---

① 宋荦:《迎銮日纪》,一卷,清抄本,第18页A。

② 高士奇撰,王树林等整理:《高士奇全集》,浙江古籍出版社,2023年,第3565页。

③ 沈汉宗:《惠爱录》序,第1页。

④ 沈汉宗:《惠爱录》跋,第39页。

抄本《惠爱录》康熙三十八年四月十五日记云(图四):

十五日……又赐曹织造母匾“萱瑞”二字,并赐御前物件等色。

查阅《康熙起居注》可知,康熙三十八年四月十五日,玄烨“以织造府织造官曹寅之母年老,赐‘萱瑞堂’三大字”,又“赐曹寅御书‘云窗清霭’四大字,又字一幅,对联一副”,并赐曹寅、李煦《渊鉴斋法帖》各一部(图五)。

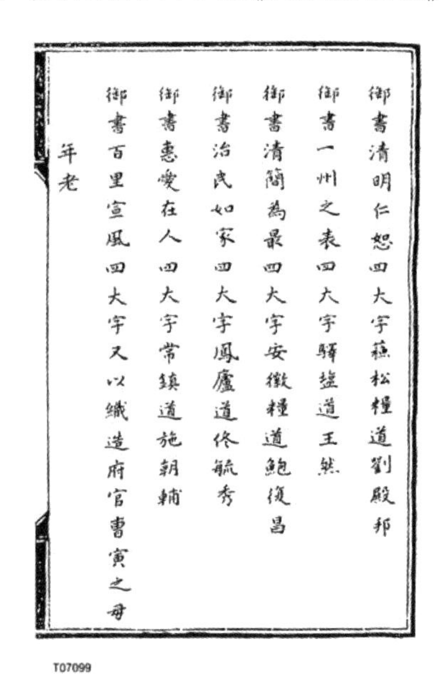
御書清明仁恕四大字蘇松糧道劉殿邦
御書一州之表四大字驛鹽道王然
御書清簡為最四大字安徽糧道鮑復昌
御書治民如家四大字鳳廬道佟毓秀
御書惠愛在人四大字常鎮道施朝輔
御書百里宣風四大字又以織造府官曹寅之母
年老

T07099

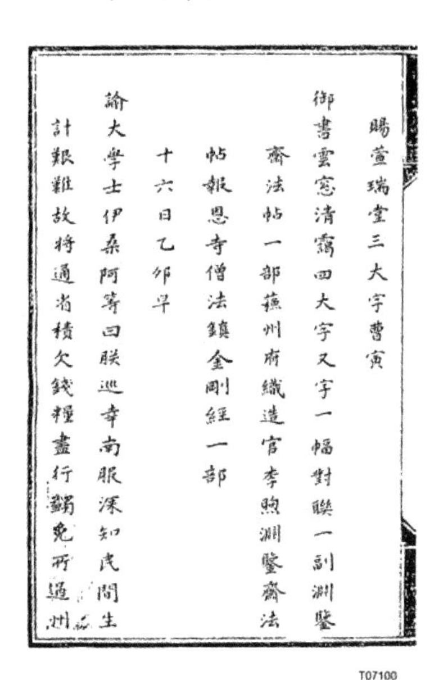
賜萱瑞堂三大字曹寅
御書雲窓清靄四大字又字一幅對聯一副淵鑒
齋法帖一部蘇州府織造官李煦淵鑒齋法
帖報恩寺僧法鎮金剛經一部
十六日乙卯早
諭大學士伊桑阿等曰朕巡幸南服深知民間生
計艱難故將通省積欠錢糧盡行蠲免所過州

T07100

图五:连经出版事业公司影印“台北故宫博物院”藏《康熙起居注》记康熙三十八年四月十五日孙氏、曹寅、李煦获赐御书等物事书影

实例表明,与官方档案相较,坊刻本与抄本《惠爱录》的部分史事细节存在错漏,沈汉宗的确为无官职的苏州士绅,其获得官方信息渠道有限。虽然抄本《惠爱录》未注明作者署名,且无法从现有材料直接断定同样出自沈汉宗之手,但两种文本记录的事件大体相同,即使抄本《惠爱录》的作者另有其人,其身份大概也和沈汉宗一样,乃无官职的江南士绅。

前文曾论及,获取玄烨嫔妃的个人信息绝非易事。对沈汉宗等远离朝堂的江南士绅而言,只有顺懿密妃确实曾在康熙三十八年随驾南巡,并于苏州织造府行宫会见亲人,轰动全城,他们才有可能注意到当时仅为玄烨庶妃的顺懿密妃,并认为此苏州籍妃嫔“宠冠三宫”,以“贵妃”“贵妃娘娘”称之。

据此,似乎有必要重新审视坊刻本《惠爱录》沈汉宗序言所谓“是录皆从京报、小抄,及所见所闻之事,非泛言叠出致于欺诳者"[①]的表述。一方面,因顺懿密妃在康熙三十八年确实随驾南巡,坊刻本与抄本《惠爱录》的作者才有机会得知玄烨有一汉族妃嫔王氏,祖籍苏州,且这位妃嫔在康熙三十八年已生育两位皇子等细节,与清朝官方档案提供的信息高度一致;另一方面,坊刻本《惠爱录》所云宋荦、李煦等当地官于一日之间便寻获与顺懿密妃"二十年分别"的父母的描写,似乎不合常理,经不起推敲。又据《清圣祖实录》,康熙三十八年南巡时,王氏所生的十五阿哥年六岁,十六阿哥年仅四岁,十八阿哥尚未出生,三位皇子均不在南巡随驾皇子名单内。[②] 但考虑到《清圣祖实录》为雍正年间所修,康熙年间撰写的起居注并未注明玄烨第三次南巡随驾皇子的完整名单,时年六岁的十五阿哥应已具备对话能力,《清圣祖实录》或许存在漏记,似乎不宜完全排除十五阿哥曾随顺懿密妃会亲的可能性。

虽然坊刻本与抄本《惠爱录》中有关顺懿密妃的籍贯、生育情况与官方档案高度一致,但沈汉宗等苏州士绅未曾随驾南巡,无法了解康熙朝宫中妃嫔的具体封号,更无法掌握苏州织造府行宫内部君臣对话的详细内容,只能在阅览京报、小抄的基础上,道听途说,收集见闻,充实细节。坊刻本与抄本《惠爱录》所载顺懿密妃的封号头衔,顺懿密妃与父母、儿子的对话,顺懿密妃父母、胞兄与皇帝、太后的对话,以及李煦、宋荦等大臣与玄烨的对话,李煦赠顺懿密妃家人银千两等细节描写,多存在错漏,有"欺诳"之嫌,不可尽信。

与此同时,坊刻本与抄本《惠爱录》所记顺懿密妃之亲人住苏州城东,具体住址为"狮林巷",父兄皆织造机户出身,一家人很受以苏州织造李煦为代表的苏州地方官照顾等信息,极有可能情况属实。

狮林巷因狮子林得名。狮子林位于苏州城东北隅,元至正二年(1342)始建,为菩提正宗寺之寺园,园中"林有竹万,竹下多怪石状如狻猊者",故名"狮子林",菩提正宗寺因此得到狮林寺的俗名。明万历二十年(1592),菩提正宗寺重建,赐"圣恩寺"额。康熙四十二年(1703),玄烨赐"狮林寺"三字额,以及"苔涧春泉满,萝轩夜月闲"对联。[③] 由此,狮林寺成为狮子林内寺院之正名。乾隆二十六年(1761)纂修的《元和县志》卷二《疆域》,将抄本《惠爱录》所称"狮林巷"记为"狮

① 沈汉宗:《惠爱录》序,第1页。

② 马齐等编:《清圣祖实录》卷一九二,清刻本,第5页A。

③ 黄之隽纂:《江南通志》卷四十四,《四库全书》本,第19页B。

林寺巷”。[1] 因此,抄本《惠爱录》应当在康熙三十八年南巡后,康熙四十二年玄烨题写狮林寺匾额前完稿。

虽然清官修文献称顺懿密妃为“知县王国正”之女,但学界至今尚未查明顺懿密妃之父王国正究竟在何时任何地知县,仅推断王国正当属民籍汉人。[2] 坊刻本《惠爱录》透露顺懿密妃父亲乃“苏州东城王姓者,开机为业”,抄本《惠爱录》更指明顺懿密妃之家人居住于“苏州城东狮林巷”,父亲王国正与胞兄“王寿官”皆为织造机户,归苏州织造李煦管理,比清朝官方提供的模糊信息更为具体。

因此,虽然目前尚不能完全排除顺懿密妃之父王国正曾任知县的可能,但坊刻本与抄本《惠爱录》中顺懿密妃父兄为李煦手下织造机户的记载,似乎可备一说。关于顺懿密妃家庭出身的两种说法,都有待学界挖掘来源更为可靠的文献材料佐证。

经考辨,笔者认为康熙三十八年顺懿密妃于苏州织造府行宫会亲的史事应当真实发生过。康熙三十八年三月十四日至十九日,时为玄烨庶妃的顺懿密妃跟随皇帝、太后抵达苏州。期间,在江苏巡抚宋荦、苏州织造李煦等地方官员的安排下,顺懿密妃得以与居住在苏州城东狮林巷的父亲王国正、母亲黄氏,以及或许名为“王寿官”的兄长在苏州织造府行宫团聚。苏州民人王国正可能为某地知县,但更有可能是李煦手下的织造机户,其子继承父业。皇帝、太后或曾在苏州织造府行宫召见王国正一家,并有恩赐。

李煦、宋荦等参与促成顺懿密妃会亲的官员,或本着为尊者讳的原则,未留下文字记录,清朝官方文献也不曾记录此事。

顺懿密妃于苏州织造府行宫会亲一事,曾在苏州地方引起轰动。康熙三十八年夏月[3],苏州士绅沈汉宗根据自己获得的京抄、邸报及见闻,在坊刻本《惠爱录》中记下“贵妃”王氏会见亲人的故事。虽然故事中有关顺懿密妃的籍贯、生育情况的叙述大致可信,但亦有诸多细节存在“欺诳”之嫌,需要考辨。

约康熙三十八年至四十二年间(1699—1703),坊间另有一抄本《惠爱录》问世,亦记“贵妃王娘娘”会亲事,叙述较坊刻本《惠爱录》更详,但细节描写同样存在“欺诳”现象。抄本《惠爱录》作者待考,或为沈汉宗,也可能是其他江南士绅。

---

① 许治修,沈德潜、顾诒禄纂:《乾隆元和县志》卷二,乾隆二十六年(1761)刻本,第6页B。

② 王冕森:《清代后妃杂识》,第298—299页。

③ 沈汉宗:《惠爱录》跋,第38页。

二、顺懿密妃会亲史事补考

尽管经过考辨,笔者认为顺懿密妃于康熙三十八年随驾南巡,并在苏州织造府行宫会亲的史事应当真实发生过,但仍需指出,顺懿密妃康熙三十八年会亲一事目前仅见于笔记史料坊刻本与抄本《惠爱录》中,未见任何清朝官方档案记载,亲历者苏州织造李煦、江苏巡抚宋荦等,亦未提及此事,将未经更为可靠之文献佐证的顺懿密妃会亲作为脂批"借省亲事写南巡"的历史背景支撑,似乎略显单薄。

有趣的是,笔者查阅清康熙朝实录、起居注时发现,玄烨南巡途中曾允许部分随驾人员省亲,可为康熙三十八年顺懿密妃会亲之事补充考证材料。

就在抄本《惠爱录》记载顺懿密妃会亲的康熙三十八年三月十九日,据《清圣祖实录》记载,玄烨离开苏州启程前往松江时,曾谕扈从翰林曰:"尔等有苏松人,不必随至浙江,可到家省亲展墓。"①

《康熙起居注》对玄烨于康熙三十八年三月十九日恩准苏州、松江籍汉人官员省亲展墓一事进行了更细致的描述(图六):

> ……又奏事存住传谕曰:"扈从汉翰林官中多苏(州)松(江)人,不必随至浙江。朕若不南来,尔等归亦不易,可到家与父母妻子相见,或展省坟墓也。"掌院学士韩菼等回奏称:"皇上念切民生,巡幸南服,臣等叨蒙扈从,得至故乡,宠荣已极,自宜随驾前往,不敢宁居。乃更蒙皇仁俯恤,俾到家省亲展墓,存殁沾恩。"遂叩头谢恩。

康熙三十八年任掌院学士的韩菼,是康熙十二年(1673)状元,祖籍苏州府长洲县。依据起居注提供的人物线索,查阅韩菼《有怀堂诗稿》,发现卷五收入《南巡圣德诗三十章》,记康熙三十八年南巡事。第二十九章云:"螭头休沐便,豹尾宠光分。白发堂前老,斑衣天半云。乌情上冢切,黄札捧香焚。乍见家人喜,亲朋剥啄闻。"诗末韩菼自注云:"汉官多江浙人。各命归家省亲或展墓,且谕缓来,亦当有故旧留连也。"②据此,玄烨在康熙三十八年南巡时允许苏州、松江籍大臣回家省亲展墓一事当无疑议。韩菼等苏州、松江籍大臣在康熙三十八年三月十九日皇帝起

---

① 马齐等编:《清圣祖实录》卷一九二,清刻本,第18页B。

② 韩菼撰:《有怀堂诗稿》卷五,清刻本,第8页B至第9页A。

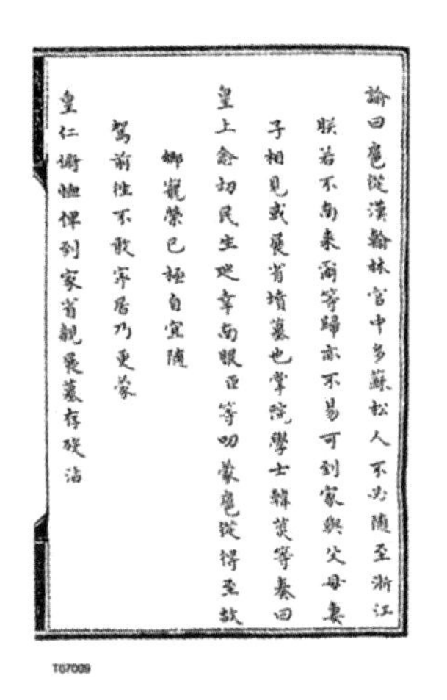

諭曰扈從漢翰林官中多蘇松人不必隨至浙江
朕若不南來爾等歸亦不易可到家與父母妻
子相見或展省墳墓也掌院學士韓菼等奏曰
皇上念切民生延幸南服臣等叨蒙扈從得至故
鄉覲榮已極自宜隨
駕前往不敢家居乃更蒙
皇仁衢恤俾到家省覲展墓存殁沾

T07009

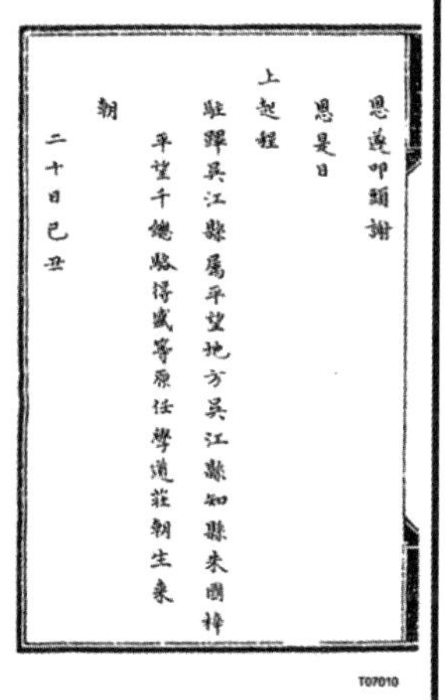

恩逸叩頭謝
恩是日
上起程
駐蹕吴江縣屬平望地方吴江縣知縣朱國梓
平望千總駱得威等原任學道莊朝生來
朝
二十日己丑

T07010

图六:连经出版事业公司影印“国立故宫博物院”藏《康熙起居注》记恩准江南籍汉人官员省亲展墓事书影

驾前往浙江后并未随行。玄烨恩准韩菼等返回原籍省亲展墓,与父母妻儿相见。十年未曾南巡的玄烨,考虑到“朕若不南来,尔等归亦不易”,允许韩菼等不必着急追随皇帝,父母尚在人世者,可彩衣娱亲;父母离世者,可亲自祭扫,稍尽乌哺之私。

事实上,早在康熙三十八年之前,玄烨便曾在南巡期间允许部分江南籍汉人官员回原籍省亲。

据《词林典故》,康熙二十三年(1684)玄烨首次南巡至苏州时,曾传谕掌院学士孙在丰云:“孙在丰家湖州,去此不远,可一往省亲。”离开苏州前,玄烨复谕孙在丰曰:“汝来不必至江宁第,于淮扬诣行在。其金陵名胜有应留名处,汝系从官,必为尔题名也。”[①]除允许孙在丰回湖州原籍省亲外,玄烨还允许孙在丰不必至江宁行宫见驾,可在江宁游览名胜古迹并题名后,在扬州行宫见驾。玄烨细致入微地体察江南籍汉人官员的思乡之情,屡次在南巡期间恩准他们省亲展墓,并开展文化活动,传为佳话。

清朝官方文献、档案,以及康熙朝官员诗文集中有关康熙南巡途中允许江南籍汉人官员回家省亲的记载,说明玄烨对常年在京为官的江南籍大臣返乡与家人团聚一事持鼓励态度,是一位重视人伦亲情的君主。

《红楼梦》第十六回,贾琏曾对元妃省亲的缘故做过一番解释:

---

① 张廷玉、鄂尔泰等编:《词林典故》卷四,《四库全书》本,第 27 页 B。

如今当今贴体万人之心,世上至大莫如孝字,想来父母儿女之性,皆是一理,不是贵贱上分别的。当今自为日夜侍奉太上皇、皇太后,尚不能略尽孝意,因见宫里嫔妃才人等皆是入宫多年,抛离父母音容,岂有不思想之理?在儿女思想父母,是分所应当。想父母在家,若只管思念女儿,竟不能见,倘因此成疾致病,甚至死亡,皆由朕躬禁锢,不能使其遂天伦之愿,亦大伤天和之事。故启奏太上皇、皇太后,每月逢二六日期,准其椒房眷属入宫请候看视。于是太上皇、皇太后大喜,深赞当今至孝纯仁,体天格物。因此二位老圣人又下旨意说:椒房眷属入宫,未免有国体仪制,母女尚不能惬怀。竟大开方便之恩,特降谕诸椒房贵戚,除二六日入宫之恩外,凡有重宇别院之家,可以驻跸关防之外,不妨启请内廷鸾舆入其私第,庶可略尽骨肉私情,天伦中之至性。此旨一下,谁不踊跃感戴?现今周贵人的父亲已在家里动了工了,修盖省亲别院呢。又有吴贵妃的父亲吴天祐家,也往城外踏看地方去了。这岂不有八九分了?

诚然如毛立平所说,清朝"官方史书和宫廷档案中并没有任何关于后妃归家省亲的规定和相关记载",且并没有一个"稳定而规范的会亲形式",《红楼梦》"元妃省亲"的情节是曹雪芹的杜撰,但数则玄烨在南巡期间允许江南籍汉人官员省亲的记载,一方面可以作为坊刻本与抄本《惠爱录》所载顺懿密妃省亲一事的补充考证材料,另一方面真实体现了玄烨"贴体万人之心""至孝纯仁,体天格物"的一面,丰富了脂批"借省亲事写南巡"的历史背景。

三、脂批"借省亲事写南巡"之注脚

经考辨,康熙三十八年三月十四日至十九日期间,时为玄烨庶妃的顺懿密妃跟随皇帝、太后抵达苏州。在江苏巡抚宋荦、苏州织造李煦等地方官员的安排下,顺懿密妃得以与居住在苏州城东狮林巷的父亲王国正、母亲黄氏,以及或许名为"王寿官"的兄长在苏州织造府行宫团聚。苏州民人王国正可能为某地知县,但更有可能是李煦手下的织造机户,其子继承父业。皇帝、太后或曾在苏州织造府行宫召见王国正一家,并有恩赐。

尽管李煦、宋荦等参与促成顺懿密妃会亲的官员,或本着为尊者讳的原则,未留下文字记录,清朝官方文献也不曾记录此事,但康熙三十八年顺懿密妃于苏州织造府行宫会亲之事，在苏州地方引起轰动。康熙三十八年夏月，苏州士绅沈汉宗刊印坊刻本《惠爱录》记载此事。另有康熙三十八年至康熙四十二年之间撰写的抄本《惠爱录》亦记此事。抄本《惠爱录》无作者署名，可能是沈汉宗，也有可能是其他与沈汉宗一样无官职的江南士绅。将坊刻本与抄本《惠爱录》所记曹寅、孙氏、李煦获赐御书等物色之事与官方档案的记载相互参照，可证坊刻本与抄本《惠爱录》在细节上存在错漏。

虽然坊刻本与抄本《惠爱录》中有关顺懿密妃的籍贯、生育情况的叙述大致可信，但亦有部分史事细节存在错漏，有"欺诳"之嫌，需要考辨。部分内容如顺懿密妃父亲王国正的职业究竟为苏州织造织户还是某地知县，尚待学界发现更为可靠的文献予以确认。

若干清朝官方文献、档案，以及康熙朝大臣诗文集中有关康熙南巡途中允许江南籍汉人官员回家省亲的记载，说明玄烨重视人伦亲情，鼓励部分常年在京为官的江南籍汉人官员返乡与家人团聚，可作为玄烨在康熙三十八年南巡期间允许顺懿密妃会亲的补充考证材料。

综上所述，康熙三十八年南巡顺懿密妃会亲的史事应当真实发生过。

陈利《史料文献与跨学科方法在中国法律史研究中的运用》一文认为，《红楼梦》的重大历史价值，"在于通过非凡的艺术手法，将当时的社会、政治、文化或个人生活的种种细节栩栩如生地展示给后世的读者"。该文同时指出，"这是无数其他历史文献和档案加起来可能都无法达到的效果"。[①] 因此，虽然目前尚无直接证据表明《红楼梦》"元妃省亲"情节的素材源于康熙三十八年南巡中顺懿密妃会亲或康熙朝南巡期间江南籍汉人官员省亲的史事，但这些生动的历史细节，可以为脂批"借省亲事写南巡"提供注脚，亦可视作"红学"与清史的呼应。

黄郁娇，自由职业者。

---

① 陈利：《史料文献与跨学科方法在中国法律史研究中的运用》，《法律与社会科学》2018 年第 1 期，第 29 页。

《红楼人镜》作者谭光祜年表

潘红宇

【提　要】谭光祜生活在清代乾隆、嘉庆、道光时期，工诗书，善度曲，作有酒令《红楼人镜》、戏曲《风月宝鉴》《红楼梦曲》。谭光祜因父辈显赫，早年交游多为当世名流，与张问陶、石韫玉、吴云、严保庸等诸多红楼戏作家、研究者往来唱和。本文以谭氏《铁箫诗稿》为基本脉络，并结合其他著作与史料，编成谭光祜年表，以裨于探寻红楼作家交游线索，并借以探析乾嘉道时期《红楼梦》的流传情况。

【关键词】谭光祜　红楼人镜　红楼梦曲　年表

谭光祜（1772—1831），字子受，一字铁箫，号栎山，亦号午桥。早岁随次兄谭光禴[①]寓居京师，往来云南、北京之间，结交名流权贵。多次乡试不第，父丧后由妻族陈氏出资捐纳通判，历署潼川府知府、叙州马边厅同知、金川屯田，后升授湖南宝庆府知府，卒于官。谭氏多才艺，文事之外又善骑射，并能度曲，曾作酒令《红楼人镜》、戏曲《风月宝鉴》《红楼梦曲》，可惜戏剧未能得传。著有《铁箫诗稿》六卷，分别为《止止室草》《行行草》《幽吟草》《中田诗》《出山吟草》《橐笔小草》。

谭氏为江西南丰人，为明永乐年间工部给事中谭青十六世孙，高祖持、曾祖易、祖际望皆以其父谭尚忠受赠荣禄大夫。谭光祜父亲谭尚忠（1724—1797），字因夏，一字古愚，号荟亭，乾隆十六年（1751）进士，官至吏部左侍郎，著有《纫芳斋诗文集》。[②]

谭光祜娶新城（今江西省抚州市黎川县）陈氏并妾程氏、谢氏，有八子。庶长名锡寿，曾任安平典史。嫡出者三，祖同为举人，知府衔山盱同知。锡洪，拔贡生，出嗣其世父。祖勳，四川府经历。庶出少者曰锡钧、锡坊、祖荫、祖庆。女子八，婿

① 谭光禴，字御垂，别字朴甫，曾官成安县（今河北省邯郸市成安县）知县。

② 谭尚忠：《纫芳斋诗文集》，嘉庆十七年（1812）四川通志局刻本。

仁和县典史王如瑑、新城县学生陈常,宿州知州朱艭、候选布政司理问吴昌期、四川总督吴棠,余皆幼无记载。孙一人,孙女七人。①

谭光祜因父辈显赫,早年交游多为名流,与张问陶、张百龄、洪亮吉、石韫玉等人交游唱和、往来甚密。其中张问陶与高鹗为同年,谭光祜所观《红楼梦》或许就与张问陶有关。而石韫玉为早期红楼剧作家,有《红楼梦传奇》传世。

谭光祜本人作有早期红楼衍生作品,酒令《红楼人镜》与戏曲《风月宝鉴》《红楼梦曲》。《红楼人镜》共一百筹,由谭光祜创作、周乐清参校,该酒令围绕《红楼梦》故事情节与人物性格,广泛选择了百位红楼人物,不止关注主角,还包括了一众配角,结合《西厢记》令辞。可惜《红楼人镜》旧钞本未传世,目前能见最早版本为光绪四年(1878)艺云轩刊本,难以考证其钞本成书准确时间,根据谭光祜与周乐清交往时间推测《红楼人镜》应为嘉庆十八年(1813)前后由周乐清参校后定稿成书。《风月宝鉴》与《红楼梦曲》为谭光祜所作两部红楼戏剧,可惜两者皆未传世,其中《风月宝鉴》按谭光祜至周乐清信件推测应为乾隆末年所作,《红楼梦曲》按吴云与周乐清记载推测应为嘉庆初年所作。谭光祜所创作的这三种作品皆为较早的红楼衍生作品,且《红楼人镜》为目前可见的最早红楼酒令作品②。由此可见谭光祜本人是较早的《红楼梦》读者、研究者、二次创作者,研究谭光祜的交流往来可以为我们提供更多探寻红楼作家交游线索,并帮助探析乾嘉道时期《红楼梦》的流传、研究情况。

乾隆三十七年壬辰(1772)一岁

出生,为谭尚忠第七子,其母朱树丹为谭尚忠侧室。因谭六兄早夭,朱氏生谭时梦掘地而其六兄起,以为其六兄再世,故用羊叔子典故比之,起名光祜。③

乾隆三十九年甲午(1774)三岁

就外傅识字。

母亲朱氏为其聘陈守训④女。女五岁失明,陈守训致书却娇,谭母不许,陈守训遂养程氏女为谭氏作媵。

---

① 陈用光:《宝庆府知府谭子受墓志铭》,《太乙舟文集》卷八,清道光二十三年(1843)孝友堂刻本。

② 王丹:清代《红楼梦》谱录研究,扬州大学2017年论文。

③ 本文年表条目大多源于谭光祜《铁箫诗稿》,清嘉庆九年(1804)刻本,不再重复标出。

④ 陈守训,字良颖,新城钟贤(今江西省黎川县中田乡)人,清代文学家、理学家陈道四子,官江苏按察使。

乾隆四十六年辛丑(1781)十岁

解音韵。

乾隆四十七年壬寅(1782)十一岁

始学为诗。

乾隆四十九年甲辰(1784)十三岁

同母兄谭光祥[①]召试举人。

乾隆五十年乙巳(1785)十四岁[②]

岳父陈守训殁。

作《和孝廉五兄梅花书屋诗用东坡松风亭韵》,诗题中孝廉五兄即谭光祥,此诗为谭光祜现存最早诗作。

乾隆五十一年丙午(1786)十五岁

父谭尚忠巡抚云南,谭光祜从其父居住,在五华书院学习,师从司马余[③]。

作《梅花书屋寄怀五兄北上》。

乾隆五十二年丁未(1787)十六岁

次兄谭光褕试春官报罢,留北京,寄诗与谭光祜邀其往北京。作《五华书院一名西林学舍西林觉罗相国在云南时所筑也余从司马余先生僦居夜读作诗寄五兄京师》。

应次兄邀赴北京。

乾隆五十三年戊申(1788)十七岁

十二月初八,作《腊八粥十韵京师寓中作》。

与李传杰[④]相识于张百龄[⑤]家,是年同游,离别时作《短歌行赠李五孝廉》。

在北京乡试落解。

嫡母汤夫人于家逝世。

---

① 谭光祥(1776—1823),谭光祜五兄,字君农又字兰楣,号退斋,官云南学政。

② 此年至嘉庆元年(1796)所作诗皆收入谭光祜《铁箫诗稿》卷一《止止室草》,清嘉庆九年(1804)刻本。

③ 司马余,字庆长。

④ 李传杰,江西临川人,乾隆四十五年(1780)举人。

⑤ 张百龄,字子颐,号菊溪,承德隆化县人,官至两江总督等职,与谭尚忠相交甚密,待谭光祜如己出。

有从军之志，作《冬月篇》《从军曲》《拟陌上桑》。

乾隆五十四年己酉(1789)十八岁

游京师后归父云南官署，途中作《雨至桃山驿至新丰店》《桐城道中》《澄明别业夜酌有怀李五孝廉京师》《病重闻江大归作此示之》《从姑山》《上滩行》。

乾隆五十五年庚戌(1790)十九岁

与陈氏成婚，因岳父已逝世故由陈文冕[①]招入赘。

从云南往北京，途中作《早春发襄阳郊行遣兴》《子产祠双柏树歌》《寄云南书》《题喻秀才空谷图》《马上》。

从北京琉璃厂购得雨过天晴砚，此砚曾藏张中行[②]先生处。

乾隆五十六年辛亥(1791)二十岁

二月十六日，与张问陶同日为查为义[③]《集堂府君画册》题诗。

嫡母汤夫人服阕，其父感朱夫人之节义，以朱夫人为继室。

买舟往云南道出湘中。

乾隆五十七年壬子(1792)二十一岁

乡试不第。

从张百龄处结识英和[④]，与英和订交，英和作《送谭子受公子下第南归》。

在邺下(今河北邯郸市临漳县邺城)逢洪亮吉[⑤]，时洪亮吉往贵州任学政，作《即席赠洪学使亮吉》，言五年前已读洪亮吉诗。

作《风月宝鉴》戏剧，惜今不得见，从谭至周乐清[⑥]信中言“二十余年”附此年，应为《红楼梦》的戏剧演绎，曾于北京编排演出。

作《自题止止室》诗。

---

① 陈文冕，陈守训长子，行十四。

② 张中行(1909—2006)，原名张璇，学名张璿，字仲衡，河北省香河县河北屯乡石庄(今属天津市武清区河北屯镇)人，燕园三老之一。

③ 查为义(1700—1763)，字履方，号集堂，北京人。

④ 英和(1771—1840)，初名石桐，字树琴，一字定圃，号煦斋，别号粤溪生，满洲正白旗人，索绰络氏。

⑤ 洪亮吉(1746—1809)，原名洪莲，字君直、稚存，号北江，别号藕庄、梦殊、对岩、华封，晚号更生居士，江苏阳湖(今常州)人，多有文学创作，与张问陶为莫逆之交。

⑥ 周乐清，字安榴，号文泉，别署炼情子，浙江海宁人，清代戏曲作家，有戏曲作品集《补天石传奇》。

自京师归侍云南,途中作《望仙人屋梅花》《自京师归侍云南至镇远舟次遇五兄北上别后代书寄怀》《见牧牛儿吹角》《贵定县五里桥口号》。

乾隆五十八年癸丑(1793)二十二岁

六月二日,二兄之女千姑割肉救母张氏,为之征诗纪事,乐钧[①]应征作《谭孝女割股诗》。

父授刑部右侍郎,随父再入京师交游。

作《送饶孝廉归侍宜城》,饶孝廉即饶孔德。

乾隆五十九年甲寅(1794)二十三岁

在北京为怡王世子霞轩主人《槐荫清话图》题词,并由怡亲王府与舒梦兰[②]相识。

请吴焯[③]作《英雄儿女图》。此图后经张问陶[④]、赵怀玉[⑤]、洪亮吉、伊秉绶[⑥]、吴锡麟[⑦]、曾燠[⑧]、翁方纲[⑨]、程恩泽[⑩]、吴嵩梁[⑪]、陈用光[⑫]、乐钧等多人题诗。

---

① 乐钧(1766—1814),原名宫谱,字效堂,一字元淑,号莲裳,别号梦花楼主,长宁(今江西抚州市金溪县陈坊积乡高坪村)人。

② 舒梦兰(1759—1835),字香叔,又字白香,晚号天香居士,靖安(今江西省宜春市靖安县)人。

③ 吴焯(1676—1733),字尺凫,号绣谷,晚号绣谷老人,钱塘(今浙江省杭州市)人。

④ 张问陶(1764—1814),字仲冶,一字柳门,号船山,又号蜀山老猿,官翰林院检讨。张问陶与高鹗为同年,二人关系亲近,谭光祜所读《红楼梦》可能就是源于张问陶。

⑤ 赵怀玉(1747—1823),字亿孙,号味辛,又字印川,晚号收庵,武进(今江苏省常州市武进区)人,官内阁中书,藏书家。

⑥ 伊秉绶(1754—1815),字组似,号墨卿,汀州宁化(今福建省三明市宁化县)人,官刑部员外郎。

⑦ 吴锡麟(1746—1818),字上麒,号竹泉,浙江嘉兴人,为乾隆时浙西六家之一。

⑧ 曾燠(1759—1831),字庶蕃,一字宾谷,晚号西溪渔隐,南城(今江西省抚州市南城县)人,清代骈文八大家之一。

⑨ 翁方纲(1733—1818),字正三,一字忠叙,号覃溪,晚号苏斋,顺天大兴(今属北京)人,清代书法家、文学家、金石学家。

⑩ 程恩泽(1785—1837),字云芬,号春海,安徽徽州歙县人,官户部侍郎。

⑪ 吴嵩梁(1766—1834),字子山,号兰雪,晚号澈翁,别号莲花博士、石溪老渔,新田(今江西抚州市东乡区)人,为翁方纲门生。

⑫ 陈用光(1768—1835),字硕士,一字实思,新城(今江西省黎川县中田乡)人,谭光祜妻陈氏族兄。

是年有诗与陈氏，诗题佚。

乾隆六十年乙卯（1795）二十四岁

六月，父典试湖北。

八月四日，庶长子锡寿出生，作《八月四日大儿佛耶保生时大人典试湖北余将应京兆试》。

九月初五，为谭尚忠庆生。同日丁刻交酉，嫡长子谭祖同出生。作《九月初五日二儿马琎保生是日大人生日》。

十一月十七日，二女梅以痘殇，瘞于江汉门内义茔之侧，旁边为舒梦兰幼女之墓，作《十一月十七日二女梅以痘殇瘞于江汉门内义茔之侧　为靖安舒蓉姑冢处士之幼女亦以痘殇者也以酒并酹之作此柬舒》。

是年张问陶曾携王麟生[①]至谭光祜宅饮酒，醉后谭光祜向张问陶索题书册页数十幅，张问陶意犹未尽见雨过天晴砚为之作铭，后谭光祜将其作为润笔赠予张问陶。[②]

是年曾出关。

作《送乐三选贡归抚州并寄怀吴二上舍》送乐钧并寄怀吴嵩梁，乐钧作《次谭子受送行诗韵留别》[③]回赠。

作诗《落解后题喻秀才负琴图》《夜集陈编修朴谷斋联句用朴字韵即送李上舍省觐桂林并柬其兄编修》。

嘉庆元年丙辰（1796）二十五岁

夏，与佛柱[④]订交于滦河。

十二月初八，陈希曾[⑤]邀同人作消寒第二集。作《十二月初八日陈编修邀同人作消寒第二集食腊八粥写钵香清贡图分韵得钵字乐府》。

---

① 王麟生，字孔翔，号香圃，婺源（今江西省上饶市婺源县）人，清代诗人，有《补梅书屋诗草》。

② 张中行：《张中行全集》卷十《砚田漫步》，北方文艺出版社，2019年，第306页。

③ 乐钧：《青芝山馆诗集》卷四，清道光二十年（1840）刻本。

④ 佛柱，瓜尔佳氏，满洲正白旗人，袭父爵，清乾隆五十五年（1790）授阿克苏领队大臣。

⑤ 陈希曾（1766—1816），字集正，亦字雪香，号钟溪，为谭光祜妻侄。

十二月十八,五兄生日,邀宋鸣琦[①]、汤藩[②]、陈希祖[③]、陈希曾、陈希孟[④]、谭光祥于止止室小集联句,作《十二月十八日雪后邀宋仪部汤民部陈比部编修秀才同仪部五兄于止止室小集联句三十韵》《仪部五兄十二月十八日生日次日为东坡生日邀同人为消寒第三集取刘景文以松鹤古画为寿意作松鹤寿苏图分体得七律和苏集雪后书北台壁韵》。

从洪亮吉席间与罗聘[⑤]相识。

作《府丞张先生以春柳诗属和时余有从军之志不果抚时感遇用以起兴与云耳次韵》《题观水图》《皮船贵州土物用以盛茗椀者联句》《奈何曲》《题涂节妇味雪图》《消寒四集李编修倩人作送穷图分韵得日字戏作一篇聊以见异而已》《爆竹窗京师岁暮指以卖花爆竹者联句》。

嘉庆二年丁巳(1797)二十六岁[⑥]

正月初七,宋鸣琦招饮寄藤别业作消寒五集,作《人日立春宋仪部招同人于寄藤别业作消寒五集吃菜羹写草堂忆梅图分韵浊字尊字五绝各二首》。

正月十四日,温汝能[⑦]招饮小集,同集者温汝适[⑧]、洪亮吉、赵怀玉、孙溶童、孙赓阳、孙葳、伊秉绶,张问陶不至,作《正月十四日雪后温舍人招饮偕其弟编修洪编修赵舍人孙舍人孝廉州倅伊员外分韵得山字》。

正月二十六,涂以辀[⑨]邀作消寒第六集,作《涂博士居悯忠寺侧之门楼胡同正月二十六日邀同人作消寒第六集以叩门问花为题分韵得青字感而有作四首》。从瞿中溎处乞得铁箫,“铁箫”之号由此而来,作《瞿上舍新得古铁箫诗以乞之》《题

---

① 宋鸣琦,奉新(今江西省宜春市奉新县)人,官四川嘉定知府。

② 汤藩,字价人,南丰(今江西省抚州市南丰县)人,官户部员外郎。

③ 陈希祖(1767—1820),一作(1765—1820),字敦一,号玉芗,清代学者,书法家,为谭光祜妻侄。

④ 陈希孟,谭光祜妻侄,生平不详。

⑤ 罗聘(1733—1799),字遯夫,号两峰,又号衣云、花之寺僧、金牛山人、师莲老人等,祖籍安徽,后移居江苏甘泉(今江都),清代画家,扬州八怪之一。

⑥ 此年所作诗分收入谭光祜《铁箫诗稿》卷一《止止室草》与卷二《行行草》,清嘉庆九年(1804)刻本。

⑦ 温汝能(1748—1811),字希禹,一字熙堂,晚号谦山,顺德(今广东省佛山市顺德区)人,官内阁中书。

⑧ 温汝适(1755—1821),字步容,号篔坡,顺德(今广东省佛山市顺德区)人,官兵部右侍郎。

⑨ 涂以辀,字棨轩,号瀹庄,黎川(今江西省抚州市黎川县)人,清代文学家。

采珠图为长洲某作从瞿中溶之请也》。

三月，与戴敦元[1]、瞿中溶、宋鸣琦、陈希祖往琉璃厂桥西沽饮，作《偕戴仪部瞿上舍宋仪部陈比部步至琉璃厂桥西酒肆沽饮至醇宋以诗见示次韵答之》。

三月十五，补作消寒九集，作《三月十五日补作消寒九集春已暮矣改消寒为送春分题得醉春限七律》。

闰六月十三，宴请洪亮吉等人，洪亮吉为《止止室草》题词。《止止室草》另有张问陶、熊方受[2]、何道生[3]、赵怀玉、李传熊[4]、李传杰[5]题词。

闰六月二十，法式善[6]招于积水潭赏荷雅集，作《章石楼京尹请时帆师招客积水潭观荷冯百史手持王南亭百十三岁所书字扇罗两峰于扇阴写南亭小像各题以诗时帆师以马秋药诗廿八字分韵佑得翁字是日诸君子强与吹铁箫酒酣各题余襟上书画殆遍真胜游也》。作《去年于洪编修席间晤罗山人今年春以香叶草堂诗稿索余题词未及报也闻其将归作此送之》，并索罗聘作《吹铁箫图》。

闰六月，友孙暹之母柴太孺人卒于京师，时孙暹从军贵州，不能解官，谭代理诸事。柴太孺人为钱塘闺秀，能诗，曾教授谭女弟诗。

七月，将《止止室草》寄予父兄看，兄谭光祥于滦阳旅邸作识语。

八月十二，章学濂[7]招同法式善、何道生、罗聘、曹锡龄[8]、马履泰、洪亮吉、赵怀

---

① 戴敦元(1767—1834)，字金溪，号吉旋，开化(今浙江省衢州市开化县)人，官刑部尚书。

② 熊方受，字介兹，永康(今广西壮族自治区扶绥县)人，官山东东昌知府。

③ 何道生(1766—1806)，字立之，号兰士，灵石(今山西省晋中市灵石县)人，官甘肃宁夏府知府。

④ 李传熊，字尚佐，临川(今江西省抚州市临川区)人，官云南学政。

⑤ 李传杰，临川(今江西省抚州市临川区)人，官阆中(今四川省南充市阆中市)知县，有《恬养知室诗存》

⑥ 法式善(1752—1813)，姓伍尧氏，原名运昌，字开文，别号时帆、梧门、陶庐、小西涯居士。

⑦ 章学濂，字守之，号石楼，南城(今江西省抚州市南城县)人，官蔚州(今河北省蔚县)知州。

⑧ 曹锡龄，字受之，号定轩，汾阳(今山西省吕梁市汾阳市)人，官监察御史。

玉、汪端光[①]、叶绍楏[②]、冯岁、伊秉绶、熊方受、张问陶、孔传薪[③]、金学莲[④]、周厚辕[⑤]、宋鸣琦诸人于李西涯旧宅泛舟观荷。作《立秋后五日章京县招同祭酒先生水部何先生罗山人曹御史马比部洪编修赵舍人汪博士叶编修冯司务伊比部熊检讨张检讨孔广文金上舍周编修宋仪部诸人于李西涯旧宅泛舟观荷冯司务手持司业王叟世芳百三十岁所书扇罗山人即于扇后写王叟小像同人各题句马比部诗曰清波门里逢翁话积水潭潭边又书翁三十年来弹指过始知身住电光中祭酒先生法式善以此诗二十八字分韵余得翁字是日同人要余吹铁箫酒酣各题余白领衫诗画几满醉墨淋漓间洵可乐也》《题罗山人所写司业王叟小像》《重游李西涯旧宅呈祭酒先生》。

八月上旬,自序《止止室草》,刻印《止止室草》。

九月初九,谭光祜与何道生、洪亮吉、赵怀玉、伊秉绶、石韫玉、宋鸣琦等于周厚辕寓斋宴饮。

作《红楼梦曲》,未能传世。石韫玉有《红楼梦传奇》十种,其中收吴云嘉庆二十四年(1819)《序》:"往在京师,谭七子受偶成数曲,弦索登场,经一冬烘先生呵禁而罢。设今日旗亭大会,令唱是本,不知此公逃席去否?"[⑥]《序》中所说戏曲后经一粟在《红楼梦书录》中拟名,即为谭光祜《红楼梦曲》。因此年为谭处京师而又不需守孝禁娱乐的最后一年,故暂附此年。

九月二十四,奉父命出门游历。

十月十五,作《行行草》自序于江西历下铁柱宫。

十一月二十八,父丧。

十一月二十九,归家。

---

① 汪端光(1748—1826),字剑潭,号睦丛,仪征(今江苏省扬州市仪征市)人,官广西镇安府知府。

② 叶绍楏,字琴柯,一字振湘,归安(今浙江省湖州市)人,官广西布政使。

③ 孔传薪,字伯曼,一字雪樵,句容(今江苏省镇江市句容市)人,官湖北武昌县知县。

④ 金学莲,字子青、青侪,号手山,吴县(今江苏苏州市)人,监生。

⑤ 周厚辕(1746—1809),字驭远,一字驾堂,号载轩,湖口(今江西省九江市湖口县)人,官户科掌印给事中,巡天津漕务。

⑥ 石韫玉:《红楼梦传奇》,嘉庆二十四年(1819)花韵庵刊本。

是年交游甚广，与熊方受、吴云[①]、戴殿泗、韩葑[②]、韩崧、黄道僖、吴树萱[③]、汪光、李传熊、贾崧、杨志信、王治朴、彭希郑[④]、刘念拔[⑤]、陈凤翔[⑥]、欧阳金[⑦]、祝云栋[⑧]、朱腹松[⑨]、傅玉林[⑩]皆有往来。

是年另有诗三十八首。

作《客有自乡中至者以诗柬之且索香菌条鱼》《去年于洪编修席间晤罗山人今年春以香叶草堂诗稿索余题词未及报也闻其将归作此送之》《熊检讨招同吴编修戴吉士张检讨戴仪部陈比部编修饮于大树之下醉中赠主人及座客》《三等子散秩大臣性倜傥善歌好佛丙辰夏与余订交于滦河秋奉命赴哈密中道闻四川白莲教匪不靖自请剿贼遂以成都副都统领兵东乡被害今年闰六月得优旨议恤方君之殁也贼迹其尸有僧某绐之去尸遂得归因作此纪之》《无锡顾观察刻梁溪诗钞自汉至今千一百有十人分为五十八卷同邑贾生聚其原稿而埋之表曰诗冢题者甚多为作三绝》《鄱阳县徐孝子诗雍正二年事也》《放言》《检少作付刻时将远游》《周编修移居嬴马市招同人小饮罗山人为补画移居图戏题以赠》《客以旧拓兰亭见示乃大学所藏石本也纪之以歌用苏集孙莘老求墨妙亭诗韵》《送张检讨归四川》《韩比部作四十述怀诗甚佳为进一解》《韩孝廉比部听雨图》《城西杂诗和李西涯韵》《黄经历戏写课儿图诗以歌之》《吴吏部招饮》《何水部洪编修赵舍人汪博士伊比部石修撰宋仪部李中允于周编修寓斋饯贾生作展重九会且招余言别醉中歌此经归》《礼部杨郎中王员外彭主事戴主事宋主事招同主事五兄小饮》《题人柳荫意钓图》《出门五首》《抵通州访刘司马时刘方抱病未之见也为题其渔庄图》《将抵天津渡口》《抵天

---

① 吴云（1811—1883），字少青，一作少甫，号平斋、榆庭、愉庭、抱罍子，晚号退楼主人，归安（今浙江湖州）人，官苏州知府。

② 韩葑（1758—1834），字禹三，号旭亭、桂舲，别称种梅老人，元和（今江苏省苏州市）人，官两广总督。

③ 吴树萱（1746—1797），字寿庭，长洲（今江苏苏州市）人，官礼部郎中。

④ 彭希郑，字会英，号苇间，一号雅田，别号武陵退叟，长洲（今江苏苏州市）人，官湖南常德府知府。

⑤ 刘念拔，字最超，别号笛楼，奉新（今江西省宜春市奉新县）人，清代画家。

⑥ 陈凤翔（1751—1812），字竹香，北耆（江西省崇仁县今巴山镇桥北）人，官天津知府。

⑦ 欧阳金，字伯庚，马平（今广西壮族自治区来宾市象州县马坪镇）人。

⑧ 祝云栋，字榴村，固始（今河南省信阳市固始县）人，官刑部员外郎。

⑨ 朱腹松，字鼎穰，号雪涛，官完县（今河北省保定市顺平县）令。

⑩ 傅玉林，广东潮州人，官福建福安知县。

津赠陈明府余妇族兄也》《寄家书》《抵沧州》《德州晓发》《生日游兴福寺》《初至历下》《拜许旌阳祠》《大明湖竹枝词》《今年八月登州欧阳太守知余将东游寓书见招有蓬莱阁上扫榻以待之语及余至历下困于旅食不能践约感怀却寄》《赠莱州祝太守》《晤潘上舍夜坐言怀》《趵突泉》《趵突泉上望千佛山》《梦游蓬莱阁歌寄欧阳太守》《拜晏公祠外舅廉访公所葺也》《客保定听朱明府谈塞外风景》《赠傅进士》《夜梦两蛇醒而恶之作此自喻》。

嘉庆三年戊午(1798)二十七岁

三月十五日,作《行行草》识语,以志其父之戒。妻侄陈希曾为《行行草》作识语。

四月初十,母朱氏丧。

嘉庆四年己未(1799)二十八岁①

抚棺南归,为父母守孝。

南归途中,谒见朱珪②,时朱珪巡抚安徽。

于归乡途中交往吴中阁、程振甲③、潘世璜④、曾燠、费醇⑤、徐准宜⑥、王缵祖。

《陈十三孝廉余妇从兄舍人陈五丈之长子也殁后六年矣拜其厝室诗以哭之》《避热西水别业呈舍人陈三丈余妇伯也》《题陈五孝廉校书图》《题吴徵士嘤鸣图》《出门志感》《潮音洞》《抚州晤李孝廉以诗见赠谓余诗过于危苦感而答之》《自饶州至祁门舟中作》《富碣》《晤程吏部》《浦口》《寄内》《寄怀舍人陈五丈》《寄怀陈经历昆季》《舟次富春山寄舍人陈三丈》《泊钱塘江夜起》《瞿广文潘农部招饮网师图》《投曾运使》《菩提禅院赠觉上人》《大雪前五日寄怀舍人陈三丈》《黄天荡》《秦淮沽饮》《谒总督费公兼访徐孝廉》《登大观亭感作》《小姑山阻风》《青山庙》《外舅廉访公忌日作》《西水别业杂诗寿舍人陈三丈》《王明府为宫氏双孝女征诗因忆女侄千姑事为作是篇》。

---

① 此年至嘉庆五年(1800)所作诗收入谭光祜《铁箫诗稿》卷三《幽吟草》,清嘉庆九年(1804)刻本。

② 朱珪(1731—1807),字石君,号南崖(一作南厓),晚号盘陀老人,祖籍萧山(今浙江省杭州市萧山区),官两广总督。

③ 程振甲,字篆名、也园,号木庵,安徽歙县人,官吏部员外郎,是清中期著名的书法家、制墨家。

④ 潘世璜(1765—1829),字黼堂,号理斋,吴县(今属江苏苏州)人,官户部浙江司兼云南司行走。

⑤ 费醇,官江苏巡抚,其余不详。

⑥ 徐准宜(1766—1837),字仲平,号泉初,清武进(今常州市区)人,官顺天府粮马通判。

嘉庆五年庚申(1800)二十九岁

夏,南昌祖屋被水侵,搬至陈氏黎川房屋居住,于陈氏春晖学舍教书。

秋,五兄谭光祥入都,作《送仪部五兄入都》。

秋,与涂烒、陈希曾同舟赴南昌应乡试,作《与涂秀才陈上舍同舟赴南昌应试》,落解。

十二月二十九,作《幽吟草》自序。

服阕。

是年交往多为妻陈氏族人,此外与吴嵩梁、乐钧、蒋知让[①]有往来唱和。作《正月初四日往中田大雪度蔑姑岭》《宜楼观雪》《假馆春晖学舍呈舍人陈五丈》《舍人陈五丈建赠资政公专祠落成悬四图于壁命余赋之》《示陈生》《赠陈秀才》《舍人陈三丈话少年时事诗以美之》《陈秀才自京师归》《仪部五兄来中田下榻西水别业夜坐得句》《祷雨》《禫日感作》《李家渡晚泊》《抵南昌仪部五兄犹泊舟未行》《与蒋三孝廉读对酌》《喜晤吴二上舍》《喜晤乐三选贡时乐与吴广文同寓》《蒋三孝廉邀同仪部五兄游螺墩归就藕船小饮》《宁都女》《章江门观水》《得家书老屋为水所圮全家寄命一楼陈氏诸公遣人迎居中田感而作诗》《蒋三招同五兄及吴二乐三于藏园小集分韵限农字时余有归期五兄亦将北上矣》《将还田中再别五兄》《陈经历居我有庑全家聚焉诗以志感》《吴二登科以诗调之》《西水别业陪陈舍人陈三丈小饮排闷》《女士陈雪兰向从余学诗未成余归后间章句渐工今以短律见寄甚佳作此答之》《再至陈十三孝廉厝室》《立春日试笔》《岁暮行赠陈经历》《除夕赠内》。

嘉庆六年辛酉(1801)三十岁[②]

初春,谭光祜受石韫玉[③]邀与英和至张锦[④]蒙子园看梅。

三月初三,陈守中[⑤]属谭光祜谱《散花曲》,以此曲教婢作舞。

秋,出闱后游湖南。

十月初五,自湖南归,与乐钧相晤,出《田中诗草》见示,乐钧为此作识语。

---

① 蒋知让(1758—1809),字师退,铅山(今江西省上饶市铅山县)人,官河南唐县知县。

② 此年所作诗收入谭光祜《铁箫诗稿》卷四《中田诗草》,清嘉庆九年(1804)刻本。

③ 石韫玉(1756—1837),字执如,号琢堂,又号花韵庵主人,亦称独学老人,与张问陶来往甚密,谭光祜或从张问陶处结识石韫玉。

④ 张锦,字春江,渝州(今重庆)人。

⑤ 陈守中,谭光祜妻陈氏三叔。

十月十一,返栎山宅。

十二月十八,作《中田诗草》自序。

借居陈守中闲宅于栎山下,因此自号"栎山"。

由陈守中等陈氏族人出面纳资捐得通判。

是年与涂凤仪[①]、喻宗嵛、舒梦兰、蒋知节[②]、李采、韩尌、李宗潮[③]、李宗沅、李钧简、龚鉽[④]、蒋知白[⑤]往来唱和。

是年作诗五十二首。

作《春帖子词六首》《闻歌》《题涂巡检秋图晚香照》《与陈六秀才夜坐言怀》《清明归南丰》《上春》《黄竹坑展墓小憩紫云庵》《不得仪部五兄信》《石竹山房小坐》《太守陈二丈致仕归》《闻陈十四登第入翰林却寄》《镜台词三首赠谢氏女怜怜谢为舍人陈三丈第五姬养女意颇属余因订以诗》《余全家寄食陈经历文冕宅将一年经理推解无倦容余欲别养而其兄弟及诸母皆不许余意颇不自安舍人三丈有闲屋数椽在栎山下因借居焉》《种桂》《移居》《喻四以诗见贺却答》《自题桂雨轩》《舍人陈三丈以半开莲花见赠》《患疮旬日闭户不出陈十七秀才亦有是疾调之以诗》《患疮两旬在家不愈舍人三丈使谢氏女来询所苦寄语问在家安乐耶笑答一律》《得京师书知五兄补吏部主客司主事》《疾愈步入西水别业礼大士》《同邑耆老具呈大吏请以先少宰公祟祀乡贤祠得旨俞允恭纪》《拟岘台》《泊滁槎入梅侯祠小坐》《北兰寺》《舒处士自京师归》《陈上舍席上赠蒋秀才》《舒处士索重题怡王世子霞轩主人槐荫清话图初舒馆怡邸世子与舒合写此照甲寅余为题词乙未世子薨图遂归舒今舒归南昌将携家入山索余再题感作一章》《得舍人陈三丈书游怀西水别业》《听蒋广文谈苗疆军事》《题寂照图》《闻京城大雨水》《晚步天寿寺过侄寓斋》《号舍苦雨赠喻四》《出闱后有湖南之游寄内二首》《别喻四陈六秀才及其侄》《抵长沙晤李司马昆季》《夏太傅宅》《湖南榜发见仪部五兄》《同李检讨家仪部五兄夜坐》《韩观察招饮》《送五兄回京复命》《上壩》《金鱼塘》《芦溪遇李省侍桂林知乐

---

① 涂凤仪,丰城(今江西省宜春市)人,官湖南补用巡检。

② 蒋知节(1755—1813),字守初,号竹城,铅山(今江西省上饶市铅山县)人,官德安(今江西省九江市德安县)训导。

③ 李宗潮,字坤四,号蕉窗,秀水(今浙江省嘉兴市秀洲区)人,广西灌阳知县,著《二守斋诗钞》。

④ 龚鉽,字适甫,江西南昌人,师舒梦兰,藏书家,官江西庐陵训导。

⑤ 蒋知白,字莲友,铅山(今江西省上饶市铅山县)人,山西稷山知县。

三登科》《短歌行舒处士席上作》《十月十一日到家》《三十出度自纪诗三十首》《将游鄱阳过南昌晤学使李侍郎》《夜坐天香馆与舒处士龚秀才蒋选贡赋寒雁联句余明日泛鄱阳湖蒋亦将入都矣》《升天行拟古》。

嘉庆七年壬戌(1802)三十一岁①

三月初二,陈守中来信,言今岁花朝将使美人歌谭所谱《散花曲》作散花舞以祭花神,惜谭不得同听。

六月二十七,出发入都。

六月二十八,作《出山吟草》自序。

秋,韩崶作《谭七铁箫去秋被放游长沙郁郁而别金从豫章将入都以诗见寄次韵柬答》。②

七月二十,受英和邀请跟随秋狝,襄办避暑山庄笔墨,作《秋七月从石侍郎扈跸木兰先是侍郎携记襄南书房事侍郎以名应因得从游启行日口占六首》。③

七月二十一,至密云,英和作《赠谭铁箫通判一律》,谭光祜和作《石侍郎赠诗次韵奉答》。

七月二十三,出古北口,与英和步行数里,上马纵辔十里,作《出古北口》。

七月二十九,晚同英和、赵秉冲④、涂以辀、谭光祥、梁承福⑤以枕头瓜联句。

八月初一至八月初八,发下帖落、笺素二百余件,英和与赵秉冲分派臣工同写,谭光祜参与。

八月十五,晚与英和、赵谦士小饮,时有功服,不御丝竹,亦未作诗,默饮而已。收到家书言谭光祜侄病剧。

八月二十,与英和、伊铿额⑥并辔看山,相与谈论。作《入崖口次石侍郎韵》诗。

---

① 此年所作诗收入谭光祜《铁箫诗稿》卷五《出山吟草》与卷六《橐笔小草》,清嘉庆九年(1804)刻本。

② 韩崶:《还读斋诗稿》卷六,道光七年(1827)刻本。

③ 秋狝相关资料出自英和《英和日记》,《清华大学图书馆藏稿钞本日记丛刊》,国家图书馆出版社2018年版。

④ 赵秉冲,字谦士,号研怀(一作字砚怀号谦士),上海人,官户部右侍郎。

⑤ 梁承福,字鹤庄,山阴(今浙江省绍兴市)人,大学士梁国治子,官江西建昌知府。

⑥ 伊铿额,爱新觉罗氏,镶蓝旗,和硕简恪亲王丰讷亨子,袭三等镇国将军授二等侍卫。

八月二十六，挟弓矢同上永安马喀佛勒[1]，跃马逐鹿。英和蒙恩赏穿黄马褂，贺作《石侍郎射鹿恩赐黄马褂以诗纪之》。

九月初五，长芦盐政塞尚阿[2]来围场请训，聘谭光祜入幕，请主讲天津问津书院。

九月初七，热河有应写之件，申初，与赵谦士、英和兼程而行，酉正二刻抵热河。

九月初九，回京准备往天津。

九月十六，往天津出任问津书院山长，谭光祜共主讲问津书院三个月。沈峻[3]有《赠谭子受别贺》[4]。

九月十八，英和忆与谭光祜出门时原有同游之约，作《过莲花岭寄怀谭子受》。

十二月十九，主持问津书院诸生于苏轼生日分韵赋诗。沈峻有《苏文忠公生日子受山长悬像问津书院招同人致祭饮福分韵得鸿字》。[5]

十二月下旬，离开问津书院，准备入蜀服官。

是年沈兆澐[6]作《雪后读书呈谭子受先生》。[7]

是年自江西过浙江入都随扈，与周祚熹、舒梦兰、周世锦[8]、杨日鲲、阮元[9]、万

---

① 木兰围场东南界十五围场之一。

② 赛尚阿(1794—1875)，正黄旗人，官至武备院卿。

③ 沈峻(1744—1818)，字存圃，号丹厓，天津人，官广东吴川知县，有《欣遇斋集》。

④ 《沈峻集·沈兆澐集》，天津古籍出版社，2023年，第192页。

⑤ 《沈峻集·沈兆澐集》，第193页。

⑥ 沈兆澐(1783—1876)，字云巢，号拙安、莹川，天津人，为沈峻子，曾受业于谭。

⑦ 《沈峻集·沈兆澐集》，第357页。

⑧ 周世锦，字素夫，桂阳(今湖南省郴州市)人，官山东盐运判。

⑨ 阮元(1764—1849)，字伯元，号芸台、雷塘庵主、揅经老人、怡性老人，仪征(今江苏省扬州市仪征市)人，官湖广总督、两广总督等。

承纪[①]、杨勋、朱珪、赵秉冲、潘世恩[②]、颜检[③]、杨志信、赛尚阿、周世醇、查彬[④]、李奉瑞[⑤]、王芑孙[⑥]、潘逢元等人有往来。作《出山别陈氏诸先生》《舍人陈三丈饯余西水园听谢氏女歌感作》《妹夫周秀才自南丰来送别镫下作此却寄九妹》《别陈十二经历》《别内》《至南昌与舒处士言别》《送周广文归贵阳为题其览江小影》《天香馆雅集分题得念珠》《杨比部以其寡女诗卷见示为题二诗》《陈县丞送余于章江们以诗见赠次韵答之》《花朝解缆怀舍人陈三丈》《望龙虎山》《河口》《七里泷》《严子陵钓台》《谒巡抚阮公》《赠刘方伯》《吴下晤万五明府为题草檄图》《渡黄河》《马上送春》《车中与陈选贡论诗》《粥厂行》《同仪部五兄夜坐》《与陈十四编修及其侄侍读明府夜话》《澄怀园晤石侍郎见示瀛洲容台二集》《舍人陈三丈及其侄经历县丞杨舍人遣人入都代纳赀为通判》《寄家书》《尚书朱先生于南书房盛称谭七能诗谓他日可继藏园之后而以不求科第见责卌年殳执古谊殷然感而赋此》《尚书朱先生登南天门作诗见示次韵奉答》《至避暑山庄》《砚易山房志感》《赵太常奉命射靶连中五箭蒙恩赏戴花翎诗以美之》《尚书朱先生拜参知加宫保呈诗贺之》《闻侄膺病剧》《秀峰书院同潘侍郎仪部五兄夜坐》《入崖口次石侍郎韵》《次韵和石侍郎射雉兔之作》《将应天津巡盐之幕别石侍郎》《参知朱先生用十年出幕府自可持旌旗意次杜韵赠行即次韵奉别》《归京寓哭亡侄膺》《闻新城西南乡大水久不得家信作诗书怀》《总督颜公检杨太守有主讲天津之约因偕巡盐夏郎中至天津》《问津书院示诸生》《得家书》《仪部五兄以亡侄膺十四岁小像属余作小传因书哭侄诗于其上系以一绝》《题周秀才乘槎问源图》《查明府属题烟沽垂钓图》《查明府属题其大父遗墨兰竹册子》《李司马昔游江南画梅石赠妓戴青萍旋别去青萍思之题诗其上有三生重见之语遂卒王广文得之使曹夫人书跋以寄司马因而求诗》《为潘处士题看剑图》《问津书院拜东坡生日以泥上偶然留指爪鸿飞那复计东西分韵得复字飞字

---

① 万承纪，字廉山，一作廉三，号畴五，江西南昌人，官海防同知。

② 潘世恩（1770—1854），字槐堂，号芝轩，吴县（今江苏省苏州市）人，官武英殿大学士。

③ 颜检（1757—1832），字惺甫，号岱山，又号岱云，别号槎客，连平（今广东省河源市）人，官漕运总督。

④ 查彬，字憩亭，祖籍北京宛平，官河南信阳州知州。

⑤ 李奉瑞，奉天正蓝旗人，官河间（今河北省沧州市辖）府同知。

⑥ 王芑孙（1755—1817），字念丰，一字沤波，号惕甫，一号铁夫、云房，又号楞伽山人，长洲（今江苏苏州）人，官华亭县教谕。

二首》《余虽欲求官而心恋江湖迟迟不发时会逼迫此事遂发作自伤即与诸生话别》。

嘉庆八年癸亥(1803)三十二岁[①]

正月初九,黄郁章为《橐笔小草》作识语。

闰二月初二,为《橐笔小草》作自序。

闰二月十二,离京赴蜀,入勒保[②]幕府,镇压白莲教。[③]

为沈楳[④]《读经心解》跋尾。

作《元日试笔怀舍人陈三丈》《暖砚联句与陈比部作》《相国王先生致仕奉旨杖朝参知朱先生作诗贺之次韵送行》《风门与仪部五兄陈比部侍读联句》《吏部掣签》《小仆沈寿林十年相随一夕逸去作此解嘲》《同员外五兄游陶然亭》《圆明园引见》《寄家书》。

嘉庆九年甲子(1804)三十三岁

出任重庆通判,兼摄江北厅同知。

十一月,手定诗稿六卷,在重庆通判官署为之作序。

陈鸿寿[⑤]作诗《滩上赠谭七子受》[⑥],法式善作《赠严丽生学淦[⑦]兼寄张水屋谭子受蜀中》。

嘉庆十年乙丑(1805)三十四岁

正月十二,任夔州府盐督捕通判。[⑧]

嘉庆十一年丙寅(1806)三十五岁

请设江北厅文庙,奏准。

---

① 此年所作诗收入谭光祜《铁箫诗稿》卷六《橐笔小草》,清嘉庆九年刻本。

② 勒保(1740—1819),字宜轩,满洲镶红旗人,费莫氏,官四川总督。

③ 谭光祥《听茶馆诗偶钞》清刻本。

④ 沈楳,字雪友,会稽(今浙江省绍兴市)人。

⑤ 陈鸿寿(1768—1822),字子恭,号曼生、曼龚、曼公、恭寿、翼盦、种榆仙吏、种榆仙客、夹谷亭长、老曼等,钱塘(今浙江省杭州市)人,官江南海防同知。

⑥ 陈鸿寿《种榆仙馆诗钞》1915年刊本。

⑦ 严学淦,清江苏丹徒人,字丽生。嘉庆九年举人,道光间任湖南知县,为清代戏剧家严保庸之叔。严保庸,清戏曲家,字伯常,号问樵,著有《红楼新曲》等,与谭光祜之子谭祖同交往甚密。

⑧ 道光《夔州府志》卷三十三,清光绪十七(1891)年刻本,日期参见历史第一档案馆电子资源检索。

署任总理屯政同知,处理金川屯田事务。[1]

嘉庆十二年丁卯(1807)三十六岁

五月十三日,四川总督勒保上奏请实授谭光祜管理四川懋功同知、夔州府通判。[2]

是年翁方纲作《送谭子受之叙州同知任二首》。[3]

嘉庆十三年戊辰(1808)三十七岁

是年,在懋功于石门关卡沿河偏岩垒石筑马垣五里。[4]

嘉庆十四年己巳(1809)三十八岁

八月,署潼川府知府。

八月十六,商嘉言[5]为谭光祜《铁箫诗稿》作序。

嘉庆十五年庚午(1810)三十九岁

二月初一,李传杰为谭光祜《铁箫诗稿》作序。

八月,开始重修草堂书院。[6]

是年再任夔州府盐督捕通判。

与陶澍[7]、邓熿[8]同登白帝城游览。

《铁箫诗稿》刻印完成。

嘉庆十六年辛未(1811)四十岁

二月,草堂书院重修落成。

是年与邓熿、蔡星等人重修奉节明伦堂三间、左右书房各一间、头门一间。[9]

嘉庆十七年壬申(1812)四十一岁

---

① 嘉庆《四川通志》卷百五,嘉庆二十一(1816)年刻本。

② 见历史第一档案馆电子资源检索。

③ 《复初斋诗集》卷六十九,嘉庆十九年(1814)刻本。

④ 杨嘉铭、杨环:《四川藏区的建筑文化》,四川民族出版社,2007年,第131页。

⑤ 商嘉言,字拜廷,号荓亭,会稽(今浙江绍兴)人,有《荓亭诗草》。

⑥ 光旭:《潼川府志》卷十四,光绪二十三年(1897)刻本。

⑦ 陶澍(1779—1839),字子霖,一字子云,号云汀,晚号髯樵,又号桃花渔者,安化(今湖南省益阳市)人,官两江总督。

⑧ 邓熿,字东岚,新城(今江西省抚州市)人,官四川夔州知府。

⑨ 光绪《奉节县志》卷六,光绪十九年(1893)刻本。

仲春,随布政使方积[①]、户部员外郎杨芳灿[②]等人往杜甫草堂,谭光祜做联“此地经过春未老,伊人宛在水之涯”[③]。方积令杨芳灿撰文,严学淦做赞,谭光祜书文《重修少陵草堂以渭南伯陆子配飨记》。

十一月,从四川通志局为父谭尚忠刻印《纫芳斋诗稿》,后有严学淦识语。

冬,方积重修文成公阿桂祠,使谭光祜手书行状勒石。

是年始修《四川通志》,任四川通志局分纂官。[④]

嘉庆十八年癸酉(1813)四十二岁

七月初十,回复周乐清索《风月宝鉴》信。

两奉手函,极承拳注,并承赐题拙作。断句四章,兰杜芬芳,琳琅清越,开缄捧诵,不厌百回。惟奖借过常,实令骍颜流汗耳。藉谂大兄大人升祺,鬯茂履祉,纷论政美,棠封诗吟,竹阁为羡为慰。承索旧撰《风月宝鉴》,前岁入都置之行箧中,不意后阳舟损之时,竟为阳侯攫去。此少年之二十余年,不能记忆。其实亦不足观也,俟便中托都中友人代为寻觅,或梨部尚有副本耳。蓉裳补注随园四六,脱稿于蜀中,未及钞录。惟船山诗集尚存,而只有一部,兹奉去。阁下吟览之后,仍望掷还为祷。王恭生平无长物,可发一笑。

专此布复,即谢座教,顺侯升安。汇完谦帖不具,愚弟谭光祜顿首。[⑤]

作《红楼人镜》酒令。因《红楼人镜》曾为周乐清参订,而谭光祜与周乐清有文字记载交集为此年,故暂付于此。

是年仍修《四川通志》,并删节增改《资州志》。

嘉庆十九年甲戌(1814)四十三岁

四月十九日,李松雪招同人祀杜甫、陆游于杜甫草堂,作《草堂寺和韵》《甲戌四月十九日李松雪太守招同人祀杜工部陆渭南两公于草堂是日为浣花遨头日为记是篇》[⑥]。

《嘉庆汉州志》载候补直隶州谭光祜有《通道桥记》,未署年月,暂附《嘉庆汉

① 方积(1764—1814),字有堂,定远(今安徽省滁州市)人,官宁远知府。

② 杨芳灿(1754—1816),字才叔,号蓉裳,常州府金匮县(今江苏省无锡市)人,官户部员外郎。

③ 丁浩、周维扬编著《杜甫草堂匾联》,天地出版社,2009年,第82页。

④ 嘉庆《四川通志》卷十二,嘉庆二十一年(1816)刻本。

⑤ 信曾由戴不凡先生藏,收入胡文彬《红边脞语》,辽宁人民出版社,1986年,第154页。

⑥ 同治《成都县志》卷十,同治十二年(1873)刻本。

州志》书成之年。

嘉庆二十一年丙子(1816)四十五岁

《四川通志》修成。按功升任湖北归州知州,未成。[①]

四月二十七日,四川总督常明[②]上书请以谭光祜升补叙州马边厅同知。

道光元年辛巳(1821)五十岁

秋,与程恩泽相遇于四川试院。程恩泽按试宝庆府,用谭光祜为提调,程恩泽作《赠谭铁箫太守》诗。谭光祜按试宝庆时请得欧阳绍辂出与双清亭之会。[③]

道光二年壬午(1822)五十一岁

五年俸满,由四川省马边厅抚夷同知升用四川峨边同知。[④]

道光四年甲申(1824)五十三岁

十月,题武侯祠"管乐自居,竟成伊吕;关张同志,已慑孙曹"。

十二月初四,升授宝庆府知府。[⑤]

十二月十六,与詹应甲[⑥]同车出行。

道光六年丙戌(1826)五十五岁

重修宝庆府濂溪书院。[⑦]

周乐清作《读栎山郡伯铁箫诗集题三绝句》。

谢堃[⑧]作《与谭铁箫太守书》《抵宝庆晤谭铁箫太守光祜即夕以英雄儿女图属题》[⑨]。

道光七年丁亥(1827)五十六岁

---

① 《重修四川通志序》嘉庆《四川通志》,嘉庆二十一年(1816)刻本。

② 常明,满洲镶红旗人,嘉庆十五年(1810)由湖北巡抚擢升兵部尚书兼都察院右都御史、总督四川等处军务兼管巡抚事。

③ 同治《新化县志》卷二十四,清同治十一年(1872)刻本。

④ 见历史第一档案馆电子资源检索。

⑤ 见历史第一档案馆电子资源检索。

⑥ 詹应甲,清戏曲作家,原名广桃,籍名应甲,字鳞飞,号湘亭。

⑦ 光绪《湖南通志》卷八,光绪十一年(1885)刻本。

⑧ 谢堃(1784—1844),字佩禾,号春草词人,扬州(今江苏省扬州市)人,清代戏曲作家。

⑨ 谢堃《春草堂集》卷一,道光二十五年(1845)奎文斋刻本。

四月,为张九钺[1]《紫岘山人全集》与《六如亭》作序。

周乐清作《赠谭栎山郡伯》[2],谈及谭光祜《红楼梦曲》戏剧,言"京都遍演公所谱《红楼梦》新剧"。

为资东书院议定章程,造具清册,详请立案。

道光九年己丑(1829)五十八岁

为周乐清《静远草堂初稿》题内封。[3]

道光十年庚寅(1830)五十九岁

七月,为周乐清《补天石传奇》正谱。

七月初七,为周乐清《补天石传奇》作序。[4]

道光十一年辛卯(1831)六十岁

七月初三,卒于宫。[5]

陈用光为谭作《宝庆府知府谭子受墓志铭》。[6]

道光十三年癸巳(1833)

邓显鹤[7]在《岳归堂全集序》[8]提及谭光祜曾为此集做过编定事宜。

道光三十年庚戌(1850)

十月,宗稷辰[9]为谭作《宝庆知府谭府君墓表》。[10]

光绪四年戊寅(1878)

---

① 张九钺(1721—1803),字度西,号紫岘,湖南湘潭人,著有《陶园文集》等。

② 周乐清:《静远草堂初稿》,清道光刻本。

③ 周乐清:《静远草堂初稿》,清道光刻本。

④ 谭光祜:《补天石传奇序》,周乐清《补天石传奇》,清道光十年(1830)静远草堂刻本。

⑤ 见历史第一档案馆电子资源检索。

⑥ 陈用光:《太乙舟文集》卷八,清道光二十三年(1843)孝友堂刻本。

⑦ 邓显鹤(1777—1861),字子立,名湘皋,晚号南村老人,湖南新化人,著有《资江耆旧集》《沅湘耆旧集》等。

⑧ 《岳归堂全集》为谭元春所著。谭元春,竟陵(今湖北省天门市)人,字友夏,号鹄湾,别号蓑翁。明代文学家,天启间乡试第一,与同里钟惺同为"竟陵派"创始人。

⑨ 宗稷辰(1792—1867),字迪甫,一作涤甫,号涤楼,会稽九曲弄(今浙江省绍兴市)人,官山东运河道。

⑩ 《续碑集传》卷四十,江楚编译局刊本。

三月，俞敦培[①]艺云轩刊印《酒令丛钞》，其中收录谭光祜《红楼人镜》酒令。该酒令由谭光祜作，周乐清参订，共一百筹，各注西厢一句。

潘红宇，天津师范大学历史文化学院，古籍保护研究院2022级硕士研究生。

① 俞敦培，字芝帖，清末江苏省无锡人，曾官县令，后归故里。

新演话剧《红楼十二官》及其中四种关系的处理

朱锐泉

【提　要】津评剧院版原创话剧《红楼十二官》(2024)演出后取得了很大成功。其取得的主要经验是高明、妥善地处理好了四种关系。首先,凸显贾府梨香院十二个戏曲演员这样的“小人物”身上的重要故事。其次是点面结合,成功刻画了十二官的个体乃至群像。再次,该剧在忠实于小说故事框架与人物关系的基础上进行戏剧改编,遵循艺术规律的同时,从独特的横切面透视原著文本世界。最后是改编者与主创们既避免违背古代作家及其笔下人物的思想言行,又适当融入了一些现代意识,由此更加符合当下观众的价值观念与审美品味。

【关键词】《红楼梦》　《红楼十二官》　戏剧改编　四种关系

2024年11月23日至24日,位于天津市红旗路376号的红旗剧院迎来了天津评剧院版原创话剧《红楼十二官》的首次演出。笔者现场观看了这部话剧,也感受到天津市民与众多《红楼梦》爱好者对其首演的热烈欢迎与积极反响。

清代社会一些达官贵族拥有戏曲家班,是一种司空见惯的现象。而所谓“红楼十二官”,又叫“红楼十二伶”,即是清中期长篇章回小说巨著《红楼梦》中,贾府豢养的十二个青年女性戏曲演员。

早在第十七回至十八回,小说就明确交代了她们的来历:

> ……原来贾蔷已从姑苏采买了十二个女孩子——并聘了教习——以及行头等事来了。那时薛姨妈另迁于东北上一所幽静房舍居住,将梨香院早已腾挪出来,另行修理了,就令教习在此教演女戏。又另派家中旧有曾演学过歌唱的女人们——如今皆已皤然老妪了,着他们带领管理。就令贾蔷总理其

日用出入银钱等事，以及诸凡大小所需之物料帐(账)目。[①]

脂砚斋批语认为，“元妃省亲”过程中的剧目演出，多通过戏名暗示贾府命运和主要人物的结局。例如，《长生殿·乞巧》“伏元妃之死”，而《牡丹亭·离魂》“伏黛玉之死”[②]。已故红学家李希凡(1927—2018)由此发挥，提出小优伶们也终将成为梨香院的“离魂”，进而对她们的人生遭际寄予深切的同情[③]。

实际上，对于居处于贾府深隐角落的这一被侮辱与被损害的群体，在研究者与广大读者那里，一直不乏关注的目光。2024年10月18至20日安徽师范大学召开的中国红楼梦学会2024年学术年会，就包括两篇相关的讨论文章。除了华中科技大学柯岚的《红楼十二伶与中国古代最后的女伶——从法律史看〈红楼梦〉中的社会变迁》，还有中南大学魏颖借鉴国画使用设色颜料时，有“正色”与“间色”的不同方式，来类比作家笔法，即在重点刻画“金陵十二钗”命运的同时，以映带的方式描写了“十二伶”，使得主要人物形象与次要人物形象相互关照、彼此映衬[④]。

至于话剧《红楼十二官》，则让这些旧社会人们口中的小戏子，头一次挑起大梁成为主角，挺起腰杆站到了文艺舞台的中央。应当说，这样的作品选题精准而新颖，既可以由小观大，让观众窥见古代社会贵族之家与戏曲行当的内里究竟，又足称聚焦边缘、提升微贱，由此富于现代的思想意识。下文则拟结合剧作文本与演出实况，探究《红楼十二官》涉及的四种关系处理及其价值意义。

一、小人物与“大”故事

说起来，若要比较作为书中主要角色的“金陵十二钗”与“十二官”，可谓有云泥之别。后者属于辽宁师范大学梁归智(1949—2019)的遗著所说的“红楼小人物”。诚如苗怀明的书评文章《小角色背后的艺术智慧》(《光明日报》2024年10

---

① 曹雪芹著，无名氏续，程伟元、高鹗整理，中国艺术研究院红楼梦研究所校注《红楼梦》，人民文学出版社，2008年，第234页。(本文引用《红楼梦》作品正文，皆据此本，不再一一出注。)

② (清)曹雪芹著、(清)脂砚斋评、吴铭恩汇校：《红楼梦脂评汇校本》(上)，清华大学出版社，2019年，第246页。

③ 李希凡：《梨香院的“离魂”——十二小优伶的悲剧命运与龄官、芳官、藕官的悲剧性格》，《红楼梦学刊》2003年第2期，第42—60页。

④ 魏颖：《“红楼十二伶”与间色法考辨》，《文化与诗学》，2019年，第1期。

月26日)提出的,所谓小人物,一是指其卑微的身份和较低的社会地位,二是指其在作品中较少的篇幅和不太重要的程度。苗先生认为,《红楼梦》中有些小人物虽然出场不多,但性格独具,给人印象至深,比如刘姥姥、贾瑞、贾芸等都写得个性鲜明,栩栩如生。即便只出场一次,也往往令人过目不忘,如在眼前,如焦大、傻大姐、卜世仁等。这些小人物既映衬了核心人物,又自成一体。

在此认知基础上,我们可以发现,有些人、事、物,从全局来看,虽然意义不大,可在具体当事人身上,却有着举足轻重的关键性。例如,芳官曾在得到宝玉赏赐的玫瑰露后,将其送给柳五儿疗病,后来也因此得到茯苓霜的回赠。看上去,这样的下层人物友情描写在全剧背景之下属于枝节,可如果联系下文柳五儿拜托芳官向宝玉推荐自己,希望将来也进入怡红院当差,那么从"五儿的人生轨迹"这个特定视角出发,从治病疗愈、恢复身体健康到投效主家、选择工作环境等,对于她本人就可谓兹事体大了。同时,红楼十二官在此发挥了串联不同人物的桥梁、纽带作用。

至于梨香院戏班解散之际,蕊官将蔷薇硝赠予芳官,芳官一开始辞谢这样金贵的物品,表示如果需要可以找宝二爷,蕊官却表示:"他是他的,我送的是我的。好妹妹,千万带回去罢。我还不知道你,多难多苦也不愿张口求人。"此处的馈赠当然不同于宝玉让晴雯将自己的旧手帕送去潇湘馆,但单就情感浓度而言却不遑多让。这一情节彰显了十二官之间的彼此关怀、抱团取暖,无怪乎后来芳官以茉莉粉代替蔷薇硝来给贾环,却被赵姨娘抓住这个茬儿激打芳官时,她的小姊妹们有奋不顾身、一致对外的表现。

二、人物之间"点"与"面"

纵览全剧,开头部分贾蔷受宁府贾珍之命筹建戏班,于是到江南采买色艺俱佳的小女孩,十二官得以首次集体亮相,及至结尾部分伴随着主题歌曲《伶歌行》的奏唱,披着轻纱的十二官重新上场,一段肢体表演后,停止动作恢复安静,最终变成了石头。我们一方面注意到这个群体在贾府的复杂环境中,如何任人摆布与欺辱,另一方面,又顺着小说原作者与话剧主创的引领,看到了其间几处闪光点。

扮演小旦的菂官与扮演小生的藕官,平日里私交甚笃,仿佛一对恩爱夫妻。菂官不幸早卒后,藕官哭得死去活来,逢节日烧纸祭奠,这便是书中第五十八回重点刻画的"杏子阴假凤泣虚凰"。这般出彩的戏码,话剧中自然要上演。非但如此，原著第三十回“龄官划蔷痴及局外”，以及第三十六回贾蔷买来雀儿讨好龄官等情节所敷演的“龄蔷之恋”，更是得到浓墨重彩的呈现。可以说，作为十二官故事其中一条支线，得到了很好的展开。工小旦的龄官大有林黛玉之态，个性也存在接近之处。她既满是痴情，又严守自尊，对主子不奉承——元妃省亲时点她的戏被她婉拒，对命运更是绝不屈从。在与男主子贾蔷的朝夕相处中日久生情，但她一直笼罩在不确定、不安全的情绪之中，生怕对方见异思迁、喜新厌旧，让自己遭到背叛与离弃。

值得一提的是，剧作试图给龄官安排一种新的结局，并且也确实做了一些铺垫（如贾蔷在到手后把她当通房丫头，不肯给她姨娘的名分）。但类似蔷二爷频繁与妓女厮混，将脏病传给龄官的剧情设计，怎么咂摸也容易让人由这里的龄官，联想当代电影——开心麻花的《夏洛特烦恼》里“校花”秋雅后来的遭遇。

小说的实际描写，是直到十二优伶被遣散，也没有再提起“龄蔷之恋”，李希凡于是用“见首不见尾”来概括龄官的生命，堪称精准。对照李先生的观点，“不少论者对龄官的去留多所猜测，我却满足于这‘缺憾’的悬念！因为‘划蔷’‘识雀’这两节个性化的色彩丰富的描写，已使龄官的鲜明个性与丰满形象，也包括必然的悲剧结局，永生在读者的心目中。”那么，我们是否可从古典文艺作品较为普遍存在的“断臂维纳斯”一般的缺憾美出发，拥抱这段感情的开放式结局呢？

三、小说原著与戏剧改编

说起《红楼梦》的改编，可说是早从其诞生之日起，就已经存在的艺文现象了。远自越剧和 1987 央视版的成功演绎，或者 2017 年小戏骨版电视剧的让人眼前一亮，近则可看 2024 年由江苏大剧院、南京民族乐团联合出品的原创舞剧。

多种形式、载体的表达，既蕴含传承经典与善于创新的丰富经验，自然也会带来改编方面出现不足甚至归于失败的教训。我们看到，在胡玫导演，2024 年 8 月上映的电影《红楼梦之金玉良缘》中，由于编剧大量采用拼贴嫁接的方式，试图在一个半小时内尽可能复现百廿回小说的著名情节场面，以致节奏凌乱，剧情缺乏逻辑。而相较于此，话剧《红楼十二官》并没有犯下剧情贪大求全，以致贪多嚼不烂的错误。相反，主创们力图小中见大，通过紧凑的情节选择与高节奏速率的讲述，来实现紧密环绕十二官的荣辱兴废，从一个横切面透视小说原著所设置庞大文本世界的目标。

由此我们应该对下面这样的改编充满激赏。这便是省亲时元妃点戏,十二官加以搬演后,话剧安排元妃与刘姥姥在同一时空环境中各抒己见互不干扰,各自发声而并非对谈。她们分别以台词表达对家里操办此事过于铺张浪费,以及将贾府视为如“鲜花着锦、烈火烹油”般强盛的议论。这样让一对至贵至贱人物并置的情节、场景与台词设计,无疑是富有深意的,或可借用西洋文艺理论,予以“有意味的形式”之认定。它深刻地揭示出一个道理:不仅“四大家族”是一荣俱荣、一损俱损的关系,而且红楼十二官的命运去向也是与宁、荣二府的兴亡态势休戚与共的。

需要肯定的还有,除了话剧文本之思想内容对于读者的感染、震撼十分惊人,该剧的形体、妆容、服饰、灯光、道具乃至舞台的活动变换等诸般艺术效果,皆为演出增色不少。例如,柳五儿被折磨致死后,随着悲凉音乐的响起,舞台背景中数条白幡的随风摆动,就很好地烘托了丧事的氛围。又如芳官、藕官与蕊官叩头请求王夫人,给自己弃绝红尘遁入空门的出路时,幕布又打出了硕大佛祖头像的置景,颇具视觉冲击力。

四、述古与论今

众所周知,在“大观园试才题对额”(小说第十七回)时,宝玉曾引用古人“编新不如述旧,刻古终胜雕今”的警句。对于古典文学作品的当代改编者而言,同样面临一个如何处理“古”与“今”的问题。一方面改编应力求回到作品产生的原始语境,理解作家及其笔下人物的所思所感,而避免对前人的三观加以凌迟式的误解;另一方面新时代的改编必然要求融入当下的思想意识、价值观念与审美趣味。

在此基础上,笔者赞同《红楼十二官》的官方宣传中类似“红楼女团”集结,或者再现“青春古典女子群像”这样的广告词。同时,我们又从剧中十二官谈论自己最欣赏的戏曲剧目以及最心仪的人物角色一节,窥见了她们的处世态度与人格理想。龄官以为,“《玉簪记》里的陈妙常,虽是尼姑,却无惧门户之别、礼法约束,勇敢追求真挚感情,最终与高中状元的潘必正有情人终成眷属”。这当然反映出她的个性风采,以及对爱情的期冀想象。而从小说到话剧,同样表现得个性突出、色彩丰富的芳官,则“最喜欢《救风尘》里的赵盼儿,冰雪聪明、豪侠仗义,敢凭自己的本事营救羊入虎口的姐妹”。她又最佩服元代知名戏曲演员“珠帘秀的侠肝义胆,虽然身在勾栏,却敢大义凛然出演关汉卿笔下的《窦娥冤》,可比天底下不少男儿还有骨气些”。

进而可从芳官这一十二优伶中曹公着笔最多、最为精心塑造的形象身上，观察、了解到带有现代性的人之“觉醒”。这便是话剧精心编织的芳官的几句台词，或者是以“大丫鬟老婆子，谁看不惯都能骂两句；老管家小跟班，谁看得上都想占便宜”，控诉命运的捉弄、环境的不公，或者是以“奴性命如草芥，却要当疾风中的劲草”，张扬自己的傲骨，或者是点破貌似幡然悔悟的宝二爷的迷梦，“考上了科举，也只有一时的风光。该吃人的恶鬼，改不了性子，被压迫的人，也逃不开被吃干抹尽的命运。”

凡此容易感受到话剧主创对于小人物坎坷命运及困顿人生的深切同情，以及对她（他）们不甘忍受、勇于抗争精神的高度称颂。但问题是，类似这样观点鲜明、主张强烈的表达，本来应该从剧中人物的言行举止中自然流淌，如盐着水一般融入全剧，而不能让观众觉得存在生硬说教、强势宣传的嫌疑。

如果说芳官与龄官议论蔷二爷是否深情忠贞的当口，插入元妃乘着元宵佳节送来谜底是爆竹的不祥灯谜，这样的剧情调动有些突兀，那么在结尾部分贾府被抄家，林妹妹香消玉殒，宝玉也萌生幻灭感之际，让他对着芳官评价妻子宝钗和近侍袭人，说是“一个圆滑世故、满肚子算计，一个卖友求荣、告发母亲有狐媚子勾引我，害死了晴雯和芳官你”，这样的台词突出了宝玉的记恨，就有些违背原著设定，而打上过于浓重的现代人的主观色彩了。

不妨来分享、重温古代小说研究奠基者鲁迅先生（1881—1936）的观点。他针对清代小说《儒林外史》发出了“伟大也要有人懂”的浩叹。其中一条理由，就是该书“感而能谐，婉而多讽”，如书中“至叙范进家本寒微，以乡试中式暴发，旋丁母忧，翼翼尽礼，则无一贬词，而情伪毕露，诚微辞之妙选，亦狙击之辣手矣”[①]。换言之，作家的思想感情倾向，不应过分彰显、直露，甚至流为攻击、谩骂，而要将褒贬暗藏于情节的丝滑推进与人物的立体塑造之中，由此让读者自己体会对错、判断是非。鲁迅又在评价纪晓岚（1724—1805）的文言小说名著《阅微草堂笔记》时这样说：“然较以晋宋人书，则《阅微》又过偏于论议。盖不安于仅为小说，更欲有益人心。”[②]据此，文艺作品固然可以且应该发挥一些道德教化的功能，但毕竟不能等同于乡约族规或修身教科书。

谈及对《红楼十二官》的总体看法，笔者认为，该剧成功实现了十二个演员群

---

① 鲁迅：《中国小说史略》，《鲁迅全集》第九卷，人民文学出版社，2005 年，第 228、231 页。

② 鲁迅：《中国小说史略》，《鲁迅全集》第九卷，第 220 页。

像的塑造与个性的发抒,可谓形容大开、“声色俱出”。但与此同时,需要防止出现人物的“声色俱厉”,剧本主创也不应从舞台背后直接跃出,并作大事发言。否则,传统文化孕育之下原著那雍容典雅、含蓄蕴藉的古典情趣,与以少总多、耐人寻味的故事韵致,就可能在后来者粗率鲁莽的改动之下丧失殆尽。上文以新演话剧《红楼十二官》的剧本内容为主,结合其实际演出情形,力图扣住该剧处理四种关系的问题,探讨其创作的优劣得失,不当之处难免,聊为引玉之砖而已。

朱锐泉,天津师范大学文学院讲师。

《红楼梦》的跨文化影响
——以北美话剧《红楼梦之少年犹记》为个案

郭洪涛　王　琳

【提　要】本文深度探究《红楼梦》在跨文化传播进程中跨文化先锋的核心作用。从传播伦理层面，打破西方长久以来对东方文化的“文化猎奇”[①]定式，逐步构建起平等对话的桥梁；在符号系统方面，致力于文化符号的解构与再生，实现不同文化语境下符号的精准且高效转译；借助技术赋能，开启传播革命新篇章，依靠前沿数字技术打破传统传播的重重边界。全方位展现“跨文化先锋”（传播人）具备多重文化背景身份、传受一体的主体性及产生周围人效应的作用范围等身份特征与条件，深度揭示其对中华文化在全球多元语境中持续蓬勃发展的关键意义与深远价值。

在信息化社会快速发展的背景下，跨文化先锋作为信息传播的起点和核心，其角色和功能对信息传播效果、舆论引导及社会文化传承具有重要影响。2019年1月18日上演，由加拿大北美儿艺的艺术家们创作的海外青少年话剧《红楼梦之少年犹记》是近年来围绕《红楼梦》文化再传播的一个重要当代表达项目。它以青春化、舞台化、影视化、国际化的方式，讲述少年宝玉与林黛玉的青涩初识与文化启蒙，融合中英文双语创作，搭建起古典文学与当代青年之间沟通的桥梁。该项目在北美多个城市巡演并引发海外华人社区广泛共鸣，成为以跨文化艺术传播推动中华文化再生的重要实例。本文在梳理《红楼梦》传播史中传播人重要贡献的基础上，尝试将《红楼梦之少年犹记》纳入当代表达视域，进一步探讨跨文化先锋在传播伦理、文化符号再构与技术赋能方面的现代实践与深层文化意义。

【关键词】跨文化传播《红楼梦》　跨文化先锋　话剧

---

① （美）萨义德著，王宇根译：《东方学》，生活·读书·新知三联书店，2007年，第70页。

一、引言

《红楼梦》作为中国古典文学领域当之无愧的瑰宝,以其细腻入微的人物刻画、错综复杂的情节架构以及深厚广博的文化底蕴,成为中国传统文化的集大成者。自问世以来,其影响力不仅在国内经久不衰,随着时间推移,更跨越国界,在全球范围内引发广泛关注与深入探讨,开启了波澜壮阔的跨文化传播之旅。在这一漫长而意义非凡的传播进程中,跨文化先锋凭借其敏锐的文化洞察力、卓越的专业素养以及坚定的传播信念,发挥着不可替代且至关重要的作用。他们的不懈努力,犹如涓涓细流汇聚成磅礴江河,不仅促使《红楼梦》文本在世界各地广泛扩散,让更多的人有机会领略这部经典巨著的魅力,更在文化对话的深入推进以及学术范式的创新重构等方面,作出了卓越且影响深远的贡献。

《红楼梦之少年犹记》是一部以《红楼梦》为母本进行再创造的文学作品,通过现代叙述方式、青少年视角,重新演绎贾宝玉等人年少时的经历与内心世界。该作品不仅以青春笔调捕捉传统文化中的情感张力,也为全球青少年打开理解中国古典文学的新通道,成为《红楼梦》跨文化传播的重要创新尝试。杨·阿斯曼(Jan Assmann)的"文化记忆"[①]理论(Cultural Memory)指出,文化经典不仅是文学作品,更是群体记忆与文化身份的重要存储体。《红楼梦》作为中华文化的集体记忆之一,在跨文化传播中不仅承载文学意义,更参与构建民族文化的身份认同。与此同时,随着国家文化战略的推进,该作品的再传播也服务于中国"文化软实力"(Cultural Soft Power)[②]的提升与国际文化话语权的扩展,体现出文学传播背后的深层文化逻辑。《红楼梦之少年犹记》的诞生是验证这一传播方式的实例之一。

---

① 杨·阿斯曼(Jan Assmann):《文化记忆》,王铭铭、李猛译,南京:南京大学出版社,2002,第20页。

② 奈·约瑟夫·S.(Joseph S. Nye):《软实力:世界政治成功之道》. 金灿荣译,上海人民出版社,2025,第18页。

二、传播伦理的重构:从“文化猎奇”到“平等对话”

(一)早期译者的伦理标杆意义

在早期殖民主义盛行的复杂语境下,东西方文化交流处于一种极为不平等的状态。西方世界对东方文化往往持有一种居高临下的审视态度,将东方文化视为满足其好奇心的“奇珍异宝”,充斥着浓厚的“文化猎奇”心理。而译者作为东西方文化交流的关键纽带,面临着前所未有的挑战与困境。马礼逊(Robert Morrison),这位具有开拓性意义的人物,作为首位将《红楼梦》引入英语世界的译者,以其非凡的智慧与勇气,开辟了一条全新的翻译之路。他坚决摒弃了当时普遍存在的将《红楼梦》简单当作“东方奇观”来猎奇的肤浅心态,转而采用逐字注释的严谨方式,力求精准展现中文独特的语法逻辑。例如,在翻译涉及中文特有的句式结构和虚词运用时,马礼逊会详细地在注释中说明其语法功能和语义内涵,帮助西方读者跨越语言障碍,深入理解原文精髓。在对文本中蕴含的丰富哲学思辨内容,诸如儒释道思想的呈现上,马礼逊始终秉持客观公正的态度,既不夸大其词,也不刻意歪曲。他通过翔实的注释和深入浅出的解读,将这些深刻的哲学思想以一种西方读者能够理解和接受的方式展现出来。例如,大卫·霍克思(David Hawks)在翻译林黛玉初登贾府一节时,特别强调“shyness tinged with pride”(羞涩中带着自尊),[①]此译法体现出他试图保留中国古典人物性格多维度的努力,从而避免落入单一文化刻板印象。这种文化符号的再解构,是传播伦理“去猎奇化”的重要表现。这种极具前瞻性的“去猎奇化”翻译策略,为后续的汉学研究奠定了坚如磐石的学术基础,使得西方学者能够摆脱以往的偏见与误解,以更为严肃认真、平等尊重的视角,深入探究这部来自东方的伟大经典。而北美的青少年通过恰到好处的舞台意图以及自身的认识表现在世界的话剧舞台,并得到北美受众的共鸣和认可。

(二)当代汉学家观点对红学研究的反哺

当代汉学家宇文所安在其著作《盛唐诗》中,创新性地提出了“文化误读”具有

---

① (清)曹雪芹著,(英)大卫·霍克思译:《红楼梦》,上海外语教育出版社,2012年,第134页。

创造性价值的观点。[①] 这一观点犹如一颗投入平静湖面的石子,在红学研究领域激起层层涟漪,为传统红学研究带来了全新的思考方向与研究视角。在过往的跨文化传播过程中,红学研究往往陷入过度强调"忠实性"的误区,一味追求译文与原文在语言形式和内容上的绝对对等,却在一定程度上忽视了不同文化之间的巨大差异以及文化交流过程中的动态变化。宇文所安的观点犹如一盏明灯,促使学者们重新审视"忠实性"与"创造性"之间微妙而复杂的平衡关系。学者们开始意识到,在跨文化传播中,适度的"文化误读"并非洪水猛兽,反而可能成为激发新思想、创造新文化理解的源泉。这种反思如同春风化雨,滋润着红学研究的土壤,推动红学从以往单一的"单向输出"模式,逐渐向更为多元、互动的"双向阐释"模式转变。在这一转变过程中,不同文化背景的学者能够基于各自的文化视角,对《红楼梦》进行深入解读与交流,促进了不同文化间更深入、更平等的对话。例如,在《红楼梦之少年犹记》中王熙凤和刘姥姥的上下阶层的礼仪和对话在北美的青少年演员中表现出不理解,他们不仅修改了这些细微的舞台表现并且体验了"贾政教子"中长辈随意大骂晚辈,晚辈不得反抗的不同文化带来的父子之间的情感变化并且开展了讨论。这种对话不仅丰富了红学研究的内涵,演员的理解和跨文化的交互共融更重构了跨文化传播的伦理体系,为未来的文化交流与学术研究树立了新的典范。

三、符号系统的解构与再生

(一)饮食符号的再编码策略

《红楼梦》中所描绘的丰富饮食文化,宛如一幅绚丽多彩的画卷,是其博大精深文化符号系统中不可或缺的重要组成部分。饮食,在这部作品中,早已超越了单纯的果腹功能,承载着深厚的文化内涵、社会阶层差异以及人物情感表达等多重意义。霍克思是《红楼梦》翻译领域成就斐然的译者,在面对复杂的饮食文化翻译难题时,展现出了高超的翻译技巧与文化洞察力。以"茄鲞"的翻译为例,他将其译为"a dish of pickled eggplant with chicken"。[②] 这一翻译在精准保留食材基本

---

① (美)宇文所安著,冯金红编,贾晋华译《盛唐诗》,生活·读书·新知三联书店,2014年,第45页。

② (清)曹雪芹著,(英)大卫·霍克思译:《红楼梦》,上海外语教育出版社,2012年,第123页。

信息的同时,巧妙地通过补充解释的方式,向西方读者详细介绍了这道菜的制作过程以及背后所蕴含的贾府饮食文化的精致奢华之处。他会在注释中说明,“茄鲞”并非简单的茄子腌制菜肴,而是经过多道复杂工序,将茄子切成薄片,用鸡油炸至金黄,再加入鸡肉、香菇等多种食材一起腌制而成,体现了贾府饮食的讲究与精细。饮食与音乐在《红楼梦》中皆为重要符号系统,其跨文化传播的成功,依赖于译者对文化意境的精准转译。如霍克思将“潇湘夜雨”意境译作“the drizzle of xiang river at night”,[①]并在注释中阐释潇湘二字的地理、诗意与象征意义,有效缓解读者的“文化休克”现象,使西方读者得以感知中国古典美学中的“虚实相生”。这种处理方式堪称精妙绝伦,既有效避免了西方读者因文化差异而可能产生的“文化休克”现象,即面对完全陌生的饮食文化时感到困惑、无所适从,又成功保留了“茄鲞”这一饮食符号所蕴含的丰富象征意义,实现了饮食符号在跨文化传播中的高效转译与再生。通过霍克思的翻译,西方读者能够跨越文化鸿沟,真切感受到《红楼梦》中饮食文化的独特魅力,仿佛身临其境般领略到贾府餐桌上的精致与繁华。

霍克斯根据不同文化背景下的沟通习惯,灵活调整自己的沟通方式,从而确保信息的准确传递。其次,关于文化认知与理解。由于成长环境的多样性,第一传播者对多种文化有深入的了解和认知。他们能够理解不同文化背景下的价值观、思维方式和生活习惯,这有助于他们在传播中华文化时,更加精准地把握受众的需求和接受度。也能够更理解和尊重不同文化间的差异,避免在跨文化传播中出现文化冲突或误解。

(二)园林美学的空间转译与比较

法国汉学家雷米·马蒂厄(Mathieu)在其著作《红楼梦与法国园林》中,别出心裁地对大观园的“移步换景”与凡尔赛宫的轴线设计进行了深入对比。[②] 大观园作为《红楼梦》中众多人物活动的重要空间场所,其园林设计蕴含着中国传统园林艺术独特的审美观念与哲学思想。“移步换景”强调通过游览者在空间中的移动,不断变换视角,从而欣赏到不同的景观,营造出一种曲径通幽、含蓄委婉的美感,体现了中国人对自然的敬畏与融合,追求“虽由人作,宛自天开”的境界。而凡尔

---

① (清)曹雪芹著,(英)大卫·霍克思译:《红楼梦》,上海外语教育出版社,2012 年,第 215 页。

② 雷米·马蒂厄:《红楼梦与法国园林》,法兰西出版社,2005 年,第 78—102 页。

赛宫的轴线设计则以其宏大规整、对称严谨的布局而闻名于世,彰显出西方文化对秩序、规则的崇尚以及对人工力量的自信。雷米·马蒂厄通过这种跨文化的园林美学比较,深刻揭示了中西园林艺术在“自然观”上的巨大差异。这种将《红楼梦》中的园林美学符号与西方园林符号进行系统比较的方式,为跨文化审美研究提供了全新的范式。它犹如一把钥匙,为西方读者打开了一扇理解《红楼梦》园林美学的大门,使得西方读者能够从自身熟悉的园林文化出发,通过对比与反思,更好地理解《红楼梦》中园林美学所蕴含的独特文化内涵。在这一过程中,园林美学符号在跨文化语境中实现了解构与重新诠释,为不同文化间的审美交流搭建了一座坚固的桥梁,促进了文化的多元共生与相互理解。

在《红楼梦之少年犹记》的舞台上,园林舞美设计通过现代灯光与自然景观的结合;音乐的情感烘托与景致描绘;舞台布景的层次感与空间感;色彩与意境等手法的呈现运用,不仅展现了传统园林景观的文化内涵和自然美感,同时也赋予了舞台更丰富的表现力和视觉冲击力。

四、技术赋能下的传播革命

AI翻译技术,尤其是基于深度学习的自然语言处理技术,已经取得了显著的进展。通过机器学习和大数据分析,AI能够在大规模语料库中提取语言模式,并对不同语境下的词汇和句子进行精准翻译。[①] 与传统的翻译方式相比,AI翻译不仅提高了效率,还能够更好地捕捉语言的语义和情感。这对于《红楼梦》这种文字细腻、意蕴丰富的经典文学作品的翻译至关重要。AI翻译技术能够在保持原著情感和文化色彩的同时,降低人工翻译中的误差和偏差。

《红楼梦》在中国文学史上占据了独特的地位,其深刻的社会批判、复杂的情感描写和丰富的哲理思考,使得它不仅仅是一部小说,更是一部涉及人性、道德、历史和哲学的百科全书。由于其浓厚的文化背景和历史背景,很多外国读者在阅读《红楼梦》时,常常面临文化差异所带来的理解障碍。因此,AI翻译技术的智能化突破,使得这部作品能够更加精准地传递其深厚的文化内涵,并帮助外国读者更加顺畅地理解其中的文化符号与隐喻。跨文化传播的核心在于如何将一种文化有效地传递给另一种文化的受众。通过AI翻译,《红楼梦》不仅能突破语言的

① 张伟:《人工智能翻译技术的进展》,《现代语言学研究》,2023年,第45页。

障碍,还能够在不同文化间架起沟通的桥梁。AI 翻译技术能够根据目标语言的文化习惯对文本进行适当的本地化处理,使得作品的内容更加符合外国读者的认知习惯。这样,外国读者可以在保留原著精髓的同时,充分感受到《红楼梦》中的人物性格、情感表达和哲学思想。传播人需要在翻译过程中深入理解原著的内涵,并将其通过目标语言有效地传达给外国读者。他们不仅要保证语言的准确性,还需要关注作品的文化背景和历史语境,以便为读者提供更加丰富的阅读体验。AI 翻译的智能化突破,虽然能够提高翻译效率和质量,但仍然需要传播人的智慧与文化洞察力来对翻译进行精细化调整。因此,跨文化先锋的贡献不仅体现在对语言的精准转换上,还体现在其对文化的深刻理解和再创造上。AI 翻译技术的引入,为《红楼梦》的跨文化传播带来了新的机遇,但与此同时,翻译的过程也是一种文化价值重构的过程。在语言的转换中,文化的内涵和价值观念会经历一定的“变形”或“重构”。传播人通过对文化差异的把握与调适,能够使《红楼梦》的文化价值在全球范围内得到重新构建和再定义。在这一过程中,AI 翻译作为一种工具,能够加速这一文化价值的传播,而跨文化先锋则通过自己的文化视野,确保这种文化的传递不会偏离原著的核心思想。通过 AI 翻译技术的智能化突破,文化的价值和内涵不仅得到了有效的传播,同时也经过了在不同文化背景下的再创造和适应,使《红楼梦》能够在全球范围内产生更深远的影响。AI 翻译的智能化突破为《红楼梦》的跨文化传播提供了强大的技术支持,而跨文化先锋的深层贡献则确保了文化的精准传递和价值重构。通过 AI 翻译与第一传播人的合作,《红楼梦》不仅能够打破语言障碍,还能够在全球范围内传播其深厚的文化内涵和独特的艺术价值。这一过程中,AI 翻译不仅是技术的突破,更是文化交流的桥梁,它为《红楼梦》在全球范围内的文化价值重构提供了无限可能。

五、结语

从早期在艰难环境中默默耕耘的译者,到数字时代引领潮流的“文化策展人”,传播人的角色经历了翻天覆地的改变。他们不再仅仅局限于充当文化符号的简单搬运工与转译者,而是积极主动地参与跨文化知识生产的全过程,逐渐成为推动文化交流与创新的核心力量。随着脑机接口等前沿技术的持续飞速发展,我们有理由相信,在不久的将来,红学传播有望实现“神经层面的文化共鸣”这一宏伟目标。届时,传播人将能够更直接、更深入地与受众建立情感与文化连接,实现文化的高效传播与深度融合。然而,这一美好愿景的实现,无疑对传播人的文化敏感性与技术素养提出了近乎苛刻的更高要求。传播人不仅需要具备深厚的文化底蕴,能够精准把握《红楼梦》所蕴含的丰富文化内涵,还需紧跟时代步伐,熟练掌握并运用先进的技术手段,将文化与技术完美融合。这种动态演进的过程,正是中华文化在全球多元语境中持续焕发生机与活力的关键密码。《红楼梦之少年犹记》作为中国传统文化再创造的重要实践,其意义远不止于文学创新,更在于它在全球语境中重新激活了《红楼梦》的生命力。跨文化先锋通过对语言、文化、伦理的持续探索,正在将这部承载东方智慧与人类情感的经典,跨越语言与文化的壁垒,带向世界的每一个角落。其过程,不仅是经典的传播,更是文化身份与价值观的再生之旅。

《红楼梦》的跨文化传播之旅,并非单一译本或演绎的堆积,而是一部文化价值不断再认知、再编码、再生成的动态史诗。在这一过程中,跨文化先锋凭借其文化想象力、叙事建构力、技术运用力与伦理自觉性,已不再是信息的"搬运者",而是文化再生的"播种人"和"架桥人"。他们重塑的不仅是《红楼梦》的国际命运,更是中华文化在全球语境中的话语方式与生长方式。在未来,传播人的角色仍将不断演化,他们在《红楼梦》跨文化传播中的深层贡献,犹如璀璨星辰照亮了文化交流的道路,不仅有力推动了这部经典作品在世界范围内的广泛传播,让更多人领略到中华文化的魅力,更极大地促进了不同文化之间的交流、理解与融合,为中华文化在全球的传播与发展注入了源源不断的强大动力,助力中华文化在世界文化之林中绽放更加耀眼的光芒。

郭洪涛,中国传媒大学博士研究生,研究方向:跨文化传播。

王琳,温哥华青年艺术学院教授,研究方向:艺术教育。

“文本盗猎”:《红楼梦》影视改编的参与式重构

张　煜

【提　要】本文基于亨利·詹金斯的“文本盗猎”理论,结合数字时代参与式文化特征,以哔哩哔哩平台(B站)《红楼梦》影视改编的传播实践为研究对象,探讨经典文学在新型社交媒体语境下的传播与接受范式转型。研究通过分析用户生成内容(UGC)、弹幕互动及技术介入行为,揭示观众如何通过挪用与盗猎、解构与重构经典文本,构建新型阐释共同体。通过对《红楼梦》影视改编中“同人二创”视频在参与式文化驱动下以互文性策略打破经典封闭性、弹幕话语以能动参与重塑叙事权威、人工智能等技术推动经典文本的赛博格化转型,揭示技术赋能为《红楼梦》的当代传播带来多维动态转型的同时,也彰显了“数字原住民”以“盗猎”实践重构文化经典生命力的集体智慧。

【关键词】《红楼梦》文本盗猎　参与式文化　影视改编

数智时代的媒介变迁重构了经典文化的传播生态,当算法推荐、弹幕互动与人工智能深度介入文本阐释,传统的文学接受范式正经历根本性变革。亨利·詹金斯(Henry Jenkins)提出的“文本盗猎”理论,揭示了受众通过挪用、重组、戏仿主流文化文本,建构自身独特的文化意义阐释。这一理论在《红楼梦》的当代影视改编传播中获得了新的诠释维度——当经典文本被“数字原住民”集体书写,脂砚斋的脂批化身为飘过屏幕的弹幕,程高续书演变为人工智能的叙事实验,传统文化的传承与革新呈现出前所未有的复杂张力。

《红楼梦》作为中国古典文学的巅峰之作,其影视改编史本身便是这一转型的典型样本。从1927年复旦影片公司首次将其搬上银幕,到今日哔哩哔哩平台(以下简称B站)用户用弹幕重构叙事逻辑,每一次媒介迁移都是对原文本的创造性“盗猎”。本文以B站用户实践为中心,聚焦三类文化盗猎行为:基于同人二次创作的互文阐释、弹幕互动的能动参与重构叙事张力、技术介入下催生经典文本的赛博格化转型所带来的文化反思。通过这三个维度的探讨,旨在揭示传统文化在数智化传播中重建的动态过程,为经典文学的当代转化提供理论参照。

一、同人“二创”改编的互文性阐释

数智时代数字技术所带来的媒介赋权,传播方式、传播渠道、传播主体发生转向,使得身为趣缘群体的青年亚文化群体有了新的文化实践活动空间。经典名著的传播不再局限于文本或影视的原文内容,而是在众多传播主体的参与下对经典名著进行解读、剪辑、展示或分析。以《红楼梦》在B站上大量的同人“二创”视频为例,以“红楼梦”为关键词进行搜索,除解说和原版影视内容外,最受欢迎的是创作者们制作的“二创”视频,类型包括影视剧中高燃片段剪辑、鬼畜剪辑、台词剪辑、CP剪辑、“中译中”等。可以看出年轻一代“红迷”基于原著与数智体时代下特有的互联网思维方式,通过新的赛博空间,对《红楼梦》进行了天马行空的想象与创造,并且拓展了以往作为严肃主流文化的“红学”研究的内涵与边界,不失为数字新媒体时代一种另类化的“红学”探索实践。在《红楼梦》的影视传播中,这一现象呈现显著的互文性特征,即观众既依托原著符号系统构建阐释框架,又通过技术手段解构经典权威,形成传统文学与当代文化对话的开放场域。

“二创”即二次创作,一般被认为是同人文化的重要组成部分,通常指同人爱好者对已存在著作物的文字、图像、影片、音乐或其他艺术作品进行改编、变形、再创作,从而形成新的作品,而这些作品则被称为“二次创作物”。二创视频指的是“以网络与视频网站为媒介,借助搜索引擎、超链接、网络传输等技术,以他人作品为素材、其他网络资源作为数据库,在彼此关联的数据中进行迁徙,调取适合自己的视频素材,在自己所属的趣缘群体中进行二次交互传播。同人二创视频包括但不限于音乐视频、影视素材故事化再剪辑视频、广播剧素材混剪等。其中特点最鲜明的便是影视素材故事化再剪辑视频”①。87版《红楼梦》便成为《红楼梦》“二创”视频中最受欢迎也最广为使用的视频剪辑素材。在此基础上衍生各种解说视频,例如视频播放量已经破千万的UP主“木鱼水心”所制作讲解的“《红楼梦》全集”;各种“安利向”视频,如“十二金钗”混剪、“红楼梦高虐群像”混剪、“红楼梦台词”混剪,等等;还有结合原著,对电视剧进行细致入微的服化道品评视频等。

当前《红楼梦》影视二创主要集中于两类形态:解构式混剪与跨媒介叙事。前

① 曾晗露:《新媒介空间中的同人二创视频——以哔哩哔哩为例》,《中国报业》2021年,第24期。

者以B站UP主"张志浩在剥柚"发布的《薛宝钗的无情也动人,回避型i人也温暖》为例,视频以MBTI(迈尔斯布里格类型指标)性格测试理论为工具,将宝钗的"冷香丸"隐喻解读为"高功能i人"的情感内耗与理想主义特质。其"随分从时"的特质被对应为"INFJ型人格"。视频通过剪辑87版电视剧片段,将原著中"金簪雪里埋"的判词画面与当代社媒中"i人社交指南"的图文拼贴并置,使宝钗"任是无情也动人"的复杂性格被简化为"高敏感人群的自我防御"。弹幕中高频出现的"INFJ的宿命感""i人天花板"等评论,显示出观众通过人格标签重构经典人物的认知逻辑。另一类创作则通过跨媒介叙事实现经典文本的实体化转译。UP主"名曰老饕"的《探秘红楼美食》则是以纪录片形式复现小说中的饮食文化,如第四十一回的茄鲞、第三十五回的莲叶羹。创作者不仅考证《调鼎集》《随园食单》等古籍复原菜式,更将烹饪过程与87版电视剧画面交叉剪辑:当王熙凤向刘姥姥讲解茄鲞做法时,画面切至现代厨师处理食材的特写,辅以"耗时18小时""耗材20只鸡"的字幕注解。这种跨时空的视觉拼贴,使文学想象转化为可触达的物质实践,弹幕中"舌尖上的大观园""曹公写的是满汉全席吧"等感叹,折射出经典文本通过技术具象化重构的接受路径。这一切也都可以归作"同人",即指同好者在原作或原型的基础上进行的再创作活动及其产物。①

《红楼梦》的同人二创实践揭示出"文本盗猎"的深层机制:解构行为始终受制于原著的文化引力,而重构过程则依赖于技术赋权的创造性转化。大众通过挪用、戏仿等策略"盗猎"经典,实则是以技术手段重构文本意义的创造性实践。当宝钗的"冷美人"特质被转译为INFJ人格时,看似消解了文学深度,实则搭建了当代青年进入经典的认知桥梁;当茄鲞的文学意象被分解为食材与工艺时,表面剥离了诗意想象,却通过味觉通感强化了文化记忆的具身性。这种"破坏性创新"的本质,是经典文本在数字时代的适应性进化——它既承受着技术解构的冲击,又在文化转译中获得新的生命形态。

二、弹幕"评点"的能动式参与

数智时代的弹幕评点系统重构了经典文学接受的时空逻辑。2020年B站引进央视87版《红楼梦》并启动4K修复计划,这一举措成为经典文学参与式传播的

① 王敏:《网络同人文化解读》,《东南传播》2010年,第8期。

标志性事件。截至2023年,该剧在B站的播放量突破1.2亿次,累计弹幕数超580万条,印证了经典文本在数字原住民中的文化生命力。这一现象级传播的背后,是参与式文化的底层逻辑驱动——观众通过弹幕互动、二创生产、跨媒介改编等实践,将《红楼梦》从静态的文学经典转化为动态的文化数据库,实现詹金斯所述“集体智慧”的意义再生产。

传统红学评点以脂砚斋批注为核心,通过依附于文本的权威阐释引导阅读方向。例如甲戌本第三回“黛玉进府”中,脂批“黛玉情情,宝玉情不情”的判语,确立了人物性格的经典阐释框架。但传统评点依附于文本的物理载体(如抄本、刻本),通过权威性批注固定阐释路径;而弹幕则以图层覆盖方式打破文本的封闭性,形成评点与影像的动态共生。在B站87版《红楼梦》的弹幕实践中,这种功能以新的形式延续,如在第二十七回“黛玉葬花”场景中,“黛玉文学巅峰”“曹公的悲剧美学”等弹幕高频出现,承担着类似传统评点的审美判断功能。以及当画面呈现黛玉吟诵《葬花吟》时,屏幕实时飘过的“花谢花飞花满天——全文背诵”等评论,既是对文学价值的认同,同时,弹幕构成的“数字脂批”,也在即时性、互动性层面实现了评点的跨时空呼应。

弹幕文本的生成与传播,实质是当代社会文化心理的镜像投射。弹幕话语对《红楼梦》中人物性格的评判已经不再局限于原文本中的判词与脂批,而是更多的与MBTI性格分析来讨论,当林黛玉在“黛玉葬花”场景中出现时,“INFP的自我救赎”“高敏感人群生存指南”等弹幕高频出现,折射出Z世代将经典人物作为心理代偿符号的文化策略。这种将林黛玉对应为MBTI人格特质的现象,既是青年亚文化对经典文本的挪用,也暴露出数字原住民在高压社会中的身份焦虑。值得注意的是,在解构的表象下仍潜藏着深度阐释的可能。UP主“木鱼水心”对第三集“黛玉进府”的解说视频中,弹幕池涌现出“贾府人际关系拓扑图”“宗法制下的女性困境”等深度讨论。当镜头扫过贾府正堂的雕花槅扇时,观众通过弹幕标注人物关系:“左侧垂首者为邢夫人——贾赦续弦,无子嗣权”“王夫人居右主位——四大家族权力枢纽”。这种集体协作的阐释实践,将封建家族的等级秩序转化为可视化的权力图谱。此类弹幕用另一种方式证明了,严肃学术讨论在参与式文化中仍具生命力。

弹幕评点的核心价值在于建构跨时空的阐释共同体。这种实践既消解了红学研究的专业壁垒,使《红楼梦》从学术殿堂降维至大众话语场,又以集体智慧生产出新的意义维度。正如林华所探讨的,“传统文化赖以生成的自然经济、宗法制度、泛神信仰等社会历史条件已经分崩离析,传统文化与社会现实之间的统一性和同一性早已终结。"[①]由此可见,B 站不仅是当前数字参与式文化的典型聚集地,也能为传统文化提供一个新的多元化的传播平台,有利于传统文化摆脱尴尬的传播境地。B 站用户通过"弹幕+二创"的双向互动,使经典文化"润物无声地融入青年亚文化"。当"脂批需要十年功底,弹幕只需三秒输入"成为现实,经典文本的阐释不再是被垄断的静态形式,而是在大众阐释与技术赋能的交互中,持续获得当代意义的动态文化。

三、技术赋能的文化传播价值与反思

人工智能技术的突破性发展,为文化领域的创新提供了前所未有的技术支撑。生成式 AI 通过学习海量文化数据,能够在短时间内生成具有创意性的内容,革新了传统的文化创作模式。技术赋能的参与式实践,既为传统文化注入新的生命力,也带来经典性消解的风险。在此过程中,"文本盗猎"的边界不断扩展——从个体的符号挪用升级为人机协同的意义生产,形成技术时代特有的文化辩证法。

AI 技术的深度介入正在重塑《红楼梦》影视改编的生产与传播模式。AI 工具将传统意义上的"盗猎",转化为大众可参与的技术狂欢。2024 年 12 月,抖音平台出现大量用户通过 AI 工具生成的《红楼梦》"魔改"视频,例如,"林黛玉倒拔垂杨柳""宝黛大战孙悟空"等荒诞场景,单条视频最高获得 260 万次转发。这类创作突破了传统媒介的物理限制,形成"千机千面"的参与式创作生态。同时,在文化传播层面,成都东郊记忆的"锦官入梦 · 蜀韵红楼"数字艺术展通过接入主流 AI 大模型,为观众提供了"文生图""图生视频"等创作工具,观众可基于原著情节生成个性化内容。例如,游客将"刘姥姥进大观园"改写为"刘姥姥闯成都茶馆",触发川剧变脸版十二金钗动态影像等;教育领域的实践更进一步凸显了 AI 在参与式文化中的桥梁作用。暨南大学"AI+非物质文化遗产"红学实践课上,学生通过 AI 算法优化图像处理技术,将珠海三灶鹤舞与金陵十二钗结合,创作数字化非遗作品;或利用 AI 分析《红楼梦》中的中医药文化,重构"黛玉中暑""晴雯敷药"等场景。这种跨学科融合使传统文化传承跳出了单向度的知识传递模式,学生在技

---

① 林华:《中国传统文化研究:现状、定位与发展取向》,《江西社会科学》,2009 年,第 5 期。

术应用中实现了对经典文本的深度解构与创造性转化。

当AI技术深度介入《红楼梦》的改编与传播,其潜在风险也逐渐显现。2024年以来,短视频平台上出现大量AI"魔改"作品:林黛玉变身武侠高手施展轻功,贾宝玉持枪穿越现代都市,甚至王熙凤与刘姥姥展开太空对决。这类改编虽以"创意"为幌子,实则消解了原著的文化内核。这种AI生成的荒诞情节本质上是"数据拼贴",缺乏对《红楼梦》所承载的封建家族制度批判、人性复杂性刻画等深层价值的理解。这种"技术狂欢"导致经典文本沦为流量的工具,观众尤其是青少年群体的文化认知被严重扭曲。同样法律层面,AI"魔改"引发的版权纠纷与伦理争议亦尤为突出。AI生成内容虽具有形式创新,但其基础数据来源于受著作权法保护的原著文本与影视改编作品,未经授权的二次创作构成侵权。这种技术异化现象警示我们:当算法成为文化生产的主导力量,人类的审美判断与价值取向也可能被技术所重塑。

综上所述,数智时代的《红楼梦》传播,本质是参与式文化驱动下的"文本盗猎"范式革新:同人二创改编通过技术的解构完成古典文本的当代转译;弹幕评点以"数字脂批"重构阐释共同体;AI技术则通过人机协同拓展经典边界,却也面临娱乐化消解与算法霸权的挑战。这一进程印证了经典传播从权威阐释到参与式改编的范式转型,但技术狂欢需以人文精神为基点——唯有坚守文本细读的深度、原典意识的内涵、跨学科研究的创新视野,方能在"盗猎"与重构的辩证中,守护"千红一哭"的文学本真,使经典在技术浪潮中既换新颜,又续文脉。

张煜,天津师范大学文学院博士生,中国红楼梦学会会员。

薛宝钗姓名考

殷云翠

【提　要】薛宝钗是《红楼梦》中重要女性角色，当前有关薛宝钗研究前人已经做了诸多探索，主要以姓名本身含义为主，围绕薛宝钗的人物性格特点、命运走向、婚姻与家族等方面展开讨论，对“薛宝钗姓名考”亦有涉及，不够深入，因此本文尝试对“薛宝钗”姓名进行考释，尤其是名字中的“钗”与“宝钗”，通过《御定渊鉴类函》中的钗部，溯源“钗”字的传统文化渊源背景，并结合叙事中的薛宝钗人物性格经历与命运走向，与薛宝钗姓名形成互文互证，以还原曹公书写《红楼梦》时命名的思想底色。

【关键词】红楼梦　薛宝钗　姓名考

一、“薛宝钗姓名考”研究简梳

目前学界对于“薛宝钗姓名考”研究较为零散，主要概括为以下两点。

（一）“薛宝钗”姓名本身研究。

1. 研究“薛”姓的内涵。大都取谐音与五行之意，较为主流的有“薛，雪也”（洪秋蕃，1925）与“薛，取金之意”（张新之，1963）“薛，血也”（刘烁，1993）等观点，结合宝钗命运与薛家运势走向，大都指向薛姓代表冷寒、代表残酷、代表虚无的一面，最终指向“整个家族没落衰败的结局”（薛海燕，2003）。

2. 对“宝钗”二字的研究。主要分为“钗”字与“宝钗”二字连用研究。先说钗字，饰首，独占鳌头，与文中宝钗早熟入世相呼应（徐景洲，1998），另取谐音之意，“钗，差也，差错也”（张新之，1988），再有梳理古典诗词，有“秦钗枉断长条玉之句，有生离死别之兆”（吴世昌，1996），笔者认为对于钗字梳理过于简单，但是意义结合人物命运相对准确。再说“宝钗”二字研究，吴世昌引入古典诗词去寻找“宝钗”二字踪迹，在东汉秦嘉《赠妇诗》中有：“宝钗好耀首，明镜可鉴形。”梁朝陆罩《闺怨》:“自怜断带日,偏恨分钗时。”杜牧《送人》:“明镜半边钗一股,此生何处不相逢。”诸如此类,以证明宝钗之名,含有“分钗”“折钗”的分离段别之意。尤其用原文中第六十二回“敲断玉钗红烛冷”的不祥之句与“宝钗无日不生尘”更是坐实了宝钗之名暗含着夫妇离别之说(吴世昌,1980)。此说法有理有据,较为可靠,与原文联系紧密,但是只关注了宝钗之名的负面含义。

3. 对于“薛宝钗”姓名整体含义的研究。有姓名应倒读之说的“薛宝钗拆宝开,即拆宝黛姻缘而开启金玉良缘之说也”(话石主人,1963)、“仙草”即中草药之说(翟胜健,1998)以及薛宝钗与宝黛二人名字之纠葛比较研究。

(二)“薛宝钗”与文本关联研究。

这部分的研究视角放在《红楼梦》整体,引入西方文学理论,以内容情节整体来关照姓名,探索姓名背后的隐喻,姓名与情节、内容的互文性。高璇(2013)在其硕士论文中从符号学角度出发,以皮尔士三元论为理论依据,将《红楼梦》看作一个大的“符号场”,并划分为三级文本——人物姓名、人物判词和序曲以及人物的故事情节和命运结局,以此思路展开对薛宝钗的姓名研究,此研究思路加强了文本与姓名之间联结的强度,更符合作者的命名思路。还有概念隐喻研究引入,“薛宝钗‘金簪雪里埋’,说出了宝钗闺阁空守,如金簪被‘大雪’掩埋。”(李颖,2016)

总体来看,对于“薛宝钗姓名考”研究集中在姓名本身含义以及与《红楼梦》文本叙事关联研究,将薛宝钗与其人物性格、命运走向等联系,指出了名如其人,薛宝钗在文中确实性冷、早熟,与宝玉婚姻是个悲剧,自己未曾得到幸福。但是上述研究主要关注了薛宝钗的负面价值,对名字中蕴含的悲剧内涵研究透彻,却对正向意义有所忽视,对于“钗”自古以来的文化内涵仍有研究空间,因此笔者从这二者入手,为书中人物走向寻找姓名依据,加强姓名与叙事的关联性与隐喻性,同时关注薛宝钗姓名含义中的正面价值,通过正负面价值对比,并结合人物命运选择与走向,全面探讨薛宝钗姓名。

二、《御定渊鉴类函》中“钗部”文化含义

首先笔者从“钗与宝钗”二字入手谈起,以《御定渊鉴类函》为主来梳理“钗”的本义以及文化内涵。《御定渊鉴类函》中有“钗部”:

“钗一原:释名曰:叉,枝也,因形名之也。华阳国志曰:涪陵山有大龟,其缘可

作钗，世号灵钗。”①钗一原解释从形状、来源入手，“灵钗”二字说明其珍贵稀有，或是钗与神明渊源始也。

“钗二原：《洞冥记》曰：元鼎元年，起招仙阁，有神女留玉钗以赠帝，帝以赐赵婕伃。至昭帝元凤中，宫人犹见此钗，黄淋欲之，明日示之，既发匣，有白燕直升天去，故宫人作玉钗，因改名玉燕钗，言其吉祥。增：赵飞燕外传曰：赵后手抽九雏钗，为昭仪簪髻。原：列女传曰：梁鸿妻孟光，荆钗布裙。《续汉书》曰：贵人助蚕，戴玳瑁钗。王子年《拾遗记》曰：汉献帝为李傕所败，帝伤趾，伏后以绣绂拭血，刮玉钗以覆创，应手创愈。又曰：魏文帝纳美女薛灵芸，有献火珠龙鸾钗。帝曰：珠翠尚不胜，况龙鸾之重乎？增：又曰：魏明帝时，昆明国贡嗽金鸟，常吐金屑如粟，用饰钗佩，谓之辟寒金。宫人因相嘲曰：不服辟寒金，那得帝王心。”②这里是有关钗的传说，富有神话色彩，神女留玉钗赠帝，钗表示神女信物，赋予了钗“高贵神妙”的含义，帝送赵婕妤，在此有男女寄情信物之意，火珠龙鸾钗等表示钗的金银、玳瑁材质，有吉祥避祸之意。“广舆记曰：夔州八阵碛有武侯庙，夔人每岁人日出游，碛上妇人拾小石可穿者系钗头，以为一岁之瑞。”③由此可见钗与人间风俗紧密相连，有吉祥、富贵之意。

“钗三原蔽髻挂冠《晋令》云：六品以下得服金钗以蔽髻，三品以上服爵钗。司马相如《美人赋》云：玉钗挂臣冠，罗袖拂臣衣。”④这里表明钗与官职挂钩，金钗为六品以下，爵钗为三品以上，钗的种类不同用来区分官职大小。“金环铜鼓《东宫旧事》云：太子纳妃，有裴渊广州记云：金环钗，南海豪富女子以金银为大钗，执以扣铜鼓，故号为铜鼓钗。”⑤此句表明铜鼓钗为富贵女子所佩戴。“繁钦诗云：何以表别离，耳服玳瑁钗。”⑥此时玳瑁表示材质，也有了离别寄思之意，由上面信物之意延伸而来。《杜阳杂编》云：大历中，日林国贡龙角钗二，类玉而绀色，上刻蛟龙之形。帝赐独孤妃，与上同游龙池，有紫云自钗上起，遂化二龙，腾空而去。又云：咸通中，同昌公主有九玉钗，刻九鸾，皆五色，有字曰玉儿，其巧妙非人工所制。公

① 张英、王士禛纂：《御定渊鉴类函》卷三百八十一，四库全书本，第2页。

② 张英、王士禛纂：《御定渊鉴类函》卷三百八十一，四库全书本，第3页。

③ 张英、王士禛纂：《御定渊鉴类函》卷三百八十一，四库全书本，第4页。

④ 张英、王士禛纂：《御定渊鉴类函》卷三百八十一，四库全书本，第4页。

⑤ 张英、王士禛纂：《御定渊鉴类函》卷三百八十一，四库全书本，第4页。

⑥ 张英、王士禛纂：《御定渊鉴类函》卷三百八十一，四库全书本，第4页。

主一日昼寝,梦绛衣奴云:潘淑妃取九鸾钗。钗遂亡。或曰:玉儿,潘妃小字。”[①]此传说表明公主、嫔妃等贵妇戴钗,钗的高贵特质与女性地位相匹配,鸾是经典神鸟图案,九鸾钗有通神明之意,钗作为通向神明之信物。

“钗四、同心。凭虚子《赠妇书》云:合服同心钗。骇鸡:黄香《九宫赋》曰:连明月以为悬,刻骇鸡以为钗。陈思王美女篇云:头戴金雀钗,腰佩翠琅玕。”[②]钗有夫妻同心之意,钗之造型,往往以凤、金雀等为主。“嘉与妇徐淑书云:今致宝钗一双,价值千金,可以曜首。淑答曰:未奉光仪,则宝钗不设。”[③]这里宝钗装点头发,有曜首之意,宝钗暗含丈夫对妻子的情谊表达,同时送双数钗为吉。

“古歌词云:头上金钗十二行,足下丝履五文章。付使者《江汉传》云:魏文帝遣使于吴,求玳瑁三点钗,群臣以为非礼,咸欲不与,孙权敕付使者。赐将士《宋书》云:泰始三年,以皇后以下六宫金钗千枚,班赐北征将士。”[④]金钗成为才华,高位女性的权力与能力的象征。

“原戏著阁头《幽明录》云:义熙七年,东阳杨道思新娶得妇,相爱,妇梳头,道思戏以银钗著户阁头。梦置楣上《录异传》云:吴人费季客贾,去家,与诸贾人语曰:吾临行,就妇求金钗,妇与之,吾乃置户楣上,忘向妇说。妇梦见季死前金钗在户上,妇取得,发哀,一年,季却还家。”钗可以表示女子与男子相爱的见证信物。

“拔钗为愿《异苑》云:吴郡有徐君庙,东阳长山县吏李瑫遭事在郡,妇出过庙,请乞恩,拔银钗为愿。未至富阳,有白鱼跳妇前,剖腹得所愿钗,事寻解。增:堕钗为卜宋史云:李宸妃庄重寡言,真宗以为司寝。既有娠,从帝临砌台,玉钗随,妃恶之。帝以卜钗完,当为男子。左右取以进,钗果不毁,帝甚喜,已而生仁宗。”[⑤]此时钗有拔钗为愿之意,充满了玄学色彩,可占卜之用,许愿之用,是为女性的贴身之物。

“五原诗:梁汤僧济渫井得金钗诗曰:昔日倡家女,摘花露井边。摘花还自插,照井还自怜。窥窥终不罢,笑笑自成妍。宝钗于此落,从来非一年。翠羽成泥去,

---

① 张英、王士禛纂:《御定渊鉴类函》卷三百八十一,四库全书本,第4页。

② 张英、王士禛纂:《御定渊鉴类函》卷三百八十一,四库全书本,第5页。

③ 张英、王士禛纂:《御定渊鉴类函》卷三百八十一,四库全书本,第5页。

④ 张英、王士禛纂:《御定渊鉴类函》卷三百八十一,四库全书本,第5页。

⑤ 张英、王士禛纂:《御定渊鉴类函》卷三百八十一,四库全书本,第6页。

金色尚如鲜。此人今何在,此物今空传。”[①]这首诗中出现了“宝钗”,即美女遗忘落在井边的金钗,梁代汤僧济作诗出现“宝钗于此落,从来非一年”,充满了哀婉,一是感叹华物流失于井边,失去其原有的地位与功能,二是感叹日复一日,宝钗依旧未得主人来寻,遗憾叹惋之意甚浓。此诗意义之大在于,宝钗有了“华物流失”之悲意。

“元吴嵩《古钗叹》诗曰:何年美人宝钗失,深井沈泥污玓瓅。一朝拾得再揩磨,三回五回看叹息。双鸾匹凤两股匀,终然污色难为新。当时光莹照头上,有似桃李摇青春。今人不识古仪状,宝钗虽好非时样。为君插罢拥髻悲,物无贵贱皆随时。”[②]元代吴嵩进一步放大了“宝钗”的华物流失之悲意,叙述了宝钗流失后的命运,虽为宝钗,却不再是当年之物,无法拥有当年的光环命运,“物无贵贱皆随时”点题矣,即使是宝钗,也没有永远的贵贱,皆随际遇而变,这也与《红楼梦》中宝钗命运相合。

“朱多炡《以古玉钗寄马姬》诗曰:千有余年两鎈股,传玩微沾汉宫土。当时贵姊应嘉辰,此物曾经踊跃陈。同心七宝苔花结,连理交枝竹节新。昭阳燕子无消息,瞥见钗头无比翼。遥忆美人临镜妆,凤皇台前双凤皇。”[③]明朱多炡诗中的古钗历经千年传承至今,以钗比情,诉说自己的思念。

以上是笔者根据《御定渊鉴类函》梳理的“钗”及“宝钗”之含义,主要有以下几种含义,首先“钗”原型根据树枝分叉之形取义,而后成为装饰在头发上的装饰品。从传说到历史,均有帝王贵族赠妇钗之说,钗除了表示男女美好的爱情情感之外,更是成为信物的见证,也是高贵神女的信物。而钗本身所用的材料,如黄金、翡翠、玳瑁等皆为名贵珍宝,也使得钗更为华贵,以加持佩戴者的女性地位。钗是高贵的象征,是信物,爱情的见证,也是“把钗为愿”重要的意念物,在这些美好含义之下,也有一些讲究,那就是双数钗为吉,而单数钗为不吉。古代诗人营造悲剧总是如此,华物流失便招人叹惋,钗如此美好寓意之下,丢钗、钗数成单被运用在诗中,借钗来表示“华物流失,人生善变与爱情遗憾”。由此可见,“钗”本身具有美好的一面,有着神女信念之代表,美满爱情、高位富贵、吉祥荣华之意,而宝钗二字更是将所有美好祝福加之于此,但当“钗”堕入恶劣的环境中,其华美的一面

① 张英、王士禛纂:《御定渊鉴类函》卷三百八十一,四库全书本,第6页。

② 张英、王士禛纂:《御定渊鉴类函》卷三百八十一,四库全书本,第7页。

③ 张英、王士禛纂:《御定渊鉴类函》卷三百八十一,四库全书本,第8页。

会被掩盖失去光芒,而这恰恰与《红楼梦》中薛宝钗的命运相合。

三、“薛宝钗”悲命再议

宝钗当是担得起“宝钗”之名,她出身不凡,也是四大家族的豪门贵女,举止落落大方,颇具端庄神女风范,或许正是因为她的端正相较于黛玉而言才显得死板。她为人宽容大方,处理事务顾全大局,也具有领导才能,她与黛玉也并非敌对关系,二人都是独立的个体,她们之间有竞争力也在相互扶持。对于宝钗这个人物,要看她的丰富多面性,不能人云亦云地指控她的负面。随着家族破败,宝钗人生难免遭遇雪境,这就如同美人将宝钗流失于井边,免不了被埋藏的命运,因此“薛宝钗”的悲剧内涵便在此生发。《红楼梦》第五回中有关薛宝钗的判词:“玉带林中挂,金簪雪里埋。”宝钗的悲剧便是如此美好的女孩生于薛家,长于当时时代,被许配给宝玉,从婚姻悲剧最后蔓延到人生悲剧,这样的故事走向与“何年美人宝钗失,深井沈泥污玓瓅?”如出一辙,当宝钗遗落入井边,被埋入雪中,便沾染了泥垢,难见了天日,自身的荣耀光华与美好期盼都在一日一日中消磨,这不就是宝钗的悲剧命运写照吗?还要指出的是,曹公的判词,钗黛是并列的,所以宝钗这个人物在曹公眼中绝非只是世俗不堪工于心计之人,她与黛玉一样,是他笔下的重要人物。正如许山河所讲:“作者对宝钗,如同对黛玉一样,是同情和赞美的。他同情宝钗,慨叹她是‘有命无运’的人,把她归入到‘薄命司’的册子里去,这样安排是为了揭示宝钗的不幸命运。”①

而宝玉和宝钗的名字,也很有意思,除了文中的金玉,笔者认为玉料是做钗的重要材质,从这层意义而言,宝玉是宝钗人生中的重要人物,宝玉参与了宝钗的婚姻,但最终以悲剧收场,宝玉是宝钗命运的参与者,而非决定者,宝钗是想过经营决定命运的,所以她才有“好风凭借力,送我上青云”,但是雪里埋的金钗又如何成为神女曜首的宝钗呢?

由此梳理下来,可以发现薛宝钗之名与其命运是一个整体,紧密相关,而宝钗也具有其自己的精神内核,她的“宝钗”之名,富有高贵的神女信物之意,有着爱情、权力等美好的祝愿,正如她自身的性格与理想一般,她想成为高贵的人,想继续家族的荣光,但现实促使她的命运难以摆脱“雪里埋”,她的青春与理想都随着

① 许山河:《论薛宝钗的悲剧形象》,《红楼梦学刊》1988年,第1期。

家族失势变成灰色。其实宝钗即使掉入雪中，他日春来，残雪不见，宝钗会再次闯入世人视线，得以洗清污泥，重见天日，为人所珍重。但是《红楼梦》中的薛宝钗，她的命运和整个家族连在一起，被当时时代禁锢，她无法等到人生的春天，时代的春天，这才最悲苦无奈！因此，宝钗，人如其名，薛宝钗，命如其名。

小说创作往往会经历这样的过程，一开始作者的创作观念处于主导地位，但是故事愈往后发展，人物会变得不受作者原先的想法控制，与作者原先的写作设定相悖。现在很多研究者认为“薛”与雪呼应，书中薛宝钗与“冷”有着密切关系，住的地方布置单调肃冷，吃着冷香丸，性子与谁都友好，其实骨子里透着算计与筹谋的冷色。其实这对也不对，对是确实如此，不对是不够全面，前期的薛宝钗的确如此，作者好像有意贴近冷，但是到了后期，宝钗探望安慰黛玉，宝钗体会黛玉的苦痛委屈时，她内心一点也不冷，此时的宝钗已经活生生的了，她在书中已经超脱出作者原本的人物规划，她不是扁平化的，是多面的，是一个鲜活立体的人物，这正是《红楼梦》塑造人物的伟大之处。正因如此，世间众人在这部著作中常能寻到自己的人生影迹。

殷云翠，天津师范大学文学院博士生。

大文学史观视野下的探索

——木斋红学研究述评与反思

王　鹏

【提　要】木斋秉承大文学史观的整体性、联系性、流变性，采用原典第一、逻辑推理、史料验证的考证方法论，探究考证出女性脂砚斋是《红楼梦》的主要作者，脂砚斋重写石头记是解读红楼梦一切问题的总钥匙。木斋指出小说缘起于畸笏叟曹頫的“石头记”，增色于曹霑的“风月宝鉴”，成书于脂砚斋重写重评而有的《红楼梦》，因她以自身传记为全书主线书写女性命运，故而曾命名为“金陵十二钗”。木斋研究首次揭示出《红楼梦》小说创作的真实历史原型背景，指出作者、批者、角色三位一体的创造性，正文、批语、史料之间的互证性，以及女性主笔、群体协作的突破性，论证了《红楼梦》是一部纪实与虚构并举的家族传记小说。

【关键词】木斋大文学史观　脂砚斋重写石头记　原典第一　逻辑推理　史料验证

奇书《红楼梦》，自以少量抄本的形式先后传出保留，到以刻本的形式大量刊行变得广为人知，作者是谁的问题，诚如张爱玲所称的“梦魇”，始终萦绕挥之不去，1760年前后问世伊始，到二百多年后的今天，学界、坊间众说纷纭莫衷一是，这不啻为又一个奇特的文学现象。

一般说来，作品是作者精神世界的载体，现实类作品更是作者观摩、体验社会生活的反映。《红楼梦》小说整体体现的现实传记性，兼具真实性和文学性的双重内涵。其真实性不仅表示写实性，还表示小说故事是真实生活的写照，反映现实。现存抄本文物上的批语，更是构成了小说有机整体的重要组成部分，透露着真实的历史信息，形成对正文人物故事背后原型的如实注解，出色的为“史以文传”完成了一次独特而鲜活的证明。

全面深入地理解《红楼梦》要求我们，更多地走进作者的精神世界和当时的社会生活，把握作者人生与社会环境的相互关系，获取其写作的遗传密码，解读出其心声的怦然律动。可是,我们无法穿越回过去,亲眼看见历史的发生。幸而,这些对作者精神世界和社会生活的折射,被抄本、史料所记录,被写法、版本所反映,使得我们有机会将正文、批语、史料作三方比照,内证、外证间作彼此印证,从而考证、推导出其人为谁,进而对作者和作品产生更深的认识和理解。一代代探究者通过对史料文献的研究,一次次往返于历史现场,试图穿越一层层迷雾,拼接一道道断层,跨过一个个陷阱,开启一扇扇大门,以期还原真相,却有多少误入歧途和徒劳无功。

木斋别具匠心,运用"大文学史观方法论",通过深入考证、多重验证,首发提出:①"脂砚斋是女性——林黛玉之原型";②"脂砚斋主笔写作《红楼梦》——脂砚斋重写石头记";③"作者群体有三位作者畸笏叟、脂砚斋、曹雪芹——分工协作合著一书";④"曹頫完成后四十回——畸笏叟完结红楼梦"的观点。

这一整套石破天惊的全新观点直指真相,颠覆了前人二百多年的认知,为《红楼梦》研究、解读开拓了一片新天地。宏观的研究视野、系统性的思维方式、广博的知识面、先进的方法论体系等,成为他开疆拓土的得力武器。

本文将从史观、方法论、考证践行三个方面,展开对木斋《红楼梦》研究的探讨。在展开对《红楼梦》和她背后的历史,及其人物事件的探究之前,首先需要确立正确的历史观念。

一、史观

历史观念,简而言之表示对过去的人和事物的看法。在本文,指在文学作品及文学史层面,对不同时期、不同阶段的某类或某个文学的作者和作品的看法,以及汇集全部的总看法,本文着眼于《红楼梦》。

当我们充满期待的回望历史,历史也在期待的眺望我们。文学作品作为思想、艺术、文明史的重要组成部分,犹如历史的脉搏,在时空中激荡着人类生命的涟漪。我们所在的时空,从宇宙诞生那一刻起,便保持连续从未间断,其间人类历史不断上演从未停息,只是有些被记录,有些则淹没在奔流向前的历史波涛之中。文学作品作为历史的载体有幸得以留存,也意味着与其相关的作者及写成史料信息也同时被保留了下来,有被揭示的可能。

研究作品是在研究作者,研究作者也是在研究作品。当作者不确定的时候,更需要史料的证明。然而历史记录往往是间歇的,摆在我们面前的除了丰盈还有缺失,考古上时有新的发现,便是对这一现象很好的阐释。对文学史而言,作品保留而作者迷失的案例不胜枚举,这吸引着人们不断走上探究之路。在这一从未知到已知,从谬误到纠偏,从浅显到深刻的漫长认知过程中,立足作品的同时也应兼顾历史,既要重视具体社会环境的具体情况,也要重视关键人物发挥的重要作用(因为作品是人和社会相互作用的产物),即社会、人、作品要一起研究,从而捕捉三者呈现的思想意识的内在关联,实现精准定位。既要有宏观的、正如木斋总结的"整体性、联系性、流变性"的总体把握和多维视角,还要有微观的、操作层面的"原典第一、逻辑推理、史料验证"的考证经验和科学方法,进而将二者有机结合实现证据和观点、内证和外证、文本和史料的整体融洽,以期得出正确答案。

概略来看,中国文史的物质载体,大致经历了从甲骨、青铜器,到竹简、丝帛,再到纸张的衍化,其体裁形态,经历了从甲骨卜辞、铜鼎记事,到竹简丝帛承载诗歌、辞赋、历史(例如诗经、楚辞、汉赋、史记),再到纸张记录唐诗、宋词、唐宋传奇、元曲、明清戏曲小说的演变过程。尽管看上去功能、主题、体例有所不同,但其作用是一以贯之的,都是人们认识自然和社会的精神世界的反映。上面这一漫长的衍化过程告诉我们,事物自身呈现着不断演进的客观规律。人通过学习和探究可以将其掌握,进而发现其中因循与革新并非凭空产生,而是人根据实际条件和需要,进行发挥创造的结果。

历史和文学的发展变化,存在伴生性的内在缠绕和相辅相成。只在某个重要的历史节点,与一些关键人物奇妙的合而为一,产生新思想、新事物,《红楼梦》便是如此。文学的历史,作为历史的一部分,也符合这样的规律,其中起承转合构成了它演变的历史,那些新思想、新事物产生的节点,是作品、作者研究的用武之地。对上述这个跨越千年的文学演变过程,以及代表性的作者、作品进行追根溯源,是一个庞大的研究课题组成的系统工程,涉及政治、经济、法律、历史、文学、艺术等多个学科。那里,曾经是空旷的处女地,抑或充满杂草丛生的荒芜,经过一代代人的不懈努力,现在已是郁郁葱葱沃野千里。木斋深耕于此。

他树立目标、革新方法:

> 整体的中国文学演变史才是一个完整的自足的整体,不将文学史主要的瓶颈问题研究破解,就无法开笔写作一部真正意义上的中国文学史。——从四十年前出发的学术之路起步,迄今为止,仍旧在打基础阶段——也许一生都在打基础阶段,永远无法完成这个远大的目标。那就由后人来继续吧!重

要的是方法论的总结，采用了这与众不同的方法论——观念不同、思维不同、方法不同、结果自然不同，经过几代人的努力，应该有希望实现文学史的重思重写。①

他发现问题：

从诗三百、汉魏古诗、词体起源到四大名著这些不能确认作者的瓶颈性问题无人解决等等。”

他钻研问题：

立志要以毕生精力，完成一部能够解决前述问题的大文学史，这样想也是几十年下来坚持一点点这样做下来的。

他解决问题：

“木斋之研究，是从苏东坡研究起步的，遂有《苏东坡研究》，从东坡而扩展为宋诗，遂有《宋诗流变》，由宋诗而词学，遂先有《唐宋词流变》，后有《宋词体演变史》等一系列词学专著；由词学研究，而不得不研究早期音乐史，溯源到建安清商乐研究，于是开始进入被称为破译性的几大研究：

①对诗三百起源发生史的研究，即《先秦文学演变史》，被诗经权威学者评价为：“学术史之第一部诗经写作史”；

②对汉魏古诗的破译研究，即《古诗十九首与建安诗歌研究》，《曹植甄后传——汉魏古诗写作史》；被评为“木斋让文学史不得不重思重写”；

③词体的起源发生史，即《曲词发生史》等，重新阐述了中国唐之前的中国音乐史。在以上诗词领域颠覆性的三个破译性研究之后，在此基础之上，开始了小说研究之旅，即三年之前开始的红楼梦研究和庚子年开始的金瓶梅研究，以及刚刚开始的西游记研究。”

（注：关于《红楼梦》《金瓶梅》《西游记》的研究著作已基本完成出版、发表。）

在这一探究和发现的过程中，不可避免地遇到政治、经济、法律、历史、文学、

---

① 木斋：《论大文学史观方法论下曹学向脂学的转型——兼答樊志斌商榷书》，《云梦学刊》，2021年第4期。（本文引用皆为此论文，不再一一出注）

艺术、民俗、文物鉴定等一系列问题,这为研究者提出了更高的要求,但转过来,多学科的交叉检验反而能够更加可靠地验证作者和作品,《红楼梦》引发的多领域研究,反向成为她的自证阐述。大到文学史,小到一个作品,将其从无到有的发展演变过程视作一个整体,掌握其内在规律和核心要素,可以更加精准地命中作者。一部中国文学史,不仅是作品上的,更是人的、社会的,跨越史书体例的,正如木斋总结的“整体的中国文学演变史”,其意义非凡。正确的史观,诚如上文所述,起到统领全局的指导作用。

二、木斋“大文学史观方法论”

木斋的文史研究独树一帜,形成了一套完整的体系——“大文学史观方法论”,其主导思想和大体方法正如他本人所述:

“力图从完成一部整体的、联系的、流变的文学演变史出发,在漫长岁月所总结出来的独特的方法论。此一方法论,除了由探索文学史演变历程而先天带来的整体性、联系性、流变性三种要素之外,原典第一、逻辑推断、史料验证,亦为其不可或缺的三个环节,并最终达到对文学史种种悬而未决的问题给予破译性的解决。

在此一种方法论的构成中,需要对中国文学史乃至中国哲学史、思想史、音乐史、史学史都需要做出系统而深入的研究,并能将诸多学科给予融会贯通的阐释;以大文学史观的宏观视野来探索和阐释文学史中诸多细微的疑难个案,从而探索出前人所未能抵达的视域,发前人之所未发,解决前人之所未能解决的问题;在此一种方法论中,从诗经楚辞、孔墨老庄,到汉魏唐宋,皆可视为研究红学之必须根基,且能有深度的独创性破译;而进入明清小说研究的阶段,则必须将相关的金瓶梅、西游记等疑难个案,也能做出深度的破译解读。

由此出发,才能具备将这一大文学史观方法论运用到大文学史的写作史中,从而完成一部前所未有的中国文学演变史……没有整体性,只有断代的机械的阐述;没有联系性,都是铁路警察各管一段;没有流变性,各个时代之间,各种文体之间没有流变关系,具体到某一位作家,也没有其自身的生命史、写作史;不是原典第一,而是陈陈相因,转相递述。民国时代兴起的民间说，并无实证，却被一代代学者奉为圭臬；还有从诗三百、汉魏古诗、词体起源到四大名著这些不能确认作者的瓶颈性问题无人解决，等等。

上述总结提纲挈领，讲求一套系统的研究办法，其中既有正确的历史观念又有先进的研究方法，以下是我的一些个人理解。

（一）《红楼梦》是文学史的子系统

子系统是由相互作用相互依赖的若干组成部分结合而成的，具有特定功能的有机整体，而且这个有机整体又是它从属的更大系统的组成部分。

文学史构成一个系统，文学作品是文学史的子系统。它客观要求研究创作背景、作者生平、文学批评与接受情况等方面，旨在全方位地还原文学作品的历史语境和文化内涵，前两者则是探究考证的重点。就《红楼梦》而言，它是特定历史时期、社会环境的产物，以及个人经历、思想意识的体现。

社会历史方面，主要是指清代康雍乾三朝，制度礼法、民俗风物、历史事件等；个人经历方面，主要体现了来自江宁、苏州两织造家族的作者群体的所经所感；思想方面，既有向上承接历朝历代已有的思想观念，如老庄思想、宋明理学、女德规范等，也有个性化的独特意识展现，如婚姻自由、个性解放等；体裁方面，沿袭了明代章回小说；题材方面，既有仿效《金瓶梅》式的日常生活，又有特殊的官宦家庭印记；写法方面，继承了《西游记》式的魔幻、《水浒传》式的写实、《三国演义》式的附史生发，又独创了“化史为传”的幻笔手法；版本方面，按写成的先后形成了版本序列，按批语的有无划分为批评本、白文本两个系列；相关史料方面，汇集了官方、民间丰富的文献文物种类，从抄本、奏折、县志、诗文、族谱、书信到砚台、书箱、画册等等。《红楼梦》上承前代、自叙当时，反映了社会现实性、文学艺术性的新思想风貌。

以上方方面面的集成，构成了一整套研究对象系统，充分满足了社会、作品、人与正文、批语、史料间作彼此验证的条件。其丰富性、典型性和独特性，是其他几大名著所不完全具备的。在系统性思维和方法论框架笼罩全局之下，其各个组件内在的“遗传密码”无不统一地指向同一作者群体，换言之，作者只能是他们而不能再是其他人。

（二）“大文学史观方法论”下《红楼梦》的文学史系统属性

系统的基本属性，包括整体性、相关性、目的性、动态性、层次性和环境适应性。就《红楼梦》而言，整体性反映的是一部写成史，相关性表示作者、批者、背景、抄本、正文、批语、史料、版本、写法、作者批者关系等一系列问题彼此联系相互制约,目的性展现了作者们写书的目的,动态性体现版本的流变,层次性体现研究课题的丰富性,环境适应性体现作品的时代特征和作者匿名的社会原因。运用木斋“大文学史观方法论”,能够如实有效地厘清《红楼梦》的文学史系统属性,从而展开整体的、深度的探究考证,其要点诚如木斋的总结。

1. 核心三要素:整体性、联系性、流变性

> 没有整体性,只有断代的机械的阐述;没有联系性,都是铁路警察各管一段;没有流变性,各个时代之间,各种文体之间没有流变关系,具体到某一位作家,也没有其自身的生命史、写作史。①

这是科学的系统性思维的体现。

(1)整体性

系统的整体功能大于各要素功能的总和。系统不是各部分的简单拼凑,而是相互作用、相互依赖的有机整体。

> 所谓整体的,含有多层含义——首先,红楼梦作为一个整体的研究,此为浅层次的整体,更为重要的,是将中国文学史、中国文化史作为一个有机的整体来研究,并将这些整体文学史的研究,如同完整的鲜活的生命一样,融入红学研究之中去。譬如以红学研究而言,如果以原典第一作为研究的第一属性,就不会从曹雪芹开始作为自己的研究始发点,而是要从脂评本的文本原点出去,而不会在未经验证曹雪芹是红楼梦作者,这一还仅仅属于红学史上阶段性的某些人的主观观点,来作为此书研究的始发点加以研究和论证。②

局部的、阶段性的观点,不能统领全局。没有整体性,只见树木不见森林,往往会丢失俯瞰更大图景的机会。就《红楼梦》而言,应将其写成史作为一个整体的研究对象,全面探究考证作者是谁、批者是谁、故事取材何处、书是怎样写成的、传播过程如何、版本序列情况等一系列问题。可从原始载体(抄本刻本)、版本序列(流变情况)、相关史料(历史信息)、文化背景(社会规制、特定事物)等方面出发,做出综合考量和交叉验证,考证、推导出作者及其思想内涵。

---

① 节选自木斋2021年发表的《曹学向脂学转型的必然》。

② 节选自木斋2021年发表的《曹学向脂学转型的必然》。

(2)联系性

系统各要素之间相互联系、相互制约。系统的特性不仅取决于各组成部分的特性,还依赖于它们之间的相互作用。

奇书《红楼梦》,“出色的为‘史以文传’完成了一次独特而鲜活的证明”,几乎是学界的共识。写成史是一个系统的研究对象,上述这些“构件”,是它的有机组成部分,彼此联系又相互制约,换言之,系统给出了其自身的边界。

例如,抄本,本身便是第一手史料,承载着历史的痕迹和信息。如果不研究抄本而研究白文本,便不知道批语的存在,不知道批语是与正文不可分割的重要组成部分,无法读取其蕴藏的历史信息,无法解释“借省亲写南巡”这一批语透露的特定时期的历史事件,指向康熙南巡驻跸江宁、苏州、杭州行宫;如果不一起研究正文、批语、史料,便不知道作者并非只有曹雪芹,还有亲缘关系中的脂砚斋、畸笏叟,以及曹霑编辑供诗而脂砚斋主笔写作这一颠覆性认知(见第一回正文和甲戌本批语“甲午八日泪笔”和“若云雪芹披阅增删”);如果不研究版本,便不知道小说是分批渐次完成的,批语签署日期与正文写成具有亦步亦趋的伴生性,且在抄本流变中发生了删除签署姓名和日期、向刻本转型时发生了剔除批语的现象;如果不研究史料,便不知道是谁、在什么时期写就作品,不知道考证的切入点曹雪芹与《红楼梦》出现在同时期多人的文字记录中,不知道为何要写巡盐御史林海以及这一角色的历史原型,指向曹寅、李煦均任职巡盐御史并四次接驾康熙南巡,暗合第十六回写作的甄家接驾;如果不研究文化背景,便不知道作者匿名的根本原因,被雍正革职抄家的江宁织造罪臣曹頫、苏州织造罪臣李煦的次女脂砚斋写作的禁止性,以及小说中出现的织物、舶来品正是特定历史时期的如实反映;如果不研究作品思想内涵,便体会不到女性追求平权和自由,宝黛恋爱、鸳鸯抗婚等一系列人权诉求。以上种种,彼此呼应浑然一体,整体地证明了“家传说”的成立(并非曹家一家而是其亲朋好友各家)。

如果不将写成史作为一个系统的研究对象,进行关联性的串联证据彼此验证,便无法确定《红楼梦》是以江宁织造曹家为起点,串联、编织起同时代真实存在过的各个家族的关系网络,并以其为写作蓝本,积累素材、艺术加工而成的虚构与写实兼容的小说作品,无法合理解释正文、批语、史料间的种种贴合,无法准确捕捉作者群体的思想主旨,反而会频繁出现舍本逐末的、断章取义的、管中窥豹的、盲人摸象的、此路不通的、按下葫芦浮起瓢的种种片面解释,无法织结成网覆盖全局,形成整体融洽。“悼明说”与“夺位说”的问题不正在于此么?

(3)流变性

流变,指事物在社会环境中发生性质、表征上的发展变化,多用于描述民风物故等社会现象、文化元素的变迁。文学流变性研究方法主要包括以下几个方面。

历史比较法:通过对比不同历史时期和地区的文学作品,分析其流变过程和规律。这种方法可以帮助研究者理解文学作品在不同历史背景下的演变和发展。

文本内部分析:对特定文本进行细致的分析,探讨其在不同历史阶段的变化和发展。这种方法可以揭示文本内部的演变机制和原因。

跨学科研究:结合其他学科的理论和方法,如社会学、心理学、文化研究等,来分析文学作品的流变。这种方法可以提供更全面的视角,揭示文学作品与社会、文化等因素的互动关系。

实证研究:通过对具体文本和历史背景的实证研究,验证文学流变的规律和机制。这种方法强调数据的收集和分析,以科学的方法揭示文学流变的真实过程。

这些方法相互补充,可以帮助研究者全面、深入的理解文学作品的流变过程和规律。

研究流变性,考证版本,能够发现作品变更名称,版本迭代,文本修改、删除,批者签署姓名与日期,抄本向刻本转型的具体原因。对《红楼梦》而言,可以厘清小说始于曹頫写作"石头记"记录他的金陵往事;曹霑写作他的"风月宝鉴"表达他的情欲观点;脂砚斋提出"十二钗"关怀女性命运,她整合了曹頫和曹霑的作品,创作拓展出"大旨谈情"的"红楼梦",这一小说由来的经过;不同年代、多个版本留存所蕴藏的"披阅十载、增删五次"的写成史;书名几经变更、作者栏长期空置,至曹雪芹三个字因何被填写到作者栏中,等一系列问题的来龙去脉。

若只因循前人的观点,不进行系统研究和独立考证,只能得出阶段性、片面性的观点,无法得出关于作者是谁、写了谁的故事之笼罩全局的结论。

2. 重点三原则:原典第一、逻辑推断、史料验证

(1)原典第一

譬如以红学研究而言,如果以原典第一作为研究的第一属性,就不会从曹雪芹开始作为自己的研究始发点,而是要从脂评本的文本原典出去,而不会在未经验证曹雪芹是红楼梦作者,这一还仅仅属于红学史上阶段性的某些人的主观观点,来作为此书研究的始发点加以研究和论证。

回看近现代《红楼梦》的考证历史，胡适“大胆假设小心求证”，以其敏锐的直觉，逻辑的判断，指明了一个方向，但亦有其局限的一面，在没有经过系统性深入的研究（尽管他拥有得天独厚的甲戌本和上面的批语，但史料不全成为其难窥全貌的短板），便过早地提出了曹雪芹写作家传《红楼梦》这一结论性的表示。周汝昌在未经系统性的研究，而沿袭了胡适的观点。从胡适 1921 年的《红楼梦考证》到周汝昌 1953 年的《红楼梦新证》，所认为的曹雪芹作者论，正是没有整体性的考量写成史，没有统计女性角色出场频次远远大于男性，没有深入的揣摩作者“女水男泥”（女清男浊、赞女贬男）的女性主义，没有整体的、联系的研究全部批者和全部批语，而是持有男权治下男性优越的刻板印象的体现。

他们只看到了假家（贾家）、曹家，忽视了真家（甄家）、李家，只看到曹雪芹，忽视了空空道人，只看到曹雪芹，忽视了脂砚斋、畸笏叟，没有作出整体的、联系的全面考虑，而片面的认定曹家一家独大，以及作者身份的男性优先。罔顾小说涉及皇室和苏州、南京等多个家族的往事，以及石头写作了“石头记”、空空道人进行改写、曹雪芹主持编辑，这些反映在小说中的“实录其事”，忽视了畸笏叟曹頫、脂砚斋李某、曹雪芹曹霑之于《红楼梦》三位一体的特殊情况，仅从脂砚斋作为批者而非作者的角度出发，形成了一个观点因循的典型案例。即使胡适、周汝昌在后来推测脂砚斋为女性、为曹雪芹太太或史湘云的原型，却未能做出进一步调查、确认其身份和之于小说的地位，从而失去了揭示作者群体真相的机会。也许，每代探究者有其各自的使命罢。

小说中，从摔了茜雪递来的茶杯，给蕙香改名为四儿，到与袭人初试云雨，偷瞄小红、撩拨柳五儿，尽管时有呵护袭人、晴雯、玉钏、鸳鸯、平儿、香菱的温情表现，贾宝玉的所作所为，仍体现着主子对婢女的个人偏好，和对等级观念的天然认同，不仅没有体现男女平等，也没有完全体现“女娲补天”的、“女水男泥”的、“孽海情天”的褒女贬男的思想意识。回到现实，试问深受皇恩的，亲戚非富即贵的，成年后处于皇权、男权思想控制之下的，要为生计筹划的曹雪芹，何以站到了皇权、男权的对立面上去，放弃了《三国演义》《水浒传》《西游记》《金瓶梅》的“男性英雄主义”，感同身受的为亿万女子悲剧的婚姻和人生鸣冤诉苦呢？这种内在矛盾，反而彰显了作者身份、思想意识更加符合没被公平对待、社会权利缺失的女性。脂砚斋因父亲李煦被雍正抄家，从小失去家庭的遭遇，背负不能拯救家庭的自责，置身寄人篱下的哀愁之中，品尝不能婚恋自由的无助。社会制度正是造成这一切的根源，而皇权是它的制造者和操纵人，于是她打造了“太虚幻境”另立制度,置身大观园的女儿国中,获取心灵上的慰藉与补偿。

因其性别和罪臣之女的身份,为了自身安全起见,只能在小说中隐晦的影射康熙家事、辱骂雍正皇帝,无奈的匿名、托名于男性,暂时将自己隐藏在皇权、男权治下的话语权汪洋之中。她勇敢地在皇权、男权的主流社会环境下,巧妙地将艺术化为权力,以其人之道还治其人之身的,借用女子之口诽谤男子,表达其对社会制度不平等的控诉。可她一个弱女子,只能在遮蔽之中借喉发声。她多么渴望一双"慧眼"读出她的一番苦衷,读出古今亿万女子的"千红一哭、万艳同悲"啊!即使永远不被人发现,但脂砚斋至少以她的方式存在着,将自己的生命延续在了《红楼梦》中。木斋火眼金睛,洞察到脂砚斋特殊的存在、特殊的显露、特殊的心声,破解了女性脂砚斋主笔写作《红楼梦》这一文学史上的重大谜案,让人们有机会重新理解这部旷世奇书。

到这里,不是说我们不能参考前人的研究成果,但更为重要的是要在探究考证中保持客观性、独立性、整体性、联系性,以史料为依据,以情理为辅助,善于提出问题,敢于质疑前人观点,提出自己的看法。以曹雪芹为切入点出发的一点突破固然是正确的,但脂砚斋、畸笏叟的多点开花何尝不是正确的呢?从曹家出发的家族传记固然正确,以点带面地对联络有亲的各个家族逐个调查,又何尝不是正确的呢?曹寅、曹颙、曹頫在其各自的兄弟之中地位、官职居大,何来宁府荣府之间宁府居大呢?其兄弟之间并没有长期相邻而居的记录啊!江宁织造地属南京,可是故事却矛盾的发生于都城、南京之间,其中又是怎么回事呢?明明是金陵十二钗,林黛玉父亲林海(字如海)"本贯姑苏人氏",甲戌侧批"十二钗正出之地,故用真",这又该怎么理解呢?一个一个故事与历史时而相合、时而不合的问题,出现在这部小说之中,如何协调、解释这样的矛盾呢?只有对正文、批语、史料、写法、主题、主角、思想、意识等进行整体性的把握,才能消除这样的矛盾,解读出作者如此处理背后的深层原因,诸如罪臣、罪臣之女写作的违法性,男尊女卑、天理人欲的思想奴役,婚姻不能自主的制度绑架等等,以期还原真相。

(2)逻辑推断

逻辑思维的基本规律亦称"思维基本规律",即同一律、矛盾律、排中律,以及由莱布尼茨所提出的充足理由律,它们构成了理性思维最基本的前提与预设,是理性的对话、交谈能够进行下去的前提,分别确保理性思维具有确定性、一致性、明确性和论证性。

考古和侦探的学问告诉我们,真相在现场。探究考证《红楼梦》作者,要从系统性“整体的、联系的、流变的”的视角出发，以各个版本古书文物为物证，以相关史料文献为人证，以文本呈现的主题思想意识为导航。抄本、刻本的影印件是古书文物的克隆体，它们保留着作品的初始印记，保留着当时的历史信息，有望呈现重要内证或相关线索。《红楼梦》小说几乎完美的符合上述条件，来自小说独有的作者群体的批语，作为“供词”，更加有利于我们在文本（正文、批语）和史料（文献、文物）之间作文史互证时予以采信，穿越那“真隐假存”的迷雾，目睹其“实录其事”的承诺。

众所周知，历史具有唯一性的逻辑属性，即：谁在哪里的什么时候干了什么，这一事实是确定的、唯一且排他的，即使没有被记录，也不可能出现在另一个时空制造事件。好比“也无风雨也无晴”的《定风波》是苏东坡的作品而不能是白居易、秦观或柳永的作品。将这一历史的唯一性运用到《红楼梦》上，其命题立意归于悼明说、夺位说还是家传说？不同说法背后指向不同的作者或作者群体。但这不是一道选择题，而是一道证明题，需要采用正确的方法、引用正确的论据、进行正确的论述、构建正确的框架，不断发现问题、提出问题、解决问题、回答问题，才能得出笼罩全局的观点或论断。

逻辑思维在这一过程中发挥了重要的作用。例如，甲戌本，书名“脂砚斋重评石头记”，在正文中已经列出“石头记、情僧录、风月宝鉴、红楼梦、金陵十二钗”等一系列书名的情况下，依然用了这八个字的类似章回题目的不像书名的书名，为什么？版心上写“石头记”，下写“脂砚斋”，俨然批者脂砚斋是作者的样子，为什么？第一回甲戌眉批“甲午八日泪笔”中提到“一芹一脂是书何本”，如果曹雪芹是作者（即使没有批者脂砚斋的评语，小说依然可以正常阅读，如程高本和通行本），脂砚斋有何资格俨然作者一般与曹雪芹相提并论，凭什么？第三回题目“荣国府收养林黛玉”，“收养”二字旁甲戌侧批“二字触目凄凉之至”，“襁褓中父母叹双亡”的史湘云被叔叔收养，难道就不凄凉么，可脂砚斋却对林黛玉情有独钟，为什么？种种看似不符合逻辑的问题背后，往往蕴藏着鲜为人知的秘密，运用逻辑思维，借助人情事理，进行正文、史料的内外合证，有望破解谜题。

（3）史料验证

史料具有多样性、稀缺性，史料的发现具有计划性、偶然性的双重特点。例如，关于偶然性，甲戌本1927年被胡适偶然收藏的时候，他已经于1921年写出了《红楼梦考证》，为此，他无法对甲戌本与戚序本、程高本展开版本间的比对研究和源流梳理，不能进行对批语信息的深入解读；关于计划性，他曾有目的地寻找《四松堂集》,却等了好久才得见其抄本,作为他考证的证据。1953年梦觉本发现于山西的时候,周汝昌已经出版了《红楼梦新证》,为此便无法引用梦觉本进行考证,只能日后再作补充论述。又如,之前人们并不清楚曹寅去世后,袭职江宁织造的曹颙的去世日期,直到1996年山东昌邑姜乃涛拆除祖屋,才意外发现了墙壁夹层藏放的,苏州织造李煦的书信集《虚白斋尺牍》,方确定为康熙五十四年(1715)正月初八日。成达可(人名)在该书信集的序文中透露,李煦家族祖籍山东莱州昌邑,本姓姜这一鲜为人知的历史信息,与李煦父亲李士桢墓志铭和昌邑县志中的记载彼此印证,姜士桢认正白旗左领李西泉为父,改姓李。书信集中还有李煦写给曹寅的信件,李煦称曹寅为"老妹丈",可知李煦的妹妹嫁给了曹寅,两家是姻亲关系,当通过对李士桢家谱、李月桂墓志铭的考查,才能进一步得出曹寅妻子李氏是李西泉家族李月桂的女儿,而非李士桢原姓姜氏家族的,两者并无血缘关系。继续做同步的"家传说"框架之下的映射关系调查,小说中林黛玉与贾宝玉是姑表亲的设定,现实里脂砚斋和曹雪芹并无血缘关系,小说里林黛玉是巡盐御史林海的女儿,现实里脂砚斋是巡盐御史李煦的女儿,小说中林黛玉没能嫁给贾宝玉,现实里脂砚斋与曹雪芹中年时喜结连理,小说中的林黛玉与现实里的李某,曹姓与李姓,生日同期的林黛玉与花珍珠(袭人),都是草字、木字偏旁的"草木之人"种种令人意想不到的结果,做出幻笔手法下的"按其事体情理"的文史互证。诚然,自证之外的他证史料亦不可或缺,二者互为表里并行不悖。

①寻找史料收集证据

找书,寻找与作者、作品相关的史料,与作者关系越密切、相邻时间越近越好,而这是一个漫长而艰辛的过程。不必说清代乾隆朝著有《阅红楼梦随笔》的周春,1794年在书里作《红楼梦记》中提到,他考证作者时参考了《曝书亭集》《池北偶谈》《江南通志》《随园诗话》《张侯行述》等史料。

就近现代《红楼梦》考证而言,1921年胡适的《红楼梦考证》参考了《随园诗话》《饮水词集》《扬州画舫录》《江南通志》《四松堂集》等史料(以及戚序本、程高本,1727年胡适收藏了甲戌本、1733年见到了庚辰本并作文《跋乾隆庚辰本〈脂砚斋重评石头记〉钞本》等原典史料),1953年周汝昌的《红楼梦新证》参考了《八旗满洲氏族通谱》《随园诗话》《绿烟琐窗集》《懋斋诗钞》《四松堂集》《春柳堂诗稿》《江宁府志》《上元县志》等史料(以及1948年过录胡适的甲戌本、借阅胡适的戚序本、徐星曙收藏后为燕京大学购得的庚辰本等原典史料)。

这些史料均与曹雪芹及其家族相关联,有旧有新的不断增加,是探究者花时间精力寻找的结果。为了获取有用信息、防止遗漏重要信息，需要通篇阅读、细心检索，即使只获取到少量有用信息，而花去大量时间的情况也是不可避免的。随着史料的增加，胡适推翻了周春的观点、周汝昌补充了胡适的观点，这种情况表明，新论述总是伴随着新史料的出现和采用而作出的，其重要性不言而喻。

②查询史料逻辑推理

分析证据进行逻辑推理，既是依据逻辑规律和人情事理的分析过程，也是串联证据链、集结成立体网络的推导过程。

首先，需要寻找切入点。就《红楼梦》而言，如果我们忘记前人考证结果的存在，而将其作为一个崭新的"案件"开展调查，要从哪里入手呢？其实切入点并非一个而是多个。例如，遵循"原典第一"原则，小说在1754至1760年，已经形成相当的规模并抄写传出，成为"人证、物证"且划定了一个"作案时间"。从与书名相关的人名入手，去检索吴玉峰、孔梅溪、曹雪芹几个最像人名的名字。从官职入手，记录下国子监祭酒、兰台寺大夫、巡盐御史等。从批语入手，收集反映真实历史人物事件的批语，如"壬午除夕芹为泪尽而逝""借省亲写南巡""包藏贾府祖宗自身"等，以备查用。

接着，汇集证据寻找交集。曹雪芹出现在袁枚、敦敏、敦诚、永忠、富察明义、张宜泉等人的文字记录中，表示此人真实存在。将小说中的人名、官职、人物事件三重叠加，参考记录皇帝言行的《清实录》和家族谱系的《八旗满洲氏族通谱》以及江宁地方志，可交集出曹雪芹的祖父曹寅曾任江宁织造和巡盐御史、接驾过康熙四次南巡、祖上有人名为曹振彦（谐音砚），小说正文与史料得到两相印证。到此，可暂将曹家锁定为"嫌疑人"，继而再根据更多史料诸如奏折，推导出石头、"作者自云"之作者背后的人，是曹家末代江宁织造曹頫，而非曹霑，因为曹霑没有"上赖天恩下承祖德"的世袭过官职。进而以点带面，顺藤摸瓜，按编年列出其亲朋友邻名单，搜集相关史料逐个展开调查，重复上面的流程。

③多人文献彼此验证

孤证不立。当曹雪芹之名，出现在同时代的文人著作中，例如，袁枚的《随园诗话》中说："康熙间，曹楝亭为江宁织造。每出，拥八驺，必携书一本，观玩不辍。人间：'公何好学？'曰：'非也。我非地方官，而百姓见我必起立，我心不安，故借此遮目耳。'素与江宁太守陈鹏年不相中。及陈获罪，乃密疏荐陈。人以此重之。其子雪芹撰《红楼梦》一部，备记风月繁华之盛。明我斋读而羡之。"爱新觉罗·永忠的《延芬室集》中"因墨香得观《红楼梦》小说吊雪芹三绝句姓曹"。富察明义（明我斋)的《绿烟琐窗集》“曹子雪芹出所撰《红楼梦》一部,备记风月繁华之盛,盖其先人为江宁织造府,其所谓大观园者,即今随园故址。惜其书为传,世鲜知者,余见其抄本焉”。爱新觉罗敦诚《四松堂集》之《挽曹雪芹甲申》“四十年华付杳冥”(该诗为改稿,原稿收于《鹪鹩庵杂记》,字句改动颇多)。敦敏《懋斋诗钞》之《访曹雪芹不值》。张宜泉《春柳堂诗稿》之《伤芹溪居士》“其人素性放达,好饮,又善诗画,年未五旬而卒”。据此,我们有理由相信曹雪芹是一个真实存在的人,于1764年甲申年附近的四十岁到五十岁之间去世。

④系统视角多重验证

在这一文史互证过程中,将不可避免地遇到矛盾和歧义。“披阅、增删”算写作还是算编辑?我们先以批语为例,后文再辨析史料。“若云雪芹披阅增删,然后开卷至此这一篇楔子又系谁撰”,若按写作理解,这句应解释为:如果说曹雪芹写作,那么从开头到这里的这段引子又是谁写的呢?既然是曹雪芹写作,就没必要问谁写作引子了,说明另有其人。若按编辑理解,这句应解释为:如果说曹雪芹编辑,那么从开头到这里的这段引子又是谁写的呢?既然曹雪芹只是编辑,那么引子可能是他写的也可能不是他写的。总之,不管按哪种理解,都存在有其他人写作了引子的可能。那么这个人是谁?联系“惟愿造化主再出一芹一脂是书何本”,结合“脂砚斋所谓不知是何心思,始得口出此等不成话之至奇至妙之话”,可暂时推导出:脂砚斋参与了写作。再联系书名用“脂砚斋重评石头记”,甲戌本版心上写“石头记”、下写“脂砚斋”,可进一步推导出:脂砚斋更像是作者。由此,找到定位作者的突破口。

可是脂砚斋是谁?为什么匿名使用代号?她写了哪些内容?反映了她哪些思想呢?通过逻辑推理的文史互证,肯定她“真隐假存”的写作纲领,识别她“分身借壳”的写作手法,剖析她“以假乱真、以真造假”的幻笔行文,相信她“实录其事”的承诺,从而真正的发掘出故事与历史的两相印证。历史上,1723年苏州织造李煦(曾八次任职巡盐御史)被雍正革职抄家,脂砚斋六岁便被偷送至曹家收养。小说中,巡盐御史林如海建在,却将独女送至荣府收养,难合情理。这是身为女性、李煦次女自带原罪的难言之隐啊!在清代,以这样的身份,不但不可以写书出版,不可以留名,甚至可能会招来朝廷、男权的迫害。这样的例子在历史上并不罕见,即使是思想解放更早的西方,也发生过简·奥斯汀匿名、伦勃朗姐妹使用男性笔名发表作品的案例,其背后的原因如出一辙。

再举一例,据历史文物“雪芹书箱”上的悼亡诗“乩诼玄羊重克伤”,结合脂砚斋批语“壬午除夕书未成芹为泪尽而逝”和“一芹一脂是书何本”、敦诚诗中曹雪芹去世时“新妇飘零目岂瞑”，以及依据上文敦诚、张宜泉的凭吊诗推导出的曹雪芹1764年甲申年已经去世，年纪在四十到五十岁之间，可知曹雪芹属羊，卒年四十八岁（属相十二年一轮回）。再根据古代干支纪年规则，可知壬午年的除夕是1763年2月12日，因其在立春节气2月4日之后（生肖以立春日为分界线划分前后，而非正月初一的春节日），故已经进入新的一年癸未年，除夕过的那个年还是上一个壬午年的，敦诚的诗表示他甲申年悼念曹雪芹或改稿时间为甲申年。到此，推理得出曹雪芹的卒期是1763年2月12日。

《红楼梦》探究考证中充满这样大大小小的案例，她的写成史也自然形成了抄本、史料、写法、版本以及社会背景、作者思想上多维度的叠加和渗透，这为探究者提出了更高的要求。木斋系统性的“大文学史观方法论”正是解决这一问题的制胜法宝，尽管“整体性、联系性、流变性”覆盖面宽，探究起来难度大，但其笼罩全局的统领性，多重验证的可靠性，能够确保更多的准确性。随着更多的史料新发，于系统框架之内，认真调查、合理猜测、逻辑推理、全面论述，更多的历史断层可以被衔接，更多的历史真相指日可待。

三、考证践行

任何一种理论，理应经得住实践的检验，在我的探究考证中，运用木斋“大文学史观方法论”，不但验证了他的观点，亦取得了新的发现，以下是我的考证践行。

（一）选题

“生也有涯，知也无涯”。选取研究对象，首先是兴趣爱好指向的空白地带或尚无定论的场域，《红楼梦》符合这一要求。继而需要倚仗考古学家、文史专家的力量，真材实料才具有研究价值。文物自身和相关史料（主要指底稿本、过录本、刊刻本），不仅记录着作者的生平经历，承载着作者的思想意识，保留着关于作者及故事取材的真实历史信息，其自身也会按照其诞生的时间先后，形成一个天然的版本序列，这对研究作品的写成史亦不可或缺。当出现史料断层的时候，例如，曹雪芹十几岁到三十几岁的史料记载极度匮乏，应对这种问题，可以在已建立的系统研究框架下，适度展开推测，也可以暂时搁置等待新史料的出现后，再继续探究。

从抄本（主要指保留批语的前八十回）来看，不论是1759己卯年标记“己卯冬月定本”的《脂砚斋重评石头记》己卯本、1760庚辰年标记“庚辰秋定本”和“庚辰秋月定本”的《脂砚斋重评石头记》庚辰本,1767丁亥年眉批“甲午八日泪笔”(本人考证为1766丙戌年农历五月初八日)的《脂砚斋重评石头记》甲戌本、稍后年代不详的蒙古王爷收藏的《石头记》蒙府本(就前八十回而言)以及戚蓼生作序的《石头记》戚序本,还是1784甲辰年梦觉主人落款“甲辰岁菊月中浣”的《红楼梦》梦觉本,再到刻本(主要指剔除批语的全一百二十回)1791辛亥年程伟元、高鹗主持刊行的《红楼梦》程甲本和1792壬子年的《红楼梦》程乙本,当我们考查这些早期源流版本的影印书籍(就文史信息而言,等同于文物本身)时,不难发现一个显而易见的事实——作者栏始终是空置的。

正如梦觉本序文作者梦觉主人所言“说梦者谁?或言彼,或云此”,亦如程伟元在程甲本序文中所述“红楼梦小说,本名石头记,作者相传不一,究未知出自何人,惟书内记雪芹曹先生删改数过”,上述二人并不知道作者是谁,或者知道也因个中缘由而选择缄口不言,任凭作者栏空置着(古代著述因各种原因,未署作者名的现象并不罕见)。

关于古籍未署名或者署代号的作者是谁的问题,尤其是在当时具有“禁书属性”的作品,不是我们现在简单看到的印刷品上作者栏里的寥寥几字,其背后承载着意识形态、社会制度、风俗传统、思想观念、故事取材、写作艺术、成书过程、版本迭代等一系列内容,探究考证的工作量之多、难度之大可想而知。

尽管程伟元是小说流变过程中的当事人和见证者,可是仅凭程伟元在程甲本序文中的一句“惟书内记雪芹曹先生删改数过”这样的编辑工作,便认定曹雪芹是《红楼梦》的作者吗?富察明义明明写道“曹子雪芹撰《红楼梦》一部”啊?还不行,历史考证的复杂性不容轻率,系统性整体性的考证思维,告诉我们这时候武断结论尚显为时过早。小说正文中,除了曹雪芹“披阅十载增删五次纂成目录分出章回”的编辑工作,还有空空道人“因空见色由色生情传情入色自色悟空”的创作改写。可是由于空空道人只是一个小说角色,且没有考查出一个名号空空道人并与曹、李两个家族有关的人物外证,使得对其的考证无法进行下去。然而小说本身却存在着关于“一僧一道”的赫然内证,“一僧一道”将石头幻化成美玉,隐喻着“一芹一脂是书何本”的将“石头记”拓展成后来的《红楼梦》。“一僧一道”的这一层内涵(另一层内涵指父母结合令石头原型曹頫降生)可与书内宝玉黛玉,书外“一芹一脂”那样存在密切关系的人物彼此呼应。只因其在小说开头中,非线性叙事解构的巧妙、隐藏的狡猾而不易被察觉到。

程伟元却与小说作者的说法保持了一致,即曹雪芹做了编辑工作。他们没有明确肯定是曹雪芹主笔写作了《红楼梦》,小说正文中使用的也是“披阅十载”,而非更加确切的“撰作十载”(小说第一回正文中有“作者自云”“撰此石头记一书也”的作、撰表述),这甚至暗示出曹雪芹没有参与作批。但至少,他们指出了一个方向、给出了一个范围,即此书与曹雪芹有关。可以借此锁定嫌疑、划定范围,进而对其本人和亲朋友邻展开调查(曹雪芹因何出现在现代出版的《红楼梦》作者栏里,此事有必要展开进一步探究考证,本文暂且按下不表)。这里的第一个问题是:真的有曹雪芹这个人吗?

(二)破案

我们应暂时搁置前人的考证结果,而将其作为一个崭新的“案件”着手展开调查,但仍可以参考前人的思路和引证。从某种角度来说,《红楼梦》的写成史引发了她的考证史,其考证史,是以其写成史为依托的。为此,我们尽可能的从其考证地源头谈起。

1. 应对周春的考证

清代跨雍乾嘉三朝的周春在其著作《阅红楼梦随笔》中写道:

> 相传此书为纳兰太傅而作,余细观之,乃知非纳兰太傅,而序金陵张侯家事也。
>
> 按:相传这本小说是纳兰明珠写的,我仔细看过,发现不是他写的,而是书写江宁一等侯张谦家里的事。

此为探究者的直观感受。

> 癸亥、甲子间,余读书家塾,听父老谈张侯事,虽不能尽记,约略与此书相符,然犹不敢臆断。
>
> 按:1743 癸亥、1744 甲子年间,我在家塾里读书,听老一辈谈起张谦的故事,虽然不能记全,但基本与这本小说相符,但仍不敢轻易下结论。

此为探究者的谨慎负责,不盲目听信。

> 再证以《曝书亭集》《池北偶谈》《江南通志》《随园诗话》《张侯行述》诸书,遂决其无疑义矣。
>
> 按:再考证《曝书亭集》《池北偶谈》《江南通志》《随园诗话》《张侯行述》

等史料,然后做出决断消除了疑义。

此为探究者通过史料验证,提出自己的观点,即:小说讲述的主要是张谦家族的故事。

其曰林如海者,即曹雪芹之父楝亭也。楝亭,名寅,字子清,号荔轩,满洲人,官江宁织造,四任巡盐,曹则何以瘦词曰林,盖曹本作曹(注:小篆字体,上两个东,下一个曰),与林并为双木……。

按:书里提到的林如海,即是曹雪芹的父亲曹楝亭。曹楝亭,名叫曹寅,字子清,号荔轩,满洲人,官职是江宁织造,担任过四任巡盐御史,曹雪芹为什么将曹字简化变形为林,是因为曹字的小篆写法上面两个"东"表示树木,和林字一样,都表示双木。

受限于史料、版本太少且未能见到甲戌本上的批语,周春没能洞察到小说兼具历史和文学的"实录其事",以及"真隐假存"的幻笔手法,从而发生了对原型人物与小说角色的错位误判。一是由于他参考了袁枚的《随园诗话》,因此认为曹雪芹是曹寅的儿子,实际上经过各代学者多方考证,曹雪芹(曹霑)是曹寅的孙子。二是他忽略了"护官符"贾史薛王的"连络有亲、皆有照应",没有具体考证张谦所在的张家与曹寅所在的曹家,是否具有姻亲关系。三是林如海死后家业无继,曹寅有儿子曹颙、侄子曹頫承袭官职,这里文史不合。四是张谦家族并没有经历接驾四次和抄没家产,这样特定历史时期的特殊经历。五是未考证苏州织造李煦八任巡盐御史,被雍正抄家的李煦面对皇权时的无能为力,犹如小说中的"草木之人"林黛玉、薛宝钗,无法左右自己的婚姻。为此,周春的考证,只能作为参考而不能视为确论。

嗟乎,贾假甄真,镜花水月,本不必求其人以实之,但此书以双玉为关键,若不溯二姓之源流,又焉知作者之命意乎?故特详书之,庶使将来阅《红楼梦》者,有所考信云。甲寅中元日,黍谷居士记。

按:哎,贾假甄真,镜花水月,一本小说,本来不必探究其故事原型,但这本书以宝玉和黛玉为关键,如果不追溯贾、林二姓的源头,又怎么能够深知作者写作的命题意义呢?因此还是要说清楚我的观点,使得将来阅读《红楼梦》的人能考查真实。1794甲寅年农历七月十五中元日,黍谷居士题记(黍谷居士是周春的号、笔名)。

尽管周春未能破案，却深刻懂得“知作品而须知作者，知作者方更知作品”的道理，他秉承谨慎乐观的开放态度，希望自己的观点被后人证实。

由于历史文献存在灭失的现象，也许他并不是第一个探究考证者，但他的作品存留至今，成为探究作者是谁这个重要问题的一方佐证，不失为一种幸运。受限于当时的条件，他无缘看到今人所看到的，诸如抄本、奏折、书信集等史料，致使他的探究介于解读、索隐、考证之间，无法依据更多的史料片段拼凑出更大的历史图景，但他的考证却成为探究作者的进程中不可或缺的一环。

2. 应对胡适、周汝昌的考证

时间来到近现代，1921 年胡适的《红楼梦考证》，1953 年周汝昌的《红楼梦新证》，不啻为《红楼梦》考证的大作。曹雪芹出现在小说正文中，曹雪芹这一姓号组合出现了在同时代的，敦敏和敦诚兄弟、张宜泉、袁枚、富察明义（明我斋）、永忠等多人的诗文集中，形成文史互证，表示确有其人，只是与曹寅的辈分关系有待进一步确认。

袁枚在《随园诗话》中写道“康熙间，曹楝亭为江宁织造……其子雪芹撰《红楼梦》一部”，敦诚在《四松堂集》之《寄怀曹雪芹霑》的贴条中备注“雪芹曾随其先祖寅织造之任”，两条记录存在分歧。永忠《延芬室集》有诗名为《因墨香得观〈红楼梦〉小说吊雪芹三绝句》，富察明义在《绿烟琐窗集》的《题红楼梦》诗前备注“曹子雪芹出所撰《红楼梦》一部……盖其先人为江宁织府”，二人明确提出曹雪芹是《红楼梦》的作者，这与作者栏空置的抄本和刻本中提出的曹雪芹编辑过《红楼梦》而非作者，二者发生了矛盾。那么谁是正确的呢？我们不能凭借互相矛盾的观点，得出曹雪芹是《红楼梦》的作者。

应对观点矛盾。从上述史料记录来看，袁枚认为曹雪芹是曹寅的儿子，而从敦诚、张宜泉的记录可知曹雪芹卒于 1764 年甲申年或之前、年龄在四十到五十岁之间，由此可推他出生于 1714 到 1724 年之间，曹寅卒于 1712 年（据《李煦奏折》），因此他不可能是曹寅的儿子。通过敦诚在《四松堂集》之《寄怀曹雪芹（霑）》的贴条中备注“雪芹曾随其先祖寅织造之任”，与富察明义在《绿烟琐窗集》的《题红楼梦》诗前备注“曹子雪芹出所撰《红楼梦》一部……盖其先人为江宁织府”，曹雪芹为曹寅孙子的概率变得更大，继续调查核实。

3. 运用“大文学史观方法论”考证

康熙五十四年（1715）继曹寅之子曹颙之后世袭江宁织造的，是过继到曹寅名下的侄子曹頫,他在三月初七日写给康熙的奏折中提到“奴才之嫂马氏,因现怀妊孕已及七月”,据此可推,若这个孩子正常出生,当在农历五月前后。依据小说内证,“作者自云”之作者“上赖天恩下承祖德”的世袭,石头化作通灵宝玉后的“青埂峰一别,展眼已过十三载矣”,贾政为官来自“皇上因恤先臣……遂额外赐了政老爹一个主事之衔”,与曹頫1715年以侄子过继身份世袭织造到1728年被雍正抄家做了十三年的江宁织造、曹雪芹并未世袭江宁织造(甚至上述诸多人证的记录中并无他为官的记录)形成文史互证,表明贾政这一角色是以曹頫为原型的,而他也是贾宝玉的原型之一(原型之二是曹雪芹曹霑)。

依据小说内证,林海“钦点出为巡盐御史”、第三回题目“荣国府收养林黛玉”、林黛玉说“这位哥哥比我大一岁”,以及史料文献,李煦书信集《虚白斋尺牍》康熙四十四年(1705)十月《致曹银台》“知老妹丈欲据实题参”、康熙五十五年(1716)十月二十一日李煦奏折“谢再监察两淮盐课一年“、《虚白斋尺牍》中康熙五十五年(丙申)《寄京中三弟》“我于九月十五日添得一子,十一月廿四日添一女”、雍正二年(1724)十月十六日庄亲王允禄奏折“李煦家属……记档送往总管内务府衙门……在途中病故男子一妇人一及幼女一不计外”、李煦幕僚沈樗元《柯亭吹竹二集》诗《贺李廷尉公举子》备注“第三如夫人十月坐蓐”(临产),以及历史文物“雪芹书箱”上的悼亡诗“乩诼玄羊重克伤”,再结合脂砚斋批语“壬午除夕书未成芹为泪尽而逝”,依据“真隐假存”“实录其事”的写作纲领,可推导出:曹寅是李煦妹夫,曹、李两家为姻亲关系,李煦假报一男子、小妾某氏和次女脂砚斋(林黛玉原型)病故,却将其偷送至曹家收养,于是有了小说中相差一岁的异姓男孩贾宝玉(曹雪芹是原型之一)和女孩林黛玉(以脂砚斋自己为原型)青梅竹马两小无猜,进而得出曹雪芹生于1715年乙未年属羊,是曹寅的孙辈。

前文已经推导出曹霑卒于壬午除夕即1763年2月12日(此时已经进入新年癸未羊年),至此,还可作来自史料之外另一重考证——批语。据书名“脂砚斋重评石头记”显示的脂砚斋批者的身份,甲戌本“甲午八日泪笔”中脂砚斋“余尝哭芹泪亦待尽”“余二人亦大快遂心于九泉”所体现的作者身份、夫妻关系和精神状态,以及古代干支纪年规则,可推导出:“甲午八日”指向1766年丙戌年五月初八日,结合“前批书者寥寥,今丁亥夏只剩朽物一枚”以及署名畸笏叟、署期丁亥夏的批语(丁亥夏时已经不再新增脂砚斋的批语),可知丁亥年夏天只剩畸笏叟一个人,脂砚斋已经不在人世了(具体去世时间不详)。由1763年到1766年三年的时长,结合三月初七日曹頫奏折中“奴才之嫂马氏,因现怀妊孕已及七月”(预计五月生产),小说中贾珠早逝后(以曹颙为原型)李纨与贾兰寡母孤儿的情况,贾兰嫡孙的身份,还可进而推导出:五月初八日大概率是曹霑的生日,1766 年丙戌年五月初八日他已经不再人世了。他的一生(林黛玉进荣府时说“这位哥哥比我大一岁”,其原型脂砚斋生于丙申“十一月廿四日”)、一死(甲戌本脂砚斋眉批“壬午除夕书未成芹为泪尽而逝”),被脂砚斋隐晦、如实的标记在了泪笔批语中,该日期很可能是他的三周年冥寿(抑或二人的结婚纪念日,因尚无史料佐证,存疑待定)。

至此,可以初步得出一个观点,曹霑生于 1715 年 6 月 9 日(康熙五十四年乙未年五月初八日),卒于 1763 年 2 月 12 日(乾隆二十八年癸未年初的壬午年除夕),享年四十八岁。如有新史料证明五月初八日为芹、脂夫妻结婚纪念日而非曹雪芹生日,则继续在找寻中等待新史料的出现后,再来考证曹雪芹的出生日期。

接下来,我们来探究考证脂砚斋的作者身份。仅凭作批脂砚斋没有资格写出“一芹一脂是书何本”,可是甲戌本版心上写“石头记”、下写“脂砚斋”的格式又俨然脂砚斋是作者,“脂砚斋重评石头记”的书名中脂砚斋凌驾于曹雪芹和另一位批者畸笏叟,只将自己的代号写了出来,“脂砚斋所谓不知是何心思始得口出此等不成话之至奇至妙之话”“若云雪芹披阅增删然则开卷至此这一篇楔子又系谁撰?足见作者之笔狡猾之甚。后文如此处者不少。这正是作者用画家烟云模糊处,观者万不可被作者瞒蔽了去,方是巨眼”,俨然脂砚斋执笔写作。小说角色空空道人“因空见色由色生情传情入色自色悟空”的改“石头记”为“情僧录”,用佛经般的语句形容艺术创作,俨然空空道人即是作者。

曹雪芹“披阅十载增删五次纂成目录分出章回”的编辑工作不足以证明他独自创作了小说,批语“雪芹旧有风月宝鉴之书”而小说中风月宝鉴的故事只现于第十二回,而全部风月故事于小说之中的占比,也远不及闺阁生活,“缺中秋诗俟雪芹”表示曹雪芹的诗的确为《红楼梦》锦上添花。“作者自云”中有“上赖天恩下承祖德”等描述和“撰此‘石头记’一书也”的表达,表示“石头记”本是石头的故事,“青埂峰一别,展眼已过十三载矣”时石头幻化的通灵宝玉被“声色货利所迷”,均指向曹家末代江宁织造曹頫。历史上的 1715 年,曹頫以侄子过继的身份继任江宁织造到 1728 年因渎职、亏空被雍正革职抄家任职十三年。作者、批者、角色三位一体的组合下,曹頫何尝不是“石头记”之石头、“作者自云”之作者,以及司职织造的机户谐音畸笏(叟)呢?

综上所述,可称为作者的并非曹雪芹一个人,而是曹頫、脂砚斋、曹雪芹三个人。其中,“作者自云”之作者、托名石头的曹頫作了“石头记”,曹雪芹写作了“风月宝鉴”故事并担任“披阅十载增删五次纂成目录分出章回”的编辑和“缺中秋诗俟雪芹”的供诗工作,借壳空空道人“因空见色由色生情传情入色自色悟空”改写“石头记”的脂砚斋,因其女性、罪臣之女的身份不得已隐藏自己。这一看似相当复杂的情况,脂砚斋早在小说中给予了暗示。

正如甲戌本凡例所列点睛题目:红楼梦、风月宝鉴、石头记,正如小说正文批语中的“一僧一道一石头”“一侍一草一神瑛”“一宝一黛一通灵”“一芹一脂一畸笏”,脂砚斋在第一回用讲故事的方式,透露了小说的由来和构成,即畸笏叟曹頫写作了“石头记”、曹雪芹曹霑贡献了“风月宝鉴”,脂砚斋李某本欲替曹頫修改他的“石头记”,一则因曹頫做了和尚故而题名为“情僧录”,二则改“理治之书”为“适趣贤文”消除其家族传记性质的严肃性和纪实性,三则既要自己写出来又要外人看不出以规避罪臣写书的禁止性,在这一改写过程中,却燃起了她自己的写作热情,进而创作出“金陵十二钗”的女性命题,拼接、整合、创作、拓展出一部《红楼梦》来,于是有了一段“化史为传”“真隐假存”“大旨谈情”“实录其事”的“十年辛苦不寻常”的写成史。

曹頫、脂砚斋、曹雪芹的三位一体,作者、批者、角色的三位一体,因脂砚斋改写、新创的出色,曹頫从作者转化为批者,任由脂砚斋和曹雪芹放手去创作。“谩言红袖啼痕重,更有情痴抱恨长”,“茜纱公子情无限,脂砚先生恨几多”,“一芹一脂是书何本”,“因空见色由色生情传情入色自色悟空、披阅十载增删五次纂成目录分出章回”,爱哭的才女林黛玉、痴情的公子贾宝玉,正是脂砚斋和曹雪芹这对夫妻,在畸笏叟曹頫“石头记”的基址上,合作改写、重写、新写成《红楼梦》的辛苦而非凡的过程显示。作者群体达成了共识,用欲盖弥彰、语焉不详的春秋笔法,隐晦的书写着家族的历史,迷惑的我们不敢去相信,一部小说可以是作者群体协同合作的结果,可以是女性主笔为“千红一哭、万艳同悲”的心声呐喊,可以是幻笔手法之下“实录其事”的,含笑带泪的诉说家族兴衰的历史小说。

木斋的观点,实乃百年红学研究之闻所未闻:“脂砚斋是女性——林黛玉之原型、脂砚斋主笔写作《红楼梦》——脂砚斋重写石头记、作者群体有三位作者畸笏叟、脂砚斋、曹雪芹——分工协作合著一书、曹頫完成后四十回——畸笏叟完结红楼梦”,不可不谓石破天惊、直指真相。本着探究考证的独立和严谨,在搁置前人考证结果以及木斋本人观点的前提下,我运用他的“大文学史观方法论”进行了自己的考证践行,不仅纠正了前人的片面结论而且验证了木斋的重要观点,亦取得了新的发现,诸如:曹雪芹生卒的具体日期是1715年6月9日至1763年2月12

日。实践证明这一方法论行之有效,经得起实践的多重检验。

一部《红楼梦》,百万字的小说,数千条批语,百十部史料文献和前人、今人的著述,仅以万字文章,实难论述周全。木斋“大文学史观方法论”的更多运用,体现在他的著作《读懂红楼梦》中,“整体性、联系性、流变性”的系统框架,“原典第一、逻辑推理、史料验证”的考证办法,其系统性、科学性、有效性,能够俯瞰更为广阔的图景,发掘他人难以企及的真相。

木斋用一双“巨眼”,总体把握了正文、批语、史料、写法、版本、思想间的内在联系,阐明了社会、人、作品间的共生关系,他敏锐地洞察到,主笔作者脂砚斋留下的诸多“作案”痕迹和自证指纹,首发提出了一整套全新观点,将一部精彩的写成史呈现到世人面前,足以功留青史。

脂砚斋,将“真隐假存”——家族历史传记用小说故事的形式写出、“甄贾遥对”——甄家影射她出身的苏州织造李家,虽为暗写实为作品的真出处,贾家影射她寄居的江宁织造曹家,虽为明写实为作品的假出处、“借树开花”——在曹頫的“石头记”基础上,整合曹雪芹的“风月宝鉴”,创出“金陵十二钗”的闺阁故事与女性命运、“托名著书”——以批者姿态出现实为主笔身份,将著作权转嫁于编辑者曹雪芹名下、“分身借壳”——将个人不同年龄段的经历赋予不同的人物角色,以及一个角色有多个原型,一个原型饰演多个角色的幻笔手法,施展得出神入化,让《红楼梦》足够配得上伟大二字。

如此妙心独具的女作家脂砚斋,却被历史深深地雪藏。皇权、男权的统治之下,身为罪臣之女的逃匿身份,让她只能隐姓埋名,化艺术为权力,在小说中书写她的血泪人生和崇高理想。作为代言人,她用文笔为无数带着集体意识伤痛的被迫害、不幸福的女性发声。她们共同期待着有朝一日,能够摆脱性别枷锁,得到个性解放和公平对待。

二百多年过去了,脂砚斋的理想正在实现,尽管仍有很长的路要走。《红楼梦》,需要更多的人加入探究考证的行列,运用木斋的“大文学史观方法论”,取得更多的发现。希望有一天,曹頫、脂砚斋、曹霑的名字,能够填写到《红楼梦》的作者栏里。希望有一天,每个人都能够得到公平的对待。希望有一天,人们能够站在女性作者的视角,重新解读这部名著,重新书写一段关于她的文学史。

参考文献

[1]木斋. 论大文学史观方法论下曹学向脂学的转型——兼答樊志斌商榷书[J].

云梦学刊,2021,42(4).

[2]王永.中国古典文学的“破译”之学——木斋教授学术范式侧论[J].哈尔滨师范大学社会科学学报,2019,10(5).

[3]张法.略谈木斋对当下中国文学史研究的推动[J].江西师范大学学报(哲学社会科学版),2009,42(5).

[4]木斋.读懂红楼梦　甲戌本评点研究[M].台湾:世界汉学书局 2020.

[5]木斋著.金瓶梅与西游记作者研究[M].台湾:花木兰文化出版社 2024.

[6]木斋著.红楼梦历史原型作者在苏州[M].台湾:世界汉学书局 2024.

王鹏,笔名玉见,自由职业者。

答李汇群关于"《红楼梦大辞典》'服饰'类条目的若干释义商榷"

周　岭

【提　要】本文就李汇群《〈红楼梦大辞典〉"服饰"类条目的若干释义商榷》所提出之"二色金百蝶穿花大红箭袖""江牙海水五爪坐龙白蟒袍""掐金挖云红香羊皮小靴""青金闪绿双环四合如意绦""挖云鹅黄片金里大红猩猩毡昭君套""靠色三镶领袖秋香色盘金五色绣龙窄裉小袖掩衿银鼠短袄"六个词条释义有误的质疑,逐一辨析,以多重史料构建证据链,证明以上词条并不存在"释义含糊、指代不清"的问题。

【关键词】《红楼梦大辞典》　服饰　二色金　箭袖　江牙海水　白蟒袍　掐金挖云　青金　昭君套　靠色

主持《红楼梦大辞典》修订再版工作的张庆善兄和负责编审的任少东兄转给我李汇群君的一篇文章(后称李文),内容是对"服饰"类六个条目的释文提出质疑意见,是她从自己的新著《红楼梦服饰图鉴》一书中节录出来的文字。鉴于"服饰"类的条目悉由我负责编写,所以理应由我逐条作答。李文开宗明义:

> 《红楼梦大辞典》的修订工作目前正在进行,笔者在查阅资料的过程中,发现服饰类条目存在部分释义不明确、不清晰问题。

现就李文提出的意见,顺次辨析如下。

一,"二色金百蝶穿花大红箭袖"词条

李文就此条提出的第一个问题:指出"二色金""花纹全部用金、银两种线织出"释义有误。李文认为"二色金"指用浓、淡两种金线织出纹样,并举出实例:清华大学艺术博物馆藏米黄色缎绣海水金龙十二章纹袍料所示,龙身和龙头的金线

色彩深浅不一,呈现出交相辉映的视觉观感,并附上了图片。

《红楼梦大辞典》"二色金百蝶穿花大红箭袖"词条的释义全文:

> 二色金百蝶穿花大红箭袖(3·47·17)二色金:全称"二色金库锦"。花纹全部用金、银两种线织出,一般以金线为主,少部分花纹用银线装饰。百蝶穿花:纹饰图案,清乾隆年间颇为流行。箭袖:亦称"箭衣",古代射者之服。袖端去其下半,仅可覆手,以便于射,谓之"箭袖"。明叶绍袁《启祯记闻录》七:"抚按有司申饬,衣帽有不能备营帽箭衣者,许令黑帽缀以红缨,常服改为箭袖"。

"二色金"全称为"二色金库锦",是南京云锦中"库锦"类的一个品种,属于云锦四大类(织金、库锦、库缎、妆花)之一。其名称中的"库"源自清代织成后输入宫廷的"缎匹库"。"库锦"又分为"二色金库锦"和"彩金库锦"两种。"二色金库锦"的核心材质指代应为真金真银两种贵金属丝线的组合使用。金银配比遵循3:7或1:1的传统规制,构成织物主体色泽对比。所谓的"多色金线"制品,当属"彩金库锦"的衍生工艺。"二色金"释义的依据为《大明会典·织造》记工部织染局岁造段匹:

> 内局织金银线各二千斤。

证明明代官造体系确有金银线并用的制度基础。黄能馥《中国丝绸科技艺术七千年》第四章:

> 二色金库锦以金线银线交织,彩金库锦乃多色金线配合。

徐仲杰《南京云锦史》(江苏科技出版社,1985年)第217页:

> 二色金者,金银线互现其辉,典雅庄重之最。

南京云锦研究所第十六代传承人周双喜口述:

> 老法头里二色金必须用真金线和银线。到民国还有人偷工减料用铜线,那就不是正宗库锦了。现在故宫补织物还要求我们按原始工艺用金银线,比例要三七开。

2017 年国家非遗保护工程资料记录：

> 传统二色金库锦原料基准：金线成色 98%金箔裹棉芯，银线：足纹银箔裹蚕丝芯。严禁用镀金属线的现代工艺替代。

以上多重证据链足以证明："二色金"指的就是金银两种线。此外，李文所附图片织料不是"二色金库锦"，而是云锦中的另一种织品"妆花"。所以，《红楼梦大辞典》服饰类"二色金"的释义没有错误。

李文就"二色金百蝶穿花大红箭袖"条提出的第二个问题指出："'箭袖'有两层意思，一即直接指袖子，也称马蹄袖。"其实，"箭袖"既不应该"直接指袖子"，亦不应该"也称马蹄袖"。

先说说什么是"箭袖"。《新唐书·车服志》："武官服缺胯袍，袖窄如箭"，明代《三才图会》："袖窄如箭箭（筒）。"这应该就是这种袖子称为"箭袖"的原因。这就证明，清朝之前的历代，早已经有"箭袖"存在，是军服的袖子。中国第一历史档案馆藏《御制增订清文鉴》满汉合璧本汉文版释为"束腕窄袖，便于控弦"，并特注"此非国朝新制，乃袭华夏古风。"

那么，什么是"马蹄袖"呢？"马蹄袖"，满语称作"哇哈"，满文词根""（wahambi）意为"展开、铺陈"，《御制增订清文鉴》满文版释为""意思是礼服袖端展开之形。乾隆帝御批注"形如马蹄，覆手背则为敬，翻卷则为常"，满语"哇哈"注解强调"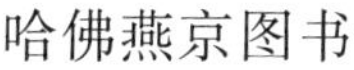"，意即"满洲衣袖制度"。哈佛燕京图书馆藏《五体清文鉴》稿本蒙古文译本特注："此乃太祖所创国俗。"乾隆御制诗注："放哇哈之礼，上合周制袪衣之仪。"

"马蹄袖"与"箭袖"的形制功能差异：

特征	哇哈（马蹄袖）	箭袖
结构	梯形外展，展开后呈 120°扇形 （沈阳故宫实物测量）	直筒收束，袖口直径≤15cm （孔府旧藏明代箭袖）
活动机制	双层结构可翻折，冬季缀貂皮 （《内务府则例》）	固定式窄袖，腕部设革带扣 （明定陵出土实物）
使用场景	朝会时甩袖行礼 （《清实录》康熙朝仪注）	骑射训练 （《满洲源流考》载汉军绿营服制）

《御制增订清文鉴》汉文版刻意将"哇哈"归入"礼制"类，"箭袖"归入"武功"类。所以，"箭袖"不是"马蹄袖"。

至于"箭袖"还指"箭衣"，严格地说，历代的官方规定，还是将"箭袖"和"箭衣”区分得很清楚。汉代《释名·释衣服》:“箭袖者,言其窄利如矢也;箭衣则全服之谓,盖武士所服。”明确将“袖”与“衣”作为局部与整体的关系论述。宋代《云麓漫钞》卷三记载:“武臣服箭衣,其袖称箭袖,然二者不可互代。”绍兴二十七年(1157)礼部奏议特别强调“箭袖不可代称箭衣”(《宋会要辑稿》舆服四)。《大明会典》卷六十明确规定:“武职常服箭衣,其袖制如箭,然不得混淆称谓。”《天工开物·乃服篇》详述“箭衣制式”与“箭袖造法”各为独立工艺。考古实物铭文亦为这种规范提供了证据,如江西德安南宋周氏墓出土箭衣墨书题记“宝祐三年制箭衣一领”,袖口另书“左箭袖”“右箭袖”,明确区分整体与局部。孔府旧藏明代朝服腰牌刻文“着圆领箭衣,束革带,佩箭袖护腕”,显示二者为配套关系。

然而,民间却早已把“箭袖”与“箭衣”混为一谈了。如明代《三才图会·衣服图考》绘有“箭衣式”,旁注“俗谓箭袖衣”。这种术语简称在古代文学作品中使用得很普遍。如《水浒传》第九回:“林冲箭袖飞舞,斗杀陆虞候”。万历刻本《金瓶梅》第六十二回:“只见他穿着簇新箭袖,外罩青缎比甲”。都是以局部代整体的修辞性代称,已经约定俗成,《红楼梦》中也是同样的用法。所以《红楼梦大辞典》释“箭袖亦称箭衣”,并没有错。

二、“江牙海水五爪坐龙白蟒袍”词条

李汇群君就此词条写了一大篇的文字,但不知道她要指出这个词条的释义错在何处。为了“疑义相与析”,兹将《红楼梦大辞典》的这一词条完整抄录如下:

> 江牙海水五爪坐龙白蟒袍(15·192·2)江牙海水:牙又作涯。龙袍、蟒袍下端斜向排列的弯曲线条称“水脚”,水脚之上有波涛翻滚的水浪,水浪之上又立有山石宝物,俗称为江涯海水。除表示吉祥绵续以外,还寓有一统山河、万世升平之意。坐龙:盘成圆形的龙纹统称团龙,其中头部在上者称升龙,头部朝下者称降龙,头部呈正面者称正龙,头部呈侧面者称坐龙。蟒袍:又名花衣,因袍上绣有蟒纹而得名。明代官员非特赐不许擅服蟒袍。清代皇子、亲王、郡王以下,文武八、九品官以上,凡遇典礼,皆穿蟒袍。关于龙、蟒区别,历来并不明确。一说“五爪为龙,四爪为蟒”。明·沈德符《万历野获编·蟒衣》:“蟒衣为象龙之服,与至尊所御袍相肖,但减一爪耳。”但亦有“四爪龙”。《明史·舆服志》“文武官常服”条:“一品至六品,穿四爪龙。”而蟒亦有

"五爪"者。《明史·舆服志》"内侍冠服"条:"蟒有五爪、四爪之分。"逮及清代,龙、蟒几乎没有什么区别,仅在名称上严格划分而已。白蟒袍是戏装颜色。戏装有十色蟒,上五色为红、绿、黄、白、黑,下五色为粉红、湖色、深蓝、紫、古铜或香色。

李文只引了词条原文"蟒袍"的三句释文,给读者造成了一个该词条"诠释极不完整"的印象。然后把上述词条的完整释文大体复述了一遍,又给读者造成了"李文才是完整诠释"的印象。却并未就词条释文做出任何质疑,只是添加了"江牙海水"是"典型的清代样式""体现了鲜明的清代特点"的论断。

这个论断对吗?不对。明朝定陵出土文物,万历皇帝棺内随葬的"缂丝十二章衮服",下摆饰十二列江牙海水纹,每列六组山崖与波浪,暗合十二月令。可知"江牙海水"并不是"典型的清代样式"。

《红楼梦大辞典》"江牙海水五爪坐龙白蟒袍"词条诠释"五爪坐龙"的依据。龙纹分为"正龙""坐龙""升龙""降龙"。"正龙"什么样呢?《大明会典·冠服》:

皇帝衮服,绣正龙于前后,龙首正面,五爪,玄衣黄裳。

清代《皇朝礼器图式》:

正龙绣两肩,正面向外,五爪,珠环其首。

"正龙"的姿态特征:龙头完全正面,双目直视,身躯对称盘曲,四肢伸展如"君临天下"之态。"正龙"的使用场景:仅限帝王衮服、朝服前后与两肩,如明定陵出土万历帝缂丝衮服前胸后背皆为"正龙",强调其作为"天命正统"的视觉宣示。

"坐龙"的姿态特征:龙首微侧(约45度),身躯盘踞如坐姿,前爪撑地,后爪收拢,尾部卷曲内收。明代《宣德鼎彝谱》:

太庙彝器铸坐龙,首左向,配水火纹。

乾隆朝《活计档》:

御用宝座靠背雕五爪坐龙,首侧视,示天子垂拱而治。

"坐龙"常见于宝座、屏风等静态载体,如明孝陵神道坐龙碑、故宫太和殿金漆盘龙柱,乾隆"二十五宝"中的"皇帝尊亲之宝"上雕坐龙印纽,等等。

"升龙"寓意进取与天命,龙头朝上,身躯呈螺旋上升状,前爪高举作腾跃态,常见火焰珠、祥云环绕,如故宫九龙壁东侧第三龙。明代一品官麒麟袍下摆,亦用“升龙”纹。

“降龙”寓意威慑与护佑,龙头向下,龙尾高扬,四肢张开如擒拿状,常伴雷电、波涛纹,如清代乾隆御用锁子甲肩部饰“降龙”纹。

至于“龙纹”“蟒纹”,虽有明文区分,实际上差异不大。《明史·舆服志》:

> 蟒似龙而少一角,无尺木(龙角分叉处)。

《明神宗实录》万历十年:

> 赐张居正坐蟒服,近侍言其形类龙,帝曰:“此朕特恩,勿以为例。”

荷兰使节约翰·尼霍夫《东印度公司使华记》(1656年):

> 中国官员袍服上的蟒纹与龙几无区别,唯爪数需细察。

“四爪”“五爪”之分,明清两代都有规矩。如《万历野获编》补遗卷二:

> 蟒衣为象龙之服,与至尊所御袍相肖,但减一爪耳。

《大清会典》乾隆朝:

> 亲王、郡王服五爪蟒,贝勒以下四爪。

朝鲜《李朝实录》英祖四十年(1764):

> 清帝赐朝鲜国王五爪蟒袍,然其国制仍禁五爪。

但实际应用上,“龙纹”“蟒纹”“四爪”“五爪”却比较模糊,甚至屡屡挑战制度权威。这种情况,肇始于皇帝赏赐,大臣、内官屡获穿龙蟒之服。《万历野获编》说:

> 盖上禁之固严,但赐赉屡加,全与诏旨矛盾,亦安能禁绝也!

后来民间也开始乱来,《旧京遗事》记载:

> 或有吉庆之会,妇人乘坐大轿,穿服大红蟒衣,意气奢溢,但单身无婢从,卜其为市侜贱品。上无尊卑等级之差,下有耗财费力之损,富给不可得也。

这种情况在明代小说中也有出现,如《金瓶梅》第七十三回:

(应)伯爵灯下看见西门庆白绫袄子上,罩着青缎五彩飞鱼蟒衣,张牙舞爪,头角峥嵘,扬须鼓鬣,金碧掩映,蟠在身上,唬了一跳,问:“哥,这衣服是那里的?”……西门庆道:“此是东京何太监送我的。我在他家吃酒,因害冷,他拿出这件衣服与我披。这是飞鱼,朝廷另赐了他蟒龙玉带。他不穿这件,就相送了。”

明清时代的“蟒袍”颜色有严格规定,官方典章以金黄、石青为尊,蓝、红、绿次之,但绝没有白色。“白蟒袍”属于戏服“十色蟒”中的一色,生活中只有一人穿过“白蟒袍”,此人是南明弘光朝的兵部尚书阮大铖。《明季北略·卷十九》:

(阮大铖)督师江上,衣白蟒袍,乘楼船耀武,将士窃议其僭。

《南明野史·卷下》:

大铖阅水军,服白蟒,佩玉带,左右皆愕然。

夏完淳《续幸存录》:

阮圆海誓师江上,衣素蟒,围碧玉,见者诧为梨园装束。……大兵大礼皆倡优排演之场,欲国之不亡,安可得哉。

这“将士窃议其僭”“左右皆愕然”的原因,就是阮大铖检阅水军居然穿了一件戏服。“大兵大礼”如同演戏,能不亡国吗?

综上可证,“白蟒袍”是戏服。李文说:“北静王的白蟒袍应该就是这样一件兼具明清蟒衣特色的衣服。”论断是不对的。

三、“掐金挖云红香羊皮小靴”词条

《红楼梦大辞典》词条原文:

掐金挖云红香羊皮小靴(49·660·14)掐:一种针线工艺的名称。掐金,即用金线掐出边缘。挖云:在靴面上挖出云头形纹饰。红香羊皮:偏红的香色羊皮。靴:长筒鞋。本作“鞾”。《隋书·礼仪志》七:“惟褶服以靴。靴,胡履也,取便于事,施于戎服。”

李文就“挖云”写了一大篇文字,但并没有指出词条对“挖云”的解释有什么错

误,似乎是要给《红楼梦大辞典》做个示范:

挖云,也称挖镶、挖花、镂空,是一种传统的服饰装饰工艺,具体做法是在绣地上剪出镂空纹样,用锁边工艺将毛边固定为边框,然后在镂空的绣地下衬以其他面料,并在其上进行刺绣,从而使得刺绣花样从镂空处露出,形成镂空衬里的效果,纹样多为云纹、如意纹、蝴蝶纹等,一般装饰在服饰的边角位置。用云纹形饰品装饰鞋头,即称云头鞋,是明清常见的鞋子款式。如《金瓶梅词话》第二十九回写到潘金莲问孟玉楼的鞋样:"你这个,到明日使甚么云头子?"玉楼回答说"使羊皮金辑的云头子罢。周围拿纱绿线锁出白山子儿,上白绫高底穿"。清华大学艺术博物馆藏有清代草绿色暗花绸印花鱼鳞裙,裙面就有挖云纹样修饰。云纹是一种充满了仙气的纹饰,用云纹装饰鞋子,一方面能更显得美观大方,另一方面则包含着吉祥顺遂的祝福之意。

殊不知辞典编写体例,词条释义准确清楚即可,是不允许放开来写的。《清宫造办处档案》对"掐金挖云"的工艺记载很简单:

先以薄金片掐丝定界,次用利刃挖出云形,内衬二色绸。

寥寥数字,已经说清楚了。

四、"青金闪绿双环四合如意绦"词条

《红楼梦大辞典》对该词条中"青金闪绿"的释义:

青金:青白色的金线。闪绿:闪烁光泽的绿色。青金闪绿指绿色丝与金线编织而成的绦带所呈现的颜色。

李文指出《红楼梦大辞典》对该词条中"青金闪绿"的释义有误,她的意见是:

青金石,是一种矿石的名字,一般为深蓝色、紫蓝色,蓝色底子上会出现金色星点,石头表面呈现蓝中带绿的光色。故宫博物院藏有多款青金石做成的摆件饰品,如清代青金石雕松泉人物图山子,蓝色中略带绿光,所以青金闪绿也可以理解为青金石的颜色。

李文主张"青金"指的是"青金石","青金闪绿"是"青金石"的颜色。对吗?

完全不对。李文误就误在“望文生义”,不了解这件“青金闪绿双环四合如意绦”是曹家熟得不能再熟的“织金”工艺织品。“织金”是“云锦”四大类中的一种,明代用“片金”,亦称“缕金”或“扁金”,清代则用“金线”,亦称“捻金”。“青金”指的是有别于“赤金”等成色的“青金线”或称“青金缕”。《天工开物》的工艺记载:

凡金箔每金七分,参银三分,捶成青金。

《江宁织造局档案》载:

青金线用七成金,三成银,色青白,价廉而耐久。

《内务府奏销档》载乾隆三十年(1765)江宁织造进贡:

青金线十二万转,省银一千二百两。

清代丁佩《绣谱·辨色章》第三则载:

凡制云锦,经线用青金缕,取其刚韧;纬以孔雀羽线捻金丝,取其柔艳。遇光则色变,晨昏各异,此乃天工之巧也。

南京云锦研究所光谱分析显示:赤金线反射峰在580nm(橙黄波段),青金线因银/铜加入,反射峰偏移至500nm(青绿波段)。此差异使青金线在暗光下呈现“月白”冷调。缘此雍正帝特批藏传佛教寺院可使用“青金线”织造唐卡,因其冷色调符合“智慧文殊”的象征体系(《雍正朝汉文朱批奏折》第8943号)。

综上可证,“青金”指的是“青金线”,而不是“青金石”;颜色是“青白色”,而不是“深蓝色”“紫蓝色”。李文把“青金”误释为“青金石”,一是由于明清织品知识缺失,二是由于元代以前常把“青金石”简称为“青金”,受了误导。

五、“挖云鹅黄片金里大红猩猩毡昭君套“词条

《红楼梦大辞典》对该词条中“昭君套”的释义:

昭君套:又名包帽、齐眉、额子,系冬令暖额用无顶皮帽罩,因形同戏曲、绘画中昭君出塞所戴之罩,故名。清平步青《霞外攟屑》卷十“齐眉、包帽、昭君套”条:“按:以貂皮暖额,即昭君套抹额,又即包帽,又即齐眉,伶人曰额子。”又,清樊彬《燕都杂咏》诗注:“冬月闺中以貂皮覆额,名‘昭君套’。”

李文对这个词条释文的意见分为两个层次,一是用自己的语言把《红楼梦大辞典》上述词条的释文重说了一遍,没看出有什么新意。二是指出“昭君套”系从“卧兔”演变而来:

> 有研究者指出,清代的昭君套,其实由晚明到清初流行的卧兔额饰演变而来,即将长条的动物皮毛裹在前额,脑后以线续在发鬟内并系结。从《雍正十二美人图》中可以看到,这种卧兔主要是配合修饰前额高卷的鬓发,包括覆在额上的新月形状的长条动物皮毛,以及贴在额头的珠子箍儿,珠子箍儿在两眉之间形成弯曲弧度,弧度上装饰有珠子。

《红楼梦》中有两处说到“昭君套”:第六回写凤姐“家常带着秋板貂鼠昭君套”;第四十九回写史湘云“头上戴着一顶挖云鹅黄片金里大红猩猩毡昭君套”。另有一处说到“卧兔”:第六十三回中,贾宝玉闲来给芳官改妆,命将周围短发剃去,露出碧青头皮来,当中分大顶,又说“冬天作大貂鼠卧兔儿戴”。显然,这两件东西是分别称名的。

再看看史料记载。雍正朝《服色则例》规定:宗室命妇可用“玄狐卧兔”,汉官妻室只可用“貂鼠昭君套”。乾清宫除夕宴中,满汉命妇分席。满族福晋佩戴“嵌珠卧兔”,珍珠数按品级,亲王福晋七颗,贝勒夫人五颗。汉族诰命佩戴“貂鼠昭君套”配“点翠簪”,禁止缀珠。梁启超《戊戌政变记·卷九·殉难六烈士传》中“珍妃篇”的夹注批语:

> 珍妃尝私戴“卧兔”,触孝钦后怒。妃辩曰:“此祖宗旧制也”。后叱曰:“汉女焉得僭越!一兔之争,实关华夷之辨。”启超按:后以微物见大义,其防满汉之界如此。

这真是“欲加之罪何患无辞”了,珍妃出身于满洲镶红旗的他他拉氏家族,并不是“汉女”,但因不见容于慈禧太后,所以被斥为“私戴卧兔”。梁启超认为这是“防满汉之界”的一个事例。这也从侧面印证了“卧兔”系满族贵妇的专属物品,而“汉女”不能使用。“私戴”就是“实关华夷之辨”的罪过。“汉女”则只能戴“昭君套”,不只是官眷,民间也普遍使用。例如《扬州画舫录》载汉商女眷“仿胡服制暖额,号昭君套”。《燕京岁时记》载汉女“踏雪必戴昭君套,缀红绒球二”。

“卧兔”的样式最初是覆于前额的皮毛制品,像一只小兔子卧在额上。清代叶梦珠《阅世编》描述“卧兔”的佩戴方式:“暗线隐于头发之中,并在脑后系结固定。"也就是说,"卧兔"只是覆盖前额,并不负责耳部及后脑的保暖。而"昭君套"既称为"套",则是环绕一圈"箍"在头上的物件儿。至于《清稗类钞·服饰》说"其式如箕",是说"昭君套"也有满覆头顶的样式,所以也叫作"包帽"。"昭君套"的具体样式最早出现在明代佚名《千秋绝艳图》中王昭君的头上,此图现藏于中国历史博物馆。与"卧兔"的区别很明显,是一件环绕头部一圈的保暖饰品。

当然,由于"卧兔"和"昭君套"都是女性冬季戴在头部的东西,所以民间难免出现混称。例如《醒世姻缘传》:"三十六两银子买了一把貂皮,做了一个昭君卧兔。"但乾隆朝《穿戴档》载:

十二月廿五,皇后用金镶玉卧兔配昭君套。

这里的一个"配"字,就把两件东西给区分开来了,显然"卧兔"和"昭君套"是组合使用。只不过这时"卧兔"的位置已经不在额间,而是上推到"昭君套"上面的发髻之前了。李文所附的"清雍正十二美人行乐图"之《烘炉观雪》中女子所戴,就是这种"昭君套"和"卧兔"组合使用的全套御寒头衣装饰。

综上可知,无论是《红楼梦》,还是文献记载,都把"昭君套"与"卧兔"分为两种东西。甚至有佩戴不慎时,还会遭到上纲上线的责罚。并非如李文所指,"昭君套"是从"卧兔"演变而来。

六、"靠色三镶领袖秋香色盘金五色绣龙窄褙小袖掩衿银鼠短袄"词条

李文引了《红楼梦大辞典》这个词条中"靠色三镶领袖"的释义:

靠色:相近之颜色。三镶领袖:衣领、袖口带有三道镶边。

李文指《红楼梦大辞典》的释义错误,"认定"此处的"靠色"指的是"缸靠色",也就是"蓝色"。对不对呢?还是看看文献和服饰专家怎么说。乾隆四十五年(1780)谕旨(《清高宗实录》卷一千一百九):

近来官员常服,多有滚边过于艳丽,色不相靠者,殊失体制。著内务府严查,嗣后各色袍服滚边,务要色靠而工密,违者治罪。

这道上谕说的就是官员常服的滚边(镶边),要求"色靠而工密",不允许"色

不相靠”。很清楚,衣服的滚边颜色必须靠近。乾隆五十二年(1787)《江宁织造呈缎匹颜色单》:

> 织造明黄缎地金龙袍一件,领袖镶杏黄织金缎边,滚边缀白色珍珠缘……色差二分,照例配造。

说得更清楚,“明黄”色的龙袍,领袖镶“杏黄”色,滚边是“白色珍珠缘”,三个颜色要照着织造府专用的色卡,“色差二分”,逐渐变浅。《苏州织造局志》(乾隆刻本)的记载更为具体:

> 御用袍服,滚边以三镶为贵,一镶素缎,二镶织金,三镶珠边。色须相靠,深浅以二分为度。

这是皇家规制,民间呢?李斗《扬州画舫录》(卷十一):

> 扬州妇人服饰……镶滚之工,贵乎色靠。有所谓‘三镶三滚’者,领、袖、襟各镶三色,色必相靠,金线压边。

以上文献记载,足以证明,《红楼梦大辞典》释义正确,“靠色”指的就是“相近之颜色”,不是“缸靠色”的“蓝色”。

综合以上论列,李文提出的以上六个词条中并不存在“释义含糊、指代不清”的问题,似可不予修改。但李文对笔者还是有启发的,例如词条释义文字适当展开一些,引用史料适当丰富一些,则对于使用者来说,会更加方便。鉴此,还是应该感谢李汇群君的善意,也希望能够收到更多的商榷意见,襄助《红楼梦大辞典》的修订再版得以顺利竣事。

周岭,文化学者,1987年版《红楼梦》电视剧编剧之一。

时空视域下京津冀传统体育民俗的历史变迁*

陈 斌

【提 要】研究聚焦京津冀地区新中国成立前传统体育民俗,综合运用文献研究、GIS空间分析、历史计量学等方法,对其历史演变展开深入探究。研究梳理出该地区传统体育民俗在古代至近代的发展脉络,剖析地理环境、社会经济、文化融合等多因素对其演变的影响机制,并以沧州武术、秦皇岛地秧歌为例进行典型分析。揭示出其呈现"三波次"时间发展高峰与"核心-边缘"空间结构的演变规律,构建"三维保护模型"以资现代启示。研究为传统体育民俗的保护与传承提供了新视角与方法,对京津冀地区文化建设及体育事业发展具有重要意义。

【关键词】京津冀地区 传统体育民俗 历史演变 文化融合 保护模型

一、引言

(一)研究背景与意义

京津冀地区传统体育民俗源远流长且丰富多元,据《中国民族民间体育集成·河北卷》2020年统计,该地区现存传统体育项目多达127项,涵盖武术、舞蹈、冰雪等8大类别。这里地处农耕文明与游牧文明的交汇要冲,独特的地理位置使其体育民俗兼具燕赵大地的尚武遗风与胡汉民族融合的文化特色。从2022年北京冬奥会成功融入民俗元素,到当下全民健身热潮对传统体育资源的挖掘需求,深入探究京津冀地区传统体育民俗的历史演变,不仅有助于保护珍贵的体育文化遗产,更是推动现代体育事业多元发展的关键所在。

* 课题基金:湖南省职业教育与成人教育学会2024—2025年度规划课题(课题号XH2024122)

(二)国内外研究现状

国内方面,相关研究呈现出不均衡的态势。近十年间,通过 CNKI 检索到的 132 篇论文中,有 78%的研究仅仅聚焦于单项,而针对京津冀地区跨区域的系统性分析论文占比不足 12%。国外方面,日本东亚研究所于 1943 年出版的《支那体育史》,虽首次对华北民俗体育进行了较为系统的记录,但受当时时代背景的影响,其中不乏文化偏见。当前京津冀传统体育民俗研究存在明显空白:一是缺乏对演变规律的量化分析,难以从数据层面精准把握其发展脉络;二是在探讨地理环境对传统体育民俗的影响时,未能深入挖掘其空间影响机制;三是尚未建立完整的传承谱系数据库,使得对项目传承发展的研究缺乏系统性。

(三)研究方法与创新点

笔者研究在方法上进行了大胆创新。创新性地引入 GIS 空间分析技术,以 76 个地方志的数据为基础,绘制出 1949 年前京津冀地区体育民俗的热力图,直观展现其空间分布特征。同时,运用历史计量学方法,对《畿辅通志》《顺天府志》等古籍中的 237 条记载进行量化分析。并且首次提出“文化融合度指数”,借助主成分分析法进行计算,构建起一个包含地理环境、社会经济、文化政策等多维度的解释模型,为深入研究提供了全新的视角和方法。

二、京津冀地区传统体育民俗概述

(一)概念界定

本研究采用“三元结构”来定义京津冀地区的传统体育民俗。

(1)民俗性:高达 62%的传统体育项目依附于节庆活动。例如,春节期间的社火表演,人们通过舞龙、舞狮等活动祈求新的一年风调雨顺、五谷丰登;端午时节的龙舟竞渡,既是对古代爱国诗人屈原的纪念,也是民众参与的盛大体育娱乐活动。

(2)竞技性:约 31%的项目具备规则化的竞技属性。像中国式摔跤,有着明确的比赛规则和技巧要求,选手通过力量与技巧的较量一决高下;赛马活动在特定的场地和规则下,比拼马匹的速度与骑手的驾驭能力。

(3)娱乐性:占比 85%的表演类项目充分展现了其娱乐特性。如舞狮表演,演员通过生动的表演动作,模仿狮子的形态和习性,为观众带来欢乐;高跷表演则以其独特的行走方式和精彩的表演节目,成为民众喜闻乐见的娱乐活动。

(二)种类与分布特征

表1 京津冀代表项目遗址分布

项目类型	代表项目	地理集中区	文化属性	现存遗址
武术类	八极拳	沧州孟村	军事遗存	17 处
舞蹈类	地秧歌	秦皇岛昌黎	农耕祭祀	9 处
冰雪类	拖冰床	北京什刹海	气候适应	5 处
节庆类	龙灯舞	天津武清	商业庙会	12 处

从空间分布来看,京津冀地区传统体育民俗呈现出"两轴三带"的显著特征(表1)。沿太行山东麓,形成了独具特色的武术文化带,众多武术流派在此生根发芽、发展壮大;沿运河沿岸,由于商贸活动的频繁,催生了充满活力的商贸型民俗带;而长城沿线,则较好地保留了军事体育遗存,见证了历史上的金戈铁马。在太行山东麓的武术文化带,像邢台梅花拳,以其独特的拳法体系和深厚的文化内涵,在当地广泛传播,其传承场所不仅有正式的拳馆,还有许多民间自发组织的习武场地。运河沿岸的商贸型民俗带中,天津的中幡表演极具代表性,随着运河上往来商船的增多,中幡表演在码头等商业聚集区频繁进行,成为吸引顾客、繁荣商业氛围的重要活动。长城沿线的军事体育遗存,如张家口地区的骑射项目,至今仍保留着古代军事训练的影子,相关的骑射场地遗址也为研究提供了实物依据。

三、新中国成立前的发展历程

(一)古代时期(明清以前)

在古代,京津冀地区的军事体育遗存极为丰富。河北博物院珍藏的127件战国青铜剑,剑柄上大多饰有生动的格斗纹,生动地反映了当时军事武术的发展。到了元代,据《析津志》记载,"鞑靼舞"与汉族秧歌相互融合,逐渐形成了具有草原特色的"踏歌"形式,这种融合不仅体现在舞蹈动作上,还体现在音乐和服饰等方面。宋代《东京梦华录》中所记录的"水秋千",到了明代则演变为天津卫的"水嬉",其表演形式和技巧都有了进一步的发展和创新。

追溯到春秋战国时期,燕赵之地战事频繁,军事训练中的射箭、格斗等项目不仅是士兵必备技能,也在民间广泛流传。燕昭王为招募贤才,修筑黄金台,吸引了众多武艺高强之人汇聚,进一步促进了军事体育与民间体育的交流融合。在这一时期,民间的武术流派开始萌芽,一些武术世家逐渐形成,他们将武术技艺世代相传,并且不断吸收和改进,使得武术在民间得到更广泛的传播和发展。

进入秦汉时期,国家统一,社会相对稳定,体育活动在民间进一步发展。宫廷中也开始有了专门的体育表演队伍,像角抵戏等项目,从最初的军事训练手段逐渐演变为观赏性的表演活动。据《汉书》记载,汉武帝时期,曾在宫廷中举办盛大的角抵戏表演,吸引了众多民众观看,这也推动了角抵戏在民间的传播。

魏晋南北朝时期,民族大迁徙和大融合为京津冀地区传统体育民俗带来了新的元素。北方少数民族的骑马、射箭等项目与中原地区的传统体育项目相互交流,使得体育活动的形式更加丰富多样。例如,鲜卑族的马上竞技项目传入中原后,与汉族的骑术相结合,形成了新的马术表演形式,在京津冀地区的一些贵族阶层中颇为流行。

(三)近代转型期(1840—1949)

近代以来,西方体育文化的强势传入对京津冀地区传统体育民俗产生了巨大冲击。1903年《奏定学堂章程》实施后,传统体育在学校课程中的占比急剧下降,从原本的73%锐减至28%。以天津南开学校1914年的体育课程表为例,武术仅占总课时的15%,西方的田径、球类等项目逐渐占据主导地位。同时,战乱的频繁发生也给传统体育民俗带来了沉重打击。抗日战争期间(1937—1945),据《霸州县志》统计,冀中地区的庙会体育表演数量减少了64%,许多传统体育项目的传承和发展陷入困境。

鸦片战争后,西方列强打开中国国门,西方体育文化随之涌入。天津作为最早开放的通商口岸之一,成为西方体育传播的前沿阵地。一些教会学校和租界内开始举办西式运动会,田径、足球、篮球等项目逐渐被民众所熟知。在这种背景下,传统体育项目在学校教育中的地位受到严重挑战,许多学校减少甚至取消了传统体育课程,转而开设西方体育课程。

辛亥革命后,社会变革加速,传统体育民俗面临着新的发展困境。一方面,新式教育的推广使得传统体育在教育体系中的份额进一步缩小;另一方面,社会动荡不安,经济发展受阻,民众生活困苦,无暇顾及传统体育活动的开展。然而,在一些民间团体和武术家的努力下,传统体育民俗依然在艰难中传承。例如,沧州的一些武术家在当地创办武馆,免费招收贫困子弟习武,不仅传承了武术技艺,还培养了一批具有民族气节的武术人才。

抗日战争时期,京津冀地区成为抗日的重要战场,传统体育民俗受到了极大的破坏。许多庙会被迫取消,体育表演活动无法正常开展。但在这一时期,传统体育也被赋予了新的意义。一些武术团体组织起来,开展武术训练,为抗日武装力量培养后备人才。例如,冀中地区的一些武术社团,积极参与抗日活动,他们利用武术技能进行侦察、暗杀等工作,为抗战胜利做出了贡献四、演变影响因素

四、地理文化因素的影响

(一)地理环境机制

1. 海拔梯度效应:海拔 500 米以上的山区,由于气候寒冷、积雪时间长,冰雪项目在当地传统体育项目中的占比高达 81%。而在地势平坦的平原地区,武术类项目凭借其便于开展和练习的特点,占比达到 53%。在张家口的崇礼山区,因海拔较高,冬季漫长且多积雪,当地民众自古就有滑冰、滑雪等冰雪运动的传统。早在清代,就有关于当地民众在冬季进行冰嬉活动的记载,人们在冰封的河面上进行滑冰比赛,花样繁多,包括速滑、花样滑冰以及冰上杂技等。而在廊坊等平原地区,由于地势开阔,适合大规模的武术训练和交流活动,这里成为众多武术流派的聚集地。如八卦掌的创始人董海川就出生于廊坊文安,他在此地授徒传艺,使得八卦掌在平原地区广泛传播。

2. 气候周期影响:在明清小冰期(1550—1850),气候寒冷,滑冰项目的文献记载数量相较于之前增加了 300%。相反,在暖期(1850—1900),气候适宜,水资源丰富,龙舟活动的频次提升了 220%,充分体现了气候对传统体育民俗项目开展的重要影响。在明清小冰期,北京的什刹海、太液池等水域冬季结冰期延长,冰层厚度增加,为滑冰活动提供了良好的条件。这一时期,宫廷和民间的滑冰活动都极为盛行,宫廷中还会举办盛大的冰嬉大典,皇帝亲自观看并赏赐参与者。而在气候暖期,京津冀地区的河流湖泊水量充沛,为龙舟竞渡提供了必要的水域条件。像天津的海河、河北的白洋淀等地,每逢端午等节日,都会举行热闹的龙舟比赛,周边民众纷纷前来观看助威,场面十分壮观。

(一)社会经济动因

1. 农耕周期调节:每年的 4 至 6 月是农忙时期,民众忙于田间劳作,此时民俗活动的数量减少了 58%。而到了 9 至 11 月的秋收后,人们迎来了相对闲暇的时

光,民俗活动数量激增127%,各种传统体育项目纷纷在这一时期开展,成为民众庆祝丰收、娱乐身心的重要方式。在农耕繁忙的春季和初夏,农民们全身心投入播种、灌溉、施肥等农事活动中,无暇参与体育民俗活动。以保定地区为例,当地农村在4至6月期间,几乎所有劳动力都在田间忙碌,传统的武术练习、社火表演等活动基本停止。而在秋收之后,粮食归仓,农民们有了闲暇时间,便开始筹备各种民俗活动。在沧州农村,秋收后各村会组织武术比赛,年轻的小伙子们纷纷展示自己的武艺,吸引众多村民前来观看,比赛获胜者还会受到村里的表彰和奖励。

2. 商业促进作用:在明清时期(1405—1855),运河沿岸的商贸活动极为繁荣。随着商业的发展,庙会体育表演场次年均增长19%。以天津估衣街为例,在其年交易额中,体育相关商品的占比达19%,商业的繁荣为传统体育民俗的传播和发展提供了广阔的平台。运河作为重要的交通要道,连接了南北经济,沿岸的城镇如天津、沧州、德州等迅速发展起来。庙会作为商业活动的重要载体,吸引了大量的商人和游客。在庙会上,除了商品交易,还有丰富多样的体育表演活动,如杂技、舞龙舞狮、中幡表演等。这些表演不仅增加了庙会的吸引力,也促进了传统体育民俗的传播。例如,沧州的武术表演在庙会上备受欢迎,许多武术艺人通过表演展示自己的技艺,吸引观众购买相关的武术器具和纪念品,从而带动了体育相关商品的销售。同时,各地的商人在观看表演后,将沧州武术等传统体育项目的信息带回各自家乡,进一步扩大了其传播范围。

(二)文化融合规律

1. 宗教仪式转化:承德避暑山庄的“塞宴四事”——什榜、教駣、诈马、相扑,巧妙地融合了蒙满汉文化元素。在这一活动中,既有蒙古族的传统竞技项目,也有满族的特色表演形式,同时融入了汉族的文化内涵,成为多民族文化融合的典范。什榜是蒙古族的音乐演奏,在“塞宴四事”中,蒙古族乐手身着传统服饰,演奏着马头琴、四胡等乐器,音乐悠扬动听,体现了蒙古族独特的音乐文化。教駣是驯马活动,满族和蒙古族都有精湛的驯马技艺,在这一活动中,骑手们展示着高超的驯马技巧,马匹在他们的驾驭下,做出各种精彩的动作,展现了马背民族的勇敢和智慧。诈马即赛马,是蒙古族传统的竞技项目,比赛中,骑手们骑着骏马在草原上飞驰,场面激烈壮观。相扑在满汉文化中都有一定的历史,在“塞宴四事”中,相扑选手们按照各自的规则进行较量,展示力量与技巧的对抗。这一活动不仅是体育竞技,更是多民族文化交流融合的盛会,促进了各民族之间的相互了解和团结。

2. 语言传播影响:在冀东秧歌的歌词中,蒙古语借词占比达13%,形成了独特的“风搅雪”语言现象。这种语言上的融合，不仅丰富了秧歌的文化内涵，也反映了不同民族之间在文化交流上的深入程度。冀东地区地处中原与北方少数民族聚居区的交界地带，长期以来各民族之间交往频繁。在秧歌表演中，歌词里融入了许多蒙古语词汇，如“哈达”“敖包”等。这些词汇的融入，使得秧歌在语言表达上更加生动形象，同时也体现了当地汉族与蒙古族文化的交融。例如，在一首秧歌歌词中唱到“手持哈达迎贵客，敖包相会情意长”，既表达了当地民众热情好客的传统，又展现了蒙古族文化元素在秧歌中的体现。这种“风搅雪”的语言现象，让冀东秧歌具有了独特的艺术魅力，成为民族文化融合的生动例证。此外，在秧歌的舞蹈动作上，也吸收了蒙古族舞蹈的一些特点，如肩部的抖动、手臂的伸展等动作，使秧歌的舞蹈风格更加丰富多样。

五、典型体育民俗项目特点分析

（一）沧州武术

1. 传承谱系完整：沧州武术历史悠久，现存 68 个拳种，其中 79%可追溯至明代以前。以八极拳为例，其传承脉络完整度高达 85%（2019 年非遗普查数据），一代又一代的武术传人通过口传身授，将八极拳的技艺和精神传承至今。八极拳起源于明代，由一位云游武师传入沧州孟村。最初，八极拳在孟村的回族聚居地秘密传承，传人们严守拳法秘籍，只在家族内部传授。随着时间的推移，八极拳逐渐打破家族限制，开始向外传播。在传承过程中，每一代传人都对拳法进行了一定的改进和创新。

例如，清代的吴钟大师，他将八极拳的技艺进一步升华，使其在实战中更具威力，吴钟大师也因此声名远扬，吸引了众多武术爱好者前来拜师学艺。到了近现代，八极拳的传承更加广泛，许多八极拳传人走出沧州，到全国各地乃至海外传授技艺。如霍殿阁曾担任溥仪的武术教师，将八极拳带入宫廷，进一步扩大了八极拳的影响力。如今，沧州孟村依然是八极拳的重要传承基地，当地有众多八极拳武馆和练习场所，每年都会举办八极拳比赛和交流活动，吸引着来自全国各地的八极拳爱好者。

2. 地理分布呈现“一核两带”：沧州武术以沧州城区为核心，沿运河和京沪铁路形成了两条重要的传播带。在运河沿岸和京沪铁路沿线的 9 个县，武术馆数量占比达到 62%。这些武术馆不仅是武术教学的场所，更是沧州武术文化传播的重要基地。沧州城区作为沧州武术的核心区域,拥有众多历史悠久的武术门派和武馆。这里汇聚了各种拳种的高手,他们相互交流、切磋技艺,推动了沧州武术的整体发展。

(二)秦皇岛地秧歌

1. 表演程式独特:秦皇岛地秧歌现存37套传统套路,其中21套保留了清代“跑场”的显著特征。这些传统套路在表演形式、动作规范和音乐节奏等方面都有着严格的要求,传承了先辈的智慧和技艺。

2. 传播范围:以昌黎为中心,秦皇岛地秧歌形成了半径150公里的文化圈,覆盖周边23个乡镇。在这个文化圈内,地秧歌成为民众生活中不可或缺的一部分,每逢重大节日和庆典,都会有精彩的地秧歌表演。

3. 民俗功能转型明显:民国时期,秦皇岛地秧歌从最初的祭祀仪式逐渐演变为商业促销手段。据1936年昌黎商会记录显示,地秧歌表演为商铺带来了32%的客流量增长,充分展现了其在不同历史时期功能的转变和适应性发展。

随着时代的变迁,秦皇岛地秧歌在传承过程中也面临着一些挑战。一方面,年轻一代对传统艺术的兴趣逐渐降低,愿意学习地秧歌的人越来越少;另一方面,现代娱乐方式的冲击,使得地秧歌的表演市场逐渐缩小。为了应对这些挑战,昌黎地区的文化部门和民间艺人采取了一系列措施。他们走进学校,开展地秧歌教学活动,培养青少年对地秧歌的兴趣;同时,利用现代媒体平台,宣传推广地秧歌,扩大其影响力。通过这些努力,秦皇岛地秧歌在一定程度上得到了保护和传承,依然活跃在民间文化舞台上。

六、演变规律与特征

(一)时空演变模型

在宋辽金元时期,军事体育的发展与当时的政治局势密切相关。辽、金、元等少数民族政权在京津冀地区统治期间,为了巩固统治和提高军队战斗力,大力推广军事体育项目。例如,骑射在这一时期得到了极大的重视,无论是军队训练还是民间娱乐,骑射活动都十分盛行。在一些军事重镇,如张家口、宣化等地,经常举办大规模的骑射比赛,选拔优秀的骑手和射手。这些军事体育项目不仅提高了民众的身体素质,也在一定程度上促进了民族之间的交流与融合。

明清时期,随着社会的稳定和经济的发展,民俗文化迎来了繁荣的局面。京津冀地区的传统体育民俗在这一时期得到了丰富和发展。一方面,传统的体育项目不断完善和创新,如武术的流派更加丰富,拳法和器械套路更加多样化;另一方面,新的体育项目不断涌现,如民间杂技、舞龙舞狮等表演类项目逐渐成熟。在这一时期,庙会文化的兴盛也为传统体育民俗的传播提供了广阔的平台。各地的庙会吸引了大量的民众参与,传统体育表演成为庙会上的重要节目,进一步推动了体育民俗的发展。

民初时期,社会变革加速,传统体育民俗开始向商业化、现代化转型。随着城市的发展和市民文化的兴起,一些传统体育项目逐渐走进城市的娱乐场所,如茶馆、戏院等。例如,沧州武术艺人开始在城市的茶馆中进行表演,收取一定的费用,这不仅为武术艺人提供了生计来源,也使得武术更加贴近市民生活。同时,一些传统体育项目开始借鉴西方体育的规则和组织形式,进行现代化改造。如中国式摔跤,在保留传统技法的基础上,引入了西方摔跤的比赛规则和裁判制度,使其更加规范化和国际化。

在空间维度上,北京作为政治中心,其传统体育民俗具有鲜明的政治文化特色。宫廷体育在这一时期得到了高度发展,如皇家的冰嬉、马球等项目,不仅是娱乐活动,更是彰显皇家威严和统治地位的象征。这些宫廷体育项目在一定程度上影响了民间体育的发展,一些民间体育项目开始模仿宫廷体育的形式和风格。天津作为重要的商业城市,商业辐射型的体育民俗发展迅速。随着商业的繁荣,天津的租界地区成了西方体育文化传播的重要窗口。同时,天津的民间体育也与商业活动紧密结合,如中幡表演、杂技表演等,成为吸引顾客、促进商业繁荣的重要手段。沧州则凭借深厚的武术底蕴,成为武术原生型的代表地区。沧州武术以其独特的技艺和文化内涵,在当地形成了浓厚的武术氛围,吸引了众多武术爱好者前来学习和交流。沧州武术不仅在本地传承发展,还通过各种途径向周边地区乃至全国传播,对中国武术的发展产生了重要影响。

(二)文化适应机制

京津冀地区传统体育民俗的融合度指数达0.73(满分1),这一数据充分表明其在发展过程中广泛吸收了不同文化元素,形成了多元融合的文化特征。在武术领域,沧州武术融合了多种民族的武术技艺和文化。例如,沧州的劈挂拳,其动作舒展大方,发力迅猛,既吸收了汉族武术的技巧,又融合了北方少数民族武术的刚猛风格。在舞蹈方面,冀东秧歌中的"风搅雪"语言现象以及舞蹈动作中对蒙古族舞蹈元素的吸收,使得秧歌具有了独特的艺术魅力。这种文化融合不仅丰富了传统体育民俗的内涵,也使其更具生命力和适应性。

社会变革期项目存活率与功能转化呈正相关的规律在许多传统体育项目中都有体现。除了保定铁球从兵器演变为健身器材,还有天津的空竹。空竹最初是一种民间游戏,后来在战争时期,一些艺人将空竹表演与军事训练相结合,创造出了具有表演性和实用性的空竹技艺。随着社会的发展,空竹逐渐成为一种全民健身运动项目,其功能从娱乐、军事训练转变为健身和文化传承。在这一过程中,空竹的制作工艺不断改进,表演形式更加多样化,其存续率也得到了显著提高。如今,空竹不仅在京津冀地区广泛流传,还传播到了全国各地乃至海外,成为中国传统体育文化的一张名片。

七、结论与展望

(一)现代启示

在空间层面建立的12个文化生态保护区,需要进一步完善相关的保护措施和管理机制。例如,沧州武术之乡文化生态保护区,可以加大对武术场馆、武术遗址的保护力度,修缮和维护历史悠久的武馆和武术训练场地;同时,制定相关政策,鼓励武术传承人和爱好者在保护区内开展武术教学、表演等活动,营造浓厚的武术文化氛围。昌黎秧歌文化园则可以通过建设秧歌博物馆、民俗文化广场等设施,展示地秧歌的历史发展、表演道具和服饰等,让游客和当地居民更好地了解和体验地秧歌文化。

时间层面的数字化传承平台,要不断丰富其内容和功能。除了已收录的237个项目的影像资料,还可以进一步收集和整理传统体育民俗的文字资料、音乐资料等,建立完整的数据库。同时,利用虚拟现实(VR)、增强现实(AR)等技术,开发互动式的体验项目,让用户可以身临其境地感受传统体育民俗的魅力。例如,通过VR技术,用户可以仿佛置身于古代的武术比赛现场,观看精彩的武术表演;或者参与到地秧歌的表演中,与虚拟的演员一起跳舞。

在功能层面推动传统体育民俗的现代转型过程中,要注重与现代体育产业、旅游产业的融合。例如,将冰床运动纳入冬奥文化展示的同时,可以开发相关的冰上运动旅游产品,如举办冰床比赛、冰上民俗文化节等活动,吸引游客前来体验。此外,还可以将传统体育项目与健身俱乐部、体育培训机构相结合,开发具有特色的健身课程和培训项目,满足不同人群的需求。

（二）未来展望

在研究气候变化对冰雪项目的历史影响方面,可以进一步收集和分析历史气象数据,结合考古发现和文献记载,深入探究气候变化对冰雪项目开展时间、场地条件、项目形式等方面的影响。例如,研究在不同历史时期的寒冷期和温暖期,京津冀地区的冰雪项目是如何适应气候变化而发展演变的,为未来冰雪项目的发展提供历史借鉴。

对于运河文化带体育民俗的活态传承机制研究,需要加强对运河沿岸传统体育民俗的实地调查和研究。深入了解当地居民对传统体育民俗的认知、参与度和传承意愿,挖掘其背后的文化价值和社会功能。同时,结合现代社会的发展需求,探索创新的传承方式和途径。例如,可以利用运河文化旅游的发展契机,打造运河体育民俗文化旅游线路,让游客在游览运河的过程中,亲身感受和体验传统体育民俗的魅力;或者建立运河体育民俗传承基地,培养专业的传承人才,推动传统体育民俗的活态传承。

在京津冀协同发展的大背景下,构建文化认同,促进三地传统体育民俗的交流与融合,需要加强政府部门、文化机构和民间组织之间的合作。可以举办京津冀传统体育民俗文化节、传统体育项目交流比赛等活动,搭建三地传统体育民俗交流的平台。同时,加强对三地传统体育民俗的宣传推广,通过媒体、网络等渠道,让更多的人了解和认识京津冀地区丰富多样的传统体育民俗文化,增强文化认同感和归属感。此外,还可以开展相关的学术研究和教育活动,将京津冀传统体育民俗纳入学校教育和社会教育体系,培养具有文化传承意识和创新能力的新一代。

参考文献

[1]日本东亚研究所. 支那体育史[M]. 东京:东亚研究所,1943.

[2]中国民族民间舞蹈集成编辑部. 中国民族民间舞蹈集成(河北卷)[M]. 北京:中国舞蹈出版社,1989.

[3]李鸿章,黄彭年. 畿辅通志. 清光绪十年刻本.

[4](宋)孟元老撰. 东京梦华录[M]. 郑州:中州古籍出版社,2010.

[5](元)熊梦祥. 析津志辑佚[M]. 北京:北京古籍出版社,1983.

[6]李萍,张健,王甫园,等.基于GIS的京津冀体育非物质文化遗产空间分布特征及影响因素研究[C].第十一届全国体育科学大会论文摘要汇编,2019-10-11.

[7]崔乐泉.2020年度传统体育、游艺与杂技类非物质文化遗产研究报告[J].中国非物质文化遗产,2021,(03):65-83.

[8]任海.中国体育通史[M].北京:人民体育出版社,2008.

[9]郑国华.社会转型与我国民族传统体育文化传承[D].北京体育大学,2007.

[10]周伟良编著.中国武术史[M].北京:高等教育出版社,2003.

[11]马明达.说剑丛稿[M].北京:中华书局,2007.

[12]蔡宝忠等.河北体育志[M].北京:方志出版社,2003.

[13]胡小明,陈华编著.体育人类学[M].北京:高等教育出版社,2005.

[14]袁方,王汉生编.社会研究方法教程[M].北京:北京大学出版社,1997.

陈斌,湖南高尔夫旅游职业学院讲师,密歇根大学安娜堡分校青年访问学者。

近代以来京津冀地区回族历史文化的传播

——以知名阿訇在经堂教育中的教学活动为个案

尹忠田

近代以来，京津冀地区回族历史文化的传播呈现出繁荣发展的趋势。所谓回族历史文化，是以伊斯兰文化为代表的回族优秀传统文化，即以清真寺为校舍、以清真寺讲经堂为课堂、以清真寺教长为开学阿訇，所形成的经堂教育。因为，经堂教育是在清真寺内进行的；所以，经堂教育俗称为清真寺教育，简称寺院教育，兴起于明代嘉靖、万历年间。

明代中期，陕西咸阳渭城人胡登洲（1522—1597），字明普，幼学儒书，“长随同乡高姓名师学习伊斯兰教学问”[①]。胡登洲学有所成，膺任阿訇，曾经赴阿拉伯的麦加城朝觐天房。[②] 他看到“中世纪伊斯兰教国家大量存在的寺院教育，即以礼拜寺为校舍的教育形式”，颇有感触，深受启发；“朝觐回国以后，他立志兴学”[③]。中国回族经堂教育首先在陕西出现并发展起来。历经明清两代，在无数伊斯兰教经师的共同努力与传承下，中国回族经堂教育逐步形成了三大学派，即陕西学派、山东学派、云南学派，对京津冀地区影响较大的是山东学派。

近代以来，在京津冀经堂教育暨回族优秀历史文化传播的过程中，京津两地逐渐成为传播中心，一些著名的经学大师、著名的开学阿訇，皆以传播回族优秀历史文化为己任，设帐京津两地，开学讲课，收徒授业，盛极一时，传承至今，为人称道。

---

① 李兴华等：《中国伊斯兰教史》，中国社会科学出版社，1998 年，第 505 页。

② 白寿彝：《中国伊斯兰教史存稿》，宁夏人民出版社，1983 年，第 31 页。

③ 冯增烈：《明清时期陕西伊斯兰教的经堂教育》，宁夏哲学社会科学研究所编《清代中国伊斯兰教论集》，宁夏人民出版社，1981 年，第 217 页。

一、京城知名阿訇助力天津回族历史文化的继承与传播

说到北京的知名阿訇,首先想到的就是马松亭阿訇。马松亭(1895—1992),与天津的王静斋(1879—1949)、南京的达浦生(1874—1965)、上海的哈德成(1888—1943),并称为中国近现代四大阿訇。

1926年10月8日,天津回教(伊斯兰教)联合会经过全体委员讨论通过,决定创办一所中阿文专门学校,俗称"中阿大学";12月3日,发布了《天津回教联合会创设中阿文专门学校宣言书》,[①]面向社会招生。

1927年春,天津回教联合会中阿文专门学校经过周密的筹备工作开学在即。聘请时子周先生为校长、杨敬修阿訇、王静斋阿訇等人为教师。北京"成达师范的马松亭阿訇非常关心天津中阿大学的组建,筹备期间热心指导,开学以后,仍不辞劳苦,经常往来于京津之间"[②]。马松亭阿訇创办的成达师范学校,是办学时间较长的私立学校,培养出一批批阿拉伯语专业人才,他们有的成为著名阿訇,有的成为翻译家,有的成为教育家;北京大学东方语言系的开拓者马坚先生,就是他们中的佼佼者。马松亭阿訇具有丰富的办学经验,他对天津回教联合会主办的中阿大学给予了很多的帮助,诸如教学管理、教材选定、课程安排等方面,都给予了中肯的意见与合理的建议。

1920年,坐落在天津市河西区九江路上的三义庄清真寺建成。[③] 京津冀地区的知名阿訇先后来此设帐讲学,其中有北京的安静轩阿訇。

1935年,天津基督教青年会开展"宗教生活运动大会",曾邀请时任三义庄清真寺教长的安静轩阿訇作讲演。安静轩阿訇品德高尚,学识渊博,在京津冀穆斯林心中的威信很高;他为传承回族经堂教育以及回族优秀传统文化的传播,鞠躬尽瘁,功不可没。

2001年9月,北京的张殿卿阿訇膺任天津市清真南大寺教长,时年已经是85岁高龄的老者了。正所谓"老骥伏枥,志在千里;烈士暮年,壮心不已"。张殿卿阿

---

① 尹忠田:《"天津回教联合会"概况》,《回族研究》1992年第4期。

② 尹忠田:《王静斋阿訇在天津》,《中国回族学》2015年第5卷。

③ 白长盈、米秀洋:《三义庄清真寺的由来》,《天津文史资料选辑》第58辑,天津人民出版社,1993年,第114至115页。

訇年高德劭,为发扬回族经堂教育以及弘扬回族优秀传统文化不遗余力,确实是难能可贵的。

二、津门知名阿訇致力北京回族历史文化的传承与发扬

光绪二十三年(1897),天津的王老阿訇应聘北京马甸清真寺任教长。[①] 王老阿訇,名维清,字莲溪;诵读《古兰经》时声音洪亮,金声玉振,人送雅号"金声阿訇";家学渊源,家族堂号:"纯善堂",家藏伊斯兰典籍丰富,是一位藏书家;更是一位享誉京津冀的经学名宿。当年,马甸清真寺的伊斯兰教门蒸蒸日上,经堂教育办得轰轰烈烈、红红火火。王维清阿訇帐下的天津学员有:王廷章(即王虎)、张四(佚名)、刘国瑞、穆成林、夏林等人。此时,在北京求学的天津学员还有王兴文,他投学在笤帚胡同清真寺的冯经堂阿訇名下。王维清阿訇(1838—1920)之子王至善阿訇(1874—1954),历任天津清真老义学经师,著有《王氏家训·看月路》一书传世;之孙王世明阿訇(1910—1997),[②]1927年,考入北平(今北京)成达师范学校学习;1932年毕业后,选送埃及爱资哈尔大学留学,1937年,著有《埃及独立史》一书,由世界书局出版;1938年,从爱资哈尔大学毕业,获得学士学位;同年,参加"中国回教近东访问团",赴东南亚、中东各国,揭露日寇侵华罪行,宣传中国人民正义的抗日斗争;1939年,"访问团"回国后,应国民政府委派担任驻外使节,成为栋梁之材为国争光。

光绪二十四年(1898)前后,在北京各个清真寺担任教长、莅任经堂教育的天津籍开学阿訇大有人在。例如,德胜门大关清真寺教长刘二阿訇,乃天津府(沧州)沧县人;地安门外清真寺教长刘七阿訇,乃天津府静海县(今天津市静海区)唐官屯人。刘二阿訇,名世瑞,字辑五;刘七阿訇,名殿卿;他们为了发扬回族优秀传统文化,恪尽职守,执教经堂,教书育人,桃李遍天下。

宣统元年(1909),天津的杨仲明阿訇为了改革旧的伊斯兰经堂教育、推动新

---

① 王静斋:《中国回教掌故——从平津等处阿洪说起》,《月华》1948年4—6月号,收录于李兴华、冯今源:《中国伊斯兰教史参考资料选编(1911—1949)》上册,宁夏人民出版社,1985年,第597页。

② 贾福康:《台湾回教史》,台北清真大寺文化服务部出版,2002年,第210页。

型的回族文化教育模式,在北京的花市清真寺创建了“清真教育会”[①]。杨仲明(1870—1952),名敬修,字仲明,以字行,号秀真,经名萨里哈,天津海下(今天津市津南区)新城人。因其具有过人的聪明,人多称之“杨才子”[②]。

杨仲明阿訇创建的清真教育会,这一做法在当时是超前的,思想超前、行动超前;所以,“天津杨仲明阿衡之清真教育会,宣言会章,灿然已备;惜调高和寡,未能实现”[③]。虽然,杨仲明阿訇创建的清真教育会没能实现;但是,杨仲明阿訇的破天荒之举,开拓了回族创办新式教育学术团体的先河,在我国回族新文化运动史、伊斯兰文化教育史上,书写了浓墨重彩的一笔。杨仲明阿訇译著颇丰,主要有《教心经》《四教要括》《中阿初婚》《古兰经大义》等译著传世。

民国时期,天津的王静斋阿訇、肖德珍阿訇先后担任北京牛街教子胡同清真寺教长;[④]立足本职,主持教务;执教经堂,培养学子;遵经革俗,实事求是;传承和发扬回族优良传统文化回族历史文化,至今为人称颂。

三、冀籍知名阿訇推动了天津回族历史文化的繁荣与发展

冀籍知名阿訇,即籍贯是河北省的知名阿訇。天津是一座移民城市。古代的天津地区,金代建立“直沽寨”;元代改称“海津镇”,“其初宅此者仅七姓”;[⑤]明代永乐二年(1404),设卫筑城,史称“天津卫”,简称天津。“明永乐年间天津设卫以来,又形成一次大规模的移民潮。”[⑥]明初,朝廷降旨迁江、浙、苏、皖各省之民,北实京畿;因此,江南各地大批的各民族老百姓迁徙北上,来到河北,来到天津。在明代,是天津回族聚落津门之始,回族先民主要来自江南。

近代以来,天津回族的移民活动从未中断,络绎于道,不绝于途。由于第二次鸦片战争的爆发、庚子年八国联军的入侵等原因,清王朝大厦将倾,摇摇欲坠;封

---

① 杨大业:《回族学者杨仲明传》,《回族研究》,2003年第3期。

② 王静斋:《中国近代回教文化史料》,《回教论坛半月刊》1939年,第2卷,第2至5期。

③ 赵振武:《三十年来之中国回教文化概况》,《禹贡》第5卷第11期。

④ 刘东声、刘盛林:《北京牛街》,北京出版社,1990年,第146页。

⑤ 王守恂:《天津政俗沿革记》卷五,天津市地方志编修委员会编著.《天津通志·旧志点校卷》下册,南开大学出版社,2001年,第1版。

⑥ 杨大辛:《天津是座移民城市》,《天津人大》2017年第4期。

建制度遭受打击，封建经济遭到破坏；在农村，农民失去土地；在乡镇，手工业失去生产资料；因此，失去生活来源的大批游民涌入城市，在民间形成了自发的移民潮。这一时期，天津回族人口陡增，他们大多数来自河北省，确切地讲：来自河北的沧州地区。他们来到天津，以“大分散”的形式，遍布城镇各地；又以“小集中”的特点，聚居在各个清真寺周围。他们以清真寺为中心，围寺而居；到清真寺里履行宗教义务，建筑清真寺、管理清真寺；尤其是，当阿訇换届、聘任新的开学阿訇时，他们站出来首先推荐乃至优先聘任他们家乡的知名阿訇；因此，河北籍的知名阿訇具有较多的应聘机会、较多的沧州地区的知名阿訇执教于天津经堂教育课堂。

以天津清真南大寺经堂教育为例，清真寺创建于道光二年（1822），建成于道光二十四年（1844），直至“文化大革命”前（1965）；可以追忆到的开学阿訇计有二十七人次：①

第一任：刘世奎，河北沧州人；

第二任：赵廷彦，山东济宁人；

第三任：海启山，河北沧州人；

第四任：法如宗，山东人；

第五任：李瑞书，河北永清县北钊村人；

第六任：海思福，河北沧县人；

第七任：张永奎，籍贯不详；

第八任：李正春，河北沧州人；

第九任：高兴，河北香河县北坞村人；

第十任：李正春，河北沧州人；（第二次复任）

第十一任：高兴，河北香河县北坞村人；（第二次复任）

第十二任：李正春，河北沧州人；（第三次复任）

第十三任：回长明，河北青县辛集马辛庄人；

第十四任：刘玉清，河北沧州人；

第十五任：高兴，河北香河县北坞村人；（第三次复任）

第十六任：李希真，河北沧县人；

第十七任：马青选，籍贯不详；

第十八任：马士元，河北易县人；

---

① 杨桂山：《清真南大寺史料》手抄本，天津市红桥区档案馆藏。

第十九任:李秉真,河北沧县人;

第二十任:李长贵,河北沧县人;

第二十一任:李希真,河北沧县人;(第二次复任)

第二十二任:张文彬,籍贯不详;

第二十三任:李魁璧,河北盐山县人;

第二十四任:马恩溥,河北易县人;

第二十五任:刘贵祥,河北沧州人;

第二十六任:张玉林,河北新城白沟河人;

第二十七任:刘承林,河北武清县(今天津市武清区)杨村人。

纵览天津清真南大寺历任开学阿訇籍贯,除了山东籍二人、籍贯不明者三人外;籍贯河北的开学阿訇二十二人,可见来自河北的经堂教育师资队伍是非常强大的。我们说:冀籍知名阿訇推动了天津回族历史文化的繁荣与发展,绝非空穴来风,更不是溢美之词;伊斯兰教经师执教经堂,教书育人,鞠躬尽瘁,死而后已。“古之学者必有师。师者,所以传道授业解惑也。”在中华优秀传统文化中,这种优良的教学思想,一直影响着回族经堂教育的继承与传播、影响着回族历史文化的繁荣与发展;古往今来,直至当代。

四、综述

京津冀地区历史文化的交流互鉴、协同发展,与她们之间得天独厚的地缘关系、人文关系密不可分。京津冀如同前后院、里外屋,出入如到厅堂,往来如去邻家。近在咫尺的地缘关系,促成了亲密无间的人际关系;成为文化交流、人际交往、社会交往的优越条件;成为不同地域、不同民族、不同文化背景的人们之间文明对话的重要环节;成为钟灵毓秀、人杰地灵、文化昌盛的历史必然。

尹忠田,天津文史学者。

津沽系列学校变迁及对当下京津冀高等教育发展的启示

周　持

【提　要】1920年在天津英租界畔筹建的天津工商学院是天津高等教育的重要发端之一，是现在天津师范大学、河北大学、天津外国语大学等高校共同的前身，对天津市实验中学、天津市新华中学的发展也有重要影响。虽然天津工商学院（津沽大学）被拆分为多所高校，没有像南开大学和北洋大学一样完整地传承下来，但认真梳理天津工商学院（津沽大学）校史，赓续该校文脉，促进津沽系列学校的合作，可以极大促进津保两地高等教育乃至京津冀地区高等教育发展。

【关键词】天津工商学院　津沽大学　系列学校　高等教育　京津冀

一、天津工商学院（津沽大学）的建立及发展简述

（一）天津工商大学时期（1920—1933）

天津工商大学是法国驻津领事福隆丹于1920年与天主教献县主教、天津主教共同议定建立的高等学校，1923年正式落成，地址位于德租界马场道（今天津外国语大学马场道校区），当时有工科、商科和神学系，以法文为主要课程，院长及绝大多数授课教师也多为法国神甫。① 此时天津工商学院尚属草创时期，《私立天津工

① 天津市地方志编修委员会：《天津通志·附志·租界》，天津社会科学院出版社，1996年，第347页。

商学院沿革》中称“惨淡经营而已”再贴切不过。① 与天津工商大学同时建立的还有北疆博物院。

1925年天津工商大学进行内部改革,开始走上正轨,成为土木工程学及商业财政学的专科大学,规定修业年限为四年,并向民国政府备案。进入二十世纪三十年代,天津工商大学从横向和纵向两个方面得到发展:横向看,天津工商大学不断扩展学科和专业门类,将工学院分为土木工程系和建筑系、将商学院分为会计系和财政及国际贸易系,还曾短暂地设立法律系;纵向看,天津工商大学不断扩宽办学层次,于1931年在预科的基础上设立附属中学(今天津市实验中学前身),并于1933年获得学位审查授予权。

(二)天津工商学院时期(1933—1948)

1933年8月,在教育部备案时由于天津工商大学所开设系科数量未达到大学的标准,因此注册更名为河北省私立天津工商学院。② 虽然从名称来看似乎已经“降级”了,但这一阶段恰恰是该校发展的黄金时期。天津沦陷后,天津六所高等院校中其他五所均遭到重创,或西迁或停办,唯有天津工商学院得以保存,原因有二:一是该校为法国天主教会开班,又地处英租界,故未受较大冲击;二是该校聘请亲日派龚心湛任校长、曹汝霖为董事、日本文部省社会教育委员会三浦万之助为副校长,由此获得一定保护。③ 虽然该校有与日本侵略者勾结之嫌,但正如天津工商学院院长刘迺仁在抗战胜利后向天津市教育局致函时所说:“在敌伪势力时代卧薪尝胆、忍辱负重、委曲求全,以期造就吾国青年。当时敌目睽睽,监视森严,应付稍有不慎,学校即有被查封、学生即有被解散之虞。”④而且天津工商学院留守天津,为天津市保留了高等教育的底子,并接收部分未随南开大学南迁的学生入校借读,在抗战时期为天津高等教育发展做出了一些贡献。

截止到1946年抗战胜利,天津工商学院工学院有土木工程学系、建筑工程学

---

① 《19410000私立天津工商学院沿革》,载天津市档案馆、天津外国语大学主编《天津工商学院(津沽大学)档案图集选编》,天津人民出版社,2016年,第3页。

② 中华学府志编辑委员会:《中华学府志·天津卷》,中共中央党校出版社,2004年,第73—75页。

③ 赵宝琪、张凤民:《天津教育史(上卷)》,天津人民出版社,2002年,第362—370页。

④ 《19460723私立天津工商学院为函陈在沦陷时期与敌伪组织虚与委蛇维持教育等情形致教育局函》,载天津市档案馆、天津外国语大学主编《天津工商学院(津沽大学)档案图集选编》,天津人民出版社,2016年,第292—296页。

系、机械工程学系；商学院有会计财政学系、国际贸易学系、商业管理学系；新设置的文学院有中国文学系、外国文学系、史地学系、家政学，共三院十系，成为一所综合性大学。

（三）津沽大学时期（1948—1952）

1948 年 10 月，经“中华民国”教育部批准，天津工商学院更名为私立津沽大学，成为继北洋大学、南开大学后天津市第三所名为“大学”的高等学校，[①]天津工商学院附属中学也一同更名为津沽大学附属中学。当时津沽大学教职工有 109 人、在校生 630 人，津沽附中在校生 1300 人。同年 12 月，平津战役已经进入关键阶段，天津解放只是时间问题，国民政府敦促在津高校南迁，但津沽大学校长刘迺仁明确表示“学校坚决留津不南迁”，由此津沽大学得以继续留在天津等待解放。[②]

自天津解放始，津沽大学进入频繁改革时期。1951 年 9 月，依据天津市人民政府与津沽大学校董事会商定的计划，将津沽大学改为公立高校，由天津市人民政府领导，张国藩担任校长。同时，津沽大学所设三个学院均有一定程度调整：天津土木工程学校并入津沽大学工学院；私立达仁学院停办，学生转入津沽大学商学院就读；文学院家政学系被撤销，同时增开数学、物理、化学三系，受天津市人民政府委托将文学院更名为师范学院，这也是津沽大学向师范类高校转型的发端。[③]

1952 年，全国开展高等院校院系调整，天津市的天津大学、南开大学、津沽大学三所大学也面临院系调整，天津市专门成立了三大学院系调整委员会。8 月，确定拆分津沽大学，将津沽大学工学院并入天津大学；津沽大学商学院并入南开大

---

① 《19481027 教育部为令准私立天津工商学院改为私立津沽大学给天津市教育局代电》，载天津市档案馆、天津外国语大学主编《天津工商学院（津沽大学）档案图集选编》，天津人民出版社，2016 年，第 311—312 页。

② 实验中学八十周年校庆丛书，《津门名校　沽上之光：从工商附中到实验中学学校发展概略》，校庆办公室印，2003 年，第 6—11 页（内部资料）。

③ 《19510500 天津市人民政府教育局委托津沽大学办理师范学院计划草案》，载天津市档案馆、天津外国语大学主编《天津工商学院（津沽大学）档案图集选编》，天津人民出版社，2016 年，第 313—316 页。

学;津沽大学师范学院与天津教师学院合并为天津师范学院。① 至此,存在了三十二年的天津工商学院(津沽大学)正式结束,天津师范学院成为津沽大学最主要的传承校。

二、继承津沽大学遗产的几所学校

津沽大学在院校调整中被拆分后,经过七十余年发展,除河北大学是其传承校之外,天津师范大学、天津外国语大学、天津市实验中学等天津地区学校也与其有着密切联系。

(一)河北大学——津沽大学主要传承校

河北大学的变迁与津冀两地行政区划改革有密切关系。共和国成立后,天津市维持直辖市地位,由津沽大学发展而来的天津师范学院为天津市属高校,成为天津市师范教育的中心。1958 年 2 月 11 日,天津市成为河北省辖市,同年 4 月 18 日河北省会由保定市迁往天津市。1958 年 6 月,天津师范学院升格为天津师范大学,成为全省五所重点大学之一。1960 年 5 月 14 日,为了发展河北省高等教育事业,天津师范大学更名为河北大学,实现了由师范类高校向综合性高校的转变。1967 年 1 月 2 日,天津再次成为直辖市,但河北大学依然在天津办学,至 1969 年 12 月开始陆续迁往河北省,1970 年 11 月,河北大学最终定址保定,1973 年彻底迁出天津。② 至今,河北大学已成为河北省最主要的高校之一。

(二)天津师范大学——津沽大学精神传承者

天津师范大学前期发展与河北大学在津时期发展联动进行。1958 年 5 月,天津市委、市人委决定将天津市中小学教师马列主义业余学校、天津教育行政学院、天津教师学院、天津师范学院业余部和天津市教育局教研室合并建立天津市教师进修学院。1958 年 9 月,继天津师范学院升格为天津师范大学后,天津市教师进修学院又与天津市工农速成中学合并为新天津师范学院。由此可见,原天津师范

---

① 《19520819 天津市人民政府为请将天津教师学院与津沽大学师范学院合并为天津师范学院事致教育部函》,载天津市档案馆、天津外国语大学主编《天津工商学院(津沽大学)档案图集选编》,天津人民出版社,2016 年,第 323 页。

② 《河北大学史》编纂委员会:《河北大学史》,河北大学出版社,2001 年,第 126—128 页。

学院是新天津师范学院前身之一，二者有较深渊源。1959 年 8 月，河北省和天津市再次调整高校，将天津师范学院全部学生和部分教师、干部调往天津师范大学，并另行组建天津师范专科学校。天津师范大学更名为河北大学后，天津师范专科学校于 1960 年 5 月复名天津师范学院。[①] 1982 年，天津师范学院更名为天津师范大学，后与天津师范高等专科学校、天津教育学院、南开大学分校等学校合并为今天的天津师范大学。天津师范大学的独立学院也以津沽学院命名，应为纪念津沽大学之意。

（三）天津外国语大学——津沽大学硬件继承者

天津外国语大学与津沽大学的关系较为直观——津沽大学原校址即今天津外国语大学马场道校区，因此可以说天津外国语大学是津沽大学硬件的继承者。同时，天津外国语大学历史上与河北大学、天津师范大学有较深的学脉联系，天津外国语大学在其编修的校史中认为天津外国语学院以天津外国语专科学校为主体，融合了天津外国语学校、河北大学、天津师范学院的部分力量而来。[②] 1970 年 9 月 3 日，根据天津市革委的决定，天津师范学院、天津体育学院和河北外国语专科学校合并组建新的天津师范学院，同年年底天津体育学院即恢复建制独立建校，因此此阶段的天津师范学院的发展仅有河北外专实际参与其中。1974 年 7 月天津市革委决定河北外专从天津师院中剥离出来，重组新的天津外国语学院，并将天津师院日语系部分师生调入天津外院，由此开始了天津外国语大学独立办校之路。[③] 天津外国语大学同河北大学的渊源则可追溯至河北师专的前身秦皇岛外语专科学校建立之时，当时为援建秦皇岛外专，河北大学抽调了一部分干部和教师，成为秦皇岛外专的发展的骨干力量，1970 年河北大学从天津迁往保定后，部分留津外语专业教师也被吸纳为天津外专的师资力量。[④] 因此可以说，天津外国语大学也是津沽大学继承校之一。

（四）天津市实验中学、天津市新华中学——津沽大学附中继承者

如前文所述，天津工商学院自 1931 年起就停办预科，改为附属中学，随着隶属

---

① 杨弃、宋国华：《天津师范大学 50 年（1958—2008）》，天津古籍出版社，2008 年，第 3—5 页。

② 《天津外国语大学校史》编写工作组：《天津外国语大学校史（1964—2014）》，2014 年，第 1—2 页（内部资料）。

③ 《天津外国语大学校史（1964—2014）》，第 20—21 页。

④ 《天津外国语大学校史（1964—2014）》，第 20—21 页。

关系及母体校名称的变化,附属中学七易其名,1948年更名为津沽大学附属中学、1953年更名为天津师范学院附属中学,后又更名为天津师范学院男附属中学、天津市第六十中学,1960年起该校转隶新天津师范学院,再次更名为天津师范学院附属中学、天津市平山道中学,直至1981年定名为天津市实验中学,仍加挂天津师范大学附属中学牌子。①

天津市新华中学本为圣功女学校,1952年12月更名为天津师范学院附属女子中学校,成为天津师范学院的第二所附属中学。② 后随母体校发展而多次更名为天津师范学院附属中学、天津师范大学第一附属中学、天津师范大学附属中学、河北大学附属中学,直至1973年河北大学迁出天津后更名为天津市新华中学。天津市新华中学与天津市实验中学同为天津市内百年名校,并列天津市五所市直属重点中学。

三、天津工商学院(津沽大学)系列学校发展的启示

(一)天津工商学院(津沽大学)系列学校概念认定

通过分析天津工商学院(津沽大学)校史及继承其遗产的几所学校历史可以看出,天津工商学院(津沽大学)对天津和保定两地高等教育的发展影响极大,应学习当下南开系列学校模式,创立包括河北大学、天津师范大学、天津外国语大学、天津市实验中学、天津市新华中学在内的津沽系列学校体系,以赓续津沽大学文脉,促进京津冀高等教育合作。

(二)南开系列学校案例分析

在全国享有盛誉的南开系列学校包括两所高校:南开大学、南开大学滨海学院;多所中学:天津市南开中学、天津市第二南开学校、南开翔宇学校、南开大学附属中学、重庆南开中学、自贡蜀光中学、青岛莱西南开学校等;多所小学:南开大学附属小学、南开小学等。

通过分析可知,南开系列学校有如下特点:一是各学校虽然分布在不同省份、很多学校间也不存在行政隶属,但认可彼此之间同根同源;二是学校层次全面,实

① 《津门名校　沽上之光:从工商附中到实验中学学校发展概略》,第1—2页。

② 校史稿编写组:《新华中学校史稿(1914—2014)》,天津教育出版社,2014年,第93—108页。

现从高等教育到初等教育全覆盖;三是各学校会开展校开展际合作,或通过南开校友会、张伯苓研究会、严修研究会等民间组织频繁开展各领域交流合作。

(三)津沽系列学校合作及发展路径探索

津沽系列学校均直接或间接与天津工商学院(津沽大学)有关系,可以在多个层面开展交流,努力建成京津冀地区高校合作新典范。

一是联合开展津沽大学校史研究。近代天津较为有名的三所大学中,北洋大学校史和南开大学校史均由天津大学和南开大学设置了专门机构进行深入研究和宣传。但津沽大学由于过早撤销,其校史受到关注度不高,河北大学等三所高校也未设置专门的校史研究机构,导致津沽大学校史研究成为京津冀地区高等教育史的薄弱环节。但三所高校均高度重视本校校史研究,分别编修了本校校史。因此,三所高校可以联合本校宣传、档案等部门力量,发挥历史学、教育学学科优势,并借助校友会的力量联合研究津沽大学校史,补上京津冀地区高等教育的这一缺口。

二是加强教学与科研方面合作。河北大学为综合类高校、天津师范大学为师范类高校、天津外国语大学为语言类高校,三者学科设置和开设专业虽然有所不同,但均以社会科学为主,可以在教学与科研等方面实现互补。例如,马克思主义理论、英语、工商管理等三所高校均设置的专业领域,可以开展定期教学或学术交流;并且可以联合开展“世界史+小语种”“旅游管理+小语种”等双学位教育,实现学分互认;在科研领域,河北大学宋史研究全国闻名,可以与天津师范大学历史文化学院联合开展中国古代史通史研究、联合培养中国古代史研究生。

三是发展教育集团合作。发展附属中学是津沽大学的优良传统,其附属中学天津市实验中学也成为享誉津门的历史名校。目前,天津师范大学和天津外国语大学均成立了教育集团,每个教育集团旗下有多所中小学校,天津市实验中学、天津市新华中学也在天津市内各区建立了多所分校及附属学校,河北大学也在河北省内拥有多所附属学校,这些附属学校已实现与母体校的良性互动,很多已成为本区域内重点学校。可以在津沽系列学校的附属学校间通过开展联合讲座、集体备课、示范课建设等活动,实现强强联合,提升津冀两地基础教育水平。

周持,天津文史学者,就职于天津市北辰区档案馆。

北京文化：中华民族共同体的象征典范

高立志

【提　要】北京三千年的历史文化，其中八百年的诸侯荣光（燕国），八百年的帝国边陲与民族融合大冶炉（秦汉魏晋南北朝）；四百年来的北方屏障与封建割据中心（隋唐帝国五代）；二百年的中国北部中心（辽金）；从元朝开始，又八百年的中国都城史，元清所占近半，夹在元清中间的汉族政权明王朝一直被北虏南倭困扰着，天子守国门，守着长城以南的疆域……北京文化的包容气质，背后是中华文化的海纳百川。

【关键词】中华民族共同体　北京文化　燕国　元大都

中华文化有容乃大。北京作为我国的政治中心、全国文化中心，是中华民族共同体的最佳样板。从衣食住行方面我们都可以领略到北京文化多民族文化共融的气质。衣：民国以来流行的旗袍，周锡保《中国古代服饰史》认为它即是从清代旗女的袍服发展而来。食：例如喝牛奶的习惯，为藏族和蒙古族等所固有，罗信耀《旗人风华》认为北京人喝牛奶的习惯就是满族带来的；例如烤肉，其来源考证不一，但今天常用的辣椒、胡椒、茴香、孜然等佐料肯定皆非中原本土所固有。北京烤肉老字号“南宛北季”，据载，宣武门内大街烤肉宛，最初为康熙年间一宛姓回民所建；什刹海附近烤肉季饭庄前身是通州回民季德彩开设的“烤肉摊”。住：北京四合院的历史发源于蒙古族治下的元朝；胡同，主流观点也认为是元人称呼“街巷”的音转。行：我们欣赏洋镜头下的老北京，阜成门的驼队是一大景观。林海音《城南旧事》开头就是：“骆驼队来了，停在我家门前。它们排列成一长串，沉默地站着，等候人们的安排。……老师教给我，要学骆驼，沉得住气的动物。看它从不肯急，慢慢地走，慢慢地嚼；总会走到的，总会吃饱的。也许它天生是该慢慢的……”当然还有马，马，让我们不经意就想起历史上的胡服骑射与千金买骨。

一、燕国八百年积淀的荣光与梦想

北京文化的历史长河,一般从燕蓟说起。燕蓟北邻山戎。山戎的历史通于中国古史的传说时代,比燕蓟更早地生活在八达岭以北军都山南麓的延怀盆地。《史记·匈奴列传》:“唐虞以上有山戎、猃狁、荤粥,居于北蛮,随畜牧而转移。……儿能骑羊,引弓射鸟鼠;少长则射狐兔:用为食。士力能毌弓,尽为甲骑。其俗,宽则随畜,因射猎禽兽为生业,急则人习战攻以侵伐,其天性也。”1985 年延庆县境北军都山一代山戎墓葬群惊现天下。1990 年,在墓葬原发地延庆县张山营镇玉皇庙村东建立山戎文化馆。郭京宁在《考古北京》一书中说:“墓地的发现……反映了北京自古就是一个多民族融合的地区,是中华民族大家庭、中华民族共同体的考古实证。”

燕庄公二十七年(前 664),齐桓公曾帮助燕国北伐山戎。战国燕文侯(前 361—前 333 在位)时,据《战国策·燕策》苏秦所说:“燕东有朝鲜、辽东,北有林胡、楼烦,西有云中、九原,南有滹沱、易水。地方二千余里。”燕文侯自谦:“寡人国小,西迫强秦,南近齐、赵。”燕文侯的儿子于公元前 323 年,开始称王,是为燕易王。燕易王的孙子燕昭王(前 311—前 279 在位)是历代燕国国君中最为著名的。燕昭王登基前曾和秦国公子异人(后来的秦庄襄王)一起在赵国做质子。当时赵国当政者赵武灵王任用贤才,胡服骑射,向北开疆,修筑长城。赵武灵王扶持燕昭王回国执政。燕昭王最为著名的事迹是师事郭隗“千金买骨”、高筑黄金台,这也成为后世招贤纳才的经典故事。因此他身边聚集了乐毅、秦开、邹衍、剧辛等有真才实学的人。乐毅为将,差点灭了齐国;秦开袭破东胡,迫使东胡后退千余里,燕国领土向东北扩展到辽东一带。为了抵御胡人,燕国修建了北长城;为了抵御秦、赵,修了易水长城。今天昌平卫星城西南二十公里的西山上有燕古长城遗址,南北长三十公里,这段燕长城筑于燕昭王时期。《史记·匈奴列传》:“燕亦筑长城,自造阳至襄平。置上谷、渔阳、右北平、辽西、辽东郡以拒胡。”上谷郡,治所沮阳,在今河北怀来东南大古城北有沮阳古城遗址,这是燕国北长城的起点,北以燕山屏障沙漠,南拥军都俯视中原,东扼居庸锁钥之险,西有小五台山与代郡毗邻,辖境大致包括今张家口市怀来、宣化、涿鹿、赤城、沽源,以及北京市延庆区等地。渔阳郡,治所渔阳,在今北京市密云区统军庄村东的南城子,后徙北京市怀柔区梨园庄东南、天津蓟州区等地,辖境大致包括今天北京市北部,以及河北省、天津市的部分地区。右北平郡,治所平刚(今内蒙古宁城西南),辖境约为天津市东北部、河北省东北部、辽宁省西部、内蒙古赤峰市南部等地。燕昭王使燕国跻身于战国七雄之列。唐朝大诗人陈子昂传唱千古的《登幽州台歌》:“前不见古人,后不见来者,念天地之悠悠,独怆然而涕下。”这个“古人”就是指燕昭王。

燕国的都城变迁不甚明晰。燕国始封地,被考古确定在北京市房山区琉璃河镇一带。1945年,琉璃河遗址被发现,遗址东西长3.5公里,南北宽1.5公里,其1193号大墓挖出的“克盉”“克罍”(现藏于首都博物馆)带有说明书性质的铭文:“令你的儿子克为燕侯。赐羌、驭族等前往,并受管理和使用。”燕国所管理的确实不仅仅是华夏族。琉璃河遗址将北京建城史向前推进了两千余年,琉璃河因此被称为“北京之源”。燕庄公父亲(燕桓侯)执政初年,为躲避山戎的侵逼,曾将国都南徙到临易(今河北雄县)。齐桓公帮助燕庄公北伐山戎时,顺便灭了燕国北部孤竹、令支两个小国,保全燕国。山戎最常种植的戎菽(大豆,也有学者认为是豌豆或者蚕豆)和胡葱从此传到中原各地区。1985年8月至1987年12月,北京延庆区发掘出玉皇庙、古城村、葫芦沟三处春秋战国之际的山戎墓葬五百余座,出土各类富有特色的山戎文物八千余件,其中青铜匕首、青铜短剑、青铜车马器等极富特色,现辟为山戎文化陈列馆。燕庄公的儿子(燕襄公)把燕都迁到蓟城。蓟城在哪里?可谓一大迷宗。古人多以《水经注》为依据,说“今城西北隅有蓟丘,因以名邑也”,到底是德外蓟门桥一带,还是白云观西侧?在宣武门、和平门一带考古还发现密集的战国水井、瓦当与夯土遗迹,蓟城又会不会在这里?侯仁之先生的白云观西侧说是目前接受度最广的。燕与蓟的关系,目前也众说纷纭。1975年北京市昌平区白浮村发现了三座西周古墓,白浮墓出土的青铜兵器上刻着“其”子,有专家释读为“箕子”的“箕”,指向“蓟”。周公平三监之乱,曾派召公北追武庚到蓟,是不是就是这个地方?也许因此蓟地被并入燕。“封黄帝之后于蓟”或“封尧帝之后于蓟”并不冲突,因为尧亦黄帝之后;“封召公奭于燕”(《史记·周本纪》),燕蓟地区无疑是多民族杂处,是周王朝抵御外族的北方屏障。这里北依燕山山脉,西靠太行山余脉西山,境内永定河、潮白河等自西北向东南注入渤海湾,独特的地理位置,燕国八百年,给后来者无限想象,后来这里的统治者很多要恢复大燕荣光,割据自雄;尚贤重义形成传统,激发很多有志之士立功扬名的豪气,又形成勇悍侠义的燕赵地域文化特色,“燕赵游侠子”反复出现在后来魏晋南北朝隋唐的歌咏中。

二、秦汉魏晋十六国,又八百年的帝国边陲与民族融合大冶炉

燕国地处西北,离秦国比较远,秦大将王翦灭赵以后,才兵临易水。燕国燕太子丹很惶恐,前227年,太子丹派荆轲前往秦国刺杀秦王嬴政。临行,燕太子丹、高渐离等白衣白帽在易水边为他送行,荆轲知道自己不会活着回来,唱道:“风萧萧兮易水寒,壮士一去兮不复还。”唐初骆宾王写下了这样一首诗:“此地别燕丹,壮士发冲冠。昔时人已没,今日水犹寒。”前222年秦灭燕,大一统之后,建都咸阳。燕蓟地处帝国西北边陲,秦在燕地置广阳郡、渔阳郡、右北平郡等,开驰道,筑长城,北御匈奴。秦失其鹿,前206年项羽分封天下,立臧荼为燕王。臧荼的燕国仍然建都于蓟,后来归汉。臧荼见刘邦肃清项羽旧部,于是又造反,为刘邦所灭。刘邦封发小卢绾于燕。六年后卢绾见异姓王纷纷就戮,再反,刘邦发誓说:“非刘氏而王者,若无功上所不置而侯者,天下共诛之。”刘邦派周勃攻燕,卢绾北逃匈奴,于是刘邦改封其子刘建为燕王。刘建去世后,封国被吕后废除。公元前117年,汉武帝封三子刘旦为燕王。汉武帝晚年发生巫蛊之祸,太子被逼自杀。这时候,汉武帝次子也已病故,刘旦觉得皇位轮到了自己,汉武帝很不高兴,说:“生子应置于齐鲁之地,以感化其礼义;放在燕赵之地,果生争权之心。”汉武帝的感慨可见燕赵地区因为地缘相近,北部都面临少数民族侵扰,勇悍自立形成了风气。果不其然,汉昭帝即位后,刘旦又两度谋反,阴谋败露被迫自杀。宣帝本始元年(公元前73年)刘旦的儿子刘建被封在燕地,称广阳王,改广阳郡为广阳国。考古发现北京有两处陵墓也许与刘旦有关:其一是1974年6月丰台区郭公庄西南发现的大葆台汉墓,这是黄肠题凑实物的首次发现,地宫出土文物千余件,包括三辆木质双轮单辕车。专家推测墓主可能是刘旦;考虑到刘旦谋反也许享受不到如此高级别的待遇,所以更多专家倾向于墓主是刘旦的儿子——广阳顷王刘建。其二是1999年10月石景山区发现的老山汉墓。规制是“栗木题凑”,墓制标准低于黄肠题凑,有专家推测墓主可能是刘旦;后因墓室西南角发现一具完整的人体骨架,专家鉴定为三十岁左右的女性,所以墓主又被确定为燕后。哪位燕后?是刘旦的夫人,还是俞伟超推测的燕王中最后一个王后,即广阳王刘齐嘉的王后?或者其他燕王后?也许永远不会有定论。

王莽篡汉,改广阳国为广有郡,又改伐戎。“伐戎”这个名字直截了当。这里

与北方游牧民族地区相接,幽州骑兵建设很早。在东汉建国历程中,幽州骑兵的力量举足轻重。后来幽州马客、幽州突骑非常著名,成为边塞诗的重要意象。宋末徐钧咏东汉名将吴汉:“智谋勇略已过人,况拥幽州突骑兵。”起家于燕蓟地区的吴汉、耿弇,和燕蓟当地人氏盖延、王梁、寇恂等,与在刘秀建立东汉过程中,战绩彪炳,均列云台二十八将。东汉设广阳郡、幽州郡,治所均在蓟。秦汉两代四百多年,燕蓟地区主体上是抵御匈奴的北方封国。

董卓之乱后,幽州成为一个北方封建割据势力的中心,公孙瓒与袁绍等割据者,都援引塞外各族作为自己逐鹿中原的助力,乌桓、鲜卑等族群大量涌入。东汉建安十二年(207),曹操出击东胡乌桓北征柳城(今辽宁朝阳),十六岁的曹植随行,他写了《艳歌行》:“出自蓟北门,遥望胡地桑。”蓟北门,本意即蓟城北门。诗歌写了蓟城与胡地相接,桑树枝叶交通,葱茏繁茂的景象,大概反映了古代燕蓟地区从东汉就开始植桑的传统。曹植还根据这次实际经历,写了不朽的《白马篇》:“白马饰金羁,连翩西北驰。借问谁家子,幽并游侠儿。……羽檄从北来,厉马登高堤。长驱蹈匈奴,左顾陵鲜卑。”曹植《白马篇》和稍后范阳人张华《博陵王宫侠曲》开启了游侠诗的书写。西晋短暂一统,设燕国,司马炎之弟司马机的封国,治所在蓟;幽州的另一个封国范阳国,司马炎封堂叔司马绥为范阳王,治所在涿县。“八王之乱”中表现活跃的范阳王司马虓就是司马绥的儿子。“八王之乱”打开了潘多拉盒子,开启五胡十六国的混乱纷争。

西晋东晋之交,与范阳人祖逖为友的刘琨(270—318),枕戈待旦,闻鸡起舞,曾任并州刺史,任内安抚流民,发展生产,成为晋朝在中原少数几个存留抵抗势力之一。建兴三年(315),都督并、冀、幽三州诸军事。刘琨后受石勒所迫,不得已放弃并州,到蓟城投奔幽州刺史鲜卑人段匹磾,希图联合对抗石勒。不久刘琨的儿子介入了鲜卑内部族争,刘琨被段匹磾拘禁,最终遇害。刘琨死后,段匹磾人心离散。319年羯人石勒的后赵政权占领幽冀。后赵统治约三十年后,鲜卑慕容部建立的前燕君主慕容俊357年迁都蓟城。370年,氐族前秦苻坚灭前燕,统治了十几年之后,幽州先后归于鲜卑慕容部建立的后燕和鲜卑拓跋北魏。随着北魏政权转移,燕蓟地区先后隶属东魏—北齐—北周政权。

提倡鲜卑文化的东魏、北齐政权虽然持续不足五十年,但为了抵御西魏、北周和北方契丹、山胡、柔然的侵扰,长城建设卓有成效,北齐修建了三条长城:一是外长城,从今天山西大同(北魏旧都平城)西北,过喜峰口、古北口,到山海关入渤海;从大同到居庸关南口,都是东西走向,给东魏—北齐疆域铸造了两重防线。二是所谓重城,从大同西南到平型关一带,后又修到居庸关南口和外长城接起来。今天昌平区马刨泉长城和大岭沟长城大概都是北齐长城。三是从山西汾阳黄栌岭到朔县的长城,以及河北保定阜平县的长城岭沿晋冀交界地带南抵娘子关的长城;两道南北走向长城,显然为了抵御西魏、北周,守卫北齐都城邺城(遗址在河北邯郸临漳县一带)的。北齐长城主要建设者是斛律金的两个儿子斛律光和斛律羡,斛律羡曾任幽州刺史。斛律金就是那位在军队士气衰落的时候,高唱《敕勒歌》以振奋人心的大将军。《敕勒歌》:“敕勒川,阴山下。天似穹庐,笼盖四野。天苍苍,野茫茫,风吹草低见牛羊。”它最早见录于宋郭茂倩编《乐府诗集》。《乐府诗集》北朝乐府还有《幽州马客吟》:“快马常苦瘦,剿儿常苦贫。黄禾起羸马,有钱始作人。”幽州马客,就是指生活在京津冀一代以猎牧为生的北方骑手。总结来说:魏晋十六国北朝近四百年的时期,幽州主要是鲜卑人经常出入的地方,成为民族融合的大熔炉。

三、四百年来,隋唐帝国的北方屏障到封建割据角斗场

隋唐时代,东北地区中国少数民族勃兴,幽州正当中原政权对抗北部突厥以及东北少数民族的门户。隋炀帝开御道,修长城,开凿运河,加强幽州军事防御体系,本来边陲的幽州成为北方军事重镇与交通中心。隋炀帝、唐太宗从陆路征高丽,都在幽州誓师,并且以此为基地。① 强盛的唐王朝将归顺的突厥人、奚人、契丹人等内迁到幽州,建设羁縻州。贞观十九年(645)幽州单高丽人口一万四千口;唐玄宗天宝年间,居住幽州地区的奚、契丹、突厥、靺鞨等族人口已有一万二千余户五万余口。天宝年间,侨治幽州的十九个羁縻州县的少数民族居民与汉族居民人口比例已经将近一比六。李白(701—762)天宝十一载(752)北游幽燕,写了著名的《北风行》:“惟(唯)有北风号怒天上来。燕山雪花大如席,片片吹落轩辕台。

① 贞观十九年(645),唐太宗为哀悼北征辽东的阵亡将士,诏令在宣武门外立寺纪念,这就是五十多年后武则天建成的“悯忠寺”。辽代遇大地震后,重新修复它并改称“大悯忠寺”(靖康之变后,宋徽宗与儿子宋钦宗等被押送到燕京分开囚禁,宋徽宗被关在延寿寺;宋钦宗则关在悯忠寺)。明清又两度重修,雍正十二年(1734),改称“法源寺”(法源寺镇寺之宝是毗卢殿内有一尊高近五米的铜铸佛像,造型为毗卢佛身下有千瓣莲座,每瓣都铸有一尊小佛,因而被称为“千佛绕毗卢”)。

幽州思妇十二月,停歌罢笑双蛾摧。”以及《出自蓟北门行》《行行且游猎篇》等等名篇章。他还仿乐府旧题《幽州马客吟》,写《幽州胡马客歌》:“幽州胡马客,绿眼虎皮冠。笑拂两只箭,万人不可干。弯弓若转月,白雁落云端。双双掉鞭行,游猎向楼兰。出门不顾后,报国死何难?”还有李颀《古意》:“男儿事长征,少小幽燕客。赌胜马蹄下,由来轻七尺。杀人莫敢前,须如蝟(猬)毛磔。”“须如蝟(猬)毛磔”“绿眼虎皮冠”都从长相细节描绘了胡人气质的幽州马客的豪侠形象。

幽州、幽都、幽燕、幽蓟、燕蓟、蓟门、蓟北、燕赵……以及轩辕台、黄金台、乐毅、燕丹、荆轲、易水等一起构成了唐诗的重要意象群,篇目众多,《全唐诗》中以幽州为题材的超过二百首。“初唐四杰”之一卢照邻,幽州范阳(今北京市)人,号幽忧子,他有一首《送幽州陈参军赴任寄呈乡曲父老》:“蓟北三千里,关西二十年。冯唐犹在汉,乐毅不归燕。人同黄鹤远,乡共白云连。郭隗池台处,昭王尊酒前。故人当已老,旧壑几成田。红颜如昨日,衰鬓似秋天。西蜀桥应毁,东周石尚全。灞池水犹绿,榆关月早圆。塞云初上雁,庭树欲销蝉。送君之旧国,挥泪独潸然。”稍晚陈子昂从军征契丹,入蓟门,历观燕之旧都,感激忠义,慨然仰叹,不仅写下了千古流传的《登幽州台歌》,还有《蓟丘览古赠卢居士藏用七首》,分别咏轩辕台、燕昭王、郭隗、田光、邹衍、乐毅、燕太子丹。

“诗家夫子”王昌龄(698—757)曾客并州、潞州,有《塞下曲》:“从来幽并客,皆共尘沙老。莫学游侠儿,矜夸紫骝好。”幽并,就是幽州和并州,在唐朝幽州、并州、凉州被称为三边。他有朋友要到幽州去,于是写下《寄穆侍御出幽州》:“莫道蓟门书信少,雁飞犹得到衡阳。”著名边塞诗人王之涣(688—742)也曾流寓蓟门(《唐才子传》载王之涣蓟门人,恐不确),曾写《九日送别》:“蓟庭萧瑟故人稀,何处登高且送归。今日暂同芳菊酒,明朝应作断蓬飞。”高适来访不遇,赋《蓟门不遇王之涣郭密之因以留赠》。高适(约 704—765),渤海人,两度游宦幽州,在这里写下了很多优秀篇章,例如《酬李少府》“一登蓟丘上,四顾何惨烈”;《自蓟北归》“驱马蓟门北,北风边马哀”;《睢阳酬别畅大判官》“降胡满蓟门,一一能射雕”等。他脍炙人口的名作还有《蓟门行五首》,其一:“蓟门逢古老,独立思氛氲。一身既零丁,头鬓白纷纷。勋庸今已矣,不识霍将军。”其四:“幽州多骑射,结发重横行。一朝事将军,出入有声名。纷纷猎秋草,相向角弓鸣。”更为不朽的是其第一大篇——《燕歌行》,燕歌行,本乐府旧题;蓟门行,亦由乐府旧题《出自蓟门行》而来,多写边地征戍和旷夫思妇之情。曹丕、陆机、谢灵运、王褒等写过《燕歌行》;鲍照、徐陵、庾信、李白等写过《出自蓟北门行》,作为乐府旧题,说明燕蓟旧俗已经被模式化，诗人们对燕蓟地区形成了荒寒朔漠、慷慨纵横的历史记忆。

三任宰弼、雅擅文学的张说（667—730），据《新唐书·宰相世系表》载，出身范阳张氏，号称张华的后人，曾被封燕国公，与苏颋（袭爵许国公，亦曾拜相）并称“燕许大手笔”，在幽州生活多年，写了一些反映幽州生活气息的篇章，著名的如，《幽州新岁作》：“去岁荆南梅似雪，今年蓟北雪如梅。共知人事何常定，且喜年华去复来。”《幽州夜饮》：“凉风吹夜雨，萧瑟动寒林。正有高堂宴，能忘迟暮心？军中宜剑舞，塞上重笳音。不作边城将，谁知恩遇深！”他还把孟浩然（689—740）招来共游，孟浩然写下《同张将蓟门观灯》：“异俗非乡俗，新年改故年。蓟门看火树，疑是烛龙然（燃）。”隋唐的繁盛，使得幽州同时成为边境贸易中心，在冶铁、盐业、皮货等经济方面非常发达。清代学者赵翼说：“唐开元、天宝间地气自西北转东北之大变局也。”东北从内陆向内地发展，幽州是必经之地。所以安史之乱是唐朝历史的转折点，也是北京文化的发展转折点。

天宝十四年（755），身兼幽州（也称范阳或卢龙）、平卢、河东三节度使的粟特人安禄山从幽州起兵，发起安史之乱。他所部兵又同罗、奚、契丹、室韦等十五万人，号称二十万。“坐见幽州骑，长驱河洛昏”，安史之乱促进了中国之“中”由西（洛阳）向东转移。虽然乱平，幽州再度成为一个藩镇割据的中心。

2013 年 6 月北京市房山区长沟镇发掘出唐幽州节度使刘济夫妻合葬墓。整座墓葬墓壁绘制了精美的彩色壁画，乐舞表演、家居生活、彩绘建筑、侍女、动物、植物等，色彩鲜艳、活泼逼真。五代十国的新变局时代，幽州统治者刘守光被后梁朱全忠册封为燕王。后梁乾化元年（911）八月，刘守光自称大燕皇帝，史称桀燕。乾化三年（913）桀燕被沙陀政权后唐李存勖攻灭。这时已经崛起的契丹和后唐争夺幽州。李存勖部下石敬瑭为了取得后唐政权，向契丹自称儿皇帝，答应事成之后割让幽云十六州。石敬瑭如愿建立后晋政权，幽州就成了辽国属地，中原农耕文化对北方游牧与草原文化敞开大门。宋太祖、宋太宗念念不忘收复这个地方。太平兴国四年（979 年），宋太宗亲征，平北汉。乘胜攻辽，高梁河之战，宋太宗大腿中箭，大败而归。雍熙三年（986）三月，宋军第二次北伐，史称雍熙北伐，大将杨业战死，雍熙北伐以失败收场。此后，宋对辽由攻势转入守势。

杨业就是后来杨家将传说中的杨继业杨老令公。北京密云区北古北口有杨无敌庙，北宋使者刘敞后来经过这里写诗吟咏：“西流不返日滔滔，陇上犹歌七尺刀。恸哭应知贾谊意，世人生死两鸿毛。”后苏辙出使辽国，也经过这里，又留下律诗《过杨无敌庙》《古北口道中呈同事二首》等。

四、辽金二百年,撬动半个中国

1012年,契丹(辽)把幽州升为陪都,五京之一的南京,又称燕京,府名幽都,后改名析津府。幽州开始成为中国北半部的政治和文化中心,也是胸怀大一统宏愿的少数民族政权南征的跳板与大本营。辽五京,以南京经济最为发达,尤其是窑瓷和冶铁水平很高。南京的文化水平也让人惊叹:今天北京市区最高的密檐式砖塔——天宁寺塔就是辽代遗存,它是北京市最古老的地面建筑物,房山良乡多宝佛塔(昊天塔)和万佛堂花塔也是辽代建筑;当代考古在石景山、丰台、大兴等地区还发现了辽代壁画墓16座。房山的云居寺塔,也是辽代砖塔;南塔1942年毁于日军炮火,2014年复建,仅能恢复成清朝晚期至民国时期的样子。云居寺背倚的石经山山腰有上下两层九个存放石经板的藏经洞,最大的一个,名叫雷音洞。1981年雷音洞发掘出两颗赤色肉舍利,这是世界上唯一珍藏在洞窟内而不是供奉在塔内的舍利。云居寺内珍藏的石经、纸经、木版经号称“三绝”。“石刻佛教大藏经”始刻于隋大业年间,刻经事业历经隋、唐、辽、金、元、明、六个朝代,绵延1039年,镌刻佛经1122部3572卷;纸经现藏22000多卷,云居寺被誉为“北京敦煌”。

女真政权金1123年联合宋朝攻占燕京,一度将1125年再度攻陷燕京府,又改称南京;1127年金灭北宋。1153年金主完颜亮把金朝的都城迁到燕京,改南京为中都。金中都一般被后来说为北京八百年建都史的开端。仔细算来,金中都至今870年;严格说,金朝不算统一政权,但这次定都大大推动了北京文化的发展。金中都继承了唐幽州与辽南京的城市规制,在辽南京城的基础上于东、西、南三个方向往外扩展,又模仿汴梁城建制,前朝后市、中轴对称、坊巷结合的城市布局开始形成,确立了北京“天下之中”的地位。南宋乾道六年(1170),范成大(1126—1193)出使金国,写了《揽辔录》记录辽国风情,还每到一地,赋诗一首,其中《会同馆》:“万里孤臣致命秋,此身何止一沤浮。提携汉节同生死,休问羝羊解乳不。”

金中都在今天的北京西南二环一带。其南面城门正门丰宜门(后名右安门,金旧址在丰台区右安门外石门村一带,丰益桥得名缘于此),景风门居左(在右安门大街附近),端礼门居右(在南二环万泉寺附近,今考古发现了金中都城内一条重要的道路遗存及河道、寺庙、唐代墓葬等重要遗迹);北面城门西起:会城门(海淀区会城门村得名缘于此)、通玄门(在今白云观西北)、崇智门(在东西太平街相交处)、光泰门(今南闹市口一带);西面城门北起:彰义门(后名广安门,金旧址在北蜂窝一带)、颢华门(今广安门外马连道一带)、丽泽门(丽泽桥和丽泽路得名缘于此)。东面城门北起:施仁门(骡马市大街曾名施仁门街)、宣曜门(今南横东街附近)、阳春门(今陶然亭一带)。二十世纪九十年代初金水关遗址被挖掘,后来辽金城垣博物馆就是在这个遗址上建立的。

首都的设计,远远超越了一座城,金主海陵王完颜亮营造中都时,注意到潞县的特别作用,1151 年将之升格为通州。通州的定名比他下诏迁都中都还早两年。金中都对于北京建设的最大成就之一,就是北京水系的建设。引入高梁河水,北京的泉水被串联起来,形成高梁河流泉水系、玉泉山流泉水系,昆明湖(原名瓮山泊)和莲花池都成为天然水库。完颜亮崇尚民本,尊奉儒学,能诗善文,"一吟一咏,冠绝当时";他被弑杀后,被拥立的金世宗仍然以金中都为政治文化的中心,金世宗虽然推行"女真为本"的民族政策,也能吸收中原政治文化的优点,被誉为"小尧舜"。金世宗在位 28 年,随后他的孙子金章宗即位。金章宗极力效法北魏孝文帝全盘汉化的改革,允许蕃汉通婚,加速了女真人与汉人的融合。外山军治说:"若论中国式的教养,章宗在金朝历代皇帝中堪称首屈一指,甚至与汉天子相比也毫不逊色。"金章宗晚年纵情声色,颇好浮侈,崇建宫阙,所以"西山古迹,多金章宗所造"。许多京郊名胜都因为他的经营、品题而著称于世,燕京八景在这时开始萌芽。金元大诗人元好问有一首《浣溪沙·往年宏辞御题有西山晴雪诗》:"日射云间五色芝,鸳鸯宫瓦碧参差,西山晴雪入新诗。"

完颜亮迁都后两年,还把祖父完颜阿骨打和叔叔金太宗迁葬在九龙山(即今天房山区云峰山)。完颜亮淫暴自强,曾说:"吾有三志,国家大事,皆我所出,一也;帅师伐远,执其君长而问罪于前,二也;无论亲疏,尽得天下绝色而妻之,三也。"所以完颜亮死后没有被葬到他亲自选址督建的帝陵区,而是被降封为"海陵郡王",葬于鹿门谷诸王墓地;后来又被降为"海陵庶人",尸骨被掘出来,又草草葬于金陵西南四十里的荒野中。今天北京市房山区韩村河的金陵葬有 17 座有号没号的金朝帝王,占地面积约 6.5 万平方米,金陵是中国历史上为数不多的少数民族皇陵,也是北京地区年代最早、规模最大的帝王陵,芦荻萧萧。金陵石棺原物现藏首都博物馆。北京还有延庆区张山营晏家堡村金墓、石景山区八角村赵励墓、门头沟区育新壁画墓等四座金代壁画墓。"金赵励墓"壁画保存完好、栩栩如生。墓室顶边缘绘有十二生肖,墓室内有《散乐图》《备茶图》《备宴图》《侍洗图》《侍寝图》五幅精美壁画,呈现了辽金时期社会日常生活的场景。像《散乐图》画的是正在演奏的一支小型的乐队,六人组成,分前后两排。前排四人左起依次击腰鼓、吹觱篥、弹曲颈琵琶、打拍板,后排二人分别击大鼓和吹横笛。这些乐器中,仅仅大鼓、拍板是中国本土乐器;腰鼓和觱篥来自龟兹,曲颈琵琶和横笛传自西域。该壁画不仅是中国壁画史上的重要作品,也是我们研究中国音乐史、中国戏曲的重要材料。

金朝佛教流行,中都的庙宇塔陵星罗棋布。金朝的名塔有丰台区镇岗塔、昌平区海子村银山塔林等。西城区砖塔胡同的万松老人塔,是西四附近一大街景。它所纪念的万松和尚曾受金章宗召见,是后来元初重臣耶律楚材的老师(耶律楚材墓在今天颐和园昆明湖东岸)。墓塔由元代特有的薄砖叠砌而成。万松老人塔的塔心和外层之间有八角形环廊。回廊两侧有二十五个壁龛,龛内有壁画或泥塑像,回廊顶端有雕花砖天花板,并加彩绘,刻制细腻。沿各层砖质梯阶拾级而上,可达塔顶。谈金中都文化,离不开元好问:他曾来金中都参加考试,后来进士及第,曾在金廷任职,金亡后觐见过忽必烈。他所编《中州集》是一部金代诗歌总集,见证着金中都文坛的繁荣景象。《元史》评价元好问:“歌谣慷慨,挟幽并之气。”他最为著名的词作《摸鱼儿》:“问世间情是何物?直教生死相许。天南地北双飞客,老翅几回寒暑?欢乐趣,离别苦,是中更有痴儿女。君应有语:渺万里层云,千山暮景,只影为谁去?”金庸《神雕侠侣》中李莫愁每次杀完人,总会留下一句话:“问世间情为何物?直教生死相许。”在绝情谷葬身于焚烧情花的大火中,她还凄厉地唱着这首歌。

元好问写北京著名的有《出都二首》:“汉宫曾动伯鸾歌,事去英雄可奈何?但见觚稜上金爵,岂知荆棘卧铜驼。神仙不到秋风客,富贵空悲春梦婆。行过卢沟重回首,凤城平日五云多。历历兴亡败局棋,登临疑梦复疑非。断霞落日天无尽,老树遗台秋更悲。沧海忽惊龙穴露,广寒犹想凤笙归。从教尽刬琼华了,留在西山尽泪垂。”

五、元来再度八百年,中国大一统绵延的中心

(一)元大都,世界之都

1215年,蒙古人攻陷金中都。蒙哥死后,忽必烈和弟弟阿里不哥争位,把蒙古统治的重心从漠北向中原地带转移,1267年开始营建中都,金中都旧城已经毁掉,在旧城东北,以金朝琼华岛离宫为中心,营建新城,刘秉忠(1216—1274)、张柔(1190—1268)等负其责,阿拉伯人也黑迭儿任宫殿修筑的总管。1272年忽必烈改

中都为大都,定作元朝的都城。九年后,元大都告成。1293年,在金中都水利的基础上大都与通州的通惠河竣工,连接其贯通南北的京杭大运河。

坚持抗元的文天祥(1236—1283)于1278年兵败被张柔之子张弘范俘虏,押解北上途中,他写了《使北》:“客子漂摇万里程,北征情味似南征。小臣事主宁无罪,只作幽州谪吏行。”在元大都的土牢中他写了《正气歌》:“时穷节乃见,一一垂丹青。”后文天祥在柴市从容就义,今天北京东城区府学胡同63号有文天祥祠。临安陷落时,南宋宫廷音乐家汪元量(1241—1317),与幼主及谢太后等被迁往来于上都和大都之间达十余年,他曾经在狱中探望过文天祥。汪元量写了大量关于北京的诗词,如,著名的像《一剪梅・怀旧》:“十年愁眼泪巴巴。今日思家,明日思家。一团燕月明窗纱。楼上胡笳,塞上胡笳。玉人劝我酌流霞。急捻琵琶,缓捻琵琶。一从别后各天涯。欲寄梅花,莫寄梅花。”

元大都城平面呈长方形,南北长7600米,东西长6700米,全城总面积约五十平方公里。城墙全部夯土而成,四面辟有城门11座。北墙在今天北三环四环之间的土城遗址一带,安贞门、健德门是元代城门旧名;南墙在今天东西长安街偏南。南面正门丽正门(今天安门偏西南),文明门居左在今天东单南,顺承门居右在今天西单南。西面城门北起:肃清门在今天北京邮电大学附近,和义门就是后来的西直门,平则门就是后来的阜成门。西面城门北起:光熙门名称还在;崇仁门就是后来的东直门,齐化门就是后来朝阳门。元大都城吸取金中都格局,中轴对称、面朝背市,左祖右社,更为宏伟,被称为“中国古代城市规划史上的经典之作”。纵横九条干道,东西走向的街道多命名为胡同,胡同与胡同之间的间距约77米,南北胡同辖内的空地便是居民修建住宅的空间。元大都有三分之二的城市面积被后来明清北京城叠压,今有元大都遗址公园,城址内发现有城门、街道、水涵洞、下水道、居住遗址等遗迹。1965年在拆除德胜门附近北城墙中,发现十余座元代民居的地基遗址,其中以西直门内后英房胡同的元代四合院遗址为代表。这个四合院总面积2000平方米,南北长度相当于两个胡同的跨度,由主院和东西两个跨院组成,反映了元代官邸建筑的规模。

元大都成为名副其实的全国政治中心、文化中心、世界文化交流中心、国际贸易中心,是当时世界上最光辉、最繁华的都市。北大历史系编写的《北京史》(1985)说:“大都是元代多民族国家的缩影,城中各民族杂处。契丹、女真、渤海等民族久已同汉民混杂之外,作为统治民族,大批蒙古人入局京都,也与汉人相错而居。……唐兀人、畏吾儿人来仕于元廷人很多。大都城西北的畏吾村(后讹为魏公村),当是以畏吾儿人聚居得名。由于蒙古人尊崇喇嘛教(藏传佛教),西藏僧人之来往于京藏之间的空前增多,各民族间的密切交往有利于彼此间的文化交流和传统与友谊增的增长。除此之外,因为蒙古人的三次西征和元朝皇帝在四大汗国中的宗主地位,所以在大都城里,又有大批的中亚各族人民。他们当时统称为'色目人',包括康里人、钦察人(吉卜赛人)、斡罗思人(俄罗斯人)、阿速人、突厥人(土库曼人)和伊朗人等,在习惯上他们又往往统称为回回人。"①

陈垣先生《元西域人华化考》之外还有著名的"古教四考":《元也里可温教考》《开封一赐乐业教考》《火祆教入中国考》《摩尼教入中国考》。也里可温是元代基督教总称;开封一赐乐业教即犹太教;火祆教又名拜火教,来自波斯;摩尼教是由拜火、基督、佛教糅杂而成。元朝文化非常多元,蒙古人崇尚藏传佛教、道教,以及儒家。今天北京留下的元代遗存最为著名的是阜内大街妙应寺白塔,这是北京老城仅存的元代完整建筑。藏传佛教八思巴的弟子、尼泊尔匠人阿尼哥主持建立的妙应寺白塔,融合了印度、尼泊尔,和中国西藏建筑艺术风格。门头沟灵严寺是北京地区仅存的元代木结构古建筑。灵岳寺天王殿虽经多次重修,但仍保留着元代的建筑手法。西山卧佛寺铜佛造像,元英宗时代所铸,长五米多,重五十余吨,侧卧入睡状,体态自如,浑朴精致。北京西便门外白云观,为道教全真龙门派祖庭,享有"全真第一丛林"之誉。其前身是唐代天长观,金朝两次重修,改名"太极宫",后又遂逐渐荒废。自西域大雪山觐见成吉思汗的长春真人丘处机,东归燕京后被赐居太极宫。丘处机命弟子重修殿宇,成吉思汗敕改太极宫为"长春观"。丘处机仙逝于此。元末长春观原有殿宇日渐衰圮,明初重建,并易名白云观。北京市东城区国子监也始修于元朝,国子监内真正元朝旧迹很少了,有四十余株古槐古柏,大多种植于元朝。

就元朝文化而言,最为著名的是与唐诗宋词并列的元曲了。元曲四大家:关汉卿、马致远、郑光祖、白朴。关汉卿、马致远,以及《西厢记》的作者王实甫均是大都人。散曲著名作者贯云石畏吾儿人,薛昂夫、阿里西瑛回鹘人,阿鲁威蒙古人……元曲无论从音乐角度还是作者身份来说,显然是中国多民族文化融合的辉煌成果,元曲中乔吉《黄金台》、沈和甫《燕山逢故人》、无名氏《燕山梦》,演的是大都旧事。北京文化中元曲的兴盛和后来晚清民国京剧的兴盛,以及新文化运动中

---

① 陈垣先生《元西域人华化考》从文学、儒学、佛老、美术、礼俗等各个方面考察了元代进入中原的西域人(色目人)逐渐为中原文化所同化的情况。

话剧的兴起，千里伏线。元朝文化空前繁荣另一个著名的例子是绘画，其最卓越代表是赵孟頫和“元四家”：黄公望、王蒙、倪瓒、吴镇。赵孟頫，宋宗室之后，在元廷任职，博学多才，有“元人冠冕”之誉，在画坛是领袖级人物，《鹊华秋色图》《秋郊饮马图》《秀石疏林图》均传诸久远；他强调“书画同源”，在书法上，精于正书、行书和小楷，圆转清秀，被称为“赵体”，同欧阳询、颜真卿、柳公权并称“楷书四大家”；其诗文和婉流丽，有《松雪斋文集》行世。元代绘画达到了中国文人画的顶峰。元朝文化，即使回到文学正统，“元诗四大家”虞集、杨载、范椁、揭傒斯毋论，乃至“明初诗文三大家”包括宋濂、刘基、高启，元朝和明朝中前期都城大赋的复兴正可说明这段时间北京文化之盛；后来列入四大小说经典的《三国演义》《水浒传》作者施耐庵、罗贯中，也都可以说是元末人。

（二）明北京，传统政治文化的物化符号

元朝幅员辽阔，又是蒙古四大汗国的汗中之汗，各地发展差距很大，为了维护平衡，均贫富是难免的，所以中国富庶的江南便成为税收特高的地区，这导致后来不堪重负的江南地区率先爆发起义。经过一番混战，朱元璋统一江南。1367 年，朱元璋命徐达为大将军、常遇春为副，率军二十五万北伐。北伐军节节胜利，次年正月朱元璋在南京称帝，国号大明，年号洪武。洪武元年（1368）七月，各路大军沿运河直达天津，占领通州。八月，明军进逼大都。这时元代宫廷还在内斗，总领天下兵马的皇太子爱猷识理达腊和父亲元顺帝不和，他们无心抵抗。元顺帝带领三宫后妃、皇太子等从健德门仓促北逃，经居庸关回到上都，史称北元。明朝取得了在长城以南地区的统治权。大都被降为北平。鉴于元大都城池过大，北部空旷少人，不便防守，为了集中力量加强防御，徐达在大都城北垣向南五里，又建起一道新的北墙，设安定门、德胜门两座城门，原来一条东西向运河被作为护城河，这样北平城北部就有了两道防线；同时毁掉元故宫，以破坏元朝的王气。徐达接着收复幽云十六州全境，勘察这一带山川河流，在北平城北部和东部督造军事防御体系。北平城东北的古北口和西北的居庸关是内蒙古草原通向华北平原的要道，其间的慕田峪长城，即为徐达利用原来北齐长城所重修。徐达多次出击北元，又戍守北平十余年，1385 年病死。洪武三年（1370），朱元璋四子朱棣被册封为燕王，洪武十三年（1380）就藩北平。洪武三十一年（1398），朱元璋去世，皇太孙朱允炆即位。朱允炆登基不久试图削藩，朱棣以“清君侧”为名发起了一场历时四年的战争，史称“靖难之役”。1402 年，南京城陷，宫中火起，朱允炆不知所终，朱棣在南京即位，改次年为永乐元年（1403）。鉴于朱棣的根据地在北平，那里也便于军队调度抵御北元,所以他决定迁都北平,改北平为北京,南京作为陪都。永乐四年(1406)五月,明成祖开始营建北京,永乐十二年(1414),在中海之南开挖大湖,即今天的南海。永乐十八年(1420),北京宫殿落成,朱棣下令以北京为京师,次年正式迁都。北京城的营建主要分为内城、皇城和紫禁城。北京城除了此前将北墙南移五里,又将南墙从今天东西长安街一线南移约二里,正门正阳门(俗称前门),崇文门居左,宣武门居右。东西面城墙利用元大都原来的城墙,西面墙的城门:西直门(原和义门)、阜成门(原平则门);东面墙的城门东直门(原崇仁门)、朝阳门(原齐化门)。紫禁城,又称为大内,也在元大内基础上略南移,周围六里,设四门:午门、西华门、东华门、玄武门。皇城周围是十八里有余,南面第一门为大明门(清代称大清门,民国改称中华门,1976年在其旧址建设了毛主席纪念堂),南面第二门为承天门(今天安门)。第三门为端门;东面东安门,西面西安门,北面北安门。这不仅完成了紫禁城及皇城的宫殿、门阙、城池,宫殿、门阙规制一如南京;而且完成了太庙、社稷坛、天坛、山川坛、鼓楼、钟楼等一系列建筑群,分布在中轴线上。

元朝皇室退居漠北,与明朝对峙,并不甘心失去故地,不时南向侵扰。洪武二十二年(1389)四月,明将蓝玉在捕鱼儿海附近大败元军,天元帝逃脱途中被阿里不哥后裔也速迭儿杀死,忽必烈后裔对蒙古大汗的承袭结束了。此后蒙古高原频繁更迭可汗,群雄逐鹿,蒙古逐渐分裂为明朝所称的“鞑靼”和“瓦剌”两大集团。瓦剌是以阿里不哥属民后裔为主的西部卫拉特蒙古;鞑靼是以忽必烈系北元大汗直属部众以及东道诸王后裔为核心的蒙古人。瓦剌首领也先,后来兼并蒙古诸部,并乘胜扩展势力,势力所及,西起中亚,东接朝鲜,北连西伯利亚南端,南临长城。瓦剌从东、西、北三面对明朝形成包围,欲重建大元,一统天下。正统十四年(1449),瓦剌分兵四路逼近明朝。也先亲率主力进攻大同,在“土木之役”大败明军,俘获明英宗。十月,瓦剌进围北京,列阵西直门外,把明英宗放置在德胜门外空房内。于谦临危受命,领导和组织了京师保卫战,使用大炮,奋力抵抗,到十一月八日,瓦剌军退出塞外。北虏南倭,一直困扰着明朝。双方势力不断消长变化。随着北京城人口的增加,城外居民也日渐稠密。为了便于防御,明政府将城外居民扩入城中。嘉靖四十三年(1564)一个包围城南的外罗城建立起来,这就是北京外城。原拟外城要四面合围,因经费不足,仅仅修了南面。外城正南永定门,右安门居右,左安门居左;西为广安门;东为广渠门;西北角设西便门,东北角设东便门,从此整个北京城呈凸字形。

北京城的设计,完全是为封建帝王服务的。明朝是一个非常集权的封建王朝,布局严密完整的北京城就是明朝政治文化的物化象征。外城包着内城,内城包着皇城,皇城包着紫禁城,每一层都围绕着既宽又深的护城河,这就像一个巨大的蛛网,中心供奉着金銮殿上的天子。毛泽东 1964 年曾经在一次谈话中说:"我看《明史》最生气。明朝除了明太祖(朱元璋)、明成祖(朱棣)不识字的两个皇帝搞得比较好,明武宗、明英宗还稍微好一些以外,其余的都不好,尽做坏事。"像午门,既是百官常朝聚会的地方,也是对触怒皇帝的官吏进行打屁股的地方。嘉靖三十二年(1553),杨继盛上《请诛贼臣疏》弹劾严嵩,就在这里被廷杖一百。随后杨继盛在监狱之中被活活折磨了三年致死。留下诗曰:"浩气还太虚,丹心照千古。生前未了事,留与后人补。"北京士民敬而悯之,以杨继盛的故宅改为庙以奉祀,这就是今天宣武区达智桥胡同的杨椒山祠。

同样在嘉靖三十二年,戚继光受张居正支持在山东沿海开始抗倭斗争,到 1565 年,他平定了东南沿海的倭患。明穆宗隆庆时,明政府开始取消"海禁"。隆庆二年(1568)戚继光出任蓟镇总兵官,蓟镇东起山海关西至居庸关拱卫京师是九边重镇中最重要的。戚继光用"因地制宜用险制塞"的建筑思想开始大规模整修长城,山势低矮处加高城墙,山势高峻处修建敌楼,个别地方加修障墙、支墙、挡马墙,全部为砖石结构或砖石木结构。明朝对长城屡次修建,构筑牢固、布局严谨。雄险奇绝的司马台长城、布置巧妙的金山岭长城、曲折独秀的慕田峪长城、险峻雄奇的箭扣长城、与水相连的黄花城长城、"玉关天堑"的八达岭长城、穿流叠翠的居庸关长城,至今仍是万里长城的精华所在。

黄花城长城是护卫明皇陵"十三陵"的重要门户。十三陵坐落于北京市昌平区天寿山麓,总面积一百二十余平方公里。永乐七年(1409)五月始作长陵,到明朝最后一帝崇祯葬入思陵止,其间二百三十多年,先后修建了十三座皇帝陵墓,皇陵均依山而筑,分别建在东、西、北三面的山麓上,形成了体系完整、规模宏大的陵寝建筑群。目前开放景点包括长陵、定陵、昭陵,分别埋葬着明成祖朱棣、万历皇帝朱翊钧、隆庆皇帝朱载垕。崇祯十七年(1644),李自成领导的农民起义军攻进北京城。明王朝日暮途穷,崇祯帝和皇后周氏相对恸哭,周氏自缢而死。崇祯帝登上万岁山,在寿皇亭旁的一棵树下自缢而死。后来李自成将崇祯帝和周皇后尸体停在东华门侧,后合葬入田贵妃的墓中。思陵成为明十三陵中唯一一座帝后与妃嫔合葬之陵,规模也比较小。

腐朽的明王朝在精神文明方面实在乏善可陈。在思想史上主要贡献了阳明心学。专制之下,能说什么呢?阳明心学把北宋理学的"正心诚意"拓展为两条:

“致良知”和“知行合一”。缺少什么,便提倡什么,可见那个时代多么缺少良知和言行一致的勇气。离经叛道,提倡“士贵为己”的“王学左派”代表李贽,在北京曾任北京国子监博士、北京礼部司务等职,万历九年(1581),李贽辞职回家,读书、讲学、著述。万历二十五年(1597)秋,李贽到北京,住在西山极乐寺。万历二十九年(1601)他又到通州讲学。次年,李贽被指“敢倡乱道,惑世诬民”逮捕入京。在狱中他留下一偈——“志士不忘在沟壑,勇士不忘丧其元”,割咙而死。他被收葬于通州北门外马寺庄迎福寺侧(现通州西海子公园内),今墓地尚在。宦官刘若愚比李贽年轻接近一甲子,蒙冤入狱后效太史公司马迁发愤著书,写成《酌中志》,详细记述自己从万历朝至崇祯初数十年耳闻目睹的明朝宫廷,包括皇帝、后妃及内侍的日常起居,宫中规则、内臣职掌以及饮食,服饰等,还有明代大内建筑规制、内府刻书等情况,最为引人注意的是有关魏忠贤等阉宦专政的一些内容。

明北京的寺庙很多,东城区禄米仓东口智化寺,是北京城内现存最大的明代建筑之一。虽经多次修葺,梁架、斗拱、彩画等仍保持明代早期特征。经橱、佛像及转轮藏上的雕刻,遒劲古朴,艺术精绝。西直门外白石桥以东长河北岸五塔寺,是印度佛陀伽耶精舍(释迦牟尼得道处迦耶山寺所建的纪念塔)形式的佛塔,样式秀美,堪称明代建筑和石雕艺术的代表作,也是中外文化结合的典范,今天是北京石刻艺术博物馆所在地。石景山区模式口法海寺,大雄宝殿中至今完整保留有10幅完整的明代壁画,这是北京地区现存历史最悠久、保存最完整的壁画。

(三)清北京,真正多民族的大一统政治中心

清王朝崛起于东北,当皇太极锐意南下的时候,能阻挡他的大概也就是袁崇焕了。天启七年(1627)开始,袁崇焕督师蓟辽。崇祯二年(1629)十月初二日,皇太极亲率八旗大军,避开袁崇焕防守的关宁锦防线,绕道蒙古地区,突袭明长城蓟镇防区的脆弱隘口——龙井关和大安口,进攻北京。袁崇焕从东北驻所率骑兵日夜兼程,千里勤王。袁崇焕赶在皇太极之前从东面驰抵京师城下,屯驻在广渠门外;大同总兵满桂、孙祖寿从西北方向来的,驻扎在德胜门。八旗兵从北面进抵京师后,皇太极驻扎在城北土城关以东。两翼兵分别安营在德胜门至安定门外一带。袁崇焕在广渠门外与八旗军激战八小时,他冲在阵前,左右驰突,中箭很多,“两肋如猬,赖有重甲不透。”广渠门之战后,双方又在左安门激战。袁崇焕一如既往英勇奋战,用大炮击退皇太极的进攻。皇太极为了保存实力,放弃强攻,设反间计,中伤袁崇焕。他随后夜袭卢沟桥,继而击败明援军于永定门外,满桂、孙祖寿战死。崇祯三年(1630)初,皇太极东进,连克数城后,率主力退回盛京(今沈阳)。

明崇祯九年(1636)，皇太极在盛京天坛“践天子位”，定国号“大清”，改元崇德。崇祯十六年(1643)，皇太极病死，九子福临六岁登基，改元顺治，由叔父睿亲王多尔衮摄政。顺治元年(1644)，清军在吴三桂的帮助下入关，击败李自成的大顺政权。同年，迁都北京。清北京的城池、宫殿规模一如明朝，只是将毁坏的部分加以修葺，门殿名称略有更改：皇城正门大明门改称大清门，南面第二门承天门改称天安门。清军入京第二天，强迫内城汉人三天以内一律迁往南城或其他地方。内城被划为八旗驻地：正黄旗、镶黄旗位正北；正白旗、镶白旗位正东；正红旗、镶红旗位正西；正蓝旗、镶蓝旗位正南。满洲贵族和八旗兵丁大量聚集，清廷还不断圈占京畿地区其他土地，近郊有五百里内土地被作为旗地，安置满洲庄头。

清军入关后，联合汉族士人官吏共同执政，蒙古人也参与军政，所以清政府一开始就是以复合民族政权的形式出现的。顺治八年(1651)，为民族和睦，顺治帝根据“西藏喇嘛”恼木汗的请求，在原来忽必烈所建的北海广寒殿废址上建藏式白塔，在塔前建“白塔寺”；因为岛上建起了喇嘛佛塔，山名也改称为“白塔山”。康熙二十二年(1683)全国统一后，清廷从十七世纪末开始拓边战争达百年之久。顺治九年(1652)和乾隆四十五年(1780)达赖五世和班禅六世先后来到北京。清廷在北京建立了西黄寺作为他们的驻跸之所。班禅六世西黄寺圆寂后，乾隆帝特命在西黄寺建一座宏伟的“清净化城塔”以示纪念，寺内有御制的用汉、满、蒙、藏四种文字书写的碑文。满蒙一家，与清王室有姻亲关系的蒙古王公贵族也不断来到北京，甚至长期居住、定居，清廷在北京为他们建筑了不少华丽的府第。北京，成为多民族共同的政治中心。1735 年，雍正帝在圆明园突然去世，乾隆帝登基。雍正帝灵柩被停放在他当王爷时的卧室，即今天雍和宫永佑殿。为迎灵柩，雍和宫中路殿宇由绿瓦改为黄色琉璃瓦，黄瓦红墙，与紫禁城皇宫一样规格。一年之后，雍正移葬清西陵。乾隆九年(1744)，雍和宫被改为大型喇嘛寺院，它不仅是皇家寺院，也是藏传佛教的全国最高学府之一。今天在雍和宫大殿前可以看到一座大碑亭，亭中有大型四面碑，用四种文字刻着乾隆写的《喇嘛说》。文中论述了喇嘛教的由来、沿袭和教制教规，还特别写道：“兴黄教，所以安众蒙古，所系非小”，阐明“安藏辑藩，定国家清平之基于永久”的方针。

其实，紫禁城的本意是彰显皇家威仪，清朝帝王们并不适应这里封闭单调、动辄循礼的枯燥生活，尤其盛夏溽暑难当，从顺治帝就开始在明代旧苑南海子修建南苑行宫，在那里休憩、渔猎、骑射。康熙帝早年郊游地点也主要在南苑。从康熙十四年(1675)开始，康熙帝到西郊活动，不久开始修建香山行宫。康熙十九年

(1680)又修建玉泉山澄心园,后改名静明园。康熙二十六年(1687)又在原清华园的基础上修建畅春园。畅春园建成后,康熙帝除了朝贺等大典活动在紫禁城宫中举行外,他都是在畅春园处理政务的。康熙后期,接见外国使节、庆祝万寿盛典的千叟宴、元宵节赐宴外藩蒙古王公等重要活动也在此举行。某种意义以上,紫禁城开始成为国家的象征,这里才是清朝真正的政治中心所在。康熙二十九年(1690)年开始,康熙帝在畅春园周围陆续为年长的九位皇子以及亲信重臣修建赐园。皇四子雍亲王胤禛就住在圆明园。清北京对北京城建的最大贡献就是对于西郊的开发了。

1722年康熙就病逝于畅春园中的寝宫。胤禛即位,这就是雍正皇帝,他将其地改建为恩佑寺。恩佑寺山门至今存于北大西门外。雍正帝把圆明园扩建成三千多亩的御园,在此召见群臣,处理国政。圆明园的布局分为内廷与外朝,外朝的安排等于一个具体而微的清政府,这一套机构比京城里更加集中,入直奏事,召见传谕更便捷高效。雍正皇帝最后也是在圆明园得病而突然去世的。乾隆帝登基后建成圆明园四十景,他掀起一个造园高潮,全面完成了五园三山的建设。

五园,包括畅春园、圆明园、静明园、静宜园和清漪园,其中静宜园是在香山行宫基础上修建的,有二十八景。清漪园则是乾隆帝完全自主地擘画和建设的,体现了乾隆帝以农为本、以孝治国,安众蒙古等治国方略,依万寿山特定的地理环境与建筑条件,创造性地复制天下美景,体现"普天之下莫非王土"的皇家风范。三山是指万寿山、香山、玉泉山。圆明园与畅春园、颐和园、静明园紧密相接,可以互通舟楫,静明园与静宜园也有流泉相通,方圆几十里的皇家园林连成一片。颐和园的知春亭岛与玉泉山主峰玉峰塔(又名定光塔)、香山静宜园宫廷区,形成一条轴线,向东延伸到圆明园、畅春园南北轴线的中心点。从玉泉山俯瞰,东部三园鼎足而成为稳定均衡的构图;西部三山为东部两园借景的主题;这是一个完整的有机体系。五园三山而外,著名的皇家苑囿还有长河沿岸的紫竹院行宫,玉渊潭畔的钓鱼台行宫等等。

咸丰十年(1860),英法联军劫掠并火烧圆明园,邻近的畅春园同时被毁,然后又西去烧毁了颐和园、静明园、静宜园。后来顾太清(1799—约1876)写《烛影摇红·听梨园太监陈进朝弹琴》:"雪意沉沉,北风冷触庭前竹。白头阿监抱琴来,未语眉先蹙。弹遍瑶池旧曲,韵泠泠、水流云瀑。人间天上,四十年来,伤心惨目。尚记当初,梨园无数名花簇。笙歌缥缈碧云间,享尽神仙福。叹息而今老仆。受君恩、沾些微禄。不堪回首,暮景萧条,穷途哀哭。"

1900年，在慈禧太后的允许下，义和团进驻北京，接着是八国联军侵华，1900年8月16日晚，八国联军已基本占领北京全城，联军司令部设立在北海北岸的澄观堂。黄遵宪（1848—1905）写《京师》："郁郁千年王气旺，中间鼎盛数乾嘉。可怜一炬成焦土，留与东京说梦华。"

庚子乱平，紫禁城成为清政府实际办公的地方。同治年间，同治帝准备修复圆明园，开工不到十个月因财力枯竭而停修。光绪年间，为慈禧太后退居休养，光绪帝下令重建清漪园，并改名颐和园。光绪二十八年（1902），颐和园大体恢复了清漪园的旧观。慈禧太后搬进来，在此主持全国政务，一直到去世。不仅办公，慈禧的娱乐也在这里，例如德和园就是她听戏的地方，慈禧太后下诏请宫外著名戏班进宫演戏。颐和园东宫门外专门设立昇（升）平署的分署机构，管理演剧事宜。所以德和园上演的大戏除南府及太监演的"本家戏"外，很多是"外班戏"，如四喜班、同春班、春福班、三庆班等，著名的演员如谭鑫培、孙菊仙、杨月楼、陈德霖、汪桂芬等名角作为"内廷供奉"多次应召入园演出。慈禧嗜戏成瘾，她对京剧的扶持，促成了晚清京剧的辉煌。德和园，规制仿故宫宁寿宫畅音阁，德和园大戏楼、畅音阁大戏楼，与承德避暑山庄的清音阁大戏楼并称清代三大戏楼。

慈禧太后死后三年，辛亥革命爆发，1912年2月12日，清廷接受《清室优待条例》，颁布皇帝退位诏书，袁世凯"以全权组织临时共和政府"。民国元年（1912）3月10日，袁世凯在北京接任临时大总统，袁世凯占用中南海，成为北洋政府总统府，袁世凯称帝时期，中南海曾改名"新华宫"。他高举"五族共和"的旗帜，成立蒙藏事务局（后改称蒙藏院），管理蒙、藏等少数民族事务。民国治下北京的近代化进程大大加速，逐步从一座皇城向现代城市过渡。民国元年3月，北洋政府筹备天坛对外开放相关事宜。后来因为袁世凯复辟帝制，要祭奠天坛，天坛对外开放计划搁浅；袁世凯死后两年，天坛公园于民国七年（1918）1月1日，对外开放。民国三年（1914），北洋政府内务总长朱启钤启动改造旧都城计划，拆除了天安门前千步廊、修筑沥青路、瓮城以及长安左右门边红墙等，原本封闭的T形宫廷广场变成可自由穿行和逗留的开放空间，威严、神秘的皇权被消解。天安门开始成为现代意义上的广场。同年社稷坛被辟为公园向社会开放，初称中央公园，这是当时北京城内最早成为公园的皇家园林之一；1925年孙中山先生逝世后，曾在园内拜殿（今中山堂）停放灵柩，举行公祭。被八国联军洗劫一空的北海闭园十余年后，其园林建筑略经修缮后于1925年8月1日被开放为公园。

故宫、颐和园本作为溥仪私产，由清室内务府管理。由于皇家经费财源日趋枯竭,为补贴园林的财政,民国三年(1914)1月14日,清室内务府将颐和园改为售票参观。民国十七年(1928)7月1日南京国民政府内政部接收颐和园,这座皇家园林正式成为公园。1924年,冯玉祥发动"北京政变",在景山架设大炮,将溥仪逐出宫禁,同时成立"清室善后委员会",接管故宫。1925年10月10日宣布故宫博物院正式成立,对外开放。1928年,景山被辟为公园,属故宫博物院管理,修葺后供游人观赏。先后被用作北洋政府总统和总理办公地、张作霖"帅府"的中南海,也在国民政府迁都南京后,作为公园对民众开放。日伪统治时期的北平政府开始在北京西郊筹建用于商业和住宅的"西街市",并在东郊筹建用于工业区的"东街市"。为沟通新街市与城内交通,特就东西两面城垣各辟一新城门,新城门因陋就简仅有豁口而未设门扇与门洞,当时东称'启明门'、西称'长安门',结束了长安街东西端无大道通行的历史。日本投降以后,国民政府接管北平,这两个城门在1945年被分别改名为建国门、复兴门——取国家复兴的意思。国民党军委北平行营设在中南海。1949年后,中南海成为中共中央和国务院的驻地和部分国家领导人居住的地方,已经成中国国家象征之一。新中国来之不易,1949年9月30日,中国人民政治协商会议第一届全体会议决定,为了"纪念死者,鼓舞生者",在天安门广场建立人民英雄纪念碑。1952年8月开工,1954年拆除中华门,1958年4月人民英雄纪念碑落成。明清太庙被辟为职工群众的文化活动场所,"北京市劳动人民文化宫"匾额由毛泽东亲笔题写,于1950年4月30日揭幕。为庆祝中华人民共和国成立十周年,北京启动建设包括天安门广场、革命博物馆、历史博物馆、民族文化宫、军事博物馆等一系列标志性建筑。人民大会堂建于天安门西侧;对称的天安门东侧建历史博物馆,后改名中国国家博物馆,系统展示中华民族文化历史。毛泽东主席去世后,在人民英雄纪念碑南面,原中华门旧址上建毛主席纪念堂,1977年9月9日毛主席纪念堂落成并对外开放。

把历史缩短看,其实很了然。北京文化三千年:八百年的诸侯荣光(燕国),又八百年的帝国边陲与民族融合大冶炉(秦汉魏晋南北朝);四百年来的北方屏障与封建割据中心(隋唐帝国五代);二百年的中国北部中心(辽金);从元朝开始,又八百年的中国都城史,元清所占近半,夹在元清中间的汉族政权明王朝一直被北虏南倭困扰着,天子守国门,守着长城以南的疆域……北京文化的包容气质,背后是中华文化的海纳百川。

参考文献

[1]周锡保. 中国古代服饰史[M]. 北京：中央编译出版社，2011.

[2]郭京. 考古北京：破译地下的历史密码[M]. 北京：北京人民出版社，2021.

[3]北京大学历史系《北京史》编写组. 北京史(增订版)[M]. 北京：北京出版社，2003.

[4]陈垣. 元西域人华化考[M]. 北京：中华书局，2016.

[5][北魏]郦道元著，陈桥驿校证. 水经注校证[M]. 北京：中华书局，2013.

[6][汉]司马迁著，[宋]裴骃集解，[唐]司马贞索隐，[唐]张守节正义. 史记(点校本二十四史修订本)[M]北京：中华书局，2013.

高立志，笔名蒙木，北京出版集团文津出版社总编辑。

北京地区的清末官报

李　健

【提　要】官报产生于清代末期,是传统帝国向近代国家转型的缩影。清代中期以前,官方信息主要通过邸报、奏折等封闭形式传播,受众仅限于官僚阶层。官报的创办首次以公开化、定期化的方式向公众传递政策信息,标志着官方信息传播从"秘而不宣"转向"开明宣达"。官报在编辑体例、发行机制等方面效仿西方报刊,同时结合中国传统,形成了一套官方新闻传播的范式,影响了民国初年的政府公报制度。北京地区(京师)创刊的四种官报,《政治官报》《交通官报》《学部官报》《商务官报》,因其特殊的历史地位以及中央政权的主导,在官报发展历程中,具有重要的地位,对中国近代新闻传播的转型,产生了重要的影响。

【关键词】清末官报　政治官报　交通官报　学部官报　商务官报

清末的官报是指从1900年前后至1911年清王朝被推翻,由中央或各级政府部门主办的报纸。在这十多年间,全国出版官报的品种近七十种,出版地点分布于全国各省。北京地区(京师)创刊的官报主要有四种:《政治官报》《交通官报》《学部官报》《商务官报》。

十九世纪中期,清朝受到鸦片战争爆发和太平天国农民起义的冲击和影响,其统治处于风雨飘摇、内外交困的窘境。与此同时,西方的新科技、新文化,以经贸、宗教、战争等形式向中国渗透,让国人看到了西方先进文明的益处和西方列强的强大。在这样的大背景下,清朝廷部分官员和知识分子对中西方现状及双方关系有了新的认知,于是主张以西方先进科学技术来维护清朝政权,主张得到了清政府高层统治者的认可和暂时的支持。由此便掀起了"师夷长技以自强"的运动,历史上称之洋务运动。洋务运动引进了国外科技、外交人才,在国内培养了技术工人,为中国近代科技的发展和西学的传入提供了基础。同时,作为近代社会信息传播的重要工具——报刊,这时开始以"官报"的形式在中国出现。

清代中期以来,一直有中央政府定期编印,统一发行《邸抄》,来传知朝廷的每日政事动态、谕旨、章奏等。《邸抄》这一传统的朝廷官报,因其内容仅仅是报道皇帝的衣食住行、朝廷官员任免等内容,不能及时通报当时推行的“新政”,诸如政务、练兵、学务、路政、商务等贴近社会的内容,已远远不能满足当时社会发展之需要。

1901 年清廷推行“新政”,试图通过改革挽救统治危机。1906 年,慈禧下诏宣布“预备立宪”,成立宪政编查馆(前身为 1905 年设立的“考察政治馆”),负责宪政研究与法律编纂。官方急需统一宣传渠道,向官员和民众传达改革政策,通过官方媒体掌握话语权,引导舆论以巩固权威。

甲午前后,政论报刊纷然并起,商业报刊盛行一时。受到社会各界舆论影响,晚清政府对于办报的理念逐渐发生改变,不再一味地封锁信息。政治家们较早意识到阅报、办报可以开通风气。为改变官方在公共舆论方面的被动地位,清光绪中期,为“开通民智而正民心”,将朝廷立法行政公诸国人,使得“绅民明悉国政”,而堵塞“荧惑是非,传闻失实”之弊,各地“参用东西各国官报体例”,陆续办起了官报,其中较早的有《江西官报》(1902 年)《湖南官报》(1902 年)《北洋官报》(1903 年)等。

随着各地官报的盛行,清政府的机关报——《政治官报》也于 1907 年 10 月在北京创刊。《政治官报》由宪政编查馆主办,成为中央级官方媒体。虽然其前身可追溯至地方性官报(如 1902 年袁世凯在天津创办的《北洋官报》),但《政治官报》层级更高,直接服务于中央新政。《政治官报》明确宣称“开通政治之知识,造就立宪国民”,旨在宣传预备立宪思想,普及法律知识,统一中央与地方政令。其内容主要如下。

官方文件:朝廷上谕、各地奏折、法律章程、条约等;新政动态:宪政筹备、官制改革、教育及实业进展;国际参考:译介外国宪法、政治制度,彰显“师夷长技”姿态;地方政事:各省新政实施情况,促进中央与地方信息互通。

《政治官报》内容严谨,发行覆盖全国官员及学堂,部分公开售卖以扩大影响。该报强调“官方权威性”,内容需经严格审查,避免触及敏感议题,在一定程度上推动了新政信息传播,为近代中国官方新闻制度奠定了基础。但是其内容保守,侧重维护皇权,缺乏实质性政治改革讨论,被批评为“形式立宪”的传声筒。1911 年辛亥革命爆发后,《政治官报》随清朝灭亡而停刊。

看到办报益处的同时,官方重新审视了旧制,发现中国传统监督方式隐秘,官吏不愿公开政务信息,正如《交通官报》1909 年第 1 期的《发刊辞》所言“吾国旧制,遒人木铎,象魏悬书,法律之出隐秘而入公示,其时代固较十二表为尤。先自士大夫译言读律,刀笔吏习于舞文,遂令公示,手段日即隐晦,监督机关处分胥去其籍,出纳官吏,数字不可告人。官报之不发达,对于政治苟且不为其果,而为其因”。清末最后十年,官僚体制内部大多主张创办官方媒介、公开政务信息,报刊重要性首次被推崇到极致。

与此同时,1906年(光绪三十二年),清政府在“预备立宪,需先厘定官制”的认识下,对部院进行了大改组,除学部保留外,将原有巡警部改为民政部,户部改为度支部,刑部改为法部,兵部改为陆军部,工部并入商部,改为农工商部。改革后的中央政府各部院也开始编印出版了各自的部门性报纸。

1903年(光绪二十九年)9月7日,清政府设立商部,倡导官商创办工商企业。1906年(光绪三十二年)由商部、工部等合并而成农工商部,是为清朝末年新设的中央机构之一。同年4月,农工商部创办了《商务官报》。

《商务官报》其前身是商部郎中吴桐林及其子所办的《商务报》,这是一份官商合办的报纸,以“浚商智”为宗旨。1906年商部下发堂谕,“本部开办之初,派章京吴桐林、吴兆鉴父子在京师创办《商务报》以开风气,数年以来,该章京父子,经营组织,颇具苦心,销数至四五千份之多,不为无效。惟查究系商办,与本部体制,大有不合。亟应收回本部衙门,改为全归商办。所有原招商股,仰该章京父子如数退还各股东,毋得有失信义”①。《商务报》的商股被收回,成为一份完全官办的报纸并改名《商务官报》,由商部主事章宗祥主编。1907年3月,章宗祥被调往吉林,《商务官报》转由钱承德、金绍城二人接办。1911年8月停刊。

《商务官报》旨在“发表商部之方针,启发商民之智识,提倡商业前途,调查中外之商务”。报纸以商业资讯为主,分为八个栏目:(一)论说,以经济学理为基础而参以实际应用之方法,此为发挥本报主义之地;(二)译稿,东西各报其关系商务者,精理名言不遑枚举至各国之对我经营尤足注意译录于此,以示他山之助;(三)公牍,凡关涉商务重要问题者,节录登载其例行公事,从略分类如左:(甲)谕旨、(乙)奏稿、(丙)咨文、(丁)批示,凡商部各种批示悉行登载,商民得以此为据;(四)法律章程,凡商部新定各种商律及新颁各种部章悉行首先登载以示公布;(五)调查报告,凡调查报告之件,足资参考者,节录登载或全文照登约分三类:(甲)本部特派员之报告;(乙)各省商务机关之报告;(丙)各埠领事之报告;(六)

---

① 吴廷俊:《中国新闻史新修》,复旦大学出版社,2008年,第90页。

专件,凡关于商务上各种条约合同条陈章程等类悉归此门登载;(七)记事,以关涉商部及商界中之事为限;(八)附录,不拘体例。[①]

《商务官报》创办后在很长一段时间内由商部主事章宗祥负责,汪有龄为杂志编辑,章乃炜为总编辑,主笔有章乃炜、汪有龄、杨荫杭、杨志洵等人,章宗祥的兄长章宗元,族亲章震福等也时有投稿。他们大多都有新式教育或留学背景,因此熟悉国外环境和政策,能够翻译和撰写大量关于实业的文章,传递西方先进的经济理论和实业经验,为国内实业的发展提供借鉴。这一时期的《商务官报》在经济新闻领域具有一定影响力,报纸中英文译著、观点论说等内容,常为民间报纸《申报》《东方杂志》转载,如《论中国宜求为工业国》《今后振兴实业之方针》《述英国商业发达新状态》等文,可见专业性官报在引导舆论、推动新政发展方面的助力功效。除此之外,报纸还根据商部统计数据,制作了有关各省各地经济、实业发展的统计表,如《江西省各属矿产表》《湖南调查林业统计表》《矿政调查表》,具有重要史料价值。

1905年(光绪三十一年)12月6日,清廷下谕设立学部,为专管全国学堂事务的机构。学部于1906年8月26日创办《学部官报》。其主编为曾参与"公车上书"的清末进士戴展诚。该报初为月刊,从第3期起改为旬刊。至1911年7月停刊。

《学部官报》"仿各国行政衙门刊发公告之意,按期编纂发行,以辅行政之机关"。报纸分为八个栏目,分别是:(一)谕旨;(二)奏折;(三)文牍,凡本部咨札函电批示,择要登载;(四)报告,专记各省及东西洋学务情形,若京外添设学堂及学务经费之文牍,摘由附载;(五)京外奏稿,凡有关学务者,择要登载;(六)审定书目,凡经本部审定之书,列表登载,其有关于此类之文牍附列于后;(七)选译书报,凡东西各报,关系学制、教育、学术者,选译登载,其有东西各国书籍篇幅较巨者,自为一类;(八)附录,杂载有关学务之著论演说谈辨问答。[②]

《学部官报》中的外报选译常被民间报刊转载,在新知传播方面具有一定的影响力。如其曾连载《考察政治大臣随员田吴炤考察教育意见书》,阐述法德两国教育经验,便引起了国内诸多有识之士的重视。报纸开办之后,学部便要求各省府、州、县以及学堂订阅该报,"府城及各直隶州学堂处所较多,应由各府直隶州派

---

① 《商务官报章程》,《商务官报》1906年第1期。

② 《学部官报重定例言》,《学部官报》1906年第3期。

发”。

1906年(光绪三十二年)清政府设置邮传部。分设船政、路政、电政、邮政、庶务五司。1909年(宣统元年)7月,由曾经颇得袁世凯器重的时任邮传部尚书徐世昌,创办了《交通官报》。

《交通官报》由邮传部图书通译局官报处编辑,是清末邮传部的机关刊物,也是指导四政的综合刊物。开始为月刊,后改为半月刊,前后共出版了30期。止于1910年10月。

《交通官报》其创刊号上,印有邮传部三位核心领导人物照片,分别是尚书徐世昌、侍郎汪伯堂和侍郎沈雨人。辛亥志士、曾任孙中山先生秘书长的程明超在创刊词中指出,创办《交通官报》的目的在于“齐一官民意志,发达交通学术,增进交通事业,以官报而兼学报之任务者也”①。

《交通官报》首页刊有官报凡例:本报登载关于交通之事件及学理,其他不关交通者概不编入;本报分为下列各门:(一)图画(人物摄影);(二)谕旨(恭录有关交通者);(三)论述(或撰著或采录);(四)折奏(本部所奏或会同他部所奏者);(五)公牍(分为四类:咨札类、禀呈类、条陈类、批示类,就本部往来之公牍择其重要者分类编入);(六)法制(本部发布之法令章程或由本部核准凡系现行者均以次编入);(七)约章(关于交通之条约及合同);(八)报告(分为三类:1.统计报告,2.调查报告,3.研究报告);(九)译丛(选译欧美日本名人论著或事实以资借镜,其与中国有关者亦照原文直译以存其真);(十)交通沿革(分为四类:1.路政沿革,2.船政沿革,3.电政沿革,4.邮政沿革,均就中国已过事实提要叙述);(十一)杂类(中外新出书籍有关交通者提要绍介,并不属于以上十门者一并录入)。②

与综合性官报负责宣传政令的定位不同,以上所提到的四种官报属于专业性官报,其在办报宗旨上更偏重“开民智而正人心”③,如《交通官报》在其《发刊辞》便提出,官报可以兼任学报,“交通官报何为而作也?盖将齐一官民意志,发达交通学术,增进交通事业,以官报而兼学报之任务者也”,将报纸视为教育、治学的媒介,向读者传播基本常识。从这一角度来看,官报承担了教科书的功能。

---

① 《交通官报发刊词》,《交通官报》1909年7月第1期。

② 《交通官报》1909年7月第1期。

③ 《宪政编查馆大臣奕劻等奏办理政治官报酌拟章程折》,载《清末筹备立宪档案史料》,中华书局,1979年第1060页。

整体来看,这一时期官报的发展是迅速的,同时也是特点鲜明的,沟通上下之间和国内外之间的信息交流,培养“新政”人才,达到立宪自强的目的。清末官报的发展,正是实现这一政策的具体手段之一,这也决定了这一时期官报不同以往的诸多特点。

首先,从刊载内容上看,这一时期官报在内容上除载圣谕上谕,也开始刊载政治、学务、军务,并报道时务各学之新理,农工商之发展,中央各省之新闻以及外交上的事务。有的还翻译国外报纸消息,介绍西学西艺。版面开始按内容分类编排,标题、字号都有不同处理。并开始接受广告业务。查阅方汉奇教授主编的《中国新闻传播史》(第二版)等资料,清末官报所刊的主要内容中,公文类占 34.07%,章奏 23.03%,新知、实业 18.09%,新闻 10.88%(条数 17.53%),论说 8.72%,谕抄 6.27%,艺文 3.49%,广告 1.58%。公文和奏章占 57.1%,其余都是非政府文件类信息。

其次,从其创办主体上看,清末创办官报的主体,也是新政实施主体,两者合一,因而官报可以视为新政体制的组成部分,不能简单以新闻报纸来限定。一方面,新政机关可以通过官报来发布信息,帮助新政施行;另一方面,也通过官报来沟通上下内外,让各方熟悉这些新机构及其职能,从而真正能发挥新政领导职能。

再次,这一时期的官报在发行上虽然从“仅与官阅”转向“官民共阅”,面向全社会发行。但其主要仍以“派销”为主,这是它与民营报刊的一个重要区别。派销的实质是派购,是利用行政渠道,自上而下按行政区划层层分摊。派销数额的多寡,是官员政绩考核的内容之一。在派定数之外加添的,由官通报表扬;不足者除刊登札文点名申斥外,还要受到降职处分。这是导致这是时期官报的销量远远大于民间报刊,以本书收录的《商务官报》为例,《袁世凯为改办商务官报事札津商会》中提及“中国商民风气尚未大开,将来该报行销全赖官为提倡”,因此,商会是《商务官报》派销的主要场所,袁世凯还要求“各省除督抚将军由本部送阅一份外,所有实缺各官,自司道以致州县及办理有关商务之员,均应派令购阅,至少一份”①。

《商务官报》的前身《商务报》销数大概只有四五千份,而收归官办后的《商务官报》销量据统计,1906 年总共发行《商务官报》18 万 8500 份,1907 年 20 万 1300 份,1908 年保持 20 万 1300 份。而同一时期经常性印数达万份以上的民营报刊,

---

① 天津市档案馆:《袁世凯天津档案史料选编》,天津古籍出版社,1990 年,第 218-221 页。

上海只有三两家,北方印数最高的《大公报》也只印4500份。

另外,这一时期的官报在版面按内容性质的分类编排,基本符合近代报刊的要求,已接近或类似同时期的民营报刊;其在设备和技术方面,机器及工匠多来自津、沪、粤等地,北洋、四川的机器购自日本,并聘日本技师,其技术能力在当时处于一个比较先进的地位;在机构设置上,这些官报一般是在总办(社长)领导下,分设总纂、翻译、绘画、印刷、文案、收支等机构,按不同功能进行分工,也脱离了古代邸报手工作坊式编印发行的方式。报社的经营管理在浓重的官僚体制下也显出了一点近现代企业的迹象。这表明晚清官报似乎也意识到了自己的保守和落后,也似乎力图在改变自己。虽然在封建体制下这种意识和改变显得苍白无力,所起的作用也十分有限。

清末官报在内容、人事与传播各方面都交织着新旧势力、思想以及管理方式的种种博弈。官报舆论传播的最大特征是在新旧观念中摇摆。报纸对当时热议的教育改革、改良风气以及"预备立宪"等议题多有涉及,宣传了先进思想、理念,试图深入推动改革。但同时标榜灌输"新思想、新智识"的清末官报在本质上还是在贯彻了"中学为体,西学为用"的思想理念,多用"比附"的方式将西学简单粗暴地约化为中国传统文化的注脚,意在继续以新思想去服务旧的体制。

虽然清末官报并没有达到立宪政治的目标,也没能挽救业已腐朽不堪的清朝朝廷,但作为特殊历史时期的新闻传播载体,清末官报提供了丰富的官方历史资料,从中可以窥探晚清政治走向。从这一点说,清末官报具有重要的史料价值。此外,清末官报是清末朝廷重臣或主持或支持兴办的新闻媒体,他们的思想和主张也影响到官报的性质,是实际上的政治家办报。这些朝廷权臣的思想影响到清末官报的思想,反过来说,清末官报体现了清末朝廷上层人士的价值和思想。

参考文献

[1]博物院明清档案部编.清末筹备立宪档案史料[M].北京:中华书局,1979.

[2]戈公振.中国报学史[M].台湾:学生书局,1964.

[3]方汉奇.中国新闻事业通史第1卷[M].北京:中国人民大学出版社,1996.

李健,北京出版集团文津出版社编辑。

乾隆年间清漪园运作、管理情况初探
——以《清宫颐和园档案苑囿管理卷》乾隆年间档案为中心

樊志斌

【提　要】本文根据《清宫颐和园档案·苑囿管理卷》乾隆年间档案，结合《颐和园大事记》《日下旧闻考》资料，对乾隆年间清漪园的建设阶段、资金来源、人员设置、人员管理、园林出息等问题进行了系统的梳理、考察，对了解乾隆时代清漪园的整体情况、运作、管理等问题做出了比较明确的概述。

【关键词】清漪园　乾隆时代　管理　运作　制度

一、《清宫颐和园档案·苑囿管理卷》乾隆年间档案基本情况

《清宫颐和园档案·苑囿管理卷》出版于2015年(中华书局)，其中，“乾隆年间档案”共113件(卷一含乾隆朝档案65件，卷二含乾隆朝档案48件)，始于乾隆元年(1736)六月十七日，终于乾隆六十年(1795)十二月二十八日。

卷二第十件档案为乾隆十五年(1750)六月初六日总管内务府大臣三和等奏《请酌拨瀛台园户看守昆明湖行宫折》，前此74件档案皆为请将犯罪太监发瓮山铡草折，尚未有园林，不在本文所谓“清漪园管理”概念之下，不予考量，故《清宫颐和园档案·苑囿管理卷》涉及乾隆朝运作、管理的档案共有39件，皆集中于《清宫颐和园档案·苑囿管理卷》卷二前半部分[①]。因此，现存乾隆朝清漪园档案数量虽不甚多，但涉及人员设置、费用来源、工程银两奏销、失职逃亡人员处理等问题，基本涵盖园林运作的基本内容，为我们了解乾隆时期清漪园的运作、管理情况提供了一手资料。

---

① [清]于敏中等编纂:《日下旧闻考》，北京古籍出版社，1983年，第1393页。

《清宫颐和园档案·苑囿管理卷》中乾隆朝涉园管理档案列表

时间	内容	时间	内容
乾隆十五年六月初六日(1750)	总管内务府大臣三和等奏《请酌拨瀛台园户看守昆明湖行宫折》	乾隆十五年十二月二十七日(1750)	总管内务府大臣奏《两江总督黄廷桂差委解到原任大学士张廷玉罚银应否仍交万寿山》
乾隆十六年闰五月二十日(1751)	总管内务府大臣三和等奏《遵旨修建万寿山等处工程已竣,请添设人员看守》	乾隆十七年十二月二十五日(1752)	总管内务府大臣允禄等奏《将偷盗万寿山铜斤李如侗等治罪》
乾隆十八年正月十九日(1753)	总管内务府大臣苏赫纳等奏《应裁牧群人等仍遵旨赏给万寿山等处当差》	乾隆十八年二月初四日(1753)	总管内务府大臣苏赫纳等奏《请酌派四等庄头耕种昆明湖等处菜园》
乾隆十八年十一月二十五日(1753)	总管内务府大臣苏赫纳等奏《请将云贵总归硕色派人送到吴尚贤变产什物银两遵旨交与万寿山》	乾隆十九年闰四月初九日(1754)	总管内务府大臣苏赫纳等奏《请于清漪园添设副总领等缺》
乾隆十九年闰四月初九日(1754)	总管内务府清册·清漪园总领、副总领、园丁、园户、园隶、匠役、闸军等分派各处数目清册	乾隆十九年闰四月二十七日(1754)	总管内务府事务允禄等《遵旨议覆清漪园添设副总领等缺事宜》
乾隆十九年五月十六日(1754)	总管内务府大臣三和奉旨《长芦盐政普福解到银两著交万寿山查收》	乾隆二十年正月十八日(1755)	总管内务府大臣海望奉旨《高晋解到王岱变产银两著交万寿山等处查收》
乾隆二十年四月二十七日(1755)	总管内务府大臣三和奉旨《长芦盐政普福解到额外盈余银两,著交万寿山查收》	乾隆二十一年四月二十六日(1756)	总管内务府大臣阿里衮奉旨《长芦盐政官著解到额外盈余银两,著交万寿山查收》
乾隆二十一年六月初八日(1756)	清单·清漪园等处本人应差及冒名顶替人数	乾隆二十二年五月初八日(1757)	总管内务府大臣吉庆奉旨《长芦盐政官著解到额外盈余银两,著交万寿山查收》
乾隆二十三年正月二十九日(1758)	总管内务府大臣吉庆奉旨《两淮盐政高恒解到四项银两,著交万寿山查收》	乾隆二十三年四月十五日(1758)	总管内务府大臣奏《请将清漪园逃走太监陈进玉照例发往打牲乌拉充当苦差》
乾隆二十三年四月十五日(1758)	总管内务府大臣奏《请将清漪园逃走太监陈进玉照例发往打牲乌拉充当苦差》	乾隆二十三年四月十八日(1758)	总管内务府大臣吉庆奉旨《长芦盐政官著解到额外盈余银两,奉旨著照例交万寿山查收》
乾隆二十四年二月初二日(1759)	总管内务府大臣三和等奏《请查议损坏万寿山后大庙供桌之监督郎中杨万育等》	乾隆二十四年三月二十五日(1759)	总管内务府大臣吉庆奉旨《长芦盐政官著解到额外盈余银两,著交万寿山查收》

续表

时间	内容	时间	内容
乾隆二十九年二月十一日(1764)	总管内务府德保等奏《清漪园景明楼北楼失火,请将太监、官员议处》	乾隆二十九年二月十四日(1764)	总管内务府事务允禄等奏《奉旨严审清漪园景明楼北楼失火一案,并请治罪失职人员》
乾隆二十九年三月初四日(1764)	总管内务府事务允禄等奏《请照例议处清漪园景明楼北楼失火失察各官》	乾隆三十年七月二十八日(1765)	候选员外郎范清济等呈文《恳请派员查核万寿山等处工程奏销钱粮》
乾隆三十三年七月初四日(1768)	总管内务府事务永瑢等奏《万寿山六兼斋失窃,已将坐更太监郝永顺等治罪》	乾隆三十三年八月初二日(1768)	总管内务府大臣四格等奏《请罚俸万寿山六兼斋失窃一案失职官员》
乾隆三十四年六月二十四日(1769)	总管内务府事务永瑢等奏《遵旨访拿清漪园逃走太监刘进玉》	乾隆三十四年八月初六日(1769)	总管内务府大臣四格等奏《请将拿获清漪园逃走太监徐行瑞照例发往黑龙江为奴》
乾隆三十四年八月三十日(1769)	总管内务府大臣四格等奏《请将拿获清漪园逃走太监刘进玉照例发往黑龙江为奴》	乾隆四十五年二月二十八日(1780)	内阁奉旨《著另行严讯民人侯义公擅入清漪园乐寿堂一案》
乾隆四十五年三月十八日(1780)	总管内务府事务永瑢等奏《请将拿获擅入清漪园乐寿堂民人侯义公照例发往黑龙江为奴》	乾隆四十五年三月十八日(1780)	总管内务府事务永瑢等奏《遵旨严讯民人侯义公擅入清漪园乐寿堂一案》
乾隆四十五年四月十三日(1780)	总管内务府事务永瑢等奏《请将民人侯义公擅入清漪园乐寿堂一案失职官员照例罚俸》	乾隆四十五年四月十三日(1780)	总管内务府事务永瑢等奏《请将民人侯义公擅入清漪园乐寿堂一案失职官员照例罚俸》
乾隆四十五年四月十三日(1780)	总管内务府事务永瑢等奏《民人侯义公擅入清漪园乐寿堂一案办理粗率自请照例罚俸》	乾隆四十五年四月十三日(1780)	总管内务府事务永瑢等奏《民人侯义公擅入清漪园乐寿堂一案办理粗率自请照例罚俸》
乾隆六十年十二月二十八日(1795)	奉旨《著将冗设太监拨至万寿山等处当差》		

《总管内务府清册 · 清漪园总领、副总领、园丁、园户、园隶、匠役、闸军等分派各处数目清册》,并未标注时间,编者定其时间为"乾隆十九年闰四月初九日"。不过,按照前后折日期、内容反映的逻辑来看,此清册时间当后于闰四月二十七日允禄等《遵旨议覆清漪园添设副总领等缺事宜折》。

按照各档案的时间,可知,当前残缺乾隆二十五年(1760)至二十八年(1763)

四年间档案、四十六年(1781)至五十九年(1794)十四年间档案,基本上每年存档案2件,唯乾隆二十三年(1758)4件、乾隆四十五年(1780)7件(其中农历三月十八日2件、四月十三日4件)。

本文拟结合北京市颐和园管理处编《颐和园大事记》(五洲传播出版社,2014年)相应资料(清朝部分据实录、起居注、上谕、会典、御制诗等一手资料)与《清宫颐和园档案·苑囿管理卷》中乾隆朝涉及清漪园管理档案[①],对乾隆朝清漪园的管理进行梳理,以见当日清漪园运作过程中出现的情况并应对。

二、作为园林的清漪园:从昆明湖行宫到清漪园、万寿山清漪园

(一)昆明湖行宫阶段

乾隆十五年(庚午,1750)初,扩展瓮山泊。经过改造的瓮山泊面积、深度皆为原来一倍,更名为昆明湖;同时,以湖泥堆高、造型瓮山,复于昆明湖北岸、瓮山南麓圆静寺地方修建大报恩延寿寺——乾隆十六年(辛未,1751)为皇太后六十大寿,改瓮山为万寿山,在寺庙东修建行宫。

至乾隆十五年五月末、六月初,相应工程基本完工。六月初六日,总管内务府大臣三和等奏《请酌拨瀛台园户看守昆明湖行宫折》奏报昆明湖行宫人员设置、外围防护、打扫器具、寺庙香供诸事,云:"奉宸院谨奏,为请旨事。现今昆明湖堤上添盖行宫并庙宇工程告竣。"请将瀛台园户酌拨六名看守"昆明湖行宫"。按其工程半年即竣、园户六名,则其时寺庙、行宫整体规模大概不过三五十间而已。

(二)清漪园行宫阶段

不过,乾隆十五年工程只是第一步。其后,相应工程陆续展开。经过一年的修建,万寿山工程第二阶段完毕。乾隆十六年闰五月二十日,总管内务府大臣三和等奏《遵旨修建万寿山等处工程已竣,请添设人员看守折》,云"奴才等遵旨修建万寿山大报恩延寿寺并清漪园各所殿宇、房产以及景明楼、凤凰墩、鉴远堂等处工程,俱经奴才等奏派谙员敬谨坚固办造。"

---

① 第一历史档案馆、北京市颐和园管理处:《清宫颐和园档案·园囿管理卷(二)》,中华书局,2015年,第549—823页。

折中将万寿山大报恩延寿寺、清漪园、景明楼、凤凰墩、鉴远堂并举,可知其时清漪园仅指皇帝休憩的行宫空间,并非全部景区之名。

大报恩延寿寺位于昆明湖北侧山下,即今排云殿位置;清漪园位于昆明湖东北角,今玉澜堂一带;鉴远堂位于湖中南湖岛位置;凤凰墩则位于昆明湖南端小岛上;景明楼位于鉴远堂西南的西堤上。可见当时整个景区建筑设计、分布的稀疏。

(三)万寿山清漪园阶段

乾隆十六年以后,万寿山工程仍在继续,前后延续十年,至乾隆二十六年(辛巳,1761)基本建成。乾隆皇帝《御制万寿山清漪园记》云:"《万寿山昆明湖记》作于辛未,记治水之由与山之更名及湖之始成也。万寿山清漪园成于辛巳。"①此时,将"万寿山""清漪园"并称为"万寿山清漪园",则"万寿山清漪园"已经基本建成——其后工程多系空间陈设、装饰。

三、乾隆时期清漪园的管理机构的设置

(一)昆明湖行宫及大报恩延寿寺等处人员设置

乾隆十五年六月初六日,总管内务府大臣三和等进《请酌拨瀛台园户看守昆明湖行宫折》(图1),奏报昆明湖行宫人员设置、外围防护、打扫器具、寺庙香供诸事,云:"今昆明湖堤上添盖行宫并庙宇工程告竣,其一应看守陈设、巡查打扫等项事宜,应行筹办,但料理殿内陈设并扫除看守等项差务必须宫殿地方承应熟练之人方能妥协。"其后,列各种人役设置并管理设想情况:

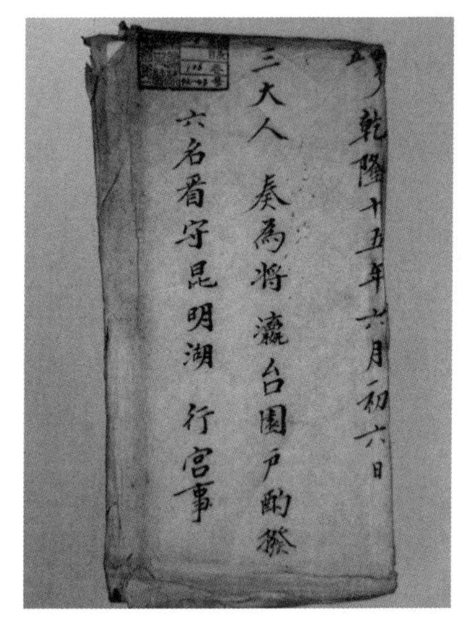
乾隆十五年六月初六日
三大人 奏為將瀛台園戶酌撥
六名看守昆明湖 行宫事

图1:《请酌拨瀛台园户看守昆明湖行宫折》折封面

> 青龙桥至长春桥等处堤面河道向设有闸军等巡查看守,而管辖伊等设有八品催总一员、领催二名……臣等酌议,请于瀛台等处宫殿地方熟练之园户内酌拨六名;再

① 北京市颐和园管理处编:《颐和园大事记》,五洲传播出版社,2013年,第10—44页。

于现有闸军内拣选十名,仍令照旧支领本身名粮,无庸增添挑补;而瀛台等处拨派之缺准其另行挑补,至万寿山工程告竣,即将此项园户六名归入万寿山宫殿应添人役数内,一并办理;闸军十名仍行撤回,承应河道差务。

再,各园囿行宫等处管辖园户人等,俱设有七八品微员统辖看守……应于瀛台等处现有领催内通融拨派一名,再于苏拉内拣选二名,作为效力领催,仍令各食苏拉钱粮,如果行走谨慎,俟本苑领催缺出,即行补用,惟管辖领催人等之八品催总若只设立一员……于领催内委放八品虚衔催总一名,协同八品催总办理,照依内府各司院无品级头目之例,给予三两钱粮米石,以示鼓励。

以上是万寿山行宫人役设置构想。

闸军,即政府从民间招募来管理河道安全、卫生、拉船、提闸的杂役,因管理按军队执行,故名。催总、领催,清代低级官吏。领催又名拨什库,司文书俸饷等职。园户,即奉宸苑所属各处并园林、行宫设置的专管洒扫、坐更之事人员,由内务府三旗佐领下闲散人内挑选,月给银、季给米,并养赡家口土地若干。园隶,即奉宸苑所属各处并园林、行宫设置的专管洒扫、坐更之事人员,由内务府三旗管领(犯罪人罚没组成的机构)下闲散人内挑选,月给银、季给米,无养赡家口土地。苏拉,清代内廷承担粗重杂役者,宫内各处及内阁、军机处、内务府等部门均有。

奏折后面又列三和等对万寿山行宫外围安全、行宫费用并南湖岛龙王堂管理的设想:

至行宫外围巡逻坐更看守,例应责令绿旗兵弁。现今堤上虽设有看守堤面乌龙树木绿旗兵丁三五名……今于行宫周围酌定设堆拨二处,应请交与步军统领衙门,转饬圆明园参将于附近绿旗弁兵内通融拨派前往,以资外围看守,仍饬令该管守备等员不时稽查。

再,查得各苑囿等处内外打扫陈设、地面应用笤帚并记载档案所用纸张笔墨以及冬令应用煤炭等物,定例俱向各该处领取。今添盖此项宫殿房间并庙内应用笤帚等物,臣等量其足用,酌定数目,照例行取。

抑臣等更有请旨,原龙王庙内虽有主持僧人二名,并未设有香供僧人,亦无养赡……其应用香供,请照黑龙潭庙内支给香供银五两之例酌减银二两,每月支给银三两,以为香供之资,俟命下之日,照例行文该司支领发给可也。

此折系乾隆十五年六月初六日工部右侍郎兼管奉宸苑卿事务、总管内务府大臣三和,御前侍卫、镶白旗蒙古副都统兼管奉宸苑卿事务、虎枪营统领博尔本察等奏,于当日交与奏事二等侍卫安泰等转奏。

三和(？—1773),纳喇氏,满洲镶白旗人,雍正二年(1724),由护军校授三等侍卫,累至一等侍卫。乾隆六年三月(1741),授总管内务府大臣。乾隆八年十月(1743),管奉宸苑事。博尔本察,敖拉氏,正蓝旗人。初任呼伦贝尔索伦右翼总管,统兵有方,善于辞令。擢正黄旗都统、内大臣。乾隆二十一年(1756),统索伦(鄂温克)官兵从征回部,绘像紫光阁。

乌龙木,盖河堤上槐树的敬称。绿旗兵,即绿营兵,收取明朝降兵组成的军队,因用绿旗,故名。堆拨,即堆拨房,维护治安兵丁休憩、坐更房屋。步军统领衙门,京师卫戍、警备和治安保卫机构,全称"提督九门步军、巡捕五营统领衙门"。九门,即京师正阳、崇文、宣武、朝阳、东直、阜成、西直、德胜、安定等九门。九门提督原本统辖八旗步兵营,康熙十三年(1674),始兼提督京城九门事务(原由兵部管理),康熙三十年(1691),兼管巡捕三营事务,官衔全称遂改为"提督九门步军巡捕三营统领"。圆明园参将,即巡捕南营参将,驻海淀。

乾隆览奏后,传旨:"庙内即着所添看守行宫人役看守,原有僧人二名交庄亲王安插别处,其香供着照静明园等处之例办理,余依议。钦此。"庙内,即南湖岛上龙王庙内。也即是说广润庙守卫、管理亦纳入皇家一体体系。庄亲王,即允禄。

也即是说,乾隆十五年六月六日后,昆明湖行宫从其他苑囿行宫拨来熟练园户六名、闸军十名,并设领催三名:"于瀛台等处现有领催内通融拨派一名,再于苏拉内拣选二名,作为效力领催,仍令各食苏拉钱粮"。再于三名领催内"委放八品虚衔催总一名,协同八品催总办理",给三两钱粮米石。此外,还于行宫周围设堆拨二处,由圆明园参将酌派绿旗弁兵看守。

乾隆十五年昆明湖行宫人员设置与管理情况

<table>
<tr><th>人员性质</th><th>数量</th><th>人员性质</th><th>数量</th><th>备注</th></tr>
<tr><td>园户</td><td>六名</td><td>领催</td><td>一名</td><td rowspan="3">委放八品虚衔催总一名</td></tr>
<tr><td>闸军</td><td>十名</td><td>苏拉</td><td rowspan="2">二名,充效力领催,食苏拉钱粮</td></tr>
<tr><td>堆拨</td><td>两处</td><td></td></tr>
</table>

至于行宫内外打扫陈设地面应用的笤帚、记载档案所用的纸张笔墨、冬令应用煤炭等物,都向奉宸苑领取。广润庙亦由行宫园户看护,香供费用按照玉泉山静明园寺庙费用支取。

(二)清漪园行宫添设人员看守折

乾隆十六年闰五月,万寿山工程第二阶段完毕。闰五月二十日,总管内务府大臣三和等奏《遵旨修建万寿山等处工程已竣,请添设人员看守折》,云:

> 奴才等遵旨修建万寿山大报恩延寿寺并清漪园各所殿宇、房产以及景明楼、凤凰墩、鉴远堂等处工程……请照圆明园例,添设六品总领三员,七品副总领三员,八品副总领三员,笔帖士六员,园隶十二名,园户一百六十名,招募各行匠役二十名,分派各处,令伊等敬谨看守、洁净打扫……

"笔帖士",即清代执掌部院衙门的文书档案的官员,主要职责是抄写、翻译满汉文,一般为七、八、九品。笔帖士升迁较为容易,速度较快,被称为"八旗出身之路"。设置笔帖士,说明园林规模、管理人数、往来事务、管理文件等事皆已具备相应规模。

笔帖士并前之总领、副总领皆系官吏,而园隶、园户属于杂役,但都由旗人担当。至于各行匠役,即负责园林养护、维修的工匠,包括花匠、鸟鱼匠等,一般称作把式,则属于雇募的有专业技能的民人。

上年昆明湖行宫设七八品微员,内务府官员都前思后想、反复申明理由,至此,则请旨设立六七品官员,可见其时万寿山区域园林的建筑规模、等级并陈设的情况确实大大提高了。

此折于乾隆十六年闰五月二十日交御前二等侍卫安泰等转奏,奉朱批改出:"万寿山等处着设六品总领一员,七品副总领二员,八品副总领二员,笔帖士四员,园隶六名,园户一百名,各行匠役十名……"

乾隆十六年闰五月昆明湖各处添设管理人员列表

官职	数量	官职	数量
六品总领	一人	园隶	六人
七品副总领	二人	园户	一百人
八品副总领	二人	各行匠役	十人
笔帖士	四人		

乾隆十五年只设园户六名,十六年则设园户一百名,并有园隶六名;乾隆十五年只设三名领催,其中两名仍食苏拉钱粮,只于三人中委放八品虚衔催总一名,而今则添设各品级官吏多达九名,则乾隆十六年昆明湖园林工程量较上年扩充规模大约可以想见。

正是因为昆明湖园林工程业已庞大,故于六月初三日内务府大臣奏,请赏给“清漪园图记”一颗,凡行文等项事件钤印使用。遂照圆明园例,由礼部铸给清漪园条记一颗,凡三园(即静宜园、静明园、清漪园等三山)所有案件,同用此条记。皇帝还下旨,以万寿山行宫为清漪园,设总理园务大臣,特简,无定员,兼管静明园、静宜园事务。

(三)乾隆十六年清漪园闸军的分配与管理

此时的“清漪园”仍指皇帝休憩之用的清漪园行宫那数十间房屋范围内(玉澜堂、藕香榭、乐寿堂、乐安和)。这一点从奉宸苑本年闸军的分配情况也可以看出:“嗣后,凤凰墩至昆明湖所有附近水面桥座并广润祠、静明园外船坞等处承应拉纤、提闸、捞河各项差务,由本苑额设闸军三百五十名内,酌量拨出闸军五十名,统归清漪园管理。”①将清漪园与凤凰墩、广润祠等并列,可见彼等范围、地位。

八月,乾隆谕旨,凤凰墩附近闸座桥梁并河道差务由清漪园管理。十月,奉宸苑奉乾隆谕旨,会同管理奉宸苑事务王大臣等酌定各该地方边界。除青龙桥闸座外,自凤凰墩以北、青龙桥以南至静明园一带湖面、河道、堤岸、桥闸、船只等项差务俱隶清漪园管理,照奉宸苑例,添设八品催总三员,食二两钱粮,领催八名,令其管辖水手、闸军,应承差务。并奉朱批,添八品催总一员,领催四名。——本年,复于奉宸苑拨闸军五十名,负责静明园外船坞等处承应拉纤、提闸、浚浅各项事务,统归清漪园管理。

(四)乾隆十六年清漪园其他人员设置与调整

乾隆十六年十一月,清漪园新添之园户、园隶并招募各行匠役,照圆明园例,自是年始,每逢五年,各给老羊皮十张、粗白布二丈,用于冬夏坐更用服饰制作,移咨内务府广储司开给。

本年,还将瓮山马厩移至安河地方,并令健锐营添设水手、船只,船营于昆明湖演练——健锐营水师营驻扎万寿山后、玉河南侧之红山口地方。乾隆皇帝还下旨,清漪园特派专管大臣,清漪园、静明园、圆明园补放总领、副总领,俱由内务府大臣拣选带领引见。

本年,复将内务府织染局从地安门移至万寿山西侧,裁员外郎一人,添盖房屋四十余间,立石曰“耕织图”。

---

① 《颐和园大事记》编委会编著《颐和园大事记》,五洲传播出版社,2013 年,第 10—44 页。

圆明园、清漪园设御船处,派大臣管理,给印信,特简,无定员,复设兼管司官一员,笔帖士二人。

乾隆十六年清漪园增添闸军、管船官吏列表

名目	数量	名目	数量
清漪园闸军	五十人	清漪园管船领催	四人
静明园外闸军	五十人	清漪园御船处兼管司官	一人
清漪园管船八品催总	一人	清漪园御船处笔帖士	二人

(五)乾隆十七年、十八年清漪园管理人员的调整

乾隆十七年(1752)四月,大学士傅恒奏准,先蚕坛现在停止养蚕,将奉宸苑所属蚕蛮子五户并从前奉旨赏给傅恒蚕蛮子八户——先蚕坛位于北海东北角,乾隆七年建,后改建阐福寺,一并拨给万寿山织染局当差。又,本年,万寿山织染局领催内委署催总一员,仍食原饷。

满人入京后,为保证朝廷奶肉供应,京畿设有牧群,设牧长十一人,副牧长十一人,牧副二十二人,牧丁二百二十名。随着京畿地方的发展,至乾隆十七年,裁撤牧群,牧丁百名充上驷院备马等差,奉宸苑请拨余丁给清漪园等处效力。

乾隆十八年(1753)正月十九日,总管内务府大臣苏赫纳等奏《应裁牧群人等仍遵旨赏给万寿山等处当差》,奏请长河、清漪园、静明园、静宜园分配牧丁情况,其中万寿山清漪园“牧长六员,对品用为清漪园七品副总领,承应差务,其副牧长六名、牧副十二名共十八名,俱系食三两钱粮,作为委署副总领,仍食原饷,均照副总领例,得给公费,留与清漪园十二名,应承差务”;牧丁改为园丁,仍食原饷,留与清漪园六十名,于紧要地方,与园户一体看守打扫当差。此折奉旨“留中”。

二月,军机大臣奏准,于上驷院拨给七品牧长六员,为清漪园七品副总领,食三两钱粮,八品副牧长六名、无品级牧副六名,俱作为委署副总领,其六名无品级牧副充任的委署副总领缺出,即由园丁照例挑补。食二两钱粮牧丁六十名改名园丁,仍食原饷,与清漪园园户一体当差。

此一时期清漪园管理大臣,按照乾隆二十年(1755)六月宝云阁殿内坎墙上“奉旨开列督理万寿山铜殿工程大臣官员职名”大约可知其身份:“太子少保、户部尚书、管理户部三库事务、总管内务府大臣海望,工部左侍郎、总管内务府大臣三和,总管内务府大臣、副都统苏赫纳,乾清门行走、副都统鄂实,正卿职衔傅岩,正

卿职衔和尔径额。”①

三月，管理织染局大臣奏，查织染局蚕户十八名，现当园户之差，不能兼种稻田。奉旨：“蚕户既当园户之差，著将清漪园园户内裁去十四名”。②

乾隆十七年、十八年清漪园添设、裁剪人员列表

名目	数量	备注
蚕蛮子	十三户	十八人
七品副总领	六人	月食三两钱粮
委署副总领	十二人	月食二两钱粮
园丁	六十人	月食二两钱粮
四等庄头	一人	
园户	裁去十四人	

本年五月初一、五月初五，皇帝奉皇太后幸清漪园。定例，皇帝驾幸清漪园，以营护军参领三人，副参领、署参领九人，护军校、护军二百四十人卫护。所谓“营护军”当指圆明园护军营。

(六)乾隆十九年清漪园人员添设情况

乾隆十九年(1754)闰四月初九日，总管内务府大臣苏赫纳等奏《请于清漪园添设副总领等缺》(图2)：

園丁六十名園户九十二名各行匠役十名分
派各處當差奴才等伏思總領有董率之責今
副總領十六員而總領僅止一員且山前山後
並南湖一帶宮殿處所甚多地方遼闊實不能
一人董率並承應一切差務無誤仰懇
皇上天恩添設六品總領二員分派山前山後南湖
三路董率承應庶免推諉不致貽誤再
清漪園外自大宮門朝房以及遶園大墻內自勤
政殿玉瀾堂一帶至山後清可軒並各殿宇山
場以及南湖鑑遠堂等處宮殿地方一應打掃
坐更地面等差俱係現設之園丁園户分派承
應今畫中遊水周堂石舫花承閣[illegible]

图2:《请于清漪园添设副总领等缺》(局部)

奴才等查得，清漪园原设六品总领一员，七品副总领八员，八品副总领二员，委署副总领六员，笔帖士四员，园丁六十名，园户九十二名，各行匠役十名，分派各处当差。

奴才等伏思总领有董率之责。今副总领十六员，而总领仅只一员，且山前山后并南湖一带宫殿处所甚多，地方辽阔，实不能一人董率，并承应一切无误。仰肯皇上天恩，添设六品

① 娄旭在玩：《铜亭：宝云阁》https://travel.sohu.com/a/443262165_278194。

② 《颐和园大事记》，第10—44页。

总领二员,分派山前、山后、南湖三路,董率承应……

今画中游、水周堂、石舫、花承阁、澹宁堂、惠山园等处亦俱告竣,看守打扫亦皆需人,恳请添设园户八十名,各行匠役十名,分派各处当差。至清漪园周围一带所有门六处,只设有园隶六名,每处仅有一名看守,亦不敷用,请添园隶六名,分派看守。

更有请者。查昆明湖、御河一带河道堤岸并所有船只、桥梁、拉安桥板、伺候牵拨、启闭闸板、捞割苇草以及船坞打扫、看守、坐更等差,原由奉宸苑拨派闸军一百名,承应一切差使。但此项人役俱系招募附近民人,每名每月仅关口粮米一斛,伊等自充当差役之后,无暇别图,惟赖口粮米养赡家口,实属艰窘。查招募匠役等每月各食钱粮一两、米一斛,且有随差官地三十亩。此项闸军差使更为繁多,肯仰皇上天恩,照招募匠役之例,除无庸拨给地亩外,每名每月赏添钱粮银一两,以资养赡家口。

一斛,五斗,合米六十斤(半石)。

此折于本日经御前侍卫安泰转交,奉旨:“交总管内务府大臣议奏”。并附有《清漪园总领、副总领、园丁、园户、园隶、匠役、闸军等分派各处数目清册》,将整个园林分作山前、山后、昆明湖南一带三路(十七段),设员如下:

现共设有总领一员,七品副总领八员,八品副总领二员,委署副总领六员,园丁六十名,园户九十二名,园隶六名,各行匠役十名,共拟添园户八十名、园隶六名、各行匠役十名。

清漪园总领、副总领、园丁、园户、园隶、匠役等“山前”分派情况

范围	地点	官员	园户等
山前五段		总领一员、七品副总领三员、八品副总领一员、委署副总领一员	园丁三十七名、园户六十一名,新竣殿宇三处,拟添园户十八名
山前一段	大宫门朝房、茶膳房、军机房、内务府衙门	总领一员、委署副总领一员	园丁四名、园户八名
	二宫门勤政殿、配殿、值房、文昌阁、寄澜亭		园丁一名、园户一名

续表

范围	地点	官员	园户等
中段	大报恩延寿寺	七品副总领一员	园丁四名、园户四名
	东边小庙		园户四名
	写秋轩		园丁一名、园户二名
	无尽意轩、意迟云在、千峰彩翠、重翠亭		园丁二名、园户二名
	罗汉堂		拟添园户二名
东段	水木自亲、乐寿堂、寻云亭	七品副总领一员	园丁二名、园户六名
	宜芸馆、近西轩、道存斋、夕佳楼		园丁三名、园户三名
	玉澜堂、藕香榭、霞芬室		园丁二名、园户二名
	怡春堂		园丁二名、园户四名
	餐秀亭、川永云飞、养云轩		园丁二名、园户二名
	乐安和		园丁三名、园户四名
	自大报恩延寿寺至东边垂花门一带游廊、对鸥舫、敞厅、八方亭		园丁一名、园户三名
西段	听郦馆、湖光山色共一楼	七品副总领一员	园丁二名、园户四名
	石丈亭		园丁一名、园户一名
	云松巢、邵窝		园丁二名、园户二名
	自大报恩延寿寺至西边石丈亭一带游廊、鱼藻轩、敞厅、八方亭		园丁一名、园户三名
	画中游殿宇亭座、湖山真意		拟添园户六名
	石舫		拟添园户二名
山东面	霁清轩	七品副总领一员	园丁二名、园户三名
	惠山园、赤城霞起		拟添园户八二名

清漪园总领、副总领、园丁、园户、园隶、匠役等“山后”分派情况

范围	地点	官员	园户等
山后四段		七品副总领二员、委署副总领二员	园丁八名、园户十名，新竣殿宇六处，拟添园户四十八名

续表

范围	地点	官员	园户等
中段	赅春园、清可轩	七品副总领一员	园丁三名、园户四名
	味闲斋、蕴古、蕴真、赏惬		拟添园户四名
	北楼门		拟添园户六名
东段	花承阁、六蓝斋、莲座、盘云庙宇	委署副总领一员	拟添园户六名
	澹宁堂、德佳处		拟添园户六名
	昙花阁		拟添园户六名
	东北门		拟添园户四名
西段	绮望轩、看云起时亭座殿宇房间	委署品副总领一员	园丁三名、园户二名
西段	听郦馆、湖光山色共一楼	七品副总领一员	园丁二名、园户四名
	石丈亭		园丁一名、园户一名
	云松巢、邵窝		园丁二名、园户二名
	自大报恩延寿寺至西边石丈亭一带游廊、鱼藻轩、敞厅、八方亭		园丁一名、园户三名
	画中游殿宇亭座、湖山真意		拟添园户六名
	石舫		拟添园户二名
山西面	五圣祠	七品副总领一员	园户二名
	贝阙城关北边至西宫门内处所房间		园丁二名、园户二名
	水周堂、买卖街铺面房		拟添园户八名
	延青赏		拟添园户四名
	西宫门		拟添园户四名

清漪园总领、副总领、园丁、园户、园隶、匠役等“昆明湖南”分派情况

地点	官员	园户等
四段	七品副总领二员、委署副总领二员	园丁十一名、园户十五名,新竣殿宇拟添园户六名
广润祠、鉴远堂、月波楼、大八方亭	七品副总领一员	园丁四名、园户四名
望蟾阁		拟添园户四名

续表

地点	官员	园户等
凤凰墩	委署副总领一员	园丁三名、园户三名
景明楼		园丁二名、园户二名
藻鉴堂	七品副总领一员	园丁二名、园户六名
湖西南点景亭座、村庄、房间		拟添园户二名
耕织图殿宇、机房、养蚕房一带	委署副总领一员	系蚕户打扫看守

清漪园总领、副总领、园丁、园户、园隶、匠役等“其他部门”分派情况

地点	官员	园户等
万寿山等处山场打扫收拾	八品副总领一员	拟添园户八名
档案房	七品副总领一员	园丁二名、园户四名
库房		园丁二名、园户二名
花洞	委署副总领一员	花匠二名、桶匠一名
		拟添花匠三名
大宫门、文昌阁、进膳门、东北门、北楼门、西宫门		园隶六名
		拟添园隶六名
瓦匠三名、木匠一名、裱匠二名、搭彩匠二名		拟添瓦匠三名、木匠一名、裱匠三名

昆明湖周边御河一带河道、两岸码头等处共有船只一百多只，船坞四座，由闸军负责坐更守护、打扫收拾、搭安启闭闸门桥梁、伺候牵拨御船、捞割苇草诸事。不像其他地方闸军，无事便可轮休，故诸臣请为每名闸军月增银一两——乾隆十九年闰四月二十七日，总管内务府事务允禄等《遵旨议覆清漪园添设副总领等缺事宜折》云：“奉宸苑闸军共二百六十五名，每名每月领食口粮一斛。但遇有差务，始行应侯，平时之日，各皆轮流下班”。其安排分布如下：

清漪园一百名闸军分布情况列表

名目	数量	名目	数量
预备牵拨两拨	每拨十三名，共二十六名	景明楼摆渡	二名
看守二道闸、启闭闸板	六名	藻鉴堂摆渡	二名
山后东板桥拉安桥板	二名	文昌阁至三岔口牌楼堤岸码头打扫	四名
山后西板桥拉安桥板	二名	藻鉴堂西湖堤岸一带打扫	四名

续表

名目	数量	名目	数量
耕织图机房西板桥拉安桥板	二名	青龙桥至景明楼南牌楼堤岸打扫	四名
蚕房西板桥拉安桥板	二名	静明园大红桥拉安桥板	六名
南船坞看守	四名	纤桥拉安桥板	二名
耕织图西船坞看守	四名	看守三空闸、启闭闸板	
山后船坞看守	四名	看守五空闸、启闭闸板	二名
涵洞四座启闭闸门	四名	看守南闸、启闭闸板	二名
鉴远堂摆渡	二名	看守北闸、启闭闸板	二名
凤凰墩摆渡	二名		

闰四月二十七日,总管内务府事务允禄等《遵旨议覆清漪园添设副总领等缺事宜折》。奉旨:“园户著添六十名,匠役不必添。余依议。”也就是说,自此之后,清漪园复添六品总领二名,园隶六名,园户六十名;闸军每人每月添银一两。故而,《钦定大清会典则例》卷一百六十七《内务府·奉宸苑》载“清漪园设官”情况云:

乾隆十六年奉旨以万寿山行宫为清漪园,又奏准设六品苑丞一人、七品苑副二人、八品苑副二人、笔帖士四人、八品催长一人,由奉宸院拨往;未入流催长一人。十八年奉旨由上驷院拨送七品牧掌六人,改为七品苑副;副牧掌六人,改为委署苑副。十九年增设六品苑丞二人。①

清漪园管理人员种类、数量列表

管理人员名目	数量	管理人员名目	数量
六品总领	三员	笔帖士	四名
七品副总领	八员	园丁	六十名
八品副总领	二员	园隶	十二名
委署副总领	六员	园户	一百五十二名
		匠役	十名

至此,清漪园的机构、人员设置基本固定下来。自然随着工程的扩建、调整,还会有其他的人员调整、添设。

① 《钦定大清会典则例》卷一百六十七第六、七页,中国国家图书馆藏钦定四库全书本。

如乾隆二十二年(1757)六月十三日,大报恩延寿寺念经喇嘛使用苏拉一名。二十二年七月初九日,苏赫纳、德保奏:“清漪园、静明园等处看守应承差务较静宜园更属繁多,请将清漪园工程行走、郎中杨万育兼管清漪园、静明园事务。从之。”本年,复设员外郎一人,兼管清漪园、静明园事务。乾隆二十四年(1759)二月初七日,万寿山后大庙、山前延寿寺点香洒扫诸事,由崇实寺择派喇嘛四十名前往,另派园丁二十八名前往收拾、看守。十二月初六日,掌仪司呈准:“清漪园文昌阁东边小庙遵旨酌派庙户三名,以供焚修。挑去革责之处由本园自行办理。”[①]文昌阁东边小庙,即耶律楚材墓处庙宇。

(七)清漪园管理人员的考核与升迁

清漪园管理人员的考核、升迁问题,有乾隆十八年(1753)、乾隆二十六年(1761)两次规范。

乾隆十八年三月,内务府奏准:“嗣后,圆明园与清漪园等处六品以上官共十三员内,准卓异二员。七品以下总领、催总等官,亦照本府笔帖士之例,请统归内务府带领引见。”[②]卓异,清制,吏部于三年举行一次大考察,上级官员向上推荐才能优越的官吏。

乾隆二十六年是清漪园官吏选拔、任用制度规范化的一年。是年六月十六,清漪园等处修理战船所用木植未能确实核计,以致多估存剩,将主管大臣等官员交内务府议处。七月,奏准:“嗣后,三园委署苑副缺出,俱带领引见补放,仍食原饷,添给公费。”三园,即静宜园、静明园、清漪园。本年,又定:“圆明园、畅春园、清漪园、静明园、静宜园、奉宸苑所属各苑囿,每年岁修粘补活计,由该处奏明,移咨总理工程处派员前往。”[③]

本年,清漪园增设员外郎一人。又定:“清漪园、静明园、静宜园管理事务员外郎缺于六品苑丞内拣选;六品苑丞缺于三园七品苑丞、苑副内拣选;七品苑丞、苑副缺于三园八品苑副并河道八品催长内拣选;八品苑副、催长缺于三园委署苑副并掌稿笔帖士内拣选;委署苑副缺于笔帖士及河道未入流催长内拣选,由该管理大臣引见补授;三园笔帖士缺于学习笔帖士内拣选。”[④]

---

① 《颐和园大事记》,第10—44页。

② 《颐和园大事记》,第10—44页。

③ 《颐和园大事记》,第10—44页。

④ 《颐和园大事记》,第10—44页。

稻田厂,康熙五十三年(1714)始建,负责玉泉山周边一带皇家稻田的管理,仓署在玉泉山之东青龙桥,前后四重,房六十有四楹。不仅设有存贮米石仓厫及官署、碾房,又有官场二处,一在功德寺西,房四间,一在六郎庄南,房十六间。乾隆二十九年(1764)奏准:“嗣后,稻田厂事务停止内务府奏派值年大臣,由奉宸苑会同清漪园大臣就近管理。额定,奉宸苑值年员外郎一人,稻田厂额设六品库长一人,笔帖士三人,无品级催长一人,委署催长一人。”①

四、清漪园的建设与经费来源

清漪园建设与运营的经费主要有以下几个来源。

(一)罚没官员经费

官员违法犯罪严重者,往往抄没家产,变卖物资,或者赏人,或者充国库使用。《清宫颐和园档案·苑囿管理卷》乾隆年间档案记载的清漪园建设的第一笔资金即来自抄没原任大学士张廷玉的家产。乾隆十五年(1750)十二月二十七日,总管内务府大臣奏《两江总督黄廷桂差委解到原任大学士张廷玉罚银应否仍交万寿山》云:

> 查原任大学士张廷玉罚赎银二十万两内,于乾隆十五年十二月二十七日先行解到银十万两。经臣衙门奏请,交于何处?奉旨:“著交万寿山。钦此。”钦遵在案。今据两江总督黄廷桂差委州判陈典复行解到银十万两。或仍交万寿山,或应交何处,伏侯谕旨遵行。为此谨奏请旨。

张廷玉(1672—1755),字衡臣,号砚斋,安徽桐城人。康熙三十九年(1700)进士,改庶吉士,授检讨,累官至保和殿大学士、领班军机大臣。乾隆十五年(1750),坐四川学政、编修朱筌罪,命尽缴颁赐诸物。

奉旨:“交万寿山工程用。”可见,张廷玉的二十万两白银都给了万寿山工程处使用。

乾隆十八年(1753)十一月二十五日,总管内务府大臣苏赫纳等奏《请将云贵总归硕色派人送到吴尚贤变产什物银两遵旨交与万寿山》:

---

① 《颐和园大事记》,第10—44页。

乾隆十七年十月初一日，据云贵总督硕色差人送到吴尚贤变产什物银两。经臣衙门将送到什物请交敬事房，其银两应交何处？缮折具奏。奉旨："知道了。其银两着交万寿山。钦此。"钦遵在案。今于本年十一月二十四日复据云贵总督硕色差人咨送吴尚贤名下追获借项什物变价银三万五十四两九钱四分、金一百五十两、碧霞犀数珠一盘、金镯一对……银三万五十余两交万寿山工程处可也。为此谨奏。

奉旨，知道了。（朱批）

吴尚贤（？-1751），云南省石屏县人，云南沧源"茂隆银厂"矿主。因势力庞大，乾隆十六年（1751），被"滇吏借故毙于狱"。乾隆十七年十月初一日，云贵总督硕色差人送到吴尚贤变产什物银两，不知多少，交给万寿山工程。如今，变卖物什银三万余两仍交万寿山工程。

乾隆二十年（1755）正月十八日，总管内务府大臣海望奉旨《高晋解到王岱变产银两著交万寿山等处查收》："乾隆二十年正月十八日，海望奏称高晋解到王岱变产银六万二千三百三十两七千四分一厘九豪交万寿山，钦此。"高晋（1707—1778），字昭德，大学士高斌侄，由泗水知县累迁至安徽布政使。王岱，安徽池州府知府，因亏空被抄没。

以上三人抄没银发万寿山工程当在四十万两上下。

乾隆十六年，复有原任光禄寺卿刘藩长奉旨交万寿山工程处银一万两。刘藩长，山西洪洞人，监生，曾任福建盐驿道、福建分巡台湾道、江苏布政使司等职。奉旨致使，因探问原因，革职。

（二）盐政羡余

食盐专卖是国家税收的重要来源，巡盐御史（亦称"盐政"）作为朝廷对各地盐务的监察官员每年都有定额费用之外的盈余部分，称作羡余——清代巡盐御史多从内务府官员中派出。羡余资金，除了补贴巡盐御史办公经费，还被皇帝拿来从事相应活动。清漪园的修建就借助了长芦盐政、两淮盐政的羡余。

乾隆十六年，万寿山木厂收到长芦盐政高恒解交天津行宫大小装修三万五千一百八十四件，抵银三千六百五十两四分三厘。

乾隆十九至二十二年四年间，长芦盐政共解万寿山工程羡余银六万一千三百余两：十九年五月，长芦盐政解到羡余银九千七百二十一两一钱七分；二十年四月二十七日，长芦盐政解到羡余银一万七千七两五钱；二十一年四月二十六日，长芦盐政解到羡余银一万七千一百三十七两四钱三分;二十二年五月初八日,长芦盐政解到羡余银一万七千四百五十七两九钱。

又,乾隆二十三年正月二十九日,总管内务府大臣吉庆奉旨《两淮盐政高恒解到四项银两,著交万寿山查收折》称,解到两淮盐政银四项,共计十五万一千三百七两七钱,奉旨:"交沧州银八万两,其余七万一千三百七两七钱交万寿山工程"。此档案小字注明:"查此项银两系普福任内奏准应解交之款项,今普福调任,高恒接办,是以写高恒之名解交。记此。"

普福,前任长芦盐政,历官淮关监督、两淮盐政、长芦盐政、河东盐政等。高恒(?—1768)字立斋,满洲镶黄旗人,大学士高斌子,乾隆初,以荫生授户部主事,后署长芦盐政、天津总兵。二十二年,授两淮盐政。

如此,长芦盐政、两淮盐政五年间共向万寿山工程解银近十四万两。

(三)内务府广储司银两

传统时代,家国一体,但亦视事情性质,行事各有侧重。

皇家园林系皇帝工作之余休闲娱乐之地,故而,园林、园林娱乐更多属于皇帝的个人财产、个人行为,其资金也主要来自内务府广储司。

广储司,内务府七司第一司,负责皇家重要物资的收纳,下设银、皮、瓷、缎、衣、茶六库。乾隆十九年十二月二十三日,海望等奏:"万寿山工程处银两不敷应用,奉旨向广储司银库请领。"①二十五年七月十一日,内务府奏:"万寿山修建工程自乾隆十五年兴修,至乾隆二十九年竣工,实净销银四百四十八万二千八百五十一两九钱五分三厘。"②——四百四十余万两白银指从内务府拨调的工料银。

此后,内务府仍然不断为清漪园的维修、运作提供费用。如乾隆二十五年七月十四日,三和、吉庆、德保、和尔经额等奏,查得万寿山八方阁等处油饰彩画,昆明湖西岸景明楼南北加堆山石泊岸、改造镜桥等工程,请银十五万两。奉旨:"向广储司领取。"③七月二十五,内务府大臣奏:"修理清漪园、静明园等处御舟,应销工料银九百五十六两三钱四厘。"④二十六年十二月二十五日,三和等奏:"万寿山木厂旧木植并奉天木植抵银一千七百七十九两九钱八分五厘,净约需银一万三千

① 《颐和园大事记》,第10—44页。

② 《颐和园大事记》,第10—44页。

③ 《颐和园大事记》,第10—44页。

④ 《颐和园大事记》,第10—44页。

七百八十五两一钱一分四厘,请向广储司支领”等。[1]

(四)内务府系统内、外费用

除了广储司,清漪园经费还涉及内务府其他部门并朝廷六部部门。内务府系统主要涉及内务府营造司、苏州织造、圆明园银库等处;朝廷部门则涉及工部、户部。

如乾隆十五年十二月十八日,傅恒等奏,万寿山工程需用木植,除现今收得木植外,约计仍需大小圆木六七千件,丈料一万五六千,七尺料二万三四,需银十二三万两。奉旨:“著安宁与内务府官员共同由热河运京。”[2]傅恒,大学士。安宁,曾任苏州织造、江苏布政使、署江苏巡抚,今任热河道。

除内务府系统外,清漪园修建不时从工部等部门支领建筑材料。如乾隆十七年二月,清漪园所有船只向系奉宸苑奏请修舱,由广储司领银办理。今由内务府每年踏勘修舱,其所需银两向圆明园银库领取,桅木、杉木咨行工部领取,桐油向户部领取,桨、绒绳向营造司领取,蓖绳向仓场总督衙门领取。

此外,还涉及河道总督。乾隆十九年九月二十日,江南总河中营副将朱一智动用河库正项四千两,赎买木植,解京至万寿山工程处。

五、清漪园运作过程中产消与调整

清漪园作为乾隆皇帝心目中最佳的山水园林所在,“勅几清暇散志澄怀之所”,主要承担审美、休闲、散心功能,为皇帝行政提供更好的状态,但这不意味着清漪园是纯粹的消耗部门,其在运转过程中也会有所出息。因此,了解清漪园的消耗、出息并管理,是了解清漪园日常运转的一项重要内容。

(一)清漪园运作中的消耗

清漪园建好后,建筑修缮、河道苇荷清理、船只修缮并官役工资等都是消耗。除官役工资是固定费用外,其他都是按照实际发生情况进行支出。

乾隆十七年二月初一(1752),奉旨清漪园昆明湖战船修理事宜由内务府司员办理。经费由广储司支给。二十四年十二月初四日,内务府大臣具奏:“昆明湖应

① 《颐和园大事记》,第10—44页。

② 《颐和园大事记》,第10—44页。

备战船修理、拆造等所有应行采办物料之处,著交苏州织造处采办运京。"[①]——苏州织造归内务府管理。二十五年七月二十五,内务府大臣奏:"修理清漪园、静明园等处御舟,应销工料银九百五十六两三钱四厘。"[②]

乾隆二十二年六月(1757),奉旨"凡清漪园内外殿宇处所粘补糊饰所需高丽纸张,俱于春秋二季该员逐处踏勘,量其敷用,具稿呈明,咨行广储司领取"[③]。又,二十二年一月初七日,营造司核减各处煤炭数目,清漪园等处共炉一百三十九个,全年共享红螺炭六斤,黑炭七千六百六十九斤,煤一万三千九百斤,木柴一千四百七斤。

(二)清漪园运转中的出息与调整

清漪园的出息主要包括湖泊溪流、岸边稻田、山地林果的出产,并岸上铺面房屋的租金等几项。

乾隆十八年二月初四日(1753),总管内务府大臣苏赫纳等奏《请酌派四等庄头耕种昆明湖等处菜园》,玉泉山静明园外稻田、"昆明湖景明楼一带堤岸及御河两岸所种油菜花一千余丈",需人按年播种收拾,因系园林禁地,未便招募民人耕种,请于圆明园内种地四等庄头选派一名,承种静明园、清漪园稻田、油菜、果木等,照圆明园例,"每年收获所得稻米,除酌留种粒外,其余奏闻,"交内大仓收用,"所得菜蔬果品,择其好者恭进土产外,其余菜蔬果品随昆明湖莲藕一并变价汇总,交圆明园银库。"

乾隆十九年闰四月,清漪园自藻鉴堂三面泊岸至玉带桥并西宫门外御河两岸、耕织图、西新闸等处所种油菜花,收得菜籽每仓斗得油二斤八两,交官三仓应用,其所得麻饼赏与庄头种稻地应用。

乾隆二十二年六月,上谕:"嗣后,所有奏销房铺面房及昆明湖藕莲等项所得钱文,停其交圆明园银库,即在本处派员值年经营,俟年底,将一年所得房租、莲藕钱文及各项用过钱文数目汇总奏销。"[④]

乾隆二十五年十一月,清漪园等处收得山桃山杏变价,于每年所卖钱文,亦存本处应用,俟年底,入于房地租内奏销。

---

① 《颐和园大事记》,第10—44页。

② 《颐和园大事记》,第10—44页。

③ 《颐和园大事记》,第10—44页。

④ 《颐和园大事记》,第10—44页。

（三）清漪园出息的调整

随着相应田亩使用功能、数量、田亩湖泊管理机构的变化，园林出息数量的变化就会受到影响。

乾隆十八年，奏准昆明湖一带地方归并清漪园管理，占去荷花池五亩九分，裁租银三两九钱九分。也即因昆明湖荷花池五亩九分划归清漪园管理，其功能也就成为欣赏专用，不再外租，也就没有了这项收入。又如十九年奏准，清漪园挖河，占用荷花池六亩五分有奇，裁租银三两五钱九分六厘有奇。

乾隆三十年，奏准“清漪园所交金河西南岸水田十亩六分二厘，又，步军统领衙门所交乐善园行宫东水田十一亩三分，共岁征租银十两九钱六分；耕织图东荷花池一顷八亩二分一厘有奇，归并清漪园管理，裁租银五十四两一钱六厘。”[①]也即原归清漪园管理的金河西南岸水田十亩六分二厘、步军统领衙门所管乐善园行宫东水田十一亩三分，交给内务府管理收租，年入银“十两九钱六分”；而织图东荷花池一顷八亩二分一厘有奇（一百零八亩二分余）原归内务府出租，年租“五十四两一钱六厘”，今移交清漪园，即将此项收入裁去。

六、清漪园管理中出现的失职与犯法行为

在园林运作过程中，涉及人的因素，就会出现失职与犯法行为。对园林管理中出现的失职与犯法行为，清漪园有相应按例的处理方式。

（一）失盗与处罚

皇家园林安全为第一要务，虽然管理严格，却也发生失窃案件。

乾隆十七年十二月二十五日，总管内务府大臣允禄等奏《将偷盗万寿山铜斤李如倜等治罪折》，云：

> 据步军统领舒赫德拿送万寿山偷卖铜斤一案。讯据铜匠郭七等佥供，俱系陆续零星偷出，卖于民人李如倜。铺内共有八百余斤。
>
> 讯据李如倜如数接买是实等语……李如倜并不安分生理，风闻万寿山起造铜殿，胆敢起意，同民人韩忠等于万寿山附近租赁房间，开设酒铺，勾引匠役偷盗铜斤，接买贩卖，情殊可恶，应将李如倜照接买盗赃满数律，枷号一个

① 《颐和园大事记》，第10—44页。

月,责二十板……牛金邦又买瓷器库匠役等偷盗铜斤,应归入瓷器库盗卖铜斤案内,从重完结。铜匠郭七自行偷卖铜斤,又将民匠谭六、姜五、张五所偷铜斤代卖,共得钱四十千文,并赃数至二十两,应将民将郭七、谭六、姜五、张五照律各杖八十,折责三十板。郭七年逾七十,照例收赎。该工造饭民人房秃子自行盗卖铜斤,又将民匠韩四等所偷铜斤代卖……

现今起获红黄铜三十三斤,交纳万寿山工程处,小制钱十五千文,交纳广储司银库。以上各犯所得钱文行令各该处照追入官。至失查之管工大臣、官员现在行查,职名道日,另行查议。

这是在清漪园建设时期觊觎铜斤进行的盗窃案件。

乾隆二十三年五月十一,民人王通夜入清漪园鉴远堂行窃,被拿获,按例发往黑龙江为奴。三十三年二月二十日,万寿山六兼斋铜炉等器物被太监郝永顺偷去。至七月初四,仍在逃。皇帝令速速缉拿,并处置失职官员。八月初三,催长七十五、署苑丞三德罚俸一年,六品苑丞常英罚俸六个月。

(二)失职与处罚

除了盗窃种涉及官员失职,清漪园建设、运行过程中,官员失职行为也时有发生:或者马虎,或者兼管失位,或者工程办理草率、虚报费用等。

乾隆二十四年,三和、吉庆奏,清漪园万寿山后大庙安设紫檀供桌,花头损坏,工程遗留砖瓦未收拾洁净,将监督杨万育等官员及三和、吉庆本人一并交内务府慎刑司严加议处。乾隆三十三年十月十三日,清漪园山西铺面房粘修草率,按例,将失察官员等人分别罚俸。乾隆三十六年六月初七日,清漪园惠山园殿内陈设被雨水浸湿,命员外郎天德、苑丞福善、苑副额尔赫、主管大臣等官员赔修罚俸。七月十五,清漪园须弥灵境渗漏,该处员外郎天德罚赔修,并交内务府议处。三十七年七月初九,清漪园等处补种藕秧稀少,将该处苑副、催长并总管内务府大臣等交内务府议处,并罚俸三个月至六个月不等。这些都是工程管理失职。

乾隆三十二年(1767)闰七月初九日,清漪园织染局领催六十九平素糊涂贪酒,自染痰气,时常疯癫,以致自缢身亡。按例,将内管领天德等官员议罪。此属于兼管失职。

乾隆三十三年七月二十三日,郎中范清注承办万寿山工程木植银两奏销案,将报销舛错遗漏郎中石宝等官员按例罚俸。十月十三,因办理清漪园工程失职,苑副七十一、福成罚俸一年,员外郎天德罚俸六个月,总管内务府大臣和尔经额罚俸三个月。四十年五月二十三,修理昆明湖战船,将浮开银两之大臣和尔经额降三级调用,鞭八十。因系革职留任之员,无级可降,相应革职。奉旨免其革职,仍注册。此等皆属于财务虚报、奏销舛误。

(三)私人入园与处罚

除此等失职外,更有有意、无意放私人入园情况。

皇家园林属于皇帝私人所有,凡所有人等入园,尤其是皇帝家庭之外人等,都需要特旨;非特旨入园,入园者、管理者都要受到惩处。

乾隆四十三年四月初三,果郡王永瑹(雍正帝皇帝第六子、果郡王弘瞻之子)于四十二年八月下旬至四十三年三月下旬,六次私游清漪园内藻鉴堂,将主管王府大臣英谦交内务府治罪。乾隆谕令:“永瑹不必在内廷行走,罚王俸十年。首领太监任进福发往打牲乌拉给披甲人为奴,苑丞永舒、苑副惠格革职,副都统和尔经额等各降级罚俸有差。”①

另外,还出现了乾隆四十五年二月十一日山西民人侯义公醉酒夜间走至乐寿堂,引起的轩然大波。

(四)失火与处罚

中国建筑多为土木结构,最惧水火。因水火引起的失职惩处也不少。乾隆二十九年二月初十日,清漪园南湖景明楼之北楼失火。经慎刑司严加审讯,将遗弃余烟致火闸军于十七儿发往黑龙江给披甲人为奴,专管该处太监楞二格发往打牲乌拉当差。三月初四,皇帝命将兼管该处首领太监岳双喜革退首领,枷号两月,满日,鞭一百,交宫殿监督,令其充当苦差。总管太监李裕罚钱粮六个月。专管太监杨茂、李三屯俟革职留任开复日,补罚钱粮一年。苑丞、苑副各罚俸一年,员外郎罚俸六个月,内务府总管德保、副都统和尔经额罚俸三个月。二月十六,上谕,和尔经额遇事推诿,著革去总管内务府大臣,不必管理圆明

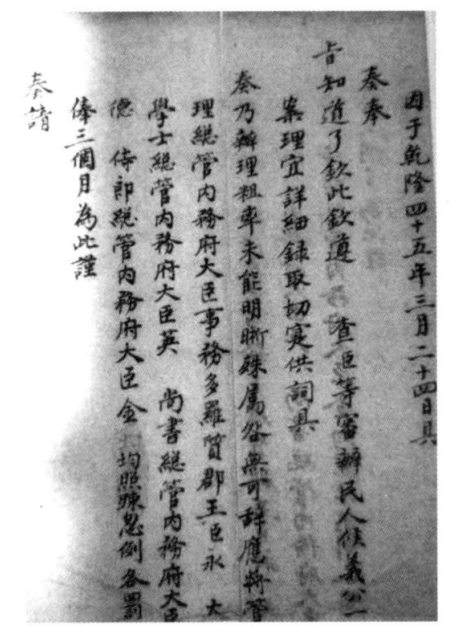
因于乾隆四十五年三月二十四日具
奏奉
旨知道了欽此欽遵　查臣等審辦民人侯義公一
案理宜詳細録取切實供詞具
奏乃辦理粗率未能明晰殊屬咎無可辭應將管
理總管內務府大臣事務多羅質郡王臣永　大
學士總管內務府大臣英　尚書總管內務府大臣
德　侍郎總管內務府大臣金　均照疎忽例各罰
俸三個月為此謹
奏請

图3:《民人侯义公擅入清漪园乐寿堂一案办理粗率自请照例罚俸》局部

① 《颐和园大事记》,第10—44页。

园事务,仍留副都统,著管理清漪园、静宜园事务(图3)。

乾隆三十五年,清漪园昙花阁工程处失火。虽经当即扑灭,除将窝铺烧毁外,别无伤损,亦将主管大臣议处。

(五)冒差与处罚

旗人当差,费用丰厚,往往因人选不继,或者好逸恶劳、身体原因等,雇募民人,冒名当差,费用分取。这一点在皇家园林的运作中也有出现。

乾隆二十一年六月初二日,查清漪园园户一百五十二名,本身应当差者一百三十七名,冒名顶替者十五名,冒名顶替比例达11%。按例将顶替民人发遣,旗人鞭责发落。将总管清漪园大臣苏赫纳、德保,专管清漪园事务正卿和尔经额按例罚俸六个月。

实际上,这种园户冒名顶替现象不惟出现在清漪园,其他皇家园林亦有。畅春园、圆明园、清漪园、静明园、静宜园、奉宸苑共有园户一千三百十四名,其中冒名顶替者即多达一百四十四名,达11%。皇家禁地出现这种情况,皇帝的安全可想而知。

(六)太监逃走与处罚

底层太监因待遇低、与人不和、欠账、不堪主管太监责骂等因,逃跑事件不时发生。

清漪园兴建之前,太监逃跑被抓,一般发瓮山御马厩铡草。待清漪园建立、御马厩别迁,逃跑太监,尤其是清漪园逃跑太监被抓获后惩处有所变更。

乾隆十七年六月初十日,清漪园逃走太监赵进朝被拿获,按例发往铡草一年。八月十六,清漪园太监张忠逃走后自行投回,奏请按例枷号一月,鞭八十,发往热河当差。九月二十六,清漪园太监张良甫逃走被拿获,按例发往铡草一年。

至乾隆二十三年后,逃跑太监的惩处力度空前提高。本年,清漪园太监陈进玉二次逃走被拿获,按例发往黑龙江为奴。乾隆三十四年八月初七,清漪园太监徐行瑞逃走被获,按例发往黑龙江为奴;九月初二,清漪园逃跑太监刘进玉外逃被获,按例发往黑龙江为奴。

七、余论

乾隆时期,清漪园作为皇家园林、寺庙、行宫一体的大型景区,据山水之殊,远借景西山,又处在御园圆明园与静明园、静宜园中间位置,是皇帝游赏、休憩、中途停歇之处——其中,乾隆皇帝凡事亲定的行为方式,也反映了清漪园等皇家园林私人属性。清漪园规模、功能使得其机构设置、人员管理多与静明园、静宜园一体管理,而园林运作、出息、人员升迁与惩处等事管理则多按照圆明园相关则例执行。了解这一时期清漪园的管理,不仅恢复一段历史,更可见清代机构设置、正册执行的规矩与灵活性,更可窥见制度之外鲜活的社会史。

樊志斌,曹雪芹纪念馆研究馆员,中国红楼梦学会理事。

辛亥革命后前清王府生活模式与生存策略

林德祺

【提　要】辛亥革命后，前清王府中的生活模式也随之发生转变，王府生活空间的嬗变打破了原有的日常生活模式，而王府成员接纳新事物的同时，也在尽力维持日常中礼制与旧俗。这一时期的王府表现出往日优渥生活的惯性与当下窘迫现实的适应，变卖祖产、典当珍玩成为王府主人的日常。为在混乱局势下保护自己的地位与财产，王府成员或亲自出动或请托他人，竭力在政治生活中挣扎与自救，但往往事与愿违。这一昔日特权阶层从"世袭"至"市民"的社会流动与生活变迁，亦成为分析民国时期城市空间权力重构与特权阶层文化解构的典型样本。而辛亥革命后前清王府的日常生活史，本质上是封建特权体系崩解后宗室贵族群体的被动适应史。王府生存模式的变迁多发生在北京与天津，昔日王府上下的调适与游移，融汇于这两座城市的记忆中。

【关键词】王府　清朝　辛亥革命　民国

清代宗室封爵共十二等：和硕亲王、多罗郡王、多罗贝勒、固山贝子、奉恩镇国公、奉恩辅国公、不入八分镇国公、不入八分辅国公、镇国将军、辅国将军、奉国将军和奉恩将军。《大清会典》载"凡封爵：有功封：宗室王公有勋绩受封者为功封。有恩封：以天潢近支得封者为恩封，皇子生十五岁，例由府奏请封爵，如奉旨暂停者，每至五年再奏请。有袭封：亲王以下至奉恩将军以上缺出，由府选其子嗣内人才骑射清语优者数人，无论嫡庶，引见钦定。"[①]

王府主人为宗室贵族，其与皇帝关系较一般臣子更为亲近且特殊，在政治与经济上享有诸多特权。辛亥革命后，1912 年 1 月 1 日，中华民国（1912—1949）于南京宣布成立，民国政府与清政府讨论清帝退位的条件。经商定，南京临时政府

① 崑冈修、吴树梅纂：《大清会典》卷一，清光绪石印本，第 92 页。

于1912年2月9日向清政府致送有关清帝退位优待条件的修正案。条件中的乙项为“关于清皇族待遇之条件”,共四条:“一、清王公世爵概仍其旧。二、清皇族对于中华民国国家之公权及私权与国民同等。三、清皇族私产一体保护。四、清皇族免当兵之义务。”隆裕太后代表清廷认可了上述条件,2月12日,宣统帝溥仪颁布退位诏书,清朝灭亡。清亡后,昔日养尊处优的各大王府的地位与境遇也发生了翻天覆地的变化,这些变化不仅影响了其日常生活模式,也在日后塑造出独特的王府生存策略。

一、王府生活空间的嬗变

《大清会典·工部》记载,凡亲王、郡王、世子、贝勒、贝子、镇国公、辅国公的住所,均称为府。① 清代王府多坐落于北京,由皇帝赏赐居住,是亲王等贵族主要的居住空间,也是宗室亲贵身份与地位的重要外化。不同等级的王府有严格规制要求,清亡后,王府生活空间伴随其主人的浮沉也发生了变化。

1915年,多尔衮的十一世孙魁斌去世,长子中铨继承睿亲王爵位。彼时睿亲王府在北京东城石大人胡同有房屋五百余间,至1921年,因迫切需要生活费,中铨将这些房产当掉,换取10万元,但不久后这笔钱便被挥霍一空。②

载涛为醇亲王奕譞第七子,清光绪二十八年(1902),载涛作为钟郡王奕詥的嗣子,继袭贝勒爵,即为涛贝勒,其府邸称涛贝勒府。辛亥革命后载涛失去生计来源,生活日渐困顿。民国十四年(1925),载涛将涛贝勒府以16万元租金租给罗马教廷天主教会,租期99年,其实就是变相售卖了王府,作为创办公教大学的校舍。民国十六年(1927),公教大学正式定名为私立北京辅仁大学。民国十八年(1929),辅仁大学在涛贝勒府南部的马圈和花园前空地建设辅仁大学主楼,而贝勒府府邸改作辅仁大学附属中学校舍。载涛搬出贝勒府后,买下东城宽街山老胡同2号的大宅院继续居住,其中花园、戏楼皆备。③

王府产权的频繁变更也是民国时期混乱局势的写照,顺承郡王是清代世袭罔

① 崑冈修、刘启瑞纂《大清会典事例》卷八百六十九工部,清光绪石印本,第42400—42404页。

② 周远廉:《清代八旗王公贵族兴衰史》,故宫出版社,2016年,第355—357页。

③ 北京市西城区什刹海研究会编《什刹海研究(四)——什刹海名胜古迹资料选编》,内部资料,2004年,第72—74页。

替“铁帽子王”,其王府位于赵登禹路西,锦什坊街以东,分为中、东、西三路,气势恢宏。1917年,顺承郡王纳勒赫去世,因其无子,小朝廷选定将纳勒赫堂兄常福之子,六岁的文葵继为顺承郡王。为维持庞大开支,郡王府被租给皖系军阀徐树铮,后来皖系军阀在内战中失势,奉系军阀进入北京,顺承王府就被奉军的汤玉麟当作战利品接收。张作霖进京后,将王府改作自己的帅府,眼见祖产被人强占,文葵只得请求载涛出面说和,最终张作霖以75000大洋买下王府,文葵拿这笔钱购入鼓楼王佐胡同的一套小房产居住。[①]

那彦图在晚清同为风云人物,位高权重,其王府位于北京安定门内,府中建筑精致、花园静雅。1924年,那彦图为借款生活,将王府抵押,但因府第为清廷赏赐,没有契纸,只好写了白契,作为乾隆年间以纹银2.2万两购自某姓。但税契处却认为估价太低,不愿配合报税,府中办事人员请托税契处通融,最终按3.8万元的买价税了契,契上的名字是那彦图。1933年,那彦图在豆腐池胡同买了七十多间房子。后来,他的经济状况更为窘迫,只好再变卖豆腐池胡同的房子,迁到王佐胡同,“从此便经常处在债权人的催索债务的日子里”。[②] 惠亲王府原在北京西直门内新街口,有几百间房屋,但民国十七年(1928)为了生存只得以十万元的价格卖掉一半王府。[③] 西城槐里胡同的洵贝勒府,1920年前后卖给东北军阀万福麟。[④]

即使是晚清权势滔天的摄政王载沣,其居住的醇亲王府正院在民国十三年(1924)被国民政府占用,载沣只得移居王府西侧的花园。1939年,载沣又把南府(太平湖王府)以20余万元的价格卖给日伪。“抗战胜利后,国民党十一战区占去北府(什刹海王府)的一半,载沣无法对付国民党,只好将北府的另一半,开办‘竞业小学’,招收五个班的学生,由载沣四子溥任做校长。”[⑤]还有豫王府,民国二年(1913)年幼的端镇袭爵后,因府中经济困难,由其母佟佳氏于1915年将王府以12.5万元美金卖给了美国洛克菲勒基金会旗下的中华医学基金会,协和医学院便在此建成。西安门南侧的礼亲王府,府邸于1927年租给私立华北大学作为校舍,

---

① 律文秋:《中国古建筑修缮》,中国广播影视出版社,2022年,第115页。

② 全国政协文史和学习委员会编:《回忆晚清宫廷生活》,中国文史出版社,2016年,第277—278页。

③ 林永匡:《民国城镇文化通史》,杭州出版社,2017年,第213—214页。

④ 金寄水、周沙尘:《王府生活实录》,中国青年出版社,1988年,第24页。

⑤ 周远廉:《清代八旗王公贵族兴衰史》,故宫出版社,2016年,第368页。

当时的校长正是蔡元培。朝阳门内的孚王府(九爷府),曾为怡亲王的新府,1929年租给北平大学女子文理学院作校舍。[1] 上述几个案例与涛贝勒府成为学校类似,属于王府产权流转为公共设施并逐步融入市民生活的代表,而搬出昔日王府带来的巨大心理落差,也浮现在不少皇族亲贵成员的诗文作品中,旧时金碧辉煌的王府成为落魄宗室怀旧书写的记忆载体。

除了上述因经济问题狼狈出售抵押王府的宗室贵胄,也有善于经营的亲王改建王府的例证。溥仪被逐出宫后,因担心时局动荡,庆亲王载振来到天津,变卖旧英租界的住房,购买了太监小德张建于旧英租界三十九号的房产,即为天津“庆王府”。这是一座公寓式的大楼,占地七亩多,共三层,有超过120个房间,居住着庆亲王一家二十余人和数十名奴仆。载振还在楼顶加盖一层,作为供奉祖先的影堂。楼中间是一罩棚,正式住房则在四周,楼东是点缀了太湖石的花园。[2] 尽管总体规模不及北京的庆王府,但仍算得上豪华。至此,庆王府经历了从北京中、东、西三路中式平房到天津三层西式楼房的空间变迁,而在楼房顶部加盖影堂的做法,则体现了礼制约束下王府主人对王府新空间的重构。

二、日常生存模式的二元性

王府成员往日优渥的生活在清亡后并未马上做出转变,不仅仍维持其先前的衣食住行标准,甚至一度变本加厉,投入大量金钱用于娱乐与风雅活动,这一现象与清亡后对于宗室贵胄的管束消失存有一定关系。溥铨是庆亲王奕劻之孙、载振之子,他回忆载振在天津庆王府中饲养宠物的细节,“一些专做这行生意的人把一些蛐蛐、金钟儿、油葫芦等送到府里,他都不惜用大价选购,还购买了很多精致的蝈蝈葫芦,有的上面竟是象牙雕刻。到了冬天,还特制了铜质的放葫芦的箱子,把葫芦一个个按格排列箱内,下面放热水保温。后来还配上玻璃罩,摆列到几案上当陈列品。他所搜罗的热带鱼有几十种,大小不下百余箱,摆满了室内和走廊。只这儿样花费,就足够千百劳动人民一年的生活了”[3]。

---

① 袁熹:《北京城市发展史(近代卷)》,北京燕山出版社,2008年,第146—147页。

② 全国政协文史和学习委员会编《回忆晚清宫廷生活》,中国文史出版社,2016年,第237页。

③ 中国政协文史资料研究委员会、文史资料研究委员会编《晚清宫廷生活见闻》,文史资料出版社,1982年,第282—283页。

这一时期,随着中外交流进一步深化,王府中也热衷尝试西式生活,如女眷流行用西方化妆品,男性也用西式服装打扮自己。自幼成长于睿亲王府的金寄水回忆,洋货是王府成员乐于炫耀的资本,王府中大部分日用品采购自东交民巷"锡勒福洋行"。睿王府在民国初年便安装了一部电话总机,各殿堂等处均安装分机,事无巨细一律打电话。1915年奎斌去世,中铨继承睿亲王爵位后,又购买汽车和西式马车,还派专人去杭州定制服装,"同样的衣服要做三套,为的是让衣服上的花儿随着时间变化而变化,比如,早晨穿的衣服花还未开,中午穿的衣服花儿正盛开,到了晚间穿的衣服花儿又闭上了"①。

西餐也受到王府成员的喜爱,睿王府建设有西餐厨房,备有全套西餐餐具,有时候邀请西餐厨师来家中做菜。② 但王府日常的一日两餐却总不见变动,仍固执地坚持传统饮食——老米饭和白米饭,没有白面点心。③ 金寄水祖母过寿,带全家人去撷英西餐馆吃西餐,母亲交给他西餐的礼仪④,而这家西餐馆的招牌"奶油栗子面",则是从豫亲王府"偷师"学去的。⑤

以上体面排场的生活需要大量金钱维系,按照清制,亲王年俸一万两,郡王年俸五千两,光绪朝因财政困难,亲王实领五千两,郡王实领二千五百两。⑥ 辛亥革命后,虽然民国政府颁布了优待皇族成员的制度,但王府经济收入多受到影响,先前的王俸被终止。尽管王府们多有圈占的土地可供收租,但是失去了往日统治阶级的身份,其地租收入也不能完全得以保障。如札萨克亲王那彦图的王府在河北省的玉田、滦县、良乡等县都有清廷赏赐的圈地。民国初年还能勉强收租,但1924年溥仪被逐出宫,各县佃户就不按时交租了。张北、康保也有王府的土地8000顷,地租收入也越来越少,遇到不好的年节就更少了。为了能顺利收租,那彦图特意编练了十二名武装警察,保护收租人前去征租,但一次性就被土匪打死五人,以后再不敢去了。最后被逼无奈的那彦图过上了典卖生活。原有的古董除了陈设在

---

① 辽宁省编辑委员会编《满族社会历史调查》,辽宁人民出版社,1985年,第96页。

② 金寄水、周沙尘:《王府生活实录》,中国青年出版社,1988年,第155页。

③ 金寄水、周沙尘:《王府生活实录》,中国青年出版社,1988年,第200页。

④ 金寄水、周沙尘:《王府生活实录》,中国青年出版社,1988年,第151页。

⑤ 金寄水、周沙尘:《王府生活实录》,中国青年出版社,1988年,第31页。

⑥ 李宝臣:《清代宗室王公封爵制度考析》,载恭王府管理中心编《清代王府及王府文化国际学术研讨会论文集》,2006年,第231—242页。

府中各处房间，其余的还整整装满五间屋子，最终都被陆续典卖。[①]

王府的经营往往也不能指望毫无治家理财经验的主人，而是仰仗府中管事官。如醇王府地租收入由管事官张文治负责，张文治不仅勾结军阀私分王府地租收入，还利用其他手段侵吞王府财产。无奈载沣对于王府中的日常开支不管不问，只知道花钱，需要什么就遣仆人去买，从不问具体价格，这一习惯还影响到了他的子女。[②] 载沣次女韫龢回忆二哥溥杰对她说："幼年如果想要什么东西，说一声，仆人就给买来，从没摸过钱，甚至没见过钱什么样。有一次溥杰随口问一件物品的价钱，母亲听到之后，狠狠地挖苦了他一顿：'你应当有远大志向，根本不应当打听钱的事儿'。……仿佛约定俗成，在醇王府里，从来不许她们提及钱，也不准提'钱'字。这，成了醇亲王府一则不成文的规矩。"[③]后来载沣在困顿之时，还曾指示出售府中物品的听差，用府中八件皮衣换 1000 元，如果八件不行，就再添两件凑成整数。[④] 他本人对于财物具体价值的麻木可见一斑，如此的主人行径，王府的衰败也是意料之中了。

个别王府成员有一技之长，家财散尽后能勉强维持生计，惇王府溥僩贝子自幼习画，有较高的艺术修养，典卖王府和全部家产后靠卖画为生。[⑤] 溥伦贝勒府邸在北京东城王府井旁，1927 年溥伦去世后由其子毓崇承继，奈何毓崇除吃喝玩乐毫无其他本领，陆续典卖府邸与财产，最终以卖破烂苟延残喘。[⑥] 当时甚至发生有亲王后代饿死在南横街会馆的空房中无人收尸的状况。[⑦]

上述王府生活状况反映出这一时期王府优渥生活的惯性与惨淡现实的适应，本无生存能力与治家本领的王府主人，在失去了特权庇佑后迅速完成了阶级滑落，而王府日常浮华外在下则隐藏着困窘生活的实质。

---

① 全国政协文史资料研究委员会编：《晚清宫廷生活见闻》，中国文史出版社，2000 年，第 286 页。

② 贾英华：《末代皇妹韫龢》，人民文学出版社，2012 年，第 208—218 页。

③ 贾英华：《末代皇妹韫龢》，人民文学出版社，2012 年，第 34 页。

④ 中国人民政治协商会议全国委员会、文史资料研究委员会编《晚清宫廷生活见闻》，文史资料出版社，1982 年，第 190 页。

⑤ 周远廉：《清代八旗王公贵族兴衰史》，故宫出版社，2016 年，第 365 页。

⑥ 周远廉：《清代八旗王公贵族兴衰史》，故宫出版社，2016 年，第 376 页。

⑦ 辽宁省编辑委员会编《满族社会历史调查》，辽宁人民出版社，1985 年，第 96 页。

三、日常礼制与旧俗的惯性

辛亥革命后,传统礼制的规训仍支配着王府日常生活,体现出清制旧俗强大的生命力,一方面表现在对昔日封建君主的尊崇。载振母亲病故时,有亲人送来"母仪足式"的挽幛,因为"仪"字触犯了溥仪的名讳,载振不允许家人悬挂。溥仪在天津时,每次过生日载振都带着溥钟、溥锐去拜寿,春节时则去拜年。[①] 而溥仪被逐出紫禁城前,除夕时各个王府的王爷还要循例进宫,向溥仪与众太妃辞岁,待辞岁归来后才吃年夜饭。初一至初五饭后"至亲'官客'前来拜年,多是先到小影堂叩拜,继而向内眷中的长者拜年",破五后,王府中的奶奶们也要去其他王府拜年。[②] 拜年过程中还会进行王府独有的敬茶环节。而王府内部本无顶戴品级的下层木匠、裁缝,这时也都顶戴起来"一跪一片"。[③] 重大节日王府餐食也继续维持满族旧俗,如煮饽饽,每日早上照例由晚辈向府中长辈请安。王府日常生活中也格外注意尽量迎合"黄历",寻求所谓的"吉日吉时"以图平安顺遂。一日溥杰出门拜客但却险些翻下马车,府中议论纷纷,认为是日子选择不佳所致。[④]

王府对于旧俗的坚持也体现在王府下一代的教育上,民国后王府子弟的读书生活仍多采用传统教育模式,不让子女前往公立学校或接受西式教育。金寄水回忆:"每天一到钟点,必须始终在砖炕上正襟危坐,开始听讲,朗诵课文,背诵课文,以及读诗作诗,读文作文,写蝇头小楷,并临碑帖"[⑤],感慨学习过程中想缓一口气都很难。

民国十年(1921),载振之孙毓定到了要上学的年纪,载振在王府内东书房——契兰斋设立了专馆,契兰斋环境幽雅、花木繁盛,房中陈设众多古籍,老师则是从昌平请来的一位老秀才,名为门瑞昌,每月供应老师三十元的束金,并在东书房下派两名书童侍候并侍读。开学当日,设孔子牌位,牌位前祭品门类齐全,按照传统礼节拜师。老师先向孔子牌位叩头,继而学生对孔子牌位叩头,再对老师

---

① 全国政协文史资料研究委员会编:《晚清宫廷生活见闻》,中国文史出版社,2000年,第247页。

② 金寄水、周沙尘:《王府生活实录》,中国青年出版社,1988年,第81—83页。

③ 金寄水、周沙尘:《王府生活实录》,中国青年出版社,1988年,第40页。

④ 全国政协文史和学习委员会编:《回忆晚清宫廷生活》,中国文史出版社,2016年,第213页。

⑤ 金寄水、周沙尘:《王府生活实录》,中国青年出版社,1988年,第31页。

叩头。教学内容也是沿袭传统,“启蒙先认识方块字(即单字,在二寸见方黄色硬纸上由老师用毛笔写好的字)。每日早晚教学生识字,过了半年改读徐氏三种(即三字经、百家姓、千字文)和上下论语、大学、中庸等。在这中间,老师还将中国古代史从三皇五帝起作了简短易懂的句子教给学生,边读边记。至于当时社会上公立学校所读的课本则一概不用。”[①]到天津后,载振对于下一代的教育还继续沿袭清代旧制,孩子进入年龄也不允许上学,而是在家塾学习《三字经》《千字文》,溥铨回忆道“上学见了老师要作揖,下学见了父亲也要作揖”。[②]

但礼制的惯性终会随着时间推移而逐渐消散,民国后各大亲王府的婚礼、丧礼均尽力与晚清规制一致,注重排场与光鲜,溥杰回忆民国后的醇王府尽管资材上早已捉襟见肘,但逢婚、丧、寿辰、年节,王府的虚架子还得竭力支撑。[③] 不过一些在王府内部举行的典仪则有所简化,如辛亥革命前还在沿袭的祭神礼节在民国后则多有缩水,醇王府便取消了每月都有的祭神礼节。[④] 再如腊月二十三祭灶,按例宫中和王府均应沿袭旧俗,使用黄羊作为祭品,将黄羊放入木槽摆放在供桌后,一些高门大户也会效仿,晚清后坚持这一传统的就只有宫中与王府,而到了 1924 年前,各大王府也不再使用黄羊了。[⑤]

四、政治生活中的挣扎与自救

动荡的局势中王府生活同样充满变故,失去了清廷庇护的各王府主人纷纷转向投靠民国时期新贵以求得保护。不少王府巴结军阀与政客,一些王府成员并无政治信仰与主见,只是见风使舵,为求保住自身的地位与财富。如溥伦便积极投身政治,在国民党成立大会上,溥伦跻身名誉参议之一。1915 年 12 月,溥伦出任民国参议院院长之职,他还与袁世凯沆瀣一气,支持其称帝,以期获得亲王双俸。[⑥]

① 全国政协文史资料研究委员会编:《晚清宫廷生活见闻》,中国文史出版社,2000 年,第 258 页。

② 全国政协文史和学习委员会编:《回忆晚清宫廷生活》,中国文史出版社,2016 年,第 238 页。

③ 全国政协文史和学习委员会编:《回忆晚清宫廷生活》,中国文史出版社,2016 年,第 216 页。

④ 全国政协文史资料研究委员会编:《晚清宫廷生活见闻》,中国文史出版社,2000 年,第 234—235 页。

⑤ 金寄水、周沙尘:《王府生活实录》,中国青年出版社,1988 年,第 60 页。

⑥ 周远廉:《清代八旗王公贵族兴衰史》,故宫出版社,2016 年,第 376 页。

载沣在政治上无甚建树,加之性格内敛怕事,但民国后也曾赠给张作霖两件名贵礼物,他还通过管家与军阀们周旋,王府管家张文治甚至和张作霖、张宗昌、张景惠等军阀结为“拜把”兄弟。①

但这样的生存模式往往效果不佳,遭遇事端时王府成员最终会选择向同为宗室王公的故友求情。1937年德穆楚克栋鲁普亲王在张家口成立伪蒙疆联合自治政府,向那彦图征收那王府先前在张家口一带的土地,那彦图只好请托肃亲王善耆的儿子金壁东说情,最终勉强保住土地。② 再如上文顺承郡王文葵王府被强占,请载涛贝勒斡旋,这也从侧面说明民国后多数王府主人政治上的边缘化处境。

政治自救与投机也不仅限于王府中男性成员,溥杰回忆其生母瓜尔佳氏“始终不甘心于清朝统治势力的失败。例如她在张勋复辟阴谋失败后,听到无稽的谣言便眉飞色舞,甚至对天磕头祈求张勋的无恙;并一度打算让我和张勋的女儿结婚,由于算命的属相不合才作罢论。她和端康太妃相互结托,各使自己的心腹太监和当时的奉系军阀拉拢,结果是财物被骗,拉拢不成。”③

这一时期,一些王府也依附外国殖民者与侵略者,载沣就曾经依靠日本人夺回被侵占的部分财产,到后来甚至直接聘任一名日本浪人为其看家护院,直到1945年日本战败。④ 载沣之所以受到日本人的“青睐”,更多是由于其儿子溥仪、溥杰投靠日本侵略者的“成果”。

国民政府对于一些困顿王府成员也进行了资助,但资助范围极其有限,对于广大挣扎在温饱线上的王府成员已是杯水车薪。1935年,国民政府得知那彦图生活困窘,聘其为行政院顾问,那彦图带着他的六姨太和一个秘书、一名听差去了行政院所在地南京,但住了半年发觉天气炎热难以适应,于是又回到北京,不过行政院仍给他支寄工资。⑤

① 全国政协文史和学习委员会编:《回忆晚清宫廷生活》,中国文史出版社,2016年,第190页。

② 全国政协文史和学习委员会编:《回忆晚清宫廷生活》,中国文史出版社,2016年,第278页。

③ 全国政协文史资料研究委员会编:《晚清宫廷生活见闻》,中国文史出版社,2000年,第189页。

④ 全国政协文史和学习委员会编:《回忆晚清宫廷生活》,中国文史出版社,2016年,第188页。

⑤ 全国政协文史资料研究委员会编:《晚清宫廷生活见闻》,中国文史出版社,2000年,第287页。

五、结语

辛亥革命后,失去封建特权庇佑的各大王府很快成了军阀与资本的收割对象,王府主人为保护地位财产而做的政治自救,反而加剧了军阀与殖民者对王府的倾轧。经济困顿迫使多数王府开始典卖古董与房产,甚至被迫从昔日恢宏的府邸迁出。落寞王府在年节与婚丧嫁娶等重要节点,仍尽力维持昔日的排场,透露出王府生活浮华外在与困窘实质相对立的二元性。一些王府虽然已经涉足新式生活,但仍对封建君主与礼制传统抱有幻想,这一惯习不仅左右了王府日常生活模式,也影响了王府下一代的教育与塑造。王府主人在经济困顿中固守礼制程式与文化符号,凸显传统礼俗对其身份认同的规训力量,也映射转型期多元价值体系的碰撞。宏观分析民国后王府生活模式的转变轨迹,则揭示出传统中国向现代社会过渡的复杂肌理。

林德祺,故宫博物院馆员。

北京评书《东汉》的版本与特色补说

于　鹏

【提　要】本文结合新发掘的《时言报》连载高豫祝《东汉》、《全民报》刊载连阔如《评书是大众化的艺术》等资料，对《北京评书〈东汉〉的版本与特色》一文进行了完善与补正，提出了高豫祝本《东汉》前半段系以连阔如本《东汉》连载稿为基础修改而成的观点，探讨了相关原因及对文本的影响，还对以前未知的高豫祝《东汉》结尾部分进行了详细介绍。

【关键词】评书　《东汉》　高豫祝　连阔如

笔者曾发表文章介绍北京评书《东汉》的版本与特色①（以下简称“前作”）。当时因条件所限，部分资料未及见到，一些判断也受此影响不尽准确。最近，笔者得读首都图书馆藏全部报纸连载高豫祝《东汉》与连阔如回忆文章等新资料，特做此文予以补正。

一

关于北京报纸连载袍带类评书的情况，据不完全统计（感谢王禹超、胡瑾涛先生提供补充资料。本文亦多处得他们二人指正，贡献了多处修订增补意见，在此一并致谢），计有：《西汉》（连阔如《西汉演义》）；《东汉》（连阔如《东汉》《后部东汉》、高豫祝《东汉》）；《隋唐》（连阔如《隋唐演义》《卅六英雄》、高豫祝《兴唐响马传》）；《反唐》（赵正升《说唐后部》、品正三《龙潭鲍骆》）；《飞龙传》（连阔如《炎宋兴》《三打韩通》）；《杨家将》（连阔如《金枪杨家将》、周坪镇《倒马金枪传》）；《岳

① 于鹏：《北京评书〈东汉〉的版本与特色——京津冀评书漫话之二》，《苏州教育学院学报》2019年第4期。

传》(连阔如《精忠说岳》;刘杰谦《武穆精忠传》),《明英烈》(连阔如、高豫祝《明英烈》)。相对而言,《东汉》是今存资料基本完整且有多种版本参照的一部作品。

前作曾介绍:

> 北京评书《东汉》非只一门,但如今流传下来两种文本即高豫祝(1891—1970)传本(以下简称“高本”)和连阔如(1903—1971)传本(以下简称“连本”),均得自于评书前辈张诚斌的传授。

如今看来,连本的来源不限于张诚斌一人,这一点后文还要详述。

关于高本《东汉》的连载的具体情况,当初未全面掌握,如今已有完整的资料。高本《东汉》1938 年 5 月 4 日开始在《时言报》连载,每日一期,到 1943 年 12 月 30 日结束,按照最终编号为 1897 期(编号会存在一定误差),持续了五年半多,还是因报纸停刊仓促收尾。笔者前作曾介绍:

> 1938 年 10 月 23 日,高豫祝为自己由报社结集出版的《东汉》单行本作自序。……单行本进度落后于连载。依据《时言报》广告,单行本至少出到第十二集。高本《东汉》从武科场开书,直到刘秀定都洛阳,征讨二龙山结束。

如今看来,“至少”二字可以去掉,单行本确实只出到第十二集。应当指出的是,相对于报纸连载,单行本的文字质量差一些,讹误较多。

笔者前作亦曾介绍过高豫祝的师弟连阔如的《东汉》连载情况,引述如下:

> 1937 年 11 月 3 日到 12 月 31 日,连阔如在电台播讲《东汉》(每集 80 分钟)。1938 年到 1941 年,《立言报》和《立言画刊》将依据广播记录下的书词予以连载(1938 年 10 月 1 日《立言画刊》创刊号即连载《东汉》,从第九回开始,之前的内容由其前身《立言报》刊载,1941 年 10 月 25 日第 161 期最后一回即第六十三回载完。)。这个版本从王莽篡位开始,到信都封臣结束。在此之前,另有一种连阔如《东汉》连载本——《民声报》连载本,系已知《东汉》最早的文字连载。……依据今天掌握的残本期号推断,大约从 1934 年 9 月左右开始连载,时间早于立言本和高本,比立言本多出信都封臣后边的内容。该本连载到 1937 年 7 月 28 日讲至四棍扰信都为止。次日侵华日军占领北平,报纸停刊,连载亦被迫终止。

据如今的资料,《民声报》连载的时间可以精确至 1934 年 9 月 3 日。

关于连阔如学习《东汉》的过程,这里补充其本人口述的资料:

> 我由中人说合,以三十元的代价,说习《东汉》,每日早晨往西城大帽胡同四根泊七号,去学《东汉》,张诚斌每日早晨,给我说三个钟头的书,那是刘继业的住宅,在他家过活,还劳动人伺候茶水,那种同道的义气,很是不错,曾记得我学《东汉》,是在九十月中,九十月那一转,我正说书哪,白天是在西安市场森桂轩演说《东汉》,灯晚是在赵锥子胡同西口内莲河轩说《东汉》,那还是现学现说,早晨张诚斌教给我一场活,下午森桂轩,灯晚莲河轩,就说这一场活儿,每天学书计算起来,是大洋五角,森桂轩我的挣项,每天有一元七八,莲河轩我的挣项,两元三四,合计起来,现趸现卖的书,能挣四元有余,除去五角学费,还剩三元多钱,真幸事也,这种情形,森桂轩莲河轩的书座,尽皆知晓,人人也以为是幸事,我自从学会了《东汉》之后,就能叫座,花市蒋家书馆、北羊市口名山居、朝外日坛日升轩、东安市场仁义轩、天桥福海居、宣内大街森瑞轩等书馆主人纷纷邀我,各大书馆,都说过几转儿。①

二

笔者前作曾指出:高、连二本的共同部分——"武科场"到"信都封臣",不仅故事情节、插话、赞赋大体一致,更重要的是,"棘阳关"之后的很多语句都一字不差。"攻潼关"一段,高、连二本甚至出现了共同的笔误:

> 吕敖这才问道:"卓总镇请我有什么事哪?"卓茂说:"老将军,昨天我因心中烦恼,言语多有不周,请你勿怪。"卓茂说:"都是自家人,谁亦不能记恨谁。"卓茂说:"我有一事相求……"

连续三个"卓茂说",很显然,第二个"卓茂"当作"吕敖",而高、连二本均误。为何会如此?前作未能深究。如今看来,由于连本连载在先,高本前半段当系以连本连载稿为基础修改而成。这么判断可以找到五个依据。

其一,岑彭的兵刃,连本作九耳八环刀,而高本则说是三尖两刃刀。高本还有

① 连阔如:《评书漫谈·评书是大众化的艺术》,《全民报》1937年12月2日至1938年1月14日,连载未完。

一段说明：

> 那位说，人家都说岑彭使九耳八环大刀，你怎么死气白赖说他使三尖两刃刀哇？请想那九耳八环大砍刀，一摆哗啷啷乱响，那是大花脸使的军刃，红胡须蓝靛脸使着合适，到后套马武之子马清，使九耳八环大刀。岑彭长的眉清目秀，小白脸子，哪能使九耳八环大刀，所以我师父传给的是三尖两刃刀

高豫祝师父传授的是三尖两刃刀（西河鼓书道中岑彭确亦用三尖两刃刀，高本不知与此有无关系），但连本中岑彭用的正是“人家都说”的九耳八环刀。连阔如曾解释他的说法来自田岚云：

> “张诚斌说岑彭使三尖两刃刀”“田岚云说岑彭使九耳八环刀”，我跟张诚斌学的东汉，为什么不说岑彭是三尖两刃刀，单依着田岚云的说法，教岑彭使九耳八环刀哪？这可有情理，并不是我轻视张诚斌而重田岚云，还是田的说法有情理。①

而高本虽然主要作三尖两刃刀，但个别地方忘了改，亦作九耳八环刀。更关键的是，九耳八环刀在后文“真假岑彭连环计”一段是有作用的。书叙假岑彭廉登用真岑彭的刀袭击刘秀，连本作：

> 幸亏九耳八环刀，刀一动环子直想，刘秀听了刀环子想，他躲的很急，若换口别的刀，听不见刀环响，刘秀的命就没了。

这个交代与高本的“三尖两刃刀”完全不能相容，高本只得全部删去。但紧接着后文又有岑彭得姚期传授，抓刀环活捉廉登的情节，这次高本无法删除了，只能原样保留，于是闹了个“抓三尖两刃刀刀环”的笑话。

岑彭用“三尖两刃刀”系高本在连本基础上的改动，只有如此，上述现象才说得通（类似的矛盾还有寇恂的兵器，昆阳出场时用枪，二龙山时变成了刀）。

笔者前作曾因此事质疑高豫祝所言的真实性。如今看来，应该自我纠正并向高豫祝先生及读者道歉。当然，误会的根源在于高豫祝直接用师弟的本子却不加说明。

其二，高本连载版序言（刊于《时言报》1938 年 5 月 4 日首期，与单行本自序不

① 连阔如：《评书漫谈 · 评书是大众化的艺术》。

同)有一段内容介绍如下:

> 今将本书之热闹节目写出以供阅者,最热闹的是"岑彭马武夺状元"、"马武大闹武考场"、"刘秀遁潼关"、"菩堤(提)冈姚期马武双救驾"、"白水村刘秀兴兵"、"兵定南阳郡"、"走马取湖阳"、"三请姚期"、"马武下山玉虎坠"、"岑彭马武对花刀"、"岑彭归汉"、"姚期单鞭诈颍阳"、"二十八宿闹昆阳"、"大安山姚期搬兵"、"宝军山双侠出世"、"郭家庄刘秀招亲"、"一杵定三江"、"双槐岭恩收二将"、"贾复闯营拖肠大战"、"严子陵云台点将"、"五行山设摆群星列宿阵"、"汉光武三渡巨无霸"、"马援拜帅"、"八大锤闹潼关"、"真假岑彭连环计"、"云台观捉拿王莽"、"潼关散将"、"三皇祠焦雄行刺"、"邯郸县丛台赴宴"、"姚期单鞭扫台"、"王伦力举千斤闸"、"炮打台城"、"光武兵过滹沱河"、"青龙山马武报仇"、"战宣城姚期得枪"、"姚期插枪镇草桥"、"马援智破众反王"、"八党奸臣献长安赤眉破都"、"战蒲关耿耳怒摆火牛阵"、"三战隗嚣"、"取洛阳"、"绑子上殿"、"黄一刀卖肉"、"上天台"、"中山郡三请姚刚"、"姚能下山"、"姚刚力拔铜旗"、"姚刚招驸马"、"打四川"等等的热闹节目太多,恕我不能细表,读者慢慢的看自然明白。

其中的"马武下山玉虎坠"(情节比较复杂:讲述太行山占山为王的马武想请冯彦入伙。马武杀死王腾挂其人头于冯门外,想以此方式逼冯彦上山。冯彦因之遭陷害入狱。冯彦子冯千郎欲远行救父,王腾养女娟娟将家传宝物玉虎坠赠冯千郎,助其路费。马武再下山发现玉虎坠是自己留给亲生女儿之物,与娟娟相认,又救出冯彦,娟娟与冯千郎婚配。有的本子以为马武杀王腾不妥,以马武杀恶人代之)高本中亦有所提及:

> 胡殷说:"你那次下山访冯渊的时候,王莽的兄弟颍阳王曾派人给咱们夷丘山送过礼物,内有一封聘书,叫我们率领夷丘山的喽兵下山捉拿刘秀,或是把汉兵打败了,立下功劳,然后他颍阳王能在王莽驾前保咱们高官得做,骏马得骑。"

但在实际连载中是没有的。从中可知高本原来有"玉虎坠"情节。之所以实际连载中没有这段,自然也是因为高本前半直接用了连本。关于马武,高本后面还有提及"马武单刀战渑江"一节,在前边连载中亦未提及。

其三,高本单行本第四集第十回回目为"姚期闯宫结仇郭妃",但正文未见点题。在后来的报纸连载中，有一段回顾才让我们了然：

> 原来郭妃有个私心，想要报仇。当初在家之时，很是孝顺父母，不过与兄弟等不合，那年刘秀与姚期路过郭家庄，正赶上青峰山上的大寨主火灵官张美，要强娶郭平之女郭赛花做压寨夫人，他君臣赶到，姚期假做新娘，饱打张美，张美逃了回去，那时山上还浮住王梁、万脩，两个人劝他不听，二人走后，他才到郭家庄娶亲，姚期大闹销金帐，打跑了张美，郭平将女儿便许配了刘秀。三江搬兵，郭赛花不叫刘秀走，拉着衣襟不放，姚期假意用鞭一打她，吓得郭妃一放手，刘秀便走了，她便记下此仇。如今位登大宝，想身旁无有近人，所以急速命人将他父兄请来，对机会好害姚期，以报那一鞭之仇，这是后话，暂且不提。

由此，我们才知“姚期闯宫结仇郭妃”是怎么回事。之所以前边郭家庄时没讲这段，自然也是因为当时用了连本，而连本是没有这一段的。此外，高本为了显示与连本的区别在报纸连载回目中提及的“赵凯献城梁林锤震三老”“八大锤报仇贪狼星归位”“二十八宿群星群黑虎”等在实际连载中也同样没有呼应。

其四，高本说金子陵乃是当年王莽在十字街遇的那个算卦先生，王莽坐天下，便封他为一字并肩王，后来他跑到江南，投在龙天寿手下，又当了军师，他便改名为金子陵。但前面算卦先生叫徐世英，且已被火烧死营中。这又是高本前半部采用连本造成的冲突。

其五，高本的后半部在用词和行文上与前部有较大的差异，与连本完全不同的部分更具有口语化的倾向，例如评书口语中的“好嘛”等词在后半部有大量的使用，前半部分则没有。

三

高本前半部分何采用连本为底本？自然是为了省事，觉得一师之徒的本子差异不大（却未料及连阔如的本子不只是继承张诚斌，还有别家的东西），加之正同时连载自己的《明英烈》和《兴唐响马传》（这两部虽然连阔如也有连载，但高本更具有自身的传承特色）可能觉得分身乏术，用现成的连本为底本，再补充改动，比完全自己写一遍省事很多。

当然，高本前半虽然以连本为底本，但高豫祝在察觉连本与自己的继承有重要不同时,是做了不少修改增补的,具体区别前作三、四两节有详细介绍,这里不再重复。

高、连二人为一师之徒,传本为何却有这么多区别?有两个原因。其一,据《醒木惊天连阔如》:

> 张诚斌经人介绍去东四书馆,对连阔如的表演非常满意,于是将自己师父的《东汉》评书秘本传给了连阔如。①

如所记不差,则连阔如得到的是张诚斌师父的原始版本,而高豫祝所得则是张诚斌后来"研究该书达数十年之久"后修订增补的本子(当然今传本亦不排除有连、高本人的加工),二者自己就有了差别。

其二,连阔如曾介绍:

> 我这部《东汉》怎么能把刚哪,一是张诚斌的道活地道,由头到尾,完完全全的一段不少。二是孙昆波给我下挂,真用心修改,将高胜泉、田岚云书中的说法,串在我的书中。②

由此,连阔如的说法中除了张诚斌的说法,还融入了孙昆波加入的高胜泉、田岚云的说法,自然与高豫祝所传张诚斌一家的说法有差异。若综合两说,连阔如得的本就是张诚斌师父的本子,加上融入高胜泉、田岚云的说法,其与高豫祝所传张诚斌在其师父传本的基础上加工数十年的本子有种种差异就顺理成章了。可惜高豫祝的文字版前半部分以连本为底本,即便经过修改增补,不少张诚斌的精细加工也难免失传了。

四

笔者前作第二节曾介绍了高本《东汉》的内容梗概。这里依据新材料补充最后一部分即"征讨二龙山"的故事梗概:

众将接家眷入洛阳。赌王姚刚出世。岑彭、樊凯去信都接太后、太子刘庄及刘秀妻阴、郭二凤驾入洛阳。途中,岑彭陷二龙山。二龙山由狄万昌、狄万祥、狄

① 彭俐:《醒木惊天连阔如(典藏本)》,中华书局,2012年,第84页。

② 连阔如:《评书漫谈·评书是大众化的艺术》。

万明三兄弟占领。寇恂率七十二国公征讨二龙山,大战之后被困山中。狄万昌女婿高文元通汉,将寇恂放出。郅君章搬兵。二路元帅梁兴率他四子金杰、银杰、玉杰、志杰(后文变为文龙、文虎)出兵。梁兴欲联合二龙山反汉。梁兴派梁文虎向二龙山射去反书。高文元献策,言为防诈降,让梁兴杀寇恂方可接纳。梁兴抓捕寇恂、郅君章。马援率军赶到。姚期、马武擒获梁兴父子。马援平二龙山。有高文元书信为证,刘秀下旨斩了梁家父子。

这一段前详后略,由于报纸面临停刊,从“射反书”开始便未能细讲,甚为可惜。现将高本仓促收尾的最后部分录于此,供读者参考。

> 这且不言,如今且说那二路元帅梁兴,他一个人心中最难过,要想向上山飞柬传书,又怕人家不接受,你说不传书吧,怎么向他们说明呢,这个办法可不好,原想今天出战得机会与他们相商,孰知今天一战,他竟不容说话,将我战败,倒落得我不好说了,这……这……这,如何是好。他一个人坐在帐中,想这件事着急,文龙、文虎弟兄二人,看他父帅如此的着急,两个人心中也是为难,遂问道:“父帅,而今山上这些个人,没机会与他们说知此事,可惜他们太不知趣,你老人家意下如何呢?”梁兴道:“我儿不知,为父意欲对他们飞柬传书,不知可否?”文虎道:“此事倒可以办,父帅写好了,待孩儿去下书,给他们射上山去,报知他们便了。”梁兴大喜,当时取过文房四宝,立时写成,封好了交与文虎,说道:“儿呀,这封书信可大有关系。”梁文虎点头说:“是,孩儿知道了。”当时他接信在手,拿弓箭便到山下,上边灯球火把成片,他看见了便说了声:“上边听着,今有要紧书信一封,特与你们大王知道,但千万莫误。”上边喽兵一听此言,早有小头目迎了过来,弓弦响处,一支雕翎飞上山来落到地上,那箭果然有书信,他便一起送到大厅。此时狄万昌正商讨明日怎么个打法,要将他汉军两营人全给踏平了不可,那时连同所擒之人,一起斩首,从此举兵南下攻取洛阳,一举成功。正说的得意之际,小头目说声报,狄万昌忙问何事,那小头目当时将此箭连书呈上,一说此事。狄万昌说声知道了,急忙拆书观看,不由哈哈大笑道:“好哇,原来有这个机会,真乃天助我也!”这时高文元最为关心,他一听此言,准知道汉营有了内应,可不知是谁,遂问道:“王爷,此是何人所来,有何机会呢?”狄万昌道:“贤婿快拿去看,这是不是天助你我成功。”说着话,将那封书信递了过来。高文元急忙上前,接过一看,不由气炸了两肺,遂说:“王爷,不可中了他奸计,今日一战,他父子三人全被杀败,故设

此计,不如叫他先杀寇帅,然后再说,如果杀不了寇帅,那时杀他们一个不留。”万昌说好,派人回书,下山报给汉营。梁兴知道山上有能人了,这才请寇帅过营会议。寇恂不知是计,便带病与郅君章一同前来,将一进营门便被绑了。推出要斩,忽听正东方大炮三声,有大军安营。忙派人一探,原来是马元帅统率三军,以及各位云台将满到,当时吓坏了梁兴。正在此时,营外有人报说,马武、姚期二将到,没容说请,人家早已带来人进来,立时将他父子拿下,这才救了寇帅,由马帅平了二龙山,将他父子解回。有高文元献书信作证,刘秀无法,下旨斩了梁家父子,从此天下太平,汉业永建了。

五

高豫祝以“云台小将”故事为主的《东汉》后部不传,笔者在前作第七节中曾根据相关线索详加勾陈。

前作介绍:

> 高本《东汉》说本书有三漏,也就是三个下落不明之人:第一位是寿王王丰,信都救驾后遁去下落不明;第二位洛阳王王超,洛阳城破后不知逃亡何方,以后也再无书;第三位没有提及姓名,当在后部之中。

这里补充一个信息,这第三位,书中说是“金殿走的”。

高豫祝曾交代:

> 那位说,你做甚么说出这些个云台小将呢?列位不知,不久就该用。云台一共有小将二百多名,怎么往出说啦?到时候我不先伏下笔,将来一说出来,就该问我啦,这些个小将几时生养的?那时我就无法说啦。

可见东汉后部以“云台小将”为主。高本已出现的云台二代人物计有:姚刚、姚仁又作姚能(姚期之子),马清(马武之子,仅在武科场预告中出现,实际未出场),岑富、岑真(岑彭之子),杜明(杜茂之子),郅从(郅君章之子),纪茂(纪敞之子),王通(王伦之子,三代都有了),耿耳(耿纯之子)。

高东汉报纸连载有“姚刚抢宝马力劈太师”“姚刚抢马打死郭熊”的回目,报纸连载序言中还预告了“绑子上殿”“黄一刀卖肉”“上天台”“中山郡三请姚刚”“姚能下山”“姚刚力拔铜旗”“姚刚招驸马”“打四川”,惜皆失传。

连阔如有一种 1941 年 2 月 1 日到 9 月 18 日在《戏剧报》连载的《后部东汉》，亦讲"云台小将"事。经笔者录入，以《东汉演义续集》之名，于 2020 年 6 月由中华书局出版（同年 8 月中华书局又出《东汉演义（全本）》，系将前部《东汉演义》与《东汉演义续集》内容合为一书）。

现亦将连本的"云台小将"名单列出，供对比参考。

连本的云台小将：贾柱、贾梁（贾复之子），耿霸（耿弇之子），岑福、岑真（岑彭之子），朱商（朱祐之子），景尚（景丹之子），姚能、姚刚、姚标（姚期之子），臧英（臧宫之子），马青（马武之子），王禹、王舜（王梁之子），杜明（杜茂之子），坚伋（坚镡之子），王元、王英（未明确，推测为王霸之子），任屯（任光之子），李勇（李忠之子），万普（万脩之子），邳从（邳君章之子），纪茂（纪敞）之子。

相关迹象显示，高本后套《东汉》比连本《后部东汉》戏剧报连载本细致得多，很可能也是得益于张诚斌在其师原本基础上的仔细加工。

六

北京评书《东汉》，赞赋多是一大特点，几乎所有重要将领出场都有为之精心设计的赞赋伴随，这些赞赋开脸亦与戏曲脸谱有关。这里举高、连二本有所不同的马武赞与读者诸君共赏，兼为本文作结。

头戴青铜獬豸鸡嘴盔，七珠嵌，光华射目如闪电；烈焰飘，红绒颤，簪缨抹尾掐金线；勒颏带，钉金钉，包耳护项不为好看，挡刀箭；青铜甲，龙鳞片，吞兽面，含金环；勒甲绦，九股捻，护心镜，寒心胆，豆青袍，团花献；看腰中，钩搭环，肋下挎定杀人剑；宝雕弓，壶中箭，豆青征裙遮马面；云跟靴，金镫站，青煞兽，追风赶日还嫌慢；掌中刀，似门扇，摆开好似寒光现；看身躯，九尺半，看面目，似蓝靛，目似灯，金光现，赤发红须腮边站；奎木狼，降临凡，斗丹田，一声喊，马到科场来叫战。（高本）

只见他，头戴青铜五德鸡嘴盔，七宝嵌，光华射目如闪电。烈焰飘，红绒颤。勒额带，妆金钉，包耳护项挡刀剑。青铜甲，套三环，九吞八岔龙鳞片。豆青袍，穿一件，寿山福海团花献。勒甲绦，九股捻，护心宝镜寒心胆。狮蛮带，八怪献，杀人宝剑肋下悬。鱼褟尾，苫鞍桥，两扇征群遮马面。乌云靴，金镫站，坐下马追风赶日还嫌慢。跳下马身高九尺半。看面貌，蓝如靛，两道

眉,入鬓边,相衬一对大环眼。塌山根,鼻孔翻,颔下胡须似火焰。奎木狼,降临凡,马武到场来叫战,令人心惊魂吓散。(连本)

于鹏,国家图书馆副研究馆员。

·天津学·

诞辰祭典·出巡散福·大众狂欢

——天津皇会:妈祖信仰习俗的重要载体

吴裕成

【提　要】历史上,一个经历成长的都会城市要秀一秀自己的文化,于是就有了皇会。天津皇会产生乃至繁盛的依据,在于河海通津区位优势对城市的塑造。作为妈祖信仰习俗的重要载体之一,清代皇会以酬神娱人大型群体活动的形式,展现社会生活、大众心理与城市性格,写就津派文化的独特篇章。及至近代,皇会或办或停,则反映社会转型时期的文化取向。

【关键词】妈祖信仰　酬神赛会　非遗　盐商

农历三月妈祖诞辰举行的酬神赛会,是天津岁时习俗的重要篇章。这一民俗事项,2008 年列入国家非物质文化遗产扩展项目名录——即由天津民俗博物馆申报的“妈祖祭典天津皇会”项目①。

一、皇会:妈祖祭典的踵事增华

肇兴于福建的妈祖信仰习俗,随元代漕运北播直沽。元王朝在海河东岸西岸各建一座宫庙,敕建天妃宫岁有官祭,奉旨代祀的使臣张翥赋诗记之,成为妈祖文化研究常见引用的材料:“晓日三叉口,连樯集万艘。普天均雨露,大海静波涛。入庙灵风肃,焚香瑞气高。使臣三奠毕,喜色满宫袍。”②

---

① 乌丙安:《国家级非物质文化遗产——天津皇会》,《妈祖文化与天津》,天津古籍出版社,2014 年,第 68 页。

② 张翥:《代祀天妃庙次直沽作》,乾隆《天津县志》卷二十二,清刻本。

至明代,永乐初年设天津卫,建筑卫城的同时,朝廷重建天妃庙①。这是敕建官祭的重要史事。正统年间重修,“礼部札付道士邵振祖领《道藏》一部”②。崇祯三年(1630)来自半岛的“燕行使”李忔参与天妃宫祭拜,在日记中惊叹“东西殿阁塑像(塑像皆海洋诸神云)不知其数,崇奉之严,祀事之繁,无如此庙矣”③。“崇奉之严,祀事之繁”,体现了礼神的虔诚,也与自元代起敕建妈祖宫庙,皇帝派员祭祀,形成的仪式传统有关。特别值得注意,是日期:三月十七日,并且李忔一行在天妃宫馆舍住了五天。妈祖诞辰前夕隆重繁缛的祭典,可否与天妃圣诞酬神报赛相关?这应是深入开展皇会研究的一条线索。

至清代,在天妃宫成为“敕建天后宫”之后,乾隆县志载“春秋二祭”④,这说的是官祭。作为盛大祭典的踵事增华,通常认为,天后圣像出巡的娘娘会在清乾隆年间进入“全盛时代”⑤。

皇会曾称“娘娘会”,又名“天后会”。“皇会”名称入载地方志的时间比较晚,同治年间《续天津县志》记三月风俗:“二十三日为天后诞辰,预演百会,俗呼皇会”⑥。光绪府志亦载。

吟咏三月赛会,乾隆年间天津进士于豹文长诗《天后会四十韵》,诗以“天后会”标题。嘉庆十年(1805)《长芦盐法志》:“每岁三月神诞期,城市乡陬皆诣庙迎赛,幡旌节杖、帔舞笙歌遍街衢,遮道里,以答神庥。老弱欢阗,必诚必敬。”内容概括颇全,只是没有提及赛会名称。到了嘉庆二十三年(1818),津人樊彬《津门小令》“津门好,皇会暮春天。十里笙歌喧报赛,千家罗绮斗鲜妍,河泊进香船”,写到皇会之称。

此后,“盈街填巷人如堵,万盏明灯看驾来”,庆云举人崔旭道光四年(1824)《津门百咏》诗句,夹注:“天后宫赛社,俗称皇会。”天津秀才金淳《皇会行》长诗,“海涛三月初濛澒,香火船开皇会动”,写于道光十七年(1837),载《金朴亭诗钞》。

---

① 《明太宗实录》,载万新平编《明实录天津史料汇编》,天津人民出版社,2012年,第16页。

② 康熙《天津卫志》卷三,清刻本。

③ 李忔:《雪汀先生朝天日记》,载邱瑞中:《燕行录研究》,广西师范大学出版社,2010年,第336页。

④ 乾隆《天津县志》卷八,清刻本。

⑤ 来新夏编《天津皇会考、天津皇会考纪、津门纪略》,天津古籍出版社,1986年,第24页。

⑥ 同治《续天津县志》卷八,清刻本。

道光十八年,《涤襟楼遣怀集》抄辑成书,书中录有《皇会歌》:“国泰民安,河清海晏,春光明媚艳阳天。只听得锣鼓声喧,又见那儿童欢喜,妇女争妍,都来到娘娘宫前……”这一作品被归入“小唱”“唱段”类,署以“失名”。又过了近半个世纪,光绪十年(1884)《津门杂记》,载录与这一《皇会歌》大同小异的《皇会论》,署为乾嘉时期举人杨一昆所撰。1936 年的《天津皇会考》和《天津皇会考纪》两书,均载《皇会论》并沿用杨一昆的署名。后者称,“皇会历年甚久,惟以不见于国史县志,也不过是民间流传而已”,“记载皇会事件最早者,仅乾隆戊申举人杨一昆字无怪所撰《皇会论》一文”。然而,近年学者高洪钧考证,“《皇会歌》在先,《皇会论》在后,说《皇会论》是杨一昆撰,那是后人的伪托”。据此,迄今所见“皇会”名称记载,有确切年份者当以嘉庆年间樊彬《津门小令》最早[①]。

娘娘会称皇会,有多种传说。如,康熙帝谒天妃宫,“民间作百戏以献神,又借此娱圣祖,于是有皇会之称”[②];如,乾隆帝船过天津,逢会期,在三岔口船上看花会表演,有赏赐,“大会因得宠赐”改名皇会[③];如,“例行舁神出巡,名曰皇会”,“相传是会曾邀御览,故尊其名”[④]。这些传说的流播影响很广。另有传说,以盐业官衙说事,如《天后宫行会图》文字:“盐务纲总通商人家公议,运署二分半银两,皇尚[上]家的岁[税]银国客[课],乃为皇会称呼”[⑤]。言及盐商以及盐官,意谓出会花了皇家的税银,所以称皇会。在这一行会图上,也还写着“出娘娘会”[⑥]。

皇会行会,多年沿袭为一套成规。乾隆年间,津人诗句“崆峒驻跸钩陈列,紫府回车彩仗轻”[⑦],记载了驻跸与接驾。同治县志记“十六日曰‘送驾’,十八日曰

① 高洪钧:《天津皇会新考》,载赵娜、高洪钧编《天津竹枝词合集》,天津人民出版社,2014 年,第 390 页。

② 来新夏编《天津皇会考、天津皇会考纪、津门纪略》,天津古籍出版社,1986 年,第 4 页。此外,民国《天津政俗沿革记》载,“恐回銮后再逢驻跸,各戏技艺生疏,因于每年天后诞辰之期一演试之,此皇会之名所由来。”

③ 来新夏编《天津皇会考、天津皇会考纪、津门纪略》,天津古籍出版社,1986 年,第 16 页。

④ 《烧香遇祸》,载吴友如《点石斋画报》,上海画报出版社,2001 年,第 14 册,第 128 页。

⑤ 《天后圣母事迹图志:天津天后宫行会图合辑》,第 14 起,香港和平图书有限公司,1992 年,第 127 页。(此书引用注释,此条后从简,样式如下一条)

⑥ 清代《天后宫行会图·第十起》。

⑦ 于豹文:《天后会四十韵》,《南冈诗草》卷十二,清抄本。

‘接驾’,二十、二十二两日辇驾出巡”[①]。三月十六日送驾,有“天后老娘娘住娘家”之说[②]。此日下午,上香叩拜后,由请驾会请天后圣母、送生娘娘、斑疹娘娘、子孙娘娘、眼光娘娘五位娘娘像升坐宝辇,鸣炮起驾。沿途花会表演。娘娘驻跸处,接驾会人手一股高香,跪迎圣驾。起奏大乐,五驾宝辇升殿,上香,叩首、献戏。其后接受进香。天后驻跸,曾在闽粤会馆,会馆内有天后殿[③]。后来易地,或城西皇姑庵,“庵前搭盖罩棚,并于十六日起演戏”[④];或“于十六日送神赴城西如意庵”[⑤],传说天后原为南海观音大士驾前童女,如意庵是供奉观音的庙宇[⑥]。又于后殿增塑翁媪神像,“谓系天后之父母”[⑦];再后来,改在津西千福寺,仍称“娘娘住家”[⑧]。十八日接驾,神像返回天后宫。起驾如仪。沿途花会表演。扫殿会在天后宫持香跪迎,然后率众上香叩拜。二十日和二十二日天后圣驾出巡,谓“巡香散福”。两日出巡路线有差别。沿途花会表演。接香会抬香炉香锅,随驾接受进香者的香烛。二十三日祝寿,宫前演剧三出,此日香火最盛。

二、出巡:酬神的报赛,娱人的狂欢

娘娘出巡散福,是很接地气的庆典形式。走出宫庙的行会,宣示天后威仪,并将信众进香引上街头,加上各种花会表演,使妈祖庆诞报赛活动成为大众狂欢,全社会的文化盛事。

皇会的规模,与天津城隍、药王等各大庙会相比,参与花会最多,最为浩大。出会多少道?据清代《天后宫行会图》所载画面,其数逾百。光绪二十年(1894)的

---

① 同治《续天津县志》卷八,清刻本。

② 来新夏编《天津皇会考、天津皇会考纪、津门纪略》,天津古籍出版社,1986年,第79页。

③ 来新夏编《天津皇会考、天津皇会考纪、津门纪略》,天津古籍出版社,1986年,第18页。

④ 《析津赛会》,《申报》1894年4月29日。

⑤ 《津门桃浪》,《申报》1892年4月25日。

⑥ 张修华:《天津皇会纪事》,载中国人民政治协商会议天津委员会文史资料委员会编《天津老城忆旧》,天津人民出版社,1997年,第536页。

⑦ 来新夏编《天津皇会考、天津皇会考纪、津门纪略》,天津古籍出版社,1986年,第79页。

⑧ 《津市风俗调查报告》,《益世报》1932年5月13日,载郭凤岐主编《〈益世报〉天津资料点校汇编》,天津社会科学院出版社1999年第1553页。

行会次序折,为五十二道。举办于甲午年的这次皇会,已是强弩之末。1936年天津市府办会,出会五十余道[①]。几十道、上百道的会,构成浩荡长队,张扬天后娘娘的威仪。乾隆年间写天后会的诗,"紫府回车彩仗轻"诗人自注:"天后乘辇仪仗森严,制同王者"[②],道出行会巡香的特点与要义。《天后宫行会图》关于华盖会写道:"宝伞紧紧的跟随走,前边到了北码头上,这后边的宝伞才出天后宫庙。并无别会,净似[是]华盖宝伞一会,马头、估衣街、锅店街、院门口、单街子、毛贾伙巷、宫北大街,顶到张仙阁。"[③]神龙见首不见尾,"十里笙歌喧报赛",由此形成的规模效应,给出会者、观会者带来强烈的心理感受。

描写皇会盛况的诗歌,于豹文《天后会四十韵》、沈峻《津门迎神歌》常被引用。年代晚些,写作时间为道光十七年(1837),天津廪贡生金淳的长诗《皇会行》,载于抄本,尚未见被引用:

> 海涛三月初濛澒,香火船开皇会动。五六娘娘神震津,接驾如意庵前总。七十二沽献会同,庙前黄报竭愚忠。十七八日都相送(俗以三月十七八为接驾),巡行都来天后宫。太师摇摇神吼宠,报事灵童脚拳勇。中幡大尽股肱力,跨鼓远音通通竦。扛香官好整新容,大蒜朝珠挂当胸。碟碗奥时神采妙,酒坛拿项卤门浓。高巧扬尘古傩尔,渔樵耕读小角美。节节高顶老胜潢,绝技形头动瞻视。莲花落鸣今钱双,六州推过闹酸腔。义子老会台阁扛,大鼓喧天秃子摐(津门喧台鼓者有一老秃子为台阁先声令人绝倒)。道童道姑锺其尾,宝鼎宝塔去邪鬼。西洋作势琉璃亭,百样朝登特奇伟。翩翩道翁衣绣奇,箫鼓声停闾阎垂。法乐一通辇一座,商者使者更相宜。顶马会齐人不齐……不独传令兼劝人,会头切莫感于怀。天本高,神不远,今日借会辨益损。娘娘亦是人间人,较比人间心安稳[④]

这全景式记述,由三月香火船写起。远来的进香者蜂拥而至,是皇会一景,显示这一民俗盛会影响力之强、辐射面之广。对此的感触,金淳写有《三月皇会香火船竹枝词》四首,《皇会行》长诗则以香火船开篇。《皇会行》通篇所记,涉及皇会

---

① 来新夏编《天津皇会考、天津皇会考纪、津门纪略》,天津古籍出版社,1986年,第2页。

② 于豹文:《天后会四十韵》,《南冈诗草》卷十二,清抄本。

③ 清代《天后宫行会图·第五十三起》。

④ 金淳:《皇会行》,《金朴亭诗钞》,清抄本。

前夕的出会黄报,涉及出巡娘娘驻跸如意庵,涉及捷兽会舞狮“太师摇摇神吼宠”,涉及报事灵童、中幡、挎鼓、“扛香[杠箱]官好整新容”,涉及杂耍表演、戏曲“莲花落”、“高巧[高跷]扬尘古傩尔”,涉及抬阁,抬宝鼎、宝塔、琉璃亭;“法乐一通辇一座”,序曲之后是高潮——写宝辇;还写到顶马会。这首《皇会行》保留下道光年间的纪实材料,可与《皇会行会图》参阅。至于字里行间杂以不规范用字的情况,皇会图也存在。

粗略归纳,皇会参会的会种,大体可分为仪仗銮驾、酬神表演、还愿谢神、会务服务等类型。行会时,位列前端的门幡会、太狮会,表示“出会时节和庙里是一样的仪仗”,“神幡行会,配上神狮行会,乃为天后圣母守门”①。同治年间创建净街会,走在门幡太狮之前。“鸣钲考鼓建旗纛”②,同为仪仗銮驾类,还有广照、宝鼎、华盖、宝辇、华辇、护驾等。“辇驾出巡,先之以杂剧”③,酬神表演的老会圣会,表演舞狮、法鼓、大乐、重阁、跨鼓、中幡、高跷、杠箱等。还愿谢神者加入队列,如“出顶马会随驾出巡、行香,补报娘娘神位圣恩”的顶马会。此外,操办会务有扫殿会,是通盘调度指挥者;专项事务如护棚会、接香会,公益服务如梅汤会。

皇会被称为“行走的民间艺术博物馆”④。这自然不只局限于表演。以娘娘驾辇为中心,行会的排列,有比喻“娘娘会相[像]人体”,“门幡为头,中幡为眼,跨鼓为耳,抬阁为身”⑤,《皇会歌》也记“跨鼓声先,中幡是眼”。行会之中,与銮驾仪仗所渲染的庄重威严气氛形成互补,有所谓“玩艺儿表演”。这类表演,涉及戏剧曲艺、鼓乐歌舞、滑稽杂耍、武打等多种艺术形式,内容丰富,“是皇会最精彩的部分”⑥。表演(连同非表演展示)的内容,庆寿最切主题,有“仙人上寿”⑦“庆寿八仙”“海屋添筹”。喜庆吉祥的题材,如“龙凤呈祥”、“渔樵耕读”、永庆万年甲子圣会以十二生肖歌舞表达生生不息⑧。一些表演出自戏剧曲艺。杂技类节目,八岁

① 清代《天后宫行会图·第二起》。

② 沈峻:《津门迎神歌》,清代《续天津县志》卷十九《艺文》。

③ 同治《续天津县志》卷八《风俗》。

④ 蔡长奎:《妈祖文化艺术研究》,天津古籍出版社,2003年,第76页。

⑤ 清代《天后宫行会图·第五起》。

⑥ 尚洁:《天津皇会》,山东教育出版社,2017年,第72页。

⑦ 清代《天后宫行会图·第十四起》。

⑧ 清代《天后宫行会图·第二十九起》。

至十三岁少儿攀在竿上,表演名目有“独钓寒江”“高跳龙门”“顺风打旗”“天官赐福”“拔山举鼎”。更为惊险的,“锷闪纯钩目尽瞠”“有掷刀之戏”①,有“飞钹”“飞铙”②。大量亦庄亦谐的演出,窑洼秧歌老会唱词:“人生在世天地间,有几件大事不周全。贫的贫来富的富,忙的忙来贤[闲]的闲,吃[痴]傻呆灭[茶]偏豪富,怪[乖]巧灵理[俐]受监[艰]难,满付[腹]的经纶不德[得]重[中],旬[寻]常学文[问]座[做]高官,郡[骏]马陀(驮)定无义汉,巧妇长办[伴]鲁夫眠。若问此是因何顾[故],皆阴[因]未[为]他前世阴功无修全。”看会的人们齐声叫:“好,好!”③侯家后同乐“十不闲”圣会“所唱之曲皆甚可笑”④,还“见景生情,现抓时哏”⑤。

看会的人填塞街巷,清代人描写“逐队幢幢百戏催,笙箫铙鼓响春雷,盈街填巷人如堵,万盏明灯看驾来”⑥。这情景从走在行会前端的门幡会即已开始,“有男有女看会,有老有少看会,有忙有闲看会,有穷有富看会”,“街市巷口人等来来往往,雍[拥]几[挤]不动”⑦。“大街两旁支搭席棚,以为看会之地”⑧。备茶食点心招待,并请求表演,称为“截会”⑨。截会增加了表演点位,从而增强了皇会的娱乐趣味,表演导致的走走停停也使行会更多节奏变化。

清人诗歌“赵家姊艳文鸳竞,杨氏姨骄绣队呈”,写“倾城出观,虽大户亦不能禁”⑩,可见盛况。至于远道而来者,“三月村庄农事忙,忙中一事更难忘,携儿结伴舟车载,好向娘娘庙进香”,“邻境男妇结伴而来”⑪。“柳桁一旗倾桂酿”,“游人以醉饱为乐”。这是城乡民众的狂欢节日。

---

① 于豹文:《天后会四十韵》,《南冈诗草》卷十二。

② 来新夏编《天津皇会考、天津皇会考纪、津门纪略》,天津古籍出版社,1986年,第43页。

③ 清代《天后宫行会图·第十九起》。

④ 来新夏编《天津皇会考、天津皇会考纪、津门纪略》,天津古籍出版社,1986年,第78页。

⑤ 清代《天后宫行会图·第十七起》。

⑥ 崔旭:《津门百咏》,清《梓里联珠集》,天津古籍出版社,1986年,第151页。

⑦ 清代《天后宫行会图·第一起》。

⑧ 侯杰、王昆江:《醒俗画报精选》,天津人民出版社,2005年,第20页。

⑨ 来新夏编《天津皇会考、天津皇会考纪、津门纪略》,天津古籍出版社,1986年,第84页。

⑩ 于豹文:《天后会四十韵》,《南冈诗草》卷十二,清抄本。

⑪ 王韫徽:《津门杂咏》,《续天津县志》卷十九。

三、皇会与清代天津社会

有清一代,皇会经历了走向全盛,继而鼎盛不再的过程。皇会成为天津最具影响最有特色的庙会出巡活动,成为清末国内著名的大型迎神赛会之一[①]。由南方传来的妈祖信仰习俗,能够派生出如此瑰丽的文化盛事,有其自身的内在依据,那是民俗的张力;而相辅相成的另一依据,则在于河海通津区位优势对天津城市的塑造。城市历程决定了天津对这一文化品牌的选择与托举,提供了妈祖信俗扎根既深、花开亦妍的土壤。因此,作为妈祖信仰习俗载体的皇会,也是清代津沽社会风貌的一面镜子。

其一,“三津福主”信仰习俗,超越航海神神格,应和了那个时代广泛的民生关切。

“六百年来垂庙飨,海津元代祭天妃”,清代举人崔旭诗句。由海上漕运强烈需求带来的妈祖文化,得到元王朝推崇,成为这座城市奠基时期“先入为主”的地方民俗,并伴随城市的发展,扎根愈深。不仅得益于历朝历代的加封,更在于其自身扶危解困、大爱助人的精神内核,得以与时俱进地发挥强于包容的特点——表现为宫庙的神像礼奉,就是以“勅建”包容“淫祀”[②],回复民众广泛的心理诉求,从而进入寻常人家、日常生活,融合为“三津福主”天后信仰习俗。

皇会行会,“敕封护国庇民显神赞顺垂佑瀛壖天后圣母明著元君宝幡”开路[③],诸多仪仗、表演,狂欢般的铺垫、崇敬的气氛渲染之后,五座辇驾徐徐而至,是为送生娘娘、子孙娘娘、斑疹娘娘、眼光娘娘宝辇和天后圣母华辇。《天后宫行会图》记,“至[自]古至今,皇王太后活佛动身启銮,保驾行动,合[何]匡[况]是天后圣母出巡,佑[又]是神位动身。无有銮驾护圣,乃是娘娘驾前短去品爵,启[岂]不白受‘敕封’二字名声”[④]。这道出皇会形成盛大规模的民俗崇信基础。敬神以祈福报,从来是普遍的民俗心理。天后为“三津福主”,天后化身子孙、送生、斑疹、眼光四位娘娘,各有所司,应和了那个时代的民生关切。

---

① 《论迎神逐疫之非》,《申报》1894年6月29日。

② 吴裕成:《“勅建”包容了“淫祀”——试论从祀天后宫的民间诸神》,载《中华妈祖文化学术论坛》,百花文艺出版社,2008年,第94页。

③ 清代《天后宫行会图·第一起》。

④ 清代《天后宫行会图·第六十四起》。

“乞子求孙趁出巡”。人们不仅平日里到娘娘宫拴娃娃许愿,出皇会时也在子孙娘娘宝辇前上香祈子。“子子孙孙满膝前,娘娘圣意倩人传”,这是清代竹枝词描写皇会的句子。“十方子弟为祈儿,香火船依水一涯”[①],写的也是皇会上祈子的人们。

送生娘娘的宝辇,一路上尽是“老少奶奶们”接驾进香,“有本身求儿的,着香接驾跪门口的,有替儿付[妇]求孙男弟女的……有老娘他出门子归[闺]女早晚座[坐]月子,临盆的日期,求送生娘娘保护,送个小小至[子]来,分勉[娩]好快当当……有他奶奶替他孙子息[媳]付[妇]跪香接驾”,求“送生娘娘慈悲送个小从孙子,吾们娘娘宫摆供去,孩[还]唱大戏解[谢]神……”[②]

眼光娘娘宝辇所到处,“无数男女,老老少少,大大小小”,“烧香奉敬眼光娘娘,都来接驾”,祈求“勉[免]去灾难,免去发眼,免去亥[害]眼,免去头疼”[③]。

当年痘疹令人生畏,对于孩童如同关坎。娘娘宫里敬奉瘢疹娘娘。皇会时娘娘神像出巡。“出痘疹有许愿抱花瓶者,陪随各灯会行,父兄亲友执手灯”[④];还有巡风会[⑤],“巡风幼女亦宫装”[⑥],坐小车中;有顶马会,男童骑马随会还愿。

崇奉天后为“三津福主”,在日常生活的方方面面祈求慰藉,以愿心出会,以愿心迎神,这是心怀虔诚的人们。

其二,盐商主导皇会:商业城市的纷华一页。

清雍正年间,卫改州,后又升府,附郭置天津县,天津城市地位提高。漕运船队的“土宜”货物和奉天海运、闽粤商船,使这里成为拥有广阔腹地的商品物流集散地,盐业更在经济文化多方面带动了城市的综合发展。“国泰民安,河清海晏”,一座快速长大的城市,需要有形式来秀一秀自己的文化,这形式就是礼奉“三津福主”天后娘娘的报神赛会。

妈祖文化随元代海漕而来。清朝将天妃晋封为天后,适值海禁解除,闽粤航线开通,奉天海运火热,祭祀妈祖之风大兴。皇会上的例子,如粮商所出积善堂顶

---

① 周宝善:《津门竹枝词》,载《津门闻见录》卷三。

② 清代《天后宫行会图·第六十起》。

③ 清代《天后宫行会图·第七十二起》。

④ 来新夏编《天津皇会考、天津皇会考纪、津门纪略》,天津古籍出版社,1986 年,第 11 页。

⑤ 清代《天后宫行会图·第七十八起》。

⑥ 周宝善:《津门竹枝词》,载《津门闻见录》卷三。

马会,因“关东口外买杂粮”,海上遇风浪,求天后保佑,“许愿谢神,出顶马会”[①]。同时,从皇会所反映的民间俗信看,尽管不乏“海舶粮艘风浪稳,齐向天后进神香”的情况[②],但在祈求航海平安的同时,崇奉妈祖的信俗更显多元化,五方杂处、百业并兴,城市居民表现出更多趋向日常生活的心理诉求。

盐商成为皇会的主导者。康熙朝将北京的长芦巡盐御史衙门、沧州的长芦盐运使司衙门迁至天津,盐场生产率提高、销售引地扩大,这些利好在天津聚拢形成富有的盐商阶层。盐商富而好文,他们建园林,延高朋,吟诗作画,观剧听曲,雅好加消闲。又好公益,诸如安尚义捐修卫城墙、华光炜捐修城北通京石路;并且,“天津故有善举,若育婴堂、施馍厂、牛痘局之属,其费取给予芦纲”[③]。芦纲即长芦盐商组织,还捐建了一些涉“皇”项目,如柳墅行宫为“长芦通纲商人呈请购材恭建”,如“圣驾拈香,于此备恭进茶膳之所”,海河楼为“通纲商人捐赀建造”[④]。富有而好文化、向善而热衷公益,诸因素汇合的一个出口,便是“天后圣母为商民崇奉由来已久……津郡盐纲人等向于三月二十三日赛会迎神,谓之皇会”[⑤]。如果说,晚清报纸这一记载,与《天后宫行会图》所记“盐务纲总通商人家公议”,“乃为皇会称呼”对读[⑥],二者间的关联,还是若隐若现的话;那么,“津郡盐纲人等”一语对于盐商主导皇会事务,所记则明白真切。盐商主导皇会,是通过主持扫殿会实现的。扫殿会“取意为娘娘打扫大殿,以备娘娘驻跸”,“多半是世家子弟、盐商、当铺等富户和有功名的人”[⑦]。《天后宫行会图》第八十九起描绘扫殿会,“尊为会宗[中]领袖”[⑧],是会前筹备、行会调度,各种会务的统筹者。

会前召集。年代久远的老会受到尊敬,行会时有惯常的位次;对于新的参与者,“谁有钱,谁办会,皇会里是来者不拒”[⑨],秉持开放态度。傅家村距城二十五

---

① 清代《天后宫行会图·第六十二起》。

② 梅宝璐:《竹枝词》,《天津竹根词合集》,天津古籍出版社,2014年,第175页。

③ 民国《天津县新志》卷二十一之四《人物》。

④ 黄掌纶等撰,刘洪生点校《长芦盐法志》,科学出版社,2009年,第400页。

⑤ 《津门桃浪》,《申报》1892年4月25日。

⑥ 清代《天后宫行会图·第十四起》。

⑦ 张修华:《我与天后宫》,载《天津老城忆旧》,天津人民出版社,1997年,第581页。

⑧ 清代《天后宫行会图·第八十九起》。

⑨ 来新夏编《天津皇会考、天津皇会考纪、津门纪略》,天津古籍出版社,1986年,第78页。

里,初兴天妃圣会时就有高跷“随驾出巡”,这道老会偶有犹豫,扫殿会下请帖派人前去恳请①。资历尚新的会,扫殿会也“去请众位行会,休[修]好善念”②。河东有道会,“头一年上茂[冒]猛行会,在[再]想不出銮驾会比登天还难”,因为“会规大,众了人前善劝”,“圣宗善事,修好行善,哪有不行会的道理”,依旧出会③。

经费当有募集。所谓“拿知单,去写钱”④,应该不仅仅是“有钱无钱,派人上敛”逐门逐户“敛小钱”。行会中,华盖宝伞队列有素伞,用来“敬写上助资的名惠[讳]名号,全写在伞衣子上面,有写明助银两多少数,什么人物”,据行会图所述,助银两者包括在朝的公伯王侯,五府六部、十三科道众位大人,在津官员镇台、运署、道署大人,府署、县署太爷,“官员之后再写盐务、商人家助银,写买卖东家绅户老爷们助钱财,写读书绅家老爷们助钱财”⑤。“公伯王侯,五府六部”云云或许有些夸张,盐商带头做贡献应是不错的。

盐商担负出会时庙中伙食及应用绸缎布匹等费用,经办华辇銮驾等,争奇斗胜,不惜金钱⑥,这也就为奢华办会带了头。皇会规模越来越大,辇驾仪仗、表演道具越来越讲究,反映了商业城市“逐末者众,习尚奢靡”⑦的风气。就说出会的华盖宝伞,逐年增多,“年年出,是年年添词,至[只]有添的,眉[没]有去的,怎么不多”⑧。“会首人应[硬]坷有钱,又仗议[义],宝伞上总要好看露脸”,“不怕花钱”。伞衣的装饰绣工,大绣活、小绣活、扣子活、盘线活、盘金活、描金活、贴金活等等,用了二十种工艺。《天后宫行会图》感叹:天津卫“发财快,受穷快,会找钱,会花钱”⑨。嘉庆年间,盐商“费金五千”兴办抬阁会,共四架木阁,阁三层,各层有

---

① 清代《天后宫行会图·第十三起》。

② 清代《天后宫行会图·第六十起》。

③ 清代《天后宫行会图·第十三起》。

④ 清代《天后宫行会图·第七起》。

⑤ 清代《天后宫行会图·第五十四起》。

⑥ 陈铁卿:《天津天后宫》,载《天津文史丛刊》第四期(内部资料),天津文史研究馆,1985年,第45页。

⑦ 康熙《天津卫志》卷二《风俗》。

⑧ 清代《天后宫行会图·第五十三起》。

⑨ 清代《天后宫行会图·第五十四起》。

童子演剧[①],行会时大出风头,即《皇会歌》所谓“人人等把抬阁看”。

清代竹枝词“运署鹤龄偏引驾”[②],讲行会中两个重要环节。“鹤龄一到,气静神怡”[③],鹤龄高跷引驾行于天后华辇之前,这是相传曾为乾隆帝表演的著名老会;再就是“运署护圣行会,善念随驾”[④],着箭衣马褂,持绣旗骑马,“异常威武”[⑤]。运署即长芦盐运使司衙门,官署坐落城里鼓楼东。

“急忙忙,莫容缓,去复来,不惮烦。数柄黄旗百会前,上写着‘扫殿’。忒精明,忒强干”[⑥],这是行会中扫殿会的写照。盐商为办会大把花钱,炫耀阔绰,赢得风光无限,在推动城市“秀”文化的同时,也“秀”了他们自己。

其三,皇会为城乡百姓建构文化的聚会空间和展示舞台,顺应了民众的文化需求。

与许多庙会出巡活动一样,皇会的参与者有行会表演者,有迎驾敬香者,更有观会者。酬神娱人,皇会比庙前唱戏更具娱乐功能。这是民众喜闻乐见的文化品牌,“居人一闻‘皇会’两字,几如景星庆云,皆以先睹为快”[⑦]。一旦出会,“锣鼓声喧,又见那儿童欢喜,妇女争妍”,“雪白的头发,曲[黢]黑的脸旦[蛋],人人等把抬阁看”[⑧]。

为娘娘庆诞而出会,又是一种公益,是求善之举。这得到广泛的认同,《天后宫行会图》反复予以述说。诸如,“天津城西小伙巷有众位爷每[们]浩[好]善,公议陈设灯亭,随驾出巡行香,大家愿意”[⑨];“天后圣母出巡行香,有陈设灯亭金炉宝鼎,当配宝盖华盖。有卢长顺大家公议,造立华盖宝伞,配上金炉宝鼎,众位愿意”[⑩];河北窑洼果子店梅汤会,“不用邀请,期[齐]心愿意,拿钱行会”,“天津卫是

---

① 来新夏编《天津皇会考、天津皇会考纪、津门纪略》,天津古籍出版社,1986年,第98页。

② 周宝善:《津门竹枝词》,载《津门闻见录》卷三,清抄本。

③ 佚名《皇会歌》,清郭师泰编《涤襟楼遗怀集》卷二,清抄本。

④ 清代《天后宫行会图·第八十六起》。

⑤ 来新夏编《天津皇会考、天津皇会考纪、津门纪略》,天津古籍出版社,1986年,第73页。

⑥ 佚名《皇会歌》,清郭师泰编《涤襟楼遗怀集》卷二,清抄本。

⑦ 《津门桃浪》,《申报》1892年4月25日。

⑧ 佚名《皇会歌》,清郭师泰编《涤襟楼遗怀集》卷二,清抄本。

⑨ 清代《天后宫行会图·第四十三起》。

⑩ 清代《天后宫行会图·第五十二起》。

善地,出善人,座[做]善事,信神佛"①;"河东上盐坨三道井沟有众位浩[好]善者,大家公议,操迟[持]劝世、劝人、劝善、劝好,要行会到街市。人看,人人可依可扶,吾等操心费力,不枉,只要德[得]好"②。

"善"字之外,再一个诉求就是要"得好"。县署前混元盒高跷老会"致[置]办行头彩衣",行会街上,谁不说好,谁不爱惜,谁不喝彩,谁不尊敬,连道八个"谁不"。行会图还称其"有三件好",头一件好会首人多,旗子多,衣料新;第二件好,行头新;第三件好,扮角唱的字眼真③。行会中,人们的表演欲、表现欲得到满足。"上会众位爷每[们],大家都是袍套靴帽,执掌銮驾行会","銮驾会上是十分的尊贵体面,恭奉圣驾神仗,好教世人来睄"④。"这位耍的妙,那位耍的巧,看耍幡的人人叫好"⑤。

为皇会组建的这些会,活跃了民间日常文体活动。"梁家嘴议胜秧歌老会,众位善念,聚[俱]是本处园户人们,买卖人多,不请外人,年年操迟(持)","件[见]天演习傢伙",训练常态化,"钱财费用,全有抵账花销"⑥。窑洼秧歌老会的练习,也"不是以[一]招[朝]一夕"⑦。据行会图记载,南头窑中籏圣会正月至四月,十五次出会⑧。因皇会而兴的一些老会圣会,参与民间各种表演活动。

历史上规模较大的庙会往往同时又是贸易大集。皇会吸引大量香客和游客进城,清代《津门杂记》:"香船之赴会烧香者,不远数百里而来,由御河起,沿至北河、海河,帆樯林立。如芥园、湾子、茶店口、院门口、三岔河口,所有可以泊船之处,几乎无隙可寻。河面黄旗飞舞空中,俱写'天后进香'字样。"旅店爆满,"外至者旅舍不能容,则夜宿舟中"⑨,餐饮业也兴隆。"香船之赴会者,许带土宜,关卡并

---

① 清代《天后宫行会图·第三十九起》。

② 清代《天后宫行会图·第十六起》。

③ 清代《天后宫行会图》·第二十一起》。

④ 清代《天后宫行会图·第六十四起》。

⑤ 清代《天后宫行会图·第五起》。

⑥ 清代《天后宫行会图·第三十四起》。

⑦ 清代《天后宫行会图·第十九起》。

⑧ 清代《天后宫行会图·第七起》。

⑨ 于豹文:《天后会四十韵》,《南冈诗草》卷十二,清抄本。

不抽税”[1]。“老幼负贩竞驰逐”[2],庙会经济之盛,“买卖声齐喊,喧哗有万千”[3]。入城者同城里人一道消费,“数日之内,庙旁各铺店所卖货物,亦利市三倍”[4]。因此,听说要办会“负贩之辈皆欣欣然有喜色”[5]。光绪三十三年(1907)三月,天津商务总会在天后宫举办商业劝工会,意在借天后诞日,在庙内外陈列百货,以振兴实业,并决定每年三月举行[6]。将皇会视为那个时代的“文化搭台,经济唱戏”,应该是有依据的。

其四,皇会时办时停与相关的社会思考。

妈祖庆诞的迎神赛会,发展为几十道、上百道的花会出巡,规模大费用也大。至清末,国家内忧外患,皇会渐趋式微。阻止出会在社会上形成舆论与行政的一种合力。社会意识方面,一是针对皇会的“靡丽纷华”[7],“经费不赀”[8],主张“黜华崇实”[9]。一是“识者仍以为作无益,害有益也”[10]。自孔子时代,对于“一国之人皆若狂”的蜡祭,就有“不知其乐”的非议[11],沿传至清末更有对于迎神赛会并不看好的“禁会派”。

大型群体活动的安全问题,也成为官府禁止出会的考量。光绪十二年(1886)出会,“抬阁上某姓幼童竟尔毙命”,转年“会首仍拟迎赛”,知县宫昱“闻之立即出示禁止”[12]。1892年再行出会,并不健忘,人们竟还可以说上一句“以抬阁误毙幼童一名,遂致因噎废食”,可见“出会派”的力量并不弱。理由自然摆得上台面,如“承平日久,前规不可以不绍”,如“赛会酬神,为黎庶之恒情,律例所不禁”[13]。光

---

① 《津事杂闻》,《申报》1883年5月9日。

② 沈峻:《津门迎神歌》,同治《续天津县志》卷十九。

③ 佚名《皇会歌》,清郭师泰编《涤襟楼遗怀集》卷二,清c b b。

④ [清]张焘:《津门杂记》,天津古籍出版社,1986年,第76页。

⑤ 《津门琐记》,《申报》1888年5月10日。

⑥ 天津市地方志编修委员会《天津通志·大事记》,天津社会科学院出版社,1994年,第151页。

⑦ 《津门桃浪》,《申报》1892年4月25日。

⑧ 《津沽杂志》,《申报》1888年4月23日。

⑨ 《津门纪要》,《申报》1887年4月23日。

⑩ 《析津赛会》,《申报》1894年4月29日。

⑪ 《礼记·杂记下》,《礼记集解》,中华书局,1989年,第1115页。

⑫ 《津门纪要》,《申报》1887年4月23日。

⑬ 《津沽赛会》,《申报》1893年4月30日。

绪二十三年(1897)办了一次出会仅三十八道的皇会[①],此时与甲午战争失利仅隔两年。那样的年份能够出会,也反映了皇会的民俗力量。只是此次驻跸地如意庵发生火灾惨案[②],对于以后再想出会的愿望,这是一次重挫。转年开始雕版的府志虽未载此事,却也记下:“天津皇会之盛,至远近哄传,数百里内乘船来者鳞集河下,滋事百端,官府尝出示预禁,以故大会数年一出,即每年从简举行,商人集费,男女肆游,亦属漫无禁制。”[③]光绪三十年(1904)十月曾仓促出会,只一座辇,那是为慈禧祝寿,应付朝廷的[④]。

进入民国,反映社会变化,“扫殿会”曾改称“香烛会”,“大多是洋行买办、银行家、工商富户、社会名流参加”,但有时仍沿用旧称发布“黄报”[⑤]。1915 年曾出皇会。1924 年“省长公署准了绅商之请”,举办出会两天的皇会,花会四十余道,看会者仍呈盛况[⑥],反映这一民俗活动的巨大吸引力。1936 年,皇会“又复萌芽,出会有日”,以移风易俗、社会教育为己任的《广智星期报》特登载《皇会论》,以为“参考”[⑦]。这次皇会的动议是“繁荣市面”[⑧]。

四、结语

列入国家级非物质文化遗产名录的天津皇会,是妈祖信仰习俗的重要载体,是妈祖文化在北方的重要收获。这是一份需要加以保护、加以研究的文化遗产。清代留下许多关于天津皇会的记载,其中诙谐小曲《皇会歌》、长卷《天后宫行会图》及图上颇具原生态口语特色的文句,还有于豹文、沈峻、金淳诸多诗人的作品,都保留下生动鲜活的材料。这些材料,同时又为了解清代社会打开了视野广阔的窗口。

吴裕成,《今晚报》高级编辑。

---

① 来新夏编《天津皇会考、天津皇会考纪、津门纪略》,天津古籍出版社,1986 年,第 26 页。

② 《会场活动》,1897 年 4 月 25 日《申报》。

③ 光绪《重修天津府志》卷二十六,清刻本。

④ 张修华:《天后宫皇会纪事》,载《天津老城忆旧》,天津人民出版社,1997 年,第 539 页。

⑤ 来新夏编《天津皇会考、天津皇会考纪、津门纪略》,天津古籍出版社,1986 年,第 36 页。

⑥ 来新夏编《天津皇会考、天津皇会考纪、津门纪略》,天津古籍出版社,1986 年,第 28 页。

⑦ 《广智星期报》1936 年 3 月 29 日,第 5 版。

⑧ 《皇会第一日闻见记》,《益世报》1936 年 4 月 8 日,载《盖世报天津资料点校汇编》,第 1528 页。

津味·津派·天津学

鲍国华

【提　要】“津味”概念最初指小说而言，而且特指二十世纪八十年代以来以市井民俗为题材的、彰显天津地域文化特色的小说。冯骥才的创作为个中翘楚。津派文化是雅文化、俗文化、洋文化的和谐共处，从而呈现出天津城市文化最突出的特点——包容性。在三种看似彼此矛盾的文化中左右逢源，津派文化的创新性正源于此。津派文化的确立和发扬，有赖于作为专学的“天津学”之建立。天津在近现代中国城市中更具典型性，代表着中国城市现代化的常态。这使天津成为考察近现代中国城市发展史的一个不可或缺的视点，不仅具备了方法的意义，还体现出自成一格的学术体量与潜能。

【关键词】津味　津派　天津学

一、津味

“津味”概念的出现，最初指小说而言，而且特指二十世纪八十年代以来以市井民俗为题材的、彰显天津地域文化特色的小说。“津味”小说延续了中国古代小说的世情传统和民国时期天津通俗小说的创作潮流，又体现出前人所不具备的文化反思意味。以冯骥才、林希、张仲、肖克凡等人的小说为代表，成为当代中国地域文学的重要分支。其中，冯骥才的创作可谓个中翘楚，定义并呈现了“津味”小说的品格，也塑造了鲜活的天津地域文化的形象。

形成地域文化的关键之处在于，实现文化“大传统”和“小传统”的有效融合。所谓“大传统”和“小传统”的概念，由人类学家芮德菲尔德在《农民社会与文化》一书中率先提出。前者是由少数受到过高等教育的上层人士创造出来的，而后者则由大多数知识水平较低的农民在乡村生活中逐渐发展而成。二者彼此依存，相互交流。而“大传统”中不少重要的观念，往往起源于“小传统”，慢慢经过选择提炼成为上层文化的组成部分。

表面上看,大小传统分别归属于城市和乡村,而从中国城市从古至今的演变轨迹看,由乡村到城市是绝大多数中国城市形成的必由之路。乡土性(乡村性)是中国文化的重要属性,特别突出地呈现在城市的底层生活之中。因此,了解天津地域文化既要关注"大传统",更要关注"小传统",二者缺一不可,实现二者的相互交流、相互借鉴和相互促进尤为重要。冯骥才的"津味"小说恰恰从天津地域文化的"小传统"入手,于世俗生活的描绘和市民性格的刻画中寄托文化的思考,体现出作为小说家的鲜明的创作个性和作为知识分子的质朴的民间情怀。

"文革"结束后,冯骥才的小说涉及伤痕、反思和历史题材,《铺花的歧路》《雕花烟斗》《啊!》《高女人和她的矮丈夫》等,产生了全国性的影响。但最能代表其创作成就的,无疑是"津味"小说。中篇小说《神鞭》《三寸金莲》《阴阳八卦》,短篇小说《市井人物》系列,以及微型小说集《俗世奇人》等,有意在"俗"与"奇"上做文章,力图在俗人俗世中寻找"传奇",刻画了形形色色的社会众生相,成为一幅天津世俗生活的风情画卷。

冯骥才不仅是一位才华横溢的小说家,也是一位成就卓著的民间文化工作者,数十年来一直坚持从事民间文化的搜集、整理与保护工作。冯骥才认为民间文化是中国文化之根,是中国文化的源头活水,也是其中最具生命力的元素。天津文化的精华也体现在民间,其生命活力也在荡漾在民间。冯骥才的"津味"小说意在塑造民间,因此丝毫没有视之为藏污纳垢之地,而是努力挖掘其原生态的生命活力。如果说小说涉及官场和商场人物时,作者的态度主要是讽刺和揶揄,那么对于身怀绝技的普通劳动者,则充满了赞叹和敬意。清代杰出的文学家吴敬梓在其长篇小说《儒林外史》的结尾处塑造了一系列"市井奇人"的艺术形象,这些生活于民间的人格高洁的形象,寄托着作者的人生理想,也包含着吴敬梓对民间文化精神与活力的激赏和认同。冯骥才的"津味"小说同样塑造了形形色色的市井人物,其背后的文化立场与此相近。这不是一种文化先觉者的自上而下的启蒙立场,而是采取平视乃至仰视的姿态,努力发现并激扬民间的生命活力。天津地域文化具有"俗"的特征,这"俗"并非庸俗,而是民俗与世俗,代表着特殊环境下的一种生存哲学与生活态度,本身即具备鲜明的传奇性。"俗"与"奇"的融合,无疑是小说创作的绝好素材。冯骥才的"津味"小说中出现的无一不是俗人,又无一不是奇人,以各自的经历与命运揭示出天津文化的各个侧面。市井民间的芸芸众生,在生活的磨砺之中练就了种种绝技,而又将技艺与自身人格相联系,从而在最基本的谋生手段中创造出艺术,迸发出智慧,也活出了人的尊严。冯骥才对于市井人物及其生存方式的激赏和赞叹,体现出一个心系民间的知识分子深沉质朴的济世情怀。

冯骥才的“津味”小说通过对市井风俗的详细描写和俗世奇人的生动刻画,力图写出地道的天津味。但作家并未止步于此,而是在赞赏和肯定世俗文化的同时,始终诉诸理性的思考。他并没有一味追求“俗”的特点,而是在其中融入“雅”的品格,俗中见雅,准确地捕捉了最富于生命质感的天津地域文化的灵魂。正是“雅”“俗”之间的独特定位,使其“津味”小说既保持着地域性与民族性,又具有鲜明的世界性。小说《神鞭》结尾处,被子弹打断了辫子的傻二,毅然放弃祖传绝技,改练洋枪,最终成为百发百中的神枪手,一句“我把辫剪了,神却留着”,成为民族自信与自省的箴言。这也正是《神鞭》在世界范围内受到广泛关注的原因。冯骥才的“津味”小说既是中国文化的全面记录,又从中凸显坚韧的民族性格与民族精神。基于对中国文化的热爱,冯骥才在向世界展现中国的魅力时满怀信心;而透过世界眼光的考量,冯骥才对中国文化的劣根性又进行了深刻的反省。居于“雅”“俗”之间的“津味”小说以其开放和坚韧、自信与自省,实现了世界性与本土性的融合。可见,“雅”“俗”并置的“复调性”才是天津地域文化以及“津味”小说深层的文化品格。

不过,“津味”概念,在时间上只涉及二十世纪八十年代以来的四十余年,在题材上主要书写市井民俗,尚不能涵盖天津地域文化与文学的全部。相对而言,“津派”概念的覆盖面更广,辐射力也更大。张元卿、汤哲生、陈艳等文学研究者以“津派”概括民国时期天津的通俗小说创作潮流①,王振德、张立涛等美术史家则以“津派”定义天津的国画创作②,这均为偏重当代小说的“津味”所未及。但在学术领域,“津派”的影响力较之“津味”尚显不足。事实上,“津派”概念之所指,不限于小说,甚至不限于文学,而是包括政治、经济、社会、思想、文学、艺术,以及衣食住

① 参见:张元卿:《民国北派通俗小说论丛》,山西古籍出版社,2001年;汤哲生:《20世纪中国通俗小说的海派、津派和港派》,《上海师范大学学报》(哲学社会科学版)2007年第2期;陈艳:《〈北洋画报〉与“津派”通俗小说的新类型》,《中国现代文学研究丛刊》2012年第2期。

② 参见:王振德:《试论“津派国画”》,《国画家》2003年第6期;王振德:《天津中国画述要——兼论“津派国画”的由来》,《天津美术学院学报》2016年第5期;张立涛:《略考“津派国画”的缘起与勃兴》,《收藏界》2019年第3期。

行等日常生活的方方面面。在某种程度上说,“津味”只是“津派”的一个分支。天津地域文化之特色与品格,不限于市井,而是远为丰富复杂。更有效地理解、定义和彰显“津派”,实有赖于对天津地域文化之特色与品格的深入挖掘和思考。

二、津派

天津的地域文化,主要体现为一种城市文化形态。

城市是人类的生活空间,本身就是一种文化存在。城市文化是一座城市的命脉。城市因人类的文化需求而形成,随着一座城市的诞生和发展,会慢慢形成属于这座城市的独特文化,进而形成这座城市独特的形象。独特的城市文化和城市形象的确立,标志着一座城市的独立品格的形成,使其区别于其他城市,获得了属于自己的独一无二的生命力,成为一个民族、一个国家,乃至整个人类文明史上的“这一个”。城市文化由一座城市的物质文化和精神文化组成。不同于山川等自然存在,城市来源于人类的物质和精神生产,是人类文明发展到一定阶段、为满足人类生活而营造的特定的文化空间。城市有其物质性的一面,如街巷、楼宇、排水系统、交通线路,以及各类交通工具等,但这些物质性的存在无不以人类对精神生活的需求为标准而建立,因此又成为一种精神性的存在。可见,城市文化可以分为物质文化和精神文化两个组成部分,但两者很难完全分开。一个城市的形象与其文化密不可分,隐含在城市文化的各个层面,并随着城市文化的发展而日趋丰富、立体。

天津自十五世纪初期建卫以来,迄今已有六百二十年的历史。特殊的地理位置和文化氛围使天津成为一座具有悠久历史和独特品格的城市,尤其是在十九世纪后期获得了长足的发展,形成了“近代中国看天津”这一突出的历史现象,铸就了天津独特的城市文化品格,也塑造了天津独一无二的城市形象。

明清两代,天津已形成一定的文化特质。作为都城北京的东大门和连接南北的大运河的重要渡口,天津的地理位置极为重要,并逐渐形成居民五方杂处、商贾云集的繁荣局面,使天津文化先天地具备多样性和包容性。同时,也有不少文人聚会于此,虽不及北京人文气息之浓厚,但以水西庄为代表,一缕文脉历百年仍不绝如缕,成为天津整体的俗文化氛围中难得一见的雅文化质素。这使早期的天津城市文化即具有雅俗并置的独特品格。十九世纪后期的天津,作为近代中国最早开埠的通商口岸之一,先后有九个国家在此建立租界。租界的出现,赋予天津这座城市独特的文化风貌与格局。作为拥有独立的政治、经济和文化权力的“国中之国”,租界与普通市民聚居的天津老城在文化环境上截然不同,其文化主体均来自占领国,成为迥异于市井文化的“另一个天津”,构建出天津的洋文化的样貌。同时,作为清末洋务运动的大本营,天津又在近代中国最早设立了报馆、邮局、铁路,以及新式学堂、出版社、译书局等文化机构。许多外资或民营的工商、金融企业也汇聚于此。加之寓居天津的官僚政客和上层文人,接续古代天津的一缕文脉,将传统的士大夫风习植入天津文化的肌体之中。以上种种,共同构成天津的雅文化风貌。而天津文化最本质的特征,却是以广大市民为核心的市井文化。“九河下梢天津卫”本是水陆码头,居民五方杂处,其生活方式与价值观念均体现出明显的移民化特征。来自不同地域和文化群落的移民,将形形色色的文化习俗和生存理念植入天津文化的土壤之中,并在相互间的碰撞与磨合中实现交融,从而形成天津文化的流动性与包容性并存的基本形态。普通的天津市民大多生活贫苦,与雅文化和洋文化相隔绝,却以自身的俗文化品格与二者遥相呼应,形成天津的俗文化特质。此外,作为雅文化来源的官僚政客也为天津的俗文化品格提供了独特的内涵。天津特殊的文化氛围和地理位置,使之成为晚清民国仕途失意的官僚们最理想的寄居之地。天津没有帝都北京浓厚的官场气息,可以从尔虞我诈的环境中脱身;天津距离北京又很近,便于观望时局,伺机东山再起。下野政客的聚居,赋予天津文化声色犬马的消费性特质,与原初的市井文化形成合力,共同促使天津文化最突出的特质表现在“俗”字之上:不甘寂寞的失意官僚们或为重登仕途而苦心经营,或因心灰意冷而纵情声色,体现的是官场与欢场的浮世之“俗”;码头上讨生活的普通民众则为生存而奋斗,练就了诸多令人叫绝的独特生存技能,诞生了不少身怀绝技的奇人异士,体现的是市井细民的练达之“俗”。可见,天津文化之“俗”,实际上代表着特殊环境下的一种生存哲学。总之,近代开埠以来,洋文化随殖民者进入天津,与本土的雅文化与俗文化在相互碰撞与磨合中实现交融,从而形成天津文化雅俗并置、土洋结合这一流动性与包容性并存的基本形态,成为近现代中国城市形象的一个范本。

天津在原有雅俗并置的基础上,成为近现代中国最早接触西方文化并将其融入自身文化肌体的城市之一。雅文化、俗文化、洋文化在天津城市文化格局中各擅胜场,自成一格。表面上看,天津城市文化可谓斑驳芜杂,但三种文化既各有理路可循,又和谐共处,这正是天津城市文化最突出的特点——包容性的体现。三种文化同时存在于天津文化的肌体之中,缺少任何一种,天津城市文化都是不完整的。十九世纪后期,天津城市文化基本形成,而这一文化的形成,恰恰是建立在本土文化与外来文化碰撞磨合的基础之上。也就是说,近现代的中西文化碰撞所促成的国际视野恰恰是天津文化和天津城市形象形成的关键,是其先天性的品格。因此,天津文化的发展,天津城市形象的形成与优化,都必然与国际交流不可疏离,正是其文化本质决定的。此外,对于任何一座城市而言,在其文化肌体中,雅、俗、洋三种文化能够和谐并置,均非易事。而天津却经过数百年的发展形成了这一局面,这不仅源于天津文化的包容性,也源于其创新性。在三种彼此矛盾的文化中左右逢源,能否各取所长进行创新性的整合无疑是其关键。天津城市文化的创新性正源于此。

当然,也应该看到天津城市文化的短板。一方面,十九世纪后期天津对西方文化的接受具有明显的被动性。西方文化的侵略性和殖民色彩使天津人在接受其影响的同时,也存在一定的排斥心理。这就使其对西方文化无法进行更有效的审视和分析,本土文化与西方文化的融合,也存在死角。另一方面,天津的雅文化和俗文化共存,但似乎各有其发展轨辙,彼此并置,但未能实现融合。可见,天津城市文化的优势在于三种文化的并置,劣势则在于并置却未能充分融合。这是“津派”文化建设中的一个重要课题,需要深入分析与思考。

综上可知,对于“津派”的理解、定义和彰显,应该建立在天津城市文化的丰富形态和复杂格局的基础之上。“津派”的确立发扬,有赖于作为专学的“天津学”之建立。

三、天津学

在当下中国的城市研究中,唯有对北京和上海的研究堪称显学,分别被冠以“北京学”与“上海学”之名。北京作为拥有八百七十年历史的古都,一直保持中国政治与文化的中心地位(明初和二十世纪三四十年代曾短暂旁落,但很快又得以恢复),历史的威势与现实的辉煌不曾遭遇断裂,吸引海内外学者的热切关注,自不待言。较之北京,上海缺乏厚重悠远的历史,但作为西风东渐的产物和中国现代化进程的最佳例证,却能够从中发现历史,因此汇聚了全世界、特别是西方学者的目光,其国际化的学术规模与影响力,堪称独步。相对而言,天津则有差距。若论沟通古今,略输北京;跨越中西,稍逊上海,其研究力量与成果亦不能望京沪之项背。然而,天津的学术意义却有其他城市所不及处,除自身的地域特征外,更体现出“作为方法”的意义。这是天津城市研究的价值所在,也因此具备了独立的学术品格,可命名为“天津学”。

所谓“作为方法”,是指一座城市不仅具有研究对象或学术课题的价值,本身也是一个坐标,可以预示研究者的立场。质言之,对于天津的关注与研究,能够超越单纯的地域文化视角,挖掘并展现天津城市自身以外的历史和文化价值。在这一层面上,天津较之北京上海,丝毫不落下风。北京作为首都,无论是对其历史的追怀凭吊,还是对现实的规划描摹,都具备文化正统的磅礴大气,适应了学界对于中国式都会的想象。但借助北京呈现中国的思路,却不免淡化了北京自身的地域色彩。上海作为近现代中国西化最成功也最彻底的城市,最初吸引西方学者的关注,中国学者稍后加入,不断掀起研究热潮。尽管彼此的学术理念与方法不尽相同,却在研究立场上达成共识,即以上海为探讨中国现代化进程的切入点。这一立场满足了学界对于东方现代性的期待视野,但“在上海发现(西化)历史”的策略,使中外学者的上海城市研究,难免面对“他者”的暧昧。可见,北京和上海研究能够超越地域、把握全局、发现历史,在中国城市史上却都属于绝无仅有的特例。相对而言,天津在近现代中国城市中更具典型性,代表着中国城市现代化的常态,体现出更为丰富的城市文化图景。这使天津成为考察近现代中国城市发展史的一个不可或缺的视点,不仅具备了方法的意义,还体现出自成一格的学术体量与潜能,称之为“天津学”,并非言过其实。

天津能够“作为方法”,与这座城市的历史及由此形成的文化特质密切相关。建卫六百二十年来,天津逐渐形成了自身丰富而又复杂的文化格局,其内涵可以用三组彼此矛盾却能构成对话关系的词语加以概括,即古今、中西、雅俗,这促使天津文化体现出沟通古今、会聚中西、并置雅俗的突出特点,并最终形成雅文化、洋文化、俗文化的三足鼎立,各擅其长而又不断通过碰撞磨合、产生对话与互补的局面。总之,天津城市文化的独特品格和丰富内涵,使之在文学、艺术、历史、政治、经济、教育、出版、新闻、宗教、建筑、交通、社会生活、城市建设以及非物质文化遗产等诸多领域均具有丰富的研究对象和巨大的研究空间,这保证了“天津学”的学术规模与体量。

在笔者看来,“天津学”的建立,至少需要开展以下几方面工作,一是成立“天津学”研究的学术机构,作为学术研究和人才培养的基地,进入全国都市文化研究和人才培养的先进行列;二是开办“天津学”研究专业,申报相关硕士(博士)学位点,招收硕士(博士)学位研究生,培养研究力量与后备人才;三是编辑出版“天津学”丛书，创办相关学术刊物，建立相关学术网站；四是举办“天津学”国际学术研讨会，开展与国内外学者的交流与合作，扩大研究的国际影响。[①]

迄今为止，“天津学”已引起学术界、主要是天津本地学者的重视，取得了诸多优秀成果。冯骥才作为一位有思想的文学艺术家和民间文化的整理者，对于天津文化、特别是天津民间文化的研究用力颇深，并据此沟通雅俗，对天津城市文化做出了准确的定位。林希、冯育楠、肖克凡、李治邦、龙一、王松等知名作家通过“津味”小说与戏剧创作，塑造了独特而鲜活的天津城市文化形象。夏康达、滕云、黄泽新、王之望、张春生、任芙康、黄桂元、臧策、闫立飞等评论家借助对于天津地域文学的批评，深度参与了天津文学的建构。李世瑜、来新夏、杨大辛、张仲、罗澍伟、王振德、郭凤岐、谭汝为、章用秀、刘海岩、张利民、尚克强、周俊旗、乔虹、郭长久、罗文华、侯福志、由国庆、王振良、任吉东、万鲁建、王焱等文化学者，从历史学、民俗学、传播学、语言学、文学和城市研究的多重视角出发，考察了近代以来天津城市文化的变迁，展现了天津文化发展的丰富面向，并搜集、整理了大量天津文化史料，贡献良多。吴同宾、薛宝琨、倪钟之、刘梓钰、刘连群、倪斯霆、张蕴和、鲍震培、张元卿、王兴昀等学者，则在天津戏曲、曲艺和通俗文学等研究领域奉献出不少优秀成果，不仅凸显天津城市文化的特质，还在研究过程中投入生命与情感，令人感动。然而，与北京、上海相比，“天津学”迄今仍停留在地域文化研究层面，研究者也多限于本地学者。“天津学”作为一门完整的学科尚未建立。对于一座城市而言，本地学者的关注与研究天经地义，责无旁贷，但只有吸引更多外地，乃至海外学者的热情参与，与本地学者形成合力，才能真正蔚为显学。在这一层面，“天津学”仍处于起步阶段，有诸多领域亟待开拓，诸多论题尚需深入，特别是需要扩大学术视野，超越单纯的地域研究，邀请更多学者加入，才能更有效地提升“天津学”的学术价值与品格。

鲍国华，天津师范大学文学院教授。

① 在笔者撰写本文期间，天津师范大学地方文献研究中心王振良教授主编的学术辑刊《天津学》第一辑于2024年12月出版，津派文化研究中心也于2025年1月20日在天津社会科学院成立。

笔枯欲泻银河洗

——徐世昌诗集《退耕堂集》综论

许振东

【提　要】《退耕堂集》是徐世昌所刊第一部诗集，结合具体内容，大致可分为酬赠诗、写景诗、纪行诗、感时诗等十二类；所收诗最早的创作时间在光绪十四年(1888)二月廿六日前后，截止时间在民国三年(1914)初春。本集诗体现着诗人远大的志向与忧国忧民的热灼之心，对下层社会的疾苦和满目疮痍有广泛而切近地展示和触及，同时也有着强烈的功业难就、岁月蹉跎的怅惘与伤悼之感，水竹村是其心灵的支点与港湾。分"官居京师""股肱重臣""民国初始"三个创作阶段，各卷古、近体诗混排，五七言短诗工整凝练，古体诗洋洋洒洒，虽七八百言而不能止，情思更为畅达。在艺术上，既大开大合、雄浑苍莽；又具有冲淡空灵、清新劲健的特色，在徐世昌的诸种诗集中更值得关注和研究。

【关键词】徐世昌《退耕堂集》人生行迹　心路历程　创作阶段　艺术特色

《退耕堂集》是徐世昌所刊第一部诗集，凡六卷，目录一卷，卷前有柯劭忞序。书名所题"退耕堂"系清末民初著名政治人物唐绍仪所赠，位于北京东四五条铁营胡同内，自1909年到1922年8月辞职总统离开京城，徐世昌一直在此居住，也称弢园、弢斋、韬养斋等。

一

现存1914年天津徐氏刻本各卷卷前，列有本卷所辑诗数，其中卷一66首、卷二75首、卷三90首、卷四62首、卷五101首、卷六86首，总计480首。结合具体内容，整部诗集作品大致可分为以下十二类。

酬赠诗，是用来交往应酬或者赠给亲友同人的诗歌作品，总数应该在七十首以上。有的为给人祝寿而作，如《雷寿母诗》《寿贺苏生年丈一百韵》《寿陈松溪年丈》;有的为寄给他人的书信,如《雪后柬杏侪丈》《雪后寄友梅济南》《简宋编修索诗》等;有的是为他人题赠之作,如《江上赠张瓠肥布衣》《秋风引赠柯凤孙同年》《张弢楼赠石答之以诗》《题梅鹤庵景岱楼联句诗卷》等;还有的为酬答唱和之诗,如《次均赵祐眉二首》《和柯凤孙简李申父户部均》《次韵别谢仲琴二首》等。就酬赠对象来说,主要为徐世昌的挚友,如张弢楼、徐梧生、柯凤孙等。其中,还有七首写给多位日本权贵,如《日本官吏时来索书诗走笔应之》《日本侯爵锅岛直大诸人索诗各书一绝应之》《日本后藤新平男爵索余同少川书赋此二诗应之》等。

写景诗,指描绘春夏秋冬、山川美景,表达对自然景物热爱赞美之情的诗歌作品,总数应不少于酬赠诗。其中,《大明湖棹歌二十四首》为光绪二十六年(1900)庚子之乱间,避难于济南其弟衙署间所作,题材集中,且数量较多。其次题材集中、数量较多的为其描写出生地河南卫辉景色的诗作。民国元年(1912)五月,趁归乡扫墓之机,徐世昌在卫辉城西南的卫水之滨、百泉湖畔购地七百六十余亩,建起水竹村别墅。此间写下歌咏这里怡人景色的《雨后游百泉》《重修百泉诸名胜》等诗;同年十月,他再回故地,又写下《水竹村散步》《晓起出城到水竹村》《西寨山庄》《西崖瀑布》等十几篇。此外,还有描写季节时令变化、风霜雪月之景的诗作,如《立春》《中秋对月》《冬夜》《夜雪》《听潮》;描写青岛风光的诗作,如《青岛早春》《新晴街头望小珠山》《琅邪台》《女姑山》等。

纪行诗,又称纪游诗、行旅诗,是指在行旅途中所作的具有纪实性,且反映其情感经历变化的诗歌。此类作品与写景诗有很大的近似性,但更多体现行旅的过程和主体感知,总数不少于五十篇。有的是写行在京畿地区的诗作,如《过戒台寺》《宿潭柘寺》《盘山诗用昌黎合江亭韵》《畿南道中》《定兴晓起》《易州道中》等;有的则写行至东北、胶东等地,如《由齐齐哈尔归过哈尔滨停车宴俄官归舆中作》《十一月二十五日朱经田中丞约登吉林北山》《晓晴发济南》《登岱》《至青岛看友梅》等;对行到出生地河南卫辉,也有写至,如《汲辉两县道中》《雨后游百泉》。此外,还有一些专记某个具体行次的诗,如《饥儿行》《临漪亭看月》《会全岛看辛夷》等。

感时诗,指以感慨时事、抒发时光流逝之感的诗歌作品,约有四十首。此类诗歌以在不同季节或特殊时序咏怀言志者居多,如《春感八首》《春愁》《秋怀》《岁暮》等;还有的就社会时事而发感慨,如《七夕感事》《感时四首》《感事》《闻事有感》等。仅就"坐"而成题,即写有《元日大雪入直甚早独坐成此》《晚坐》《早春闲坐》等多篇;此外还有因客居异乡而写的《秦中客感》、因病而写的《病中作》、见风而咏的《大风谣》、因雨而成的《雨中怀水竹村》《雨中一首》等诗。

宴游诗,也称宴集诗、宴饮诗,是指描写宴饮聚会活动或因宴集而撰的诗作,约有三十六七首。其中,有记自己做东与朋友的宴饮,如《百泉宴客》《长安雪夜宴客》《秋夜宴清河斋》等;还有更多受邀参与的各种场合宴饮,如《重阳宴鹿氏宅》《周玉山制军招饮》《张安圃前辈招饮酒肆》等;对与国际友人的宴饮也有记载,如《黄鹿泉创龙喜社饯朝鲜国使招饮未至二首》《饯朝鲜崔研农佥事并次其韵》《日本中将鲛岛重雄招饮索诗赋此志别》《日本人宴集索书漫成二绝句应之》《税务司德人阿理文辟园于会全岛之侧十二年矣稚松满山花果甚繁花时具茶酒招客游览作诗纪之》等。

题画诗,指就某人绘画作品而题写的诗歌,约有二十七八首。此类作品有四五篇直接题名《题画》,其他有以画菊为题材的,如《题采菊图》《画菊寄梧生》《题画菊》;有题出游观景图的,如《题王次楚望云图》《题俞廙轩侍郎卧游图》《题友梅小蓬莱阁观海图》《题友梅小蓬莱阁赏雪图》;有题行役赠别图的,如《题刘梓谦建南行役图》《题何勉之息庐归耕图兼送其之官浙江》《江楼送别图》;有题多样活动场景图的,如《题吴月浦师永思图》《题朝鲜徐秋堂梅龕祭书图》《题萧雪蕉春塘联梦图》;有题山水长卷的,如《题金拱北临耕烟子鹤合作长卷二首》《题明姚广孝为先中山王画山水长卷》;有题人物小象的,如《题赵献夫湖上留景小象》《题陆子兴之尊人遗像》;还有题斋阁楼台图的,如《代友梅题鹿杏侪盘芝釜石斋图》;以及题个人画册的,如《题马景韩画册》等。

送别诗,指以送别为题材,抒发离别之情的诗作,约有二十六七首。其中,主要为与同年相别之作,如《送王枚岑同年视学山西》《和王季良同年均并送其还保定》《送谭彤士同年之官粤西》《雪后过天津别张珍吾同年》;《送柯凤孙视学湖南》《送严范孙侍郎》两首,是为送别柯劭忞、严修而作,他们亦为科考同年;另一类较多的为与同僚相别之作,如《送尚会丞之奉天》《送孟侍御志青出守石阡二首》《登北山后经田中丞又邀过江至龙王庙小饮余明日将归沈阳留此志别》;此外还有不少与亲友相别的诗作,如《送俞丈雪岑归淮阳》《谢俞雪岑丈惠书诗卷兼以留别》《送端甫十弟还京师》《送士言士则之陕西二首》等。

怀人诗,指表达对亲人、朋友思念之情的诗歌,约有二十五六首。其中有忆弟诗两首,为《忆弟》《光弟除青州感怀赋此寄之》;表达朋友思念之情的较多,如《对雪怀柯凤孙徐梧生》《春暮怀梧生二首》《重阳游西河怀严范孙》《怀鹿乔笙陕州》等;另有悼亡诗十余首,如《悼雪霞》《刘镐仲挽诗四首》《德宗景皇帝孝定景皇后永远奉安哀辞》等。

怀古诗，指以历史事件、历史人物、历史古迹为题材的诗歌，约有十六首。其中有凭吊京畿先贤或陵祠，如《谒鹿太公祠》《谒鹿忠节公祠》《明陵》《谒慈仁寺侧顾亭林先生祠二首》；有至全国各地名胜的探访，如《唐宫旧石》《曲江》《未央宫遗址》《昆明池》《华清宫词》；此外，还有《百泉怀古》抒发诗人在出生地怀古之思等。

田园诗，指描写田园生活的诗歌，数量与怀古诗相差无几。一类主要表现田园耕种之乐的，如《种豆》《租王少尹园种菜作诗纪之》《西苑再值》；另一类为描写田园的美好风光，如《为安定君说水竹村》《重修百泉诸名胜》《将归河北梦水竹村》《忆田园》等。

闲适诗，指以日常起居生活为题材，表达闲适心情的诗歌，数量有十余首。如《闲适》《夜坐》《昼寝》等篇，主要表现宁静生活中闲散；《闻莺》《鹤飞来》《西河观鹿莼侪芸侪网鱼》《自种盆梅盛开诗以纪之》等篇，则重在表现花鸟虫鱼为其生活所增添的愉悦和亮色。

咏物诗，指以某物为描写对象，重在表现其外在形貌特色的诗歌。此类数量虽不是很多，但亦有对某类物较为集中的题咏，如《题砚》（同名两篇）、《题停云砚》《题盘石砚》四诗同写砚，也可见描绘的具体与品类的丰富性。

除去以上十二种，还有少量诗作因为数量甚微，或内容界定困难，未能单列为某种类型，如《查贞妇题辞》《石老人歌》专为人而咏，《寓言二首》以事寓理等，均只能归入散篇。

二

本集诗歌基本依时序编定。卷一第一首诗题为《送俞丈雪岑归淮阳》，很明显是写给俞雪岑的，其后的第三、第四首也均为此人而作。俞雪岑，即俞耀，雪岑为其字，大兴籍德清人，《晚晴簃诗汇》卷一百六十七有记。又《徐世昌日记》记，光绪十二年十一月十六日（1886 年 12 月 11 日）："俞雪岑世丈诗家也，自陈川来祝锦兄记室。数年未见，灯下谈良久。"①这是两人多年未见后的首次重逢，此后还有多处记徐世昌与他一起谈诗、闲聊；光绪十三年四月廿二日（1887 年 5 月 14 日），又见

① 徐世昌著，吴思鸥等点校：《徐世昌日记》，北京出版社，2018 年，第 52 页。

记“和俞雪岑世丈诗一律”①。但是,就此并不能确定本集所收徐世昌第一首诗的创作时间。因为本集第一诗题《送俞丈雪岑归淮阳》,这应该写在两人分别之时,而非相见之初或稍后。且光绪十四年二月廿六日(1888年4月7日)又见记:“晨起,送俞雪岑先生归洛阳。”②颇近第一首诗题,故笔者以为本集所收诗最早的创作时间当为此,“洛阳”可能为“淮阳”之误,随后所收的两首“与俞诗”,都写在俞雪岑离京之后。

此组“与俞诗”后,有《汲辉两县道中》《百泉怀古》等四诗,依《徐世昌日记》记,当写在光绪十四年徐世昌三月陪妻兄席锦泉扶父柩南归卫辉间。本集卷六较后有一诗题为《甲寅人日于晦若李柳溪两侍郎招饮》,内中的“甲寅人日”即民国三年(1914)正月初七,之后的十首诗,其中的倒数第三首题目体现作于“二月二十八日”,最后两首创作时间肯定距其甚近,不会超过同年的三月,故可以推定本集诗歌创作最终的截止时间即当为此。

卷一在光绪十四年初春河南卫辉之作的后面,共出现三个年份,分别是癸巳、甲午、乙未,即光绪十九年(1893)、光绪二十年(1894)、光绪二十一年(1895)。最后一首诗题《岁除病起怀乔笙梧生》,是写在光绪二十一年的岁尾。在从光绪十四年至二十一年尾的八年间,仅辑诗60首,应该说并不多。光绪十四年是徐世昌考中进士并被授翰林院庶吉士的第二年,此前因忙于生计或备考,徐世昌应确实没有作诗或拿不出像样的诗作。在这八年间,徐世昌官位较低,先后两次又应过保和殿考试;而且社会动荡,生活很不稳定,故所作诗数量仍不多。

卷二第一首诗题《丙申新岁二日作》,可看作是光绪二十二年(1896)作诗的开始;但此卷内并未出现带有其他年份信息的诗作,卷末带有季节信息的两个诗题分别为《重阳宴鹿氏斋》《题采菊图》,说明这卷结束在当年的秋天,整卷诗创作时长未过一年。这几个月时间虽短,创作诗歌却高达75首,且其中还有《寿瞿赓甫观察六十韵》这样的长诗,显示出他旺盛的创作力。本年秋之后未有诗,可能同十一月二十三日其母病逝及其前忙于为母治病有关。

卷三诗未有标注年份的诗作。从内容来看,自第一首《明湖秋眺》到《去济南驻马匡山下仲琴飞骑送诗作此达之》,凡31篇,是围绕山东济南景物而写,应即创作于此地;自《至西安喜晤梧生榕生怀友梅》至最末的《长安简李莘夫》,凡41首,

① 徐世昌著,吴思鸥等点校:《徐世昌日记》,北京出版社,2018年,第61页。

② 徐世昌著,吴思鸥等点校:《徐世昌日记》,北京出版社,2018年,第81页。

是围绕陕西西安的景物而写，亦应创作于此地。同时，此卷诗的第一首《明湖秋眺》是写在秋天，其后的《立春》《春感》《春阴》《惜春》等多诗写在春天，直至篇末倒数第二篇《卧龙寺午睡》写在夏天。据载，光绪二十六年(1900)七月，八国联军攻占首都北京，太后慈禧挟光绪皇帝西逃，徐世昌与京官数人于八月转徙至济南；后又于九月经河南卫辉、洛阳在十二月抵达陕西西安；在次年的八月初，奉上谕始经河南返京。因此，本卷诗即创作于光绪二十六年秋至光绪二十七年(1901)夏之间。

卷四所辑诗始自光绪三十二年(1906)秋至民国元年(1912)年春。题目带有年份信息的诗作分别为《丙午十一月偕育周贝子赴兴京恭谒永陵道中作》《丁未重阳琴轩相国宝臣大司马约同伯轩香涛华卿滋轩四相国慰廷少保宴卧佛寺登高》《己酉九月十九日汪伯棠沈雨人两侍郎约同世伯轩那琴轩两相国那锡侯阁学李季高廉访游西山诸古刹》《辛亥除夕》《壬子正月四日晤周少朴中丞》。据徐世昌光绪三十二年日记记，十月初七日(11 月 22 日)徐世昌乘马车行五十里到齐齐哈尔，有俄官等来迎，故本卷第一首诗《由齐齐哈尔归过哈尔滨停车宴俄官归舆中作》当作于此日或随后几日。《壬子正月四日晤周少朴中丞》一诗已在本卷卷尾，后面仅有诗三首，分别为《早春》《明陵》《题盘石砚》，均当写在壬子年，即民国元年的春天。

卷五诗写自民国元年三月至民国二年(1913)七月间，在时间上紧接前卷。据《徐世昌日记》记载，民国元年三月十六日(1912 年 5 月 2 日)晨起起行，乘火车夜抵彰德府；廿一日(5 月 7 日)午刻到辉县(卫辉)，“到后街筱泉内侄宅，席三嫂甫逝，为之哭吊。见其合家，询问各事。锦泉二哥伉俪、桥梓相继逝数人，十数年来屋舍园林依旧，而人事已非，恻然久之。在筱泉宅晚饭后，回南街新寓。”[①]本卷第一首诗《井峪谒锦泉二兄墓》，即当写在这日或其后。“廿四日(5 月 10 日)晨起，偕声山表叔、虎臣、静斋、小泉诸君游百泉，看新修各工程。”[②]就此日事，其又写下本卷第二首诗《雨后游百泉》，随后还曾写下本卷第三首诗《重修百泉诸名胜》，直至四月初七日(5 月 23 日)才由卫辉返京。其后有《中秋对月》《重阳途中寄青岛诸友》《岁暮》《立春》《壬子除夕》等诗，说明这一年在逐步过去；随后的《癸丑元日》《正月六日于晦若前辈招饮》《癸丑三月三日天津济南道中》等诗，说明其时已

---

① 徐世昌著、吴思鸥点校：《徐世昌日记》(第二册)，北京出版社，2020 年，第 293 页。

② 徐世昌著、吴思鸥点校：《徐世昌日记》(第二册)，北京出版社，2020 年，第 294 页。

入新的一年。《七夕感事》是本卷最后一首诗,清楚标志出本卷诗作截止的时段。

卷六诗创作时间上与卷五诗相连,第一首题为《秋风引赠柯凤孙同年》,恰与卷五最后一诗在时序上衔接紧密。第六首《癸丑仲秋》、第七首《中秋月下访静寄庐》,以及第九首、第十首都明显写在同年中秋节的前后。以下还有《癸丑九月偕室人至辉县乡村查看农亩收获二首》《癸丑岁暮寄弢庵前辈梧生六弟》等诗亦清楚表明尚在同一年份,且延续至年底。接近卷尾之处,有诗题为《甲寅人日于晦若李柳溪两侍郎招饮》说明创作已在下一年,即民国三年(1914)。其后在此卷还有诗十首,其中倒数第三首从诗题可看出是写二月二十八日(3月24日)事,因此可推定本卷诗创作时间当截止于民国三年春。

三

民国旧体诗研究专家胡迎建在评诗界革命派诗人梁启超时说:“梁启超未曾专心作一诗人,然而他富有诗人的气质、政治家的襟怀、学者的渊博和异常的经历,使其诗有一种不凡的气度和大开大合、雄浑苍莽的特质。”①笔者以为这段话,用来评价本集诗歌的创作者徐世昌也较为合适。

作为晚清风云一时的著名历史人物,面对内忧外患、危如累卵的时局,徐世昌更多地将个人的命运与国家的存亡凝结在一起,把扶危救困,有为于当世作为人生的首要目标与至高追求。从本集诗可以强烈感受到,他同样有着远大的志向与忧国忧民的热灼之心,如《重阳游西河怀严范孙》诗写道:“寒水湍流急,秋声起树阴。缊袍忧国泪,短札故人心。”《送谭彤士同年之官粤西》诗写道:“时艰众志纷,万汇成兵战。欲挽东海水,一洗众目眩。”《去济南驻马匡山下仲琴飞骑送诗作此答之》诗句:“失计谁苏忧国病,扶危终仗济时才。漫言泾渭材官守,天险于今一例开。”其他类似的诗句还如,“拍岸潮声翻浪白,隔窗山色对人青。元龙豪气今犹昔,注玉倾银盏不停。”(《李季皋侍郎招饮》)“灯火长安月满楼,相逢抵掌说吴钩。据鞍独立群山晓,酾酒横临绝塞秋。”(《京师逢张今颇锡銮》)“四海雄豪一尊酒,百年人事几尘埃。明朝策马长安道,晴色曈曈万里开。”(《长安雪夜宴客》)以上诗句英雄之气,铿然有声;慷慨之志,跃然纸上。

在如此心志的潜在驱引下,诗人的视角与笔触必然对下层社会的疾苦和满目

① 胡迎建:《民国旧体诗史稿》,江西人民出版社,2005年,第86页。

疮痍有广泛而切近地展示和触及。如长诗《饥儿行》写:“长安三年苦饥馑,釜无粒粟机无丝。贫家卖女充一饱,有儿无女难疗饥。”父亲无奈要将母亲卖掉,“儿牵母裾母不留,不知母作谁家妇。母去行行犹顾儿,父悔翻向天涯走。”骨肉相离,难舍难分,读之令人泪下。结尾诗人感叹:“哀哉此儿独啼饥,晨饥踽踽行至昏。儿行无路乞豪贵,饿死路隅哭声吞。”在字里行间,包蕴着巨大的怜惜和苦痛。《大风谣》写在恶劣天气下百姓生活的艰难与无助,诗云:“大风怒号走尘沙,五步迷离十步遮。麦穗焦枯豆苗死,四日风狂犹不止。关中三年旱魃虐,百万饥饿填沟壑。”从中可以清晰看到诗人与下层百姓同愁苦的情愫,诗末诗人又发出祈愿:“风伯风伯且敛威,灵旗社鼓来雨师。雨丝密密风声息,布谷啼处烟如羃。”再次强烈表达出当时百姓的共同心声。其他表达类似情感的诗句还有:“镜里惊看双鬓改,楼头竞飐一旗新。明朝大地回阳后,击壤同为望治民。”(《辛亥除夕》)“雁鹜惊沙水,关山莽坌埃。谁怜闾巷苦,一为剪蒿莱。”(《雪后寄谢仲琴》)“九天云不返,万姓哭同声。回首中原土,何时致太平。”(《德宗景皇帝孝定景皇后永远奉安哀辞》)“关月天边雁,乡心海上波。还将家国泪,洒向碧天过。”(《题王次楚望云图》)。这些诗句与民同休戚,字字关心;为民发悲声,句句动情。

社会的动荡、国家的衰颓、民生的多艰,令诗人内心充满愁苦,悲戚难遣,并有强烈的功业难就、岁月蹉跎的怅惘与伤悼之感。如《送严范孙侍郎》诗写:“梅花几度数行程,澹荡东风别帝京。报国才疏空白首,送君泪尽说苍生。”《癸丑仲秋》诗写:“千古诗人怜此夕,几家歌管恋高楼。宵深欲语中天月,为解人间不尽愁。”《雪后过天津别张珍吾同年》诗写:“自古河流经砥柱,于今海峤有方壶。蹉跎莫漫看双鬓,镜里霜华问有无。”春天本是生机盎然、惠风和畅之时,而诗人却仍难从阴郁愁苦中走出,甚至比其他时节更重。其《春感八首》诗写:“怀抱何曾一日开,百年心事已成灰。惜春有客伤迟暮,坩鹤遗书起虑猜。”类似的伤春之作还如,“群鹊檐前喜,断鸿天外哀。青门留客住,人事日相催。”(《立春》)“春阴又过牡丹时,蝶怨蜂愁总不知。无语但传情脉脉,伤怀更惹鬓丝丝。”(《春阴》)“酒渴浑如病,春愁几缕牵。竹晴犹晒粉,花好不胜蔫。”(《春愁》)“春望愁何极,长安三月时。田荒无雨润,花落有风吹。”(《春望》)“我欲留春春不住,不知春去竟何处。长安三月不见春,绿惨红愁天将曙。”(《惜春词》)在国危民困、风雨飘摇的背景下,诗人的四季很难变换其他心绪与颜色。

此诗集名《退耕堂集》,“退耕”二字来自徐世昌“退耕堂”的室名,取于司马迁《史记·吴太伯世家》中“子胥退而耕于野”的语义。《徐世昌日记》民国二年十一月初三日(1913年11月30日)间,即有与柯劭忞、徐坊“设酒食在退耕堂小饮”[①]之记。该室名出现虽晚,而退耕心态恐怕自其初涉仕途即已存在。在壮志难酬,天下纷争的乱世,徐世昌一方面忧国忧民、砥砺前行;一方面频频回望,将心萦绕在其出生地——河南卫辉,后来又在这里建造了专属于他的世外桃源——水竹村。本诗集卷一最早的一部分诗中即有《汲辉两县道中》《百泉怀古》等四首,即是写这里。卷五《井峪谒锦泉二兄墓》等前三首诗,再次围绕此场域而书,虽不能完全摆脱凄楚愁怨之致,但已明显增添了几分明快清朗之意。如《雨后游百泉》诗写:“一雨快人意,出郭绿无尽。坡陀数里遥,村桥递相引。”《重修百泉诸名胜》诗写:“云月未教今古易,嵩条递送雨风频。疏泉移石劳收拾,曳杖重来垫角巾。”这三首诗写在民国元年之春,也即清朝覆亡未几之时,作为晚清重臣,他的人生重新开始,归心正炽,水竹村正于该时建成。

徐世昌对这个“安乐窝”非常满意而自得,在稍后《为安定君说水竹村》一诗的开头,他欣喜地叙写说:“我从共城来,说我水竹村。万竹围村舍,一水抱村门。曲折石桥通,窄径穿云根。小楼三面起,众绿浸琴尊。”随后又用十几行诗,将这个美好的家园,描绘得十分自在惬意,宛如置身事外。同卷另有《水竹村散步》及其后诗凡十六首、卷六有《癸丑九月偕室人至辉县乡村察看农亩收获二首》及其后诗凡二十首以及《将归河北梦水竹村》等散见之作,各从不同时间或场景对以水竹村为核心的故园进行吟咏或展示。那个水竹环绕的村落,可以隔离外在的纷争和喧嚣,可以使他的紧张疲惫得到疏解和放松,也可以使他的苦痛焦灼得到抚慰和治愈。这里有他心灵的支点,也是可以让他宁静停歇的港湾;由此他能重新找回自己,让品节重再劲挺而独立。

四

前文已述,本诗集所辑诗创作于光绪十四年(1888)至民国三年(1914)间,即徐世昌三十四至六十岁之间。此间时间跨度大,人生转徙的变化多。徐世昌由一个七品翰林而成长为朝廷股肱重臣,由激昂慷慨的青年而开始步入沉稳圆融的老者。这些诗歌既展现出其间波谲云诡的时代风云,也记录下他波澜起伏的人生行迹和复杂多样的心路历程。

---

① 徐世昌著、吴思鸥点校:《徐世昌日记》(第二册),北京出版社,2020年,第351页。

本集前有徐世昌挚友、著名史学大家柯劭忞所撰序。依其序和前文所述，本集所辑徐世昌诗可分三个创作阶段。第一阶段为徐世昌选翰林后官居京师期间，即光绪十四年(1888)二月至二十六年(1900)之秋。对此期徐世昌的诗歌创作，柯劭忞序记："公键户治经史，博涉古今，为经世之学，间作古今体诗，华而不靡，质而不臞，有开元、大历之风格。尝赋五言长律百韵，读者叹服，以为使朱锡鬯为之，不过如是也。……其取材之富，用意之高，亦与寻章摘句者不同焉。"内中的"五言长律百韵"，当指《寿贺苏生年丈一百韵》；朱锡鬯，即朱彝尊，锡鬯为其字。是否能与朱彝尊相比肩，确难论定，然所言此期徐世昌诗歌的特色及成就还是有一定的依据和道理。

第二阶段自八国联军犯京，慈禧与光绪帝西逃至清政府统治覆亡，即光绪二十六年八月至宣统三年(1911)底。此阶段初，徐世昌迎来人生一个重大转机，因至西安护驾受到青睐，又得张之洞、袁世凯交章保荐，相继任政务、财务、军务、学务等要职，并在光绪三十一年(1905)九月晋升巡警部尚书，后擢兵部满尚书，补授军机大臣，又迁民政部尚书、东三省总督、邮传部尚书、内阁协理大臣、军咨大臣，授任太保，成为清政府覆没前炙手可热的权臣。就此期诗歌，柯劭忞评价说："公感时抚事，壹于诗发之，慨然有救焚拯溺之志。……其诗亦雄奇恣肆，不施绳墨而自合于规程，此公诗之一变也。"

第三阶段自民国元年(1912)一月中华民国成立至民国三年(1914)春，即徐世昌接受袁世凯任命国务卿之前。此间徐世昌辞去各种官位，或在河南卫辉水竹村修建归隐的房屋，或数度到青岛游玩、旅居，如闲云野鹤，怡然自乐。就此期诗歌，柯劭忞又评："壬子春，公以宰相乞病归，卜居海上，不与世接，徜徉于山砠水澨之间，作为诗歌自适其意，有陆务观之才思而无其窠臼，此公诗之再变也。"陆游的诗飘逸奔放，明朗晓畅，说徐诗有之"才思而无其窠臼"，也是很高的褒奖。

就体例而言，本集各卷将古、近体诗混杂编排，并不做明确区分。集中五七言诗，工整凝练，简洁明快。如卷一五绝诗《夜雪》："夜雪无人知，一白失群色。积润遍神皋，终古无声息。"卷二七绝诗《过泽畔》："不必湘江吊屈平，荒邨矮屋隐瓜棚。荷香万柄垂杨静，席帽轻衫泽畔行。"卷三又一七绝诗《闻莺》："百啭如簧不肯停，何人曾倚玉楼听。卧龙寺树无情碧，有客伤春鬓已星。"在二三十字间，较形象地将丰富的内容表现出来。有的诗则洋洋洒洒，虽七八百言而不能止。如祝寿诗《寿贺苏生年丈一百韵》《寿瞿赓甫观察六十韵》，前者共一千二百字、后者共七百二十字；咏史诗《华清宫词》共四百八十字、题画诗《题马景韩画册》共四百五十六字、写景诗《盘山诗用昌黎合江亭韵》共二百四十字,在同时代同类诗歌中,这些诗作的篇幅都是较长的。此外,还有《大明湖棹歌二十四首》《春感八首》等组诗,围绕某一场景或主题连续写出系列诗篇,场景更为浩大,情思更为畅达,非短制微篇所能比。

在艺术上,徐世昌本集诗既大开大合、雄浑苍莽;又具有冲淡空灵、清新劲健的特色。诗人善于捕捉具有特征的意象或细节,似在不经意间,仅寥寥几笔便情韵毕现。如《海上晚晴二首》"落霞断雁孤帆外,大小珠山相对青。""天涯有客空怀古,落叶西风一雁声。"以"落霞""断雁""孤帆""落叶""西风""雁声"等一系列意象的叠加,将晚秋萧索凄清的氛围与诗人的心境真切表现出来。《晓起出城到水竹村》诗写:"薄雾轻飏趁晓霜,满畦寒菜野人庄。疏林日出炊烟起,丰乐桥边柳叶黄。"以"薄""轻""野""疏""黄"等形容词的连续捕捉,也使水竹邨自然自在的怡人环境与诗人散淡自得的心情得以形象地呈现。其他如"一枝瘦竹倚天青,万里孤怀月一庭。"(《题画(其一)》)"黄叶老禅呼不起,柏阴浓聚一声钟。"(《卧龙寺午睡》)"远天分树绿,骤雨涨池平。"(《晓晴》)等诗,也有此特色。

拟人、比喻等修辞手法的灵活运用,是徐世昌本集诗在艺术上的又一特色。如《龙浴寺》诗句:"杏叶疏红映晓暾,篮舆曲折入山村。几重秋色分岩树,一路泉声到寺门。"让"杏叶疏红""篮舆"能"映晓暾""入山村";让"秋色分岩树""泉声到寺门",诗意隽永,余味无穷。《春寒出门散步》诗句:"湿雾浓云掩戍楼,春深海上著羊裘。东风不肯因人热,斗酒还须与妇谋。"将"湿雾浓云"下的"戍楼"写为被其"掩",写东风"因人热",都是灵活巧妙地运用了拟人法,为全诗增添了更多情韵。

此外,本集徐世昌诗还善于进行颜色的配置与对比。如"靓妆未洗苎萝洁,绿珠泣泪成红雪"(《樱花曲》)将樱花盛开时,白中透红的色彩描写得特别鲜明;"乱山黄叶寺,一雁碧天秋"(《访游西山诸古刹》)在"黄""碧"两种色调的对比下,秋景之中的山寺显得格外阔朗玄远。其他此类较好的诗句还有"藏花窖暖添红晕,伴石松寒减绿髯"(《农事试验场游宴赋此》)、"红如火齐白如霜,红白相糅巧样妆。"(《阿理文园中红白碧桃花开甚盛亦奇观也》)等。

综上所述,《退耕堂集》所收诗歌数量多,类型多样,较全面地反映了徐世昌在光绪十四年至民国三年间的人生轨迹和心路历程,同时对当时的社会现实场景与下层人民生活也有着广泛而真切的呈现,对全面认识徐世昌及清末民初的历史具有重要的意义。本集诗作在艺术上也具有一定的特色与成就,与同时代诗人相比，毫不逊色。只是因为他特殊的政治地位，不能得到人们客观公正地认识和评价。他的社会阅历、人生体认、学识储备、诗歌素养都有超越常人之处，由此决定了其诗歌具有不容忽视的独特价值。本集诗歌创作时间跨度长，创作者人生转徙变化大，相应的情感波动亦繁复，故而在徐世昌的诸种诗集中更值得关注，应该得到更深入地研究和讨论。

许振东，廊坊师范学院文学院教授，中国红楼梦学会理事。

沽上文人贺熙鸿的朋友圈

侯福志

【提　要】作者依据原始文献和田野调查成果，对民国时期有着重要影响的沽上文人贺熙鸿先生生平及与张轮远、杨轶群、柳学洙等现当代文人之间的交游情况作了钩沉，从一个侧面记录了其对沽上文坛的重要贡献。尤其是对其书斋“约旨斋”得名的考证，在诗坛研究中具有开拓意义。

【关健词】贺熙鸿　交游　研究

贺熙鸿(1906—1990)，字仲儒，晚年又名希红。今武清区杨仲河村(隶属城关镇)人，二十世纪二十年代，毕业于县立师范学校。三十年代，曾“课徒沽上”，与津门社会名流，如李琴湘、寇梦碧、张轮远、柳学洙等多有往还。1940 年返回原籍，以教书为业，后以新民会职员身份为掩护，秘密从事情报传送工作。抗战胜利后，他一度在河北省建设厅工作，新中国成立后返里。1979 年曾担任武清县(今武清区)政协委员。

据其子贺准城在《约旨斋诗选》序文中介绍，从年轻时起，贺仲儒就喜爱并钻研古典文学和历史，他对《诗经》和其后的诗歌发展，不仅有精深的研究，而且擅长写诗。历年的著作，包括文史、诗词、诗话和随笔等共计八种、二十多卷，惜在文革中被焚毁。“箧稿依然无损，秦灰余酷相侵。”是他上述经历的真实写照。

二十世纪四十年代，他曾以《约旨斋》专栏形式，在《沽上》报刊上发表文学随笔，在文坛上产生重要影响。关于《约旨斋》得名，其子贺准城在序文中曾这样解释：“爸爸(指贺仲儒)早年以‘约旨斋’名其室。他在世的时候，没请教取此名的含义。根据他为人处世，以及对学问的专注，我认为，大概是旨趣简约，以学修养为主旨的意思。”

笔者曾在 1941 年 7 月 9 日的《新武周刊》上，检索出一篇由贺仲儒撰写的《约旨庙公余随笔(三)》一文。据该文所言：

古今文人学子,往往颜其所居作为别署。”如李艮吾之“葆光丙舍”“海藏书屋”,姚姬传之“惜抱轩”,王闿运之“湘绮楼”,袁简斋之“小仓山房”,严范孙之“蟫香馆”,梁任公之“饮冰室”。书斋之名或书所感,以示弗谖;或作砭针,以资惊(警)惕;或用境地,以志目前风光;或摭拾前贤佳句,榜之室堂,以为风雅之助。贺仲儒因受名人启发,故以“约旨斋”之雅号名其斋。

关于为什么用这个雅号,贺仲儒在文章中作了诠释:“笔者于民国十六年(1927),浏览典籍(指《曾文正公全集》),有感于‘约旨卑思’语,盖所立意旨过大,而才薄不足以副之,转致偾事。倘约其旨,卑其思,徐徐而进,或有济乎?因取‘约旨’二字,以名吾斋。”

1941年,《新武周刊》复刊后,贺仲儒在该报上开设了以武清掌故为内容的《约旨斋公余随笔》专栏,给后人留下了珍贵的历史文化史料。2010年1月,贺准城在编辑其父的诗选时,便以“约旨斋”作为书名。这部《约旨斋诗选》,汇集了贺仲儒晚年的诗词作品中350首,同时还收录了贺仲儒妻子丁学琴(字谱安)的诗作135首。《约旨斋诗选》已成为研究贺仲儒以及武清历史文化不可多得的历史文献。

一、诗赞张轮远

在沽上文人中,张轮远与贺熙鸿是亦师亦友的关系,二人属于志同道合的知交知己。

“前约必通百次书,德邻相接岂云孤。谁知八十番初满,撒手泉台饮恨无。”这是贺熙鸿1986年6月所作《挽轮远老友》一诗中的几句诗。从1983年2月二人相识开始,至1986年6月张轮远逝世止,在四年多时间里,他们二人之间书信往还即多达80次,足见诗人与张轮远之间关系之密切。

张轮远是津沽著名学者、藏石家,原籍武清。民国时期曾在天津高级法院任推事,晚年则被聘为天津文史馆馆员,有《万石斋灵岩大理石谱》《余霞集》等著述行世。

贺熙鸿与张轮远相交于1983年春节前,是通过诗人、《天津文史丛刊》编辑杨轶伦之介绍而认识的。二人一见如故,并被对方互作知己。每当二人有诗作,均第一时间请对方给予斧正。仅《约旨斋诗选》所录与张轮远有关的诗作即达49题

88首。这些诗作有祝寿诗、唱和诗、奉赠诗、酬答诗、联句诗等,多侧面反映了二人之间的密切关系。

《万石斋灵岩大理石谱》出版于1948年。这是一部有关雨花石和大理石收藏与鉴赏方面的著述,也是继另一位武清籍学者王猩酋1943年出版《雨花石子记》之后,国内出版的第二部有关雨花石研究的著作。作者"立论尽依科学方法,并参考哲学、审美、心理、物理、矿物及考古诸家折中之说",不仅对两种观赏石的产地、矿物成分及成因进行了深入研究,而且提出了依据质(地)、形(状)、色(彩)、纹(理)及象形等要素判别观赏石优劣的一套专业方法。1983年9月,贺熙鸿看完这部书后,曾作《〈万石斋灵岩大理石谱〉书后四韵》,在该诗的前言中,作者对张轮远这本著作推崇备至。他认为,古之癖石者,当推米南宫(即米芾)和苏端明诸人。然以上二人评石,对上述四个方面多不备论。如苏氏评"凤朱""龙尾""仇池石"等,只注意石之"形",亦偶尔谈及"质""色",但独缺于"文"。米氏同样只重石之"形",而其他三个方面,则很少提及。而张轮远之论石,精微巧妙,有独到见解。"尤其论到纹理,更天造地设,鬼斧神工,不可思议。"

"米芾还无思过半,苏髯聆罢应挥汗。服膺仰佩个中人,俯首羞为门外汉。名论不刊石点头,顿宽视野世开眸。须知《石谱》二书在,不废江河万古流"。贺熙鸿对《万石斋灵岩大理石谱》的评价,既客观又中肯,一句"须知《石谱》二书在,不废江河万古流",道出了"石谱"的文献价值所在。

二、与杨轶群的文字交

"交谊十年一面才,兰言每听臆宏开。屡承去夏临医室,岂料今朝隔夜台。侪辈深悲金石友,津沽痛失栋梁才。贤能四化登庸亟,不为私交始恸来。"这是贺熙鸿为悼念杨轶群先生于1985年1月所作的旧体诗。这首题为《杨轶群同志病逝泣赋》的诗作,记录了诗人与杨轶群之间的友谊,以及对杨轶群人生历程的高度评价。

诗中所提及的杨轶群(名平,又名鸿翔)是一位诗人、学者,1917年生于今武清区石各庄镇敖嘴村,1985年1月10日去世。二十世纪三十30年代,青年时期的杨轶群积极投入到抗战工作,曾在冀中军区某部担任军职。新中国成立后,曾担任过天津光明影院的负责人,"勤劳负责,莫之能及"。二十世纪八十年代,退休后的他,应天津文史研究馆的聘请,担任《天津文史丛刊》编辑。

杨铁群的父亲杨开智,邑庠生,曾毕业于北洋大学,是一位集新学、旧学于一身的学者,曾担任过武清县人大代表、河北省文史馆馆员。他给其二子分别起名为鸿飞(即著名诗人杨铁轮)、鸿翔,喻义为长大后"像鸿鹄一样地飞翔",寄予了杨开智对其子女成人成才的美好愿望。

贺熙鸿与杨铁群同为沽上诗人,早在七十年代的时候,二人即相识。他们是挚友,也是难得的文字交。除书信往来外,还经常诗酒唱和。改革开放后,二人之间的历史问题均得到平反,故二人之间的交往愈加密切。1980 年 5 月,杨铁群参加全市文史工作会议。这是党的十一届三中全会后天津市召开的第一次文史届盛会。期间,杨铁群很兴奋,作《文史工作会议上作》,并请贺熙鸿指教。贺熙鸿随后作了一首和诗,题目是《次韵杨铁群〈文史工作会议上作〉》,内有"集会一堂晚节人,都为四化奋忘身"之句。表达了老一代知识分子,在新时期自觉奉献余热的一片至诚。而"趋跄君得随斑马,耿耿文光照析津",则是对杨铁群投身文史工作的支持与肯定。

1983 年 9 月,已至暮年的贺熙鸿步著名学者张轮远的原韵,作《次和轮远兄赠诗原韵兼呈铁群老弟》。其一云:"年龄八秩复何求,遭际河清庆九州。白首论交惊宠什,敢将'下里'漫相酬。"其二云:"高吟落纸似云烟,耄耋犹如鼎壮年。自问三生真有幸,联交安道与盈川。"第一首诗,颂扬了改革开放后,祖国大地海晏河清、欣欣向荣的景象,以及在此背景下,他与诗友间诗酒酬唱的愉悦心情。第二首诗,表达了对老友间"联交"的感慨,认为在经历了特殊困难时期后,还能有机会在一起诗酒唱和,是因为赶了好的时代,我们真是三生有幸啊!

1985 年,69 岁的杨铁群病逝后,78 岁的贺熙鸿作了同题两首的挽诗。按照作者的解释,他们二人之间拥有了十年的交情,但见面的机会却很少。1984 年,贺熙鸿在蓟县(今蓟州区)住进了医院,杨铁群不顾体弱多病,亲自去医院去探望。期间,二人还一同游览了蓟县大佛寺(独乐寺),并在此合影留念。不料,这次的见面竟是永诀。作者写道:"近得佳音自病房,谁知返照是廻光。忽闻噩耗惊投箸,每忆前程欲断肠。"这就难怪"仰观壁上旧悬影,风雨箫斋益断肠"了。

三、结识中医大家柳学洙

贺仲儒与柳学洙均为沽上名人。一位是学富五车的诗人、教育家,一位是诗人、医学家。二十世纪五十年代,二人相识并结成深厚友谊。其间,经常有诗酒往还。“苔岑契合卅余春,往返诗词唱和频。每谓随园友徐薛(指医学家徐大椿和薛雪),不堪回首忆前尘。”贺仲儒在《老友柳溥泉大夫逝世泣赋》这首诗中,概括了二人之间的数十年的友谊。

柳学洙(1906—1988),字溥泉,号医海一沤,武清区北蔡村人,著名中医师,二十世纪二十年代末在天津师从著名医学家张锡纯,后毕业于由陆渊雷先生主办的上海国医函授班。曾先后在杨村民办中医学校、武清人民医院任教、任职,有其弟子、全国著名中医师陈宝贵为其整理的《医林锥指》《诊余漫笔》等著作传世。

贺仲儒与柳学洙虽是同龄人,但二人却是亦师亦友的关系。“对我总称师与友,谦虚雅性可为师。”贺仲儒的上述诗句即是二人上述关系的佐证。

1979 年,柳学洙的旧体诗词集《医林杂咏》即将付梓。贺仲儒应老友柳学洙所请,为其题诗祝贺。这组名为《题柳浦泉大夫〈医林杂咏〉》一共四首,概括了柳学洙的医术、交游及旧体诗的文献价值。

柳学洙本是医学家,但他的国学造诣同样非常深厚,关于这一点少有人知。《医林杂咏》是柳学洙以武清民间中医师为吟诵对象的旧体诗集,共计 73 首,涉及武清民间人物 83 人,“咏中人物,或得之于传闻,或为一沤之旧识,均为近代武清已作古者”。可作为研究武清中医史不可多得的史料。“欣看医海一沤(柳大夫自号医海一呕)飏,累牍连篇翰墨香。椽笔秉来真盛事,发扬潜德与幽光。”贺仲儒的上述诗句,一方面高度评价了柳学洙的诗词造诣,另一方面也肯定了柳学洙及《医林杂咏》吟咏人物,在弘扬传统中医学方面的重要作用。值得注意的是,《医林杂咏》所录之李星桥、杜容甫、黄雨亭、肖伯岩等医学家,同样也是贺仲儒的旧友,所以,贺仲儒读柳学洙的诗句,更有一种亲近感。他在题诗注释中,曾提到了杨村糕干杜氏后人杜容甫先生。

据笔者研究,1900 年,八国联军在攻打北京时,杨村一度受到牵连,“万全堂糕干老铺”被焚毁,乾隆御赐的“妇孺恩物”牌匾亦被一起烧掉。侵略军撤走后,杜容甫(杜氏第十二世祖)只身返回杨村,并恢复了“万全堂糕干老铺”的经营。杜容甫不仅经营糕干,他还兼行医道,在京津一带很有名望。杜容甫培养其弟杜巨波为糕干铺的接班人,而他自己则在天津定居,以行医为业。当年,贺仲儒在沽上教书时,曾与杜容甫“望衡对宇”,故每日过从甚密,以至于“迢无虚日”。

1984 年初,贺仲儒的长女贺爽城腹部长了肿块,住进医院后,“大夫束手,势濒危殆。”情急之下,贺仲儒找到了柳学洙,请他利用中医方法进行治疗。柳学洙不愧是名医,仅开了两剂汤药,病人即很快痊愈。为此,贺仲儒感激之余,“进诗鸣谢”。其诗云:“脉理精深术可钦,沉疴弱息转祥临。只需几克刀圭药,不假一番艾灸针。块垒扣来如积石,症瘕消去似熔金。前人两剂袪危症,失喜今朝有嗣音。”对于西医大夫来说,贺爽城的病就是不治之症了。当贺仲儒抱着一线希望,商请柳学洙诊治时。柳学洙自然也不负重托,“块垒扣来如积石,症瘕消去似熔金。”果然是药到病除了。

1988 年 3 月,柳学洙去世。贺仲儒前往祭奠,并当场赋诗四首以示悼旧友。这组题为《老友柳溥泉大夫逝世泣赋》的诗作里,曾有“噩音忽到惊投箸,痛失人琴泪泫然”二句诗,形象地概括了贺仲儒在听柳学洙去世消息后的动作和神情,这表明二人的关系绝不一般。

参考文献

[1]贺仲儒,丁谱安. 约旨斋诗选(自印本),2010.

[2]武清县新民会. 新武周刊,1941.

[3]张轮远. 万石斋灵岩大理石谱,民国三十七年冬月初版,1948.

[4]柳学株编. 诊余漫笔,天津市武清县卫生局编印,1982.

侯福志,文史学者,天津市规划资源局历史文化名城保护处处长。

赏鉴、雅集与交易

——从《默园日记》看天津书画藏家群体的艺术交游（1954—1966）*

刘光喜

【提　要】张重威与张叔诚、周叔弢并为天津鉴藏大家。本文以其《默园日记》为基点，梳理张重威与天津书画藏家的日常交游，考察建国初期这一鉴藏群体的文化社交行为：其赏鉴方式即通过书画藏品的往观、借观、邀赏和鉴考，以藏品互动获得鉴藏知识和信息；雅集活动则以赏鉴公共藏品进行书画交流；藏品交易与日常生计密切相关，其交游则关涉鬻售、代售、购买书画等。这些既带有传统文人赏鉴特点，又体现出新社会语境下私人收藏的新境况。

【关键词】《默园日记》张重威　赏鉴　雅集　书画藏家群体

民国至解放初期，北京仍为北方书画鉴藏中心，但毗邻的天津发展为重要的古书画消费、交易市场和中转地，且出现一批书画藏家，如汪士元、韩慎先、徐世昌、徐世章、张叔诚、周叔弢、任振庭、张重威等。其中张重威精于古籍善本、书画鉴藏，以收藏甲种本《大清实录》、仇英纸本《赤壁图》闻名，对清史和《水经注》版本校勘颇有研究，与张叔诚、周叔弢同为天津鉴藏大家。

张重威（1901—1975），扬州仪征人，本名匽昌，字重威，号潜园、默园。早年师从藏书家沈兆奎（号羹梅），又问业于刘师培（刘师培为刘文淇曾孙，张、刘两家为世交）。曾任中南银行天津分行经理、上海总行副总经理。1952 年任天津恒源纱厂常董，数月后因病离职，居住于云南路五五号（云南路与成都道交口）。1953 年中南银行天津行被查出旧账，因经手人包庇和推责，最终由时任经理张重威承担

* 本文为天津市艺术科学规划项目“20 世纪上半叶天津地区古书画作品收藏与流散的整理与研究”（项目编号：E24019）阶段性研究成果。

赔偿责任。他不得已拍卖家中物品抵债,但仍不足以弥补。这些变故致使其病情加重,后经金显宅手术得以挽救。术后,张重威抵售云南路旧宅,于一九五四年购入今睦南道一一二号宅,这里也成为他的默园。

其《默园日记》写于1954年1月1日至1966年8月23日,凡三十三册(现存三十册,缺第三十、三十一、三十二册),内容涵盖金石碑帖、古书画鉴藏、古籍版本目录、清史研究等。《默园日记》还记录了大量张重威书画交游、交易等活动。与其往来藏家如周叔弢、张叔诚、朱铸禹、蒋重山、陈亦侯、翁克斋、吴颂平、任伯商、严曾符等,并旁及汪士元、徐世章等书画藏品流散。往来者亦有京津古董商,如宝古斋邱震生、鉴光阁傅凯臣、云山阁曹伯舫以及徐震伯、马宝山、王鹏九、韩慎先等。这些记录为考察建国初期天津文化学者的书画活动提供了直接而丰富的史料。本文拟以《默园日记》书画鉴藏记录为中心,梳理张重威与津门书画藏家的日常交游活动,以呈现建国初期这一书画鉴藏群体的文化社交行为,包括赏鉴方式、藏品互动、鉴藏知识的获得、雅集活动和书画交易等。其既带有传统文人赏鉴特点,又体现出新社会体制下私人收藏的新境况。

一、赏鉴

宋元以来,书画赏鉴已成为文人雅集或藏品交流的重要方式,其在明清时期日记、笔记和鉴藏文献中亦多谈及。明代文徵明在《真赏斋铭》中提出"精鉴博识,得之心而寓于目"[①],并强调书画鉴藏在资力之外,尤重"好尚之笃,赏鉴之真"。其既要出于性情之真,又需立足于学识和修养上的"真赏"。这种"真赏"需要"平生目历"(米芾《书史》),即要建立在实物目鉴的基础上。民国时期、新中国成立初年的私人书画收藏延续了明清以来的鉴藏观念。1954年1月3日,张重威应张叔诚之邀赏其藏品:

> 明仇十洲画《挂角读书图》亦江村收藏,有"高詹事"三字印。纸本已黑,美中不足。饱看两时,深幸眼福。[②]

所谓"眼福"即在实物赏玩中获得身心体验与鉴藏经验。《默园日记》记录了

---

① 周道振辑:《文徵明集》,上海古籍出版社,2014年,第1289页。

② 张重威:《默园日记》第一册,江苏凤凰出版社,2021年,第3—4页。

建国后张重威与天津书画藏家间频繁的赏鉴活动,其赏鉴方式主要表现为书画藏品的往观、借观、邀赏以及鉴藏与考证等日常活动。

(一)张叔诚

从《默园日记》看,张重威频繁出入张叔诚家。张叔诚(1898—1995),名文孚,别名忍斋,为晚清工部右侍郎、总办路矿大臣张翼之子,著名实业家、文物收藏家。张叔诚一九三六年至一九五八年居住于成都道一一八号,①张重威自一九五四年居住于今睦南道一一二号。两家相距不远,故来往便捷。

张重威去张叔诚家鉴赏书画颇为频繁。张叔诚常在斋中常悬挂所藏古书画,且不时更换。一九五四年二月十日,张重威出访张叔诚,在日记中言:

> 出访叔诚先生见壁上新悬陆包山所绘《梨花白燕图》……又有无款著色工笔花鸟一长幅……翁文恭写赠其同邑张刺史一联……

其中对《梨花白燕图》鉴藏印、题跋等记载颇详,可见是二人共同细观、交流后所记录。之后张叔诚在十九日、二十一日和三月二日更换了壁上书画,《默园日记》云:

> 十九日,叔诚先生斋中看新悬徐扬花卉、张燧《岁朝图》、金冬心隶书,均甚佳……
>
> 二十一日,叔诚先生斋中新悬宋人无款画大幅绢本《秋汀芦雁图》……
>
> 三月二日,访叔诚先生,见其新悬徐紫珊隶书楹帖极佳……
>
> 四月七日(一九五七年),见其壁上新悬顾阿瑛墨笔画《听鹂图》一幅……叔弢适至告余以新得。
>
> 十二月二十六日(一九六一年),诚翁斋中新悬元人张子政墨笔花鸟一幅、高江村旧藏薛素素画石、方士庶画《百龄桃寿图》,均佳。

这种悬之于壁的书画亦成为主客间赏鉴的重要方式,②既拓展了"眼力",亦能填补个人收藏知识,印证藏品。如,徐紫珊为清代上海书画藏家。张重威在张叔诚处见其隶书后,在日记中谈及所藏徐氏旧物王麓台《仿米山水轴》及"紫珊"石印一方。可见,文人间的藏品互动一定意义上形成了鉴藏知识的链条。

---

① 1958年初因政府收购此楼,张叔诚迁往重庆道231号(今189号)。

② 《默园日记》中也记载了张重威更换客厅古书画的日常习惯。

如果说张重威见壁上书画具有偶然性,那么应张叔诚之约赏画则带有文人赏鉴的目的性。1954年3月7日,张重威应张叔诚邀请前往赏画:

见壁上新悬林村居士谢淞洲所画墨笔山水条幅,着笔用墨宛然元人笔意。出示文衡山《煎茶图卷》,系着色山水人物,远树用米法秀润可喜,画后题小诗,为王禄之作,时四月十三日,未题年岁,诗书画三事皆极佳,衡山所作斯为上选,是卷早入清内府,有乾隆、嘉庆、宣统三朝鉴赏御玺,又有"宁寿宫续入石渠宝笈"九字一玺。高房山《云山图卷》……又高房山《巢云图卷》……今日所见房山两画真平生眼福也!

偶见壁上画作外,又寓观张叔诚出示的三件元、明山水画,且详录画作内容、题跋、鉴藏印迹等。这种邀观带有明确共赏、鉴识的意味,因此所赏当为藏家之精品。文徵明《煎茶图卷》(现藏天津博物馆)又名《林榭煎茶图》,为文徵明七十岁后为其弟子王榖祥精心创作。又,一九五四年一月三日,应张叔诚之约前往观画:

宋人纸本《马上封侯图》,原为内府所藏,有五玺,图中有黄猴一神极生动;元唐子华仿刘松年《山静日长图》有元周砥题,亦清内府所藏,极精!较余所得唐子华画卷尤佳;大痴道人为铁舟主者所作浅绛山水,平生所见子久真迹,此为第一……明仇十洲画《挂角读书图》亦江村所藏……

其中两件为清内府旧藏,黄公望与仇英两件则为流传有序之作。从文字中可见藏品之精,赏鉴亦细致。这种赏鉴的目的性还体现在,张重威亦时携藏品前往。如一九五五年七月十五日,"晨携渐江《山水册》访诚翁共欣赏,伊亦以简雅许之。"[①]此册曾为民国汪士元(1877—1935)所藏,后为张重威购得,是张氏收藏精品。

张重威从张叔诚处获得的鉴藏知识,除画作信息,亦有藏品流传掌故。如一九六六年七月五日,张重威记云:

答访诚翁,欣赏其大滌(涤)子《仿张僧繇着色山水》,大幅长题,绝品也。余平生所见石涛画以此为第一,闻初为关伯珩丈得之山西,后入溧阳濮氏,濮氏售之朱虞生丈,虞丈惑于厂友获利之说,乃归诚翁,流传之绪,亦足记焉。[②]

---

① 《默园日记》第二册,第927页。

② 《默园日记》第十册,第5749—5750页。

可见,此图收藏流传信息乃张重威“闻”于张叔诚口述,其记录于日记亦着眼鉴藏知识的获得。

张叔诚亦来赏鉴张重威藏品,这体现出文人藏品交流的互动性。一九五四年三月十九日:

> 叔诚先生来看麓台《避暑山庄三十六景》,叹为精绝,惟惜高宗御题散失,为美中不足;仇实父《秋堂夜课图》画笔甚佳而款字可疑,项子京两印亦不类,所见极是!①

王原祁《避暑山庄三十六景》图册(现藏中国国家博物馆),以康熙《御制避暑山庄三十六景诗》为题绘制,《石渠宝笈》著录,为张重威收藏精品。张叔诚来观当是张重威邀赏。仇英款《秋堂夜课图》即张重威前日(十七日)新购《秋山读易图》。《默园日记》亦有记载:

> 三月十七日,震生自北京来……携来仇实父所画绢本《秋山读易图》卷,有项子京收藏印,款不甚精。②

此卷为北京宝古斋邱震生售予张重威。邱震生(亦作振生、震声,1908—1989)曾在琉璃厂虹光阁古玩铺学徒,后与张叔诚、杨缉成、陈景虞、王绍贤、陶北溟等人筹资开办宝古斋。张重威获藏此卷当为邱震生告知张叔诚。张重威与张叔诚对于《秋堂夜课图》看法一致,皆认为款字可疑。画作虽佳,但恐非仇英手笔。从中可见书画藏家之赏鉴更偏重“赏”之外的考鉴,如题跋、鉴藏印、款字、著录等。

(二)周叔弢

一九六二年八月二十九日,张重威在日记中言:

> 叔弢来,约同访诚翁,相偕至旧德国球房址,参观天津徐氏所捐黄尊古绘《长江万里图卷》,正本着色者两卷,每卷长十二丈,稿本墨笔者四卷,在山水画中可谓大观。③

这次是以赏画为内容的雅集活动。周叔弢、张重威访张叔诚,相约观赏徐世

---

① 《默园日记》第一册,第79页。

② 《默园日记》第一册,第70—71页。

③ 《默园日记》第九册,第4970页。

章(1889—1954)所捐《长江万里图卷》。周叔弢与张叔诚有姻亲关系,《叔弢日记》[①]记录一九六二年九月九日,“早到叔诚九舅处,克斋以罗两峰夫妇及沈石田印鉴照片见贻”。“九舅”即指张叔诚。

周叔弢(1891—1984),清代名臣周馥之孙,为古籍善本藏家、书画藏家。周叔弢住在睦南道一二九号,与张重威当时居处斜对门,两家交往频繁。《默园日记》《叔弢日记》皆记录了二人在古籍版本、书画收藏上的诸多往来。张重威访周叔弢常赏其所藏书画。一九五九年三月二十五日,张重威答访叔弢:

> 以广洲寄来宋刻《陆宣公集》交之。叔弢示我以王蓬心为其五女及婿所画墨笔山水手卷,乃锡山孙氏旧藏,有孙尔准题跋;又僧石海所画着色山水一册,均甚佳,略坐归。[②]

“广洲”即魏广洲(1912—2006),精于古籍版本、书画鉴赏,以传奇“琉璃厂老人”著称,常替张重威购藏古籍善本。此次当是张重威受周叔弢之托搜集宋刻《陆宣公集》,经魏广洲寻得后交之,趁便共赏书画。又,一九六三年五月二十四日,张重威至弢翁斋“看李流芳墨笔山水长幅,用笔全仿吴仲圭者,在长蘅为平生得意之作;又见姚惜抱、邓传密两楹帖均佳……”[③]所赏皆为明、清书画佳作,如李流芳、王宸(号蓬心,王原祁曾孙)、姚鼐、邓石如等。

周叔弢亦往张重威处赏鉴书画。一九六二年十一月三日,《默园日记》记录:“叔弢来看余所藏书画卷册,至午乃去。”此处未言画卷名目。据《叔弢日记》,此日周叔弢:

> 早到重威家,纵阅所藏画卷,以倪骧、黄公望、仇英为最佳。

二人共赏书画半日,可谓“纵阅”。周叔弢所言佳作当为倪骧《苕雪溪山图》、黄公望《溪山雨意图》和仇英《赤壁图》。元人倪骧此图为孤本真迹,可见其价值。此卷为长春伪宫流出之“东北货”,经长春张清泉、李植甫转手北京马宝山,后由张

① 周叔弢生前撰写的日记,除了抗战前部分在日军进入租界前销毁外,十年浩劫后仅存者,仅见手抄 1952 年 5 月至 1962 年 8 月的“日记择抄”一册,及 1962 年 9 月至 1963 年 12 月和 1965 年 6 月至 1966 年 8 月日记各一册。

② 《默园日记》第六册,第 3402 页。

③ 《默园日记》第九册,第 5231 页。

重威购得。《溪山雨意图》传世四件,皆为清宫旧藏,此卷著录于《石渠宝笈初编》御书房卷六,或为旧摹本。① 仇英《赤壁图》存世三件,此件著录于《石渠宝笈初编》,为溥仪赏赐溥杰两件仇英《赤壁图》之一,当在天津流散而为张重威所得。此件纸本为仇英早期真迹。② 这三件为张重威书画收藏精品,二人共赏可见交往之深。

周叔弢往来张重威家,有时请其鉴定书画。《默园日记》记一九六三年七月二十一日,云:

> 弢翁持李长蘅画卷来示,前有李新吾丈篆书引首,后有隶书题诗,又有六舟僧一跋,以余所见,惟六舟跋最佳,其余书画皆不真也,客谈至午散。③

"李长蘅"为李流芳(1575—1629),与董其昌等人时称"画中九友";"六舟"即达受(1791—1858),善鉴别古物,传拓金石文字。此次当为周叔弢请张重威鉴定此画。周叔弢时为艺林阁书画鉴定专家。艺林阁乃天津文化局一九六二年成立的文物店,性质为事业单位企业经营,每月进收文物经鉴定为价值较高者则送往博物馆等地。一九六六年二月二十七日,周叔弢携带取自艺林阁字画,"到重威处,以前日所取程庭鹭《艺圃图》《沈凤画册》示之。"

周叔弢为写经卷收藏大家,其收藏经卷时请张重威代考。一九六三年九月一日,张重威记载:"弢翁持唐人写经一卷来,以卷末写经人自署'馆陶县上柱国子钊',文武官衔、人名,嘱为考证……"④后张重威查阅古籍,经考证"子钊"为人名。

张重威购藏书画有时亦请周叔弢鉴定。一九六二年十一月二十九日,张重威新得钱叔宝(钱榖)画卷,欲邀周叔弢赏鉴,但出访未遇。三十日"携钱卷访叔弢又未遇"。十二月二日,周叔弢前来观赏。据《叔弢日记》记载:

> 早到张重威处看钱叔宝画卷,仿小米云山着色,在钱画为别品,索价五千元,可称骇人之价。又见董其昌《山水》画稿,无款,只有陈眉公短跋。文徵明

---

① 其他三件分别为中国国家博物馆藏本、辽宁省博物馆藏本以及张叔驯携之美国藏本。张重威此卷曾出现于2011年中国嘉德秋拍。

② 仇英《赤壁图》其他两件均为绢本,分别藏于上博和辽博,为仇英盛年和晚年所作。张重威此本在2007年北京嘉德秋季拍卖会上,以7952万成交。

③ 《默园日记》第十册,第5286页。

④ 《默园日记》第十册,第5337页。

《兰竹》卷。①

此三件作品为二十八日张重威从朱铸禹处获得。《默园日记》记云：

> 铸禹来，携钱叔宝《云霄万堺图》长卷见示，乃仿米氏父子着色山水，真得海岳三昧，余平生所见叔宝画，以此卷为第一。前有吴荣光写引首四字，后有孙平叔尔准、吴伯荣荣光、陈恭甫寿祺、唐陶山仲冕、韩树屏鼎晋、杜石泉原俟题识，珠联璧合，美不胜收。又，董香光绢本画稿一卷，有陈眉公题语。又，文衡山墨兰一卷，均佳……②

朱铸禹(1904—1981)，字鼎荣，号小潜采堂，精于古代美术史研究、碑刻拓本鉴定，时任职于南开大学。从张重威"余平生所见叔宝画，以此卷为第一"与周叔弢"在钱画为别品，索价五千元，可称骇人之价"评语看，二人对于钱穀此卷真伪存有不同看法。《默园日记》所记亦寥寥数字，"叔弢来，看钱叔宝、文衡山、董香光诸画卷，略谈去。"③次日，张重威将三件作品交还朱铸禹，当未购藏。

周叔弢与张重威书画往来，既拓展了彼此鉴定知识和经验，又因建立在学术考证基础上，具有目鉴与考订相结合的现代鉴定学意义。又，张重威一九六三年六月八日记录，云：

> 弢翁持《名人书画印谱》，对余所藏仇实父之一卷、两扇"十洲"葫芦小印，差异何在。余藏真迹之小印，刀法瘦劲且略小；又款字工楷，极似文衡山，盎然有书卷气，赝本多作隶书，一望而知其为伪作矣。弢翁辨之甚精，长谈久坐去。

此处"仇实父之一卷、两扇"，即张重威收藏的仇英《赤壁图》及其两柄扇面。其中"两扇"，即一九五四年一月二十四日，张重威从北京宝古斋带回者。其认为一真一伪，但自信不足，难以取决。后经张叔诚寓目，看法一致。④ 后两扇皆为张重威购藏。九年后，周叔弢从真迹"十洲"葫芦小印刀法、款字风格比对，考察精谨，突显书画实物在学术鉴定中的意义。这与二人从事古籍版本严谨的考证治学

---

① 《弢翁日记》，载《天津文史资料选辑》第117辑，天津人民出版社，2013年。

② 《默园日记》第九册，第5058页。

③ 《默园日记》第九册，第5064页。

④ 《默园日记》第一册，第18页。

密切相关。

(三)翁克斋

一九六二年十月七日,《叔弢日记》记载:

> 到重威家及九舅处,翁克斋携至翁同龢跋本汉碑两种同玩。

“翁克斋”即翁之熹(1896—1972),字克斋,为翁同龢(1830—1904)侄曾孙,藏书颇富。早年供职开滦矿务局,新中国成立后创办天津医学图书馆。与周叔弢、张重威两家来往甚密。为避战乱,其藏书精品为子翁万戈四十年代携往美国。晚年亦将数十种宋元明清善本售予上海图书馆。

克斋父翁斌孙(1860—1922),字弢夫,清末曾任直隶提法使,辛亥革命后隐居天津,保存有翁同龢部分书画、古籍善本。故翁克斋藏品多有翁同龢题跋。周叔弢所言“汉碑两种”即为翁同龢跋本。

《默园日记》与《叔弢日记》中多处记载翁克斋所藏古籍善本、拓本、经卷、古砚等,一些则为翁同龢旧藏。这些藏品成为文人鉴赏往来的重要媒介。《叔弢日记》记录一九六二年十月二十八日,“早到张九舅处,翁克斋携来《兰亭》拓本二册,有翁叔平题语。”翁叔平即翁同龢。此日午后至翁克斋家,又见两本经卷:

> 见高配元代写经(至元二十二年)一卷,磁青纸金字原装,经尾题“式目录事大盈署令金必为书”,此殊罕见;另敦煌写经《沙弥威仪经》一卷,小字亦佳;善本书有张力臣手抄《薛氏钟鼎》二册,怡府抄《隶续》,开花纸精钞原装,亦颇可爱。

周叔弢收藏敦煌经卷甚富。这里提及元代写经卷、《薛氏钟鼎》亦为张重威寓目。此年十一月十一日,张重威访翁克斋:

> 见其所藏元至元二十二年高丽大盈署令金必为写经一卷;张力臣手钞《薛尚功钟鼎题识》一部,前后均有翁文恭题字,后附潘文勤手札及杨濠叟一笺;又见怡府钞本《隶释》七卷,不让毛钞。盘桓细读,真眼福也。借其《文恭自订年谱》,日暮归。[①]

《隶释》《隶续》为宋代洪适两部金石学著作。《隶续》为《隶释》续编。《薛尚

---

① 《默园日记》第九册,第5046页。

功钟鼎》则为翁同龢旧藏。翁克斋亦保存翁同龢旧藏古砚，据《默园日记》，张重威1963年4月1日曾往观：

余访克斋，看书画及旧砚，其中有南唐澄泥砚二方、东坡砚一方、竹垞砚一方，均佳……石谷砚一方，文恭题曰……①

可见翁克斋收藏颇丰。张叔诚、张重威与周叔弢也因其藏品而往来赏鉴，从而获得关于翁同龢收藏以及相关记录的直接信息。

（四）吴颂平

吴颂平（1882—1966）为汇丰银行天津分行行长吴调卿长子，曾赴美留学，回国后从事经商和社会活动。痴于京剧，以收藏古铜镜、宣德炉、官窑瓷器为著。当时居住在昆明路117号，与张重威家仅隔新华社天津分社一幢房子。两家时常往来。一九五九年三月四日，吴颂平往张重威家赏画。《默园日记》记录：

颂老来，欣赏东海画山水一帧及陈老莲《花鸟草虫画册》，略谈去。②

“东海”即徐世昌（1855—1939），号弢斋、东海、水竹邨人，工画山水、花卉，收藏古书画，著有《归云楼题画诗集》。张重威收藏其多件书画作品。三月十日，吴颂平夫妇又冒雨来看张重威新得影印《五牛图》，并“述光绪庚子其从兄以二千金得是图于北京之经过，小坐去。”③“从兄”即指香港汇丰银行买办吴衡荪，一九五二年因濒临破产，欲拍卖所藏《五牛图》。内地派出香港文物收购小组多方斡旋，以6万港币购回北京故宫。张重威所得影印本或于一九五六年后新出版，④此于书画藏家可谓眼福。

张重威夫妇有时也应吴颂平之约赏画。如一九五九年八月十四日，“应颂老之约往看画扇”；⑤一九六三年十一月六日，“应赏画之约，颂老出禹之鼎画……余

① 《默园日记》第九册，第5185页。

② 《默园日记》第六册，第3379页。

③ 《默园日记》第六册，第3386页。

④ 从国家图书馆藏郑振铎与徐伯郊在1952—1958年往来信件看，《五牛图》在1956年完成收购。见孙文晔：《港岛救宝》（上），《北京日报》2022年4月19日第九版。

⑤ 《默园日记》第七册，第3553页

生平所见禹画当以是册为第一。”[①]对此画鉴定之详,亦有应酬之语。

(五)陈亦侯

《默园日记》记录了一次张重威与几位实业家的聚会:

> 二十八日,……至陈亦老家,竹老、慕沂、固之诸公咸集。

所言“固之”即杨固之,天津金城银行太平保险公司经理;“慕沂”为王慕沂,天津德兴盐务公司董事长、恒源纺纱厂副董事长。“亦老”为陈亦侯(1886—1970),天津盐业银行经理兼开滦矿务局董事、恒源纱厂董事,日伪时期曾与胡仲文保护溥仪抵押于盐业银行的清宫藏金编钟,天津解放后交还故宫,亦收藏古书画。张重威与其亦有书画往来。

一九五六年四月八日,陈亦侯往张重威家闲话,“共观黄子久、仇实父两画卷。”[②]此两卷当为黄公望《溪山雨意图》、仇英《赤壁图》。对于张重威来访陈亦侯亦出示其书画精品。一九六一年十一月八日,张重威访陈亦侯:

> 见其所藏徐天池墨笔《大士像》,天池墨如此工整者,不恒见。有翁覃溪、桂未谷、宋葆淳诸跋,本汪向叔年丈麓云楼中旧物,向丈以五百元售之于亦老者,谈至暮归……[③]

汪向叔即汪士元。其一九二一年从颜世清处换得徐天池《大士像》,为偿还赌债以五百元售予陈亦侯。陈亦侯也存有徐世昌旧藏。一九六二年三月十四日,张重威访陈亦侯:

> 示余以王石谷《竹溪高逸图》、查二瞻《仿沈石田》山水小条及王麓台、强国忠、金永熙三人小横幅山水合装一卷,每段均有陈兰甫题,极佳。水竹村人于引首题大草四字,亦佳,乃南海叶氏旧藏,为弢翁(斋)所得者,久谈出。[④]

此次共赏多件藏品。“水竹村人”“弢翁(斋)”指徐世昌。王麓台三人山水合卷,曾为南海叶恭绰(1881—1968)、徐世昌旧藏。

---

① 《默园日记》第十册,第5408页。

② 《默园日记》第四册,第1360页。

③ 《默园日记》第八册,第4620页。

④ 《默园日记》第九册,第4777页。

此外,《默园日记》也呈现了张重威与其他津门书画藏家的日常交游,如胡若愚(1896—1962)、杨豹灵(1886—1966)、陈宗彝、高仁老、王敷五、周伯鼎(1903—1981)、任伯商、严仁曾(字曾符,1902—1986)等,其中有以实业而收藏者,亦有文人书画藏家。其与张重威往来,既共赏藏品,又多请张氏鉴定、题签、代售书画等。这些交游活动展现出建国初期津门书画藏家群体的文化社交网络及其趣味转向。

二、雅集

一九六三年二月二十四日,《默园日记》记录了一次雅集活动:

> 访克斋,应约看南田两画,弢翁、耀如已先至,曾符、仲石后来,又见一笏斋图书画两卷、唐人写经一卷,均佳。纵谈甚久。①

这当是翁克斋发起的书画雅集,参与者有周叔弢、严曾符(严范孙之侄孙)、张重威、朱耀如和纪仲石。这次雅集共赏翁克斋所藏恽南田画、唐人写经等,纵谈甚欢。

此雅集始于一九六二年的“语古小集”。一九六二年五月,作为文物公司下设的文物店艺林阁成立,其收进的珍贵瓷器、玉器、书画、拓本等,需经鉴定移交天津艺术博物馆(一九五七年末成立)。② 周叔弢因替艺林阁和艺术博物馆收集、鉴定藏品,故联系了一些京津文物鉴藏家,定期至天津艺术博物馆观展,并鉴定馆藏文物,此活动以“语古小集”为名。据《叔弢日记》,“语古小集”第一次雅集在一九六二年九月十一日。由周叔弢约请,十人皆至。其名单在当日《默园日记》中详细记录:

> 出门至艺术博物馆,看南田画卷册、条幅,真伪并陈。坐有诚翁、仲超、克斋、曾符、耀如、铸禹、仲石,皆叔弢所约也。北京故宫博物馆副馆(院)长唐君偕顾、罗、陆三君来,亦在坐,共同鉴赏,至六时散。余与诚翁、叔弢、克斋、曾符、耀如、铸禹同至起士林晚饭。③

---

① 《默园日记》第九册,第5152页。

② 张慈生:《天津古玩业简述》,载《天津文史资料选辑》第34辑。

③ 《默园日记》第九册,第4984页。

其雅集十人为:周叔弢、张重威、张叔诚、翁克斋、严曾符、朱铸禹、周仲超、朱耀如、纪仲石及唐立厂(唐兰)。由文物店移交艺术博物馆的藏品以清代居多,但“真伪并陈”,可见张重威对所收恽寿平、清初“四王”藏品真伪混杂颇为感叹。

一九六二年十月十五日,《默园日记》载:“出门至艺术博物馆,看王石谷、王麓台两家画,真者约十之二三,伪者占十之七八。甚矣,赏鉴之难也!”《叔弢日记》记录了其中几件精品佳作,并言及周仲超鉴定瓷器数种,朱鼎荣(朱铸禹)鉴定拓本两种。

十月十二日,赏鉴王时敏画作,周叔弢言“有几件不真”,张重威则仅录“所见以翁覃溪摹神龙、定武两本兰亭二长卷为最佳。”①

十二月三日,看扬州八怪作品,周叔弢言“以新罗画册为第一”,张重威则记“未见精品”。②

从《叔弢日记》与《默园日记》记录看,二人鉴定公共藏品有其各自评判标准。张重威以私人收藏家身份,尤为注重书画藏品的精与佳;而周叔弢则强调其公共性和客观性,故实录现场鉴藏意见,并作出个人评价。此外,以“语古小集”为名的雅集活动,通过鉴赏公共藏品则促进藏家群体的书画交流,沟通情感,从而带动小群体书画雅集,且在客观上提升了博物馆收藏的学术性,其不同于传统文人书画雅集,而具有现代鉴藏意义。③

三、交易

一九五三年术后,张重威为偿还银行旧账并支付手术费、医药费,出售了多处房产(包括云南路旧宅)以解除经济压力。张重威一生简朴,但对书画、古籍情有独钟,曾不惜重金购藏,此时却不得不售之纾困。张重威所藏书籍、书画大部分以低价售出。一九五四年二月二十二日,他在日记中言:

> 余所藏书大部均于去年秋间大病时售出,以易药、米,售价之惨,思之心

① 《默园日记》第九册,第 5047 页。

② 《默园日记》第九册,第 5065 页。

③ 从公共藏品鉴定上看,周叔弢约请的“语古小集”与六十年代初期国家文物局成立的书画鉴藏小组相近,但由于小组成员韩慎先与张珩先后在 1962 和 1963 年相继去世,工作被搁置,直到 1983 年重新成立。

痛自誓不再买书。[①]

又,一九五七年九月二十四日,云山阁曹伯舫来买画,“余所藏旧画五轴,仅出价二十元,尚不及裱工之半,亦可慨已。又托其售墨售石,久谈乃去。”[②]可见售之低廉,不免怨言慨叹。

这种境况下与古玩商往来成为张重威重要的日常交游活动。《默园日记》记录了其诸多书画交易往来。这些古玩商多为京津地区,除曹伯舫外,尚有宝古斋邱震生、鉴光阁傅凯臣、培生斋靳芸青及徐震伯、马宝山等。张重威与其书画交易主要为出售、托售、购买、抵价等方式。

张重威为生计所迫有时急需出售书画。一九五七年一月九日,张重威记言:“靳芸青来买画,杨富村来买画,皆久看而未成,余实冀其有成,为阴历年终还债之需。”[③]此为年终还债之需,有时则为抵付他用。此年三月三十日,傅凯臣来买画,张重威“以所藏上官周《书画册》一本及清本《仿宋画鹅》暨《仿元画马》两幅,皆破旧之绢本,共得价七十八元,即以移交广洲抵付书价。”[④]又,“一九六〇年三月二十四日,因买书需钱,将旧藏陈少梅一幅画以三十元售与傅凯臣。”[⑤]张重威卖画买书之举,可见当时生活拮据。

张重威有时托古玩商代售书画。宝古斋邱震生与张叔诚交往密切,亦往来于张重威家。一九五四年三月十三日,张重威托其“带去励宗万、伊墨卿、张船山书画成扇各一柄,重为装合……”[⑥]即重裱后代售。三月十七日,邱震生带回徐枋(号俟斋,1622—1694)等四轴画,因未能售出而还,“六年前寄存代售之徐俟斋……画四轴久未售出,今均带还。”[⑦]可见这几件藏品书画市场不佳。为张重威代售书画者尚有傅凯臣。日记有一九五八年十月三日傅氏交付张重威售款的记录。[⑧]

张重威亦替友人托售书画。严曾符为严修之侄孙,一九五七年任职于天津文

---

① 《默园日记》第一册,第 51 页。

② 《默园日记》第四册,第 2667 页。

③ 《默园日记》第四册,第 2185 页。

④ 《默园日记》第四册,第 2347 页。

⑤ 《默园日记》第七册,第 3845 页。

⑥ 《默园日记》第一册,第 84-85 页。

⑦ 《默园日记》第一册,第 92 页。

⑧ 《默园日记》第六册,第 3172 页。

史馆,编著《严范孙先生年谱》。其在此书编著中与张重威多有交流。二十世纪六十年代严曾符生活窘困。一九六〇年三月二十二日,张重威为之托售小画六幅,"闻伊家昨夕缺粮,全家皆吃粥充饥",[①]二十四日将画售与傅凯臣,"付款当面成交"。[②] 严曾符为"语古小集"成员之一,张重威借助其书画交游圈为雅集友人提供了必要赞助。此外,《默园日记》亦有张重威为沈师母(沈兆奎妻)、张公达代售书画的记录。

张重威书画购藏虽受生活拮据、藏品售价低影响,但在日常活动中依旧频繁。《默园日记》记录了邱震生带与张重威鉴赏的画作如:仇十洲《桃花源图》《秋山读易图》、李遵道(元代画家李息斋之子)纸本梅花、曹知白画、吴仲圭《墨竹》卷、赵孟頫书佛经、陈宪章墨笔山水、石涛画册、王石谷着色山水、钱选《郊原秋意图》等,多为画史名家之作。其中张重威购藏者,多经审慎鉴定,并与张叔诚交流后方入手,如其获藏的仇英两幅扇面(一真一伪者)。

此外,张重威常往来于京津古董店,对于无力购藏者,仅一饱眼福。一九五九年二月二十六日,其记录:

> 游古董肆,见汪退谷、王惕甫手书二册,均佳。项圣谟书高青邱诗一册,尤佳。价均不昂,而力不能任。携东海画《岁寒三友》一轴归,其值尚不敷裱工。[③]

所言"价均不昂,而力不能任",即物美价廉而财力不及,仅购藏徐世昌"值尚不敷裱工"画作。又,一九五八年九月二十六日,傅凯臣带来清高宗两件作品,"清高宗御书《抑斋记》手卷,内廷原装,极为精致,定价六十元。又高宗御笔《仿姚公绶白描水仙》,颇有赵子固神韵,定价一百元",对此高价,张重威只能"欣赏久之,余皆无力购留,当交携去。"[④]

此外,张重威亦通过抵价方式购藏书画。一九五六年八月二十二日,其从曹百方(伯舫)处以熊芸傭《大理云景》条幅换得四件作品,两相冲抵后尚得七元。[⑤]

① 《默园日记》第七册,第 3843 页。

② 《默园日记》第七册,第 3845 页。

③ 《默园日记》第六册,第 3372 页。

④ 《默园日记》第六册,第 3166 页。

⑤ 《默园日记》第五册,第 1810 页。

从《默园日记》看，书画与古籍交易为张重威重要经济来源。其与古玩商的日常往来既促进了藏品交易，缓解经济压力，又能带来书画市场的藏品信息和价格动向，从而为其书画购藏与赏鉴提供条件。

四、结语

考察《默园日记》可以发现，建国初期张重威与天津书画藏家日常交游密切。这一书画鉴藏群体在文化社交上呈现较高的互动性，依托书画藏品、拓本、古籍等构建其文化社交网络，从而带来鉴藏知识和信息的流动。其书画藏家往往身兼多重身份，以实业而收藏者、文人藏家、学者、藏家后人等，研究领域亦兼涉书画鉴定、古籍版本、写经、碑帖、古砚、瓷器等。其与张重威往来，既共赏藏品，又多请张氏鉴定、题签、代售书画等。

通过本文梳理，这一鉴藏群体的书画社交行为主要表现为以下方面。首先，在赏鉴方式上，他们通过书画藏品的往观、借观、邀赏和鉴考，以藏品互动传递鉴藏知识和经验，并借助藏家后人（如任伯商、翁克斋）获取藏品及相关记录的直接信息。张重威与周叔弢二人赏鉴又因建立在书画实物与学术考证上，具有目鉴与考订结合的现代鉴定学意义。其次，书画雅集活动多以赏鉴博物馆公共藏品为社交主题，其促进藏家群体的书画交流，沟通情感，并带动小群体书画雅集，客观上则提升了博物馆收藏的学术性；第三，藏品交易与日常生计密切相关，其交往亦关涉鬻售、代售、购买书画等，这在一定程度上缓解了张重威的经济困境，为其友人提供赞助，亦为其带来书画市场的藏品信息。由以上可见，这一书画藏家群体的文化社交既带有传统文人赏鉴特点，又体现出新社会语境下私人收藏的新境况。

刘光喜，天津师范大学美术与设计学院讲师。

《北洋画报》电影文献中的天津城市文化

侯 娴

【提 要】《北洋画报》的成功创办并产生广泛的影响，与天津这座城市的历史地位和文化品格密切相关。天津独具的文化特征引导着该报的定位和品质，之于其中刊载的电影文献尤甚。天津的城市文化与电影艺术文化在品格上实现了高度的契合。《北洋画报》刊载的各类电影文献，既是近现代以来天津城市文化的重要产物，又对天津城市文化的生成形成反哺，从不同角度呈现出天津城市文化的诸多面向，使天津城市文化借助报刊媒介的辐射面和影响力，渗透于电影艺术与电影文化之中。

【关键词】《北洋画报》 电影文献 城市文化 天津

《北洋画报》的成功创办并产生广泛的影响，与天津这座城市的历史地位和文化品格密切相关。天津独具的文化特征引导着该报的定位和品质，之于其中刊载的电影文献尤甚。也就是说，天津独特的城市文化品格是《北洋画报》这类现代都市画报得以生存的土壤。而电影恰恰是现代城市文化的重要产物，其技术和艺术的创生均与城市文化密不可分。电影产生于现代城市，反过来又参与了现代城市文化的形成。由此可见，《北洋画报》刊载了数量众多的电影文献，既是近现代以来天津城市文化的重要产物，又对于天津城市文化的生成形成反哺，呈现出独特的近现代天津城市文化品格。本文力图考察《北洋画报》刊载的各类电影文献与天津城市文化之关联，着重探讨天津城市文化如何借助报刊媒介的辐射面和影响力，渗透于电影艺术与电影文化之中。

一、电影与天津城市文化

如果说天津城市文化是雅、俗、洋三种文化的并置与融合的话，那么作为文艺门类的电影艺术及其文化，恰好也体现出雅、俗、洋的三种文化并置与融合这一突出特点。首先,电影艺术及其文化对于中国、对于天津而言,是地地道道的舶来品。电影诞生于1895年,后传入中国,直至1905年中国人拍摄的第一部影片《定军山》问世,已有十年之久。最早接触到电影艺术的中国人称之为“西洋镜”,可见其根深蒂固的外来文明特质,洋文化的属性可谓与生俱来。电影艺术进入中国、进入天津之初,被视为洋文化之一种,也就顺理成章。中国观众对于电影的观看,每出于猎奇猎洋之心理,透过“西洋镜”观看“西洋景”,是电影最初进入中国时的一大卖点。中国的民族电影起步较晚,最初也未能形成独具特色的本土电影文化。其次,电影在西方诞生之初,与马戏、杂耍等民间艺术相并列,主要是一种游艺类型,尚未进入高雅艺术的行列之中,其创作者和欣赏者大多来自社会底层,娱乐性是电影最为突出、也最为观众看重的属性。虽然部分作品体现出不俗的艺术手段和审美眼光,但也大多是创作者无心而成,或是为了追求观看效果而勉力为之,艺术性并非其刻意地追求。何况,有些所谓的艺术原创性,事实上源于后世的电影史研究者独具慧眼的“发现”,对于早期电影的创作者而言,未必存在追求艺术的自觉性。即使出现了卢米埃尔兄弟、乔治·梅里爱等被写入电影教科书的大师级电影人,其创作仍以吸引观众为首要目标,艺术性只是无心插柳,妙手偶得副产品。对于早期的创作者而言,电影是一门技艺而非艺术,与马戏、杂耍等并无本质区别。随着电影工业的兴起,电影生产方逐渐由普通的私人作坊转向规模庞大的电影制片厂,电影制作者通过调动声光电等综合手段,出品篇幅长、人物多、镜头丰富、调度复杂的鸿篇巨制,但提升的主要是观赏效果,加强的仍是娱乐性,票房才是电影人最为看重的因素。在全球电影工业兴起后尤为如此,投入是为了产出,更大的投入是为了更大的产出。观众的认可至为关键,艺术性是次要的。因此,在艺术电影诞生之前,或者说电影史研究者重新“发现”早期电影的艺术性之前,电影主要承担娱乐功能,顺应观众和市场,俗是其最为根本的文化属性。再次,和绝大多数艺术门类相仿,随着电影艺术的发展,也逐渐呈现出由俗入雅的局面。总有一些具有高超审美眼光和艺术手段的电影人,不在意票房,而是把电影作为自己艺术理念的载体,将技术升华为艺术,不断提升电影的艺术品格和文化含量。艺术电影一脉,在中外电影史上不绝如缕,使电影能够暂时悬置对于娱乐性的单一追求,能够与文学、音乐、美术等一起成为人类文明史上的珍存。何况,电影在体现娱乐效果的同时,也不可避免地承担教化职能,成为主流的社会伦理价值观念自上而下传递和自下而上反哺的重要媒介。这一点对于拥有数千年“文以载道”悠久传统的中国而言,表现得尤为突出,是中国电影人格外注重创作的社会价值,大量出品家庭伦理题材影片的主要原因之一。综上可知,电影艺术及其文化呈现出雅、俗、洋三种文化并置与融合的特征,或为先天具备,或为后天形成,一起构成电影艺术及其文化的丰富复杂的多元化品质与内涵。

将电影艺术及其文化的上述特征与天津的城市文化品格相对照,不难看出其中存在明显的契合。天津对于外来之洋文化的包容,使电影一经引入,即得到部分观众的认可(最初仅限于租界内部),慢慢辐射到全市,观众群体不断扩大也不断成熟,逐渐形成天津繁荣的电影市场和独特的电影文化。天津作为近现代中国最重要的工商业城市之一,也具备电影艺术生根发芽的肥沃土壤。天津城市的俗文化内核,又为电影先天拥有的娱乐功能提供了适宜的生存条件。电影艺术进入中国、进入天津后,在满足广大市民休闲娱乐目的的同时,一批具有较高文化素养和审美水平的媒体人和评论家,则希望电影具有更为高雅的艺术品位和文化品格,在社会功能和艺术品质上不断提升,进入高雅艺术的行列。他们借助报刊媒介,撰写了大量的影评和论文,一方面力图勉励中国电影创作者努力提高电影的教育功能和艺术价值,另一方面则积极引导广大市民观众掌握观看电影的正确方式,培养其艺术的眼光。正是在电影创作者、观众、媒体人和评论家的合作过程中,中国电影艺术及其文化的民族性逐渐得以生成,中国电影的艺术品位也得到了稳步提升。电影艺术由西洋进入中国,在雅俗融合的过程中逐渐实现了雅俗共赏。这一电影艺术民族化的过程,与近现代天津城市化的进程交映生辉,成为中国文化现代化进程中的一个缩影。

《北洋画报》历来注重对于天津文化的观察与思考,大多正面书写。例如1933年6月27日出版的第951期第3版发表《畸形的繁荣津市》一文,首先驳斥了有人在马场道附近的中国地界内组织"轮盘赌"的谣言,强调天津作为河北省府的清廉守法,禁止鸦片、赌博等违法行为,进而详细介绍刚刚进入天津的回力球运动。该文的标题与内容在立场上并不一致,甚至有故作惊人之语的嫌疑,通过具有冲击性的标题吸引读者的关注。事实上,该文的主旨并非批判天津作为商业化城市的畸形繁荣,而是向广大读者介绍一座现代化都市的最新生活方式,着眼点实在于宣扬天津引领中国城市生活潮流的生机与活力,充满了对于天津的城市文化品格和现代化程度的肯定和欣赏。《北洋画报》对于天津的电影艺术及其文化的报道,立场近乎于此。

二、《北洋画报》中的电影文献

1928年11月20日出版的《北洋画报》第246期题为《杨耐梅专号》，这是该报为电影明星出版的唯一一期专号。杨耐梅一直受到《北洋画报》的重视，所刊电影文献的数量虽然远不及胡蝶，与阮玲玉大体相当，照片也只有五次登上头版（包括合影1幅），但作为电影界出版专号的唯此一人，在《北洋画报》的历史上占据着独特的位置。这期专号的出版，源于杨耐梅抵津出席其主演的新片《奇女子》的宣传活动。《北洋画报》此次几乎调动了全部的编辑记者队伍，对于杨耐梅其人其事进行了全方位地报道。这期专号将三个版面留给杨耐梅，这在《北洋画报》的历史上也较为罕见。专号以头版照片《电影明星杨耐梅女士抵津后之造像》拉开帷幕，在第二、三版刊载杨耐梅参演的影片剧照、宣传照片及本人的生活照片共九幅，其中影片《奇女子》中的剧照四幅，《奇女子在青岛开映时之盛况》一幅，为即将上映的这部新片造势。生活照方面，包括《袅娜（抵津后之杨耐梅女士）》《亭亭（杨耐梅女士）》《曼睐（抵津后之杨耐梅）》，这三幅照片角度各异，从不同侧面呈现杨耐梅的风采；另有《杨耐梅与其爱犬》一幅，将视角延伸到其日常生活。三篇最主要的影评《十月重来岭上梅[杨耐梅]》《影梅[杨耐梅]小记》《寻梅[杨耐梅]记》分别出自《北洋画报》的几位主笔吴秋尘、刘云若和王小隐之手，将杨耐梅的姓名巧妙地嵌入标题之中，颇具诗意。该报甚至邀请寓居天津的大名士袁寒云题字“岁寒松柏”，将传统文化中的“梅”意象之内涵蕴藏其中，极富深意。可见，《杨耐梅专号》的宣传规模和作者阵容均可谓极一时之盛。《北洋画报》以自身强大的媒体力量，与电影明星相配合，既实现了对于电影和电影人的宣传，又借此扩大了该报的辐射面和影响力。该报虽然不从事影片的拍摄，却以独特的方式参与影片的传播，成为天津电影文化史上颇具典型性的一个重要事件，影响深远。《杨耐梅专号》成为日后定期出版的《北洋画报》之《电影专刊》的一次成功的预演，反响极佳。除杨耐梅外，胡蝶、阮玲玉、黎明晖、王人美、金焰、黄柳霜等中国电影演员，以及飞来伯（通译道格拉斯·范朋克）等外国明星，或来到天津，或经由天津抵达北京（平），其间的宣传活动中均能看到《北洋画报》编辑记者的身影。尽管这些明星并不是天津本土的电影人，却一直受到《北洋画报》的密切关注和详细报道。可见该报虽然创办于天津，视野和立场却不局限于天津一座城市，而是放眼全中国甚至全世界的电影市场，既体现出天津媒体和观众对于电影艺术的格外关注，又显示出天津这座城市及其主要媒体对于外来文化的吸纳和包容。

天津是现代中国最早引入电影的城市之一,电影市场繁荣。国内外最新拍摄的影片,经常能够在第一时间登录天津的大银幕。相关信息在《北洋画报》刊载的各类电影文献中均有不同程度的体现。详情见下表①:

影片名称	放映影院	刊载时间	期次
《陆克开快车》	大华电影院	1929 年 9 月 12 日	第 370 期(2)
《新郎代表》	大华电影院	1929 年 10 月 1 日	第 378 期(2)
《风尘怪侠》	大华电影院	1929 年 10 月 8 日	第 381 期(2)
《美剑客》	大华电影院	1929 年 10 月 31 日	第 391 期(2)
《飞机大战》	大华电影院	1929 年 11 月 7 日	第 394 期(2)
《皇宫秘史》	大华电影院	1929 年 11 月 19 日	第 399 期(2)
《歌舞升平》	平安电影院	1930 年 1 月 1 日	第 417/418 期(7)
《万古流名》	大华电影院	1930 年 1 月 28 日	第 429 期(2)
《歌舞世界》	大华电影院	1930 年 2 月 13 日	第 433 期(3)
《风流翁婿》	大华电影院	1930 年 3 月 4 日	第 441 期(3)
《谋杀舞女案》	大华电影院	1930 年 3 月 8 日	第 443 期(2)
《战地丁香》	蛱蝶电影院	1930 年 7 月 31 日	第 505 期(2)
《摩洛哥》	光陆电影院	1931 年 4 月 23 日	第 615 期(2)
《歌女红牡丹》	光陆电影院	1931 年 5 月 30 日	第 631 期(1)
《血染征尘》	光陆电影院	1931 年 6 月 9 日	第 635 期(2)
《失恋》	新新电影院	1933 年 4 月 6 日	第 916 期(2)
《龙翔凤舞》	新新电影院	1933 年 4 月 22 日	第 923 期(2)
《龙虎斗》	新新电影院	1933 年 5 月 13 日	第 932 期(2)
《神秘骑侠》	光陆电影院	1933 年 6 月 10 日	第 944 期(2)
《母与子》	新新电影院	1933 年 9 月 26 日	第 990 期(3)
《雪山一女侠》	新新电影院	1933 年 9 月 26 日	第 990 期(3)
《女人国》	新新电影院	1933 年 11 月 7 日	第 1008 期(3)
《陈查理钜探案》	新新电影院	1934 年 3 月 13 日	第 1061 期(3)
《旗开得胜》	蛱蝶电影院	1934 年 6 月 7 日	第 1098 期(2)
《新潮》	新新电影院	1934 年 6 月 14 日	第 1101 期(2)

① 《北洋画报》上刊载的影片名称一律使用“”,本文全部改为《》。

续表

影片名称	放映影院	刊载时间	期次
《孤军魂》	蛱蝶电影院	1934 年 9 月 1 日	第 1135 期(3)
《再会吧上海》	光明电影院	1934 年 9 月 4 日	第 1136 期(3)
《健美运动》	河北电影院	1935 年 1 月 12 日	第 1192 期(2)
《乌鸦劫》	大光明电影院	1935 年 9 月 10 日	第 1294 期(3)
《夜来香》	光明电影院	1935 年 10 月 22 日	第 1312 期(3)
《百鸟朝凤》	光陆电影院	1935 年 12 月 7 日	第 1332 期(2)
《古诚末日记》	平安电影院	1936 年 1 月 21 日	第 1351 期(3)
《春风杨柳》	光明电影院	1936 年 2 月 18 日	第 1362 期(3)
《华府大秘密》	国泰电影院	1936 年 11 月 3 日	第 1473 期(3)
《渔光春潮》	国泰电影院	1936 年 11 月 3 日	第 1473 期(3)
《偷吻记》	平安电影院	1936 年 11 月 17 日	第 1479 期(3)
《女王殉国》	国泰电影院	1936 年 12 月 29 日	第 1497 期(3)
《边塞英雄记》	明星电影院	1936 年 12 月 29 日	第 1497 期(3)
《孪生兄弟》	光陆电影院	1936 年 12 月 29 日	第 1497 期(3)
《泰山出险》	光陆电影院	1937 年 2 月 9 日	第 1515 期(3)
《压岁钱》	光明电影院	1937 年 2 月 9 日	第 1515 期(3)
《乐园思凡》	平安电影院 大光明电影院	1937 年 2 月 23 日	第 1520 期(3)
《泰山出险》	国泰电影院	1937 年 3 月 9 日	第 1526 期(3)
《歌舞大王齐格菲》	国泰电影院	1937 年 3 月 23 日	第 1532 期(3)
《皆大欢喜》	平安电影院	1937 年 4 月 6 日	第 1538 期(3)
《十字街头》	光明电影院	1937 年 4 月 6 日	第 1538 期(3)
《乘龙跨凤》	平安电影院	1937 年 4 月 20 日	第 1544 期(3)
《飞燕迎春》	国泰电影院	1937 年 5 月 4 日	第 1550 期(3)
《众香国》	国泰电影院	1937 年 5 月 4 日	第 1550 期(3)
《铸情》	国泰电影院	1937 年 5 月 18 日	第 1556 期(3)
《慈母曲》	光明电影院	1937 年 6 月 1 日	第 1562 期(3)
《社会之花》	光明电影院	1937 年 6 月 15 日	第 1568 期(3)
《借妻》	国泰电影院	1937 年 6 月 15 日	第 1568 期(3)
《桃花恨》	国泰电影院	1937 年 6 月 29 日	第 1574 期(3)
《百宝图》	光明电影院	1937 年 6 月 29 日	第 1574 期(3)

续表

影片名称	放映影院	刊载时间	期次
《斩经堂》	光明电影院	1937年6月29日	第1574期(3)
《人海遗珠》	光明电影院	1937年7月13日	第1580期(3)
《春满家园》	光陆电影院	1937年7月13日	第1580期(3)

从以上列表看,不乏《歌舞世界》《摩洛哥》《歌女红牡丹》《母与子》《歌舞大王齐格菲》《边塞英雄记》《十字街头》等在中外电影史上占有一席之地的经典影片。及时介绍即将在天津各大影院上映的中外影片,其初衷固然是为电影院做广告,属于有偿服务,但追踪本土的电影市场,本来就是《北洋画报》记者的职责,而且刊载大量电影放映的信息,也是为了满足观众强烈的观影需求,体现出天津电影市场的繁荣局面。

此外,一些正在拍摄或即将杀青的影片,国产影片如《殖边外史》(1926年7月28日第7期第1版)、《上海之夜》(1926年10月16日第29期第2版)、《人面桃花》(1927年1月1日第51期第2版)、《天涯歌女》(1927年4月20日第80期第3版)、《木兰从军》(1928年4月14日第179期第2版)、《骆驼王》(1929年4月16日第306期第2版)、《生机》(1933年8月22日第975期第3版)、《归来》(1934年1月9日第1035期第3版)、《人生》(1934年2月6日第1047期第3版)、《路柳墙花》(1934年10月2日第1148期第3版)、《神女》(1934年12月18日第1181期第3版)、《都市风光》(1935年12月17日第1336期第3版)、《社会之花》(1937年6月15日第1568期第3版)等;外国影片如《一夜缠绵》(1932年8月20日第820期第2版)、《罗宫春色》(1933年10月3日第993期第1、3版)等,也以图文互现的方式得到了及时而充分的报道,其中可以写入中外电影史的经典名片尤多。

三、《北洋画报》的文化立场

天津电影市场繁荣,影院林立,《北洋画报》也经常开辟版面详细介绍天津一些著名影院的环境设备和即将上映的影片信息,皇宫、平安、大华、蛱蝶、沈阳、光明、光陆、新新、河北、国泰、明星、大光明影院(其中平安影院、光明影院、大光明影院的名称保留至今),等等,均进入该报的视野之中,从而为天津电影演出史和影院史立此存照,保留了许多珍贵的史料。1929年5月21日出版的第321期第2版刊载《煌煌巨观之天津电影院标语》,视角独特。这篇影讯的副标题为《各有花样,似乎言之有物》,详细记录了天津部分电影院张贴的广告标语。明星大戏院的标语为:

> (一)不以假道德作换汤不换药之宣传。(二)不作损人利己之无聊宣传文章。(三)誓死不受托辣斯(托拉斯)主义者之征服。(四)凭独立之精神,在荆棘途上奋斗。(五)以勇敢锐进之真诚,供献银圆中之花果。①

这一标语陈义甚高,体现出起步阶段的中国民族电影积极向上的奋斗精神和严格自觉的行业操守,虽不免张大其词,有追求广告的轰动效应之嫌,但努力振兴中国电影的拳拳之心仍蕴含其中,而且其立意不限于电影放映和宣传,对于电影创作也颇有价值。此外,皇宫、光明、平安等三家影院的标语为:

> (一)不以淫辞邪说为招徕。(二)不以诱惑欺骗为广告。(三)以提倡艺术为使命。(四)以辅助教育为职志。②

虽然在该文作者看来,上述标语主要源于各大影院之间激烈的行业竞争,未免以豪言壮语竞相标榜,主旨仍在于宣传,但内容却言之有物,积极向上,对于匡正电影界(包括电影放映渠道)的一些不良倾向大有裨益,体现出天津各大电影院营造良好的电影文化氛围之用心。

与繁荣的天津电影市场和发达的报刊媒介相比,民国时期的天津电影制作能力明显滞后,表现为影片公司和电影从业者少,拍摄影片的质量也不高。《北洋画报》注重宣传天津本土的电影业,对于影片和电影人常常加以介绍。例如 1926 年 9 月 8 日出版的第 19 期第 3 版刊载照片,题为《天津北方影片公司女演员张梅丽之表情》;1927 年 3 月 2 日出版的第 66 期第 2 版刊载照片,题为《天津电影演员黄春梅女士》;1926 年 10 月 30 日出版的第 33 期第 3 版刊载影讯《天津女明星剪发热》;同年 12 月 25 日出版的第 49 期第 3 版刊载影讯《天津中美影片公司摄影场开幕记》等;均可见一斑。然而天津电影自身缺乏造血能力,毕竟是不争的事实。《北洋画报》对此也并不讳言。1927 年 3 月 12 日出版的第 69 期第 3 版刊载影讯《天津电影明星之星散》,开头即明确指出“天津今之所谓电影女明星者,统计只有

---

① 记者:《煌煌钜观之天津电影院标语》(影评),《北洋画报》1929 年 5 月 21 日,第 321 期第 2 版。

② 记者:《煌煌钜观之天津电影院标语》(影评),《北洋画报》1929 年 5 月 21 日,第 321 期第 2 版。

六位。……一半儿还没有上过镜头"[①]。这些明星已有一半告别电影界,"实在是受天津几家影片公司的资本关系"[②],影片出品速度过慢,票房和影响力均有限,演员因此受到波及而被迫放弃从业。天津的影片公司在电影史上一直声名不著,是其自身实力使然,与天津繁荣的电影市场不相匹配,只能让《北洋画报》徒呼奈何。无独有偶,1929年5月16日出版的第319第2版刊载的影评《天津电影业之危机》,陈述了天津新增多家影院,但观众却丝毫未见增加的事实,而且影院越多,越可能导致观众的分散。究其实质,是民国时期的首都从北京迁至南京后,"天津已失其过去重要之地位,外省侨居此地者,纷纷他去,人口已形减少"[③]。该文还建议将资金投入实业,以发展民生。《天津电影业之危机》将天津电影业存在的问题归因于1928年以后天津城市地位的衰落和经济的倒退,从社会经济的视角观察电影业的兴衰,极为有见。随着1927年底北伐的胜利,国民政府取代原来的北洋政府,首都也由北京迁至南京。首都的迁移,使天津原有的经济地位明显滑落。一些重要的商业和金融机构,如晚清至民国时期著名的"北四行",总部均迁往距离南京较近的上海。这对于金融业原本就很发达的上海可谓锦上添花,但对于天津而言,则无异于釜底抽薪。北京不再作为民国的首都,并由此改名为北平,天津的政治地位也随之下降。政治和经济地位的双重下降,使天津作为现代化都市的繁荣程度大打折扣,属于文化消费领域的电影市场也被波及,影院日渐萧条,观影人数减少,本不足为奇。但影评人能够敏锐地发现这一点,并深入分析其原因,不隐恶,不溢美,体现出客观公正的态度。这是《北洋画报》的一贯立场。

综上可知,《北洋画报》刊载的各类电影文献,从不同角度呈现出天津城市文化的诸多面向。天津的城市文化与电影艺术及其文化在品格上实现了高度的契合,这在雅、俗、洋三种文化的并置与融合方面体现得尤为明显。天津拥有繁荣的电影市场、热情的电影观众和非常专业的媒体人与影评人。但与此同时,天津城市文化的短板也显露其间,即原创性相对不足,徒有市场,而电影生产能力较低。民国时期的天津仅有为数不多的几家电影公司,也未能拍摄出在中国电影史上占有一席之地的名片佳作,与上海发达的电影业自然无法同日而语。与临近的北京(平)相比,天津的市场繁荣程度远甚于北京(平),但两座城市的电影生产能力却

---

① 影探:《天津电影明星之星散》(影评),《北洋画报》1927年3月12日,第69期第3版。

② 影探:《天津电影明星之星散》(影评),《北洋画报》1927年3月12日,第69期第3版。

③ 记者:《天津电影业之危机》(影评),《北洋画报》1929年5月16日,第319期第2版。

极为相近。由此可见,借助《北洋画报》刊载的电影文献,以电影艺术及其文化为参照,可以有效地把握天津城市文化的特点,其优长与短板均蕴含其中。

侯娴,天津师范大学图书馆馆员。

天津早期文人赵生甫及其交游

董欣妍

【提　要】赵生甫系城南诗社早期成员，通过考察其生平经历，除了解到他与严范孙等城南诗社成员诗词唱和外，还能寻觅到他与相关成员交游的史实。本文对此做出了初步努力，权作抛砖引玉。

【关键词】赵生甫　城南诗社　诗词唱和　交游

赵生甫(1883—1934)，名芾，字生甫，号蒙斋，祖籍北仓，天津人。画家、诗人，古文家。诸生。曾在北宁铁路局工作，后任北洋政府总统府秘书职。晚年曾在陈一甫家馆担任教师。性笃挚，博极群书。以治古文名于时，有《蒙斋文存》一书存世。此外，他还随其师王仁安参与过《天津县新志》的编写工作，在天津历史建设上书写了重要的一笔。

关于赵生甫的籍贯。1929年，马仲莹在《城南诗社小传·赵芾传》一文中曾有记载："赵芾字生甫，天津人，原籍武清，清给谏赵之符裔也。诸生。公府秘书。著有《蒙斋文集诗集》。"赵芾曾为《李氏家谱》作序云"余先代亦自江南迁居津之北仓"。赵之符乃今北仓人，北仓原属武清县管辖，雍正九年(1731)改隶天津县。故赵生甫祖籍应当是天津北仓人。

关于赵生甫的艺术成就。赵生甫的好友王揖唐在《今传是楼诗话》第二百九十二则中曾作了披露："天津赵蒙斋芾，一字生甫，能为桐城派古文，创北菁学舍，以古文诏后学，从游者盛。诗不多作，《津上道中得句》云：'惭愧追锋车疾转，不婴尘网果何人。'有物外之致。又和余'之'韵诗见柬云：'四方蹙蹙怅何之，犹幸中丞数举卮。绿野堂前多旧雨，浣花溪上有新诗。云霄翔凤鸣仍急，风雪潜龙蛰未知。下榻剧怜徐孺子，南州讵许久栖迟。'亦举止深稳。如其为人。"

关于赵生甫卒年。金钺的《屏庐文续稿·赵君生甫传》曾言：君"年止五十有二……所著有《蒙斋文存》五卷刊行。君没逾十年，君之子迟元粗具事略，属予为文"，故"援述其文章卓卓之可垂诸不朽者，濡笔而为之传。甲申(1944)孟秋"。由上述文字推断,赵生甫应当卒于1934年。

除王揖唐提到的诗作外,目前见到的诗作还有1925年出版的《城南诗社集》所收录了两题三首诗。其一题为《次子通先生韵》,共两首。第一首云:"新诗一读两眸开,细雨潇潇津上来。把酒停云陶令宅,垂纶避世子陵台。钟镗自古无凡响,坛坫于今属霸才。留滞何须怨迟暮,养生庄叟善论材。"

"新诗一读两眸开,细雨潇潇津上来"说的是作者与吴子通经常在一起唱和的事情。而"坛坫于今属霸才"一句,是作者对吴子通在诗坛地位的评价。吴子通是城南诗社创始人之一,在其入社后的二十多年时间里,自始至终参与城南诗社的社集活动,虽不是社长,但有"襄助一切"之功。故在城南诗社地位相当高。

第二首云:"元纬路前逢细雨,文昌宫畔喜初晴。晚春花草饶新态,季世风骚有正声。广座联吟知雅趣,萧斋叠韵见深情。儒冠只合封诗伯,津上高吟且载盟。"这首诗,描绘的也是城南诗社雅集的情景。城南诗社经常在元纬路附近的河北公园以及文昌宫附近的蟫香馆(严修书斋)雅集,"儒冠只合封诗伯",同样是对吴子通诗才的高度评价。

第二题为《次家幼梅兄夏日游公园韵》。诗云:"寂寂空知守旧林,连朝诗酒倍情深。寄情且喜名贤集,真乐仍应我辈寻。花木萧疏忘世味,贞元剥复见天心。满园名卉芬芳甚,津上诗成且独吟。"这首诗同样是记述城南诗社雅集的情景。"连朝诗酒倍情深",是说作者与赵幼梅等师友们经常相聚,因此,感情愈来愈深厚。对于作者来说,城南雅集很难得,尤其是赵元礼这样的津门耆宿经常出席活动,能够给大家带来知识和美好的享受,是一种"真乐"。

赵生甫最大的成就还在于他的古文创作,他的古文成就远胜于诗,并为时人所重。在二十世纪二三十年代,很多名人的传记或墓志铭均出自他的手笔,据1933年陈诵洛作《蟫香馆别记》载:"赵生甫,擅古文,公(严范孙)语之曰:'为文宜凡事直书。'"1935年2月,赵元礼在《蒙斋文存》第五集序文中曾云:"族弟生甫,性笃挚,博极群书,以治古文名于时,为桐城陈剑潭、新城王晋卿及吾邑徐弢斋(世昌)所甄赏……惜其中寿以疽发背死。家贫子幼,环堵萧然。"

严智惺(字约敏)是严修的侄子,向为严修所最钟爱。癸丑(1913)病殁(为庸医所误),年仅31岁。严修曾作挽联云:"吾家第一可意人,叔侄情亲逾父子;终身不忘痛心事,丹砂祸惨甚刀兵。"李琴湘亦挽以联曰:"不幸斯人,比颜氏子少一岁而卒;何堪乃叔,有韩文公十二郎之悲。"为悼念严智惺,赵生甫专门撰写一篇文章发表在1913年第1卷19号《庸言》上。这篇题为《严智惺先生事略》的文字,概括了严智惺的简短但不平凡的一生,这是迄今为止,有关严智惺最为完整的传记文字,为后人研究严氏家族提供了珍贵史料。

曹彬孙是王庆坨人,宣统年间曾为奉节知县,在清末守城时遭袭殉难。他为官很清廉,在他殉难之后,因为家里没有一点积蓄,所以其灵柩只得暂厝于某寺庙中。后以忠烈故得到襄助,灵柩才得以运回故里。赵生甫系曹彬孙的表弟,为曹彬孙的忠烈事迹所感染,特撰写了《清四川奉节县知县曹君殉难碑记并铭》及《闻曹蔼臣姻兄祀乡贤有感》一诗。上述两篇作品载于曹彬孙后人整理的《寄傲轩诗钞》中。据赵生甫自述,民国元年(1912),赵生甫正客于松花江上,在得知曹彬孙殉难的消息后,"既为诗七章,哭之其后。""又尝欲为文以志君墓,而人事乖忤,久不就。"1924年春,曹彬孙次子用杰请其撰写碑铭,因赵生甫近来身体多疾,怕耽搁大事,乃"亟之铭"。铭曰:"严严蜀疆,无道先强。值时棘难,睢盱豺狼。仡仡曹君,秉彝于刚。思靖一邑,抑桀扶尫。世乱方亟,卒膏凶铓。文武道尽,天固难详。靡远弗届,靡幽弗光。千秋万禩,令闻不亡。"

陈一甫是著名的实业家,他与陈范有一起,曾长期在启新洋灰公司任职并创办了著名的江南水泥厂,为中国水泥工业发展作出巨大贡献,被天津人雅称为"洋灰陈"。赵生甫曾在陈一甫家馆任塾师,陈一甫的长子陈范有即随赵生甫学习。后赵生甫撰写了一篇古文,题为《居敬轩记》,记述了自己在陈一甫书斋里的所见所闻。这篇古文被收录在他的《蒙斋文存》一书中,已成为研究陈一甫这位大家的重要实证资料。除以上所述外,赵生甫还有一些古文很知名,如《天津严公范孙墓碑铭》《赵母郭夫人传》(赵母即赵元礼之妻)等。

赵生甫是城南诗社早期成员之一。据吴子通发表在1939年11月23日《新天津画报》上的《天津城南诗社源流》一文载,1921年3月25日,严范孙曾在"蟫香馆"设宴款待诸师友。当晚参加宴请的除吴子通外,尚有冯俊甫、王仁安、赵幼梅、李琴湘、刘竺生、赵生甫、林墨青、严台孙等。另据《严修日记》一书载,1921年5月1日,严范孙召集王守恂、李金藻、吴子通、赵元礼、赵生甫、陈汝良、严侗在其寓所雅集。此时,城南诗社刚刚成立不久,由此可见,赵生甫应当是最早加入城南诗社的文人之一。

赵生甫除与严范孙、吴子通、赵元礼、王仁安唱和外,他还与城南诗社的另外一位大家徐石雪存在交集。徐石雪在其1926年刊印的《石雪斋诗稿》一书中,曾收录了题为《蒙斋图为赵生甫先生芾作》的一首六言诗,对赵生甫包括绘画、金石在内的创作成就评价颇高。诗云:"四壁图书金石,一家班左韩欧。占尽蓝田幽胜，个中自有千秋。任道近同拙老(王仁安先生号拙老人，闭户著书，生甫尝从之游)，移风远媲文翁(生甫创北菁学社于津门，以古文诏后学)。何日比邻许结，往还亲炙春风。”而赵生甫在为《石雪斋诗稿》所作的序文中，对徐石雪评价亦很高：“君独萧然物外，淡而无闷。其诗既不屑屑摹拟古人，启华振秀，静深冲淡，秀而不纤，肆而不莽，故虽单词短语，亦风蕴清远，往往可诵。”他还提到严范孙对赵生甫的器重：“严尚书范孙亟激赏之，且称其才志与境地，近人殆罕与俪者。”

1934 年，赵生甫去世。李琴湘曾撰《挽赵生甫古文家》一联以示悼念。这副挽联，概括了赵生甫不平凡的一生及创作成就。联云：“上交极于名公臣卿间，纵然尊若宾师，总觉风尘知己少；古学不在桐城阳湖下，惜未发为经济，终伤文字乞灵难。”该联收录于 1938 年由姚彤章辑印的《择庐联稿》中。

董欣妍，《中老年时报》编辑。

严修何以为“校父”

黄桂元

【提　要】晚清进士严修的一生轨迹，曾置身于清末至民国北洋政府半个多世纪的政治风云变幻，洞明世事，格局超凡。晚年辞职京师，归返津门，倾家兴学，与张伯苓携手并进，珠联璧合，从严氏家馆到敬业学堂，再到私立南开系列学校，举世瞩目，桃李满园，被尊为南开“校父”，功德无量，有口皆碑，并共同书写了为中国近现代教育史的传奇篇章。

【关键词】严修　张伯苓　严氏家塾　南开系列学校。

2012年，国内教育界与出版界曾联手策划、出版了一套精美的《20世纪中国教育家画传》，遴选十位传主，阵容强大。传主依次为王国维、蔡元培、陶行知、张伯苓、胡适、梅贻琦、黄炎培、徐特立、陈鹤琴、晏阳初，名气之大，分量之重，影响之远，自不待言。意外的是，南开“校父”严修先生未能入列丛书，无论如何，其“二十世纪中国教育家”的成色，多少被打了些折扣。

严修仙逝于1929年3月，其时正在美国学习考察的张伯苓得知此噩耗深感震惊，即发表了沉痛悼文，“严先生道德学问，万流共仰！个人追随颇久，深受其人格陶冶。南开之有今日，严先生之力尤多，在个人失一同志，在学校失一导师，应尊严先生为校父。”①此尊称在师生中产生共鸣，《南大校刊》即有文章呼应：“南开之有先生，犹子女之有父母”②，表达了对严修先生的特殊敬意。

严修（1860—1929），字范孙，号梦扶，别号偍扁生，时称范孙公。其祖籍并非天津土著，而是浙江慈溪。据说先祖严光是西汉末年的著名隐士，曾为汉光武帝刘秀的同窗好友，刘秀登基后，曾设法找到严光，请其进宫入职，严光坚辞不就。

---

① 侯杰、秦方：《张伯苓家族》，新星出版社，2018年，第141页。

② 陈鑫、郭辉：《南开校父·严修画传》，中华书局，2019年，第270页。

他的处事原则非凡夫俗子可比，且不会轻易改变。与人相处，只做诤友，不近仕途，洁身远引，隐居为乐，即使皇帝，亦不破例。此为一段历史佳话，后世谢灵运、李白、孟浩然、司马光、王安石、李清照、陆游等历代大文人，都曾不吝赞美之词，写过有关严光的诗文。范仲淹甚至还为严光立祠，并亲做祠堂记。

康熙年间，严氏祖上一支北上，迁居津沽经年。严修的父亲名叫严克宽，经商有为，除生意头脑过人，其文化积淀和开明见解，也在商家同行优势明显。严修弱冠时即被誉为“神童”，天赋自然了得，但更应称道的是他的勤奋。很小时候，严修就养成每天早起必诵读经书两小时的习惯，久而久之，儒学经典，烂熟于心。从十七岁起，每日白天结束，晚上九点必写日记，直到去世前一个月还在坚持。

陈鑫整理的《严修日记(1876—1894)》，披露了严修早年奋发求知的读书生涯。年少的严修，每日读书、为文，到老师处听讲，去书院“道课”“府课”，近二十年无一日懈怠。他的日记用格纸，版心有“毋自欺室”字样，每一日内分设“晨起”“午前”“午后”“灯下”四栏，类别有“格致之学、诚意之学、正心之学、修身之学、齐家之学、治平之学”。此后又建“记事”“杂识”“日知”三栏。其间既有浏览，也有细读，内容涉及“经史子集”，自晨至夜，从无间断。古今中国人通常信奉“学而优则仕”，因“仕”而“学”，“仕”成“学”止，若已入“仕”仍数十年如一日，孜孜不倦于读书悟道，大约非“圣者”难为。更可贵的是，从其日记中可知，严修长期研读中外学者的数学著作，演算代数、几何、三角等各种数学题，在此领域颇具水平。

1882年，年仅二十二岁的严修参加顺天府乡试，中举第二年，参加会试，又中进士，成了翰林院庶吉士。即使置身于仕途，严修进入的从来就不是纯粹的官场，而始终与自己的教育梦想有关。二十八岁那年，他被朝廷授翰林院编修，充国史馆协修、会典馆详校官。1894年，朝廷授严修为贵州学政，类似于现在的省教育厅厅长。一个年已不惑的北方文人，远离京津，去如此偏远、封闭、落后的地方任职，赴任之旅长达三个多月，山高水长，交通不便，种种艰难，可想而知。他回忆，“余所带书箱在京称验，俱在百斤以外，且有至百二三十斤者，并夹板、竹杠计之，百五十斤不止矣。至此大以为累。”①最使他痛心疾首的是沿路所见所闻。政情现状混乱不堪，民生境况糟糕透顶，他由此认定了教育救国的作用，“天下之治乱视乎人才”。三年任职，严修留下了极佳口碑，贵州众学子称之为“二百年无此文宗”。送行一路，人们依依不舍，并为他建“去思碑”“誓学碑”，以作永久纪念。

---

① 张伯苓研究会编《张伯苓研究》夏季号，张伯苓研究会内部资料，2021年第二期，第40页。

按说严修本是科举时代的成功者,也是获益者,不缺功名,坐享其成,不愁荣华富贵,至少可以不去以身涉险,立于“危墙之下”。偏偏因思想渊源的复杂构成,他不会允许自己饱食终日,无多用心。

他一直密切关注维新派动向,与康有为、梁启超、谭嗣同保持联系。戊戌变法前,严修力主广开民智,救亡图存,提出可循乾隆年开博学鸿词科之例,开经济特科,授民间实学人才以功名,被同道视为“戊戌变法的先声”。戊戌政变流产,有幸躲过一劫的严修潜回天津,埋头致力于乡里兴教,家塾就是他从事教育的最初驿站。严修相继创办了严氏女塾、保姆讲习所(相当于幼儿师范),蒙养院、民力第一小学堂、专门研究教学的普通学社、师范补习所等教育机构,力推新型教育发展。他的所作所为,全然不像一位曾经的晚清举人,仕途要人。

1904年,严氏家塾与大盐商王奎章、王益孙的家塾合并,成立私立南开学堂。1906年,天津邑绅郑菊如慷慨解囊,捐出位于旧城西南城角的十余亩闲置空地,用于学堂的开发扩大,严修与王益孙、徐世昌、卢木斋诸人共捐银二万六千两修建新校舍,凭借硬件的支撑,已经上了更大台阶。这块空地位于“南开洼”,学堂也随之更名为“私立南开学堂”。在新建学堂的东楼里,甬道上立着一面硕大的穿衣镜,镜上方赫然悬挂着严修亲笔手书的《容止格言》:

> 面必净,发必理,衣必整,钮必结。
>
> 头容正,肩容平,胸容宽,背容直。
>
> 气象:勿傲,勿暴,勿怠。
>
> 颜色:宜和,宜静,宜庄。①

字字有声,句句讲究,倡扬文明学生的举止规范,看似都是些细枝末节,效果却是整体面貌焕然一新。《容止格言》起到了“镜鉴”作用,童蒙中的学子每天几次经过镜子这里,时时目睹,日日提醒,逐渐成为常态化习惯,实在意味深长。很快,“容止格言”穿衣镜,先后在南开各校都竖立起来,给学生留下难忘记忆。当年老一辈南开人提及这段往事,无不感叹,称其对于他们形成特定的仪容和举止,潜移默化,受益终身。

私立南开学堂以其别具一格的精神面貌和教学方式,引起袁世凯的关注。一次参观学堂后,袁世凯当即捐出五千两白银以示鼓励,扶持,并上奏朝廷,表彰严

① 王彦力:《张伯苓与南开——天津历史名校个案研究》,南开大学出版社,2015年,第69页。

修的办学义举。权倾朝野的袁世凯,曾对自己在直隶总督位上做过一番回顾,认为这期间主要做了两件事,“曰练兵,曰兴学”。所谓“练兵”,是指清末“小站练兵”,地点距离天津咸水沽南约十公里。甲午战争之后的1895年,袁世凯接替胡燏棻,在小站督练新建陆军。他在原十营近五千人的“定武军”基础上招兵买马,增募新兵二千多人,以德国陆军军制为蓝本,组建步、马、炮、工、辎等兵种,并制定新的营规营制、饷章、操典。整个过程袁氏亲力亲为,摒弃了八旗、绿营和湘淮军的旧制,注重武器装备的近代化和标准化,强调实施新法训练的严格性,完成了在中国近代军制史上的一个重大转折。所谓“兴学”,则推举并倚重严修完成,在当时社会形成了改革学务的突出亮点。在这方面,袁世凯称自己听严先生指挥,放心大胆,心悦诚服。

严修通过这个平台展示身手,也赢得了北洋系的“文宗”之誉。1905年,朝廷学部创立,成为“第一个统管全国教育事务的专职中央行政部门”,严修则成为学部侍郎(后改左侍郎)的不二人选。他全身心投入工作,以勤政、尽职的形象称誉于学部上下,在主政学部期间,举荐选拔了一批来自全国的顶级教育人才,其中有张元济、范源濂、严复、罗振玉、王国维、卢靖、陈宝泉,尽管他们的教育理念存有歧义,但还是能够彼此包容,相得益彰。

1910年,严修辞职京师,归返津门,倾家办学。起初他的目标设计定位于私立学堂,而且此学堂与清王朝和北洋军阀的教育体制要有所区别,这个过程中,严修遇到了张伯苓,可谓天意。两个人配合默契,珠联璧合。严修有一辆马车,因驾车的是一匹老马,行走动作老态迟缓,他与张伯苓常常同乘马车,路途不算远,也需一段时间,两人因此有了更多时间共商校务。张伯苓戏称此马车为“议事车”,且将两人关系做了定位,即严修为南开“创办人”,自己为“承办人”。

严修与张伯苓携手并进,星火燎原一般,从严氏家馆到敬业学堂,再到南开系列学校,一步一个脚印,一年一个变化。这个过程中,张伯苓表现出超强能力,赢得严修的认可和社会的赞誉。由于在出身、经历、个性和求学过程的种种差异,决定了两人的日常行为处事上有诸多不同,具体表现在,“严修睿智,张伯苓勇敢;严修清雅、张伯苓豪放;严修审慎,张伯苓热情;严修恬淡,张伯苓倔强”。[①] 他们彼此互补,惺惺相惜,齐头并进,联手谱写了中国教育史的瑰丽篇章。此后岁月,严修逐渐默默退居幕后,以利于张伯苓放手去干以自己的实际行动,践行了“南开私立

① 王彦力:《张伯苓与南开——天津历史名校个案研究》,南开大学出版社,2015年,第67页。

非私有”的办学理念。

1911年10月10日夜晚,武昌起义打响了推翻清廷的第一枪,把清政府的“寿数”强行推入了倒计时。此过程中,军事前线兵戎相见,乱象纷呈,隐居天津的严修不禁忧心忡忡。他认为共和是件大事,很难一蹴而就,倾向于部分革命党人通过和平方式实现共和的主张,用和谈解决困局,于是积极奔走,为和谈牵线搭桥。袁世凯赞同他的主张,基于严修的人望,袁世凯极力邀请他做南北议和代表,却被婉拒。严修不肯涉足政坛,过深介入时局。1912年2月12日,隆裕太后在袁世凯的压力下,被迫代溥仪颁布了《退位诏书》。懵懂中的幼童溥仪,不仅成了“清废帝”,还是中国封建王朝史上独一无二的“末代皇帝”,中国得以未流血而结束了古老帝制。“中华民国”结束了清廷统治,这一划时代事件的意义在于,这种结束并非几千年封建王朝的简单更迭和帝制轮替,而是彻底的改弦更张,以共和取代专制,总统取代皇帝,公历取代农历,学校取代学堂,男人留发取代辫子,女子天足取代裹脚,鞠躬取代跪拜……凡此种种,牵涉到各社会层面的细枝末节,难以尽数。

袁世凯是军人出身的直隶总督,并非一介莽撞粗鲁的赳赳武夫,他一直对启蒙维新与兴教之事有兴趣。1902年,袁世凯奏请朝廷将天津西沽武库旧址拨办北洋西学堂,并改名为天津北洋大学堂,即现在的天津大学。此后的民国元年,陆军预备大学迁到北京,袁世凯在保定建立了陆军军官学校,培养了一批名将。不独如此,他还重用满腹经纶且又眼光独具的教育人才。1904年,袁世凯力邀归隐居家6载的严修出山,主政直隶学务。出于对教育的重视和热爱,严修上任不久就有了一系列行动,包括推动废除科举,派人到各州考察办学情况,创办《直隶教育杂志》,推行相当于早期汉语拼音的官话字母,建立劝学所制度,组织编写《民教相安》《国民必读》等普及类宣传读本及初级教科书,开设教育研究所,兴办各类学校,等等,把晚清办学兴教推向了一个全新阶段。

民国走上历史舞台,袁世凯也如愿登上大总统宝座。实施组阁时,他环顾身边四周,觉得不能少了严修,于是再次请这位自己非常信任的老友入阁理政,当度支部长,或任教育部部长,严修依旧没有答应。严修秉承的是先祖严光的做人原则,老友当政,不攀高位,只做诤友。怅然若失的袁世凯,出于对严修人品学问的信任,袁世凯又提出把几个儿子托付给严修教育。严修应允,准备亲率袁氏诸子赴欧留学,袁世凯欲赠严修三千元做谢仪,同样被拒,两人推来推去,这笔钱最终成了袁氏弟子赴欧洲的留学费用。

1915年夏,得势的袁世凯利令智昏,开始借助杨度为自己恢复帝制扇风造势。

与袁氏私交甚笃的严修察觉后，寝食难安，认为袁氏若不称帝，以其作为，完全可以是传世英雄，而一旦称帝，则必然前功尽弃，遗臭万年。他不再犹豫观望，立即写信给袁的部下，托其转呈袁世凯，直言劝谏。信中严修殷殷劝诫，道出心声，"为大总统计，不改国体而亡，尤不失为亘古唯一之伟人改而亡，则内无以对本心，外无以对国民，上无以对清之列祖列宗，下无以对千秋万世，有百害而无一利。"[①]未见效果，严修索性亲自进京，面见袁世凯，谈了约一个小时，可谓苦口婆心，忠言逆耳，目的就是劝阻袁氏称帝，仍未如愿，失望而归。

是年 12 月，袁世凯果真称帝，天下哗然。新军名将蔡锷立即率部在云南起义，讨袁护国，多方响应，声势浩大。袁世凯瞬间成为天下公敌，"帝位"仅维持三个月就撑不住了，由此人设崩塌，颜面扫地，局面失控，以至于口碑尽毁，门庭冷落。政治理念上，严修与袁分道扬镳，私人情谊，却不以成败远故交，顶着舆论的压力，严修第一时间进京看望四面楚歌、大势已去的袁世凯，两人推心置腹，谈了两小时之多。已是孤家寡人的袁世凯经此世事，陷入痛思，唏嘘泫然，"吾今日始知淡于功名富贵、官爵利禄者，乃真国士也……严范孙与我交数十年，亦未尝言及官阶升迁……有国士在前，而不能听从其谏劝，吾之耻也。"[②]1916 年 6 月 6 日晚，严修听到袁氏病亡的消息，一早即赴京吊唁，并坚持送其灵柩回原籍安葬。两年后，袁世凯长子袁克定的生母于氏去世，又是严修，冒着严寒天气，"步行约四里许"，亲自送灵至车站。

此后民国十多年间，群龙无首，军阀派系林立，打成一锅粥。政府头面人物多番轮换，有如走马灯一般，令人眼花缭乱。一段时间，黎元洪、段祺瑞等北洋政府当权者数次邀请在天津的严修出山，担任教育总长、参政或国史馆总裁等职，严修一一拒绝，平稳泰然，心如止水。严修为自己设了一条红线，躬耕于教育园地，绝不涉足官场，但他的影响力有目共睹。傅斯年曾计划为北洋政府历史撰写《民国北府记》，提纲中选定十余人入列传，其中就有严修。

严修一生注重事功，著述不多，"轻著述而重躬行"，他自言："好争者必不直，好盟者必不信，好怒者必不威，好察者必不智，好服药者必不寿，好著书者必不通。"[③]中年后，他辞官隐居，远避尘嚣。他不主张寿庆，每逢生日，他就外出避寿。

---

① 蔡辉：《严修：追求实学，不务虚文》，《北京晚报》2019 年 3 月 21 日，第 39 版。

② 蔡辉：《严修：追求实学，不务虚文》，《北京晚报》2019 年 3 月 21 日，第 39 版。

③ 严文凯：《身故幽兰　幸出深山》，载《张伯苓研究》秋季号 2020 年第三期，第 20 页。

他与兴学相伴近二十年,有风有雨,潮起潮落,他坦言无憾,若就此离世,得以与故去的至交亲友久别重逢,欣然神会,未必不是乐事。1928年夏,严修身染重疾。病中,他作诗曰:"晚年事事不关心,犹念神州怕陆沉。"[①]转年3月14日,严修溘然离世。是年3月16日,天津《大公报》专发社论,高度评价了严范孙的一生人品,称其"不愧为旧世纪一代完人"。胡适也认为:"严修是中国旧道德传统和学识渊博最可敬的代表人物,他是一位学者、藏书家、诗人、哲学家、最具公德心的爱国志士",张伯苓用自己率真、朴质的语言,深切表达了对范孙公更为切肤更为亲近的敬慕和追思:"真万幸,遇到严先生,让我去教家塾。严先生之清与明,给我极大的教训。严先生做事勇,而又不慌不忙。……我们称赞人往往说某某是今之古人,严先生可以说是近之圣人"。[②]

这方方面面的认可,正是中国近代史对一代"清流"教育家范孙公的盖棺定论。

黄桂元,天津作家协会原副主席。

① 杨传庆:《"南开校父"严修的诗与诗学》,载《张伯苓研究》秋季号2020年第二期,第27页。

② 侯杰、秦方:《张伯苓家族》,新星出版社,2018年,第25页。

河北省地名文化论析

谭汝为

【提　要】本文拟从“阪泉、涿鹿之战与河北地名”“河北省古老的县市地名”“历史悠久的‘鹿’字地名”“幽州突骑，光武天下”“磁县贺兰山与岳飞《满江红》”“河北省‘临’字地名”等六个方面，对河北省悠久而多元的地名文化进行提要钩玄的分析。

【关键词】河北省　地名文化　阪泉涿鹿　磁县贺兰山

在中国漫长的历史演选过程中，河北省属于开发较早的地区，始终占有重要的地位。考古发掘证明，约200万年前河北阳原马圈沟就有了人类活动足迹；在河北西北的泥河湾盆地发现有距今100万年的古人类聚居遗址二十余处。新石器时代的文化遗存在河北省分布广泛，燕山南北、太行山东麓广大地区分布着大小不一、为数众多的原始聚落，尤以位于邯郸武安市新石器时期的磁山文化遗址最为突出。距今5000年前，河北各氏族、部落相继进入父系氏族社会，并经历氏族融合过程；发生在河北的涿鹿之战、阪泉之战、冀州之战是对中华民族的形成具有奠基意义的三次战争。战争的主要领袖黄帝和炎帝被尊为中华民族的始祖。

本文拟从“阪泉、涿鹿之战与河北地名”“河北省古老的县市地名”“历史悠久的‘鹿’字地名”“幽州突骑，广武天下”“磁县贺兰山与岳飞《满江红》”“河北省‘临’字地名”等六个方面，对河北省地名文化进行提要钩玄的分析。

一、阪泉、涿鹿之战与河北地名

传说中最古老的地名——涿鹿县，隶属于张家口市，地处河北省西北部、桑干河下游。涿鹿，西汉时设县，元代为保安州，1913年改保安县，1914年复名涿鹿县，

1928—1952年曾属察哈尔省。传说在古老的父系氏族公社时期,在今河北省涿鹿县一带发生了两场激烈的战争,史称阪泉之战和涿鹿之战。

阪泉之战,是黄帝和炎帝这两个部落联盟在阪泉之野发生的战争。相传黄帝之时,炎帝欲侵凌诸侯,黄帝乃修德备战,“以与炎帝战于阪泉之野,三战然后得其志”(《史记·五帝本纪》)。这场大战发生在神农氏时代末期,氏族制度已趋衰落,社会分化加剧,为物质利益而进行的战争日益增多,给人民正常的生产生活带来巨大威胁。为应付战争,亲属部落结成联盟,进而又结成范围更大的联合体。此时,实力强大的黄帝部落用武力征服不顺从者,成为威信极高的“酋豪”,很多较为弱小的部落纷纷投靠归顺。然而此时,炎帝部落也四方征讨,扩大势力范围,以逞雄称霸。于是,黄帝和炎帝间发生了阪泉之战。由于参战的两大部落联盟实力都很强,因而战争规模颇为壮观。汉贾谊《新书》载:“炎帝者,黄帝同母异父兄弟也,各有天下之半。黄帝行道而炎帝不听,故战于涿鹿之野,血流漂杵。”最后,黄帝经“三战然后得其志”。阪泉之战后,黄帝、炎帝连同分别从属于他们的一些部落结成联盟,确立了黄帝的领导地位。炎帝败得心服口服,甘愿称臣。阪泉之战对开启中华文明史、实现中华民族首次大统一奠定了基础。

阪泉之战后,《史记·五帝本纪》载:“蚩尤作乱,不用帝命,于是黄帝乃征师诸侯,与蚩尤战于涿鹿之野。”相传蚩尤是南方九黎(即九个亲属部落结成的部落联盟)的首领,勇武善战,武器装备也较为先进。战争起于蚩尤大军西向侵略,炎帝大败,疆土全无,转向黄帝求助,于是引发了黄帝与蚩尤的涿鹿之战。由于双方实力相当,战争旷日持久,最终以蚩尤失败、黄炎集团取得胜利而告终。涿鹿之战是炎黄二帝率领的部落联盟与蚩尤率领的南方九黎部落进行的一场大战,被后人称为华夏民族的奠基之战。涿鹿之战后,九黎部落分崩离析,其中的一部分与炎黄部落融合,构成华夏民族。炎帝、黄帝与蚩尤就此成为华夏三祖,并产生了“炎黄子孙”和“黎民百姓”的称谓。九黎部落的另一部分则渡过黄河南下,聚居于江淮一带,称为“三苗”,其活动范围据《战国策·魏策一》载:“昔三苗者,左彭蠡之波,右洞庭之水,文山在其南,而衡山在其北。”大体在长江中游地区,今湖北、湖南、江西一带。

“涿鹿”“阪泉”,是中国历史上最古老的两个地名。阪泉,一说在今河北涿鹿县的东南。《晋太康地志》:“逐鹿城东一里有阪泉,上有黄帝祠”;《括地志》:“泉今名黄帝泉,在妫州怀戎县(今涿鹿县西南)东五十六里,出五里至涿鹿,东北与涿水合。”汉代设有涿鹿县,在今河北涿鹿县城东南的古城,而阪泉则处在这座古城的南面。涿鹿古城迄今还保存着城垣的残迹。古城的南边有涿鹿山，东侧矾山镇的西面和阪泉平行的有一条蚩尤泉水北流汇为涿水，就是今天的流向东北汇入官厅水库的清水河。古城的北面有东西走向的桥山，又名天架山，传说就是黄帝的衣冠冢葬地，又名黄陵。

但后世的说法不一。《汉书》将“桥山”记载在上郡的阳周县下，说“桥山在南，有黄帝冢”。阳周县在今陕西省北部子长市西北的白于山麓。北魏时又将阳周县改设在今陕甘两省交界的子午山麓，隋代更名罗川县，唐代改为真宁县，清代又改为正宁县。县东与中部县相邻，两县分别处在子午岭两侧的山麓下。唐代《元和郡县图志》载：“子午山亦曰桥山，在（真宁）县东八十里，黄帝陵在山上即群臣葬衣冠之处。”明清时期的《地理志》，又把桥山置于中部县来记述。《明史》：“中部北有桥山，亦曰子午岭”。《清史稿》：“中部：城市桥山。”于是，祭祀黄帝的活动就在这里举行了。清乾隆四十一年（1776），陕西巡抚毕沅在这里树立石碑，上书“古轩辕黄帝桥陵”。1944 年，中部县改名为黄陵县。于是，桥山、黄陵这两个地名就固定于此了。

司马迁《史记》：“黄帝居轩辕之丘，邑于涿鹿之阿，迁徙往来无常处。”因为传说黄帝与蚩尤在涿鹿大战时，奴隶制国家尚未正式建立，所谓都城的说法都是后人的以今例古，不足为据。一些历史地名会随着人群的迁居而发生转移，甚至发生多次转移，这就体现出一些古老的历史地名呈现出多元和复杂的特征。

今之涿州市，古代即以涿水得名。古代涿州辖境宽阔，包括今北京市房山区，河北省的涿州、涞水、定兴、容城、安新、蠡县、博野、易县、高碑店、雄县、徐水、高阳、安国、清苑、霸州、肃宁、河间、任丘、永清、饶阳、安平等市县及定州市东部地区。西汉绥和元年（前 8），割西南部地区属中山国，辖境缩小。东汉属幽州。三国魏黄初七年（226）改为范阳郡。隋大业初改幽州，治蓟县（今北京城西南隅），其辖境相当今北京市及河北霸州市和天津市海河以北，蓟运河以西，赤城、涿鹿等县以东地区。隋炀帝时开永济渠，南达于黄河，北通至此。唐大历四年（769）析幽州置涿州，治范阳县（今河北涿州市）。辖境相当于今河北涿州、高碑店、定兴、固安等市、县及北京市部分地区。元太宗八年（1236）改置逐州路。元中统四年（1263）复为涿州，1913 年更为涿县，1986 年设涿州市。

二、河北省古老的县市地名

河北省最古老的县，有始于春秋的任县、馆陶县，始于战国的行唐、元氏、饶阳、安平、武安。例如任县，源自春秋晋国的任邑，西汉时设立任县，县治在今县东的任城镇。馆陶县，源自春秋晋国的冠氏邑，西汉时设立馆陶县，县治在今馆陶镇。行唐县源自战国赵国的南行唐邑，西汉时设立南行唐县，县治在今县的龙州镇。元氏县源自战国赵国的元氏邑，西汉时设立元氏县，为常山国治，县治在今县的槐阳镇。饶阳源自战国赵的饶邑，西汉时设立饶阳县，县治在今天的饶阳镇。安平县，源自战国赵国的安平邑，西汉时设立安平县，县治在今天的安平镇。武安市源自战国赵国的武安邑，秦朝设立武安县，县治在今武安市西南的固镇，隋朝时迁今武安镇。

河北省古老的县市，还有分别于秦、汉、三国、隋、唐时期设置的近 90 个县市：

（1）秦代设置的，有井陉县（治今县东北）、东垣县（治今石家庄市郊东古城）、怀来县（原名沮阳县，治今县东南）、涿县（治今涿州市）、曲阳县（治今县西）、南皮县（治今县东北古城村）、巨鹿县（治今巨鹿镇）、邯郸县（治今市）、武安县（治今市西南固镇）、原范阳县（治今定兴镇），共 10 个县。

（2）西汉时期设置的，有灵寿县（治今县西北故城）、藁城县（治今区东南）、曲阳县（治今晋州市西）、行唐县（治今县东北故郡村）、深泽县（治今县东南故县村）、无极县（治今无极镇）、元氏县（治今县西北故城村）、阳原县（治今县西南）、涿鹿县（治今县东南故城）、安次县（治今安次区西北古县村）、固安县（治今县西南）、文安县（治今文安镇）、安国县（治今安国市东南）、唐县（治今县东北）、原武兴县（治今安新县南）、望都县（治今唐县西北）、高阳县（治今县东旧城镇）、容城县（治今县北）、东光县（治今县东）、枣强县（治今县东故县村）、武邑县（治今武邑镇）、饶阳县（治饶阳镇）、安平县（治今安平镇）、阜城县（治今县东）、南宫县（治今市北旧城村）、任县（治今县东）、平乡县（治今县西南）、涉县（治今县东北）、魏县（治今大名县魏城镇）、曲周县（治今县东北）等，共 30 个县。另外，西汉设置后被裁撤的，还有原北平县（治今保定市满城镇）、原卢奴县（治今定州市）、原蠡吾县（治今博野镇）、原陆成县（治今蠡县南）、原浮阳县（治今沧州市旧州镇）、原高城县（治今盐山县东南）、原乐成县（治今献县东南）、原信都县（治今冀州区）、原平棘县（治今赵县西南）、原广昌县（治今涞源县北）、原东平舒县（治今大城县平舒镇）、原脩县（治今景县南）、原堂阳县（治今新河县西北）、原广年县（治今永年区东故县村）、原斥丘县（治今成安县）、原广平县（治今鸡泽县东南故称）等，共个 16 县。

（3）东汉时期设置的，有栾城县（治今栾城镇）、高邑县（治今高邑镇）、广宗县

(治今广宗镇)等3个县。

(4)三国魏时设置的,有肥乡县(治今肥乡区西)。

(5)隋代设置的有:鹿泉县(治今址)、新乐县(治今新乐市东北)、赞皇县(治今赞皇镇)、清苑县(治今保定市)、易县(治今易州镇)、涞水县(治今涞水镇)、河间县(治今河间市)、衡水县(治今衡水市西南)、沙河县(治今县东)、内丘县(治今内丘镇)、柏乡县(治今县东南)、馆陶县(治今馆陶镇)等,共16个县。

(6)唐代设置的,有平山县(治今平山镇)、怀安县(治旧怀安,曾属察哈尔省)、蔚县(初名安边县,治今蔚州镇)、抚宁县(治今抚宁镇)、玉田县(治今无终街道)、三河县(治今三河市)、永清县(治今永清镇)、临城县(治今临城镇)、宁晋县(治今凤凰镇),加上后被裁撤的原新城县(治今高碑店市东南新城)、原归义县(治今容城县东)。

(7)五代设置的,有遵化县(治今遵化镇)、霸州(治今市霸州镇)、原永安县(治今青县清州镇)等,共14个县。

综上,在宋代之前设立的古老的县市,总数将近90个,由此可见河北省历史之悠久,诚非虚言也!

三、历史悠久的"鹿"字地名

曾广泛分布于华夏大地之上的梅花鹿,因性情温顺、体态优雅,一度被视为瑞兽。古代围猎"训练"出的鹿群反应敏捷,在捕猎时,须严密的指挥和配合,捕猎者还时常会因猎物归属而引发冲突。《史记·淮阴侯列传》:"秦失其鹿,天下共逐之,于是高材疾足者先得焉。"裴骃集解引张晏曰:"以鹿喻帝位也。"后因以"逐鹿"比喻争夺统治权,也成为群雄并起、割据争雄的代名词。地名中凡与"鹿"有关的行政区域地名,几乎在历史上都与战争有关。河北省以"鹿"为名的四个县——涿鹿县、巨鹿县、束鹿县和逐鹿县亦如此。

隶属于张家口市的涿鹿县,地处河北省西北部、桑干河下游,东邻北京。据《涿鹿县志》载,涿鹿在秦以前史书上称独鹿。因当地有山形似奔跑的一只鹿,故名独鹿。后因山脚下有泉水流出,又称为浊鹿,不久改为涿鹿,称这座山为涿鹿山。历史传说的涿鹿之战,最早的可靠文献记载是司马迁的《史记》:"于是黄帝乃征师诸侯,与蚩尤战于涿鹿之野,遂禽杀蚩尤。"还有"(黄帝)邑于涿鹿之阿"的记载。

巨鹿县,隶属于邢台市,位于河北省南部。是秦代三十六郡之一,是历史上的巨鹿之战、黄巾起义的发生地。“巨鹿”古作“钜鹿”,其名源自大陆泽,《后汉书·郡国志》载:“钜鹿故大鹿,有大陆泽。”《钜鹿县志》亦云:“许氏说文钜大也,古者鹿陆通用,则钜鹿大陆一也。”从上述沿革,可知“巨鹿”之“鹿”字,与动物“鹿”无关。

束鹿县,位于河北省中部,县治为辛集。1986年撤销县改市,称为辛集市。今之辛集市境,东汉时称鄡县,北魏改名束县,北齐改称安国县,隋开皇十八年(598)改名鹿城县,为该地名中有“鹿”之始。唐天宝十五年(756)改名为束鹿县。“束鹿”之名有一段耐人寻味的史实,待与下文“获鹿”之名并说之。

位于河北省西南部的鹿泉区,地处滹沱河上游。西汉置石邑县,北齐改称井陉县,隋开皇十六年(596)析井陉县西部置鹿泉县,以境内有白鹿泉而得名。传说汉韩信在率军攻赵的锦河战役中,曾派武士胡申四出寻找水源,申射鹿得泉,取名白鹿泉,县即以鹿泉为名。为纪念射鹿得泉的武士胡申,白鹿泉西边的村落,即以胡申命名。唐天宝初年(742),节度使安禄山驻节于此。天宝十五年(756)改名获鹿县。1994年,设立鹿泉市。2014年,撤市设区,设立鹿泉区。此地自古即为兵家必争之地,也是遐迩闻名的“旱码头”,民间有“一京二卫三通州、比不上获鹿旱码头”的俗谚。

唐天宝十四年(755),时任范阳大都督的安禄山造反,《资治通鉴》卷第二百一十九记载:唐玄宗于天宝十五年“改常山之鹿泉曰获鹿,饶阳之鹿城县曰束鹿,以厌之。”《旧唐书·本纪》记载:“天宝十五载三月,改常山郡为平山郡,房山县为平山县,鹿泉县为获鹿县。”鹿泉改获鹿(当地方言读 huáilù),鹿城改束鹿,常山、房山改为平山——寓意抓获安禄山、平定安禄山。其后,唐朝由盛转衰,经五代十国,获鹿和石邑一直为县。至宋开宝六年(973),获鹿、石邑两县合并为获鹿县。

为何鹿城、鹿泉、房山三个县同时改名为“束鹿”“获鹿”“平山”呢?原是唐玄宗李隆基想用这三个新地名,表达俘获束缚叛匪敌酋安禄山、平息叛乱的强烈意愿。天宝年间,安禄山密谋叛乱,但唐玄宗却毫无察觉,反而把前往宫中报告安有反意之人押至安禄山处,任其剜心割舌处置。当安禄山发动叛乱大举南侵时,他惊慌失措,借“鹿”“禄”谐音,将安禄山南下必经之路的“鹿城”改称“束鹿”;将“鹿泉”改为“获鹿”来发泄内心的愤恨。但改地名易,撼叛军难!结果哥舒翰兵败潼关,致使安禄山兵临长安,唐玄宗匆忙出逃,奔往巴蜀。途中发生马嵬兵变之后,玄宗一行在宝鸡一带又遭叛军之阻,几乎被叛逆“束”“获”。最后安史之乱终被平息,但玄宗也失去皇位,大唐帝国从此走向衰败,只留下“束鹿”“获鹿”“平山”三个县名,任后人指点评说。写至此,不禁想起唐元稹著名的五绝《行宫》:“寥落古行宫,宫花寂寞红。白头宫女在,闲坐说玄宗。”

四、幽州突骑,光武天下

唐杜甫《渔阳》诗:“渔阳突骑邯郸儿,酒酣并辔金鞭垂。”宋陆游《夜从父老饮酒村店作》诗:“丹徒布衣有筹略,渔阳突骑莫枝梧。”所谓“渔阳突骑”,又称“幽州突骑”,即指边塞幽州精锐善战的骑兵部队。

汉武帝为抵御匈奴,严格训练骑兵,而幽州突骑成为精锐部队的典型代表。当时幽州主要辖域是:上谷郡(治沮阳,今河北怀来)、渔阳郡(治渔阳,今北京密云)、右北平郡(治土垠,今河北唐山)、涿郡(治涿县,今河北涿州)、广阳郡(治蓟县,今北京西南城区)、辽西郡(治阳乐,今辽宁北票)、辽东郡(治襄平,今辽宁辽阳)等。幽州紧靠塞北,与匈奴等北方民族为邻,民风彪悍,擅长骑术,素质出众。西汉镇守幽州上谷、渔阳、右北平、辽东、辽西诸郡的都是一代名将,如李广、韩安国、路博德等。

《后汉书·吴汉传》:“渔阳上谷突骑,天下所闻也。”《后汉书·耿弇传》:“我至长安,与国家陈渔阳上谷兵马之用,……归发突骑,以辚乌合之众,如摧枯折腐耳。”吴汉所说渔阳、上谷突骑,指汉光武帝麾下的幽州骑兵精锐。后以“渔阳突骑”喻指冲锋陷阵、斩将搴旗的骑兵部队。

西汉末年,王莽篡位,引发农民起义,天下大乱。最终皇族后裔刘秀成为“再造汉室天下”之君,史称汉光武帝。刘秀依靠幽州突骑、冀州强弩、并州兵骑而得天下。当时初到河北的刘秀势单力薄,且一度遭到邯郸王郎的威胁,只得在蓟城暂避。恰逢上谷太守耿况派其子耿弇前来联络。其后耿弇与当地豪族寇询一起说服耿况支持刘秀,耿况又派寇询游说渔阳太守彭宠。彭宠为南阳宛人,与吴汉为同乡,吴汉劝说道:“渔阳、上谷突骑,天下所闻也,君何不合二郡精锐,附刘公击邯郸,此一时之功也。”于是,耿况和彭宠达成共识:上谷、渔阳两郡组成六千精锐的幽州军杀向南方,以追随明主刘秀。

史书记载,刘秀引上谷、渔阳六千突骑南下,所向披靡,连克涿郡、中山、河间、清河等二十二县。随后在巨鹿与刘秀部队会合,彻底击溃了河北邯郸劲敌王郎。其后,在关乎光武政权存亡的巴蜀之战中,依靠幽州突骑扭转战局,反败为胜。刘秀率部南征北战,用了十一年时间终于完成了统一大业,开创了刘氏汉朝的中兴。刘秀开创东汉王朝艰苦卓绝的历程,始终离不开的幽州突骑给予的强有力的支持。

幽州突骑的主要指挥者耿弇,自幼喜好兵事,力劝任上谷太守的父亲和渔阳太守投奔刘秀,跟随刘秀平定天下。耿弇常率精骑为前锋,败延岑、平齐鲁、攻陇右,屡立战功。在南征北战中,充分显示卓越的军事才能。

刘秀曾派耿弇率领刚降伏收编的4万军队,去攻打拥有20万大军并占据山东青州十二郡的豪强张步。两军交战,耿弇右腿被敌箭射伤,血流如注,但他用佩刀砍断箭杆,坚持指挥部队发起进攻,终将张步打得落败而逃,临淄战役取得大胜。数日后,刘秀亲往临淄劳军,盛赞耿弇说:“昔日韩信破历下开创基业,今将军连战连捷,两功相仿。当年你在南阳曾请率军平定张步,我当时以为你口气太大,恐难成功。如今方知:有志者事竟成啊!”这就是成语“有志者事竟成”的出处。在追随刘秀、为建立东汉王朝立下汗马功劳的“云台二十八将”中,来自幽州突骑的有耿弇、吴汉、景丹、寇恂、王梁、盖延六人,成为名垂青史的开国功臣。

五、磁县贺兰山与岳飞《满江红》

岳飞名作《满江红》,到底是不是岳飞所写?持“此词非岳飞所写”说的学者,提出的主要理由之一,就是“贺兰山”在西北方的西夏境内,与起自东北的女真族金人毫不相干。关于“贺兰山”,《中国地名词典》释曰:“贺兰山,一称阿拉善山。蒙古语贺兰,意即骏马。在宁夏回族自治区西北边境和内蒙古自治区接界处。南北走向,长200多公里,宽15—50公里,一般海拔2000米以上,同名主峰(3556米)在银川市西北与内蒙古交界处。西侧和缓,东侧以断层临银川平原。是我国外流区与内流区的分水岭。森林茂密,林区有珍禽蓝马鸡。为宁夏回族自治区重要林区之一。煤藏丰富,并以产青石著名。山间坪口(苏峪口和三关口等)为东西交通要道。”其实,“踏破贺兰山缺”,纯属文学虚构,并非实指。宋邵伯温《邵氏闻见录》卷十六载:姚嗣宗字因叔,华阴人,豪放能文章,喜谈兵。尝作诗曰:“踏破贺兰石,扫清西海尘。布衣有此志,可惜作穷麟。”宋神宗赵顼《祭狄青文赞》云:“狄青乃出,捐躯效力,所向无前,踏贺兰石。”贺兰石就是贺兰山。在北宋诗人笔下,写“贺兰山”自然风物诗文的数量很多。如张耒《送刘季孙守隰州》诗:“君家将军本逢掖,叱咤西摧贺兰石。”周邦彦《薛侯马》诗:“焉知不将万人行,横槊秋风贺兰道。”黄庶《送李室长庆州宁觐》诗:“我生南方长诗书,爱国区区肺如炙。欲于塞外勒姓名,往往夜梦贺兰石。”北宋诗人喜欢以书写贺兰风物表达个人的特殊情志,这与北宋和西夏的冲突当然有一定关系;但就文学传统而言,这种表达英雄精神的“贺兰”,并非实指。

与宁夏贺兰山同名,河北省邯郸市磁县境内也有一座贺兰山,原名西山,距县城西北三十里,在今林峰村南面。据载,宋代道士贺兰栖真曾在西山筑建道观潜心修炼,并接受宋真宗的召见。获此殊荣,名声愈加显赫。地方官员乃仰承“上意”,申报朝廷,将西山更名为贺兰山,将忙牛河易名为贺兰河,附近村落定名为东贺兰村和西贺兰村,并相延至今。清康熙三十九年(1700)刊印《磁州志》,其中“磁州境图”就明确标出贺兰山、贺兰河、贺兰村的位置。志文曰:“贺兰山在州西北三十里。山非高峻而蜿蜒起伏,长二十里。宋贺兰真人隐居于此,因以得名。”磁县贺兰山为太行山余脉,东西长10余公里,南北宽1—2公里,海拔最高186.7米、最低114米,南侧山势平缓,北侧稍显高峻。”

磁县为官道要冲,在宋金交战时,磁州一带是黄河北岸的军事要地。抗金名将宗泽曾驻守磁州。贺兰山虽不险峻,却是当时岳飞抗金的主要战场之一。岳飞曾率部多次往返,并在磁县西南驻扎,此地后称为“岳城镇”。后人为纪念抗金英雄,曾修建“岳穆庙”。《磁州志》记载:“岳城在县西南55里。宋建炎初年,岳武穆曾驻兵于此。”村北原有岳飞驻兵的遗址,人称“岳飞寨”。磁县有东候召、西候召、小候召三个村落,均以岳家军曾驻扎于此等候朝廷圣旨而得名。《磁州志》的“磁州境图”也标明了“岳城镇”和“武穆庙”的位置。

《满江红》“驾长车,踏破贺兰山缺”之句,不仅昭示了岳元帅的战略部署和行军路线,也表明他对磁县贺兰山军事要冲很为熟悉且十分重视。故将《满江红》所指之处,定在磁县贺兰山——既有方志记载,又合乎战略方向,在逻辑上,亦顺理成章也。

六、河北省“临”字县名

“临”指俯视,即居高临下,往下看的意思,引申为接近,如“南临洛水,北达芒山”。中国行政区划地名,以“临”字打头的数量很多,商务印书馆1931年初版、由臧励和等编的《中国古今地名大词典》,“临”字地名多达281条。地名之“临”,多为依山傍水之地。河北省也有多处以“临”字打头的地名,如临漳县、临西县、临城县,还有历史地名临水县、临榆县、临洺县、临洵县等。

邯郸市临漳县,位于河北省南部、漳河沿岸,邻接河南省安阳市。古称邺,西晋为避愍帝司马邺名讳,将邺城易名临漳,因北临漳河而得名。古迹有三国魏铜雀台遗址、古邺城遗址等。

临西县本为山东省临清县辖区。为便于卫运河的管理和利用,1955 年将山东省临清县卫运河西岸的五个区划归河北省管辖,并在此设县。因地处临清县西部,故名临西。临西县现隶属于河北省邢台市,位于邢台市东南部,北接清河县,南濒邯郸馆陶县、聊城冠县,西接邯郸邱县,东临山东省聊城市临清市。

汉代置清渊县(治今临西)。北魏更名临清县(治今临西)。金元以后,县治迁徙水东(治今临清),遂成为临清县的河西部分。1964 年析临清县卫运河以西 5 个区设临西县。临西县历史上涌现出北宋名将王彦超、明代文学家谢榛、全国劳模吕玉兰等名人志士。有京杭运河、临清古城遗址、月洼寺等名胜古迹。

临城县,位于河北省西南部、太行山东麓,位于邢台市北部,隶属邢台市。战国初,北部属中山国房子辖域,南部为赵国属地。公元前 296 年,赵灭中山后,遂尽为赵地。秦代,属钜鹿郡。始为汉朝房子县地,县治在今高邑县西南。三国魏时为赵国治,西晋时为冀州治,唐天宝元年始于此置临城县,据《元和郡县志》载:"以县西南十里有临城——因改名焉。"县治所在今临城镇。1961 年,隆尧县、柏乡县辖区从内丘县析出复置临城县。主要景点有岐山湖、普利塔、邢瓷窑旧址、息波亭等。商周时期,这里曾为名城古郡,春秋时属晋地,西汉时为房子县地,唐朝天宝元年更名为临城,已有 1200 多年的历史。历城县有两处"国宝"级文物保护单位:一是宋代普利寺塔,是宋徽宗指派当时国内著名的能工巧匠所筑,是国内几处遗存且保留完好的砖结构古塔之一;二是唐代邢窑遗址,"类银类雪"的"邢白瓷",是中国陶瓷史上的"珍品"。

河北省邯郸市西南、峰峰矿区东南,有邻水镇为原峰峰矿区人民政府所在地,据传三国时期曾设县,因临近滏阳河,而得名临水县。镇西鼓山南麓的南响堂山石窟为全国重点文物保护单位。

临榆县,旧县名,位于河北省东部,清代置县,县治在原山海关。古代的榆关、渝关或临榆关、临渝关,都指山海关。临榆县 1949 年撤销,分别并入秦皇岛市和抚宁市。

河北省永年县西、京广线上有临洺关镇,镇北濒临洺河,为古代广平郡通往山西省的关口,有临洺驿站遗址。隋代时为临洺县,宋朝时废入永年县。

河北省东北部有由廊坊市代管的三河市,在唐代曾名临朐县。“三河县”得名,据《大清一统志》载:“以地近泃、洳、鲍邱之水而名。”唐武德二年(619),析潞县置临泃县,因濒临泃水而得名。贞观元年(627),复入潞县。开元四年(716),析潞县置三河县。1993 年,撤销三河县,设立县级三河市,仍属廊坊市代管。

参考文献

[1]臧励和. 中国古今地名大辞典[M]. 香港:商务印书馆香港分馆,1931.
[2]王维屏. 中国地名语源[M]. 南京:江苏科学技术出版社,1986.
[3]张明庚、张明聚编著. 中国历代行政区划[M]. 北京:中国华侨出版社,1996.
[4]徐兆奎、韩光辉. 中国地名史话[M]. 北京:商务印书馆,1998.
[5]牛汝辰编. 中国地名由来词典[M]. 北京:中央人民大学出版社,1999.
[6]薛国屏编著. 中国地名沿革对照表[M]. 上海:上海辞书出版社,2017.
[7]国家人文历史编著. 地名里的中国[M]. 北京:北京联合出版公司,2023.
[8]李如龙. 汉语地名学论纲[M]. 广州:暨南大学出版社,2023.

谭汝为,天津师范大学教授。

《直隶通志稿》未刊稿本初探

梁振刚

【提　要】民国四年(1915),贾恩绂主持创修了《直隶通志稿》,共二百卷。因时局动乱、财力匮乏等原因,始终未能刊行,并曾被认为"早已遗失"。之后再修《河北通志稿》,也未能充分借鉴这部《直隶通志稿》。因此,《直隶通志稿》具有重要的史料价值。

【关键词】直隶通志稿　贾恩绂　未刊本

民国年间,第一部《直隶通志稿》创修始于民国四年(1915)。当时,直隶省在保定成立畿辅备乘局(后改为直隶通志局),由贾恩绂主持,纂修直隶通志稿。此事以三万元之财力,经四年之功,完成《直隶通志稿》二百卷。书成因时局动乱、财力匮乏未能及时刊行。稍后虽有人向当时军阀政府申请经费,组织校刊处,准备印行,也未获成效。此志始终未能面世,已成为民国以来的一大憾事。目前学界只知道仅有少量稿本收藏在为数不多的图书馆,如国家图书馆藏有《水道篇》《村庄表》,上海图书馆藏有《建制沿革》,天津南开大学图书馆藏有人物等部分杂稿。近二十年来,笔者和朋友一道,致力于寻觅探访乡贤贾恩绂主编的这部重要著作,经过努力,取得较大成效。除馆藏资料外,我们前后共查阅到《直隶省通志稿》稿本达 112 册,另有散页多张,其中民国七年(1918)之前的《直隶通志初稿》107 册,民国二十三年(1934)重印《畿辅通志》时的稿本一册,民国二十六年(1937)《河北通志稿》底稿四册。统观这批资料,笔者认为,具有极重要的史料价值。

自明永乐初建都北京,称直隶北京的地区为北直隶,相当于今北京、天津两市,河北省大部和河南、山东的小部地区。清初以北直隶为直隶省,辖境日扩,内蒙古、辽宁部分地区也渐纳入直隶省。民国三年(1914)割长城以北改属热河、察哈尔两特别区域。民国二十八年(1939),改省名为河北。通志是指一省范围的地方志。明代以来,各省多撰省志。但是,地处冲要的畿辅地区却并未修志,究其原因,概因"明代以畿内之地直隶六部,与诸省州县各统于布政司者,体例不侔,故诸省皆有通志，而直隶独缺”[①]。

入清以来，《畿辅通志》历经三修。初修始于康熙十九年(1680)七月至二十一年(1682)四月，仅历十数月而全书告成，得四十六卷，而刊印则在二十二年(1683)春。此次修志终因期限匆迫，草率成书，既多疏漏，又不严谨，后世多给以讥评。重修始于雍正七年春，于雍正十三年(1735)成书一百二十卷并图一卷，即付刊行。“凡分三十一目，人物、艺文二门又各为子目，订讹补阙(缺)，较旧志颇为完善云”[②]。三修《畿辅通志》始于同治十年(1871)末，由直隶总督李鸿章延学者黄彭年等人撰修，至光绪十年(1884)成书三百卷，即刊行问世。

进入民国，保定莲池书院张廉卿、贾恩绂等人对光绪志提出批评，“失撰述之体”，“较康、雍二志虽称详备，而帐(账)册市簿，成文者鲜，未足当著述之目，识者憾焉”[③]。又因为光绪以来，京畿地区变化繁兴，为免资料遗佚，要求及时重修，于是民国四年(1915)推举贾恩绂主持，开始纂修《直隶通志稿》。著名方志学家来新夏先生曾对《直隶通志稿》给予积极肯定，认为“纂修者以较小财力、较快速度成如此巨著的经营苦心是应受到重视的”[④]。纂修者也颇自矜其书说：“论者咸谓吾直隶通志，康、雍引其端绪，光绪备其资料，至民国始成完书”[⑤]。

另外，民国十七年(1928)国民党河北省政府成立后，曾于民国二十年(1931)在省会天津组建河北通志馆，先后由刘善锜、瞿宣颖主持，王树枏、张国淦总纂，开始编纂《河北通志稿》。至民国二十六年(1937)抗日战争爆发，因战乱辍止。虽历时七年，但未能经总纂通编定稿，正式出版。抗日战争胜利后，在北平的河北籍学者再次组建了河北通志馆。谷钟秀叙任馆长，贾恩绂任总纂，再修河北通志。经过两年多的时间，完成了《河北通志》纂修，已备好纸张，准备印刷。时值北平解放前夕，城内政局不稳，未能印行。后由贾恩绂之子贾兴孙(任通志馆庶务)，携带全部志稿投奔湖南长沙其子贾肇谦处。此志稿在“文化大革命”中被抄收毁掉。目前我们所能见到的民国《河北通志稿》，是 1993 年 11 月北京燕山出版社出版发行，由河北省地方志办公室通过搜集、整理、点校民国二十年纂修本劫余稿而形成

---

① 纪晓岚主编《四库全书总目提要》，卷六八，中华书局出版社，1965 年，第 606 页。

② 纪晓岚主编《四库全书总目提要》，卷六八，中华书局出版社，1965 年，第 606 页。

③ 来新夏：《志域探步》，南开大学出版社，1993 年，第 166 页。

④ 来新夏：《志域探步》，南开大学出版社，1993 年，第 166 页。

⑤ 来新夏：《志域探步》，南开大学出版社，1993 年，第 166 页。

的。但这部劫余稿中的绝大部分内容,并未能借鉴、沿用在当时“早已遗失”的本文所讨论的《直隶通志稿》。

笔者所见的这112册稿本,绝大多数为写本,也有几册油印本。几乎每册稿本上都有大量朱、墨、蓝笔批校,多册钤有“河北男子所著”“贾恩绂印”“佩卿”朱印,写有“直隶通志初稿”“盐山贾恩绂佩卿编纂”“定稿”“校定本”字样。《疆域沿革表》前有云水陈云诰序:“盐山贾佩卿先生,一代豪杰之士也。生平以易天下为己任,颜其斋曰:‘思易草庐’,自号河北男子。所著书皆具特识,尤精方志之学,纂修体例独辟蹊径,不蹈袭前辙,其中精要诸篇皆可作单行之本。是表即所著《直隶通志》中之一也。其书既能详前人之所略,复能纠前人之谬误,允称合作。”“先生是书,以汉志为主,郦书为辅,又参以各家之说,于疆域之广狭,一县之析置省并,希有据依,并于各家之说,一一求是,不为苟同。各表之后,皆附以考证,以辨明其是非取舍之意”。多册书上,都有贾恩绂的题跋、题记。如在油印批校本《水道篇》,贾恩绂写有近四百字的长跋,其首页另有题记:“此本曾与定本校过,刻印时可用以校定本”。“一卷书成两鬓霜,区区于此亦荒唐。千金敝帚复谁享,此是当年治水航。丁巳印成戏题”。从这批稿本的内容来看,大致包括直隶通志叙例、沿革篇、幅员篇、物产篇、古迹篇、官职篇、蒙族篇、金石篇、山脉篇、方言、俗谣篇、记典篇、驿站篇、学校篇、封爵篇、通商篇、关防篇、城署篇、提梁篇、烈女篇、列女传、历代选举篇、清选举表、村镇表、地丁篇、水道篇、仓储篇、度支篇、兵制篇、兵士篇、祥异篇、事功编、直谅编、惠政编、显宦编、文学编、武功编,等等。

贾恩绂(1865—1948)字佩卿。河北省沧州市盐山县常金乡贾金村人。中国近代著名教育家、方志学家。与蒋耀奎、崔兰西并称为“燕南三杰”;与张皞如及李焕卿并称“沧盐三大儒”。16岁入县学,23岁中秀才,27岁中举。1898年各地举子公车上书,贾恩绂是签名者之一。曾入保定莲池书院,受业于吴汝纶先生,成绩名列前茅,为当时学者所推崇。自光绪二十三年(1897)始步入讲坛,讲于丰润县便阳书院,后创办定县定武中学,创建鱼香书院,又讲学于保定“崇实学堂”。曾任山东学务议员、山东学监、养成所教习。后任冯国璋为总办的“贵胄学堂”教习。贾恩绂精于方志,他一生之精力,大多倾注于此。曾撰修《盐山新志》《定县志》《南宫县志》《清苑新志》《枣强县志》等多部方志。当然,付出心血最多,影响力最大的,应当就是这部尚未面世的《直隶通志稿》。

梁振刚,中国古籍保护协会民间古籍收藏工作委员会委员,中国古籍研究中心特约研究员,十一届沧州市政协副主席、沧州市文联名誉主席。

明代河北仕人崂山诗刻考述*

包洪鹏

【提　要】明代是崂山仕人诗刻形成的鼎盛时期，留下了大量的诗文作品，成为承载崂山文化的重要载体。现存于崂山太平宫牛鸾的《太平宫即事二首》和已经散失的刘孝《登华楼》是明代河北籍仕人诗文中的代表。整理其诗文以明世，辨析其文字以通顺，注释其意象以达义，考究其写作背景以赏析，还原其写作时空以共情，梳理其生平以传记，对研究仕人作品、宦海生平、交游经历、方志校对，以及地方历史、文化的整理挖掘都有重要的价值。

【关键词】崂山　牛鸾　刘孝　献县　相州

明代崂山为莱州府即墨县管辖，因自然风光秀美，人文历史浓厚，饱受历代名人青睐。尤其在元明两朝，随着崂山全真道教的兴盛而名声大振，因而吸引了大量的文人墨客、道士羽流、举子仕人、乡贤达人前来游览。故而，崂山也成了当地官员文人与慕名而来者的交游之地。从《崂山县志》《山东通志》中可知，明代即墨知县、山东官员大多来此京津冀三地，故为官一任也留下了不少诗刻题刻。虽然一些因自然侵蚀和人为破坏而难以辨别，但亦有不少通过石刻、方志等保存了下来。这些作品散布崂山各处，往往不为文集收录，整理其诗文，辨析其文字，考究其时间和当时的写作时空，对研究仕人作品、宦海生平、交游经历、方志校对，以及崂山历史和文化的挖掘都有重要意义。

在明代留下诗文的河北籍仕人中，献县时任山东按察司佥事的牛鸾和临漳县时任山东布政司左参政刘孝颇有代表，分别留下了位于崂山太平宫的《太平宫太

* 基金项目：本文系山东省社科联人文社会科学课题（智库重点项目）“文化共同体视角下儒家文化在东北亚的创新性发展研究”（项目编号：2023-zkzd-107）；山东省社科规划研究专项“东夷文化的跨文化叙事与新时代山东文脉的国际表达研究”（项目编号24CRWJ09）青岛市社科规划课题“莱夷文化与青岛文脉研究”（项目编号：QDSKL2401252）的阶段性研究成果。

平宫即事二首》和《登华楼》三首诗歌。因前者为方志、艺文资料收录较少，后者原诗刻散失而不为研究者注意，故对二者进行补充、创新研究。

一、《太平宫即事二首》与牛鸾

崂山太平宫西院的眠龙石上有一处石刻为两首七言律诗，共14列，正文十列，五列为一首，皆为前四列各12字，第五列8字，前有诗题一列7字，后有落款两列各9、14字(其中一字模糊)，最后一列为“元中命刻石”，字径5厘米左右，阴刻楷书，保存良好。因落款模糊处恰为作者名字，正文不少俗体、异体字，故而对作者和作品考据如下，而对诗中涉及的太平宫中事物略做研究(图1)。

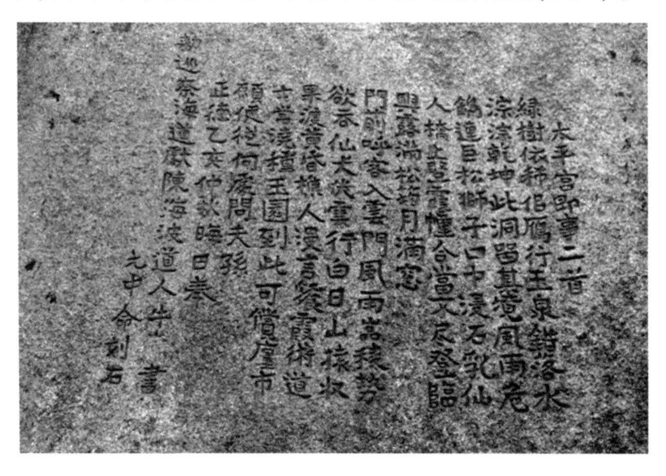

图1：石刻《太平宫即事二首》

(一)《太平宫即事二首·其一》

> 绿树依稀佀雁行，玉泉错落水淙淙。乾坤此洞留其境，风雨危镌连巨松。
> 狮子口中浸石乳，仙人桥上竖霞幢。合当不尽登临兴，露满松筠月满窗。

首句中“佀”字在大多资料中误写为“侣”。“佀”为“似”之异体。“玉泉”泛指太平宫周边的泉水汇流成河。周至元《游劳指南》中描写太平宫“林木蓊蔚，泉石洞壑之胜，亦最饶奇致。”[①]泉水现大多不存，只有在太平宫西院保留一眼，名为“龙涎”，水质清澈甘洌，至今仍被饮用。泉后有天然洞穴，现已修整，取名“仙人洞”，祀真武大帝。洞穴旁为一巨石——眠龙石。根据当地村民传说，天上的玉龙

---

① 苑秀丽，刘怀荣：《崂山志校注》，人民出版社，2015年，第215页。

偷喝王母娘娘蟠桃会上的美酒后被罚到此处,一直睡到了现在。牛鸾的诗刻便在其上。巨石、洞穴顶部和后边长有赤松古木,苍翠袭人。太平宫后为狮子峰,因其状如张口的柿子。沿着狮子峰山路北下到山涧,有自西向东流淌的溪水,“其底多巨石,累累连互,面平可渡,为仙人桥。”[①]虽然牛鸾只是路经此地,但是却被太平宫附近的美景深深吸引,流连忘返,游兴难尽,以至于露湿松竹,月华满窗才不得不归。

(二)《太平宫即事二首·其二》

门前呼客入云门,风雨岩稜势欲吞。仙犬伏云行白日,山猿收果渡黄昏。
樵人漫言餐霞术,道士常浇种玉园。到此可偿廛市愿,便从何处问夫孙。

首句中“前”在一些资料中误写为“藤”。二句中“稜”为“棱”之异体;“欲吞”在一些资料中误写为“如吞”。七句中“廛市”在一些资料中误写为“尘市”。《崂山诗刻今存》中解释为“《崂山志》等都按诗刻原字照写为‘市’,尽管作者可能有表达‘尘世’的意思。”[②]实则把“廛”误以为“尘”的繁体“塵”。廛市为商肆集中的地方,泛指红尘俗世。

(三)《太平宫即事二首·后记》

正德乙亥仲秋晦日,奉敕巡察海道,献陈海波道人,牛□书,元中命刻石。

《崂山诗刻今存》中把作者标注为“牛世鸣”,但未标明参考资料。但仔细观察诗刻,“牛”与“题”字之间只有一字之空。查资料得知“世鸣”即牛鸾之字。显然“□”处为“鸾”。其号“竹坡”。《河间府志》:“牛鸾,号竹坡”[③]“正德乙亥”为正德十年(1515)。八月仲秋的最后一天,牛鸾奉命巡查海道经过崂山太平宫写下了这两首诗,赠予陈海波道士。根据《献县县志》牛鸾因平叛山东刘六、刘七作乱有功而提升为山东按察佥事。《青州府志》:“献县人,正德五年以知益都县升山东佥事,兵备青州之设始此。”[④]但不久便被派往巡查海道。《献县志》:“旋命巡海道备

---

① 苑秀丽,刘怀荣:《崂山志校注》,人民出版社,2015年,第216页。

② 王瑞竹:《崂山诗刻今存》,中国海洋大学出版社,2013年,第41页。

③ 徐可先:《河间府志》,清康熙十七年刻本,卷十四,第97页。

④ 毛永柏:《青州府志》,清咸丰九年刻本,卷十,第1页。

倭。”[①]《青州府志》:“正德七年佥事牛鸾、知府朱鉴,嘉靖八年知府江珊相继修西门(博兴县)。”[②]《重锲凤洲王先生文抄注释》中《青州兵备道题名记》记载,牛鸾在青州任职期间,整顿吏治大有成效,升为副使。《登州府志》:“牛鸾,献县人,进士,佥事,八年任。潘珍,婺源人,进士,佥事,十一年任陛兵部侍郎。”[③]正德八年,牛鸾离开青州前往登州出任兵备道,于十一年离任。此次离任的原因是被巡按御史张羽弹劾。根据《明实录·明武宗实录》:“戊辰,降山东按察司佥事牛鸾一级。初,巡按御史张羽劾鸾恣意妄行,怨(左读右言)并作。项因其父还乡,辄受各属餽(馈)赆,稍不满意,动加箠(棰)挞,宜即罢黜。吏部谓鸾先为益都知县,有亲冒矢石,捍御城池功,去之可惜,乃降之。”[④],正德十一年六月十八,牛鸾被弹劾降职一级。结合《献县志》:“擢按察佥事,兵备青州,旋命巡海道备倭……犹以不得志于当路左迁知宁州”[⑤]来看,该年牛鸾被贬为宁州知州。由此可见,牛鸾从正德五年到正德八年在青州任职兵备道副使三年;从正德八年到正德十一年以山东按察使佥事身份担任登巡查莱海防兵备道,与嘉庆十二年《续掖县志》所记吻合。期间巡查海防路经崂山太平宫时期写下了这两首诗歌。

二、《登华楼》与刘孝

据崂山石刻、艺文、方志等资料记载,刘孝曾在崂山支脉华楼山上留一下一处七言律诗石刻。虽然诗刻现已不存,但诗文确有记载。综合各种材料,整理如下。

《登华楼》

抱朴刘子卧(临)浮丘,人道(道人)丹丘(成)几万秋。

苔合峰门金液冷,松蟠龙洞玉盆收。

隋唐瓦落玄远(元)殿,山海云藏独石楼。

七十二宫明月在,不知何处觅仙洲。

后记:“相台刘孝隆庆五年六月朔旦”。

---

① 万廷兰:《献县志》,清乾隆二十六年刻本,卷九,第36页。

② 毛永柏:《青州府志》,清咸丰九年刻本,卷四,第2页。

③ 徐可先《登州府志》,清顺治刻本,卷四,第2页。

④ 胡广,张居正,温体仁:《明实录》,明抄本,卷十二。

⑤ 万廷兰:《献县志》,清乾隆二十六年刻本,卷九,第36页。

（一）诗刻位置

该诗刻写在崂山华楼宫。《崂山志》："碑刻位于华楼宫，明代碑刻，楷书，阴刻，字径5厘米。"①《万古崂山千首诗》中记载："石刻老君殿右壁。"②《游劳指南》中："宫建于元泰定间，祀老君、玉皇及关帝。"③华楼宫主殿有三，中为玉皇殿，西为关帝殿，东为老君殿。由此可知，该诗刻原存于崂山华楼宫（宫门朝东，主殿朝南）老君殿内东山墙上。该石刻或损坏已久。《清康熙重修华楼宫碑》中记载："庙祀老子夙号庄严。近以岁之不时，主守匪人，日就摧败。乙丑秋，余偕同人至其地，则丰草出，人不见，垣端外柱将倾，别以一木扶之。"④"乙丑"为康熙二十四年（1685）。此时，老君殿已经破乱不堪，几近坍塌。或在重修之时，诗刻或毁或亡。

（二）石刻内容

该诗内容取自《崂山档案》，在《崂山诗刻今存》所记略有不同（括号内标注，且诗下注"编者未见该诗刻"⑤，可能取自《万古崂山千首诗》）。《崂山志》中亦收录该诗，除六句"远"为"元"外，其他与《崂山档案》相同。由于诗刻已经不存，故而难以确定原文，据格律、语义考证如下。

1. 抱朴刘子卧（临）浮丘

"刘子"即营建华楼宫的元代道士云岩子刘志坚。"浮丘"即崂山。崂山临海矗立，"海上观山势转雄，清高突兀倚虚空"⑥，像一座浮在黄海上的山丘。因山丘相似鳌，元代丘处机改山名为"鳌山"，并有"鳌山下枕东洋海，秀出山东尽不知"。"临""卧"在语义上皆能说通，但"卧"更加合理。

第一，"卧"字平仄更合理。"浮丘"为平平。若为"临"（平），则会出现"三平调"，为律诗之大忌。

第二，语义更加合理。《崂山周游记》："元人刘志坚遗蜕崮中，侧而仰卧，疑复

① 青岛市史志办公室：《崂山志》，五洲传播出版社，2003年，第211页。

② 王瑞竹：《崂山诗刻今存》，中国海洋大学出版社，2013年，第197页。

③ 苑秀丽，刘怀荣：《崂山志校注》，人民出版社，2015年，第228页。

④ 青岛市史志办公室：《崂山志》，五洲传播出版社，2003年，第460页。

⑤ 王瑞竹：《崂山诗刻今存》，中国海洋大学出版社，2013年，第197页。

⑥ 王瑞竹：《崂山诗刻今存》，中国海洋大学出版社，2013年，第24页。

起,盖余得睹真仙,但不敢惊觉耳。”[①]由此可知,刘志坚遗骸的姿势为“仰卧”,这也是道教内丹修行的一种功法,与下句“丹”关联。

2. 人道(道人)丹丘(成)几万秋

“丹丘”为传说中神仙居住之所。按括号内结合首句理解为道士刘志坚在崂山羽化,他(道人)到达仙府已有几万年。按括号外首句理解为道士刘志坚在崂山羽化,他得道(内丹修成即得道)已有几万年。两者都能说通。但“丘”与首句“丘”字同,与该句韵脚“秋”同韵。且“道人”与前句“刘子”重复。而“人道”与“丹成”对账同义,更为合适。

3. 隋唐瓦落玄远(元)殿

颔联、颈联皆前后诗句对仗。“峰门”为华楼宫前南天门,“山口二峰相峙入云中,故名”[②]。“金液”即华楼宫后碧落岩下金液泉。“龙洞”应是“玉皇洞”,位于华楼宫右上翠屏岩下。“玉盆”即玉女盆,位于翠屏岩西北“仙岩”(明代邹善在该石上题写二字,故名)之上。华楼宫东殿为老君殿,祀老子,故该处应为“玄元殿”,即老子道场。华楼宫虽然始建于元代泰定年间,但老子封号“太上玄元皇帝”却为唐高祖李渊追封。李渊为隋末唐初人,故有“隋唐瓦落玄元殿”。“独石楼”应为“华表峰”(又名聚仙台、梳妆楼),位于华楼宫东侧。虽然该石“上干云,下绝壑,无着手足处”[③]“高数十仞,壮丽方削,不可攀而登”[④],但却并非“独石”,而是“叠石陡起”,今有崂山十二景之“华楼叠石”。

“七十二宫明月在,不知何处觅仙洲”化用了唐代诗人杜牧《寄扬州韩绰判官》中的“二十四桥明月夜,玉人何处教吹箫”。“七十二宫”即崂山道教在明代鼎盛时期的九宫八观七十二庵。此为概数,表示崂山道教香火之盛况。

故诗文考证如下:抱朴刘子卧浮丘,人道丹丘几万秋。苔合峰门金液冷,松蟠龙洞玉盆收。隋唐瓦落玄元殿,山海云藏独石楼。七十二宫明月在,不知何处觅仙洲。即与《崂山志》中所记相同。

(三)石刻落款

相台,即相州,明代为彰德府下属安阳县,今为河北邯郸市临漳县。隆庆五年

---

① 蓝水:《崂山志》. 内部资料,1996年,第90页。

② 苑秀丽,刘怀荣:《崂山志校注》,人民出版社,2015年,第36页。

③ 苑秀丽,刘怀荣:《崂山志校注》,人民出版社,2015年,第35页。

④ 苑秀丽,刘怀荣:《崂山志校注》,人民出版社,2015年,第228页。

为1571年。该年隆庆三年上任的杨方升知县离去，钱塘举人孟齐贤上任。但根据邹善《游崂山记》记载，“隆庆戊辰（二年），孟冬之望……遂与杨尹方升……至鹤山，登其巅。”①可见，《即墨县志》中记载有误。《莱州府志》中亦误。杨方升当在隆庆二年上任。《崂山志校注》中：“杨方升：涿州人，举人。隆庆初曾任即墨县令，以贪酷罢去。”②但未注明出处。据《钱塘县志》，孟齐贤为嘉靖三十四年（1555）乙卯科举人，官至知县。《杭州府志》：“孟齐贤钱塘人即墨知县。”③《即墨县志》：“孟齐贤，钱塘人，举人。五年任，廉慎，被诬去。杨天秩，深州人，岁贡，万历元年任。”④由此可见，即墨知县是孟齐贤的第一任官职，此时距离其中举已过去16年。孟齐贤虽然在位期间廉洁、谨慎，但还是遭人诬陷，仅为官一年有余便被除去官职。从目前资料来看，这也是孟齐贤的唯一官职。因杨方升被罢官，则与孟齐贤的交接时间则无法推断，亦难状刘孝游览崂山之时为何人陪同。

此外，河北涿州人杨方升在崂山也留下了一处诗刻，现存崂山华楼山凌烟崮“凌烟坚固”题刻之下，四列诗文，每列五字，第五列落款“方升上石”（图2）。诗文：我来拜仙岩，岩危不可上。□首题（存疑）岩上，心胸云霞亮（存疑）。《崂山志》和《崂山诗刻今存》中皆认为“□”处为“扫”。但“扫首”显然无法解释。笔者倾向于“搔”。诗文最后一个字，目前所见资料皆写为“亮”。但字形上相差甚远。笔者倾向于“荡”。“心胸云霞荡”化用了杜甫《望岳》“荡胸生层云”的句子。除诗刻外，还有两处题刻。在距离“仙岩”十米左右处，还有杨方升题写的一处字径25厘米、阴刻楷书“天液泉”石刻，前有“方升题”。另一处在凌烟崮西壁上，为字径20厘米左右、阴刻楷书“海山环秀”题刻，前有“方升

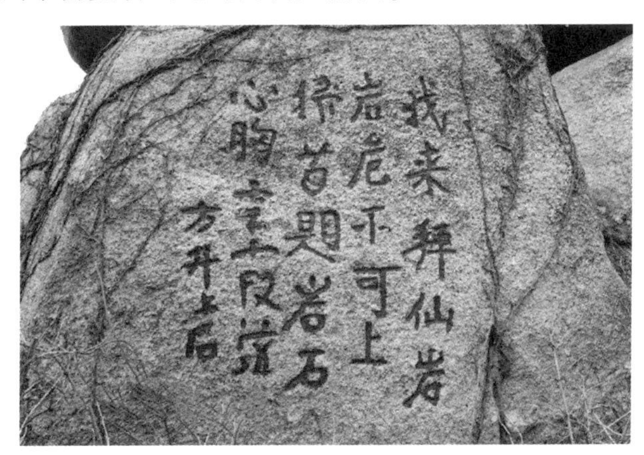

图2：崂山杨方升诗刻

---

① 苑秀丽，刘怀荣：《崂山志校注》，人民出版社，2015年，第122页。

② 苑秀丽，刘怀荣：《崂山志校注》，人民出版社，2015年，第123页。

③ 郑沄：《杭州府志》，清乾隆四十九年刻本，卷六十九，第28页。

④ 尤淑孝：《即墨县志》，清乾隆二十九年刻本，卷六，第5页。

题”。第三处在华楼山南天门题刻字径22厘米、阴刻行楷“万壑松声”,前有“涿人杨方升题”。四处石刻为其与邹善(题写“仙岩”)隆庆二年(1568)同游华楼山所题。

(四)诗人刘孝

刘孝的生平经历散见于《安阳县志》《曲沃县志》《彰德府志》《平阳府志》《山东通志》《山西通志》《明实录》等史志资料中,亦《安阳县志》为主,结合其他资料对其考述如下。

1. 号考

刘孝,明代彰德府安阳县人,字子仁,号遂渠,少时家贫,借读于天宁寺中,读书刻苦。《安阳县志》:“刘孝,字子仁,号遂渠,少时馆天宁寺,尝夜就月光读书。”①但关于刘孝“号”的书写有所不同。《安阳县志》《彰德府志》《四溟山人全集》中皆写为“邃渠”,而《袁鲁望集》中却写为“遂渠”。“遂”在表示“深远”意思的时候通假“邃”。《淮南子·原道》中:“幽兮冥兮,应无形兮;遂兮洞兮,不虚动兮。”但结合刘孝的家乡来看,笔者倾向于“遂渠”。刘孝为安阳人。《河南通志》:“广遂渠,在安阳县西南四十里。渠中水涌,四时不竭,又名珍珠泉,民悉借以灌田,故名。”②从珍珠泉引水灌溉农田,最终汇入万金渠中,对沿岸新安、六安、上下树、西岭、蒋村、蒋村等里六个村落的农田灌溉提供了极大的方便。或许刘孝就是这几个村(或者水治镇)人士,为了纪念这条水渠,取名“遂渠”。《安阳县志》和《彰德府志》中对广遂渠的位置皆记为“县西四十里”③图3为乾隆三年《安阳县志》中珍珠

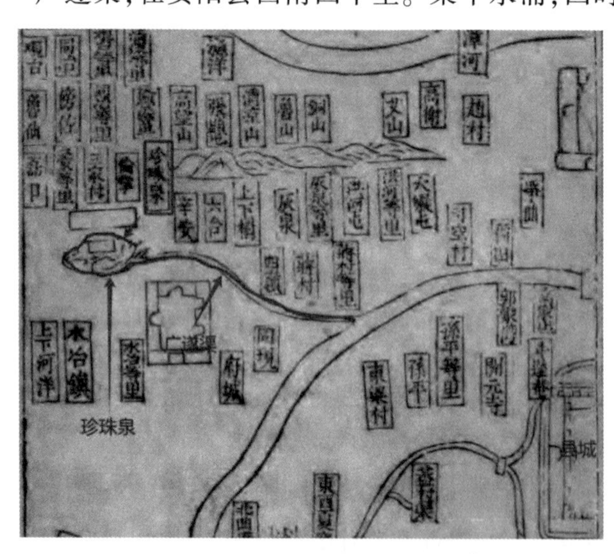

图3:乾隆三年《安阳县志》“图考”治境图

① 陈锡辂:《安阳县志》,清乾隆三年刻本,卷八,第63页。

② 沈荃:《南通志》,清顺治十七年刻本,卷六,第7页。

③ 崔铣:《彰德府志》,明万历刻本,卷一,第17页。

泉、广遂渠娟儿县城的位置。广遂渠在县西稍微偏北。故《河南通志》中的“西南”错误。

2. 科举入仕知县、吏部

1549，嘉靖二十八年，中举人。《安阳县志》：“嘉靖己酉举人。”①《安阳县志》“授南乐县令，与民分水利，民为之建碑立祠。”②《彰德府续志》：“刘孝，进士知县，吏部主事、郎中，参政、按察使、右布政使。”③据康熙五十年、光绪二十九年、民国三十年《南乐县志》隆庆年间有两任知县，皆为隆庆二年上任的刘弼宽和钱博学。康熙十年《新修南乐县志》、咸丰三年《大名府志》：“钱博学，掖县举人，五年任。”④可见，康熙十年后的《南乐县志》中对钱博学的任职时间记载错误。县志府志中安阳知县任职年份连续，但都没有关于刘孝在嘉靖和隆庆年间任南乐知县的记载，也不见相关碑记。

《山西通志》：“刘孝，河南安阳人。嘉靖三十六年，以进士任曲沃县知县。淳厚，不喜为刻覈（核）。莅任时，适地震，未几，疮痍犹未起，益崇宽大，与民休息，而于奸黠者，则痛绳以法，不少恕。祀名宦。”⑤《曲沃县志》：“刘孝，安阳人，进士，下车时嘉靖三十六年，先一年地震，民间疮痍未起，刘天性淳厚，一切务崇宽大，而于黠者辄抉其隐，不至废法，祀名宦。”⑥首先，两则史料中对刘孝嘉靖三十六年（1557）担任曲沃县知县一致（《平阳府志》中亦同），但都没有提及中进士的时间。《安阳县志》：“刘孝，登隆庆戊辰科罗万化榜，仕至山西布政使，有传。”⑦如此则刘孝从举人到进士永乐二十年时间，时间跨度太大，且与中进士后每年升职一级的推算与史料严重不符。查资料，嘉靖三十六年无殿试，三十五年（1556）丙辰科殿试，其中“三甲赐同进士出身”中有刘孝。而隆庆二年（1568）庆戊辰科罗万化榜进士中并无刘孝，有二甲进士刘鲁。刘鲁也是相州人，其仕途经历与刘孝相似，容易混淆。故《安阳县志》在刘孝传后特意强调“有刘鲁者，万历甲戌进士，亦仕至山西

---

① 陈锡辂：《安阳县志》，清乾隆三年刻本，卷七，第 19 页。

② 陈锡辂：《安阳县志》，清乾隆三年刻本，卷八，第 63 页。

③ 郭朴：《彰德府志》，明万历九年刻本，卷之中后，第 45 页。

④ 朱煐：《大名府志》，清咸丰三年刻本，卷十，第 78 页。

⑤ 觉罗石麟：《山西通志》，清雍正十二年刻本，卷九十，第 19 页。

⑥ 潘锦：《曲沃县志》，清康熙四十五年刻本，卷十五，第 6 页。

⑦ 陈锡辂：《安阳县志》，清乾隆三年刻本，卷七，第 7 页。

布政使,有搏垸才,时号霹雳手,卒祀乡贤祠。”①虽然如此,《安阳县志》“选举”部分还是把刘孝和刘鲁混淆了。这说明在乾隆年间两人早已经常混淆。

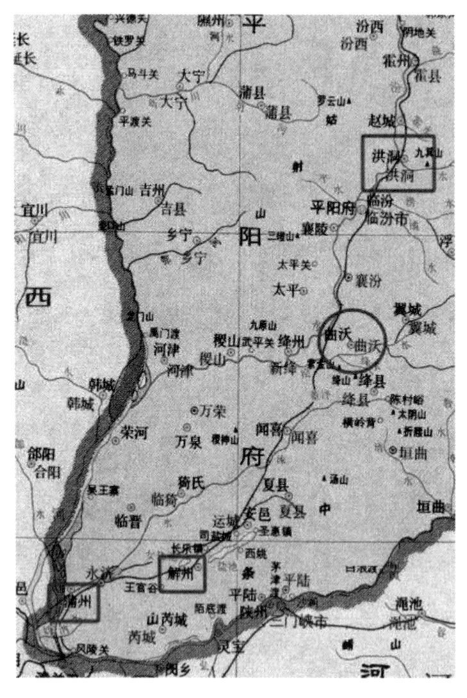

图4:《中国历史地图集》山西南部

其次,两则史料中对于刘孝出任安阳县知县前后当地发生地震的时间不同(图4)。《山西通志》中认为是嘉靖三十六年刘孝上任时。《曲沃县志》中认为是刘孝上任前一年—嘉靖三十五年。但《安阳县志·祥异》中却记载:“三十四年冬十二月,地震。”②《山西通志》:“十二月,太原、平阳、汾州、潞安地震,自蒲、解至洪洞,有声如雷,蒲州尤甚,地裂水涌,城垣庐舍殆尽,人民压、溺死者不可胜纪,月余始息。”③太原、平阳、汾州、潞安覆盖了明代山西中、南大部分区域。曲沃县隶属平阳府。曲沃县(圆圈内)位于蒲州、解州到洪洞(三者方框内)之间。“城垣庐舍殆尽,人民压溺死者不可胜纪”表明地震之严重,破坏之巨大。“月余始息”则表明地震余震时间之久,令人斐然。综合四则史料,地震应该发生在万历三十四年腊月年末,由于持续时间一月有余,故有三十五年的说法。而三十六年的说法显然错误。

刘孝于灾后一年上任曲沃知县,当时地震带来的破坏尚未修复,满目疮痍,民生凋敝。于是,刘孝一方面体谅民情,采取休养生息政策,对当地赋税等宽容放松,全力恢复生产;另一方面发灾害财和危害当地民生的狡猾奸诈者严惩不贷。通过一系列措施,最终曲沃县从灾后重建中恢复。因此,刘孝成为当地非常有名望的父母官,不仅得到了当地老百姓的爱戴和祭祀,还在当地县志、府志、省志中留有传记。地震对于刘孝而言是一种考验,初次为官便遇到震后重建是一种不幸,但也是一次历练。最后刘孝还是在此项工作中展现了自己为官为民的能力和

① 陈锡辂:《安阳县志》,清乾隆三年刻本,卷八,第63页。

② 陈锡辂:《安阳县志》,清乾隆三年刻本,卷二十八,第12页。

③ 觉罗石麟:《山西通志》,清雍正十二年刻本,卷一百六十三,第16页。

责任。因政绩突出,百姓爱戴,故从地方提拔到了京城吏部。

谢榛《寄刘邃渠验封兼忆吴川楼太守》:“黑首行藏道气孤,海龙能养夜光珠。两朝吏部犹郎署,一代名流缓壮图。”[①]“验封”说明刘孝已久在吏部验封司为官。“两朝吏部犹郎署”说明刘孝在嘉靖年间便来到吏部验封司。“一代名流缓壮图”则说明刘孝在吏部验封司时间不短。“吏部主事、郎中”似有省略,从主事到郎中,期间还有“员外郎”一职。按常例官员考核周期为三年,则刘孝在验封司九年。故刘孝离开曲沃县的时间当在嘉靖四十年(1561)前后。《安阳县志》刘孝后一任知县为张鏄:“陕西武功人,四十年任”[②]也佐证了这点。刘孝嘉靖三十六年(1557)任职,三十九年末为期三年考核优异提拔,四十年上任吏部验封司主事。在吏部期间,刘孝“熟悉九边利奖,南兵多不习边塞,将作战车以人拥之,缺其右版,名曰偏厢。然边外山涧高下,非若中国平地,无所用之。又二里筑一敌台,所费颇多,孝力陈其失,悉奏罢之。”[③]

3. 山东任职

1570,隆庆四年十一月初六,出任山东布政司左参政。《明穆宗实录》:“庚午,升吏部验封司郎中刘孝为山东布政司左参政。”[④]《山东通志》:“(布政司布)左参政”下“刘孝安阳人由进士隆庆间任”[⑤]。左右参政“分司各道”,分管粮储、屯田、清军、驿传、水利等事。期间,刘孝关注民生,解决了东兖道地区百姓们的取暖、做饭等问题。“东兖地无煤,民间柴价倍米。孝谓千佛诸山脉与东山连贯,东山有煤而南山无煤,必无是理。设法开之,百姓大便。”[⑥]虽然刘孝不懂煤炭勘探之法,却能依据事实合理推测,心系民生。

1571,隆庆五年六月,刘孝以左参政的身份来到即墨县,游览崂山留下了诗作《登华楼》。

1572,隆庆六年正月二十六,刘孝调换为右参政,专管山东地区供应京城官员

---

① 谢榛:《四溟山人全集》,明万历三十六年刻本,卷十四,第 11 页。

② 陈锡辂:《安阳县志》,清乾隆三年刻本,卷十九,第 95 页。

③ 陈锡辂:《安阳县志》,清乾隆三年刻本,卷八,第 63 页。

④ 胡广,张居正,温体仁:《明实录》,明抄本,卷五十一。

⑤ 钱江:《山东通志》,清康熙十七年刻本,卷二十四,第 35 页。

⑥ 陈锡辂:《安阳县志》,清乾隆三年刻本,卷八,第 63 页。

俸米的粮仓。《明穆宗实录》:“改山东布政司布参政刘孝总部京粮。”[①]为了确保粮食高效便捷,安全保量的运送到京城,刘孝再次提议了海运之法。“为东兖道时,河漕淤塞,孝请行海运之法,由淮安、刘家港,历麻湾口、沙门、常山诸岛,以至天津,一一皆有停泊处,法虽不行,而通变之才为最著。”[②]

《山东通志》:“山东等处承宣布政使司”下“旧设分守东兖道,在粮道东,裁”[③]。“旧”即明朝。

《山东通志》:“通变之才为最著”[④]实乃过誉。“洪武三十年海运粮七十万石给辽东军饷,永乐初海运七十万石至北京,至十三年会通河通利,始罢海运。”[⑤]永乐九年(1411)会通河开,海运才停,之前运河淤积,向京师运送粮食多用海运。刘孝任职山东期间,淮安府以北很多河道再次淤积堵塞,故其奏请海运之法,实为明初洪武、永乐时期的运粮之法,只是当时有海禁的政策,虽能想到却无人提及。故刘孝有胆量,却并非“通变之才”。实际上,稍晚于刘孝八年于万历六年(1578)上任即墨知县的许铤在《地方事宜议》中便指出:嘉靖十八年本县有商人牛稼“告允行海舟,自淮安觅船,两昼夜,直抵城阳之西金家口,通贸易”[⑥],几年后变成富人。海上贸易使得百姓可以获利,因此建议破除海禁,相仿牛稼和交州商人与淮南等地通商致富,增加百姓收入,解决民生和赋税问题。由此可见,不仅刘孝,在当时希望打破海禁实现南北方贸易的仕宦不在少数。虽然刘孝是为了解决京城粮运问题,许铤想解决民生问题,但都希望通商,实现海上南北贸易。

历史上著名的“刘家港”有两个,一个位于今江苏太仓市东北浏河镇,在明代属于南直隶苏州府;另一个位于今江苏南通市西南,在明代属于南直隶扬州府。因此,刘家港并不属于淮安府。故刘家港与淮安不存在隶属关系。但是这两处刘家港皆在淮安府南边,运粮到北京方向相反,故刘家港非此两处,当在淮安府北边。淮安府北接山东青州府安东卫和日照县。《山东通志》:“海运胶州南海麻湾

① 胡广,张居正,温体仁:《明实录》,明抄本,卷六十五,第9页。

② 陈锡辂:《安阳县志》,清乾隆三年刻本,卷八,第63页。

③ 钱江:《山东通志》,清康熙十七年刻本,卷二十四,第2页。

④ 钱江:《山东通志》,清康熙十七年刻本,卷十六,第43—44页。

⑤ 钱江:《山东通志》,清康熙十七年刻本,卷十六,第44页。

⑥ 尤淑孝:《即墨县志》,清乾隆二十九年刻本,卷十,第15页。

至北海海仓三百余里可避大洋二千里之险。”[①]明代崔旦编修的《海运编》有云：“由海赣榆至山东安东卫至胶州麻湾海口，二百八十里。”[②]《即墨县志》：“沽河城西北七十里，自莱阳入即墨界，西南流经刘家庄、栾村，至麻湾口入海。”[③]这里可以看出，乾隆《即墨县志》中的麻湾口是沽河的入海口，非指胶州湾口。在空间上，麻湾口只是胶州湾的一小部分。但从明代海运线路记载和刘孝奏议来看，显然用麻湾替代了胶州湾，故胶州湾口便成了麻湾口（课件《中国历史地图集》明代山东图）。故“刘家港”应该位于淮河在淮安府的入海口至胶州灵山卫之间。个人推断应位于现日照市东港区刘家湾村前的码头。

《即墨县志》：“隆庆壬申，议行海运，胶之民因而造舟达淮安，淮商之舟亦因而入胶。胶之民以馣外米豆往博淮之货，而淮之商亦以其货狂易胶之馣醇米豆，胶西由此稍称殷富……今虽有防海之禁，而船之往来固自若也。”[④]由此可见，隆庆六年开始，虽然朝廷有海防禁令，但胶州百姓商贾开始与淮安商人进行海上贸易。据《山东通志·海运附》南来至登莱运道、直沽、辽东都司的海上航线起点有三“一自南京龙江关，一自福建布政司长乐港，一自太仓州刘家港”[⑤]。自元代至元二十一年（1284）便开始海运，这条线路涵盖了刘孝奏议中从淮安—直沽的航线。由此可见，从淮安到胶州麻湾口这280里的海运线路在从元代在民间和官方运行已久，比较成熟。故海运之法、海运线路并非刘孝所创，乃前人之法。

通过明代和现代地图对比来看（图如下），“沙门”为今烟台市长岛县的庙岛。《山东通志》：“沙门岛，在府城北海中六十里，凡海舟渡辽者必泊此以避风，上有龙女庙，历代皆有封额。宋史云：开宝中东国入贡，太祖蠲岛中居民租税，造船以渡贡马。后亦流放罪人于此。其相连属则有：鼍矶、牵牛、大竹、小竹四岛。海市见灭多在五岛之上。又岛中多产美石，宋苏轼《北海十二后记》。”[⑥]《山东通志》：“长山岛，在府城北海中三十里，东西长四十余里，山多产鹿，又有岨岛、虎岛、半洋岛

① 钱江：《山东通志》，清康熙十七年刻本，卷十六，第48页。

② 钱江：《山东通志》，清康熙十七年刻本，卷十六，第46页。

③ 尤淑孝：《即墨县志》，清乾隆二十九年刻本，卷一，第21页。

④ 尤淑孝：《即墨县志》，清乾隆二十九年刻本，卷十，第15页。

⑤ 钱江：《山东通志》，清康熙十七年刻本，卷十六，第42页。

⑥ 钱江：《山东通志》，清康熙十七年刻本，卷七，第15-16页。

皆近蓬莱云。"[①]"常山诸岛"则主要为今南长山岛和北长山岛,以及提及的周边三个岛屿。

1573,万历元年正月二十三,升山东提刑按察司按察使。《明实录·明神宗实录》:"壬寅,升山东右参政刘孝为本省按察使。"[②]结合前文来看,刘孝在担任右参政期间专管的向京师运粮工作颇有成绩,故得以提升。但在担任按察使后却因为年终考核不合格而离开山东。结合后文平调来看,貌似刘孝的考核也没有出大问题。

4. 陕西任职

1574,万历二年二月,担任山西提刑按察司按察使。《明实录·明神宗实录》:"万历二年二月丙午朔,以考察不及,调湖广左布政施尧臣于广东,山东按察使刘孝于陕西。"[③]在位期间,刘孝澄清吏治,审核刑狱,振扬风纪,清正廉洁,取得了良好的政绩和百姓的赞誉。"及提刑陕西,境无冤民,政声大著。"

1575,万历三年七月,升任山西承宣布政使司右布政使。《明实录·明神宗实录》:"辛亥,中元节,升陕西按察使刘孝为山西右布政。"[④]"升山西布政使,廉洁无所取,以疾致仕。归,载书满橐而已。"[⑤]刘孝任布政使期间,恪尽职守,清正廉洁,以至于最终因为疾病不得已致仕还家时只有一袋子书籍陪伴而已。《山西通志》:"刘孝,进士,隆庆时任右布政使。"[⑥]这里显然错误。《山西通志》中"右布政使"下把刘孝放在"董世彦,河南钧州人,由进士,俱隆庆间任。"[⑦]之前,显然也是默认为隆庆年间任,亦误。

5. 作品

《安阳县志·乡贤》中刘孝传记的最后一句为"孝长于诗赋,著《邃渠集》行世"[⑧]。但非常可惜,除了刘孝在崂山留下的《登华楼》外,未见其他文学作品,《邃

① 钱江:《山东通志》,清康熙十七年刻本,卷七,第16页。

② 胡广,张居正,温体仁:《明实录》,明抄本,卷九,第7页。

③ 胡广,张居正,温体仁:《明实录》,明抄本,卷二十二,第1页。

④ 胡广,张居正,温体仁:《明实录》,明抄本,卷四十,第2页。

⑤ 胡广,张居正,温体仁:《明实录》,明抄本,卷四十,第2页。

⑥ 觉罗石麟:《山西通志》,清雍正十二年刻本,卷七十九,第28页。

⑦ 储大文:《山西通志》,清康熙二十一年刻本,卷十七,第41页。

⑧ 陈锡辂:《安阳县志》,清乾隆三年刻本,卷八,第63页。

渠集》亦失。

目前关于古代崂山诗刻的整理工作已经做了很多,但是缺乏诗文文字校勘、名词注解和诗歌赏析等方面的深入研究,而对游山的历史人物更加缺乏详细的交游、生平考证和系统的梳理,成了崂山历史文化研究中的一大遗憾。还原诗文历史面貌、创作历史时空在对研究山川诗刻、题刻,挖掘地方文化,书写人物传记,校对方志史料等方面具有创新性发展和创造性的转化意义。

包洪鹏,青岛社科研究智库“齐鲁文明新形态研究中心”成员,讲师。

河北藏书家朱桱之藏书和藏书印考略

黄原原

【提　要】晚清河北藏书家朱桱之藏书丰富，名于时。本文系统搜集整理朱氏藏书印四十余种，并以藏书印为线索，挖掘其藏书活动，通过考证题跋、藏印及拍卖记录，确认朱氏生卒年、室名斋号等相关信息。

【关键词】朱桱之　藏书印　题跋　藏书家

晚清收藏家朱桱之，收藏甚丰，既有古籍书画也有金石拓片。清华大学图书馆所藏“滂喜堂藏龟”于近几年证实亦为朱氏旧藏，近些年出版的《国家珍贵古籍名录图录》以及各拍卖会上也时常能见到朱氏旧藏，然知之者甚少，关于其研究则更少。目前能检索到关于朱氏的研究只有三篇，一为史广超根据朱桱之在古籍上的题记按年记录朱氏的一些活动，另根据古籍书目、书札及拍卖信息对朱氏的旧藏和藏书印进行了整理①；二为马季凡和徐义华通过考证，断定清华大学藏“滂喜堂”甲骨旧藏主当为朱桱之，并对朱氏生卒年和藏书情况做了简要介绍②；三为景三郎对朱桱之的生卒年、字号、室名进一步的考证，并对朱氏办学做了介绍③，几位作者根据朱桱之的题跋、藏印和相关史料对其生年、事迹和旧藏进行了简要的概述，但缺少递藏源流的考证和藏书印鉴的图片。本文将对朱氏生平和旧藏做进一步的补充，并考证部分朱氏旧藏的递藏源流，另外对其藏书印鉴进行搜集整理。

---

① 史广超：《河北藏书家朱桱之事迹钩沉》，《兰台世界》2012 年第 15 期。

② 马季凡，徐义华：《清华大学藏“滂喜堂”甲骨的来源与朱桱之其人》，《南方文物》2017 年第 4 期。

③ 朱桱之：《隐于题跋中的收藏家》，《河北日报》2020 年 10 月 15 日，第 10 版。

一、朱柽之其人

郑伟章《文献家通考》、任继愈《中国藏书楼》、梁战和郭群《历代藏书家辞典》及李玉安和黄正雨《中国藏书家通典》均载有朱柽之，但除了籍贯、字号、藏书印及部分旧藏信息有所揭示外，对其生卒年仕履均言不详。

（一）朱柽之的生卒年

朱柽之的生年，史广超和景三郎都推断为咸丰九年（1859）。史广超的依据是日本京都大学人文科学研究所藏朱柽之旧藏朱筠稿本《嶰谷集》封面题记：

> 家笥河先生自书诗稿一册，永清宗后学朱柽之敬题，时年五十又一。①

卷末题记：

> 己酉之夏客京师，先生后人尽持家藏鬻之厂市，予所得颇夥（多）。笥河诗文集稿本并少河先生《未之思轩杂著》均归松广。永清宗后学朱柽之记。②

景三郎的依据是朱氏在董其昌辛酉（1621）作书画合璧手卷（朱柽之题“缥缈云烟”）上的两段题记：

> 董文敏公画予藏数本，率皆细密之作，此幅专用米法，真力弥满，神品也。庚子嘉平丰润裴子青姻丈所赠，迄今十有五年矣，子青今岁已成古人，偶展此卷，不胜惘然，甲寅新岁，与石居主人玖聃记。钤“朱柽之印”（白文）、“九丹一字淹颂”（白文）。
>
> 裴丈云此卷旧为吴桥范氏物，道光初，范氏后人携鬻于其同里某氏，某氏子复以博债售出，丈遂以贱值收之，今丈已故半载，群后皆不习正业，所存均不可问矣。三月上浣，玖聃又记，时年五十又六。钤“震旦第一山樵”（朱文）。

由此两段题跋可知，朱氏庚子（1900）年腊月获此手卷，距甲寅（1914）年确有十五个年头，上一题跋言“子青今岁已成古人”，下一题跋言“今丈已故半载”，故两

---

① 李成晴：《清朱筠〈嶰谷集〉手稿考述——兼论朱筠诗集从稿本到刻本的衍变》，《南京师范大学文学院学报》2016 年第 2 版。

② 史广超：《河北藏书家朱柽之事迹钩沉》，《兰台世界》2012 年第 15 期。

题跋时间皆为甲寅年。甲寅年与己酉(1909)相隔五年,五十六岁与五十一岁亦相差五年,根据两段题跋的内容朱氏应生于1859年。

另根据海王村2023年春季书刊资料文物同步拍卖会上,孟宪钧小残卷斋藏清同治三年(1864)刊二金蝶堂《补寰宇访碑录五卷失编一卷》,上有朱柽之题跋,后钤“生于己未”朱文长方印。根据朱氏所处年代,己未年即为1859年。故朱氏生于1859年当无疑义。

朱柽之的卒年,史广超将其事迹整理至1911年,此后事迹失考;马季凡和徐义华通过“葆真民国三年(1914)十二月十五日,抄怡墨堂求售之朱九丹书目”推断朱氏1914年前去世,认为1911年可信;景三郎根据上文题跋中的“甲寅新岁”推断朱氏1914年尚在世,具体卒年不知。在朱柽之、葛成修递藏并跋的《魏曹真碑》上,葛成修跋“民国第一乙卯(1915)正月购于京师琉璃厂怡墨堂。德三誌。”钤“葛成修印”。可知1914年底朱氏藏品确实已经开始散出。另朱氏旧藏《李璧墓志》上有殷铮题识:

> 旧藏《李壁志》系初出土拓本,耆龏师所赐也。此志为玖聃旧物,玖聃殁后石墨星散,兹拓遂归余斋。越二载,戊午滄英记。

殷铮字铁盦,号滄英馆,江苏江都县人。晚清民国间著名碑帖鉴藏家,所藏碑帖亦多善本。曾任北京盐业银行襄理。藏印有“铁堪真赏”“殷铁庵考藏本”“殷铁盦观”“殷铮之印”“滄英馆”等。

根据殷氏所处年代,戊午年当是1918年,“越二载”说明殷氏1916年就已获此拓本。《永清文化映像》中朱氏卒年为1916年,不知是否以此为据。若是“玖聃殁后石墨星散”,那么综合1914年的“怡墨堂求售之朱九丹书目”,朱柽之去世时间应在1914年3月至1916之间,而1914年去世的可能性较大。

1.朱柽之的字号斋号

朱柽之的字号斋号信息大都来自朱氏的一方朱文长方印“永清朱柽之字淹颂号九丹玖聃一号琴客又号皋亭行四居仁和里丛碧簃所蓄经籍金石书画印信”,用藏书印来考证人物信息,这一方印无疑是一个很好的例子。结合这方印和朱氏的一些题跋,可以了解到朱氏的大概情况。在天津图书馆藏明蓝格抄本《天文会通占三十卷》上有朱柽之题跋曰:“《天文会通占》即《天文会元占》……己亥夏五与石居主人玖聃誌(志)。”[①]下钤盖“酒耽”朱文葫芦形印。

“时还读我书斋”匾额后附识:“光绪廿四年秋八月,为九丹四兄大人法家正之。孝禹王瓘。”尾钤“铜梁王瓘孝禹”白文方印、“调籀书九千字”朱文方印。从字号排行和时代来看此书斋主人当为朱柽之。王瓘,字孝玉,一字孝禹,号邂庵,四川铜梁(今重庆)人。清末举人,官至江苏道员。

另从“永清朱氏青汗金藤”“紫阳精舍朱氏藏书”“拜长恩室”“永清朱柽之字淹颂号九丹玖聃滂喜堂藏经籍金石书画记”“金匮石室之藏”等藏书印上亦可获知朱氏的一些室名书斋号。

综合以上信息,可知朱柽之字淹颂,号九丹、玖聃,一作酒耽,又号琴客、皋亭,室名丛碧簃、与石居、松庵、时还读我书斋、滂喜堂、紫阳精舍、青汗金藤、金匮石室等。直隶永清(今河北省廊坊市永清县)仁和里人。

二、朱柽之藏书印整理

藏书印又称藏书章,从广义上来说,是出于不同目的,钤盖在文献上的各种标记……从狭义上来说,藏书印是藏书人用以表明图书所有权和表达其个性情趣的一种印章。[②]

通过搜集各种资料,整理出朱柽之钤印四十余种。按照莫俊老师对藏书印分类[③],朱氏藏书印主要包括收藏印、鉴读印、言志印等。

(一)收藏印

收藏印主要用于表示对图书的收藏和所有。主要包括“朱印柽之”(二白文方印一朱文方印)、“朱柽之印”(白文方印)、“朱九丹”(白文长方印)、“柽之”(一白文方印,一朱文方印)、“柽之私印”(朱文方印)、“柽之印信”(白文方印)、“朱叔子”(朱文圆印)、“朱四”(朱白文长方印)、“九丹”(二白文方印一朱文方印)、“九丹一字淹颂”(白文方印)、“玖聃”(一朱文方印,一朱文长方印)、“酒耽”(朱文葫芦形印)、“松庵头陀”、“震旦第一山樵”(一朱文方印;一朱文长方印,“一”作“弌”)、“皋亭”(朱文方印)、“生于己未”(朱文长方印)、“永清朱玖聃藏书记”(朱

① 天津图书馆编《天津图书馆善本题跋真迹》,上海辞书出版社出版,2021,第311页。

② 吴芹芳,谢泉著;曹之主编《中国古代的藏书印》,武汉大学出版社,2015,第19页。

③ 莫俊:《论中国古籍钤印的分类》,《文献》2024年,第5期。

文长方印)、“永清朱柽之玖聃藏书之印”、“永清朱柽之字淹颂号九丹玖聃滂喜堂藏经籍金石书画记”(朱文长圆印)、“永清朱柽之字淹颂号九丹行四珍藏经籍金石书画印信记”(白文长方印)、“永清朱柽之字淹颂号九丹玖聃一号琴客又号皋亭行四居仁和里丛碧簃所蓄经籍金石书画印信”(朱文长方印)、“永清朱玖聃珍藏金石经籍书画记”(朱文长方印)、“紫阳精舍朱氏藏书”、“金匮石室之藏”(白文方印)、“九丹所得金石拓本”(朱文方印)、“玖聃三十年精力所聚”(朱文方印)、“松庵”(白文方印)、“丛碧簃”、“拜长恩室”(朱文方印)、“永清朱氏青汗金藤”(朱文长方印)、“青藤书屋”(朱文方印)、“与石居”(朱白文方印)等。

(二)鉴读印

鉴读印记录对图书的珍赏、观读、审鉴、校勘等活动,印文以表示鉴读活动的语词为标志。朱氏鉴读印主要有“九丹鉴藏”(白文长方印)、“朱氏九丹审定”(白文长方印)、“朱柽之手校书籍印信”(朱白文相间方印)、“玖聃鉴赏之章”(朱文方印)、“玖聃审定金石书画之印”(朱文长方印)、“朱氏九丹审定书画印”(朱文方印)、“玖聃手校”、“玖聃真赏”(朱文方印)、“丛碧簃中长物”、“玖丹秘籍”“玖聃过眼”(白文方印)、“与石居主人玖聃清玩”(朱文方印)、“玖聃平生至爱之物”(朱文长方印)等。

(三)言志印

言志印用于寄托和表达印主的思想感情,印文多为诗文、词句、成语、吉语、图画等。包括“欧赵吾师”(白文方印)、“千磨万击还坚劲”(白文方印)。

现就所见朱氏藏书印辑录如下表1所示:

表 1　朱柽之藏书印辑录①

印文	印蜕	来源
①朱印柽之 ②朱印柽之 ③朱印柽之		①珍 4-3-126、珍 2-5-273 ②编 1-74、齐-163、珍 2-9-13 ③编 2-139、珍 3-7-1
①柽之 ②柽之私印 ③朱柽之印		①编 4-52 ②大-855 ③天-543
①柽之印信 ②朱九丹 ③九丹一字淹颂 ④九丹		①《李璧墓志》 ②《天禄论丛》2017 年 13 页 ③编 4-52、齐-163 ④《李璧墓志》
①九丹 ②九丹 ③九丹		①天-543 ②《天禄论丛》2017 年 13 页 ③4-3-46
①酒耽 ②玖聃 ③玖聃		①天-311 ②珍 4-3-126 ③珍 2-5-273
①震旦第一山樵 ②朱叔子 ③震旦第一山樵	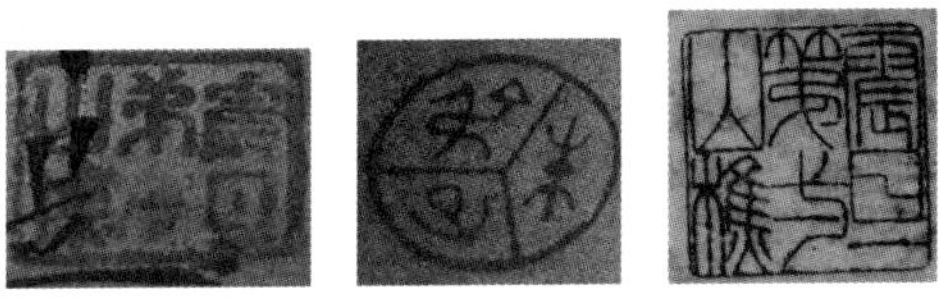	①天-544 ②天-544 ③编 4-50

① 表中"来源"项为印蜕出处，其中"珍"表示来自《国家珍贵古籍名录图录》，如"珍 4-3-126"表示《第四批国家珍贵古籍名录图录》第三册第 126 页；"天"表示来自《天津图书馆善本题跋真迹》，如"天-543"表示《天津图书馆善本题跋真迹》第 543 页；"编"表示来自《中国国家图书馆古籍藏书印选编》，如"编 4-52"表示《中国国家图书馆古籍藏书印选编》第四册第 52 页；"大"表示来自《大连图书馆善本古籍藏书印鉴辑考》，如"大-855"表示《大连图书馆善本古籍藏书印鉴辑考》第 855 页；"齐"表示来自《齐齐哈尔市图书馆古籍善本图录》，如"齐-163"表示《齐齐哈尔市图书馆古籍善本图录》第 163 页。

续表

印文	印蜕	来源
①九丹鉴藏 ②玖聃鉴赏之章 ③朱氏九丹审定书画印		①天-541 ②编1-14、天-540 ③大-852
①朱柽之手校书籍印信 ②玖聃审定金石书画之印 ③朱氏九丹审定		①《补寰宇访碑录》 ②珍3-4-214 ③天-543
①玖聃秘笈 ②玖聃三十年精力所聚 ③玖聃真赏		①《国初群雄事略》 ②《吴书》 ③
①永清朱玖聃藏书记 ②永清朱柽之字淹颂号九丹玖聃滂喜堂藏经籍金石书画记 ③永清朱玖聃珍藏金石经籍书画记		①编7-148 ②《天禄论丛》2017年13页 ③《三国志》
①永清朱柽之字淹颂号九丹玖聃一号琴客又号皋亭行四居仁和里丛碧簃所蓄经籍金石书画印信 ②松庵头陀 ③朱四		①天-309 ②大-855 ③天-540

续表

印文	印蜕	来源
①松庵 ②拜长恩室 ③与石居	  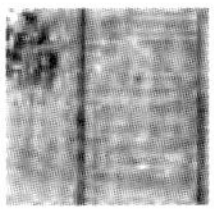	①《说文古籀补》十四卷《补遗》一卷《附录》一卷 ②大-853 ③《辽宁省图书馆藏古籍精品图录》第156页
①永清朱氏青汗金藤 ②玖聃平生至爱之物 ③生于己未	 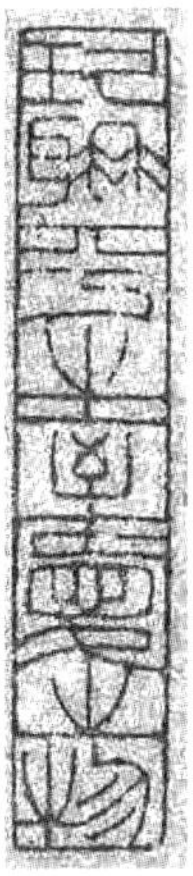 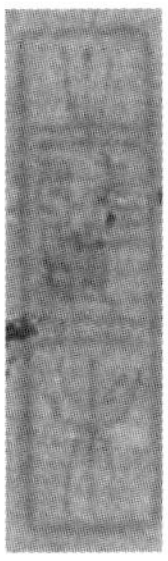	①中贸圣佳2022上海艺术品拍卖会《小残卷斋藏古籍碑帖精品展》P312 ②《笥河古文》 ③《补寰宇访碑录》(小残卷斋藏)

三、朱柽之藏书

未见有朱柽之藏书目录,但从表2中书目可以推测,朱氏藏书不乏珍本,今大多藏于国家图书馆,亦有一些流出国门。

表2 所见朱柽之藏书情况

编号	题名卷数	版本	今藏单位 (国家珍贵古籍编号)
1	大明会典一百八十卷	明正德六年(1511)司礼监刻本	中国国家图书馆 4282-2-5-273
2	两汉博闻十二卷	明嘉靖三十七年(1558)黄鲁曾刻本	南京图书馆 4071-4-3-126
3	大明太祖高皇帝实录二百五十七卷(存十一卷)	明抄本	南京图书馆 10213-4-3-46
4	方山薛先生全集六十八卷	明嘉靖刻本	常州市图书馆 6105-2-9-13

续表

编号	题名卷数	版本	今藏单位（国家珍贵古籍编号）
5	大明太祖高皇帝实录二百五十七卷(存十一卷)	明抄本	南京图书馆 10213-4-3-46
6	严居稿八卷	明嘉靖三十五年(1556)王懋明刻本	重庆图书馆 9206-3-7-001
7	明季杂史十一种	清抄本	大连图书馆
8	廿一史四通	清乾隆年间刻本	大连图书馆
9	圣学格物通		加拿大多伦多大学东亚图书馆
10	史记抄	明万历三年(1575)刻本	加拿大多伦多大学东亚图书馆
11	吴书	万历十年(1582)修补印本	北京大学图书馆
12	斜川诗集十一卷	清乾隆二十年(1755)朱珪抄本	天津图书馆
13	天文会通占三十卷	明蓝格抄本	天津图书馆
14	锦绣万花谷	嘉靖十五年(1536)秀石书屋刻本	国家图书馆
15	援鹑堂笔记五十卷刊误一卷刊误补遗一卷	清道光十八年(1838)刻本	国家图书馆
16	复初斋文集三十五卷	清道光十六年(1836)刻本	国家图书馆
17	了翁易说一卷	清抄本	国家图书馆
18	汉志武成日月表一卷	清宣统二年(1910)上虞罗振玉刻玉简斋丛书本	国家图书馆
19	欧隔文忠公集一百五十三卷年谱一卷附绿六卷	明正德七年(1512)到蒿刻嘉靖十六年(1537)季本、嘉靖三十九年(1560)何遥通修本	哈佛大学燕京图书馆
20	选诗补注八卷补遗二卷续编四卷	明刻本	哈佛大学燕京图书馆
21	榆林一百二十卷	明万历三十四年(1606)徐氏刻本	哈佛大学燕京图书馆
22	古逸丛书二十六种二百零二卷	清光绪十年(1884)日本东京使署刻本	北京师范大学图书馆
23	默记一卷	清鲍氏知不足斋抄本	北京师范大学图书馆
24	话雨楼碑帖目录	清道光年间刻本	未知

续表

编号	题名卷数	版本	今藏单位（国家珍贵古籍编号）
25	补寰宇访碑录	清同治三年（1864）刊	未知，见于海王村 2023 年春季书刊资料文物同步拍卖会
26	新编录鬼簿二卷	清康熙四十五年（1706）扬州诗局刻本	辽宁图书馆
27	金石学录补四卷	清光绪间刻本	未知，见于北京华艺国际 2021 秋季拍卖会吉羽——古籍碑帖　信札写本专场
28	史通通释二十卷附举例附录一卷	清乾隆十七年（1752）浦氏求放心斋刻本	齐齐哈尔市图书馆
29	说文古籀补十四卷　补遗一卷　附录一卷	光绪九年（1883）初刻本	未知，见于西泠印社 2016 年春季拍卖会古籍善本专场

四、朱柽之题跋

朱柽之不仅藏书，还能读书，其所藏书画上的题跋记录了其相关藏书活动和保护乡邦文献之情。现就未刊题跋依时间顺序辑录如下。

光绪十九年（1893）得乾隆年间拓本《雒州刺史刁惠公墓志铭》，题记其上，云："钱竹汀先生藏拓本。癸巳秋日收，玖聃。"

光绪二十二年（1896）冬至开始校补赵之谦《补寰宇访碑录五卷失编一卷》。首卷卷端书有"丙申长至日玖聃校补起"，封面上有朱柽之题跋，云："予别弆一部与此刻同，经予校补多处，丹黄殆遍不敢示人，亦不便于车迹间，故复购此帙以自随，时十叉五年送仲兄试礼，寓中记。与石主人玖聃并书。"后钤"生于己未"朱文长方印。

光绪二十五年（1899）五月朱柽之在明蓝格抄本《天文会通占三十卷》（天津图书馆藏）上题跋曰："天文会通占即天文会元占，爱日精庐藏书志著录二十卷，此三十卷角、亢、房、心、室、壁、奎、娄、胃、昴、狼、轸十二宿俱在，尤足宝贵。己亥夏五与石居主人玖聃誌。"

光绪二十六年（1900）腊月，获裴子青赠董其昌辛酉作书画合璧手卷。民国三年（1914）正月和三月两次题跋其上，内容见上文。

光绪二十八年(1902)秋,题签于《曹真残碑》上,云:“曹真残碑。壬寅秋日,玖聃题。”

光绪三十年(1904),题跋其上,曰:“此初拓本,‘蜀诸葛亮称兵上邽’等字、‘大将军授援于贼’、‘贼’字均未泐,可宝也。甲辰谷雨前,玖聃记。”

宣统元年(1909)七月在清乾隆二十年朱珪抄本《斜川诗集十一卷》(天津图书馆藏)上题跋,曰:“此伪本《斜川集》也,乾隆以前大典本未出,收藏家不之辨,率以此本为珍秘,互相传抄,而大兴家豹采先生亦未审证,抄存二册,存桃花吟舫者有年,今夏鬻于厂市,为予所得,虽系伪本,然以先达手迹,且有文正公暨少河跋语,姑存之,以备吾乡文献云。宣统元年七月永清宗后学朱柽之誌。”越日又跋曰:“豹采先生既费心力抄存此本,虽是伪斜川,实乃真龙州耳,亦自可贵,且复有文正公及少白先生跋,又得吴山尊先生手题面签与书衣八篆字,皆极难得,可不什袭珍之!越日又书。与石居主人玖聃再识。”

宣统二年(1910)在其藏甲骨的木盒上刻“滂喜堂藏龟,庚戌九烌玖堋。震旦第一山樵”。

朱柽之批跋《金石学录补》四卷,封面有朱氏题跋:“归安陆伯刚补,伯刚名心源,又字存斋,前缘事革职,近又起用矣。上命交李鸿章差遣委用,刻书最多,名《十万卷廔丛书》,又有皕宋廔以储古籍,可比‘千元一室(十驾)’、‘百宋一廛’矣。所著书尚有《仪顾堂题跋》《群书校补》若干卷。松庵头陀志衣”。

五、小结

本文对朱柽之的藏书事迹和藏书印进行了梳理,结合题跋与藏印“生于己未”,确证其生年为1859年,并推测出其卒年下限。今后还需对其交游网络进行深入研究,追踪其藏书流散路径,还以从“书籍社会史”的视角,探讨其藏书活动与晚清社会变迁之间的关系。

黄原原,天津市委党校图书和文化馆馆员。

对丰润画家的不断发现

许军杰

【提　要】从孙温、孙允谟除《红楼梦》画册的其他传世作品中,可以进一步确认两人绘画风格及兴趣之差异。这种差异主要表现于孙温在传统工笔基础上吸纳了“海西法”的焦点透视和明暗画法,呈现出中西交融的特点;孙允谟则常作写意山水,多为墨色,兼及人物、花鸟,画技较孙温次之。清末时期,丰润画坊林立,尤以绘素斋规模最大,坊主曹铨的春宫画作畅销中外,现今仍有出自绘素斋的红楼题材春宫画传世,而孙允谟曾因拒为雇主画春宫图被辞退。孙温与嘉道时期的丰润画师叶成学在画风上存在高度相似基因,极有可能正是师从叶氏。另外,北京大学图书馆所藏《镜花缘》画册的创作者孙继芳也是丰润籍。

【关键词】丰润　绘素斋　红楼春宫画　海西法　叶成学

随着持续关注和研究《清·孙氏绘〈红楼梦〉画册》,笔者几近穷搜博采、菲枕图史,幸能对孙温、孙允谟两位画家的故乡丰润及丰润画家不断有新的发现。本文首先综合公私庋藏、拍卖纪录及图书著录整理了孙温、孙允谟的其他三十五件(套)存世作品信息,以求对其画风有更为全面的认识;并进一步搜辑钩稽清末丰润画坊、画师及画作的相关零散史料,大致勾勒出孙氏伯侄绘制《红楼梦》画册的时代背景和社会艺术生态环境。

一、孙温、孙允谟及孙荫田

关于孙温、孙允谟创作《红楼梦》画册的过程及伯侄二人的生卒年,笔者已做过较为详尽的考证①,接踵而至的思考是:他们还有没有其他画作传世?如果有,数量还有多少?其中又是否还有红楼画?带着这些疑问,笔者通过访阅公私庋藏、拍卖纪录及图书著录等多方渠道不断查找,所得甚多。需要说明的是,孙温、孙允谟虽然原本寂寂无闻,但自 2004 年《红楼梦》画册在中国国家博物馆展出引起巨大轰动后,也有一些心思不正的人作伪其假画,这里所讨论的自然排除了这些赝品②。

先说孙温,笔者所见的另外两件作品分别是《孙润斋人物画册》及一件青绿山水扇面。前者出现于“嘉德四季第 45 期拍卖会”上,封面签条上书:“干威将军所藏,寿田检署”,可知此册原为民国时期“干威将军”彭寿莘所藏,夏寿田经眼并题跋,册前有夏氏所题引首“光景常新”及一首《竹丈人歌》。册内凡十二对开诗画,图文关系不大。经笔者查证,这十二幅画面皆是从明人黄凤池辑录的《唐诗画谱》③中摹绘而来,除第六幅出自《唐解元仿古今画谱》,其余十一幅依次是崔道融《牧竖》、羊士谔《郡中即事》、王昌龄《西宫秋怨》、刘长卿《逢雪宿芙蓉山主人》、贺知章《偶游主人园》、朗士元《柏林寺南望》、刘长卿《寻盛禅寺兰若》、卢纶《山中》、涨潮《采莲词》、韩翃《羽林少年行》及李白《示家人》的诗意画。

画册中末开画有“时在癸未(1883)春月仿唐六如居士画于沁香吟馆,润斋孙温”的落款,对页配诗却是《拟涉江采芙蓉》,后署“癸亥(1923)五月录丁未(1907)拟古诗奉呈子耕仁兄将军,即希正和,天畸弟夏寿田”。由此可以猜知是彭寿莘先得到了孙温的画,由于比较喜爱,所以请夏寿田另外抄录了拟古诗并题跋,予以配成一套书画册页。彭、夏二人与孙温应当是不相识的,更或许根本没听说过他,不然按常理不应该在题跋中一句都不提及。从画面来看,无论是风格气韵、笔墨设色,还是人物造型、篆刻印文,皆与《红楼梦》画册保持高度一致,可确信系孙温所绘无疑。且画是从《唐诗画谱》摹出,与《红楼梦》画册中大量以“画中书”形式抄录前人诗词的现象相互印证。1923 年 5 月,彭寿莘升任直军主力第十五师师长,

---

① 许军杰:《〈清・孙氏绘《红楼梦》画册〉创作过程及绘者生卒年考论》,《红楼梦学刊》2023 年第 1 期。

② 许军杰:《反照风月鉴:名家伪款“红楼画”谫论》,《收藏家》2023 年第 7 期。

③ 《唐诗画谱》书内包含八种画谱,依次是《五言唐诗画谱》《六言唐诗画谱》《七言唐诗画谱》《梅竹兰菊四谱》《木本花鸟谱》《草本花诗谱》《唐解元仿古今画谱》《张白云选名公扇谱》,该书诗、书、画三美合一,被时人誉为“诗诗锦绣,字字珠玑,画画神奇”,是徽派版画代表作之一。

授北京政府将军府“干威将军”衔，率军驻守冀东，成为曹锟、吴佩孚最为倚重的高级将领，此时夏寿田则正在保定担任曹锟的机要秘书，正与彭寿莘同幕。夏寿田工诗文书法，并善篆刻，与齐白石友善，其用印多出于齐白石之手，此册中见诸齐氏印谱的就有“俱在山楼”“壶公”“桂父”及两方“夏寿田印”。

北京瀚海“2000年秋季拍卖会”拍出一套六十开的书画合册，册内收入了孙温、孙允谟各一件青绿山水扇面，是时红学界、文物界还完全不知道他们是何许人也。孙温这件扇面款署“光绪戊寅梅月仿南田老人笔意于满墨山房之云窗下，应禹建二兄大人拂暑，润斋孙温”，下钤一“孙”白文圆印，另一印漫漶不清。“光绪戊寅”系1878年，此时孙温刚着手创作《红楼梦》画册不久（开始不晚于1877年），“南田老人”即明末清初著名花鸟画家恽寿平。孙允谟这件扇面画的是渔父题材，款署“庚寅冬月小洲孙允谟”，钤“小”“州”二朱文白印，“庚寅”当在1890年，距他加入合作队伍至少过去了五年（孙允谟开始不晚于1885年）。值得一提的是，这套册页中还有同为唐山画家的张凤翔①的作品。

曾有研究者以未见孙温其他存世作品为由认为他不会画画，从而推断《红楼梦》画册实为孙允谟一人所绘，画册中存在的不同画风以及二人署款、钤印是孙允谟在不同创作阶段的表现。笔者认为这种否定孙温著作权的观点并不可取，因为首先在逻辑上就显然存在漏洞，上文列举的两件真迹更是有力的反证。

再说孙允谟。在当地民间传说中，清末朝廷从冀东征集民间画作，地方官搜集呈上，经鉴赏后留下了八人作品，他们因此被称作“京东八家”，孙允谟即是其中之一。“京东八家”不见于画史著述，或许也像“扬州八怪”那样并不止八个人，只是一个时期内某个区域创作群体的合称。据后人回忆，孙允谟曾在多地鬻画自给，笔者迄今所见其存世书画亦有相当数量，现分类整理如下（表1）。

表1　孙允谟存世画作统计表

内容	形制	作品名称	尺寸	创作时间	出处
山水	立轴	山水楼阁	78.5×100cm	光绪辛卯（1891）嘉平月	上氏拍卖2024年春季艺术品拍卖会
		白满山头助意狂	141×76cm	癸丑（1913）夏月	浙江皓翰2005年春季拍卖会

① 张凤翔（1873—1960），字采丞，号濡溪，唐山滦南人，光绪壬寅（1902）科举人，曾任邮传部主事，1937年主持编修《滦县志》。其人工书善画，书学二王，画风清雅秀逸，为“京东八家”之一。

续表

内容	形制	作品名称	尺寸	创作时间	出处
山水	立轴	青山著玉	95.5×23cm	乙卯(1915)冬月	2008年山东天承大型艺术品拍卖会
		烟沉全护岫风逼欲沾衣	不详	丙辰(1916)立冬日	2023年苏富比吴权博士藏珍拍卖会
		仿米家山水	66×68cm	丁巳(1917)嘉平月	微拍堂
		江山秋雨	109×53cm	庚申(1920)秋七月	2014年朵云四季第3期拍卖会
		风雨归舟	85×46cm	癸亥(1923)嘉平月	北京瀚海2021年秋季拍卖会、北京适珍2019年秋季艺术品拍卖会、东京中央2017年秋季拍卖会
		溪山新雨	145×78cm	癸亥(1923)冬月	2014年北京保利第25期拍卖会
		溪山暑雨	123×64cm	丙寅(1926)秋月	中贸圣佳2022年上海艺术品拍卖会
		林峦雨霁	120×62cm	不详	2016年厦门古美术第773场微拍
		江干钓居	133×33cm	不详	深圳艺拍2011年春季拍卖会
		远浦归帆	137×34.5cm	不详	《天津绘画三百年》
		屋头杨柳深深碧	30×33cm	不详	上海国拍2014年秋季拍卖会
		渔村夕照	132×36cm	不详	2014年北京保利第26期拍卖会
		风雨归舟图①	134×31cm	不详	旅顺博物馆
		溪山欲雨	不详	不详	私人收藏
		疏林隐曲径	不详	不详	私人收藏

① 房学惠女士曾在文中提及旅顺博物馆藏有一幅孙允谟的《云烟山水图》，而核查馆藏目录后，馆内仅有孙允谟的《风雨归舟图》，因此笔者推测《云烟山水图》应为房学惠对这件作品的另拟之名。在此特别致谢旅顺博物馆馆员刘立丽女士的帮助。

续表

内容	形制	作品名称	尺寸	创作时间	出处
山水	条屏	溪山独钓、烟雨归舟、湖亭诗酒、湖山烟雨	133×32cm×4	丙午(1906)春月	天津国拍 2017 年夏季拍卖会
		浦雨将来、云山雨树、云酿楼雨、云溪归艇	133×33cm×4	不详	河北大马 2020 年春季拍卖会
	镜心	湖山暑雨、溪村添雨、溪山春雨、溪山新雨	36×43cm×4	壬戌(1922)孟夏月	2021 年香港普艺第 652 次拍卖会
		溪山新雨	不详	乙丑(1925)夏月	私人收藏
		山谷春意、山亭消夏、秋山旅行、青山着雪	不详	壬申(1932)	私人收藏
		杨柳深深门不见	30×33cm	不详	《天津绘画三百年》
		层峦叠翠	93×23cm	不详	2018 年小玲珑第 12 期微拍
	扇面	楼连浓翠浅岚间	不详	庚寅(1890)冬月	北京瀚海 2000 年秋季拍卖会
		层峦湿翠	18×51cm	癸亥(1923)秋月	天津鼎天国际 2019 年珍藏四季拍卖会
		林峦新雨	不详	丙寅(1926)夏月	私人收藏
人物	扇面	梅花仕女	不详	癸亥(1923)嘉平月	私人收藏
	条屏	古诗人物图	128×34cm×4	不详	《冀东古近代书画集》
	立轴	人物图	不详	不详	私人收藏
花鸟	立轴	清供图	82×44cm	壬寅(1902)冬月	私人收藏
		羽毛丰时不肯休	125×31cm	不详	朔方国际 2017 年春季拍卖会
		清供图	125×32cm	不详	河北大马 2022 年春季拍卖会 北京懋隆 2024 年春季文物拍卖会

从表中不难发现,孙允谟所画囊括山水、人物、花鸟,但以山水为重,后两者只是兼及。在这三十三件(套)作品中,墨笔的多,设色的很少,青绿的就更稀有了。且不论哪种画科,哪种形制,都少见像《红楼梦》画册那样的工笔作品,基本皆为写意,唯一一件画风相类的界画山水,便是“法元人笔意,光绪辛卯嘉平月绘于惜花轩”的《山水楼阁》,“光绪辛卯”即1891年。有年代可考的画作里,以1932年的四帧山水镜心为最晚,他留下了“壬申七十六叟筱州孙允谟”的落款,从而可推知其生年是1857年;以1890年的山水扇面为最早,是年他34岁。

图1:《烟沉全护岫风逼欲沾衣》

结合1890年和1891年留下的两件作品,可以明显看出孙允谟早年时画风接近孙温,对青绿山水和工笔界画的学习痕迹,这就可以合理解释他何以能够成为《红楼梦》画册的合作者。而在孙允谟的晚年作品里,还常能见到一枚“松坡老人”的压角章,应是其晚年自号。另外,1916年所作《烟沉全护岫风逼欲沾衣》颇为特殊,此画原为民国政治家吴莲伯之子吴权收藏(图1)。特殊之处在于画上有诗堂:“山松苍苍,红梅绽香,霏霏春雪,送君还乡,功成归去,工界之先,故友话别,敬祝健康。中华民国十一年(1922)春日恭送李吉士先生荣旋,用撰俚词志别,后学翟兆麟题赠。”可知这张画于民国十一年被作为礼物由翟兆麟赠予李吉士。李吉士(Ricketts)为英籍,系京奉铁路总工程师。而翟兆麟是京张铁路的副总工程师、詹天佑的得力助手。

范景中先生指出:“清末人物仕女,最难脱改七芗、费晓楼牢笼,而孙氏(笔者按:这里指孙温)结撰落墨,造型用笔,有晚明以降‘苏州片’之遗意,又拾宫廷焦秉贞、冷枚之风情遗绪,以此索之,则孙氏之师承、经历,或搜抉缇缃,能得约略。”①此语可谓高屋建瓴,一语中的。明清时期,苏州地区以作伪假画闻名全国,大多仿造的是前代名家的作品,俗称作“苏州片”。苏州片多为细丽考究的青

① 范景中:《序一》,载旅顺博物馆编《梦影红楼:旅顺博物馆藏孙温绘全本红楼梦》,上海古籍出版社,2023年,第1页。

绿山水，孙温画风有相类之处，故称有其“遗意”。但这并非意味孙温水平低下，苏州片中也有水平很高的作品，明代著名画家仇英早年就是以画苏州片为生。

在《红楼梦》画册中，孙允谟的着色偏向赭石、黄褐，与孙温的青绿色调殊为不同，孙允谟唯一一张靠近孙温画风的是首册首开《石头记大观园全景》，笔者曾依据创作时间推测孙允谟极有可能正是因绘制此图才得以加入创作队伍。再者，孙氏伯侄在人物开脸和造型上亦体现出较大区别，孙温的仕女身形修长秀美，在面部的塑造上显然吸收了西洋画法，细腻自然，表征出如焦秉贞、冷枚等画家在西学东渐影响下的宫廷画风特点，而孙允谟笔下的人物相对粗疏很多，更相近于民间年画。此外，在建筑空间的透视绘制上，孙允谟亦常常露怯，不如孙温把握得更加熟练。这种画风上的差异并非像前人所认为那样是早年和晚年之别(更何况笔者考证二人至少有十八年的同时创作阶段)，而是根本上的不同。

孙允谟的孙女孙会珍老人受访时回忆说：“他辈分大，村里人都叫他‘爷爷’，他会画画，主要画山水，多大的画都有，家里到处挂他的画。爷爷忠厚老实脾气好，平时种地，农闲时就在家画，他画画时不愿让别人看，主要画墨笔山水，很少用颜色，没见过他画人物，他还在滦县李梦松家里画了两年壁画。……我的父亲孙荫田曾跟爷爷学画扇子，扇子上画的也是山水，父亲当时主要在天津画画。”[①]所言信息与我们如今看到孙允谟的作品特征是比较吻合的。从话里行间亦能感受到一位民间画家生活的不易，既要忙农活，闲时作画、卖画维持生计，还要再抽出时间绘制极耗费心力的《红楼梦》画册，更要以接近大伯而自己平日不甚为之的工笔风格完成。我们也就不难理解，为什么孙允谟只承担画册不到三分之一的工作量，创作历程却长达至少45年之久。以此为参照，孙温花费二十余年却完成逾三分之二篇幅，其全身投入、尽心竭力也就更能想见了。

至于孙会珍提及她父亲曾随爷爷学画，笔者亦查得孙荫田的数幅作品。他的《湖山带雨》深得孙允谟精髓，其用笔、风格乃至书法都一脉相承，款署“拟米元章之法，己卯(1939)夏月孙少洲作”，钤印“孙荫田印”“少洲”。据《孙氏家谱》载，孙荫田系孙允谟次子，后过继给胞弟孙允猷。孙允谟号“小洲”，孙荫田取号“少州”，其中应该也包含了子承父业之意图。

---

① 刘广堂：《再访丰润，追本溯源》，《大连文化艺术》2006年第2期。

二、曹铨、绘素斋与红楼春宫画

丰润古称“浭阳”,因境内有浭水而得名,今为河北唐山丰润区,部分划入丰南区。清末时期,在丰润南关画坊林立,兴盛一时,驰名遐迩,京师富贵官宦人家亦来选购,同时也涌现出不少技艺精湛的画师。画坊中以绘素斋、裕德斋、华美斋、文华斋等最为知名,画师者以曹铨①、丁庆荣、郑兰溪、叶呈樵水平最高,合称当地“四大画家”。

顺治元年(1644),清王朝迁都北京,自此将北京作为皇城,沈阳作为陪都。宫里每年祭典祖先时,要把历代先皇影像从沈阳迎往北京,待祭典完后再抬回沈阳,为来往方便,就由北京经蓟县(天津市蓟州区)、丰润(唐山市丰润区)、永平、山海关、锦州至沈阳修建了一条大御路。沿途设立驿站,丰润南关就是驿站之一。这条大御路是连接关内关外的唯一通道,不管是外国使节进京朝贡,还是商贾来往贸易,都要在此经过驻留,故而大大促进了南关的经济发展和文化交流。《丰润县志》中还存有一首朝鲜人所写《题丰润驿站壁》:“桥声传永巷,新月挂西楼。千里东归客,寒窗一夜愁”②,作者表达了深深的思乡情。

据史料记载,南关人最早经营的品牌产品是春宫画。春宫画又被叫作“避火图”“秘戏图”,是历代贵族和豪门大户竞相争藏、互相馈赠的艺术品,其历史最早可以追溯到汉代。《红楼梦》中两番写到春宫画:薛蟠有次在别人家看到一张春宫,“真真的好的不得了”,却因不识字闹出“庚黄”的笑话;傻大姐拾到的香囊上绣着“两个人赤条条地盘踞相抱”,邢夫人看到后“吓得连忙死紧攥住”,由此引发了抄捡大观园,导致晴雯被逐含冤致死。孙氏后人受访时曾提及:“孙允谟在村子里名气挺大,教过书,人称‘谟先生’,他曾在滦县李梦松家里画壁画,后来李家内眷让他画‘避火图’,他不肯画,就被辞退了。”③可见孙允谟虽困顿但不媚俗,身在矮檐下尚葆有读书人的赤心和风骨。

丰润曹铨是清代闻名全国的春宫画家,他创办的绘素斋同时也是当地规模最大、驰名中外的画坊,作品远销北京、天津、上海、沈阳以及日本、朝鲜、欧美等地,

① 曹铨(约1830—1893),丰润南关人,擅工笔人物,主要作品有《桃园三结义》。

② 《丰润县志》卷四·文苑,光绪十七年刊本,第57页B。

③ 刘广堂:《再访丰润,追本溯源》,《大连文化艺术》2006年第2期。

从业人员最多可达二十余人，盛极一时。曹铨过世后，画坊一传至刘开方，二传至刘文泉，三传至刘华原，直到抗日战争时消亡，统共有一百五十余年历史。丰润产出的春宫画久负盛名，甚至进入了宫中为光绪帝欣赏：

> 穆宗朝，有翰林侍读王庆祺者，顺天人，生长京师，世家子也。美丰仪，工度曲，擅谄媚之术。初直南书房，帝爱之，至以五品官加二品衔，毓庆宫行走，宠冠同侪，无与伦比。日者，有一内监见帝与王狎坐一榻，共低头阅一小册。太监伪为进茶者，逼视之，则秘戏图，即丰润县所售之工细者。两人阅之津津有味，旁有人亦不觉。[①]

据当地学者介绍，丰润的春宫画大致分为“明春”（全裸）、“半春”（半裸）、“暗春”（不裸）三类。“明春”有《金瓶梅》故事，“半春”有《西厢记》中的张生戏莺莺，“暗春”则有《红楼梦》中贾宝玉初试云雨情。画作的质地有绢、纱、纸，尺寸从0.6尺至1.2尺见方，一套1.2平尺的绢本《十二帝王图》最高卖出过一百二十块大洋。[②]

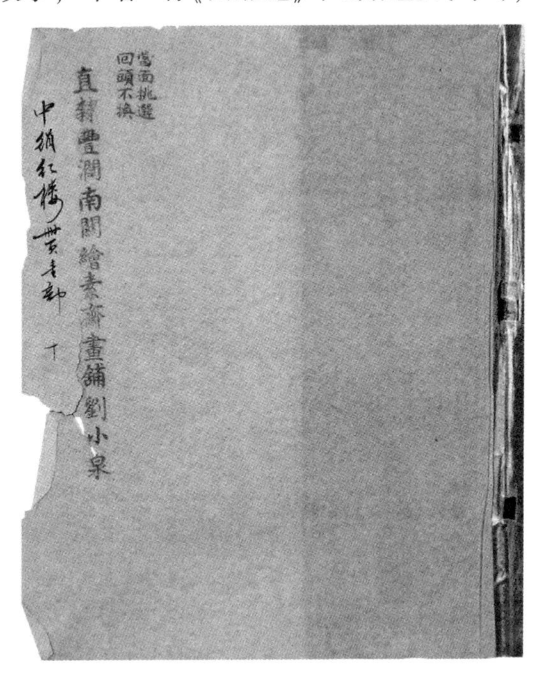

图2：丰润绘“中绢红楼册页”

说来也奇，笔者曾有幸见到一套红楼春宫图，正产自丰润绘素斋！

是册共十开，绢本设色，18cm×19cm，画作并未装裱绫边，而是直接粘在空白页上，可揭取。封面有“当面挑选，回头不换”及“直隶[③]丰润南关绘素斋画铺刘小泉”的朱字印文，旁又有墨笔书写“中绢红楼册页一部，十”的字样（图2）。刘小泉与绘

① 张祖翼：《清代野记》，中华书局，2007年，第22页。

② 参见曹兆荣：《丰润县南关与南关画坊》，载中国人民政治协商会议河北省丰润县委员会文史资料研究委员会编《丰润文史资料选辑》第三辑，1988年，第39页。

③ “直隶”即直接隶属。在明清两代，“直隶”作为地名代表着京师周边的府、州、县，它是中央对地方实行行政统辖的一部分。清代成立了直隶省，成为现今北京郊区、河北、天津等地的一个统称。

素斋第三代业主刘文泉是何关系？目前尚难确定。册中所绘春宫,画技平平,观其内容当属明春或半春,画的皆是贾宝玉在床榻或山石上与女子行鱼水之欢,其中有一身着水田衣女子自然就是妙玉了。

无独有偶,在2021年罗马举办的一场拍卖会中,笔者还见到一张无款春宫画,描绘的是史湘云醉卧芍药裀时,贾宝玉竟然“趁人之危”,画面真是低俗不堪。由而让人想起,有些清代红楼续书中大写“皮肤滥淫”的风月情事,“其淫秽污臭,荼毒笔墨,坏人子弟”,更尤以将宝黛作为主角进行演绎,令人不齿,真是亵渎了木石前盟。红楼春宫画系前人从未涉及,特记此备考。

除春宫画外,丰润还有两大名产——折扇和宫胰,每年迎送皇影的钦差大臣在大御路上经过丰润,购得胰扇,带至京城及东北,深受王公大臣称赞,视为珍品。乾隆年间进士阮葵生说:“康熙间,尚金陵仰氏扇,伊氏素纸扇,继又尚青阳扇、武陵夹纱扇、曹扇、靴扇、溧阳歌扇,近日又尚丰润画扇。”①嘉庆十八年(1813),爱新觉罗·裕瑞在发配盛京途中经过关东,写下了《丰润县扇》:“冬日殊非买扇时,聊将遣闷索新奇。购来且自束高阁,留待明年消夏时。”②《清宫词》中也记述了这种盛况,诗曰:“丰润杭州便面娇,内宫舒卷嫩凉招。殿头电气虽清暑,适手终输五叶雕。(宫扇以丰润、杭州折扇为贵,图画工细,扇骨六十根至百二十根不等。欧风东渐,宫中殿上多置电气扇。然适手所用者,初夏即丰、杭折扇,仲夏用芭蕉团扇,盛夏则用雕翎扇。扇以金玉、象牙、玳瑁等为之,雕翎有十一叶、九叶、七叶、五叶,愈少愈贵,有值数百金者。)”③

三、叶成学与孙继芳

由于清宫中有不少欧洲传教士画家供职,他们将“海西法”糅进中国传统绘画而融会贯通,形成了“中西合璧”的宫廷绘画新风格,康乾时期的焦秉贞、冷枚、陈枚、王幼学、金廷标等皆是擅长此法的佼佼者。《国朝院画录》中介绍焦秉贞:

> 工人物、山水、楼观,参用海西法。

① (清)阮葵生撰、李保民校点:《茶余客话》,上海古籍出版社,2012年,464页。

② (清)爱新觉罗·裕瑞著、柳海松校注:《东行吟钞》,沈阳出版社,2022年,第52页。

③ 小横香室主人撰:《清朝野史大观》,中央编译出版社,2009年,第149—150页。

> 海西法善于绘影，剖析分刌，以量度阴阳向背，斜正长短，就其影之所著而设色，分浓淡明暗焉。故远视则人畜花木屋宇皆植立而形圆，以至照有天光，蒸为云气，穷深极远，均粲布于寸缣尺楮之中。秉贞职守灵台，深明测算，会悟有得，取西法而变通之，圣祖之奖其丹青，正以奖其数理也。①

焦秉贞的海西法是“职守灵台”时即在钦天监任职期间学得，故有学者推测其师是当时在钦天监担任监副的比利时传教士南怀仁，后来焦秉贞又把这种画法传授给冷枚，冷枚再传姚文瀚。前文已提及，孙温的画作中亦体现出许多海西法的特点，虽不能比肩宫廷画家，但诸如焦点透视、光影明暗、立体渲染均能顾及，其水平又高出侄子孙允谟许多。因此长期困惑笔者的问题是，他的画风既然不能凭空形成，那究竟师法何人？虽然悬悬而望、寤寐求解，查阅了许多清中期丰润画家的资料和作品，却始终苦无结果。

幸是皇天不负苦心人，在 2020 年 7 月伦敦邦瀚斯(Bonhams)举办的“亚洲艺术拍卖会”(Asian Art)中，笔者偶然间发现了出自英国私人收藏的六帧无款散页，立即引起高度关注。以笔者十余年赏鉴孙温画作的熟悉程度，一眼便看出散页的画风与孙温极为接近，再细察几乎每幅画面下都有一枚清晰可辨的“浭阳”朱文白印，则更加惊喜！

这六帧散页画的都是节令民俗内容，绢本设色，一尺见方，左下书有四字画题，分别是预兆年丰、浮针乞巧、柳骍花鼓、悬艾良辰、雪冷送风、中秋月朗。友人又相告伦敦佳士得(Christies)于 2007 年 5 月拍出一张同样无款的《绣线初添》(图 3)，与前者应原属同帙。画中所绘仕女，从开脸、发型到钗簪、服饰，皆与孙温笔下几乎如出一辙，乃至方桌造型、桌面的红蓝配色(这种配色在孙温画里频繁出现，但也仅见于他的画里)都完

图 3:《绣线初添》

① 于安澜编《国朝院画录》，上海人民美术出版社，1963 年，第 1 页。

全一致,显示出极强的关联性。

两者唯一有异、值得注意的地方是,散页中的仕女额上有一种特殊的尖形额饰,表征出独特的时代气息。这种尖形额饰叫瓜瓣叶,是出现于乾隆晚期,流行于嘉道两朝的一种妇女勒子样式,在此时期的外销画中屡见不鲜。乾隆帝在《时世装,儆戎也》中便称"吴女人人眉际乌绫作瓜瓣"①,又见道光版《綦江县志》这样记载"妇人之服":"其冠始名勒,以青缎为之,额处稍尖,缀小翠结或珠花,其后放为,极尖如鸡舌,胶粘始能贴额,后改为昭君带,齐而不尖也。"②笔者曾考证孙温出生不早于道光十一年(1831),开始创作《红楼梦》画册已经晚在光绪年间,那时已不流行瓜瓣叶,所以未见于他的画中反倒是合情合理的事情了。

那么,这七幅画是何人所作呢?笔者再次辨识画中另一方有破损的印文,疑似"叶成学印"四字。试着按文索骥,果有收获。中贸圣佳于"2020年春季艺术品拍卖会"拍出的一套十二开仕女册页与七帧散页在题材、形制、画风、钤印和尺寸上都是完全相同的,显然出自一人之手。这十二幅册页分别是《节届分蚕》《雁阵横秋》《榴花艳火》《采莲消暑》《得趣抡杆》《三阳开泰》《杏林春燕》《霜凌梅蕊》《采桑育蚕》《桂飘金粟》《安居乐业》《共赏元丰》,末开有署款"是岁道光乙未仲秋,叶成学恭画"。此外,四川诗婢家拍卖行在2017年还拍出过一件叶成学的《李青莲》,有"浭阳叶成学恭画"之落款。三者合观,足以互证真实性,并充分说明叶氏的存在。

此时不禁要再次追问:叶成学又是何人?与孙温是否有关系?经过爬梳文献,笔者惊喜地在光绪版《丰润县志》中找到了他的名字:

> 高丽国贡使每年冬至春归,径由邑之南关,其舆隶仆从辄携其扇箑货卖,制极粗恶,而胶漆牢固,屠贾时或利之,士大夫不屑捉也。丰人仿其式,为之而小变其法,骨以班竹(笔者按:即斑竹)、云竹、棕竹,绘以山水、花卉、翎毛。著名画士如商山、纪宏、唐瓒、雷炳,嘉道以如侯国祥、叶成学、郑荣祺、曹铨,现在如丁荣庆,亦俱生动有致,丰扇之名与丰腆并驱,畿东良有以也。③

要之,丰润折扇最初是从朝鲜传入的,但因质量粗恶不为上层所喜,丰润人仿

① 孙丕任、卜维义编《乾隆诗选》,春风文艺出版社,1987年,第288页。

② 《綦江县志》卷九·风俗,道光六年刊本,第66页B。

③ 《丰润县志》卷三·杂记,光绪十七年刊本,第78页B。

造其样式但在制作工艺上大大改进,才使其得以流行。小小折扇见证了丰润地区的国际交流和贸易往来,而叶成学正是嘉道年间的画扇高手。

众所周知,绘画是一种主观性较强的个人活动,任何出现构图高度雷同或画风十分相近的情况,都不可能是偶然,必定存在某种亲缘关系,或有师承,或为追仿。书画鉴定主要依靠的是目鉴,风格就成为判别真伪的主要依据,其中又包含时代风格和个人风格。由于风格是抽象概念,为避免故弄玄虚,徐邦达先生主张必须通过艺术形式来把握,又进一步将"笔墨"特别是"笔法"确定为鉴定最最关键的依据。《红楼梦》中写到黛玉写了一首《桃花行》,宝玉看罢滚下泪来,便知出自黛玉,众人诓他是宝琴作的,宝玉笑道:"我不信,这声调口气,迥乎不像蘅芜之体,所以不信。"可知他正是通过诗风判定作者的。

叶成学与孙温的画风如此相像,必不可能是无缘故的。是否有可能后者师从前者呢?叶成学具体生卒年虽不可考,但其生活年代比孙温稍早是确定的,二人又是同乡,笔者认为这种可能性不仅存在,而且极大。但需要考虑的另一种情况是,两人或许未必是直接的师徒关系,而属于同一传派,师门间画风相似亦十分正常。不论是哪种关系,叶、孙二人画作内部的这种相似基因和紧密联系都是不可否认的。

丰润近京畿之地,又临天津港埠,且位于关内关外、国内国外的交通要塞上,当地画家受到来自京师、海派乃至西洋画风的复合影响,这些都为孙温、孙允谟的绘画学习创造了必要的先提条件。据记载,乾隆时期的唐山乐亭籍画家安如岩尤以鬼判和西洋人物画为最佳,画意苍古,别开生面,格调与金冬心、郎世宁相近①。这表明在丰润能够融合海西法作画的画家亦非只有叶成学和孙温,仍有上溯空间。

笔者还意外发现,北京大学图书馆藏《镜花缘》画册的创作者孙继芳竟也是丰润人!

在研究《红楼梦》画册时,笔者曾援引孙继芳在《镜花缘》画册倒数第二开写下的全本唯一题识"光绪癸巳(1893)仿仇十洲笔意,筱山孙继芳敬绘",推测"孙温唯一落款的此开画面也已临近创作尾声,甚至可能就是他绘制的最后一幅,因此留下一个总落款以彰纪念。无独有偶,孙氏画册的末册末开上涂抹过的'浭阳孙

---

① 参见张哲明主编《冀东古近代书画集》,中国文联出版社,2005年,第189页。

允谟’落款亦系仅见,应与前者属同一性质。”①笔者当时还有所留心,孙继芳与孙温、孙允谟同姓,孙允谟号小洲,亦常写作筱洲或小州,与孙继芳的字号“筱山”仅一字之差,不知是否有何关系?当去民间考察在孙氏后人家中见到《孙氏家谱》时,笔者还特别打听了是否有孙继芳这个人,众人皆说没听过。笔者便当作偶然情况不做多想了,毕竟字号的性质不同于字辈。

孙继芳其名亦不见画传和史料记载,生平也就无从了解。观《镜花缘》画册,绘画水平虽称不上很高,个别幅也比较敷衍,但整体上还算生动有趣,不失为一套佳品,其仕女造型有效海派名家钱慧安笔法之处,但不甚多。机缘巧合,笔者在“嘉德四季第36期拍卖会”上见到孙筱山的一套十二开诗意图册,与《镜花缘》画册笔墨风格一致。落款则署有“浭南孙小山作”“浭南筱山孙继方作”“筱山氏孙继方写”“筱山氏芳作”“筱山氏孙继方作”“浭南孙继方”“停云馆主人孙继方”“筱山一峰老人写”“一峰氏孙筱山作”等,从中可知孙继芳写名字时也常借同音,如“继芳”作“继方”,“筱山”作“小山”,还另有“停云馆主人”“一峰老人”之号。这些是其次,更为关键的是他透漏自己是“浭南”人。

“浭”只有一个字义,即丰润之浭水,这就把孙继芳与丰润锁定在一起了。“浭南”该如何理解呢?笔者以为,一可解释作丰润的南域;二可解释作如今的丰润之南的丰南,孙氏伯侄的故乡——大新庄镇薄港村如今就划在丰南区域内。按“丰南”一词在1946年才出现,孙继芳不可能未卜先知,所以“浭南”所指应是丰润南域。丰润既有孙温、孙允谟绘《红楼梦》画册,又有孙继芳绘《镜花缘》画册,两部小说又皆是为女儿立传的经典,可谓相得益彰、珠联璧合了。

四、丰润与《红楼梦》

在丰润这片钟灵毓秀、物阜民丰的土地上,历代都有涉红名人。丰润籍书画家张纯修为曹寅所绘《楝亭夜话图》现藏吉林省博物院,是研究曹雪芹家世的重要文献资料;出任丰润知县的沈赤然在乾隆六十年(1795)所作《曹雪芹红楼梦题词四首》是在程甲本刊行后的早期题红诗,作者还暗暗表达了“试磨奚墨为刊删”的续红想法;现当代更有两大卓有成就的研红才女——“新中国培养出的第一代青

① 许军杰:《〈清·孙氏绘《红楼梦》画册〉创作过程及绘者生卒年考论》,《红楼梦学刊》2023年第1辑。

年红学家"[①]王佩璋及"十年一梦迷考据，赢得红楼梦魇名"的著名作家张爱玲；二十世纪九十年代，红学界还掀起过关于曹雪芹祖籍究竟是辽阳还是丰润的大论争。

曹雪芹披阅十载，增删五次，写出字字饱含血泪的《红楼梦》，亦期待知音能解其中味。孙温、孙允谟伯侄创作的《红楼梦》画册是红楼画史上的巅峰之作，他们在通过自己的方式努力成为曹公知音。很难想象，在两代人通力合作的五十余年间，需要多么大的恒心与毅力才能坚持下来。毋庸赘言，丰润因有孙温、孙允谟这样杰出的乡贤画家而骄傲，孙温、孙允谟也因《红楼梦》画册而不朽。

许军杰，河南省红楼梦学会常务理事，中央美术学院博士生。

① 张庆善：《那堪风雨助凄凉——纪念王佩璋先生逝世 50 周年》，《曹雪芹研究》2016 年第 4 期。

言敦源、丁毓瑛《喁于馆诗草》

韩慧平

【提　要】《喁于馆诗草》是言敦源与丁毓瑛夫妇二人的合著,成书于光绪戊申年(1908)。内容涵盖咏史抒怀、酬唱赠答、山水纪行等题材,此诗集既可以窥探言敦源和丁毓瑛夫妇二人的生涯轨迹,又映射出晚清民初士绅阶层通过实业、政治、文学等多重路径参与社会重构的努力,是研究近代家族文化、性别关系与地方精英网络的珍贵史料。

【关键词】言敦源　丁毓瑛　《喁于馆诗草》

《喁于馆诗草》是言敦源、丁毓瑛夫妇合著诗集,"喁于"特指相和之声,故以此名室、名集,寓夫唱妇随之意。书分上下两卷,每卷之末有"男雍陶时梁校字"字样,指言氏夫妇的三个儿子言雍陶、言雍时、言雍梁。

言敦源(1869—1932),字仲远,江苏常熟人,父良家驹。言敦源早年接受传统儒学教育,师从吴汝纶,后顺应洋务思潮,转求实用之学。1913年,言敦源举家定居天津;1932年,于天津逝世。言敦源的经济活动与张謇"实业救国"理念相呼应,居天津时,与亲家周学熙一同投资倡办工商业和金融企业,推动地方工业化进程;同时热心于教育事业的发展,资助兴建南开女中和耀华中学。言敦源继承家学,文学底蕴深厚,善书画,与严修、赵元礼、徐世昌等津门名流交往密切,其作品除《喁于馆诗草》外,另有《南行纪事诗》《兟庄诗文存》等。

丁毓瑛(1869—1923),字蕴如,江苏宜兴人,丁俊卿之女。丁毓瑛出身书香门第,"既明节概,亦综艺文"[①]。1889年适言敦源,祖姑左白玉(1820—1856),字小

① 曹辛华、钟振振主编《民国诗词学文献珍本整理与研究 · 汪东文集》,河南文艺出版社,2016年,第331页。

莲,著有《餐霞楼轶稿》;姑汪韵梅,字雪芬,著有《梅花馆诗词集》;丁毓瑛幼承家学,工诗词,《国朝闺秀正始再续集》收录其诗八首,单士厘称云:“选以清为限,蕴如不在限内。惟一门三代能诗,洵闺阁佳话录数首,破例附其姑诗后。”①诗文除外,丁毓瑛明于医理,曾校刊整理杜光庭的《玉函经》。“民国十二年春三月某日,婴疾遂卒”②,丁毓瑛逝世于天津,最后归葬常熟。同年7月16日,《大公报》(天津版)刊登《树烈女碑之欵项细目》,其中载“言毋丁毓瑛夫人遗嘱捐助十元”,为南皮张氏两烈女立碑,可见丁毓瑛亦热心公益。

丁毓瑛去世后,“由马其昶撰写墓志铭(残碑现存于常熟市碑刻博物馆),陈宝琛撰写墓表,冯煦、徐树锋、王守洵、林纾等人为之立传。北洋政府总统黎元洪撰写挽词”③。民国十四年(1925),四川罗正淑女士于《艺林丛刊》发表《怀丁毓英女士有感》:“问字朴园陈师讲学处识姓名,渝关维缆倍心倾。东南半壁多新咏,何日玉台伐木赓。”诗前有序云:“去岁陈师树棠为道丁毓英女士文字巍然,艺林一席,歆慕之。至乙丑春,有汉皋之行,将欣然拜谒,抵渝不果,进临江,怅怅不揣,冒味率尔寄声,殊自女愧也。”玩味小序并诗意,此丁毓英当即言敦源德配。

《喁于馆诗草》上卷为言敦源所作,多五言古诗、七言古诗,诗集中亦多见对辛亥鼎革、工业文明的书写,兼具古典韵味与时代印记。下卷为丁毓瑛作品,常以家庭生活、自然景物寄寓情志,其诗风清丽婉约。如《雨后》:“雨后生机畅,凭阑翠入眸。菜肥争结子,花懒尚垂头。”也有涉及时局之言,如《庚子中秋》中“无家正值沧桑变,有泪难禁骨肉分”,即超出闺阁雅趣,透露出女性知识分子的时代感伤。卷末附言敦源跋文,有关成书的原因,言敦源在文中称:“越岁庚子,避地转徙,自是所处之境悬殊,而所为之诗亦稍稍杀矣。比年光气大开,旧闻零落,结习未忘,同调日尠。爰取旧作,附以吾妇之诗,编次合刊,以自怡悦云尔。”该书有光绪三十四年(1908)铅印本,国家图书馆、首都图书馆、天津图书馆、南开大学图书馆、浙江图书馆、温州市图书馆、洛阳市图书馆、新乡市图书馆等藏,该版本半叶九行,行二十字。黑口,四周双边,双鱼尾。版心中刻“喁于馆诗草”及卷数、页数。本次整理以

① 单士厘:《闺秀正始再续集》,民国归安氏铅印本,1912年,第107页a。

② 曹辛华、钟振振主编《民国诗词学文献珍本整理与研究·汪东文集》,河南文艺出版社,2016年,第331页。

③ 中国人民政治协商会议天津市委员会学习和文史资料委员会编《天津文史资料选辑》,天津人民出版社,2004年,第208页。

温州市图书馆所藏光绪三十四年(1908)铅印本为底本。

喁于馆诗草上卷　常熟言敦源仲远学

都门秋思

乌皮几滑旅灯明,睡态瞢腾似病酲。凤泊鸾飘增客感,鱼书雁字寄邮程。

刀环一阕思归梦,砧杵千家忆远情。永夜有怀人不寐,街头更析杂声声。

秋来篱豆着新花,酒兴诗怀次第赊。子夜闻歌凉一味,长安望远月重华。

客中寄迹如羁羽,天上沈阴欲洗车。遥识西山连嶂处,白云亲舍望无涯。

料得深宵玉臂辉,迢迢道阻恨睽违。秋风易惹莼鲈感,天气频催稻蟹肥。

盼捷但须酬远志,寄书那复说当归。银床冰簟难消遣,平放双钩静掩帏。

味到相思知不知,野蚕成茧欲抽丝。惊心夜雨乡愁日,转瞬秋闱献艺时。

蟋蟀当堦方迸响,蒲桃压架已分歧。晓来绮思无寻处,玉露枫林画里诗。

七　夕

容易新凉又早秋,客中无赖看牵牛。天涯人远双星近,闲煞帘前月一钩。

除夕用黄仲则韵

年华大好等闲过,饯岁尊前发醉哦。那有文名偏落拓,尚余豪气肯消磨。

于今宰相黑头少,从古人情白眼多。三舍鲁阳戈莫挽,宵来休问夜如何。

春　寒

阴晴天气嫩风吹,仿佛江南二月时。永夜寒威添阵阵,小园花事较迟迟。

闲吟绿酒浑无赖,怯倚雕阑有所思。燕子不来清绪减,海棠消瘦柳垂丝。

书斋桃花

记曾手植向堦前,生意居然十倍妍。去后刘郎君一瞬,重来崔护近三年。

不容轻薄随流水,大好萌芽醉晚烟。浓抹胭脂淡抹粉,清明节后峭寒天。

苦　雨

止雨书成迟著录,祈晴文奏待旁搜。刚柔间日争天漏,不信堂坳沉芥舟。

腌白菜

澹泊依然儒素风,荜门蔬食膳常充。兰成园内分寒菜,博士山中忆晚菘。醉骨拚偕盐五色,朵颐雅佐米双弓。胃肠映日文俱见,大酒肥鱼不许同。

比兴诗人取素飧,漫思大嚼望屠门。堆柈直夺酸咸味,入瓮犹余风雪痕。饤饾食单注牛肚,轩渠老圃荐熊蹯牛肚见《本草》,熊蹯见洪舜俞文。寒香溅齿温馨处，领略还宜咬菜根。

亦曾友蒜与朋瓜，寒孟荒畦殿物华。与尔霜松能比操见《埤雅》，让他鳣蟹早爬沙。微能具体瓢儿菜，小学如拳鼓子花井陉土碗，植薄小仅如掌。旨蓄安排冬可御，冰荠斫破遍山家。

频年乡味想吴莼，如此清高更绝尘。冬菜终嫌三染误，春盘尚并五辛陈。割鲜讵屑称屠伯，入梦何曾到脏神。菌妾笋奴非定论，黄中遂脆好尝新。

题手写张亨甫诗集

赞皇邈矣更江陵，荡气回肠万感增。忧岂伤人关利济，贫原非病奈殘殑。
文章憎命夷冯衍，生死交情救范升。干镆锋铓呼欲出，宵来百遍味青灯。
书装玳瑁笔琉璃，阔辈三湘峻九嶷。求古人非文字内，任天下在秀才时。
中年哀乐酸咸味，少作风华畜白辞。笑煞涔蹄供复瓿，望洋终觉水难为。

蚕姑曲

戴胜鼓翼鸣春阳，闺中女伴唤采桑。微行默记三岔路，皓腕高攀五亩墙。
归来香汗心衣透，蚕室消磨过白昼。小姑娇弱大姑憨，阿侬先自情丝逗。
江南三月春可怜，停梭忆远动经年。柔青重绿萌芽坼，正是蠕蠕脱壳天。
初眠细小黑如螘，到处簇蒿杂箔苇。八珍蚖柘出龙精，喙动跂行见头尾。
再眠渐长如鱼苗，轻寒轻暖护短寮。祀罢巧娘酹大士，红妆暮暮复朝朝。
三眠连蜷大如指，满腹经纶孕文绮。衣被天下始在兹，飘然功成身已死。
就中织妇为最劳，缫车午夜声凄嘈。蓬首恒恤周室纬，皲手类索豳风绹。
方今锦绣陊布帛，踵事增华到履舄。被罗曳縠华堂姝，半丝寸缕那爱惜。

腰　扇

阖阖能自由，其形故从户。展如鸟舒翼，其字又从羽。半以纸幕面，有时盛绢缕。排竹一束牢，若人咸其股。每当朱明时，滴汗日卓午。摇摇怀袖间，轻飔辄吹煦。斯須不可离，清谈抵挥尘。雄借楚殿风，瑞异尧厨莆。科头神常惺，麾肱力频努。一朝惊素秋，新凉上庭庑。弃诸箧与笥，捐弃伤终古。鲰生陈谰言，循环理覼縷。一岁一相逢，春尽又夏五。何必求人知，时至争携取。

酒　花

量水烹明粢，采汁始中度。上蒸餔气腾，下滴檐溜吐。味烈白波芳，质湛黄封素。满贮瓮与瓶，滑稽时转注。沛黙决江河，直射悬瀑布。漩涡沫喷涌，滚滚争奔赴。命名曰酒花，方言待补注。如急雨跳泡，巨细状毕具。如厌浥夜行，凉秋珠垂露。如海沤湁潗，聚散在指顾。如浪花飞舞，澎湃相依附。如扬汤鼎镬，百沸势暴怒。

如东坡煎茶，蟹眼鱼眼互。如灵芸唾点，迤涎轻湿呴。如牟尼走盘，圆转羼交错。植根乎糟邱，消息渐布濩。成林乎中山，种彷合欢树。初胎傍屠穌，莸茂挺生趣。展瓣先蒲桃，蓝蔄及莩踣。开嫌司香劳，散觉天女误。管领归酿王，那用金铃护。餐英谢朏口，荷锸刘伶步。良酝迭醉醒，奇葩况饱饇。两美一旦兼，耽乐遂成痼。嗟彼蒲柳姿，阳和鼓煦妪。薄寒来戒涂，蘦落尽失措。何若梨花云，长落无朝暮。直夺造化权，碧翁尤奇妒。虽当严冬时，铺菜仍如故。曲部有长春，为佳且小住。

晚　晴

湿烟贴地浓如絮，积水涵天静欲波。一树蜩螗吟不住，山居分得夕阳多。

花　影

花影宿瑶墀，阑干扶不起。千里共月明，心怯空房里。

忆　蟹

菊酒苏州梦未安，诗成何处易尖团。敢增水族加恩簿，绝少门生议食单。
冯煖无鱼缘作客，钱昆有蟹愿求官。狂奴尔雅笺虽熟，望里青梅止渴难。

早　行

前途苍茫接平皋，黄叶秋声杂怒号。初日巨于旋马磨，朔风铦似解牛刀。
恃才阮掾虚三语，未老潘郎见二毛。冠盖京华争衮衮，征尘偏黦仲由袍。

固安书斋

长空莫系雨如绳，钻纸冬冬集冻蝇。子建奇才余八斗，公明豪飲角三升。
客来纷似争巢鸟，人定闲于退院僧。惟有旧书抛不得，一编有味对青灯。

红　叶

分来塞上胭脂色，染出林端一抹红。省识化工辛苦处，几番霜露几番风。

晚　来

晚来坐见日轮大，风至先闻树叶鸣。此是关河亲阅历，春秋佳日付劳生。

别大姪

十年天道变，人事亦奚殊。负床而始诞，含饴重闹娱。鸠车竹马后，从我授之无。握腕教作字，墨沈翻模糊。忽忽值幼学，学问渐以濡。我复滞久客，比岁劳犇趍。归来叩所业，聪俊常童逾。一暴戒十寒，不殖将荒芜。毋谓知可恃，参鲁矧柴愚。而书已成诵，古训宜勤劬。而诗未成体，孟晋须锤鑪。行行重行行，燕豫怆分途。远征恃而母，絮语此须臾。持以献而父，嗢噱应壶卢。

又

天为难别可怜色，镇日沉阴不放晴。何必中年增百感，伤人哀乐最分明。

寄芝楣

寄语无双丁孝公，年来相背各西东。木瘿石晕休回视，三十鬑然已不同。

小站军幕即景

稻塍井井柳毵毵，舴艋舡儿泛两三。真个水乡风景好，略经点缀似江南。

挽王声甫

斯人不寿出天亡，束手医家续命汤。空说右军佳子弟，难同盗跖论彭殇。
多更忧患知非福，中落家门不易当。凄绝十年旧交友，竟随吊客奠椒浆。

土墙

土墙破屋壁灯然，滨海飘风十月天。意外遭逢都似梦，闲中日月惯如年。
校雠且正公权笔，好客谁栽庾杲莲。我向军门弹短铗，五洲常愿靖烽烟。

执别

执别二三子，投身斥卤中。鱼龙腥海气，溟渤壮风声。
鼓角中宵杂，旗牙落照红。毛锥生误我，钤略叩元戎。

新城道中苦寒

戍鼓寒鸡杂驿亭，槐柯蚁梦共劳形。论才亦许谈兵略，占命多缘入客星。
初日烘云成散绮，遥天合冻变寒青。家人不解风霜苦，归去从容诗与听。

立春

去岁送春曾作客，今年客里又逢春。渐知浪迹真亡谓，何况俱存有老亲。
材美庄生称散木，食经荀令辨劳薪。全家栝酒团栾处，胜我天涯影伴身。

寄内

短衣杖策赋从军，春色花朝过二分。漫说烹雌供远别，悔同征鴈惯离群。
卅年甲子原相若，十载糟糠愧对君。何日养亲兼教子，杜门尘海息纷纭。

世局

世局茫茫伏险巇，亡羊歧路又生歧。一篇枉习修心赋，十载先成感遇诗。
倦客飘萧青鬓日，老亲容易白头时。少年同学矜迟暮，到处犹劳说项斯。
戏下颛顼事曳裾，小知不分到抄胥。辟官闵嘿虚三语，列坐依稀后七车。
刖足卞和安抱璞，埋头定远役佣书。等闲莫涉升沉想，才第多应百不如。
久闻冀野有孙阳，天下英雄任否臧。如我微名犹刻画，何人延颈不飞扬。
口甘说士羞何肉，心重通宾媲郑庄。一种风流宏奖雅，乾嘉诸老与班行。

诗卷光阴又一年,江南三月暮春天。本非国士期知已,况复词人惯左迁。

鸪到罡风听进退,舟行弱水望神仙。陌头杨柳牵羁绪,不敢登楼仿仲宣。

寄怀鞠人军咨

同时豪杰谁知我,吾道担当重此人。芳草绿波曾远别,清明寒食共迟春。

表阡永叔心余痛,誓墓羲之惧辱亲。珍惜天涯相见日,北风吹海起胡尘。

三十初度

堕地悠悠三十载,渺如颗粟凫沧海。文不能封禅折角排承明,骈首囚试侪傀儡。武不能横稍怒马上沙场,寄食军门弹长櫑。原蚕有丝鸿有羽,木瘿石晕弢精彩。我生废钝居物后,妄思用世心尚在。天涯奔走历岁月,风尘厌勚辕骡殆。客子光阴刹那去,白驹过隙追难待。日昨老父寄书到,苦道折染不可浼。阿妳为近生而辰,居恒说着已每每。有弟寿我笺,远道看云阂乐恺;有妇致我辞,毋宁夫婿封侯悔。孟昆两月靡音耗,试吏大梁充茂宰。平时百感易茫茫,眼前陡觉增数倍;欲言不言心耿耿,斗室枯坐手枝颏。滨海卑湿苦暑雨,朝暮蝉嫣寅彻亥。将瓜镇心汗犹沐,体　气薾攒痱瘰。鬑然荼荼遍口角,揽镜坐虑朱颜改。

题东埔荷香送别图

地称表圣王官谷,绩补张为主客图。闻道江山独无恙,东湖而外尚西湖。

东　来

东来海气接天青,伏雨阑风两不停。容易一年逢七夕,惯从独客看双星。

空帏旅梦侵单枕,短烛秋光上画屏。一样高飞毛羽小,低回墙角起流萤。

岁　暮

岁暮阴阳短景天,莲花幞下拥青毡。一家飘泊分三处,千里关山又一年。

恒产竝无徒立壁,客游羞说治生田。眼前别有思亲感,坐看旗牙卷晚烟。

和鞠人军咨韵

美人迟暮误婵娟,堕地虚生三十年。一样戴天分冷暖,几曾处世叶方圆。

剑镡琴柱都无赖,壁月金缸尚斗妍。怪底庄生思盛治,填填行义字颠颠。

卫燕平德文学堂师生合图题辞

群屐輶连聚列星,轩渠金石勒碑铭。云台麟阁传图像,虎观鸿都想受经。

终古人才肩世局,他年使命遍重溟。渊源事业光惇史,第一功名数卫青。

记　得

记得衙斋家醮时,画堂灯火夜迟迟。风微杨柳春三月,酿熟葡萄酒一卮。

耳底燕歌工激楚,眼前秦镜有妍媸。藏彄顾曲寻常事,年少清狂不自持。

一自天涯阅岁寒，年来鞿墆远游冠。毛锥冯铗麻杀遍，和璧随珠遇合难。
不道斧斨同出戍，那堪竹肉竞为欢。身经绚烂归平淡，热恼场中冷眼看。

送女弟南归

作客伤春三月三，远闻雁阵又图南。我犹如此难排遣，料得山妻更不堪。

杏花同吕生作

莫谱江南归去词，吴侬容易惹鄉思。窥檐海燕初来候，晓市河豚欲上时。
酒醉玉楼墟茗芋，香寒绛蜡锁葳蕤。花胎乍吐犹珍重，渤澥风涛春信迟。
胆瓶供养护帘栊，照烂闲居便不同。文彩让君横北地，秾华倩女嫁东风。
略分梨梦三分白，羞学桃腮一点红。安得倚云还近日，年年花发曲江中。

和鞠人军咨韵

刻画雕虫一笑哗，敢同坡老斗尖叉。幽并豪气雄诗笔，高筑沉雄况蔡笳。
大器沈沈静待哗，公真韩愈我刘叉。何当并马天山下，短后戎衣共相笳。

和琴斋

六合承天实一家，等闲蛮触类盘蜗。市中竹杖相如檄，海上蒲桃博望楂。
要使短衣驰怒马，何消清泪落悲笳。王郎鲁国奇男子，斫地歌成障碧纱。
年年鞿旅尚涪家，落魄蹩姗雨后蜗。岁月竟如辞决矢，功名犹似逆流楂。
旧游大半夸裘马，归路何时竞鼓笳。补衮本非贫女业，江邨日莫浣溪纱。

寄内用元韵

旭日童童影尚斜，觉来窗外竞啼鸦。黄连舍北千塍稻，绿到槐南一树花。
客裏依人还作客，家书每到更思家。故乡孤负湖山胜，转觉归耕志愿赊。

重九少轩招集同人留影合图纪事

红到茱萸黄到菊，瘦秋气候不输春。远游来厕三千客，年少能班十九人。
群屐风流都忍俊，画图花样更翻新。眼前离合浑无定，遮莫壶觞进一巡。

丰　台

芍药丰台问有无，平平砥道碾青芜。斜阳十里春三月，过客何人吊曼殊。

途次为船主题扇

下濑楼船横海功，樯林亹旭一竿红。时平日月销兵气，伴尔来乘破浪风。

送鞠人军咨还京师

高皇昔御统，乾元龣用九。兴贤左席虚，倦勤持耄耇。睿宗号继圣，英俊效犇走。
梁秦袭王纪，通籍班先后。台阁集众妙，大政翊擘剖。外职美阮胡，卢曾逮郡守。
治行课殿最，强宗拔本韭。各抉好士诚，搜材遍岩薮。中让朱与毕，天下更頫首。

江南盛文物，臣里记某某。洪孙段钮俦，汪董黄李耦。所至被礼待，隆誉忍绝口。
退老胜钱赵，餽问意良厚。步武接刘彭，宏奖博升斗。躬逢全盛时，汪洋海纵蓼。
递嬗百年间，流风得未有。造养君相劳，轨涂黉序否。左道竟掤郱，支渠隘沟溇。
贱子生世迟，束发书才受。渊源溯自来，褐玉珍敝帚。家法试颛门，只奇数不偶。
比岁蹑珠履，远游瘏四牡。实乏宾客功，遇合颇不苟。竭来赋从军，午夜闻干橄。
矫矫东海公，丰裁矗壁陡。才德两匹敌，纯粹歌莹琇。衡鉴烛人伦，药笼罗勃溲。
执贽记相见，广座猥薢茩。一面祇三语，刻雕到钝朽。忘年折辈行，测交始杵臼。
释伽重缘法，内典参猘吼。道衲侈因果，玄机大小扣。屠戹油碧幕，联裾惯及肘。
分曹趣任事，凌晨辄寅丑。并马出郊垌，锦鞯装金扣。巾车或同载，蹲循从衡亩。
暑雨谋消夏，瓜战日彻酉。露坐招清凉，堆柈剥药藕。兴发敞文醼，酌尝薄薄酒。
问事贾长头，围炉月窥牖。康骈录剧谈，寓言隐开诱。撚须让煅诗，推敲心血欧。
文章谨宗派，泰岱渺岣嵝。扪碑抗辨锋，石花识蝌蚪。肺腑探取示，歙和逾醽醁。
切劘贻椝矩，譽□烦绳纠。直谅具性情，风义兼师友。居群遂耽乐，秋花迄春柳。
常隶大贤侧，跬寸庶鲜咎。如何辞我还，趍朝纡紫绶。未别且黯然，作恶心杂蹂。
祖道挈壶榼，歧途醻咒卣。删除悬厉禁，俗态毋复狃。拟做送行体，惭汗琢句丑。
赠车逊赠言，抽扬听浅鲰。器句区崇庳，生人蕴抱负。保此岁寒节，冠弁侪伍右。
努力鞔末造，肝胆奉神后。再值承明庐，扶摇逐白鶬。结网收珊瑚，妍媸甄璞玽。
我闻霖雨思，蒸黎困已久。出处权重轻，勿枉好身手。词曹出典郡，可惜东坡叟。
会当为大云，无愧众人母。

纪文达所藏甘林瓦砚为李叔词作

未央故制混鱼目，马扬词赋空三复。堕甓飘蓋归贩鬻，校书曾佐青藜读。
土花墨彩相新鲜，中兴上溯乾嘉年。四库不开有遗贤，欷歔濡笔和煤研。

霄　汉

霄汉当天捧日心，风霾云翳忍相侵。一般伎俩虫摇树，百炼陶镕火煅金。
坐少使君旁弄篴，调孤知己共操琴。任他父老绳长短，鹤子毵毵筮和阴。
松竹棱棱共岁寒，移家鸡犬托刘安。神仙弹指沧桑换，云汉低头宇宙宽。
前路茫茫求径易，中流浩浩泊船难。万椽鳞瓦孤城角，又是匆匆马上看。

客中得内子两儿摄影漫成

壮游非复少年时，揽镜头颅强自嗤。零雨一篇赓久役，画图尺幅寄想思。
持家尚有糟糠妇，跨灶期归大小儿。却笑清高林处士，孤山梅鹤与追随。

和吕生并忆琴斋

两家世德衍清芬，浪迹天涯等卖文。时局红羊开浩劫，人情苍狗变浮云。

无双才气英年过，第一功名诗史勋。为语王郎歌斫地，生妨翻酒涴红裙。

历下先生接古芬，康庄开第想人文。沧瀛目极初升日，泰岱胸生肤寸云。

手扎往还吴季重，罪言寄托杜司勋。丰裁鬈鬈清流望，垫角巾兼日练裠。

自潍白狼河营次寄济南诸友

汶济汤汤植幕莲，吹竽溷迹列墀前。惊心烽火连三月，转瞬秋风又一年。

壮士短衣工出塞，荩臣纡策重防边。东西劳燕浑闲事，来看初阳上海天。

明湖如鉴蹙文波，山色重城黛染螺。六代春江归夜月，四时秋士竞悲歌。

梦中杜牧名犹昔，坐上齐髡　最多。为问别来无恙否，音书休隔白狼河。

寄鞠人枢密陕西

一年不见徐夫子，沧海横流变百端。且喜干云归特达，居然近日向长安。

纷更时局棋无定，制诰文章墨未乾。料得骑牛度函谷，秋风压帽又征鞍。

军行杂诗(有序)

壬寅三月，自潍北首移垒于沧。吉日师行，昼长事少，鞿绁余间，无可消遣。凡有闻见，以诗代言，排比诠次，十得二三。昔龚定庵自都归里，途中诸作纯尚七绝，目曰《杂诗》，辄师其意，用取正于有道君子焉。

其一 · 途次有感

指㧑八阵推诸葛，典护七军想赵咨。此是丈夫真事业，莫矜夺马射胡儿。

其二 · 路旁桃花

春色遥连翠作堆，野行风景几徘徊。桃花杨柳浑无赖，拥出牙旗面面来。

露并催寒破嫩风，可怜位置路西东。山城三月春如海，记得看花酒脸红。

其三 · 桃林试所乘白马

依旧东风醉晓霞，两行攒列比排衙。祇嫌不系桃花马，来放嘶群白鼻䯄。

其四 · 遇雨

春雨如丝泽土膏，马前分润到征袍。英雄髀肉休增感，一例劳人觅等曹。

其五 · 小极

如絮浓云万缕低，夜来覆幕隐虹霓。金铙扣遍歌同泽，和就春泥滑马蹄。

偃卧茆檐白板扉，生机坐看麦苗肥。客游输与乡居乐，何日归披独速衣。

汉高中指尚能军，强病巡行到日曛。成事因人堪自笑，远山深处愧归云。

其六·青州吊𡟣嫿将军事(载《石头记》说部)

𡟣嫿将军换靓妆,红闺解赋小戎章。石榴裙艳桃花马,杜宇啼魂怨战场。

其七·吊益都相国

潢池盗弄竟从衡,兵解朝真返玉京。恨少功成身退日,让他良玉与云英。

大节光芒炳日星,前朝轶事久飘萧。史裁未必无遗憾,书局何人领洞庭。

持较娄妃死更奇,后先煇映两蛾眉。狂奴愧乏茗生笔,乐府难翻第二碑。

花木平泉三径荒,感怀旧宅郭汾阳。昆明灰换红羊劫,燕市休寻万柳堂。

其八·新城吊王文简

诗人故里访渔洋,篆墓碑犹峙道旁。一样文章能报国,当年侍从比班扬。

其九·邹平伏生故里

酸咸三味有谁知,甘苦分明见论诗。不学小家描画态,折腰龋齿貌西施。

一代诗宗冠本朝,果然绝世更魂消。莲洋竹垞犹难敌,北宋南施况蒋超。

美人针线灭裁缝,杜集韩诗是正宗。三百年来薪火在,莫疑秋谷录谈龙。

张霸虚闻百两篇,古文廿九溯遗篇。祇嫌求学来鼌错,误遣帘前娇女传。

其十·马宛斯墓

人文应运比生嵩,开国规模迥不同。史法尚存学案在,编年纪事畅宗风。

其十一·湖村舖

湖水笼烟荡野田,人家鲑菜足丰年。如何野语齐东道,也泛吴头放鸭船。

其十二·山行

高车驷马又如何,来向言公桥下过。题柱不须存意气,释名释地任沿讹。过言公桥,按《畿辅通志》:邹平言芳任广平守,桥旁有碑不载,事实是否,待考。

棱棱露骨石嶙峋,上插青苍下紫尘。行到峰巅高处立,齐腰老树要扶人。

其十三·济南

匆匆春月又秋花,马上停鞭望䧳华。生恐青山知笑客,移文猿鹤惹疵瑕。

其十四·重泛大明湖感事

三月莺花斗丽春,重来刘阮感前尘。湖山风景还知旧,不是当时管领人。

其十五·齐河度黄

空潋玲珑历下亭,一篙水涨鸭头青。眼前便是无遮曾,偏画蛾眉斗尹邢。

芦花风送木兰舟,好月当头炤夜游。爽气中人清澈骨,可知四序最宜秋。

词成绮丽更纏绵,掩口休言时政篇。学得风人忠厚恉,度词索解当谈禅。

风梭织水涌洪波,买渡轻飘稳大河。猛忆朱三偏杀士,苦缘天下浊流多。

其十六·晏子城

石言始许问三生，风月精灵梦绮情。一任春风偷度去，九天遥听步虚声。

其十七·二把手车

几费人生推挽功，跋前疐后尚泥中。布飘半幅轻撑起，一样前程借好风。

其十八·德州

听他父老互流传，纯庙临朝六十年。绳武南巡三驻跸，升平风景想从前。

其十九·赠故城柴芸昙

太仓红朽敝难蠲，新政颁行墨诏鲜。杨柳两隄春水滑，河头闲煞运粮船。

三田诗派首山薑，后起卢冯更擅长。今昔易生门户感，公卿皂隶有低昂。

雪颔霜豪认旧容，天涯相见聚萍踪。先生不是名心淡，诗味还如酒味浓。

其二十·入直隶界

马背车轮又纪程，如绳大道指幽并。苍茫家国无穷感，心上潮来两不平。

其二十一·连镇

好是春风客燕归，人家城郭是耶非。野花遍地开如掌，借得年来碧血肥。

其二十二·东光

不施好雨怨天工，直上黄沙卷大风。自笑家无锥立地，一般尤国愿年丰。

其二十三·丛祠

画采仙灵香火因，村庄箫鼓竞迎神。一朝丹垩飘零尽，依旧初團黄土人。

其二十四·抵沧

沧溟无恙月如钩，东海遥连北海头。收拾途中闲笔墨，雕戈铁甲又防秋。

送管雒生

梦梦醉钧乐，人其如天何？世醉偏独醒，子其如人何？天胡不生子于北美西欧之域，文通武达，测度五星之白窠？又胡不生子于海上扶桑之宅，文明输入，崛起挥鲁阳返日之戈？子胡不能秋献赋，春射策，咿唔占毕，模糊影响，滥窃甲科与乙科？又胡不能因狗监以进，附冰山为高，混混沌沌，黄金溢而白髮皤？奚为南走越，北走胡，恒顑頷而坎坷？祗有此一枝笔，三寸舌，耿耿不磨。江山文藻，撑肠柱腹，蕴畜为忼慨悲歌。目览五洲尤时血，泪泣下恒滂沱。吁嗟！阙梧衔口从何说？坐看大陆翻鲸波。醉又醉不得，醒又醒不得，莫如谢病归养疴。楼船风利休蹉跎，我欲留子曰“不可”。酒花灯炧红颜酡，黄鹄一去殆不返。团沙聚散犹刹那，天涯他日倘相见，长愿时局平不颇。

血　泪

血泪难回骨肉寒,揭来烽火照长安。全家瓦解居无定,渴葬碑磨土未乾。
剩有偏亲娱老父,最怜弱弟寄卑官。再来无限伤心事,誓墓文章落笔端。
水陆清斋建道场,琳宫怖鸽趁朝阳。亲恩罔极新牲鼎,食性犹谙旧酒浆。
说法自应工解脱,浮生难与论彭殇。一般寸草心空在,报答无由到北堂。

马　厂

苹波初泛木兰艭,春水船儿打浆双。最好日斜风力足,女墙帆影落晴窗。

正定道中

销夏湾头六月天,南征踊跃纪行篇。人来赵北燕南地,事溯鸠车竹马年。
七萃未闻专阃外,八驺多事感车前。汗牛汗马男儿事,遐想千秋竹素传。
太行西走乱峰青,一瞥云烟眼底经。空说神仙工缩地,任他万术解占星。
封姨赠策风能御,列缺施鞭电未停。咫尺滹沱无恙水,风波又入客中听。

两　地

两地同明月,频年厌远游。春心归蜀鸟,秋色看牵牛。
其雨思萲背,无风阻石尤。小儿应解语,期女迈杨修。

挽女弟

陡变平安字,惊寒到雁行。半生愁病弱,一例竟彭殇。远道频年别,伤心短命亡。
大雷书阁笔,清泪落浪浪。少小深闺里,能承父母欢。温凉亲试药,甘旨劝加餐。
春暖花三径,秋晴月一丸。趋庭同觅句,芒角酒肠宽。牉合来中妇,先尝赖小姑。
针穿同斗巧,襁负替将雏。兰臭心如揭,琴弹调不孤。绮疏常对坐,砖影日加晡。
迨吉陈诗日,秦人赘婿同。仲宣偏体弱,殷浩惯书空。割臂循畸行,齐眉见古风。
三年成一瞬,占梦盼罴熊。送女河干日,相看有泪痕。愁生南浦草,痛萎北堂萱。
烽火遭离乱,天涯忆弟昆。北来言在耳,尺牍尚频番。蚕治同功茧,医删独活名。
两全难计划,异路隔幽明。云里闻车马,风前奠酒觥。他年谁续史,葱郁胜佳城。

除　夕

新声子夜竞传柑,红烛摇光上剑镡。笑向瓶梅问春信,不知身已在江南。

肥乡道中家君旧权斯邑同官惟朱少尉尚存出郭来迎感赋

十年行迹又漳南,酒敌诗盟两不堪。过客光阴侔李白,旧人寥落胜何戡。
一犁待雨催耕鸟,二月先春上箔蚕。棠芾依稀生计薄,听他父老互流谈。

隄上门春望

女墙簇拥危楼出,马背行行隄上门。大道两朱青未了,柳丝刻意逗春痕。

摄镇大名述怀

得失鸡虫湛与升，渊源薪火守传灯。捉将官裹终何补，滥窃师中信未能。

书剑压装归检点，韦弦交佩肯模棱。小臣循省君恩重，要竭涓埃翊中兴。

邦畿重镇此岩疆，南枕黄河西太行。蕉梦迷离寻覆鹿，歧途踯躅悮追羊。

纡筹边警销枹鼓，矫俗戎衣著裲裆。祇恐秋期瓜代日，事功愧对晚香堂。

家君作宰历畿南，棠芾留贻召伯甘。皂白几曾分宦海，晨昏无那又征骖。

坠懽重拾劳洄溯，故吏生存胜两三。撰杖鲤庭思往事，沧桑感慨恐难堪。

口授唐诗三百篇，劬劳母氏忆从前。易书剪发催辰课，数米量柴损夜眠。

反哺有心违素愿，遗羹无计到黄泉。春晖寸草恒流涕，一到今朝更泣然。

按部过内黄并怀伯兄季弟

渭阳门阀当全盛，五凤和鸣读父书。往昔侍谈同述祖，今来假道偶停车。

龙沙王气新晴后，螺黛山光晓日初。一水盈盈才咫迟，梁园消息近何如。

临　漳

廿年秋蟀与春鹇，弹指斜阳鸦背明。廉吏可为甘债帅，慈恩惘极剩余生。

凄凉往事从头记，骀宕微波澈底清。钩起旅怀眠不得，期门画角况声声。

彭城山行

车从石子蘗中过，马在山居顶上行。夹壁中存来去路，野禽时送短长声。

花明柳暗添形势，蜀栈秦关有重轻。欲向班书笺地志，如何冀野有彭城。

米囊花

锱铢互市等泥沙，中外淤今算一家。别有隐尤忘不得，田家开遍米囊花。

渡　黄

埋轮未肯学张纲，露立邮亭月照廓。星水涓流收拾易，狐狸生恐化豺狼。

中流澒洞涌风波，天水茫茫接大河。多少英雄豪放气，眼前持较竟如何。

到处虚烦父老迎，按程吉日协师行。雨时终比晴时少，偶遇泥涂漫不平。

未了青连水杨柳，半开黄煞木棉花。揭来领略闲风景，行脚还同不系楂。

迟季弟大姪不至并寄伯兄获嘉

汶水平如拭，苍岩陡更悬。大行经第五，西鄙地临边。赤紧酬勋格，弦歌式祖贤。

家公修治谱，阿孋斗吟笺。戏彩循承志，吹篪让比肩。帝帷真豫顺，官阁乐周旋。

为勗名山业，恒迟午夜眠。秘书恢外传，史法统长编。正字唐刘晏，专经汉郑虔。

鹅笼踵逸少，楂斗藐张骞。强记安厘简，新登君子砖。雕龙人寘辩，挥尘客谈玄。

掌故三通富，搜罗四库全。缥缃签甲乙，校勘笔丹铅。芳信醲春候，流光上巳天。

桃林袤十里,溪水折前川。选胜携柑酒,承欢侍竹筳。垫巾还遇雨,骑马似乘船。怖鸽寻危塔,童驹骋锦鞯。衔泥翻紫燕,浴水稳乌犍。杂剧宫频换,藏钩袖屡揎。行吟双屐外,凭眺万峰巅。步韵全家惯,同心亚堺联。才华工匹敌,岁序任流迁。忆自求通籍,相将事卜廛。对床工听雨,结网羡临渊。秋赋模花样,春明望月圆。姓名劳摸索,衣服互烦撋。跋尽三条烛,抛残七宝鞭。虚存封禅稿,并乏注赀钱。惭愧冲天为,氄毨铩羽鸢。君方登仕版,侬又寄戎旃。坠落罡风外,栖迟勃海沿。处囊同陆陆,束帛逊戋戋。刁班军中肃,弓刀帐右偏。佣昼更易转,草檄墨常研。宦海风波恶,高堂信息延。回头羞破甑,长揖赋归田。来谂歌万谱,劬劳病不痊。留余茶灶火,扇尽药炉烟。毛里慈恩重,呻吟肺热然。良医迎扁鹊,上寿靳彭篯。割臂思争命,栖神定列仙。悲哀当饯岁,吊祭阻重泉。返哺鸣乌鸟,啼痕染杜鹃。猗庐愁惨淡,垩室伏连蜷。内顾谋升斗,东征博橐饘。这回从墨绖,依样困青毡。巨盗潢池急,移家妇稚先。病因独客起,泪为看花溅。大局关南北,危机伏万千。请缨筹许借,校射扎皆穿。齐下驰双管,重围奋两甄。晴开云雾散,铙唱鼓钲阗。泛济经频徙,明湖托半椽。偏亲容撰杖,雅集杂歌舷。喘息余生定,湖山缔约坚。政声侔变鲁,行脚续游燕。感慨今兼昔,招邀几与筵。亲知存强半,门巷认从前。鹗荐虚名起,鸾章上考镌。良工登礌硌,大木厕楠楩。中旨朝端出,军符阃外专。湛恩争沐浴,墨诏尚新鲜。壁垒师增灶,旗门偃控弦。坦怀同伍劝,污染一军湔。光复矧叨庆,承欢益省愆。陆离贞宝璐,忠谠喻金荃。嵩岳云能看,黄河檝可搴。连疆程咫尺,累牍话缠绵。犹子知王济,怀人比惠连。候门时盼望,入境早喧传。老父惊如梦,狂奴喜欲颠。窗前飞喜子,灯下卜灵篿。骨肉遭离合,泥涂怕绊牵。食言夷宿诺,忆远瘦双颧。各保凌寒操,分尊适道权。田荆期并茂,曹豆忍相煎。小极连旬日,回肠逮廿年。几番难自解,触绪又成篇。

和　韵

词宗惭愧说蛟腾,廿载鸡窗月半棱。不分宵严同戍卒,喹髭容易有坚冰。
士马缘边重饱腾,君门瞻对梦觚棱。内臣闻说新承宠,大好拖船正试冰。

鲁匪解严留谢东明绅耆

好名目昔文人累,多事征南汉水碑。石火电光弹指过,千秋功过两听之。
风云变态仗干城,三月催耕喜罢兵。忧乐动关天下计,枌榆子弟亦苍生。

送　春

杨花榆荚落如雨,亦堕尘埃亦半空。到此本来难自主,可怜位置听东风。

感　旧

乍见惊疑识别难，不堪重见董庭兰。白头闲坐谈天宝，更析沈沈蜡炬残。

瓜田抱蔓豆苗肥，王谢堂前燕尚飞。别有劬劳忘不得，秋阳未许换春晖。

廿年旧梦淡于烟，雪爪鸿泥几变迁。一片滏阳无恙水，柳边成列待归船。

鸠车竹马溯童蒙，羁宦携家抵寓公。敷长敷卿成故事，祇嫌文学堕家风。

过巨鹿

漫言刻缕伤农事，余布通工竟未能。女手纤纤成绝调，市头更乏散花绫。

挽伯兄

白首为兄弟，无端愿竟虚。雁寒衡浦日，秋雨茂陵初。病肺求良药，呕心坐读书。鸰原歌急难，凄绝对灵輁。少小同为客，春明负盛名。谈经申许郑，作赋俩都京。下笔千言富，高谈四座惊。不堪安吏隐，下考况阳城。骨肉遭离散，相违且十年。才情雄似海，宦味淡于烟。嵩岳资行脚，蓬山许引船。惟余新政在，旧治任流传。家国兴衰感，门才又若何。一枝焉寄托，全集待搜罗。遐想对床乐，伤心共墨磨。偏亲垂老在，有泪互滂沱。

四　十

四十已如此，百年从可知。青春等流矢，玄鬓竟成丝。

张酒游园意，刁勤运甓思。官闲心自壮，未肯负清时。

奉　檄

奉檄为亲甘见薄，弃官投劾尚嫌迟。青云飞鸟疏僚友，白髮催人阅岁时。

客气渐如风乍定，名心淡似露初垂。悠悠万事宜栝酒，俯视苍茫但咏诗。

霜　华

霜华错落如钱大，雾淞缤纷结树高。清白微嫌风骨少，为何见晛不坚牢。

朝　阳

福地龙城起板绳，龙和宫殿郁觚棱。苻坚冯跋谁恩怨，空有佳儿说中兴。

屯卫纡筹寓苦思，西通宣大拊京师。九边尘静浑无事，畅好龙沙赛马时。

山　行

长白山高王气钟，群山北走尽朝宗。如何夺我山田去，鄂博依山认旧封。

纪　行

改岁未周月，行役将千里。惜鲜缩地方，坐令夺日晷。一从戍朝阳，来趣去亦驶。浩然有归志，倥偬戒行李。踽踽独行诗，俦侣二三子。春至寒未消，车中僵手指。裘服蔽双趺，毡笠遮两耳。道里问远近，村庄别疑似。投辖主牛医，挝门仗马箠。

未老先饕餮,充饥鼓口齿。抄饭野秫香,赌酒市酤旨。下馔烹伏雌,斟羹醢文雉。
狼籍覆梧梓,错乱认巾履。对坐辄扬衡,假寐偶隐几。徐徐士匿火,黯黯灯花蕊。
冷月落屋梁,严风战窗纸。彻夜衾甫温,残梦人慵起。陟山山苦高,幽壑邃无底。
石笋怒狰狞,苔藓对岿嵬。上山赛过滩,蹒跚旋磨蚁。下山如顺流,剽疾离弦矢。
未至常惊疑,毕度乃狂喜。两山束大路,处处碍泉水。冻雪与之镕,弥望乏涯涘。
光滑蔑加兹,衔勒苦难止。冒险覆先軫,习坎窞双轵。身同米在筛,创辄疮兼痏。
作健甘徒步,绝踵到敝屣。蜀栈判重轻,秦崤奚彼此。噫嘻行路难,状况穷比儗。
综计十余年,交通利同轨。鼠痒无端兴,榆关不许抵。三驾达建昌,行又四日矣。
来从热河外,渐近冷口裹。蜿蜒经樵径,灯火盼闹市。仆马告痛瘏,修途亘迤逦。
十日比一日,相去迺蓓蓰。我闻古之人,其言寓至理。欲速则不达,行远必自迩。
曾有造极时,烦躁宁复尔。

冷　口

褒斜路开蜀道,车箱峡接华阴。但问今之视昔,便知后之视今。

别送行将士

练军朴勇有余,纪律不足,曾以劢兵白话□之,逊国以后,至壬子春岁溃变。

边风虓怒卷征袍,十载宣防赖女曹。临别赠言留药石,军中号令萧秋毫。
猛士桓桓赋大风,谁从未遇识英雄。古今名将知多少,起自偏裨卒伍中。
内外边条此画疆,山城一角露朝阳。相看各有依依态,雁序成行大道旁。

滦　水

滦水汤汤廿载前,狂流卷地且吞天。巢居仿佛人登木,屋脊迷茫客放船。
举火谁工乞米帖,惊寒并少授衣绵。为民请命颁金谷,万口交孚郭伋贤。
先公奉使困焦思,吏治循循经术师。省敛省耕劳再驾,乘插乘橇况同时。
如伤民气赪鱼尾,未已名心爱豹皮。今我来游思话旧,天涯永感益增悲。

謇　言

謇言略似村夫子,谰语能矜田舍奴。曾绾兵符来北地,敢期诗派继东吴。
描摹风雪关山景,点缀壶觞主客图。自向寸心评得失,但抒胸臆不妨粗。

赠　友

蟢子催裙带,刀环盼稾砧。风情浑不减,依旧少年心。

别赠一友

漫赋新昏别,休吟忆内篇。年年作归客,三十易鬑然。

自　赠

□田宜两是，朱陆忍分明。勿为伪君子，但循真性情。

赠　仆

大类辽东豕，难得孤竹马。用人不求备，每况愈下。

赠御者

争说行路难，终逊人心险。诡道以希遇，见几惜苦晚。

晓　行

晓行雾雾辨牛马，午驾泥涂啼鹧鸪。天地无私人有憾，不知不识愧夫夫。

盘庄一名潘庄士人据稗史谓为潘仁美故里殆宋潘美之讹即事漫成

托逻台畔阵云深，免胄前驱鞞鼓沈。军法后期当坐死，失几纵罪贵诛心。

流芳遗臭两悠悠，马谡行诛见武侯。稗史略存风劝旨，可知舆论有阳秋。

将达天津题壁诗当合笔矣纪事

樊南寄托例无题，史笔龙门傅滑稽。疥壁涴墙宜卷舌，无言桃李自成蹊。

谈笑春风见故人，眼前云树接天津。无须诇我途中事，梦呓模糊牛不真。

酬栗斋

重逢造请小园时，载酒侯芭与问奇。十载交期嫌我晚，一般怀抱少人知。

春回大漠稀桴鼓，月下孤篷理钓丝。比较不如归去好，压装珍重拜新诗。

寄　语

不须广柳问归车，行脚匆匆算及瓜。寄语凌河无恙水，春风护惜碧桃花。

德州见海燕偶成

海燕参差拂柳梢，重来相对语胶胶。乌衣何处寻王谢，辛苦衔泥觅旧巢。

闻川乱寄怀幼樵

蒟酱郫筒伴使车，年来饱食锦江鱼。如何万里迟归计，满地干戈阙报书。

看　场

灯火看场圆，换羽移宫有变迁。大是落花风景好，江南重遇李龟年。

题汴梁第二黄园

俯仰成今昔，光阴不可留。园林养生趣，杨柳荡春愁。

淹有无双誉，甘居第二流。何消分甲乙，万事尽悠悠。

乐　府

眼前沧桑竟横流，乐府新翻鞠部头。一曲善才同话旧，琵琶亭畔泣江州。

嗰于馆诗草下卷　宜兴丁毓瑛蕴如学

冬　夜

一霎寒风卷地吹，晚来霜信逼重帷。风簷铁马丁丁响，漏箭铜龙滴滴迟。
窗下围炉谈旧事，灯前搦管和新诗。家庭至乐饶风雅，已是三更月上时。

寄娟宜嫂

道阻迢迢远，幽情逝水深。分明一轮月，照彻两人心。

小　病

连朝小病减容华，厌听空庭噪暮鸦。明月有情怜寂寞，为移花影上窗纱。

晓　来

晓来日影下回廊，宝鸭浓添一段香。鹦鹉不知人意绪，窗前犹自促梳妆。

追和祖姑餐霞楼集拟六如居士联珠体花月吟

花明月朗晚风侵，满院花香与月阴。月逗花光争烂熳，花迎月色倍清森。
闲从月下拈花立，小向花前待月吟。花好月圆休负却，评量花月一开襟。
花光幽媚月华新，花月春江艳绝伦。月到湘帘花入户，花开野径月窥人。
冬冬月夜催花鼓，皓皓花天涌月轮。我欲簪花更梯月，花间明月证前身。

寄　外

木叶萧萧下，闲堦秋色催。衣同寒到否，半臂手亲裁。霜信催砧急，寒闺寄远时。
料应孤客梦，付与枕函知。别后情无限，离怀托短歌。辽西无梦到，更柝恼人多。
似水流光速，年华去不回。笑君如燕子，一岁一归来。

薰　风

薰风送客赴秋闱，一举冲天让鸟飞。最是无知小儿女，牵衣争问几时归。

送夫姊幼芬

花须柳眼共争春，聚首年余谊最亲。侬正思家归未得，那堪又复送行人。
长途辛苦劝加餐，相对盈盈泪欲弹。南浦消魂偏惜别，几回絮语共栏杆。

归　宁

好风为我送归舟，不许封姨起石尤。贰室馆甥同话旧，者番扫尽别离愁。

忆　家

窗外寒风弄竹枝，挑镫重写望云诗。料应深夜思家味，一样门闾忆远思。

读鸡泽烈女武金凤事略

生小蓬门大义明，珠腾光彩玉腾瑛。海棠已受梅花聘，忍把琵琶别调赓。

思亲

思亲忆远两难为，又到严冬十月时。风弄竹声来飒飒，月扶梅影上迟迟。
等闲易烬三条烛，消遣全凭一卷诗。满耳繁音听不得，嘈嘈钟漏互差池。

看山

草木扶疏鸟往还，苔痕石磴印斑斑。阿侬自命饶清福，妆罢凭窗饱看山。

寄娟宜幼芬

安息香兼顾渚茶，亲移红烛近窗纱。藉将镇纸金条脱，闲煞空庭玉画叉。
得句有怀思旧雨，折枝无赖养新花。眼前光景从头述，何日重逢聚散沙。

风雨

风雨杂飕飕，新惊一叶秋。远山青似黛，芳草碧于油。
上砌苔防滑，穿林笋怒抽。晚晴霞绮散，明月又高楼。

对月

高处琼楼不耐寒，闲将翠袖倚雕栏。遥知今夜团圆月，客里闺中两地看。

春望

酥雨浥轻尘，夭桃一色匀。暂时约女伴，来作踏青人。
浓绿遍莓苔，新红顷刻开。商羊数点雨，催我看花来。

消夏

龙须八尺爱良宵，新试瓜灯翠影摇。一夕山中添夜雨，绵河新涨怒于潮。
兰汤浴罢晚来妆，绿鬓斜簪茉莉香。露坐风亭忘盛暑，镇心玉盌劝瓜浆。

纪梦

仿佛返天津，牵衣慰老亲。一家重聚日，十载未归人。
旧事绵绵说，余情絮絮申。柝声催梦醒，有泪尚沾巾。

寄夫妹次芬

人比梅花瘦，加餐莫忆家。红闺钦举案，碧海让乘槎。闻说炎威逼，何当爽气加。
别来无恙否，南望不胜嗟。忽忽经三月，新凉换薄罗。怀人秋更切，令我梦偏多。
离绪愁颠倒，相思托啸歌。故乡风景好，诗兴近如何。妆阁推知已，年来乐未央。
五纹添线弱，对仗和诗强。拜月曾联步，簪花互理妆。重逢应有日，忆远况高堂。

寄外

碧树浓阴稳暮鸦，一帘竹影乱横斜。开窗又看团栾月，隔牖偏开并蒂花。
顾我经年诗作伴，有人终岁为家□。何时得遂刀环约，煮茗联吟兴不赊。

寄幼芬

窗外萧疏景，幽居断足音。不来新旧雨，评遍短长吟。

别绪如潮涌,离情似草深。池荷妨滴碎,晴日又高林。

庚子中秋

夜静空庭雁唳群,商声偏送枕边闻。无家正值沧桑变,有泪难禁骨肉分。

极目乡云依陟屺,惊心烽火堙从军。那堪又到中秋节,寂寞兰闺万绪纷。

东　风

懒向闲堦数落红,惜花无计怨东风。年来孤负春光好,不在愁中即病中。

渐看庭树绿阴稠,乳燕穿帘语正柔。望远不来春又去,落花和雨替侬愁。

大明湖竹枝词

明湖风景狂徘徊,闲倚篷窗面面开。听得喧哗人语近,张公祠畔画船来。

招凉齐向绿阴中,夹岸荷花映水红。为看邻舟灯暂息,一钓斜月半帆风。

忘归休问夜如何,彻耳笙簧缓缓歌。茉莉花成香雪海,人人插鬓影凌波。

挽次芬

忆者初相见,丰姿正绮年。椅栏花解语,伏案絮成篇。官阁三秋夜,山城二月天。推诚忘尔我,朝夕许随肩。未得余欢尽,匆匆十载情。堂前同侍药,厨下赖尝羹。操作先邱嫂,喁于叶馆甥。望尘真不及,豪爽更聪明。一从南去日,频冀北来时。绿叶成阴易,红梅结子迟。但教身可代,何患病难医。苦志天能鉴,伤心再见期。远道传凶耗,疏篱菊正残。酒浆空祭奠,泪墨易阑干。联句难成诵,遗真讵忍看。金昆尤痛惜,相对共辛酸。

寄娟宜

芳泽时亲侍午妆,别来风雨记联床。最怜宅相留陈榻,客里扶持仗谓阳。

迟雍时雍陶不至

雪花历乱寂无声,拂晓云开又放晴。料得远山添画稿,定知大野足春耕。

风尘驿路征衫薄,琴剑归装马背轻。官阁腊梅动诗兴,围炉待尔待同评。

四十初度

晴旭丽中天,匆匆已卌年。过风循既往,陈迹溯从前。幼小猜灯虎,娇痴放纸鸢。慈恩难报答,钟爱想偏怜。远嫁三秋近,离情两地牵。望云心耿耿,对月涕涟涟。幸识尊嫜性,常随宛若肩。祥占兰有兆,韵选墨同研。献赋怀和璧,从戎著祖鞭。日高春问讯,霜冷夜装棉。阅历沧桑换,操持井臼先。夫耕还妇馌,女布更男钱。流水光阴速,跳丸岁序迁。屠苏将难酒,花烛正开筵。婚嫁重重逼,绸缪事事全。加餐期作健,自寿敢成篇。波转苹舒态,枝烘杏逞妍。相依鸿案下,官阁共团圆。

寄幼芬

昔年同聚首,坦白两无私。厨下调羹日,堂前问字时。

九秋同结社，七夕各吟诗。一自分襟后，离怀系我思。

病　起

菱花坐对蹙双蛾，消瘦腰肢可奈何。美煞红闺诸女伴，新妆兴致比侬多。

欲将眉黛染青螺，可惜春光病里过。帘幕久垂今乍启，嫣红狼藉落花多。

追忆井陉山居

树影参差上画棂，遥山新翠扑帘青。夜来小雨增秋气，窗外芭蕉报我听。

摘得新花满袖香，纷纷红紫上钗梁。山城莫谓无佳景，赢得山光接水光。

送　春

绿肥红瘦惹缠绵，一样江南三月天。燕子尚知春可惜，故衔花片绕帘前。

轻寒轻暖近清明，好鸟枝头正唤晴。睡起春人情绪懒，嫌他隔巷卖花声。

读吟秋阁诗草

骚坛让主晋秦盟，惆怅天涯未识荆。仁孝慈真宏女德，画诗书更见才情。

眼前宜广无双谱，身后犹争不朽名。倘值乾嘉全盛日，随园弟子共蜚声。

隐　几

药炉茶灶惯生涯，隐几时闻人语哗。虚白室兼明妙境，半窗斜月半帘花。

雨　后

雨后生机畅，凭阑翠入眸。菜肥争结子，花懒尚垂头。

蝶翅飞难舞，鸠呼听不休。声声残溜在，银浦看云流。

雍时雍陶暑假后肄业天津诗以宠之

喔喔晨鸡液漏残，征程晓发又邯郸。居停赖有同怀谊，寒暖须知作客难。

期尔弟昆知竞爽，牵余意兴每阑珊。言愁生恐增惆怅，忍得啼痕马上弹。

寄雍时雍陶

萧瑟雁南归，秋深落叶飞。女曹须郑重，客裹早添衣。

消　夏

消夏渔更转，城楼柝屡催。雁声天外度，可有北书来。

卜居天津

静坐回廊风露微，月移花影上人衣。笙歌缥缈疑云际，闲看团团蝙蝠飞。

垂　杨

曲阑干外画楼东，髣髴烟笼雾织中。作意垂杨工踠地，斜阳偏在绿阴红。

试　茗

试茗纱窗下，杨花似蝶飞。郊居远尘俗，多病事心违。

辽　西

冠拥雄鸡剑鹏鹈,壮游出塞接辽西。封侯生恐牵闺梦,分付黄莺自在啼。

倚　阑

怯倚雕阑趁落晖,秋光旖旎亦芳菲。俜停瘦蝶帘前舞,嘹唳飞鸿塞外归。

蕉叶罢书鱼信杳,菊花初绽蟹螯肥。清商佳日宜边塞,有客方宣沙漠威。

雍梁入塾占示

读书习字说聪明,十载匆匆易长成。不解东坡居士意,何须愚鲁始公卿。

长孙穆熙生

莱菔生儿芥有孙成句,但期兰玉降寒门。眼前亦遂含饴乐,汤饼筵开酒满尊。

次孙穆宾生

笑口溢家庭,呱呱入耳听。重闱先得信,子舍又添丁。

敦源方五六龄,自塾归,于床头就寝时,先妣常口授以汉唐诸名句。凡不解者,必指画讲贯,无倦容,常心好之而不知其玄妙也。既长,渐学为诗,受规矩。光绪丁亥,吾妇来嫔,以诗为贽,颇具性灵。读书之暇,相与倡和。是时,家君方知井陉,外舅丁俊卿先生受知于张勤果公,屡登荐牍,两家全盛。井陉城如斗大,枕山临流,官廨后有小山,登临眺远,则东北诸山蜿蜒而来,宜晴宜雨,亦起亦伏,与夫骡纲之替戾,枯枢之往来一二,皆入目中,而不能尽。城迤南緜水环抱,夹岸桃林,袤将十里。每当春花怒发,秋涛喷响,流连风景,恋懋至不忍去。家君吏事余暇,辄偕先妣大开诗社,督敦源兄弟夫妇,暨亚壻、外弟觞咏无虚日,往往一字未安,辄澈五夜;一字之誉,延及全家。而吾妇则纪述本事,于家书中驰报,岁以为常。人生乐事,于斯为极。至乙未,伯兄试吏河南,阿姊阿妹相率偕赘壻归,敦源亦从军远游。丁亥春,外舅以病卒,是年先妣复弃养。吾妇曾割臂救治,至再至三皆不效。越岁庚子,避地转徙,自是所处之境悬殊,而所为之诗亦稍稍杀矣。比年光气大开,旧闻零落,结习未忘,同调日尠。爰取旧作,附以吾妇之诗,编次合刊以自怡悦云尔。光绪戊申仲秋言敦源诫于粃庄。

韩慧平,天津师范大学历史文化学院硕士研究生。

金钺辑《偶语百联》

罗 典 胡艳杰

【提 要】《偶语百联》为金钺(1892—1972)所作中国古代经典集联,收录联作凡一百副,由四言至二十二言,以字数多少分列条目。所集内容出自《老子》《庄子》《关尹子》《孙子》《菜根谭》等,偶尔略加削易,使其对仗工整。所集之辞,旨在传递其对于人品修养、道德情操的理解与感悟。此次整理据金钺刻《辛酉杂纂》本整理。

【关键词】金钺《偶语百联》集联

今之楹联,古人有柱铭之目。铭于文体为最古,故盘、盂、户、席皆有之,取其因文见道,随所触而有陶养德性之功,意至善也。楹联昉于后蜀,流变至今,大都标举风流,藉供清赏,靡文无实,君子病之。吾友天津金君浚宣,生长华腴,超然尘表。自辛亥以后,究心六书之学及表章乡先正文字,刊行多种。比又浏览丙部家言,择其有益身心者集成《偶语百联》。钰得而读之,喜其于今日风会所趋,有对证发药之妙义典则宏,文约为美,谓此得柱铭之遗旨,作楹联之正宗。操觚之士为人心风俗计者,知必于此取贤也。

偶语百联

虚室沈寂,寒夜拥炉,临池伸纸,以书寄趣。其于楹帖,或集成语,或写衷曲,信口占吟,随笔涂抹,积之匝月,所得遂多。择取百联,次为一卷。凡为成语,注所出焉。或谓至言,或谓腐语,或会其意,或哂其愚,或以为小儿浅识,或以为老生常谈。此在阅者各具眼孔,吾固不得而知。姑试言之,姑试听之,吾则以此自警,以此自娱,人则以此闲观,以此解颐可耳。傥世之书家于濡毫时择而施之,俾收藏者张诸座右,书法既足以悦目,语义复足以清心。重书法者将因语义益加珍贵,爱语义者将因书法益加玩索,则此编固未尝不可为墨林之助,而墨林又未尝不可为此编之助云。辛酉十一月中澣,天津金钺识。

四言

鸢飞鱼跃;轸方毂圆。

上德不德;(《老子》)至言去言。(《庄子》)

循天之理;(《庄子》)惟道之从。(《老子》)

复归于朴;(《老子》)唯庸有光。(《庄子》)

五言

图难于其易;(《老子》)缘督以为经。(《庄子》)

淡乎其无味;(《老子》)信矣而不期。(《庄子》)

无智亦无得;(《心经》)多易必多难。(《老子》)

六言

圆尔道,方尔德;(《关尹子》)挫其锐,解其纷。(《老子》)

平尔行,锐尔事;(《关尹子》)和其光,同其尘。(《老子》)

知其荣,守其辱;柔胜刚,弱胜强。(《老子》)

少则得,多则惑;知其雄,守其雌。(《老子》)

知其白,守其黑;洼则盈,敝则新。(《老子》)

曲则全,枉则直;(《老子》)强而弱,忍而刚。(《六韬》)

去甚去奢去泰;多福多寿多男。(以华封祝对老氏语,三去则三多,不亦善乎?)

七言

履险如夷怀泰豆;视微若着契甘蝇。(泰豆,古之善御者,造父之师。甘蝇,古之善射者,飞卫之师,出《列子·汤问篇》。)

鴈过寒潭不着迹;风摇疏竹暂低头。

梦里悲欢参世事;食前浓淡味人情。

盈杯水具四海味;千古月共一轮光。

气节激昂宜守逊;才能英敏务平情。

守要严明勿激烈;趣虽冲淡莫偏枯。

清介可无含垢量;精明切戒察渊深。

心事如天清日白;才华若玉韫珠藏。

意气如春风和畅;胸怀似秋月清明。

盛德多不矜不耀;至人常若无若虚。

能除物累方臻圣;摆脱尘纷即是贤。

文章百世神常在;气节千秋名不磨。

有字书中皆陈迹;无弦琴外会神思。

放眼会心齐物论;警身藉鉴非儒篇。

畏人喜读于陵子;妙笔追思太史公。

心头纳刃纔算忍;方寸不倚即为忠。

不失寸步方能守;推兹一片即为慈。

亦如此心便是恕;能固其元斯为完。

言必自顾乃近信;贪中稍差即成贫。

心能见真自然慎;言而有成斯谓诚。

八言

为学日益,为道日损;(《老子》)至乐性余,至静性廉。(《阴符经》)

藏识于目,藏言于口;(《亢仓子》)大方无隅,大象无形。(《老子》)

知足不辱,知止不殆;大成若缺,大盈若冲。(《老子》)

上德若谷,大白若辱;见小日明,守柔日强。(《老子》)

损之而益,益之而损;知者不言,言者不知。(《老子》)

直而不肆,光而不耀;轻则失根,躁则失君。(《老子》)

表拙示讷,知止常足;(《抱朴子》)捐忿塞欲,简物恕人。(《关尹子》)

见素抱朴,少私寡欲;(《老子》)宰恩损虑,燕气谷神。(《亢仓子》)

有德司契,无德司彻;(《老子》)惠种生圣,痴种生狂。(《计倪子》)

同志相得,同气相感;(《三略》)以静待哗,以夫待劳。(《孙子》)

绝嗜禁欲,抑非损恶;博学切问,推古验今。(《三略》)
恭俭谦约,亲仁友直;深计远虑,高行微言。(《三略》)
至人常逊,美而公善;哲士多匿,采以韬光。(《菜根谭》)
立业须向实地着脚;澄心要从虚处入门。
立荣名不如种阴德;尚奇节何若谨庸行。

九言

苦心中常得悦心趣致;得意时须防失意悲来。
至人是忘世未尝离世;贤士不趋时亦遗随时。

十言

芝草无根,志士自当奋翼;彩云易散,达人宜早知机。(《菜根谭》)
滋味浓的,让三分与人嗜;路径窄处,留一步勿独行。(《菜根谭》)
一念慈祥,可酝两闲和气;寸心洁白,堪昭百代清芬。(《菜根谭》)
千载奇逢,无如好书良友;一生清福,只在净几明窗。(《菜根谭》)
万善源头,先自寸心挹损;百福骈至,只从一念慈和。
五味皆非真,真味只是淡;奇人岂算至,至人惟守常。
文章作到极,高只是恰可;圣贤本无奇,异就在平常。

十一言

偏阅人情,始识疏狂之足贵;备尝世味,方知淡泊是为真。(《菜根谭》)
地宽天高,尚觉鹏程之窄小;云深松老,方知鹤梦是悠闲。(《菜根谭》)
黄鸟情多,常向梦中呼醉客;白云意嫩,偏来僻处媚幽人。(《菜根谭》)
纷扰固劳,形贵当栖神元默;寂枯亦槁,志还宜畅吾天机。

十二言

随时善救时,若和风以清酷暑;(《菜根谭》)

混俗能脱俗，似淡月之映轻云。（同上）
蛾扑火，火焦蛾，莫谓祸生无本；（《菜根谭》）
果种花，花结果，须知福至有因。（同上）
贫士肯济人，纔是性天中惠泽；（《菜根谭》）
闹场能学道，方为心地上工夫。（同上）
心与竹俱空，问是非何处安脚；（《菜根谭》）
貌如松常秀，知忧喜无由上眉。（同上）
扫地白云来，纔着工夫便起障；（《菜根谭》）
凿池明月入，能空境界自生明。（同上）
造化唤作小儿，切莫受渠戏弄；（《菜根谭》）
天地九为大块，须要任我炉锤。（同上）
宠辱不惊，闲看庭前花开花落；（《菜根谭》）
去留无意，漫随天外云卷云舒。（同上）

十三言

心地上无风涛，随在皆山青水秀；（《菜根谭》）
性天中有化育，触处都鱼跃鸢飞。（同上）
舌存常见齿亡，刚强终不胜柔弱；（《菜根谭》）
户朽未闻枢蠹，偏执岂能及圆融。（同上）
翠筱傲严霜节，纵孤高无伤冲雅；（《菜根谭》）
红蕖媚秋水色，虽艳丽何损清修。（同上）
兴来醉倒落花，前天地即为衾枕；（《菜根谭》）
机息坐忘盘石，上古今尽属蜉蝣。（同上）
忽来天际彩云，须防好事成虚事；（《菜根谭》）
试看山中静木，方信闲人是福人。（同上）
遗世不遗名，似膻存而蚋必仍集；（《菜根谭》）
了心自了事，犹根拔则草岂复生。（同上）
处世让为高，退步即进步的张本；
待人宽最好，损己是益己之根基。

十四言

澹泊是高风,太枯则无以济人利物;(《菜根谭》)
忧勤诚美德,过当将何能适性陶情。(同上)
拨开世上尘氛,胸内自无火炎冰竞;(《菜根谭》)
消却心中鄙吝,眼前时有月到风来。(同上)
随缘便是遣缘,似舞蝶与飞花共适;(《菜根谭》)
顺事自然无事,若满月偕盂水同圆。(同上)
作人只是一味率真,踪迹虽隐还显;(《菜根谭》)
存心若有半毫未净,事为纵公亦私。(同上)
秋虫春鸟共畅天机,何必浪生悲喜;(《菜根谭》)
老树新花同含生意,胡为妄别媸妍。(同上)
一溪流水一山云,行处时时观妙道;(《菜根谭》)
满室清风满几月,坐中物物见天心。(同上)
逸态闲情,惟期自尚,何事外修边幅;(《菜根谭》)
清标傲骨,不愿人怜,无劳多买胭脂。(同上)

十五言

阶下几点飞翠落红,收拾来无非诗料;(《菜根谭》)
窗前一片浮青映白,悟入处尽是禅机。(同上)
责己是众善根源,触事皆成针砭药石;
尤人实诸恶路径,当前便有荆棘戈矛。

十六言

出世妙法须求诸涉世中,何事绝人逃世;
了心工夫本即在尽心内,不必灭性灰心。
感与应俱适如彩色描空,空色各无着落;
心同境两忘似光锋断浪,浪锋全不留痕。

十七言

梦里悬金佩玉，事事逼真，睡去虽真觉后假；（《菜根谭》）
闲中演偈谈元，言言皆是，说来似是用时非。（同上）
昼闲人寂，听数声鸟语悠扬，不觉耳根尽彻；（《菜根谭》）
夜静天高，看一片云光舒卷，顿令眼界俱空。（同上）。
霜天闻鹤唳，雪夜听鸡鸣，得乾坤清纯之气；（《菜根谭》）
晴空看鸟飞，澄水观鱼戏，识宇宙活泼之机。（同上）
水暖水寒鸭先知，会心处要宜默验以自赏；
花开花谢春不管，拂意事何必烦琐对人言。

十八言

鸿未至先援弓，兔已亡再发矢，总非当机作用；（《菜根谭》）
风息时休起浪，岸到处便离船，纔是下手工夫。（同上）。
遇事只一味镇定从容，纵纷若乱丝终当就绪；（《菜根谭》）
待人无半毫矫伪欺隐，虽狡如野魅亦自献诚。（同上）。
得趣不在多，拳石盆池，便可作万里山川局势；
会心莫务远，片文只语，即宛见千古圣贤胸襟。

十九言

蓬茅下诵诗读书，日日与圣贤晤语，谁云贫是病；（《菜根谭》）
樽罍边幕天席地，时时共造化氤氲，孰谓醉非禅。（同上）。
白云出岫，去留一无所系，试思矜名，何若逃名趣；
朗镜悬空，静躁两不相干，看来练事，那如省事闲。

二十言

向寒微路上，用一点赤热心肠，自培植得许多生意；（《菜根谭》）

从纷闹场中,出几句清凉言语,便扫除了无限杀机。(同上)。
真空不空,执相为非,破相亦为非,问如来云何发付;(《菜根谭》)
在世出世,徇欲是苦,绝欲也是苦,听大众善自修持。(同上)。

二十一言

钓水逸事也,尚持生杀之柄,可见喜事不如省事为适;(《菜根谭》)
奕棋清戏耳,且动战争之心,试思多能何若无能全真。(同上)。

二十二言

聪明人宜敛藏,乃反衒耀,是聪明而愚懵其病,败将必矣;
富贵家应宽厚,殊更刻薄,实富贵为贫贱之行,享能久乎?

右凡注为《菜根谭》者,间有因原文未能对仗,及稍涉灰冷,略加削易,多则数字,少仅一二。复有采厥义旨,别撰文辞,形貌既违,无烦琐注,然而理趣同归,识者亦必望而知其出自《菜根谭》。夫《菜根谭》实兼佛老庄列,融会程朱陆王,识者又必望而知《菜根谭》之所自出也。金钺记。

罗典,天津师范大学管理学院硕士研究生。
胡艳杰,天津师范大学古籍保护研究院副研究员。

·口述历史·

王鸿书忆杨柳青永德昌线铺

张一然

按：为更好地发掘大运河文化历史资源，2022年2月整理者对杨柳青掌故老人王鸿书进行了访谈。主要述及杨柳青知名商铺的情况，对王鸿书父亲创建的永德昌线铺所涉尤详。王鸿书当时81岁，但精神饱满，声音洪亮，非常清晰地回忆了杨柳青小商业及永德昌线铺的历史。

我叫王鸿书，生于1942年，属马的。我父亲给我起了"鸿书"这个名字，希望我多读书做个有文化的人。我是土生土长的杨柳青人，除了当兵离家数年，人生中大部分时光都是在杨柳青度过的，可以说是杨柳青这个古镇发展的见证者。

我的父亲叫王静熙，这是挺有文化味道的名字。听父亲说，王家祖上都是文化人，算是书香世家。这在旧社会是难得的，那会儿一个村不见得有一两个识字的人。他生于清光绪二十八年(1902)，属虎的，是山东宁津县杜集镇王家纸房村人。我的祖母在生下我父亲不久后就去世了，祖父在我父亲十二岁那年因病去世。失了双亲，家里穷得揭不开锅，我父亲实在没辙了，索性出来奔口饭吃。他听说杨柳青镇非常繁华，又有老乡在那开店，应该好找饭辙，便奔了来。

十四岁那年冬天，他穿着又脏又旧的大棉裤，裤裆都是破的，一路颠簸来到了杨柳青。我觉得他可能是十三周岁就出门闯荡了，以前的人说事都论虚岁。别看现在十三四岁的人还被当作孩子，搁旧社会，那得顶饿了！七八岁就被家里送出去做工学徒的孩子，都挺常见的。像我爸爸这样的情况，找不到饭辙，那就生活不下去了。

现在提起杨柳青，很多人可能不了解它曾经的繁华。其实，远在明末清初，杨柳青就是远近闻名的商业繁华之地。听老人们说，几百年前的杨柳青，就有商业街，主要集中在河沿大街、估衣街和猪市大街。镇内的商铺那是一间挨着一间，运河上的船帆,一眼望不到头。尤其清代中后期,杨柳青年画出了大名,运河漕运也兴盛了,杨柳青的商业更繁华了。一到晚上,店铺纷纷亮灯,很是热闹。我记得,民国时,小小的杨柳青镇,有门脸的商铺就有七百余家,可见其繁华程度。

听我父亲说,他到了杨柳青后,看到镇内商铺多得数不清,街头巷尾雕梁画栋,街面的牌楼古香古色非常美观,大庙小庵一座挨着一座,戏楼、书场、茶馆、饭庄、酒店等应有尽有。尤其到了晚上,牌匾上的电灯亮起来后,让他觉得杨柳青太先进、太繁华了。镇里几个大户的高宅大院,那气派和气势,真是震住了我父亲。他一个从村里出来的小孩子,哪见过这些,当即就存了留下来的心思。

到了杨柳青没几天,他经老乡介绍,进了三义成线店做学徒。

旧社会做学徒与现在到企业当实习生完全是两码事。按照旧社会学徒的规矩,学徒通常为三年期,想要进师必须先托人说情,也就是必须有介绍人。老板同意后,还得找两个保人作保,备办拜师酒席,书写"拜师文约"。这文约主要内容大概是学徒期间,徒弟车碾马踏、投水跳井、悬梁吊死……总之,任何天灾人祸都由徒弟个人承担,不碍师父一字相干。只许师父不教,不许徒儿不学。半路不学、发现偷盗拐骗等违纪行为,轻者体罚,重者开除,徒家要把这三年米食折成钱还给师父家。学徒期间,徒弟是没有任何收入的,师父管吃管住,每年还给置办几身衣服。在旧社会,很多穷人家养不起孩子了,就把孩子送出去学徒,为的就是能让孩子吃上饭。

三义成的老板叫陈建章,是山东宁津人,跟我父亲是老乡。看到我父亲一个小孩自己走了几百里地奔这儿找个饭辙,动了恻隐之心,也有点照顾老家人的意思,就收了他做学徒。大概只是立了字据,允了父亲不摆酒、不送拜师礼金。陈建章为人非常厚道,从来不拿捏老板的派头,我父亲那破裆的脏旧大棉裤还是陈建章的老婆给缝好的。

学徒三年是很有讲究的。学徒第一年通常是给老板家里做杂活和家务事,比如挑水做饭、砍柴扫地、搬货扛料等。学徒第二年,老板才让进店或者给伙计当搭手,做些粗活,了解一些基本的买卖常识和简单手艺。到了第三年,对售卖的货品非常熟悉了,懂了一些做生意的小门道,才能独立上柜台。尤其做商铺的学徒,脑要灵、嘴要甜、手要勤。绝对不许贪小便宜,更不能偷拿店里的财物和师父家的东西,一经发现便会立即辞退,此后很难再找到工作了。

旧社会有"三年徒弟,三年奴隶"的俗语,是真实写照。通常来说,学徒清晨五点,甚至更早就得起床,一直忙到晚上九、十点,甚至更晚的情况非常常见。但对我父亲来说,日子除了累一些,倒没有多苦。主要还是老板陈建章是个厚道人,他要求严格,但不苛刻。俗话说"半大小子吃死老子",我父亲十五六岁的年纪正是饭量大的时候,东家管饱,他就非常满足。做伙计那穿的得干净,这衣服鞋啥的,都是陈建章的老婆给添置的。

我父亲天生就勤快,还特别爱干净,深得陈建章的喜欢。他清早起来,开店门,下门板,张挂帐篷,打扫店房、抹柜台擦货架,拿起算盘甩动算盘珠(一是甩掉算盘底的灰,二是取算盘一响,黄金万两,吉利之意),然后放到恰当位置。他属于眼里有活的人,很多时候都不用老板安排,他自己就能清扫、整理好里里外外。陈建章见他为人勤快,脑子灵活,就安排他坐在店门口,接待顾客。迎客是有规矩的,脸要面向门市,不得背向顾客,只要顾客踏上阶沿,学徒必须先起身接待,一泡茶,二装烟,三请坐,满面春风,笑脸相迎。

过去有句老话叫:"穿过蓝色木头裙子的人——懂规矩",说的就是商铺的伙计。旧时杨柳青商铺的柜台都是木头打制、蓝色漆面,高度大概到人的腰部。伙计站在柜台里面,远远望去像穿了条蓝裙子。从我父亲学徒的经历看,这句话还是有一定道理的。

学徒就是学规矩、学手艺。比如,开饭时,要懂得先抹桌凳,摆餐具,给大家先盛好第一碗饭,自己最后上桌。上桌前先放碗,再入座。如果饭桌有客人,就餐中途要主动给客人添饭。若是专门请客,学徒得站在席旁伺候,不能入席。饭后,要替客人端洗脸水,递烟,送茶。一天营业结束时,傍晚要下帐篷,上铺门板,打扫店房,擦灯、点灯……我父亲就是在这么多的规矩下训练出来的,为人靠谱,懂眼色,会办事。

做了三义成的学徒,我父亲在杨柳青就算有落身的地方了,还管吃管住,解决了生计的问题。

坐落在估衣街的三义成,时为杨柳青最大的线店。店外招牌上那玻璃管灯非常大。天一擦黑,灯就得亮,可气派了。《杨柳青镇地理买卖杂字》的歌谣里说:"三义成,广货多,各样化装实难说"。清末民国时,三义成是远近闻名的大商号,小百货品种多,质量好,关键是货品比较时尚,这就很吸引人了。它的买卖有多大呢?当年赶大营的杨柳青人,多从三义成趸线趸小百货,然后挑担到新疆去售卖。

三义成最拿手的是配线(染线),从城里趸来白色的线,店里自己染成杂色。比如,红的、绿的、蓝的、紫的,黑的……可以说,要啥色儿有啥色儿。

我估计我父亲是在三义成学会了配线的技术。后来,他改到义顺成做伙计,跟着老板刘子恒学做买卖。义顺成的主打货品是绑腿带。现在的年轻人不了解这些了。我们从小就得学怎么绑腿带子,男女老少天天都得绑,还得绑得牢靠整齐美观。一是过去的棉裤裤口特别大,不用腿带子扎紧裤口冷风顺着裤口钻进去就不保暖了。二是因为裤口宽大,不扎紧裤口走路不利索,加之土路多,扎紧裤口避免尘土进身。旧时的大商铺要求伙计、学徒必须衣着整齐利落,其中一条就是扎好腿带。

再之后,我父亲就在河沿大街戴家钱铺旁的一个小屋开了一个小线铺,铺号"永德昌",他的堂号叫"恩树堂",由此也看出他对文化的向往。他大概学徒多少年,哪年开的"永德昌",我记不太清楚了。从十四岁到杨柳青,他一直干到三十岁出头,攒了一些钱回了老家,为的是娶媳妇。他在老家生了两个女儿,大女儿叫王鸿兰,二女儿夭折了,老婆也死了。大概是在三十四五岁的时候,因为老家的经济落后,他只能带着大女儿又回杨柳青生活了。

回到杨柳青后,他在九街西渡口泰来院一处临街五间房的院落里置办了两间房屋,既生活也做买卖,有点前店后厂的意思。没过过久,大概是三十五岁,他娶了我妈妈陶家惠。我妈妈是头婚,比我爸爸小了十岁。夫妻俩没日没夜地干,攒了一些钱。在岳父的帮助下,把泰来院另外三间房买了下来,自此独门独院,算是有点大商铺买卖家的样子了。

那时候大多是"逢五集",也就是每逢农历遇五就是集日,比如初五、初十、十五……以此类推。我父亲每五天进城到侯家后市场(现大胡同区域)上货,多为白色的棉线与丝线和各种颜色的染料。回家后,他自己用染料将线染成各种颜色后售卖。这活是又苦又累。进来的白线都是缠绕紧密的大线轴的线。染色前要先打线,把缠绕紧密的线用车子绕成一种比较松散的缠绕方法,为的是染色时能均匀上色。线弄松后,要先放在水里浸泡,最好是能用木棒槌反复敲打,这叫捶线,捶过的线能吃透了水,据说染色时易于上色。

据说旧时的染料都是天然的,比如野杜鹃、板栗壳等能染出黑色;栀子、槐花等可以染出黄色……当然这需要一定的制作方法。清末民国时,染色基本都用染料了。我父亲从城里批发英德进口的染料粉,染色简单方便。

染线得选晴朗的好天。院里有两口锅,一大一小。大锅直径约两米,主要是染黑色的线。小锅主要染各种彩线。锅里必须放澄好的清水,加热成温水后,加染料和硫化氢。用特别长的一根粗木棍将锅内的染料搅拌均匀后,放入捶过的湿线,一边煮一边用一个木制的带钩子的杵子反复捣,以免线染花哨了。这一大锅线最少得煮一上午的时间。染黑线因为加了硫化氢,那味道窜鼻子,守锅的人脸上得围着毛巾纱布一类的东西,减轻硫化氢的刺激。冬天还好,尤其夏天,又热又味,真是受罪。

染好的线从锅里捞出来后,将线串晾在横杆上,晾一会儿,拧一拧,再晾。等晾干后过水,得把浮色洗掉,一直洗到水里没有颜色才算合格。这时候,再用盐水浸泡,起到固色的作用。

忙乎到这里,基本算染完了。但更累的活来了,因为经过这么多道程序,线早瞎了,得想办法把线捋顺了。院里有一个木柱子,先把大捆线的一头套在柱子上,人拿着另一头来回地扥,一扥就是半天时间,一直得把线扥直了才算合格,这可是纯粹的力气活,累人啊!线扥直后,用竹竿串上晾起来,就跟蜡染晾布那意思差不多,一串一串的线都搭竹竿上晾干。

晾干后,把线套在纺线轮上,就跟那秧歌剧《兄妹开荒》里一样,把一大捆线弄成单线绕在线轴上。这时候,该我妈妈上场了。她负责捯线。一手拿着八字形线管,一手拿着小线叉,把八字形线管缠绕的线,捯到小线叉上,数吧,数一百圈,小线叉的线满一百圈就弄下来,这才是成品,卖一毛钱。两米的大锅得煮多少斤线啊,最后全都得弄成一百圈一个的小线把,一个个整理好放在柜架上。有来批发的张嘴论把,比如"来十把黑线",这就是要一百圈缠好的小线一共十把,拢共一块钱。

彩色的线也是这么染的,但一百种颜色未必是一百种染料。比如红色的染料,还可以染成粉色。几种染料配下就成了一个新颜色。这深浅、是否好看都得看经验了。

我父亲去城里囤货时一般都批发德国和英国进口的染料。一罐染料是非常大的一个大铁桶。他通常是一个颜色沿着柜台摆一遛,非常整齐,柜台被他布置得很有派头。

那时候的农村,普通人家的衣服都是自己做的,富人才会买成衣。褂子裤子褪色了,穿着难看了,就买包染料自己搁家染,染完跟新衣服一样。尤其到了年节,是染料的旺季。姑娘家想穿鲜活点的,就买白布,想穿啥色染啥色,白布还便宜。

这样的话,染料也是畅销货,但没人买一大筒,毕竟染个衣服啥的,一点点就够了。父亲有专门用来分装染料的小平勺,一个小纸包里就是一平勺染料,一毛钱一包。我记得特别清楚,我们全家分装包染料,一干就干到夜里两三点。这些活计如今都消失了。

那时候,我们家五间房,独门独院,染线更方便了。院里东边通风的地方,放大锅染黑色,硫化氢太味了啊!院里西边的小锅染杂色。有时候我父亲还会弄些木刨花,用热水浸泡会渗出黏稠的液体来,过去姑娘老太太就用这梳头。我们管这叫“粘刨花”。具体怎么做的,我太小了完全不记得了,就记得老太太们用梳子蘸点这油梳头,头发有光泽还有点定型的作用。店铺里还会上些肥皂啥的,这些小东西都是搭着卖,主要还是卖各种线和染料。

我们家的“永德昌”线铺从不零售,都是批发,十包起卖。因为父亲染线技术扎实,为人厚道,“永德昌”成了上庄子,下庄子小铺小贩们非常信任的一个批发渠道。(注:杨柳青人以运河流向称呼周边村落,运河东流向的村落统称下庄子,西流向的村落统称上庄子。)虽然已经过去了七十多年,但我至今还清楚记得当年经常在永德昌囤货的那些商铺、走街叫卖的小贩的名字,如王立本、任义起、杭兆银、张维安、李德祥、张广涛、李子祥、董兆路、六街的苑家、五街的杨家、六街的戴家、九街的侯家、十一街的胡家和励家、十三街的韩家、十四街的赵家、辛口镇的于德明、三河增的李掌柜、线河村的黄家,等等。

除了染线、分装染料,我父亲每五天,骑着自行车带着大包袱,还有四块板子,一个凳子,到武清王庆坨摆摊批发,主要是给当地的小买卖家供货。这期间,他也会捎些肥皂、小百货等一起卖。听着挺简单,但路途不太平啊!二十世纪三十年代正是兵荒马乱的时候,路上时不时就有打劫的。有一回,我父亲骑到桥三道(现杨柳青胜利路),听说前面有打劫的。他过大清河到了大柳滩时,有幸躲到了纪姓人家里,这才躲过了一劫。

除了到王庆坨卖线,又每五天我父亲还要进城上货。平日里,我妈妈倒线,一倒就忙到凌晨十二点,这期间还得伺候我们,做饭洗刷缝补啥的。我父亲是又批发又染线又分包(分装染料)又赶集一弄就弄到夜里两三点。全年好像只有春节休息半个月,其余的日子,都在没日没夜地忙乎。

1949年天津解放前,父亲把我们送到嫁到了武清三河增的大姐家避难,他留在铺子里看家。八路军来了,父亲积极拥护。通讯班就把我们永德昌线铺当作驻地,通信设备全部放置于我家。听父亲说,那电话线一大捆一大捆的,他就负责看守这些物品。

老两口就这么一直干到1957年,国家号召公私合营后。镇上干部问:“你家有多少钱啊?”我父母非常老实,我父亲就把全部存款350元及线铺全部上交国家,一分钱都没私留。老两口是积极拥护国家政策的,但是线铺毕竟是他们用双手一点一点创立起来的。到了晚上,想起以后再也不能干老本行了,俩人对着哭,舍不得干了半辈子的手艺。

那些年,甭管多累,老两口都是自己干,从来不雇人。毕竟本小利薄,也实在是雇不起人。解放时,因为没有雇人,被定性为“小商”。如果雇了人,哪怕只有一个小伙计,也成“资本家”了。因为是“小商”,我父亲在上交线铺后,能够被分配到杨柳青收购站工作。那时候,父亲从老家带来的大姐已经出门子了。全家四口人(父母,还有哥哥和我)就靠他每月 35 元的工资过活。收购站主要是收购各种废旧物资,比如旧木头、老瓷器、破铜烂铁啥的。这工作比较脏,我爸爸干了一辈子线铺,特别地爱干净,有一点脏他就受不了。天天干这活,他心里一直都非常别扭,这个别扭劲怎么也消化不了。那年代也不好调岗位,就这么凑合干着。按现在的说法,估计他是抑郁症了。

后来度荒,人人都为吃的发愁。收购站有回收的羊骨、猪骨。我父亲就把骨头缝里的肉渣剃出来吃了。这些骨头可说不好是哪捡来的,太脏了。结果精神郁郁,吃的又脏,他身体就出毛病了,得了食道癌。

1962 年 10 月 10 日,他因癌症去世。家里失了顶梁柱,我母亲的日子更苦了。父亲走了没几年,她因脑出血病逝于 1968 年,刚刚 57 岁就撒手人寰。

回首我父母的一生,他们是淳朴的劳动者,纯粹的手艺人。靠着勤奋努力、精湛技术,养家育儿,为杨柳青的发展做出了贡献。

张一然(整理),天津西青区融媒体记者。

· 文坛忆旧 ·

我印象中的叶嘉莹

王令之

我认识叶嘉莹先生很长时间了。熟悉我的一些朋友曾多次听我讲过叶嘉莹先生，早就建议我写一写叶先生。

叶先生钦仰静安先生。静安先生是我的祖父。我和叶先生认识，也是一种缘分。我曾经下乡插队，后来念的中文系。二十世纪八十年代初，正值如饥似渴汲取专业知识的阶段。遇到叶先生，我是多么兴奋，甚至为此有些陶醉。叶先生研究和推崇的中华优秀文化，包括诗词，也是我心中所爱。过去四十多年间，亲历或闻见与叶先生有关的珍贵细节，有记录下来的必要。迟迟不动笔，是担心自己写不好叶先生。2024 年 11 月 24 日下午，天津学者王焱第一时间告诉我叶先生逝世的消息，并告知替我办了花篮，敬献在先生灵前。哀悼之时，深感痛惜和懊悔。叶先生在世时，没给她看到我的这些琐忆，想说的话竟然成了一纸缅怀文字。

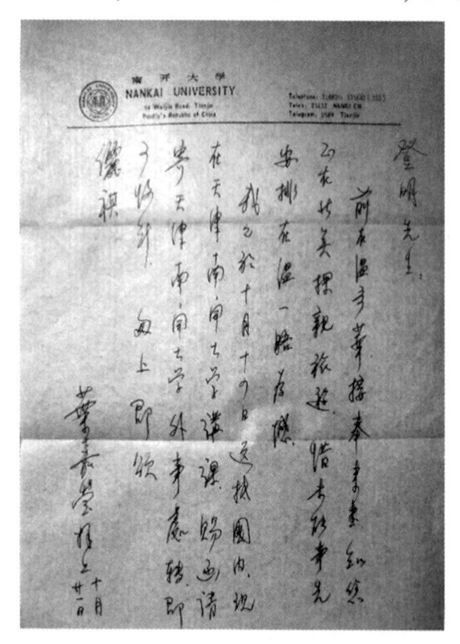

南开大学
NANKAI UNIVERSITY

登明先生：
前在温哥华接奉来书，知悉
六月赴美探亲旅游，惜未能事先
安排在温一晤为憾。
我已于十月十四日返抵国内，现
在天津南开大学讲课，归函请
寄天津南开大学外事处转即
可收到。匆上即颂
俪祺
叶嘉莹拜上 十月廿一日

图 1：1991 年 10 月，叶嘉莹先生至王登明先生信

信笺是那个年代的印记。二十世纪八十年代初，家父登明先生和叶先生联系上了。叶先生从加拿大、美国、北京、天津等不同地方有信寄到上海家父家里或他工作的单位上海医科大学。那批八九十年代的信件我保留下来一部分。有的信封和信纸都在，有的只留下信封或信纸。有的信封上外国邮票被我剪下，邮戳时间不易辨认了。只有叶先生的墨迹依然清晰。睹物思人，不胜唏嘘。

记得叶先生信封上那些地址。例如加拿大温哥华不列颠哥伦比亚大学、北京察院胡同

23 号、南开大学中文系(1981 年)、北京友谊宾馆 4410 号(1982 年 2 月)、南开大学外事处(1991 年 10 月)(图 1)、南开大学外专楼(外国专家楼)104 室(1991 年 10 月)等。叶先生书信往来经常更换地址,每换地址都会提前告知。例如"我现在住在北京海淀区友谊宾馆第 4410 号房(图 2)。北京老家地址是北京西城区察院胡同 23 号。4 月 10 日前可寄友谊宾馆。以后可寄察院胡同。"(1982 年 2 月 16 日信)叶先生各地奔波,有不少往来邮件通过察院胡同 23 号她的弟弟叶嘉谋先生转达。不管叶先生身处何方,这样迟早总能收到,也可放心一些。

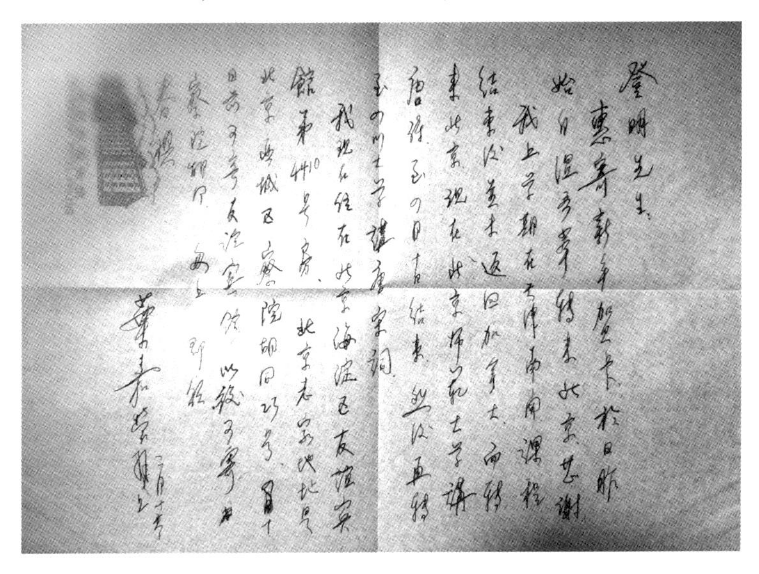

登明先生:
惠寄新年贺卡,於日昨始自温哥华转来此京,感谢。
我上学期在天津南开课程结束后并未返回加拿大,而转来北京,现在北京师范大学讲唐诗,至四月十日结束,然后再转至四川大学讲唐宋词。
我现在住在北京海淀区友谊宾馆第4410号房。北京老家地址是北京西城区察院胡同23号。4月十日前可寄友谊宾馆,以后可寄察院胡同。即颂
春祺
叶嘉莹拜上 二月十六日

图 2:1991 年 10 月 21 日,叶嘉莹先生至王登明先生信

叶先生比我父母小几岁,他们是同时代的知识分子,年轻时都经历过战乱。又因为静安先生的关系,互相聊得来。叶先生带来了海外研究静安先生的信息,谈到她对静安先生的钦仰。家父每次收到叶先生信件,都会交我阅读。改革开放初期,海外回来讲学的教授还不多。对我来说,叶先生传递的每一条消息都是那么新鲜。

叶先生著述的不少内容与静安先生有联系,讲课也经常说到静安先生。通信中多次提到她的专著《王国维及其文学批评》以及其中对静安先生为人治学的研究。她说静安先生"最明显也最重要的一点,乃是他的'知'与'情'兼胜的禀赋。这种禀赋使他在学术研究方面,表现为一位感性与知性兼长并美的天才。可是另一方面,在现实生活中,却不幸而使他深陷于感情与理智的矛盾痛苦中无法自拔"。(叶嘉莹《王国维及其文学批评》第一编第一章)她认为"静安先生一生鄙薄功利,轻视任何含有目的之欲求,在为学与为人两方面,都能自树规模,超然独往,

便是因为他在天赋中本然就具有这一种追求向往之精神的缘故”。(叶嘉莹《王国维及其文学批评》第一编第一章)

叶先生谈到她对静安先生的评价,她给家父的信里说,“令尊王静安先生是我平生最钦仰的一位近代学人,您从我的《论词丛稿》一书中所收到《说静安词〈浣溪沙〉一首》及我论《人间词话》的几篇文稿中,大概也已经看到了我对静安先生的这种钦仰之情,而除了这几篇文稿外,我实在还另写了一本专书,题为《王国维及其文学批评》由香港中华书局出版。内容对静安先生之为人与治学有更为详细的论述。”叶先生这本书出版后受到学界关注。她告知我们这本书翻印的消息,说“近日台湾源流出版社要将拙著《王国维及其文学批评》一书加以翻印,引起社会上对静安先生学术成就之重视。”

叶先生留心收集外界对静安先生的评论和研究成果。对外界关于祖父有些说法,叶先生表示不能苟同,信中表示,将写一些文字进行驳正。同时她关注着来自我们后人的回忆和研究。叶先生对家父说,“多年来,我一直盼望能和静安先生的家人取得联系,想由此而能获得对静安先生更多的了解。现在收到您的信,所以有出乎意外的惊喜。”(1981年信)那时候还没有电子邮件和微信,姑妈伯父有几次在台湾发表纪念文章,在大陆要及时读到还不太便捷。叶先生都会及时通知和邮寄给我们。“近在报纸上刊出令姊东明及令兄贞明怀念静安先生之文稿,谨复印寄上。又附相片二张。请留念。”(1983年10月信)叶先生寄来的剪报早已泛黄,今天成了十分珍贵的纸质资料了。

叶先生关注静安先生学术研讨活动。二十世纪八十年代中外学术交流的口子逐渐打开。叶先生十分关心国内关于静安先生的研讨活动。早在1981年,叶先生听说有消息,“近闻上海将召开有关静安先生的学术研讨会。如有有关资料及论文,尚请惠函示知为感。”(1981年9月18日信)

1985年前后,华东师大筹办王国维国际学术研讨会过程中,吴泽、袁英光、刘寅生教授和我家联系较多。拟定出席名单时,家父建议邀请叶嘉莹先生,并及时告诉了叶先生。叶先生得知会议可能在1986年10月举行,表示很愿意参加,但后来会议延至1987年召开,遗憾未能到会。叶先生向大会提交了论文《〈王国维文学批评〉补跋》,收入会议论文集。她对我父亲说:“今年夏,静安先生学术国际研讨会,我因他处讲演已排满,未能抽身前来参加,深为遗憾。”关于此文,叶先生说,“我近日曾撰写《〈王国维及其文学批评〉补跋》一文,分上下两篇。上篇已由香港《明报月刊》刊出,谨随函寄上复印文稿一份,请予指正。嗣后如有关于静安先生

之文字在国内发表,仍请随时赐寄为感。”(1987 年 11 月 8 日信)

叶先生以提交论文的方式应邀参加研讨,给予这次研讨会大力支持。参加这次国际研讨会的国外学者还有日本神户大学伊藤道治教授、日本高崎工业高校须川照一先生、日本早稻田大学安藤阳子教授、美国加利福尼亚大学艾尔曼教授、美国夏威夷大学成中英教授等。

研讨会期间正逢海宁王静安先生故居揭幕,与会人员参加了揭幕式。叶先生为弥补心中遗憾,此后专程去了海宁,她在《人间词话七讲》中提到,“参考资料中,除了我在清华大学王国维先生纪念碑前的照片外,还有一些照片。那是 1987 年王国维先生最小的儿子王登明约我去海宁拜访王国维先生故居时照的。因为 1981 年香港出版了我的《王国维及其文学批评》,然后广东人民出版社、河北教育出版社、北京大学出版社先后重印了这本书。王登明先生看了我这本书,特别约我到他的老家去访问。那张照片,就是我在他们的海宁故居跟我和先生的铜像合影。”(叶嘉莹《人间词话七讲》)

叶先生与有关专家商量,有意策划 1997 年静安先生逝世 70 周年学术活动。1995 年 5 月,她信中告诉正在台湾探亲的家父,“关于静安先生逝世 70 周年学术讨论会之事,我于四月在上海华东师大召开之清代词学会议中,已与台湾‘中央研究院’文哲所之研究员林玫仪教授谈及此事。嘱其返回台湾后与《王国维年谱》之作者台大王德毅教授共同筹划此事。并在会场中当面征得上海复旦大学王水照先生同意,表示复旦愿与台湾联合筹办静安先生逝世 70 周年研讨会。看来此事颇有希望。您现在台,正可顺便与林玫仪教授以电话联系,一询进展情况。”(1995 年 5 月 24 日信)叶先生提到的这位林玫仪教授,是二十世纪六十年代叶先生在台大教过的一个学生,著名词学学者、台湾“中央研究院”中国文哲研究所研究员、台湾大学中国文学系兼任教授。叶先生积极建议多方合作策划学术讨论会,虽然策划工作后续未详,让王家后人们欣慰的是,1997 年是静安先生逝世 70 周年,也是静安先生 120 周年诞辰,清华大学、北京大学、香港大学、台湾新竹清华大学中文系在清华大学联合举办了静安先生 120 周年诞辰学术研讨会。遵照家父遗嘱,本人提交拙文《王国维绘画艺术论中的美学蕴涵》。我与家母梅美珍应邀赴京出席。这次会议的召开,也正是吻合了叶先生、林枚仪、王水照、王德毅等学术界专家及王家后人的共同心愿。

叶先生关心着我。叶先生知道我在大学教中文,做古籍整理研究,经常在信里关心我的情况。她知道我喜欢中华诗词和《人间词话》,并对她的诗词课有兴趣,会告诉我一些讲学消息。例如说“在南开中文系讲唐宋词,亦往往引用静安先生《人间词话》之说。班上亦多有自全国各地来听讲者。令之如果有暇来天津,则很多问题可以当面讨论。”(1985 或 1986 年信)叶先生对晚学的请教不摆架子,说很多问题可以和我当面讨论,让我惶恐和敬佩。

她关心我研究祖父和曾祖父,几次请家父把我写的一些东西发给她看,给我鼓励。常问“令之近况如何? 念念。”并说“读到令之所写关于静安先生与其父乃誉公的一些文稿,不知能将有关乃誉公的资料赐寄一二,我现在正准备撰写另一篇有关静安先生的文稿”。(1987 年 11 月 18 日信)我请在上海的父母告诉叶先生有关研究资料情况,并将掌握的信息提供给了叶先生。

叶先生骨子里热爱中华文化,热爱传统诗词,影响了我们很多人。她二十世纪七十年代回国后在多地讲学,为的是在中国推广诗教,传播中华文化。从来信告知的行踪,可以想见其奔波劳顿。例如,“昨日始自温哥华转来北京。我上学期在天津南开课程结束后,并未返回加拿大,而转来北京。现在北京师范大学讲唐诗。至 4 月 10 日结束。然后再转至四川大学讲唐宋词。”(1982 年 2 月 10 日信)

那些年叶先生往来寄信的那些地址,我只到过南开外国专家楼 104 室。我曾经任教的阜阳师范学院(现阜阳师范大学)是一所普通高校。那时文科没有请过外籍教师讲学。书记和院长是学文科出身的,知道叶先生。学校领导和我任教的中文系的师生以及古籍所同事都希望请到叶先生。我自然很愿意促成这件事。1985 年至 1986 年间,我先打电话给叶先生,又利用在北图善本部查资料的空隙时间,到天津见她。叶先生住南开外国专家楼,居室不大,布置简洁。叶先生见到我很亲切。我说明主要来意,介绍阜阳人文历史和现状。因为曾听她讲过欧阳修《采桑子》,就斗胆在叶先生面前班门弄斧,说阜阳就是欧阳修去过的颍州,要请她去看看欧阳修写过的西湖。还给她背《采桑子·群芳过后西湖好》。叶先生听得很开心,但是她说那一段时间已有别的工作预约,实在是分身无术,只能有机会再安排。那次天津之行,我未能完成邀请叶先生的任务,却向叶先生请教了一些文学的问题。

叶先生和我说的有些话,在她后来的文章和讲座中都有提到。例如说她的老师顾随。说在辅仁大学读书,顾随先生讲课内容,她记得很全。几十年来,总是把笔记带在身边。还说,四川缪钺先生的学问,说《灵溪词说》两人的合作。说她自己上课经常跑野马,但是放得出去,又收得回来。她还说她写诗一般有两种情况,要么是有激情的时候,要么是有闲情的时候。她当年亲口对我说这些,都是我心中抹不去的记忆。

聆听叶先生讲课是一种美的享受。叶先生回国在北京天津四川等地讲学,也到上海复旦和华东师大开过讲座。我正好在上海,每场必去。记得她讲诗词,从唐五代到宋,信手拈来,如数家珍,并且拓展到更早、更多的作家和作品。她选古诗,选唐五代和宋时作者,讲小谢、李白、陶渊明、杜甫,讲冯正中、温庭筠、韦庄、讲李璟、李煜,讲晏殊、欧阳修等。讲到诗的形象品质,讲到比兴和感发。回想起来,叶先生讲课,体现了对古典诗词由衷的挚爱,具有深刻的感染力。我至今珍藏着讲座笔记和油印资料。那时国内学术环境正在复苏,大学里教授们纷纷活跃在教学一线,要把耽误的宝贵时间追回来。我曾听过不少知名教授的课。比较下来,刚从国外回来的叶先生站在中文系的讲台上,带来了她自己的风格。她以女性学者的气质出现,温婉儒雅,像缕缕春风吹来,话风优雅而放松,充盈文学感发生命的力量,呈现古典诗词的审美,还有哲理性的东西,打动了无数聆听者。叶先生在复旦大学和华东师范大学的讲座,听众主要来自校内,人数很多,走道和门边上挤满了人,盛况空前。听者除了学生,不乏教授学者。有一次我见到复旦教授蒋孔阳先生也在场。讲座间隙,蒋先生对我说,一般讲,有些东西不可言传,只能意会。叶先生能把不可言传的东西言传了,其中就体现了叶先生对祖国的感情和对中国古典文学的深入研究。

叶先生儒雅的学者风范和女教师特有的细腻气质,给人很深印象。当时感到作为知识女性,尤其是女教师,讲课、做研究,自己也想学一点儿叶先生。她的学问我学不了更多,若能学一点儿叶先生的治学精神,甚至学学她话风和教学仪态,能用一点到教学中也好。

叶先生对中国古典文学的情感是真挚的。她回到祖国讲诗词,此时的心境,正如她的一首诗所言:海外空能怀故国,人间何处有知音。他年若遂还乡愿,骥老犹存万里心。

叶先生乐意在国内学刊发表研究成果。记得二十世纪八十年代叶先生回大陆讲学后,写过一篇论词文章,篇幅比较长。这篇长文哪家刊物适合刊出,她心里还是未知数。她先请朋友联系内地一所大学学报,学报一时还未回音。1990 年 4 月 11 日信中说,“关于《论×××》一篇文稿,我已致函×教授,告以如《××××学报》不用,可交上海《学术月刊》发表。”(1990 年信)家父与我出席静安先生学术研讨会,认识上海《学术月刊》编辑。于是家父联系了总编黄迎暑先生,转告叶先生的意向。其间叶先生又来信告知,那家学报回复同意刊登,于是赶快请家父告知《学术月刊》黄迎暑先生并致谢。从这个小插曲,可以想见先生有意将研究成果发在大陆学刊的心愿。

南开大学西南村见到的叶先生。2019年春节过后,我和天津朋友商量,如果叶先生能出席春季海棠诗社活动,届时想去天津看望叶先生。征求叶先生意见,她认为诗会活动期间静不下来,见面会比较匆忙。建议另外安排一个安静的日子。三月份我到天津参加北方儒学研讨会。在天津期间,叶先生的学生孙爱霞研究员和学者王焱先生陪我去了南开大学西南村。我知道,由于身体原因,那时叶先生谢绝接待来访的朋友,对我却是一个例外。在西南村叶先生家里,我们相谈甚欢。话题从问候叶先生生活起居开始。叶先生告诉我,自己日常很简单。饮食清淡,主食稀饭,有利消化。自家父去世后,她和我母亲时不时电话联系,相互挂念着对方。叶先生指着前些时候自己在家不慎摔伤的部位,笑着和我说,她和我母亲同病相怜。还说起两个人不同的摔跤细节,说自己伤得没我母亲严重,已无大碍。我联想起母亲两次跌伤的情形,提醒叶先生以后千万小心,先生答应我"一定会小心"。

叶先生看到我带去的西点是上海静安面包房的,说真没想到还有叫"静安"的西点品牌。由此回忆起年少时候在上海生活过,记得静安寺这个地方。我告诉她,上海有静安面包房,有静安宾馆。上海的静安区和静安先生有缘。静安先生和家人住过的吴兴里,原址就在今天的静安雕塑公园内。可惜石库门房屋已经拆除,现在那里是雕塑公园的一片绿地。叶先生听了很感兴趣。

叶先生聊起诗教,说到中华诗词的传承和吟诵,兴致很高。她希望让诗教影响到更多人,尤其希望孩子们喜欢诗词,从小学习吟诵诗词。叶先生支持南开教育事业,支持发展中华诗教事业,上年已捐款一千多万元。这一年又捐了一千多万元。先后捐款达三千五百六十八万元。我忍不住问先生近乎"裸捐"后的考虑。她告诉我,这样做都是已经考虑好了的,自己都安排好了,没有问题。叶先生如此高风亮节,体现了她说的弱德之美,这种坦荡令我动容。

我亲眼看到叶先生生活有序,思路清晰。她说"要做的事情还有很多,所以珍惜时间"。叶先生给我看她难以伸直的手指,说自己每天在电脑前工作到半夜。我们聊到很晚,还有话说。我不忍心和她再聊下去,只能依依不舍告辞了。

未承想,那是我最后一次零距离和叶先生聊天。

王令之(王国维孙女),文化学者。

我的父亲鲍昌

鲍光满

我的父亲鲍昌，学历不高，最高学历也就高中一年级，却逐渐成长为中国作家协会天津分会副主席、天津市美学学会会长、天津师范大学兼职教授，乃至成为中国作家协会书记处常务书记兼党组，要说也算是走了一条很艰辛的路！我后来不断地想破解父亲如何算是有些成就，无外乎几点，一是脑子记忆力好，算是聪明那一类人，二是刻苦，三是善于思考。借此机会，我也想系统地拆解一下，看看我总结的对不对。

父亲没有出生在一个显赫的家庭，爷爷只不过上了保定军官学校，是第八期，跟陈诚、王以哲等人同学。毕业后在东北军当个上校军事教官，日本人侵占了东北，爷爷跟随东北军来到北平，在什么留守处供职，我觉得就是接受陆陆续续跑到关内的东北军。这时候父亲刚一岁，没想到爷爷得了一场伤寒，退出了军界，靠摆地摊生活。想来也是，原本已经小康的家庭又回到城市贫民阶层，说明我们家就不带富贵的命，我曾祖父原本是山东胶县（今山东省胶州市）的一个石匠，在前清的饥荒年月，逃难到辽宁凤城县（今辽宁省凤城市）农村。现在看来，我们家祖上又回到了原点，只不过地方变了，从山东、东北来到北平，家境还是贫穷如故。好在爷爷短暂的得意那段时间，娶到了我奶奶，一个大地主家的千金，我奶奶喜欢看书，文化不浅，这对于父亲将来成为作家，起到了至关重要的作用。

在北平西城北宏庙小学里，父亲是个贫寒的学生，对于那些有钱人子弟，对他本能地怀有敌意，想要叫人家看得起，必须功课出色。他达到了，我说过要想成为作家，刻苦是起码的。在考中学时，完全能考上敌伪的公费学校，父亲却宁愿考进辅仁中学这样的教会学校，也不愿去受敌伪的奴化教育。辅仁中学是个贵族化的学校，学杂费比较昂贵。好在父亲每学期都能考中前两名，得到免费待遇，才得以坚持学习，由此可见，刻苦是多么的重要。我说过，奶奶喜欢看书，父亲被潜移默化，对文学怀有极大的兴趣。家里没钱买书，他便到西单商场的旧书摊去看“蹭儿书”，为此常遭到卖书掌柜的白眼。进中学后，有了借书证，可以到北京图书馆看书了,他几乎把所有节假日都消耗在那里。早上图书馆大门一开,他就抢先进去,一直看到闭馆。中午休息时,就着馆里供给的白开水,啃自家带来的窝头、咸菜。偶尔也到附近的小饭摊上买碗老豆腐吃。生活虽然清苦,但父亲感到乐趣无穷。几年之内,他把鲁迅、郭沫若、茅盾、巴金、老舍、丁玲、冰心、朱自清,以及托尔斯泰、屠格涅夫、狄更斯、雨果、巴尔扎克等中外作家的名著都涉猎了,还读了不少中国古典文学作品。这还是跟刻苦分不开,每每想到这里,我都无地自容,别看我子承父业,但这辈子读的书没有父亲十分之一。我拜访过很多作家,每个家境各有不同,但都从小喜欢写东西。父亲在小学和中学里,他写一手好作文,常被老师作为范文讲评,有的还登在《小朋友》杂志上。邻居中有个年近古稀的前清秀才,见他聪慧好学,就教他写旧体诗词。他在三四岁就写了"青鹰傲空角,白虹行日周。万里挟奇物,披风列殿游。呵斥若雷动,挥刃若光流。奇计虽不中,一笑成楚囚。"再有就是"明櫜飞门外,与子共赴仇。磨骨长城窟,漂尸深海沟。从容忘生死,乃在家国忧……"这些诗貌似模仿了阮籍、左思和刘琨,但也不难看到风华少年的父亲的抱负和志向,我由此还得补充一句,想当作家,从小要有比之平常人不同的思想,也就是脑子里思考的东西要比同学、同事们多。

很多人说父亲是学者型作家,这点我是坚决同意的,一点不过分。除文学外,父亲也爱好历史、哲学和其他的一些杂学。在他读到初中三年级时,就把《万有文库》中三分之一的书籍浏览过了。这是要牺牲和同学们玩耍的时间,他顶多是在"黑猫足球队"当个守门员;或者有时参加学校合唱队,演唱几支像《菩提树》《你怎能忘记旧日的朋友》之类的外国歌曲。这一阶段对父亲来说,生活虽然艰苦,但精神世界极为丰富,明白的都懂。

1945年日本投降时,父亲十五岁了。他原来对"大后方"还抱有幻想,但国民党接收大员的胡作非为,美军吉普车的横冲直撞,加上物价飞涨,百业凋零,使他大失所望,催生了他在政治上的早熟。这年秋天,他读到《民主》《文萃》等进步书刊,开始倾心"山那边的好地方"了。他自己办了一份壁报,贴在教室里,第二天就遭到老师的制止。对此,他并没有心灰意冷,又和几名同学秘密组织了"北国青春学会",还借了台油印机,编印了六期题为《反攻》的小报,大都是政治抗议性的内容。不料这事被训育主任察觉,对方的威胁、恐吓,不仅没有使他屈服,反而更坚定了追求光明和自由的信念。于是转年,十六岁的他一跺脚,离家出走,投奔革命,哪怕是前途充满了艰险,这就有点义无反顾的劲头了。所以我还得补充,想当作家,不能磨磨叽叽,对自己的行为要有雷霆手段。

不是说张家口那边有共产党吗，父亲只管搭车，步行，日夜兼程，过了不知多少个国民党哨卡盘查，不是国民党兵愿意放他过去，人家实在想不出，一个十六岁的白白净净的孩子能跟着共产党要了蒋介石的江山，别忘了1946年初，蒋家王朝正是处于巅峰时刻。

到达张家口后，八路军一看来了个高级知识分子，立刻把他分配到华北联大文艺学院学习。原本想上文学系，但名额满了，凑合着上音乐系吧。没上几天，战事吃紧，来来回回的转移，还到农村参加土改。父亲被分配到一把“独一角”枪，和区武工队员一起和政治土匪打过几次遭遇战，据他说一次很明显地听见子弹从耳边飞过的声音。嘿，这给父亲履历上加了浓墨重彩的一笔，好处是，经受住考验了他，于1947年8月1日，被接纳为共产党员。后来两年，父亲战斗过漠北，被太行烽烟洗礼，滹沱激浪、平原晓日，都有过他的足迹，这些经历，也对他将来当作家有好处，读书少了，但无形的书读多了，我认为事半功倍。

1949年1月15日，父亲随解放大军进入天津。起初，他在军管会文艺处工作，不久又被调到音工团当了政治指导员，团长是写五星红旗迎风飘扬的老革命。1951年，二十一岁的鲍昌担任了天津人民艺术剧院的办公室主任兼党支部书记。生活逐步地安定下来，他的创作激情又萌发了。从1949年5月起，开始在《天津日报》上发表诗歌、剧本、散文和评论，那时候《天津日报》和《人民日报》经常看到他发表的一整版一整版文章，业绩确实有点太突出了，《人民日报》社社长邓拓想调他去北京，由于父亲离不开相恋的母亲，放弃了。到1951年出版了剧本集《为了祖国》。1953年和1955年又出版了一个短篇集和一个评论集。于是，1955年5月，二十五岁的父亲被调到天津市文联，担任文联党组成员、副秘书长，接着又担任了《新港》文学月刊的第一任编辑部主任，《新港》文学期刊的名称就是他取的，发刊词也是他写的。说点实惠的，1955年定级，二十五岁的父亲被定为文艺七级，工资为148元，跟他同时期参加革命的干部们，大多数拿到80到120元之间，我想上级破格提拔，跟写出这么多文章分不开。

1954年，父亲请了创作假，到内蒙古草原上的勘探队生活了八个月，回来后写了一部50万字的长篇小说《青青的草原》。1957年，他的这部长篇小说和另外两个集子已经付排，突然一场政治风暴卷来，父亲被错划为右派分子。别的损失先不说，单单那部即将到手的长篇小说稿费，还有那两部集子的稿费，合起来至少八千块钱没了。五十年代的八千块钱，能买北京一套四合院，他的挚友刘绍棠就花了五千块钱先一步买到，才从容不迫当了右派。我们家命苦，父亲再晚俩月定性，至少落个家境殷实。那时候我两岁,没见到家里过富足生活,从懂事就知道生活相当拮据,偶尔出现寅吃卯粮的境况。

右派得改造,首先别废话,先到农村、农场劳动五年再说,1962年摘掉右派帽子,被调到天津市文学研究所,搞文学研究,帮助所里、市里写了无数个理论文章和政论文章,但不许署名。这两年除了完成上级要求的文章,就是看书,父亲第二个阅读高峰来了,竟然是在倒霉的时候。

读书的好景不长,1964年被派去搞四清运动,后来是“文化大革命”,进干校劳动。1969年又被下放到天津地毯厂,当了五年工人。命运迫使他在不情愿的情况下,去同工农群众相结合。事情总是这样,塞翁失马,焉知非福,被下放到天津南郊新房乡劳动期间,采访了很多义和团老人。有一次周末,家里来了客人聊半天,走后父亲告诉我,这老头是硕果仅存的太监。见识增加后,父亲决心写一部以义和团为题材的历史小说。他知道,这小说发表不了,因为自己是右派。我从小就看见,父亲每天把褥子撩开,在光板床上铺满了稿纸写小说,那时候看不懂,只觉得他的蝇头小楷委实漂亮。1980年11月该书出版后,《人民日报》《文艺报》《读书》《新华文摘》等报刊都发表或转载了评论文章,给予了很好的评价。我记得一天冯骥才来家里,吃我做的饭,大冯举杯祝贺《庚子风云》第一版就印刷了十七万册。

这小说场面很大,上自宫廷贵族,下至农夫水手,旁及外国的公使、商人、神父,形形色色,千姿百态,为我们展示出晚清社会的缩影。作家孙犁在《致鲍昌信》中说:“这几天,看了一部分《庚子风云》,看了一章写宫廷生活的,看了一章写农民生活的。我以为写得都很好,有很多精彩的叙述与描写。比较起来,写农民的部分,给我留下的印象更深,写比赛插秧一节,写得有声有色,非常火炽。”孙犁前辈所说农村生活写得好,是因为父亲农活干得好,技术指标最强的插秧,他甚至比农民干得还快,质量还高,很为下放的那些知识分子争了一口气。这本书的前两部,我读了几遍,佩服父亲的博学多才,见多识广。唯一的瑕疵,故事推进的慢点,读起来有点累,按照现在人们的阅读习惯,恐怕会换台了。所以我后来写小说,就固执地追求故事,情节不敢说排山倒海,至少层出不穷,所以很多影视部门要求改编。父亲作品被改编的不多,印象中一次演员许还山来家里,作为导演的他希望听听对改编剧本的意见,我还参与了几句,这剧本是根据父亲中篇小说《盲流》改编的。

父亲之所以叫学者型作家,不光是小说里体现了各方面文化,他干脆还研究别的。与写小说、剧本俱来的,是他还发表了大量的文艺理论文章,在二十世纪五十年代红极一时,有南姚北鲍之称,所谓姚就是后来大名鼎鼎的姚文元了。除此之外,父亲还研究美学,因为发表了数十篇艺术的起源,还当了天津市美学学会主席。父亲在师范大学带的是美学研究生,其中一个弟子便是中华美学学会第四任会长,叫高建平,前三任会长则是朱光潜、王朝闻、汝信。

父亲研究的四个大板块之一,要数古典文学了,他研究诗经,竟然也发表了几十篇文章,如果父亲不当作家,在任何大学当个古典文学教授应该是绰绰有余。或者当个美学教授,文艺理论教授,也应该算是极为称职的。

不过,我和很多朋友们一样,都觉得他这样四面出击很耽误一些成就。就拿小说来说,中、长、短篇加在一起,也就二百万字,也就拿过一次全国优秀短篇小说奖,如果他专心致志写小说,成就会更高。毕竟几条战线都有所成绩,和一个方面成绩斐然,是不一样的。生活中就是很多的无奈,如果他不去天津作家协会主持工作,没有后来的到中国作家协会当书记,而是腾出很多时间写东西,意思又不大一样了。当官你能当到哪去,但是好作品是可以传世的,唯有饮者留其名嘛。的确,一个学者,或者作家,最希望看到的是自己的东西能传世,在这方面,父亲疑似不够。他去世后,逐渐淡出人们的视野,只有天津的一些文化老人,还知道文坛曾经有那么一个人,为人为文还值得乐道一下。两千年前后的一年高考,全国语文试卷最大的一道题,四十分的题,是分析一篇散文,叫《长城》。当天晚上,重庆的几个侄子、侄女来电话告诉母亲,说今天我们沙坪坝地区,押对了一道大题,是姨父写的散文,叫《长城》。无独有偶,我外甥也是这年高考,海淀区也押到这道题了,高考前分析给考生们。外甥做笔记的时候没怎么上心,临考语文的头天晚上,心血来潮打电话给同学,让对方拿这道题的笔记说说,同学翻了半天,外甥竟然撂电话了。所以答题的时候丢了不少分,而就差这几分,外甥只考上大专。北京青年报和电视台得知,还长枪短炮来家里采访,毕竟外孙子考姥爷的题目还算是新闻。我觉得国家选了这篇散文,并不值得我多么傲娇,我引以为自豪的是,这篇散文我看了,确实写得不错,怪不得多家报刊反复出版印刷,怪不得选入高考试卷,无论从知识的角度还是散文的流畅度,还是思想境界,应该算作传世之作。二十年后的今天,这篇几千字的散文,恰好印证了人们对父亲的总结,他是一位学者型作家。我为拥有这样一位父亲,由衷地感到骄傲。

鲍光满(鲍昌之子),作家。

任少东著《试解其中味——〈红楼梦〉总体艺术构思探索》序

张庆善

任少东先生是我最为敬重的兄长和朋友，说起来我们相识相知已经有四十年了，而我们的初次见面也非常富有戏剧性。大约在 1983 年的某一天，在北京新侨饭店举办河南作家张之先生的《红楼梦新补》研讨会，我是与会最年轻的一个，准确地说我是为研讨会服务的一位工作人员，我当时的身份是中国红楼梦学会秘书处秘书。记得开会的时候，我自觉地坐在靠近门口最边上的座位上，这时一位年轻英俊的先生走过来，他悄悄地问我："同志，张庆善来了吗？"我一听乐了，还没等我说话，他也笑了，他猜出了我就是张庆善。我和任少东先生就是这样认识的，从此开启了四十年的兄弟情谊历程。

2024 年少东兄就对我说他的学术著作《试解其中味——〈红楼梦〉总体艺术构思探索》即将出版，希望我能为之作序，我当然是责无旁贷。说起来，我答应要为少东兄的书写序，答应了至少十几年。十几年了，少东研究《红楼梦》的书还是没有出来，当然是"事出有因"。"因"在哪里？原因就在于少东这个人的性格和为人。作为天津百花文艺出版社的资深编审，作为中国红楼梦学会学术委员会委员和天津红楼梦学会的副会长、顾问等，几十年来，少东从未远离红学，而是一直默默地为红学做贡献，为他人做嫁妆，他无私地帮助他人，尤其为天津红楼梦研究会做了不少工作，也因此占用了他大量的时间。当然也不仅如此，他的学术著作迟迟不出，还在少东为人为学的严谨认真。他一直对我说，还有几篇核心文章没有修改好，不满意，所以他的书不能出。这使我想起一位过世的红学前辈，他就是林冠夫先生。早在二十世纪七十年代末、八十年代初，林冠夫先生就发表了好几篇分量很重的《红楼梦》版本研究文章，他毫无疑问是红学界最著名的版本研究专家之一，其古典文学功底之深厚，在中国艺术研究院，在红学界都是有口皆碑的。但林先生的《红楼梦版本论》却迟迟没有出版，那时我担任中国艺术研究院副院长，分管文化艺术出版社的工作,我多次催促过林先生,林先生则说关于甲戌本的研究文章还没有改好,他严肃地说,研究《红楼梦》版本,说不清楚甲戌本怎么行。这就是老先生治学严谨的表现,少东兄也是这样。

说到我所认识的任少东,首先涌入我脑海中的一句话——“好人任少东”。少东为人之好是大家一致认可的,他热心助人,诚心待人,赤心做人,这是少东兄的本色。在我与他四十年的交往中,他对我的帮助就非常多,无论在工作上,还是生活上,都没少帮助过我。

修订《红楼梦大辞典》是冯其庸、李希凡两位先生交给我的一项非常重要的工作,但我因健康原因和对修订《红楼梦大辞典》工作并不是很在行,因此修订工作遇到很多困难。而在《红楼梦大辞典》修订工作中,少东兄给予我无私和有力地帮助。少东兄承担了《红楼梦大辞典》“上编”的称谓、职官、典制、礼俗、岁时、诗词韵文、《红楼梦》人物和“下编”的《红楼梦》版本共八类分目的审读和修订工作。他修正了为数颇多的词条解释、表述上的错误,以及不够精准的文字;纠正了大量的错别字、少量历史年代错误;核校了几乎所有词条中的引文,校正了相当多的引文中的错误;按照辞书标准规范,补上了前两版引文所缺的引文作者及作者所在朝代。之后又和我一起承担了《红楼梦大辞典》的全部统审工作。此外,他还就《红楼梦大辞典》排版上(如需要造字、偏旁简化、版式等)存在的一些特殊情况提出了许多建议。少东兄深厚的学术功底、渊博的知识、严谨的治学精神和对出版业务的熟悉,都为《红楼梦大辞典》的修订作出了重要贡献。对此,我是非常敬佩和感谢的。

在新时期红学发展中,天津百花文艺出版社作为红楼梦学刊最早的出版者,为新时期红学发展作出了不可磨灭的历史性贡献。红楼梦学刊从创刊号开始,就在天津百花文艺出版社出版,主管领导是百花文艺出版社副总编陈玉刚先生,这是一位学问、人品、能力都堪称是出版界的重量级人物,是一位令人敬佩的前辈。第一个责任编辑是邱思达先生,邱先生为人之忠厚、出版业务之熟悉、工作态度之严谨,赢得了大家的尊重。再后来就是任少东先生。陈玉刚、邱思达、任少东等诸位“天津百花人”为新时期红学发展做出的贡献,红学界是不会忘记他们的。少东先生曾这样回忆《红楼梦学刊》在天津百花文艺出版社出版的情况:

> 《红楼梦学刊》第一辑创刊号的版权页上标注的印数是20000册,但很快即销售一空,据说不久即加印66000册;到第二辑出版时,版权页上标注的印数则为74000册了。遗憾的是,从第三辑开始,版权页上不再标注印数,但可

以确证的是,在此后的三四年中,《红楼梦学刊》每一辑的印数都保持着好几万。……创刊后的《红楼梦学刊》前六年(1979 — 1984)是由天津百花文艺出版社出版的,最初是季刊……在百花文艺出版社共出版了22辑。1984年,百花文艺出版社领导班子调整,《红楼梦学刊》的编委、百花文艺出版社副总编陈玉刚也调离出版社……于是从1985年第一辑,即总第二十三辑开始改由文化艺术出版社出版。

在《红楼梦学刊》编辑出版的历程中,我有幸担任了其中两辑的编辑工作。1983年6月初,我调到百花文艺出版社,3号报到的当天,便接手了一部书稿,即《红楼梦学刊》1983年第四辑。当时古代文学编辑室原先负责《红楼梦学刊》编辑工作的邱思达同志脱产去学习……于是在我报到的当天便让我暂时承接半年两辑《红楼梦学刊》的编辑工作。接到这一辑稿子,我便非常认真地审阅了全稿……之后我又承担了1984年第一辑的责任编辑,和《红楼梦学刊》的结缘更加深了一层。因为这两辑《红楼梦学刊》是我从事编辑工作的开始,所以给我留下了很深的印象”。(转自2022年1月22日少东写给我的信)

我对少东兄的敬重,不仅仅是因为他为人之好,不仅仅是因为他对我帮助很多,不仅仅是因为他为新时期红学发展做出了积极贡献。我对少东的敬重,还在于他是一位严肃、正直、纯粹的学者,他做学问之认真、执着令人敬佩,他做学问没有功利目的令人敬佩,他做学问从不人云亦云,总是有着自己的独到见解更是令人敬佩。我曾对一些朋友说,现在像少东这样的人不多了,他的为人为文为友都是令人敬佩的。

少东兄博学多识,学术功底深厚,治学十分严谨。他对《红楼梦》非常熟悉,总是有自己的独到见解。

少东兄研究《红楼梦》有一个重要的观点,就是阅读与研究《红楼梦》一定要有“总体艺术构思”的视角和把握,他认为许多细节、情节,如果不从“总体艺术构思”把握,可能只是“蚂蚁看象”。阅读和研究《红楼梦》要始终有一个“总体艺术构思”,这无疑对深入认识《红楼梦》极为重要。他说:

几十年来,笔者有一个很深的体会,要读懂《红楼梦》,真正了解、领悟其中深湛的内蕴,发现字面背后潜藏的深层意涵,殊为不易。我们需要不断提高自身的文学鉴赏水平和艺术审美能力,需要掌握并拥有更多的古代历史、文化知识，也就是说，需要一双能够尽量洞察更多艺术隐秘的慧眼。《红楼梦》中更多深层内在的社会认识价值和美的元素、美的形态，是曹雪芹留给那些有充分准备的、文学素养深厚的读者和研究者的。

《红楼梦》的创作与此前的小说创作有一个很大的区别……小说中的每一个事件、每一个场景，并将这些生活和艺术要素全面有机地勾连绾系起来，将其视为一个有机体，进行全方位、系统化、动态的观照缕析，方能渐渐接近，以至登堂入室。总之，要尽量避免停留在局部、浅层的分析研究上，而是从宏观、整体上全面把握，还需要从人文社会和艺术审美思维上深入地探研小说的精髓，才有可能真正解出“其中味”。

我认为少东的见解是非常重要的，阅读与研究《红楼梦》，都要有一个整体总的视角，把一个个故事、一个个人物、一场场活动，乃至一些情节细节，都能联系起来，而不是孤立地、零碎地阅读和研究。无论是研究前八十回的内容，还是探索前八十回后曹雪芹的“原著”及“探佚”，都要有这样一个总体构思的把握，这是《红楼梦》研究一个非常重要的观点。一字一句，一人一事，细读深思，当然有必要，但你如果没有总体构思的观察把握，你就可能挂一漏万，甚至难免陷入“自传”和“索隐”的泥潭。

在这部著作中，《论宝黛钗爱情婚姻悲剧》《贾母与宝黛钗爱情婚姻悲剧》《王熙凤与宝黛钗爱情婚姻悲剧》《王夫人与宝黛钗爱情婚姻悲剧》《贾元春与宝黛钗爱情婚姻悲剧》《“一从二令三人木”管见——兼论八十回后的一个重要情节》《抄检大观园初探》《妙玉性格与命运结局初探》《〈红楼梦〉探佚方法浅探》等篇，几乎每一篇文章都有着不同一般的观点和论述，都是少东多年研读《红楼梦》心血的结晶。多年来，我每次和少东在一起聊天，大部分时间都是在讨论《红楼梦》，他的许多观点我不知听了多少遍，可谓耳熟能详了，而少东的许多见解都使我受益匪浅。

比如少东对贾母形象的评价就很有独到见解，他说：“贾母的性格特征塑造得非常成功，毫不夸张地说，完全达到了艺术典型的高度，是中国文学史上个性最为鲜活独特、最为血肉丰满、也最为真实细腻的老夫人、老祖母、老太太的艺术形象。”（任少东《贾母与宝黛钗爱情婚姻悲剧》，载《〈红楼梦〉与津沽文化研究》第四辑，天津百花文艺出版社 2022 年 3 月第 1 版）他认为：“在关于宝玉的婚事，即‘木石之盟’还是‘金玉良缘’上，贾母的倾向非常明显。在前八十回中，贾母可以说是黛玉在贾府长辈中的唯一保护人。”（任少东《贾母与宝黛钗爱情婚姻悲剧》）这个见解，我是完全赞同的。少东认为在前八十回中，明确地表态支持“木石前盟”的，一个是王熙凤,一个是紫鹃,而恰恰贾母没有明确地说过一句"支持"宝黛爱情的话,但从王熙凤和紫鹃的话里,我们都能感到贾母的"支持"态度。而贾母对宝玉、黛玉那种不同一般的疼爱、关心,更是溢于言表,毋庸置疑。

《红楼梦》第三十五回贾母说了这样一段话:

> 提起姊妹,不是我当着姨太太的面奉承,千真万真,从我们家四个女孩儿算起,全不如宝丫头。

贾母嘴里说的"我们家四个女孩儿"指的都是谁,多少年来,许多人都认为是指贾府里的四位姑娘:元、迎、探、惜。有的认为贾母褒赞宝钗,是表明她对宝玉的婚事早已拿定了主意,便是和尚早已说了的"金玉姻缘"。还有的认为贾母、凤姐与整个四大家族的统治者一样,出于共同的家族利益,扼杀了宝黛爱情。由此可见,"我们家四个女孩儿"指的是谁,对如何认识《红楼梦》关系很大。

我以前读书,没有注意到这个"细节",也没有意识到这是一个很重要的问题。多年来少东没少给我讲过他的观点,才使我意识到搞清楚"四个姑娘"指谁,关系到贾母对宝黛态度的大问题。多年来少东一直坚持这样的观点:"四个女孩儿"指的是黛玉和迎春、探春、惜春,并不包括元春,少东的辨析是非常有说服力的。他指出,一是元春与贾母的关系,是君臣之间的关系,做了皇贵妃的元春,与贾母的关系已超越了一般社会上的血缘伦理关系,这在元春省亲时,贾母、贾政、王夫人等都要向元春下跪可以说明他们之间的关系;二是如果贾母所说的"我们家四个女孩儿"包括元春,那贾母敢说元春也"不如宝丫头"吗?这显然是绝不可能的。他进一步指出:

> 第三十五回贾母所说"从我们家四个女孩儿算起,全不如宝丫头"。这"我们家四个女孩儿"中藏着黛玉,却并不包括元春,作者正是运用了"画家烟云模糊"法,同时也是"明修栈道,暗度陈仓"之法。令人叹息的是,却"瞒蔽"了从后四十回续书作者到二百年来不知多少红学研究者,都将这"我们家四个女孩儿"误读为元迎探惜四姐妹,从而得出贾母偏爱宝钗、不喜黛玉的错误结论,由此构成了贾母对黛玉态度改变的基础,同时也为一向承顺贾母的凤姐设计出"掉包计"做出铺垫,于是导致出大大背离了曹雪芹的总体艺术构思。(任少东《贾母与宝黛钗爱情婚姻悲剧》)

少东认为:"贾母此时这里说的这句话,可以说既含蓄、委婉,又十分明确地表明:黛玉是我们贾家自家人。"言外之意,薛宝钗不是,贾母对黛玉与宝钗的态度不同是显而易见的。在前八十回中,贾母虽然没有说过一句支持木石姻缘的话,但倾向和态度是十分明显的。没有贾母的“态度”,王熙凤敢拿林黛玉的婚姻大事开玩笑嘛?甚至连兴儿、紫鹃都十分清楚老太太的心事,可见贾母支持木石姻缘不是一个秘密。或许有人会说,贾母不是给宝钗过了生日了吗?她为什么不专门给黛玉过生日,而要给宝钗过生日,这难道不是贾母厚宝钗而薄黛玉的证明吗?其实,贾母要给宝钗过生日,与其说是“喜爱”不如说是“客气”,这与贾母所说的“从我们家四个女孩儿算起,全不如宝丫头”的话意思是一样的,表面上看是赞赏宝钗,实际上是告诉大家黛玉在她的心里位置更亲近。

《红楼梦》第五十四回“史太君破陈腐旧套”,又是一件很有争议的“公案”。两个女先生说《凤求鸾》,被贾母批驳了一顿,贾母笑道:

> 这些书都是一个套子,左不过是些佳人才子,最没趣儿。把人家女儿说的那样坏,还说是佳人,编的连影儿也没有了。开口都是书香门第,父亲不是尚书就是宰相,生一个小姐必是爱如珍宝。这小姐必是通文知礼,无所不晓,竟是个绝代佳人。只一见了一个清俊的男人,不管是亲是友,便想起终身大事来,父母也忘了,书礼也忘了,鬼不成鬼,贼不成贼,那一点儿是佳人?便是满腹文章,做出这些事来,也算不得是佳人了。……可知那编书的是自己塞了自己的嘴。再者,既说是仕宦书香大家小姐都知礼读书,连夫人都知书识礼,便是告老还家,自然这样大家人口不少,奶母丫鬟服侍小姐的人不少,怎么这些书上,凡是这样的事,就只小姐和紧跟的一个丫鬟?你们白想想,那些人都是管什么的,可是前言不答后语?

对这一段描写,在探讨贾母对待宝黛爱情的态度问题上,又是一个颇有争议的话题。不少人认为,贾母明是批驳女先生,实际上是“批驳”林黛玉,尤其是那句“只一见了一个清俊的男人”的话,就是针对林黛玉的。少东则认为这完全是错误的理解,他认为贾母的“批驳”与第一回石头的批驳是一致的,石头对空空道人说:“至若佳人才子等书,则又千部共出一套,且其中终不能不涉于淫滥,以致满纸潘安、子建、西子、文君……不比那些胡牵乱扯忽离忽遇,满纸才人淑女、子建文君红娘小玉等通共熟套之旧稿。”正如回目所说,贾母是“破陈腐旧套”,根本与林黛玉无关。因为黛玉与宝玉的感情是建立在青梅竹马的生活过程中,是建立在共同的思想基础之上,林黛玉并不是“只一见了一个清俊的男人”就想到终身大事的姑娘。少东先生还注意到这样一个细节,就在贾府听完书,看完戏,要放鞭炮之时,因为林黛玉“禀气柔弱,不禁毕波之声,贾母便搂他在怀中。”可见贾母对黛玉的怜爱之深。少东做学问就是这样既有全局视野,又细腻认真,多独出己见,不人云亦云,表现出严谨的治学态度和雄辩的分析能力。

少东兄关于大观园的建设与元春省亲关系的分析,也是非常值得关注的。他认为曹雪芹花费了整整两回的篇幅描写元妃省亲的隆重场面和整个过程,这是小说前八十回中元春唯一的一次正式出场。作者这样让贾元春“闪亮”登场,是出于整体构思的需要,也深有含义,在《红楼梦》全书结构中,起着很重要的作用。作者的“深意”在哪里呢?少东在细致地分析了元妃省亲的描写之后,认为元春这一次正式出场的使命主要有四点:一是赋予大观园的建造以非常充分的理由和铺垫,从而给宝玉和众裙钗(包括众多丫鬟们)以展现各自人物形象、性格特征和生活状态、感情历程的绝妙而又完美的典型环境。二是浓墨重笔地渲染了元春至高无上、极其尊崇的身份、地位。尤其是通过省亲过程中,身为元妃祖母的贾母曾两次跪拜自己的孙女,既形象生动、又真实确凿地表明,在小说展示的那个时代,皇权是远远超越血缘伦理关系的。三是突出描写了元妃对宝玉的关爱,同时高度肯定了宝玉的才华,也肯定了宝钗和黛玉的诗才。四是通过元妃命题作诗,极其隐晦、委婉地暗示了元妃对黛玉的否定性倾向。他还结合第二十八回端午节元春赐物,唯独宝玉与宝钗的完全一样,从而非常明显地表露出元妃在宝玉未来配偶的选择上倾向于宝钗的意图。对少东先生的分析,你赞同吗?我是很赞同的,有了这样的分析,人们再看“元妃省亲”的故事,你的认识一定会更为深刻。

少东对“元妃省亲”的分析,并没有到此为止,他细心地注意到,元妃省亲有“两次肯定性的表态”和“三处否定性的表态”,少东先生的细腻分析,对我们是很有启发的。少东认为:“元妃在整个省亲过程中,有两次肯定性的表态:一是对宝玉所作大观园的题额与楹联;二是对宝钗、黛玉命题所作咏大观园诗中表现出的才华,其中黛玉悄悄替宝玉写的咏浣葛山庄的《杏帘在望》一诗,元妃并不知道系黛玉所作,赞其为“前三首之冠”,更突出了黛玉的才情。”

那么,元春省亲三处否定性的表态是什么呢?一是命将大观楼前牌坊上临时命名的“天仙宝境”四字换为“省亲别墅”;二是游赏大观园中见到此前宝玉为花港石洞所题“蓼汀花溆”时说道:“花溆”二字便妥,何必“蓼汀”?三是将宝玉为怡红院所题匾额“红香绿玉”改作“怡红快绿”。元春省亲这三次否定性的表态,到底有什么深刻含义呢?少东认为:第一个否定应该是元妃觉得“天仙宝境”有过于张扬之嫌,故改为较为平实的“省亲别墅”。关于第二个否定,少东说尚看不出其中有何深意。他认为第三个否定最为重要,多数学者认为元妃不喜“绿玉”,其中隐晦地表达了不喜“黛玉”的寓意,结合端午节元妃赐物,唯独宝玉和宝钗的完全一样,这样的观点应该是立得住的。

少东兄对“探佚”的观点,我也是很赞同的。他认为:

> 至于红学探佚,笔者认为其研究方向是完全正确的,也是十分必要的,因为现存的后四十回续书很大程度上背离了曹雪芹创作的前八十回的总体艺术构思,从而大大降低了《红楼梦》的审美艺术成就和社会认识价值。如果能够通过探佚,探讨出原著八十回后的主要故事情节脉络和发展走向,以及主要人物最终的命运结局,必将大大拓展《红楼梦》这部旷古名著所反映的社会现实生活的深度和审美艺术成就的高度。但迄今为止,探佚学者的思路、方法却令人难以接受。……即截至目前,所有探佚方面论著的研究路径大都脱离了《红楼梦》的整体人物形象体系、主要人物的性格特征及其合乎逻辑的发展,也脱离了小说的故事情节主线。这些探佚学者或者依据小说中的个别情节、细节,个别人物的名字、语句,或者依据个别脂批提示的八十回后的情节线索,孤立地加以分析,再加上一些明显背离现实主义文学创作规律和艺术辩证法的想象,便轻易地得出牵强附会、似是而非、完全不成系统的结论。也正因为如此,许多探佚学者的观点都难以为众多红学研究者和爱好者普遍接受,遭到一些诟病。

他认为,探求小说原著后三十回的主要故事内容和情节线索,有四个方面的重要途径。一是贾宝玉梦游太虚幻境时所看到的薄命司金陵十二钗正册、副册、又副册的判词、判图和十四支《红楼梦曲》。因为作者在这些判词、判图和曲子中隐括了贾宝玉和金陵十二钗的主要性格特征和最终命运结局,故而分量是最重的。二是作者在小说前八十回中所预设的数量众多的伏笔伏线和隐喻暗示。三是脂砚斋等在书中所作批语留下的数量同样众多的有关八十回后的故事内容和情节线索。四是曹雪芹在创作《红楼梦》时所遵循的现实主义创作的方法、要求和规律,亦即前八十回中已经形成并已基本固化的整体人物形象的性格基调和主要特征及其合乎逻辑的发展演变,还有在此基础上故事脉络、情节线索合乎生活情理的发展、演进,这也是最为重要的。少东的文章中列举了很多事例,他的分析很细,也很有道理,可以帮助我们“探索”遗失的曹雪芹原著应该是什么样的。

少东提出,探佚研究,不能脱离了《红楼梦》的整体人物形象体系、主要人物的性格特征及其合乎逻辑地发展,不能脱离小说的故事情节主线。这个观点无疑是非常重要的。他提出人物性格和人物关系合乎逻辑的发展、故事情节的描写与真实的社会现实生活高度相符、艺术风格和文笔特色前后高度统一,等等,在探佚中应该予以高度的重视。唯有这样,探佚成果才能离"曹雪芹原著面貌"越来越近。

关于王熙凤的命运和结局,是《红楼梦》人物研究中的大题目,特别是"判词"中的"一从二令三人木",可谓众说纷纭,至今也没有一种解读能够得到大家的认可。少东先生也提出了自己的解读,我认为是很值得重视的一种见解。他认为一从二令三人木的"一从",只能作"自从"解。"二令"为"冷","三人木"则组成"人來(来)"两个字。"一从二令三人木,哭向金陵事更哀",这两句判词可以归纳为"自从冷人来,凤姐就垮台"。这个导致凤姐最终垮台的"冷人"不是别人,正是曹雪芹在作品中着意刻画的另一个主人公,即那个吃"冷香丸"长大的"冷美人"薛宝钗。自从"冷美人"薛宝钗以宝二奶奶的身份正式"來(来)"到贾府,失去了靠山的凤姐儿便从权势和地位的顶峰上急剧跌落下来,当年不可一世的贾府管家娘子,最终只落得身败名裂、彻底垮台的悲惨下场。坦率地说,我并不完全同意少东兄的观点,我一直认为"一从二令三人木"中,只有"三人木"是用了拆字法。"一从"即自从,"二令"什么意思?说不出来。既然"一从"不是用的猜字法,"二令"就不可能是用了拆字法。"三人木"就是一个"休"字。王熙凤只有被"休"了,才会"哭向金陵"回娘家去。"哭向金陵事更哀"很可能是说被休掉的王熙凤回到了娘家,又遭娘家出事(如被抄等),而王熙凤的几桩命案事发,结果王熙凤的结局不是一般的凄惨。这当然是我的大胆假设。尽管我们两人的看法不尽相同,但我认为少东兄的分析研究深入精细,在当下种种的解读中,"任少东说"似乎更合乎情理,至少对进一步探讨"一从二令三人木"提供了一个新的思路,这是值得肯定的。

在我认真地阅读了少东兄的每一篇文章,我深深地感受到这本专著沉甸甸的分量,给了我许多启发,多有受益,这无疑是新时代红学的重要收获。相信少东兄大作一定会受到广大读者的喜欢。我希望有更多的红学家写出这样的学术著作,能给广大读者阅读《红楼梦》以启示和帮助。推动《红楼梦》的当代传播,深入认识《红楼梦》的伟大和文化价值及其深邃的文化内涵,提高人们的审美情趣,加深对社会、对人生的认知,凝聚民族自信心自豪感,繁荣社会主义文化艺术,这就是红学的目的和任务。是为序!

张庆善,中国艺术研究院研究员,中国红楼梦学会名誉会长。

梁琨著《红楼梦序跋研究》序

赵建忠

“序”和“跋”两种文章体式，其历史渊源由来已久。就古代小说的“序跋”而言，可追溯到西汉刘向、刘歆父子编撰的目录学著述《别录》与《七略》。古代小说的黄金期在明清两朝，其中“序跋”的数量以《红楼梦》为最。《红楼梦》传播过程中出现了种类繁多的钞本、刻本、标点本、整理本，不同系统的版本载体上存在着别具特色、见地不凡的“序跋”，蕴含着极为丰富的学术信息。对《红楼梦》“序跋”中的学术信息进行系统梳理和深入研究，具有文献和理论的研究价值。来自中原大地的梁琨，攻读博士学位期间，在《红楼梦学刊》《明清小说研究》等全国核心期刊发表的学术文章中，就包括对《红楼梦》“序跋”的探讨。毕业后她将博士论文扩充成一部专著，2024 年由百花文艺出版社出版，功在红学，名列学林。

《红楼梦》最初以脂砚斋评点的钞本形式流传，刘铨福、梦觉主人、舒元炜、戚蓼生等在钞本上作的“序跋”可为代表；乾隆五十六年(1791)出现了《红楼梦》的印本，其“序跋”数量更多，代表性作品如程伟元、高鹗等；“五四”时期出现了《红楼梦》的标点本，汪原放、胡适、陈独秀、沈雁冰等依附于标点本的“序跋”可为代表；中华人民共和国成立后，改变了出版界长期以来的繁体竖排习惯，《红楼梦》出版亦出现了新排版的整理本，代表性作品如何其芳、启功、冯其庸、王蒙等依附于整理本的“序跋”。这些就是《红楼梦》“序跋”作品存在的基本形态。

《红楼梦》“序跋”数量庞多、形式多样，对作者情况及作品版本刊刻等方面的考订帮助不可忽视。尽管钞本、印本的序言对《红楼梦》作者问题一般都语焉不详，但有的毕竟点出了曹雪芹名字，如程伟元序中提道：“《红楼梦》小说本名《石头记》，作者相传不 ，究未知出自何人，惟书内记雪芹曹先生删改数过。”从“序跋”中可以看到不少版本信息，如舒元炜序提到“数尚缺夫秦关”，按“秦关”系典故“秦关百二”缩略语，即指存在一百二十回的《红楼梦》，舒元炜的序为研究《红楼梦》早期版本的流传提供了文献依据。《红楼梦》的标点本“序跋”不仅简单关注版本信息，还能从校勘学的理论层次上分析版本异同与优劣，如汪原放和胡适的“序跋”介绍了校读、出版过程中的情况，引用不少例子说明从前版本存在的问题并用理论分析方法解释版本异同的原因。此外,《红楼梦》整理本“序跋”还吸收当代红学研究成果,注意到了版本底本的多样性选择,如文化艺术出版社出版的冯其庸主编《脂砚斋重评石头记汇校》,聚集了十二种乾隆钞本,是迄今为止最为完备的《红楼梦》汇校本。

“序跋”中讨论《红楼梦》艺术性的篇幅不少,如戚蓼生序用两位具有神技的人——绛树、黄华,点出《红楼梦》的创作手法是“注彼而写此”。梦觉主人的序将《春秋》等与《红楼梦》对举,将曹雪芹的作品与经典作品并列,这样的评价在轻视小说创作的旧时代可谓振聋发聩。标点本“序跋”反映出现代审美意识的崛起,“五四”时期,西方文学理论进入中国,受其影响的陈独秀、沈雁冰等尝试用新思维阐释《红楼梦》,他们认为《红楼梦》在文学审美上跳出了中国传统文学理论的藩篱,从而开启了红学研究的新模式。整理本时期的“序跋”更多是寻找精英与大众审美的交汇点。新时期以来,整理本“序跋”的作者站在百年红学发展的历史高度,对《红楼梦》的文学史地位、思想艺术等提出了更为全面的评价。从传统士人在“象牙塔”内的自我欣赏,到今天普通大众的多样化解读,彰显了红学研究蓬勃的生命力。

“序跋”还体现出不同的红学流派之争,如民国十年(1921)胡适《红楼梦考证》附载于上海亚东图书馆出版的《红楼梦》,文中先列举出“索隐”红学的代表性观点并指出其荒谬,进而提出《红楼梦》系曹雪芹“自叙传”的观点,属于红学史上“索隐派”与“考证派”的争论。不同的红学流派之争,实质是对《红楼梦》的不同接受。对此,鲁迅在《〈绛洞花主〉小引》中曾评论说:

> 《红楼梦》是中国许多人所知道,至少,是知道这名目的书。谁是作者和续者姑且勿论,单是命意,就因读者的眼光而有种种:经学家看见《易》,道学家看见淫,才子看见缠绵,革命家看见排满,流言家看见宫闱秘事……

不同的读者和研究者看同一部作品,会从自己的生活体验出发,关注作品中的不同内容,这是由不同读者和研究者的知识背景、文化素养、性格爱好等因素所造成,众声喧哗的局面,折射出二百多年来的《红楼梦》接受史。《红楼梦》“序跋”也体现出不同时期对曹雪芹这部作品的接受导向、接受群体、接受效果。“序跋”作者其实就是最早的《红楼梦》读者和研究者,“序跋”涉及的红学话题在不同时期被重新激活,“序跋”在研究《红楼梦》文献、理论、接受等方面都显示出其不可替代的价值。

赵建忠,天津师范大学教授,中国红楼梦学会副会长。

《红楼梦花式作业集》导言

苗怀明

《红楼梦花式作业集》是我在南京大学开设红楼梦研究课程的花式作业集。既然要开设课程,必定会布置作业,何以要花式?何为花式作业?到底花在何处?其必要性何在?且听我慢慢道来。

布置花式作业固然有灵光一现的感悟,更多的则是来自我对大学课程的认知。我在上大学的时候,本科课程就按照这样的套路进行:老师带着发黄的讲义走进教室,旁若无人地埋头念稿子,下课铃声响起,头也不回地走出教室。等待期末考试,或明或暗地给学生划重点,然后学生一顿熬夜突击,最终成绩出来,人人过关,皆大欢喜。至于老师发黄的讲稿,后来也会成为教材出版,说不定还能得个教学奖。这种情况至今也没有真正的改变,只不过发黄的讲义变成万年不变的PPT 而已。

时代变了,学生变了,对人才的需求也变了。高校的教学基本上还在原地踏步,尽管时不时评出一堆各种等级的教学奖和教学名师,但说实在话,许多名目花里胡哨的教学改革不过是学校领导为了政绩搞出的花样,学校、老师和学生之间相互糊弄而已。难怪 DeepSeek 等人工智能软件出来之后,不少人提出大学教学无用论,这是大家针对当下本科教学提出的质疑,这种质疑是有道理的,如果再没有大的变革和改进,高校的教学真的会被人工智能碾压。

起初在设计花式作业的时候,还没有想到人工智能发展到今天这样的程度,当时只是想着,让课程有趣一些,让学生真正学些本领。

所谓的“花”体现在如下二个层面:

一是内容上,结合教学,设计一些比较有趣的问题,比如林黛玉的家产去哪了,贾宝玉是同性恋吗,袭人是不是告密者等等,红楼梦有反清复明思想吗,等等。题目看似八卦,但背后都有学术在支撑,我们的做法是,从八卦开始,以学术结束。

二是形式上,要求放弃那种高头讲章的论文写法,而是采取爆笑、无厘头的方式,比如林黛玉葬花、贾宝玉挨打后帮其发个朋友圈,比如论证《红楼梦》的作者是自己,比如帮《红楼梦》里的年轻人找工作,等等。我们的口号是:一本正经搞笑,认认真真读书。

三是渠道上,将同学们的花式作业做成推文,在我创办的古代小说网微信公众号上发布,将同学们的学习心得与公众分享,让课堂面向社会。

花式作业看起来似乎很轻松,但布置起来相当不容易,不是所有的题目都适合做花式作业,既要有幽默效果,新奇好玩,又要有内涵,具有学术性,不能失之油滑。为此,我经常绞尽脑汁,想好久才想出一个题目,到上课前也许又改变主意。每一次推文我都会写一篇编者按,介绍布置作业的目的和想法。对学生来说,做起来也是相当费神的,因为没有现成的答案,他们必须打开脑洞,写出自己的东西。毫不夸张地说,这些花式作业具有很大的原创性,用 AI 是找不到答案的。

我的动机很简单,那就是让同学们熟悉作品,引起他们对课程的兴趣,进而掌握研究的方法。当然也是想做个尝试,改变以往的教学模式,摸索一条适应时代需求、受学生欢迎的教学方式。

花式作业受到同学们的欢迎,对我来说也是很大的收获,让我体会到得天下英才而教之的快乐。其间,我发现了一批很有才华的学生,比如参与这次花式作业结集出版的几位同学就是其中的佼佼者。从同学们的作业中我也得到不少启发,比如用香气塑造女性人物,比如《红楼梦》中的水果书写等,这些问题以往没有注意到,正是通过同学们的讨论和作业我才意识到这些不仅是有趣的话题,而且值得深入探究,正所谓教学相长吧。需要说明的是,花式作业只是红楼梦研究课程作业的一种,我们还有课堂作业、课程大作业等作业形式,比如我还要求学生背诵红楼梦回目、用不同版本校勘等。

课程作业方式变革的背后是新型的师生关系。同学们尽可以在花式作业中调侃我,黑我,我也时常开他们的玩笑,大家在一起嘻嘻哈哈,关系很融洽,感觉叫老师、同学很生分,我干脆叫同学们“小妖”,同学们则称呼我为“大王”“魔头”,大家形成一种亦师生亦朋友的关系。这也引起不少人的兴趣,我出去开会、做讲座,不时有人问,怎么没有带小妖过来。

花式作业起初在红楼梦研究课程中采用,后来还用到中国文学史的教学中,形成两套花式作业,成为我本科教学的重要内容,经《扬子晚报》《现代快报》等海内外多家媒体的追踪报道,在社会上产生了较大的影响。有些同仁借鉴我的教学形式,取得了不错的效果,这是我很乐意看到的。毕竟我只是在南京大学这一所学校进行尝试,如果大家都参与进来,也许能改变当下高校的教学气氛。

这次红楼梦花式作业集的出版除了出版社的力量外，我还特意邀请唐小蔚、梁罗茜、何可、梁欣悦这四位同学参与，她们都选修过我的红楼梦研究课程，其中梁罗茜、何可还继续跟我读研究生。四位同学多才多艺，是我在布置花式作业、做推文的时候发现她们的，对她们也很信任，这次出版有她们的鼎力相助，很有纪念意义，也保证了书的高品质，我很开心看到她们的成长。

花式作业既是我红楼梦研究课程教学的一种探索尝试，实际上也是一种打开《红楼梦》的有效方式。对广大读者来说，阅读欣赏《红楼梦》没有那么艰难，我们可以从一个个有趣的问题开始，让兴趣引领阅读。本书所收的十个作业可以看作是打开《红楼梦》的十个窗口，从每个窗口看出去，都是一道绝美的风景，由此可以领略《红楼梦》的博大精深，领略它的语言之美，才情之美。

苗怀明，南京大学教授，中国红楼梦学会副会长。

缪荃孙的天津记忆

——兼评《缪荃孙年谱长编》

李翔宇　张昊苏

【提　要】作为晚清民国学界耆宿，缪荃孙交游甚广，其中诸多友朋皆任官或居住于天津。梳理缪荃孙居津友朋，可分为政界要员和学人书友两个群体，前者以李鸿章、盛宣怀为代表，后者以费念慈、吴重熹、章钰、傅增湘为代表。缪荃孙至少十一次到津会友，并与居津友朋频有书信往来，交谊密切。《缪荃孙年谱长编》一书取材得当，颇利于考察缪荃孙在天津的交友圈；同时考证细密，有助于进一步了解缪荃孙的天津行迹。

【关键词】缪荃孙　天津　年谱长编

缪荃孙(1844—1919)，字炎之，号筱珊，晚号艺风老人。江苏江阴人。清末民初著名学者。清光绪时曾任翰林院编修，后主江南诸书院、学堂讲席，相继创办江南图书馆、京师学部图书馆。民国后，以遗老身份寓居上海，主理清史馆编撰事。缪荃孙著述达一百八十余种，尤长于版本目录、金石碑拓之学，收藏宏富，是“清代最后一代理董旧籍学者的典型代表，也是中国固有传统文化的坚定支持与传承者”①，具有不容忽视的学术与文化史地位。

缪荃孙一生数度往返于京畿与江南，或为任职、或系办事，是其一生中极重要的经历。其背后与时世、学术演变的千丝万缕联系，与其各地经行、交游，关系颇为密切。既有研究中，对缪荃孙在北京、南京、上海等地之学行书事，已有比较充分的研究。而在缪荃孙南北行程中，天津也扮演了非常重要的角色。天津地处九河下梢，屏障北京、沟通河海，明清以来就是北方的经济、交通枢纽。清末，自北京去往江南、岭南，多需先在通州乘船沿北运河南下天津，再转乘海船由海河出大沽

① 杨洪升：《缪荃孙年谱长编》，复旦大学出版社，2024年，第4页。

口。因紧邻北京,许多学人政客也选择在天津居住,缪荃孙许多友朋亦居沽上。正因为此,缪荃孙与沽上友朋频繁通信,甚至多次在天津停驻会客、访学。

缪荃孙自撰有《艺风老人年谱》(以下简称《自订年谱》)及《日记》,再结合其《全集》相关内容,可查阅、了解其基本行迹。南开大学杨洪升先生多年来深耕缪荃孙研究,撰有《缪荃孙研究》(上海古籍出版社 2008 年版)、《缪荃孙传》(待版),参与编纂整理《缪荃孙全集》(凤凰出版社 2014 年版),并撰有多篇论文,积累颇为深厚。新著《缪荃孙年谱长编》(复旦大学出版社 2024 年版,以下简称"《年谱长编》")是缪荃孙研究史上又一集大成之作。该书立足于缪氏日记、书札和其他门类的传世文献,钩稽缪氏生平行迹,间有考证,是一部十分翔实的年谱著作。《年谱长编》首先注重将缪荃孙的事迹"放在时代背景下展开系年,力图在时代的框架下展现缪荃孙的生平,也通过缪荃孙作为一个视角去书写那个时代",故行文虽然力求简明,也有诸多新文献、新考辨。本文以《年谱长编》为基础,统贯考察缪荃孙在津行迹、与津沽学人通信论学经历,构建缪氏的"天津记忆",并借以观察天津在近代学术史上的独特地位。

一、缪荃孙与在津要员往来考

时任直隶总督的李鸿章,是缪荃孙每次到津必先拜访的要员。缪荃孙与李鸿章的渊源始于方志修纂。光绪三年(1877),缪荃孙受顺天府尹彭祖贤邀,充《顺天府志》纂修,此事与李鸿章奏《畿辅通志》调取各府州县志,顺天独阙有关[①],该《志》款项亦多赖李鸿章之力。缪氏家族中,与李鸿章亦多有交集。光绪十三年(1887),缪荃孙堂弟缪祐孙在出洋之前过天津拜谒李鸿章,"谈甚久,相待迥异寻常"。次年缪荃孙丁母忧,李鸿章送唁函并赙廿金,八月十二日缪荃孙至天津,"谒李鸿章,谈良久。又拜津道胡云楣、关道刘含芳、戴鸾翔等人"。[②] 光绪十七年(1891),缪荃孙护送其父缪焕章灵柩南归江阴时路过天津,再次拜会李鸿章并得赠赙金。

光绪二十年(1894)五月,缪荃孙因在国史院大考被置劣等,心灰意冷,遂弃官独自赴湖北投奔张之洞,途中于天津停留七日,这是他在天津停留时间最长的一

① 杨洪升:《缪荃孙年谱长编》,第 37 页。

② 杨洪升:《缪荃孙年谱长编》,第 112 页。

次。五月二十四日,他乘船至三叉河口,登岸先至城北双井从弟缪彝住处长谈。翌日旋诣李鸿章,并拜会盛宣怀、季邦桢、沈家本、张佩纶等名流。此次拜谒李鸿章,缪荃孙"始知日本犯朝鲜,派兵援之"①。当年,清廷应朝鲜政府请求出兵镇压东学党起义,日本遂大举侵略朝鲜、攻击中国军队,中日甲午战争随之爆发,彼时正处于日本大举进军朝鲜之际。缪荃孙此次与李鸿章交谈,恰逢甲午战争爆发前夕,他此前任职京中,都未闻及些许风吹草动,至李鸿章处则"始知"兵信。缪荃孙对中国正在面临的国际政治、军事情况,几乎一无所知,时效也较落后,他也是彼时多数士人的代表。因此,缪荃孙将此次在天津与李鸿章会谈的经历特别写入《自订年谱》,乃正因甲午战争的战败对清政府以及他个人,都有着巨大震动。此后,缪荃孙与李鸿章未再谋面,但尚有通信,亦与相关师友论及李鸿章,及其中不乏议论及时事者,《年谱长编》考述详尽,兹不赘引。

除此之外,与缪荃孙相识最早且往来最频繁的津居要员是汪洵和盛宣怀。汪洵(1846—1915),字子渊,号渊若,江苏常州人。曾官清翰林院编修,后在招商局任要职。善书画。盛宣怀(1844—1916),字杏荪,江苏武进人。历任清招商局督办、津海关道、工部左侍郎、邮传部大臣,曾主办北洋大学堂、南洋公学、中国通商银行、中国红十字会等机构,是晚清洋务运动的重要人物。清代,武进、江阴两县同属江苏省常州府所辖,故三人可称同乡。他们因乡邦之谊结交互助,天津则是三人交谊的主要见证地。

光绪年间,盛宣怀欲续编《皇朝经世文编》,即属意缪荃孙、汪洵二人共同协助,代为编纂。经世文即涵括多门类的时势论议文章,参考应用性强。晚清出现了编纂经世文的风潮,以适应时人"开眼看世界"的需要。缪荃孙时在北京任国史馆总纂,近水楼台,便于抄录奏议文。检《年谱长编》可知,汪洵曾于清光绪十三年(1887)四月以此致信缪荃孙,提醒其可从诸别集中留意,并加以搜求。② 光绪十四年(1888)八月,缪荃孙丁母忧返乡,南下路过天津,这是他首次到津驻留。到津后,他将自己编成的《经世文编》八十卷半成稿交予汪洵,嘱汪洵理董余下事务。缪、汪两人亦多有往来信札谈及编书事,详参《年谱长编》,此不赘引。光绪十八年

---

① 缪荃孙:《艺风老人年谱》,收入张廷银、朱玉麒主编《缪荃孙全集·杂著》,凤凰出版社,2014年,第181页。

② 汪洵致缪荃孙第二札,收入顾廷龙校阅《艺风堂友朋书札》,上海古籍出版社,1981年,第502—503页。

(1892)十二月十九日,汪洵致缪荃孙一札,云代盛宣怀编《皇朝经世文编续编》之事,盛氏已定酬劳并如数画抵,“结束前事,无烦筹虑”。[①] 样书亦随信寄到,这标志着缪荃孙代编《皇朝经世文编续编》之事正式结束。盛宣怀欲刻《常州文征》,曾函询缪荃孙,欲倩其主事,缪荃孙认为当编丛书,但盛氏仍意在编成一部总集。此次盛氏复借汪洵代意,欲再说服。汪洵札云:

> 至《文录》一事,古今并列,具征卓识。但杏公之意,主于选录各家,抉择精要,以成一家之言。若整部搜辑,丛刻遗书,规模阔大,成书既不易,体例纷赜,窒碍又甚多,虽集乡帮文献之全,殊非私家著述之体。杏公另有函详复,无俟赘陈。鄙意务本之学,先河后海,则主博不若主精,执事亦有另选文录之说,与杏公之意相同,似宜先从此事做起。仍断代分为两集,各家以时相次,无论宏编孤集,均可钞录,骈赋诗词则不收,章程既定,一面刻启征文,一面便可就各大家先行选起。洵学问空疏,无能为役,现以续编之刻,本年不无旷废,必须专心致志……万不能分任其劳,倘有所见,效愚献疑。如商定后,即请台端操持选政可耳。[②]

汪洵亦赞成盛宣怀的意见,又提出断代序次的抄撮思路以勉励缪荃孙。但此札仍未能说服缪荃孙。三日后,缪荃孙在致金武祥札中详谈自己的编纂思路:

> 盛杏生欲刻《常州文征》,弟劝其刻丛书而杏公不愿,将来不过与《骈体文钞》并驾齐驱而已。以六朝至明为前编,国朝为后编。有专集者,集盛行则精采,集少见则多留。无专集为闰编。吾邑人,宋元稍多,国朝则远不逮矣,八股累之也。[③]

有鉴于《骈体文钞》之类大而失当的总集,缪荃孙认为应当以丛书专集的形式,以撰者为单位,集中展示乡邦文献,以见其特色。常州一邑文献众多,编纂丛书,不仅可以将水平相对一般的作者和作品筛出,还能凸显地方学者和地方文化的特色,既专且精。缪荃孙最终说服了盛宣怀,改为编刻丛书。盛宣怀主持刊刻

---

① 汪洵致缪荃孙第十九札,载顾廷龙校阅《艺风堂友朋书札》,第 514-515 页。

② 汪洵致缪荃孙第十九札,载顾廷龙校阅《艺风堂友朋书札》,第 514-515 页。

③ 致金武祥第十七札,收入张廷银、朱玉麒主编《缪荃孙全集 · 诗文②》,凤凰出版社,2014 年,第 267 页。

的数部总集、丛书,在缪荃孙与他多次京津通信中得以论定。

盛宣怀在学术上颇为倚重缪荃孙,缪荃孙也时常利用盛宣怀在天津的权势行使方便。由于天津系出入北京的重要交通接驳点,故缪荃孙北上路过天津时,总要请求盛宣怀予以照拂。如光绪十六年(1890)四月,缪荃孙丁忧期满起复,拟取道天津回京。行前,他致信盛宣怀请行方便,札云:

> 弟现入都起复,拟趁商局船赴津,同行七人,书籍甚多,行李一百余件,深恐洋人为难,尚盼照拂。去岁承乏南菁,刻成丛书八集,并自刻辑校书四种呈政。①

"商局"即轮船招商局,盛宣怀曾任督办。彼时,招商局是最大的航运公司之一,总揽各省海运。其时开埠诸地海关,关税主权执掌于外国人手中,清廷设海关道以司监督、交涉事务。盛宣怀曾署理津海关道,兼理清海关道衙门事,拥有管辖华北各海关事务的职权。缪荃孙乘船赴津前,先致信盛宣怀上下打点,方能保证其行旅顺利。

缪荃孙还曾向盛宣怀引荐人才。光绪十八年八月四日,缪荃孙受旧友陆心源(号存斋)之托,向盛宣怀引见其长子陆树藩(字纯伯)。时陆树藩在京任职,得假回乡,路过天津,欲结识盛宣怀。盛宣怀彼时正总办设于天津的直隶筹赈局诸事务,缪荃孙札云:"纯伯愿在嘉、湖一带募捐。"②陆氏籍属浙江湖州,为当地大族,颇具影响力。嘉兴、湖州素称富庶,多经商豪族,财力雄厚,陆树藩在此处募捐,必能大大纾解筹赈局资金紧张的困难。缪荃孙还绍介陆心源为直隶筹赈局捐赠大笔款项,并借此请盛宣怀多多提携陆树藩,如同年十一月八日致盛宣怀札云:

> 弟身体已愈,约赵仲固同年同来津门,敬聆雅教,并读尊藏名迹以广眼界,一切面谈。陆存斋捐助万金,可邀上陆纯伯,亦干敏,亦博雅,子弟中能品也。③

此后,陆树藩也投身于慈善活动,先后主办救济善会、苏州苦儿院等一系列慈善机构。在八国联军侵华期间,陆树藩创办的"中国救济善会"深度借鉴了红十字

---

① 致盛宣怀第六札,《缪荃孙全集·诗文②》,第311页。

② 致盛宣怀第三札,《缪荃孙全集·诗文②》,第310页。

③ 致盛宣怀第十札,《缪荃孙全集·诗文②》,第314页。

会组织的理念，租天津针市街火神庙为办公之所，护送数千名难民，也深受李鸿章、盛宣怀等人的支持，影响是巨大的。

此外，缪荃孙还为盛宣怀办理实务多有建言。清光绪二十二年(1896)，盛宣怀受命总办修建卢汉铁路事务。十一月九日，缪荃孙致盛氏一札，云：

> 铁路先创芦汉，想已勘道，实则吴淞至上海，可以先办，获利较易，津通虽形热闹，芦汉道成，则津通差矣。兄以为何如？[①]

先修建卢汉铁路还是津通铁路，一直是光绪年间朝野争论的焦点。李鸿章主张修建从天津到通州的津通铁路，以为北京构建东向铁路出海通道；张之洞、盛宣怀等则主张修筑从北京卢沟桥到湖北汉口的卢汉铁路，以沟通内陆腹地，方便交通。缪荃孙亦主张在卢汉和津通间选择前者，乃以后者为“表面热闹”，他看到了卢汉铁路沿线的开发潜力，认识到其比距离较短的津通铁路更具意义。他还建议盛宣怀重新修建拆毁于光绪初年的上海吴淞铁路，以其连通上海、江湾、吴淞港，不仅距离较短、成本低廉，而且运量巨大，便于获利。虽然此建议未能付诸实行，但缪荃孙有关建议仍是具有前瞻性的。

综上所述，缪荃孙虽以粹然学者之身份得到盛誉，但他与当时政界要人往来密切，对时事问题也颇有见解。他虽任职国史馆，与当时重大政事未必有涉，但无疑能深刻地洞察时情。作为学者型官员，他与政界要员开展的“互补性”往来，无疑是两方最理想的交往状态。

二、缪荃孙与居津学人书事考

缪荃孙交游甚广，尤其是晚清民国时期文献学人，几无人不识艺风者。缪荃孙有许多学友在清末民初时居于天津，如吴重熹、章钰、吴慈培、李葆恂、费念慈、刘世珩、傅增湘等。缪荃孙与他们频繁通信论学，他到天津时，也时常与诸学友宴饮、观书。

光绪十四年(1888)八月缪荃孙首次到津，于十六日和汪洵、张寿朋同到城东古董铺搜购旧书，并购得明刻本《图绘宝鉴》《佩觿》二部。光绪十七年(1891)九月，缪荃孙护送父灵柩南归路过天津，其友傅云龙即将出使日本，行前来送赙金，

---

① 致盛宣怀第十九札，《缪荃孙全集·诗文②》，第320页。

并赠缪荃孙《日本图经》一部。光绪十九年(1893)九月五日,费念慈从天津致信缪荃孙,商议校刻《常州先哲丛书》事,札云:

> 濒行留书,有窗心一卷,及顺德师书堂额楹联,乞代去寄苏,想已交局。弟阻浅,六日易车而行,昨始到津,天津晴暖,明日即东渡矣。杏兄刻书事,顷已商定刻丛书,先取卷帙少者付梓,其有版已毁,及传抄本如《齐物论斋集》《吴山子集》之类,卷帙繁重,家有一编者,从缓。请兄总校,岁奉三百金为寿。板口及字体一仿仲脩(修)所刻《唐文粹》,闻此书亦惺吾经手,乞兄移书问之,工价若何,在何处开雕。或问仲脩(修)亦可,惟酌定。弟又劝其影刻君坚所藏宋本《毗陵志》,仍属金缉甫写,徐元甫刻,亦请兄校定,先以奉闻。[1]

费氏实际上是在信中代盛宣怀与缪荃孙商讨刊刻该丛书的次序及子目问题,他们希望将该丛书行款照仿照杨守敬、谭献等主持刊刻的《唐文粹》。君坚即常熟藏书家赵烈文长子赵实之字。金缉甫为当时名写工,叶昌炽代蒋凤藻编刻《铁华馆丛书》,即请金氏写样,叶氏评价其"笔摹率更体,秀劲亦不减翰屏"。[2] 费念慈曾多次向缪荃孙致信引荐,称"现能仿宋者,只金缉甫一人",[3]殊见其推崇。光绪二十一年(1895)十月,缪荃孙将《常州词录》等数部书寄赠傅云龙。

缪荃孙与吴重熹亦为挚近之友。吴重熹(1838-1918),字仲怿,号石莲,山东海丰(今无棣)人。清时曾官至河南巡抚,去官后迁居天津。近代著名藏书家,室名石莲闇。光绪二十五年(1899)十一月十五日,缪荃孙寄送《农》《商》两报与吴重熹,吴重熹欲编刻山东词人集丛书,即《石莲庵刻山左人词》,遂将编刻之事托与缪荃孙。此后两人曾多次通信商讨选目、刊印事。十一月二十七日,缪荃孙寄赠《衍波词》《阮亭诗余》《海鸥小谱》三种山东词人词集。二十八日,吴重熹致信缪荃孙云:

> 昨奉手教,并词三种,均已收到。词本如有校就者,可先发下肆中,应付刻价,亦望并示也。在津时,李子文石,以《洛阳伽蓝记》《樊川集》《太白集》

---

① 费念慈致缪荃孙第一百零四札,顾廷龙校阅《艺风堂友朋书札》,第370页。

② 叶昌炽:《藏书纪事诗》,古典文学出版社,1958年,第407页。翰屏即许翰屏,清嘉庆、道光间名写工,以擅影宋写样为名。

③ 费念慈致缪荃孙第六十五札,顾廷龙校阅《艺风堂友朋书札》,第355页。

三种属为求教,兹将其原信附上,请详谕之。[①]

李文石即李葆恂(1859—1915)之别号。李氏籍属奉天义县(今辽宁义县),颇有文才,喜藏书,亦擅鉴藏金石。李氏时于天津任职,借吴重熹之便向缪荃孙请教《洛阳伽蓝记》《樊川集》《太白集》三种书。李氏于《洛阳伽蓝记》用力尤勤,此后他向缪荃孙借阅明吴若准刻本《洛阳伽蓝记》,又向缪荃孙索摹书前插图一幅,最终在武汉刻成说剑斋本《洛阳伽蓝记》。可以说,该书刻成,是得到了缪荃孙的大力襄赞。[②] 清宣统二年(1910),缪荃孙时主京师学部图书馆事。当年十二月他赴河北南皮会葬张之洞后,专程取道天津,与傅增湘、刘世珩等书友会晤,并住刘世珩处。

章钰(1864—1937),字式之,江苏长洲(今苏州)人。近代藏书家,室名四当斋。其任职于清学部图书馆时,曾师事缪荃孙。清亡后,缪荃孙仍牵挂学部图书馆事,他屡致函迁居天津的章钰,询问馆中情状,章钰同时托缪荃孙审校书目,[③]此后两人通信日益密切。民国二年(1913)元月,章钰从天津寄《鬼谷子》校记于缪荃孙,并告校阅知不足斋抄校本《一鸣集》情形;二月,章钰致信缪荃孙,告以傅增湘校《南齐书》得一叶佚文这一发现,并托缪荃孙转交一札于叶昌炽;六月,章钰致信缪荃孙,欲索缪荃孙新刻《百宋一廛书录》,此亦清民之际文献学界黄丕烈研究风气之一例;七月,缪荃孙寄写本《竹山词》《荛圃书录》二册、《艺风堂藏书续记》与章钰;九月,章钰致信缪荃孙,云:

与君直通信,知松江韩氏藏书尚有荛跋,可望添补。特不知郑盦秘笈与湘中叶氏所收,有无妙法得供借钞耳。[④]

民国三年(1914)元月,章钰复致信缪荃孙,促其抄辑宗氏咫园、韩氏读有用书斋藏黄跋,并商榷《荛圃藏书题识》中部分出处问题:

跋下注明现藏何处,此事易而实难,即如皕宋一家,从《藏书志》乎,抑说实话乎?已函商伯宛,再行奉复。现在搜罗殆将百则,宗子岱尚有九种未寄

---

① 吴重熹致缪荃孙第六札,《艺风堂友朋书札》,第609页。

② 李葆恂致缪荃孙第一札,《艺风堂友朋书札》,第628页。

③ 章钰致缪荃孙第十札,《艺风堂友朋书札》,第589页。

④ 章钰致缪荃孙第二十一札,《艺风堂友朋书札》,第595页。

来。韩馆既有大宗,不应尚付遗珠,屡恳君直以神通发其藏,公关心此事,求再切托。君直似闻蝉联,请示的实,当催促之耳。[①]

可见章氏于缪荃孙辑录黄跋之事颇有贡献。

同年九月,缪荃孙应北洋政府招请,北上北京协助赵尔巽理清史馆事,担任总纂。十月,清史馆事安顿妥当,缪荃孙南下返沪,停驻天津,拜访吴重熹、吴慈培、章钰、翁斌孙等人,并在吴慈培处观宋本《春秋五礼例言》、抄本《王建诗》。

缪荃孙与位于天津的直隶图书馆(天津图书馆前身)关系密切。据《年谱长编》,清宣统三年(1911)二月,傅增湘曾请缪荃孙点勘《天津图书馆书目》,缪荃孙于一个月后点毕交还。[②] 同年九月十七日,缪荃孙到直隶图书馆查看馆情,称赞主事谭新嘉管理有方,并与戴锡章讨论馆务,殊见其对图书馆事务的关心。十八日他到直隶图书馆看馆藏的代表性善本,如元大德八年刻本《汉书》、明朱丝栏抄本《唐宋名贤百家词》、元刻本左克明《乐府》,等等。其中多部仍为今天津图书馆镇馆藏品。

三、缪荃孙在天津的生活情态

缪荃孙至少曾十一次造访天津。作为晚清民国时的经济、文化枢纽,天津给缪荃孙留下了深刻的印象。梳理缪荃孙在津行迹,亦可全面地展示其在天津的生活状态,以及彼时天津的社会百态。这里仅举其代表事例略述之:

光绪十四年缪荃孙首次到津驻留,曾参观同在天津城东的机器局和北洋水师学堂。二者作为晚清洋务运动在工业、教育领域的重要标志,颇为时人所重。此次参观给缪荃孙留下了深刻印象,其于日记中称赞:“机器局、水师学堂同在一处,环以土城,城外流水一渠,杨柳数重,掩映官道,风景颇佳。”[③]称赞两处建设精良。史载北洋水师学堂“堂室宏敞整齐,不下一百余椽,楼台掩映,花木参差,藏修游息之所,无一不备。另有观星台一座,以备学习天文者登高测望,可谓别开生面

---

① 章钰致缪荃孙第十三札,《艺风堂友朋书札》,第591页。

② 杨洪升:《缪荃孙年谱长编》,复旦大学出版社,2024年,第560页。

③ 缪荃孙著,张廷银、朱玉麒主编:《缪荃孙全集·日记①》,凤凰出版社,2014年,第31页。

矣”。[①] 可与缪氏日记印证，其赞誉间亦寄寓有深刻希望。

第二次到津，是光绪十七年(1891)九月缪荃孙送父灵柩南下途中。他曾于当月初十日冒大雨再度访问城东机械局，“东局甚远，道亦泥泞，回船已二鼓矣”。[②] 十三日缪荃孙登船将行，旋遇风，只能“放舟下紫竹林”。[③] 紫竹林，旧为位于天津城东南海河第二转弯处南部的渔村，后辟为法租界(即今和平区台儿庄路、赤峰道交口附近)，[④]有码头，时为天津一繁华地带。

光绪十八年(1892)三月，缪荃孙返京任职，乘船第三次到津。二十二日，他行至天津紫竹林码头下游五里处，盛宣怀自烟台至，晚饭后与之长谈。次日行船“开至三汊河，大风昼晦，不及新浮桥而泊”[⑤]。彼时天津南、北运河尚未裁弯取直，位于北运河的新浮桥(即窑洼浮桥，今金钢桥址)与三岔河口(今狮子林桥址)尚有较远的一截弯曲水道。缪荃孙日记则生动地展示了彼时天津内河航运繁忙且缓慢的情貌，是一段珍贵的史料。

光绪二十年(1894)五月，缪荃孙第四次到津。二十六日，盛宣怀于津海关道署开宴招饮。二十七、二十八日，缪荃孙因大雨滞于紫竹林法租界，他在日记中特别提到在法租界就餐的情景：“冒雨至赵桂兴点心”、与陆树藩“至裕泰吃大餐”，等等。[⑥] “赵桂兴”即赵桂兴点心馆，主营小食，恽毓鼎、刘鹗、蔡元培等人均曾光顾；“裕泰”即裕泰番菜馆，主营西餐。缪荃孙以“大餐”形容西餐，其原因大抵与今时相同，即一因猎奇鲜见、二因价格高昂、三因菜多油腻。天津五方杂处、华洋交汇的饮食文化，无疑给缪荃孙留下了深刻的印象。

本年缪荃孙受张之洞聘请，主持修撰鄂志，他在汉口安顿停当后，九月即返京接亲眷南下。十月十九日，缪荃孙第五次途经天津，《年谱长编》考辨指出“先生在

---

① 张焘撰，丁緜孙、王黎雅点校：《津门杂记》卷中《水师学堂》，收入《津门杂记·天津事迹纪实闻见录》，天津古籍出版社，1986年，第67页。

② 《缪荃孙全集·日记①》，第183页。

③ 《缪荃孙全集·日记①》，第183页。

④ 冯文洵：《丙寅天津竹枝词》，收入冯文洵原著、杨鹏整理《紫箫声馆诗存·丙寅天津竹枝词》，天津古籍出版社，2018年，第161页。

⑤ 《缪荃孙全集·日记①》，第206页。

⑥ 《缪荃孙全集·日记①》，第312页。

天津凡五日”。[①] 缪荃孙抵津后,遂至津海关道衙门访盛宣怀,次日到紫竹林法租界下榻候船,盛宣怀又来长谈。二十一日,“煮字山房魏估拉饮大兴楼”。[②] 据雷梦辰先生考证,煮字山房系清光绪、宣统时天津书坊,经理魏富泰,[③]魏估应即此人。值得注意的是,煮字山房地址位于天津城西北角外针市街,与紫竹林法租界南辕北辙。其店主不计远途到紫竹林“拉饮”,必为求售书籍,缪荃孙果购其书。由此,益见缪氏在天津蟫林中之声望。

光绪二十五年(1899),缪荃孙到北京访友,并购取方功惠藏书,京游已毕南下,遂第六次到津。九月二十四日,他从北京乘车到天津老龙头车站(即天津站),过海河至紫竹林法租界,住佛照楼。佛照楼系清末民国时天津法租界著名旅馆,位于今和平区哈尔滨道与吉林路交口路西南侧,王闿运、文廷式、江标等晚清名流到天津,俱曾暂住于此。当日他入城至城北双井缪彝处长谈,又与几位友朋出城到第一楼小饮。清末,天津城外南市是较繁华所在,第一楼位于南市广兴大街,专以烹饪淮扬菜为特色。[④] 异乡宴饮,当以构建共同记忆为要务,品尝家乡味道无疑是最便利的途径。

宣统二年(1910)十二月十五日,缪荃孙赴南皮,为张之洞送葬,途中经过天津,与傅增湘等会面。为其第七次赴津。宣统三年(1911)九月十七日,缪荃孙第八次到津,前往直隶图书馆。民国三年(1914)九月十五日,缪荃孙在大风雨中第九次到天津。十月十三日,缪荃孙第十次到天津。民国五年(1916)五月五日,缪荃孙第十一次到天津。此外,缪荃孙往来南北,出、入北京,当另有不少次数经行天津,如其同治十三年(1874)会试后,从乘船南下上海,其间必然经过天津,但可能并未停留。因材料有限,难以遍考,但这也证明未来的研究尚有颇多空间。

四、小结

就现有文献资料来看,《年谱长编》“剪裁文献力求从大处着眼,以点带面立体

---

① 《缪荃孙年谱长编》,第221页。

② 《缪荃孙全集·日记①》,第330页。

③ 雷梦辰:《晚清至解放前天津书坊刻印本书籍知见录》,收入雷梦辰原著、曹式哲整理《津门书肆记》,天津古籍出版社,2014年,第185页。

④ 林学奇:《南市沧桑》,天津古籍出版社,2014年,第131页;石小川编《天津指南》,转引自尹桂茂主编《津门食萃》,南开大学出版社,1995年,第32页。

化的叙次缪荃孙的事迹”,故其行文力求简净,有时对细节不做详细抄录。故如欲巨细靡遗地全面了解缪荃孙的天津记忆,有时还需要对查其他文献资料全文。但就考索细致,及提供文献线索这一标准而言,《年谱长编》提供了颇为丰富的信息,有助于进一步研讨缪荃孙与天津的因缘。书后附有翔实的人名索引,为勾连缪荃孙在津门的人际往来关系提供了极大方便。比如,既往研究中,《章式之与缪荃孙》①以《艺风堂友朋书札》为中心,对天津学者章钰与缪荃孙的交游关系做了比较详细的描述。但《艺风堂友朋书札》所收章钰书信仅有一通系年,有的甚至未署月、日,故相关事件的历史背景不易考察。《年谱长编》中则为其中的二十三通书札系年,并根据《日记》等材料补充了二人更多的交往。由此可见,《年谱长编》中所署条目,虽似简短,但其背后却有非常扎实的文献考据基础,大大推进了近代文献研究的精密度。

以《年谱长编》为中心,结合缪荃孙本人相关史料,我们可以进一步细化缪荃孙的天津记忆。每次离京到京,都标志着缪荃孙的人生出现了新的转折。作为北方第一大城市、出入京师的首站,天津也见证了缪荃孙的人生沉浮。缪荃孙在天津访书会友,通过天津的窗口了解洋务运动和国际形势,正如《年谱长编》前言所说,“缪荃孙的一生和整个中国近代史相始终,和近代文化、学术息息相关,他也是时代的产物”。在天津,他的每个生活细节都极为生动,梳理缪氏的津沽行迹,无疑是立体而深入地了解这位学术大家的有力途径;而通过缪荃孙的视角看天津,也是理解天津近代学术文化地位的重要基础。本文仅仅是初步整理考述,难免挂一漏万。关于缪荃孙与天津的全方位关联,尤其是学术方面的观点交流,还有不少资料有待于进一步细致考辨。

李翔宇,复旦大学古籍整理研究所博士研究生。

张昊苏,南开大学文学院副教授。

① 李炳德:《四当明霞》,天津社会科学院出版社,2018 年,第 143—152 页。

评周岭著《〈红楼梦〉中的饭局》

李姝昱

【提　要】本文结合丰富的例证，对《〈红楼梦〉中的饭局》的内容主旨，写作思路、结构特点、思想内涵、学术价值等进行了较为中肯的评析，带领读者从日常一饮一馔切入，走进精彩的红楼世界，感悟文学经典的独特魅力。

【关键词】红楼梦　饮食　传统文化　文学笔法

《红楼梦》第四十一回中，贾母带着刘姥姥等人游大观园。到了拢翠庵时，妙玉烹茶奉上。贾母见状，说道："我不吃六安茶。"妙玉笑说："知道。这是老君眉。"读到这里，不少细心的读者都有个疑问：妙玉常年在尼姑庵清修，少与人共，她是怎么知道贾母不吃六安茶的？

针对这个问题，笔者曾专门和朋友探讨过。有人说，贾母此前或许到过拢翠庵，妙玉知道她的生活习惯；也有人说，这是妙玉日常留心听来的，表明她并非一个六根清净的修行之人；还有人说，妙玉的家族很可能和贾家是世交，彼此熟悉。凡此种种，更多的是猜测、揣度，在文本中并无直接或间接的依据，自然都难以站住脚，谁也说服不了谁。

而在著名红学家、中央电视台 1987 年版电视剧《红楼梦》编剧周岭的新著《〈红楼梦〉中的饭局》里，笔者找到了这个问题更确切、更合理的答案。原来，六安茶茶性凉，不适于老年人饮用。贾母已是古稀老人，从养生角度考虑，自然不吃六安茶。妙玉是大家小姐出身，见多识广，了解六安茶的茶性，自然不会以此招待贾母，而是奉上了茶性偏暖的老白茶。问题迎刃而解，让人心服口服！

作者周岭立足文本，结合丰富的茶学知识，对这一看似不起眼的问题进行了条分缕析。在论证过程中，不臆测，不妄断，而是有理有据，有一分证据说一分话，一步步接近事实真相。这种严谨、理性的态度，探案般抽丝剥茧、去伪存真的思路，在《〈红楼梦〉中的饭局》里随处可见，使内容不仅充满可信度、说服力，而且有趣有料、耐人寻味。

全书从接地气的家长里短、一饮一馔切入,展现《红楼梦》中的人物、情节,分析小说独特、高妙的叙事方法和技巧,以及那些意在言外的人生哲理,同时将视野投向广阔的中华传统文化。正如周岭所言,不少人觉得《红楼梦》是大部头,啃不动,“从饮食文化这条路进去,从吃喝玩乐这条路进去,你一定会觉得非常有趣”,“通过《红楼梦》能够增长不少的知识,尤其是能够了解很多今天已经消失了的古代生活常态”。

细读《〈红楼梦〉中的饭局》,我们能够更好地领会《红楼梦》的艺术魅力、深刻主旨,在扎实地评析、生动地讲述中,进入一个精彩的文学世界、文化宝库。

全书以“红楼第一菜”茄鲞开端,通过论述新笋和秋茄子不是同一个季节的蔬菜,冷菜和热菜不宜拌在一起,得出了茄鲞是做不出来的,而只是个吸引人的噱头这一结论。那么,既然茄鲞在现实中做不出来,作者曹雪芹为何要浓墨重彩、郑重其事地写这道菜?

周岭分析,一是为了醒人眼目,以一道让人瞠目结舌的菜品,把在场所有人的感官调动起来,更好地塑造人物;二是反映了“假作真时真亦假,无为有时有还无”的创作宗旨,启发人读书不要太死板;三是先认真地讲故事,再不露声色地调侃,体现了一种类似于间离效果的手法。如是分析,让人茅塞顿开!

与之类似的,还有乌进孝交租单子上琳琅满目的南北食材(据此,贾府的庄田似乎是个忽南忽北的奇特所在)、贾府南北融合的日常饮食习惯,以及古董茶具爮斝上违背史实、不该出现的两行小字“晋王恺珍玩”“宋元丰五年四月,眉山苏轼见于秘府”等。周岭认为,曹雪芹以真实可感的细节、指东说西的写法,营造出一种真真假假、扑朔迷离的艺术氛围,模糊了故事发生的时空,呼应了无朝代年纪、地舆邦国可考的创作原则,不知不觉地,带读者入梦,再推读者出梦。就像他所言,“作者要借着这种手法,阐发一个道理:世间的事,有真有幻,有实有虚。读者要有自己的慧眼,有自己的辨析力,才能到达一个‘顿悟’的境界”。言简意赅,发人深思。

作为《红楼梦》的热心读者,笔者多年来读过十余遍原著。但惭愧的是,好读书,不求甚解,也极少看相关的评析文章。所得所悟,更多的是皮毛,而鲜少深入小说的肌理,去捕捉文字背后那些隐藏的信息,领会作者“字字看来皆是血”的良苦用心。《红楼梦》作为一部体大思精的文学名著,不少地方微言大义,言有尽而意无穷。作为一名普通读者,若无高屋建瓴的引导和启发,仅靠自己的天赋与勤奋,是很难发现并悟透书中的诸多奥秘、深意的。长期停留和满足于浅层理解,自然也就错失了不少阅读乐趣、情感滋养与思想启迪。

万幸的是,读到了《〈红楼梦〉中的饭局》,不算晚。除了间离效应,作者周岭在书里还结合具体章节段落,解读了《红楼梦》中的其他一些独特笔法。

例如,在小说第八回中,贾宝玉因奶妈李嬷嬷喝了晴雯最喜欢的枫露茶,觉得她欺负了晴雯,遂一气之下,把茶杯摔了个粉碎,并让人把李嬷嬷撵出去。可到了第十九回,通过李嬷嬷之口,我们才知道,因枫露茶被撵的不是她,而是当初回话的无辜之人茜雪。至于这中间发生了什么,不得而知,作者有意将其虚化了。此后的几十回内容中,再无茜雪的消息。结合相关脂批又可知,在八十回后的情节"狱神庙慰宝玉"中,茜雪又现身了,上演了一段感人肺腑、令人唏嘘的故事。这种写法,在周岭看来,是笔断而意连,看似故事断了,留下了一个悬念,后面不经意处又连上了,读者才恍然大悟。诚哉斯言!笔断而意连的诸多情节,充分调动了读者的好奇心、求知欲,也让人不由得拍案叫绝。

再如,言在此而意在彼的笔法也值得一提。周岭举例道,作者曹雪芹要表现妙玉的学养,不是直接说,而是以大量的细节描写来凸显,"并且这种笔法不是一次用足,而是用'画家三染法'一勾二勒三皴染,最终使人物形象、性格、学识、修养得到完整地、饱满地呈现"。

除此,小说中还有大量的伏笔。一笔多用,是一种典型的写作技法。用周岭的原话说,是"《红楼梦》中无泛泛语,常常在不起眼的地方伏上一句,当读书读到后文相关合的事件发生时,才会猛然醒悟,这件事情原来早就有过预示"。例如,第四十回中,林黛玉在行酒令时无意间说出了《牡丹亭》《西厢记》里的句子,看似无关紧要,却伏下了日后她与薛宝钗促膝长谈、消除芥蒂的情节。第六十二回中,贾宝玉在射覆游戏中引用的旧诗"敲断玉钗红烛冷",似乎是对他和薛宝钗未来关系、命运的预示。

这种铺垫,在《红楼梦》中比比皆是。草蛇灰线伏脉千里,体现了作者曹雪芹出色的构思行文、谋篇布局能力。周岭从中撷取若干典型案例,进行了生动解析和论证。文字不多,却是点睛之笔。

《红楼梦》意蕴丰厚、雅俗共赏,充满传奇色彩。每代人、每个人都有自己的理解。有人说,一千个读者心中就有一千部《红楼梦》。尽管如此,一些明显的讹误还是要纠正的。以讹传讹、习焉不察的结果,是对经典的持续误读,不利于优秀文化的传播与弘扬。周岭结合扎实的文献资料、深刻的学术思考,列举了小说中多处有代表性的名物和情节,比较了各个版本的差异和优劣,辨析了书里的一些稀罕物究竟是什么,一些地名怎样写才更合理,一些内容应当作何理解,一些人物的最终命运是什么,并在此基础上拾遗补阙、匡正误说。

例如,鸡髓笋不是鸡骨髓和笋一起烧制或凉拌的一道菜,而是一种竹笋,以鸡的身体部位来形容竹笋的形状;野鸡瓜齑不是野鸡肉拌瓜齑,而是野鸡腿肉与葱姜蒜一起做成的食品;老君眉不是绿茶不是黄茶也不是岩茶,而是一种在时光中醇化,茶性偏暖偏温的老白茶;乌进孝交租单子上的鲟鳇鱼不应是二百个,而应当是二个,因为鲟鳇鱼体积极大,一个鱼头就能装满一车,两尾鱼要装满四到六辆大车;史湘云等人雪后割腥啖膻、联即景诗的处所不应写作芦雪庵,而应当是芦雪广,广在《说文解字》中释为一种傍山的建筑,既古雅又不与大观园中已有的榭、庵、亭等重复;缀锦阁的位置不应在大观园的最北边,而应当在最南边,紧邻沁芳亭、藕香榭,与北边的正殿遥相呼应;白酒和黄酒不能煮着喝,"青梅煮酒"并非是把青梅放在酒里煮,而是以青梅来佐酒;林黛玉不是被迫害致死的,而是病死的,死因从她在怡红夜宴上掣着的花名签"莫怨东风当自嗟"中可见一斑,等等。

道理越讲越清,真理愈辩愈明。澄清谬误,廓清迷雾,是向经典致敬,是对经典的尊重,也是对读者的正确引导、积极启发。周岭的《〈红楼梦〉中的饭局》一书,在这点上做了大量有益的工作,善莫大焉。

众所周知,《红楼梦》作为一部脍炙人口的文学名著,不以波澜壮阔的场景、曲折离奇的情节取胜,而是把日常生活写得有声有色、有滋有味。其中的细节描写尤其精彩,可谓致广大而尽精微。周岭对小说中一些容易被忽视的细节予以特别关注,在新著里进行了中肯评析。让人印象最深的,是通过文本提示,掷骰子的点数,不厌其烦地,一步步理清了怡红夜宴的座次。十六个人,一个挨一个坐着,占花名时有条不紊。正如他所言,理清座次后,再看这段情节,就会产生亲切感,而不会觉得有隔膜,不会感到琐碎、枯燥。这就是细节真实的魅力。此前,笔者读到这段情节时,常常会觉得冗长,干脆跳过去,现在想来实在可惜。这一点,用周岭的话说,便是"好比入得宝山,却空手而归"。

再如,在第三十八回的螃蟹宴上,"湘云出一回神,又让一回袭人等,又招呼山坡下的众人,只管放量吃",其中的"湘云出一回神"本是轻描淡写,却引起了周岭的注意。在整部小说中,史湘云每次出场,几乎都是大笑大闹、吵吵嚷嚷,这次为何一反常态?他分析,是因为史湘云虽是大家闺秀,却因家里的变故,生活并不富裕,花着薛宝钗的钱,以不够众人吃的螃蟹请客,心里一定很不是滋味。与以往的没心少肺不同,她也有心事重重的时候。这不显山不露水的一笔,反映出史湘云性格的多面性,让人物形象更加完整和立体。

与之类似的,还有第四十一回中的“妙玉自向风炉上扇滚了水,另泡一壶茶”,看似平平,却信息量很大,值得玩味。周岭认为,正是这种细微地方,往往是作者着力处,要细细品读,“从这些细节中,可以看出作者的一丝不苟,以及用细节的真实支撑人物故事合理性的用意”。对此,笔者颇为赞同。

人们常说,《红楼梦》包罗万象,堪称中华文化的百科全书。《〈红楼梦〉中的饭局》聚焦饮食文化,却不拘泥于此,而是洋洋洒洒,以充满智慧和魅力的巧思妙笔,从中华传统文化中撷英拾萃,写出了更宽广、更精彩的生活和世界。腊肉、秋油、蟹酿橙、碧粳米、开水白菜、糟鹅掌鸭信、风腌果子狸、酸笋鸡皮汤等,有的是小说中出现的食物,有的由相关文本延展出来,同样唤醒了读者挑剔的味蕾。餐桌礼仪、日历知识、山羊和绵羊的区别、酿酒和浸酒的异同、屠苏酒的起源、雨水烹茶的习俗、成化斗彩的烧制方法、雕漆工艺的盛衰史、中国戏剧的发展史、王安石变法的背景和内容等,在书里皆有探讨,足见涉及面之广、内容之丰富,实属难得。

汉武帝开创了中国第一个葡萄酒庄,晋兖州刺史沛国宋处宗与鸡聊天学问日增,北宋文学家范镇曾在荼蘼架下待客饮酒,八仙中的曹国舅是曹雪芹的祖先,明末清初戏剧家李渔一生嗜蟹如命,乾隆皇帝曾用小银斗称量和评估天下名泉……这诸多有趣的轶事传说,点缀在《〈红楼梦〉中的饭局》里。读之,令人兴味盎然、会心一笑。

开谈不说《红楼梦》,读尽诗书是枉然。《红楼梦》作为中国古典四大名著之一,享誉中外,影响深远。小说大处着眼小处着手,以贾、史、王、薛等四大家族的兴衰为背景,刻画了生动的社会生活,蕴含着丰富的人生况味。《〈红楼梦〉中的饭局》从饮食文化说开去,带人走进别具一格的红楼世界,品赏醇厚绵远的红楼滋味,既可作为阅读《红楼梦》的辅助书目,也是一部厚重、珍贵的传统文化宝典。有了这本书的引路,你会发现,《红楼梦》不是死活读不下去,而是如此好看、耐读,让人爱不释手、回味无穷!

李姝昱,光明网原记者,中国图书评论学会原审读编辑。

·学术综述·

在会馆里感受历史声音
——天津与云贵历史文化讨论会综述

孔祥宸

【提　要】2024 年 12 月 14 日，天津市问津书院主办的天津与云贵历史文化讨论会在云贵会馆旧址召开，21 位学者提交 24 篇论文。会议聚焦云贵会馆的历史沿革、修缮工程及其作为天津和云贵地区之间的文化纽带作用，探讨了陈夔龙、严修等历史名人与会馆的关联，以及两地人员交流对政治、经济、教育的影响。会议深入挖掘会馆的文化价值，为古建筑保护提供学术及史料支持，推动天津与云贵地区的历史研究及文化合作，彰显了文化遗产在连接地域文化与促进社会共融中的重要意义。

【关键词】天津　云贵会馆　陈夔龙　综述

2024 年 12 月 14 日，由天津市问津书院主办的天津与云贵历史文化讨论会在河北区五马路原云贵会馆大殿召开。问津书院理事长、天津师范大学古籍保护研究院教授王振良主持会议。天津地方史学者葛培林、吉朋辉、李佳阳、曲振明、田晓东、涂小元、井振武、张诚、张然、张绍祖、张振东、章用秀、赵进杰、周春召、邹宇等参加会议。本次会议征集到二十一位专家学者的论文 24 篇，主要围绕云贵会馆的历史沿革、名人与云贵会馆、天津与云贵人员交流等主题展开。与会者除了宣读论文，还深入探讨了云贵会馆的历史价值、文化意义及其在天津与云贵地区文化交流过程中的重要作用。此次会议不仅为云贵会馆的保护与传承提供了学术支持，也为天津与云贵的历史文化研究注入了新的活力。

一、关于云贵会馆的历史沿革

云贵会馆的历史沿革及其作为文物的重要价值，是本次会议关注的核心话题。

云贵会馆始建于1910年,由时任直隶总督兼北洋大臣的贵州籍人士陈夔龙发起,并由云贵两省旅津同乡募款兴建。会馆的建设旨在为两省同乡往来天津提供居所便利并解决其他实际问题。历经百年风雨,云贵会馆见证了天津城市的发展与变迁,承载了无数云贵籍人士的情感和记忆。会馆占地面积约2.5亩,整体为四合院布局,三面平房建筑环绕,中间矗立着大殿,面积达300平方米,院落约400平方米。这座大殿不仅是云贵会馆的核心部分,更是天津市除大悲院天王殿和释迦殿外,形制最高的殿堂式古建筑之一。而且其建筑时间早于大悲院天王殿和释迦殿,具有极高的文物价值。

云贵会馆1910年筹备,1911年6月落成。1915年和1924年分别留有建造砖房和发放建房执照的记。会馆的建设得到云贵两省同乡的广泛捐助,规模宏大,设施齐全,是天津历史上唯一的云南、贵州籍旅津人士的乡谊场所。然而,随着时间的流逝,云贵会馆也面临着严重的保护与修缮问题。由于长期缺乏维护和管理,大殿主体结构虽然稳固,但屋顶、墙体和门窗等都出现严重的漏雨、开裂和变形等问题。这些问题不仅威胁着会馆的安全,也严重影响了其历史风貌和文化价值的传承。为保护这一重要文化遗产,2024年,天津市河北区秉持"修旧如旧"原则,正式启动云贵会馆旧址修缮工程。工程旨在最大限度地保持会馆原有的历史风貌、结构特征、材料特性和工艺技术,延续其历史生命并真实反映其中蕴含的历史信息和文化价值。天津与云贵历史文化讨论会的召开,是云贵会馆修缮后首次举行学术性活动,目的正是延续云贵会馆的历史使命、推进天津与云贵地区的文化交流、强化优秀历史建筑保护等。

讨论会上,张振东的《天津云贵会馆》对其历史沿革进行了宏观梳理,写到会馆历经的多次功能转变,如作为赈灾安置点、军队办事处以及举办学校、工厂等。会馆大殿建筑宏伟,后花园景致优美,但随时间变迁,大部分建筑被工厂占用,仅存部分遗迹。会馆的组织形式初为两省轮年值事,后来改为董事制,多位知名人士曾任要职。1956年会馆正式结束运营,资产移交政府。2008年,文保志愿者调查发现会馆残存建筑及1931年捐款功德碑,记录了云贵籍绅宦的慷慨捐赠,成为会馆历史的重要见证。张诚的《命运多舛之云贵会馆》,详细记录了会馆从建立到衰落的全过程,指出其建设虽然得到两省同乡的广泛捐助,规模宏大,设施齐全,但是建成后不久便遭遇战乱,多次被军队占用,成为赈灾和军事活动的场所,还曾作为中山中学校舍。会馆因政治变迁而衰落,1956年被天津市房管局接收。云贵会馆作为天津历史上的重要建筑,不仅见证了天津城市的风云变幻,也反映了中国近代社会的动荡和转型。从商务聚会的场所到学校和工厂的租占用,会馆的功能和角色随着历史的发展不断变化。张然的《天津云贵会馆修建沿革及租户考略》对会馆修建沿革进行了考证,不仅能够了解建筑的建设和使用情况,洞察到社会历史背景下的经济、文化和教育的发展脉络,而且细致入微地从“租户”角度梳理管窥了会馆的独特历史。

中华人民共和国成立后,形成了国有经济与公私合营经济新体系,会馆在新体系中很快失去原有的位置和意义。井振武《社会主义改造与云贵会馆之命运》,就新体系下的云贵会馆进行了研究,指出通过1956年社会主义改造,会馆房屋归公,被划给河北区政协,后又归工商联所辖。1976年,会馆被改建为天津市钥匙链厂。张振东发言提及曾采访原钥匙链厂负责人李春山,了解到云贵会馆大殿建筑改为工厂车间的过程。他在《云贵会馆与钥匙链厂》中详细描述了钥匙链厂从成立到发展,最终停产的全过程。文章还记录了云贵会馆大殿建筑的现状及其修复情况,展现了该所在地区工业遗产与文化遗产的变迁,还有在现代社会转型中的保护利用问题。

章用秀的《我与云贵会馆的交集》,分享了他与天津云贵会馆的故事。文章首先介绍了会馆的历史背景、建筑特色、文化价值以及其保护修复过程,接着记述了云贵会馆的组织形式和历史沿革,最后谈及个人为保护修复会馆所做的努力,认为会馆修复是天津建筑文化和会馆文化史上的幸事。通过章用秀等专家学者以及社会各界不懈努力,云贵会馆得以修复开放,这不仅是对历史的尊重,也是对未来的投资,为天津乃至全国的文化遗产保护树立了良好典范。

云贵会馆旧址院内曾有一通石碑,碑长近2米,宽近1.5米。正面为碑文,记载云贵同乡捐资的金额,四周饰以花边,背面粗糙。碑文落款记载“民国二十年岁次辛未春三月刻石”,可知此碑刻于1931年。按照会馆建筑惯例和石碑形制、外观推测,该碑原应镶嵌在墙上。方博《关于云贵会馆石碑的考证》确认,碑文记载有云贵同乡为会馆捐资的情况,指出通过对比天津市档案馆收藏的《建修云贵会馆捐册》发现,碑的内容不仅包括1931年会馆复兴时的捐资,还包括有1910年会馆筹建初期的捐资记录,因此该碑是云贵会馆建设与复兴过程中的重要历史见证。

二、关于名人与云贵会馆

名人与云贵会馆的关系,是本次会议关注的重要话题。陈夔龙、陆建章、蒋逸霄和邢端是被论及的四个主要人物。

陈夔龙乃云贵会馆发起者,字筱石,1857年出生于贵阳。其父曾任贵州知县。八岁时父亲去世,家境日益贫寒,但三兄弟在母亲的抚养下,最终都考中进士(陈夔龙1886年登第)。陈夔龙历任多个重要职务,包括顺天府尹,河南、江苏巡抚,四川、湖广总督等。1909年调任直隶总督兼北洋大臣,任期大力整理吏治,敢于破除情面,查办腐败案件,得到百姓拥护。

鸦片战争以后,清政府内外交困,签订了一系列不平等条约,不断割地赔款,为了挽救民族危亡,革命运动更是风起云涌。清政府出于自身命运考虑,开始推进立宪制。葛培林《浅谈立宪运动中的陈夔龙》一文,探讨了陈夔龙在立宪运动末期的角色以及天津作为北方立宪运动中心的请愿活动情况。因天津福升照相馆拍摄慈禧葬礼事,陈夔龙被调任直隶总督兼北洋大臣,他奉清廷之命镇压了请愿运动,将温世霖发配新疆,又将东三省请愿代表押解回籍,立宪运动以失败告终。清末立宪运动的发端是清政府为了挽救统治危机,响应立宪派的要求,开始考虑实行君主立宪政体。天津成为北方立宪运动的中心,通过组织请愿代表团,向清政府递交请愿书,要求缩短立宪年限,速开国会。而陈夔龙作为直隶总督兼北洋大臣,奉清廷之命镇压请愿运动,直接导致立宪运动失败。陈夔龙在任期间,积极支持天津总商会筹还国债会的成立,而且亲自捐款,展现了其勤政爱民的另一面。张绍祖《陈夔龙与云贵会馆》,则详细介绍了陈夔龙与会馆的历史渊源,回顾了1910年会馆的建立以及1931年重修时,陈夔龙等人踊跃捐款的事迹。云贵会馆作为陈夔龙在津的重要贡献,不仅见证了天津河北新区的一段历史,也承载了两省旅津人士的乡情与文化。

1918年奉系军阀张作霖率部队进关,奉军副司令徐树铮,将总司令部驻津办公处设在特二区(旧奥租界),5月15日迁至河北宇纬路云贵会馆,隔日正式办公。张诚携《陆建章被杀案》考察了奉军司令部设在云贵会馆期间,这里发生一起惊天大案,就是徐树铮枪杀陆军中将陆建章。陆建章被杀是北洋军阀时期典型的政治暗杀事件,反映了军阀内部复杂的权力斗争和残酷的政治生态。1918年6月,徐树铮以召开督军会议为名,诱使陆建章前往云贵会馆,随后将其枪杀。陆之死不仅是个人悲剧，也开启了军阀间冤冤相报的恶性循环，七年后徐树铮在廊坊车站被陆建章之子陆承武刺杀。文章认为，从历史评价来看，陆建章和徐树铮的死都具有象征意义。陆虽以“屠夫”闻名，但其主张避免内战、促进和谈的理念在当时具有一定进步性；而徐作为段祺瑞的得力干将，虽有干才但手段狠辣，最终难逃被报复的命运。这一事件提醒我们，权力斗争的残酷性和冤冤相报的恶性循环，最终只会导致社会的动荡与衰败。在描述历史事件、揭示政治生态、评价历史人物以及总结历史教训等方面，文章都表现出了较好的客观性和深刻性。

张诚《私立中山中学校长蒋逸霄》从蒋逸霄的个人背景、教育经历、职业生涯以及所面临的困境等方面，全面地缕述了其生平成就，认为蒋逸霄是 20 世纪初期中国社会中的杰出女性，她的生平经历展现了她在文学、新闻、教育及妇女解放运动中的多重贡献。蒋逸霄的职业生涯始于北京古城书社，后进入天津《大公报》，成为天津报界首位女性外勤记者，打破了女性在新闻行业的壁垒。她不仅在新闻领域崭露头角，还积极投身教育事业，担任天津中山中学校长，尽管面临经费困难，仍坚持办学，展现了高度的社会责任感。蒋逸霄还是妇女解放运动的积极倡导者，通过新闻报道和各类文章呼吁社会关注女性权益，尤其是底层劳动妇女的困境。文章指出，蒋逸霄是一位多才多艺、敢于突破传统束缚的女性先驱，其成就不仅在于个人的职业成功，更在于她对社会问题的深刻关注与积极行动，尤其是在性别平等与社会正义的道路上不断前行。

曲振明《直隶高等工业学堂监督邢端》介绍了贵州人邢端在天津的生活和工作经历以及其对天津文化的影响。他担任直隶高等工业学堂监督时，推动教育改革，参照国外经验修订教学计划，扩充实验设施并推动学生实习，使学堂成为当时实业教育的典范。其后进入北洋政府农商部任职，致力于工商业发展，成绩显著。1928 年后闲居天津，专注于书画研究和文化整理，与朱启钤合编《黔南丛书》。1949 年后被聘为中央文史研究馆馆员，继续发挥余热。邢端的一生跨越了晚清、北洋和新中国三个时期，展现了知识分子在社会变革中的担当与远见。他虽出身传统科举，却积极拥抱新学，推动工业教育与实业结合，培养了大批实用人才。

三、关于天津与云贵的人员交流

天津与云贵地区的人员交流，则是本次会议关注的另一重要话题。天津与云贵虽然地理距离遥远，但历史上两地往来仍十分频繁，尤其是官员派遣、商业贸易和文化交流等方面。这种频繁的互动不仅促进了两地的经济发展,也加深了南北文化的融合。而云贵会馆在这一过程中,扮演了至关重要的角色,成为连接两地的重要纽带。

云贵会馆1910年建成之后业务不多,留下的档案史料也比较少。除了会馆的倡建者陈夔龙外,旅津云贵人士中很少有显赫人物,因此会馆成员大都默默无闻。吉朋辉《档案史料所见天津云贵会馆史实及成员考述》选取档案和报刊史料,对云贵地区人物进行了考证挖掘。这些档案史料产生于不同历史节点,从中可以管窥会馆各个阶段的兴衰演变,揭示了其在清末民初社会变迁中的多重角色,指出其除了同乡互助的传统功能,在政治、经济和社会网络中也有重要作用,展现了官僚、实业家和文人等不同社会群体在会馆中的互动。

晚清至民国时期,贵州地区涌现出一批杰出知识分子,其在天津的活动不仅推动了文化教育发展,也促进了跨地域的文化交流与政治活动。这些人物的家族背景、个人成就以及他们之间的戚谊关系,共同构成了这一时期贵州与天津之间深厚的文化纽带和历史联系。田晓东《居津贵州人戚谊关系说略》列举了黄国瑾、蹇念益、蹇先艾、黎渊、刘庆汾等与天津关系密切的人物,用关系图的形式分享了他们之间的戚谊以及与天津的社会文化互动。李佳阳《云贵的静海籍官员和静海的云贵籍官员》以天津市静海区为例,介绍了明清时期在静海任职的云贵籍官员以及赴云贵任职的静海籍官员,这种政治性安排促进了两地的文化交流。黄立志《黄国瑄其人其事》指出,民国三年(1914)担任蓟县县长的黄国瑄,虽然任职时间不长,但其政绩显著,展现了卓越的治理能力,深受民众爱戴,在任期间不仅提升了当地农业生产条件,还在北极阁旧址修建观澜阁,并撰文抒发对时局的感慨,展现了其深厚的人文情怀。

明清两代,天津籍官员在云贵地区任职的数量也很多。与李佳阳谈到的静海情况相仿,周春召《清代任职云贵两省的宝坻籍官员》则介绍了清代宝坻籍官员在云贵两省的任职情况,重点叙述了宝坻北王家族和方氏家族代表人物的生平事迹、官职履历以及任职期间的贡献和影响。元绍伟《畿辅先哲元展成云贵两省仕迹考》则以元展成为例,阐述了其在云南、贵州两省的政绩。文章绍了在云南阿迷州知州任上,他果断处理土司问题,推行改土归流,建文庙,设义学,促进了文教发展。升任丽江知府后,积极推动农业生产,修建指云寺,削弱土司势力,为丽江的社会经济发展作出贡献。雍正五年(1727)后,他又任云南按察使、广西布政使等,成为云贵总督鄂尔泰的得力助手。雍正十年(1732)暂署贵州巡抚,主持苗疆事务,提出储粮建议,稳定地方经济。最终在平定苗民变乱中,他与哈元生等因意见不合导致军事行动失利,最终被乾隆帝罢官。赵进杰《牛稔文、牛坤父子作宦云南考略》通过翔实的史料和具体的时间节点,展现了牛氏父子在云南的宦绩和对当地文教事业的积极影响,牛氏父子的故事已成为清代中原士人参与边疆治理的佳话。

近代天津是帝国主义、封建势力重点经营的地方,伴随着新文化运动的展开和无产阶级的觉醒,天津也成为爱国志士早期从事革命运动的重要场所。邹宇《天津早期革命运动中的谌志笃》介绍了贵州人谌志笃在天津身先士卒,以自身之觉悟唤醒民众之觉醒,挥洒青春热血的事迹。文章通过翔实的历史事件记述,展现了谌志笃如何通过血书等行动激励国人,又如何在觉悟社中发挥领导作用,推动反帝爱国运动和马克思主义的传播。文章还记录了他后续请愿斗争和营救被捕志士中的英勇表现以及周恩来等的深厚革命情谊。谌志笃作为天津早期革命运动中的重要人物,不仅在五四运动中发挥了关键作用,还在觉悟社成立和活动中展现了卓越的领导力。

天津云贵会馆作为云贵地区在天津的"驿站",不仅是同乡互助的组织,更是两地政治、经济、文化交流的重要平台。会馆为云贵地区的官员、商人、文人提供了落脚之处,同时也成为天津与云贵地区联系的桥梁。通过会馆两地的联系更加紧密,促进了彼此的繁荣与发展。会馆的存在,不仅增强了云贵地区人士在天津的归属感,也为天津本地人士了解云贵地区提供了窗口。

四、关于天津与云贵的其他话题

除了聚焦云贵会馆和人员交流,与会者也探讨了天津与云南、贵州的其他话题。自明代的改土归流在清雍正年间大规模实施以来,云贵地区逐渐成为中央王朝经略西南边疆的核心场域,大量天津籍贯的官员在云贵的宦游经历,构成了观察边疆治理与地方社会互动的独特窗口。

在众多宦游云贵的官员群体中,严修家人根据他在贵州政治经历整理出版的《蟫香馆使黔日记》,以独特的日记书写范式记录了其在贵州的官宦生活。这种书写既不同于传统方志的官方叙事,亦有别于文人游记的猎奇式记录,而是将个人宦迹、地方风物与治理实践熔铸于日常生活细节之中。其文本呈现的衙署日常、民间交往、物产利用等微观图景,不仅折射出清代官员在边疆治理中的实践智慧,更建构起一个观察国家制度与地方社会互动的新维度。王尧礼《严修〈蟫香馆使黔日记〉》和冯竺《严修先生与〈蟫香馆使黔日记〉》都以严修这部日记为角度进行了细致研究。王尧礼是贵州历史文献研究会理事长,也是提交会议论文的唯一外埠作者。他对严修在贵州的政绩进行了梳理,包括对贵州近代教育及学风转型卓著贡献,其举措包括:创设贵州官书局,引入中西学书籍及《时务报》等新式报刊,解决贵州闭塞缺书之困;改革学古书院,制定章程推行中西并课(以经史、算学为核心),亲自教授算学,并选拔优秀生员肄业;革新考试内容,以策论取代八股,引导士子关注时务;识拔人才,通过岁科试及书院培养,选拔周恭寿、唐桂馨等一批青年才俊,为贵州近代化储备人才。

严修在贵州期间,以身作则捐廉俸办学,甚至负债累累,然其改革成效显著:学古书院生徒在乡试中成绩斐然,贵州士子数学水平显著提升,书院后发展为贵州首所近代学堂"经世学堂"。严修的教育实践被视为清末地方教育改革的典范,与乾隆时洪亮吉、道光时程恩泽并列为清代贵州三大影响深远的学政。两篇文章都以《蟫香馆使黔日记》为核心史料,结合地方志、书院章程等文献,系统梳理了严修在黔教育改革的全貌,详述其改革举措的时间线和具体操作,为研究晚清地方教育转型、边疆知识传播及近代知识分子实践提供了重要个案,兼具史料价值与问题意识。至于对"岁科连考""观风题"等制度细节的考据,为清代学政职能研究提供了微观案例。而将严修置于甲午战后维新思潮兴起的背景下,分析其教育理念与时代思潮的互动,揭示其改革超越传统书院模式、呼应近代化的特点。

除了政治、文化等方面的联系,天津和云贵地区还有军事上的关联。晚清时期,为应对内外压力,清廷推动了军事改革,陆军讲武堂应运而生,旨在培养具备近代军事理论和实战经验的军官。涂小元的《晚清时期云南陆军讲武堂与北洋陆军讲武堂之比较研究》,对天津和云南的陆军讲武堂的相关性和差异性做了非常详细的梳理。他发言指出,清军入关后,原有的八旗军与绿营军逐渐腐化,无法有效对抗外敌和镇压内乱,失去了国家军队的作用。甲午战争后,清政府决心编练新式陆军,开始新式练兵运动。清末新政开始后,清廷要求各省建立武备学堂,培养新式军事人才。袁世凯在小站建立"新建陆军行营兵官学堂"和"新建陆军讲武堂",并有其他督抚在各地建立武备学堂。日俄战争爆发后,清廷宣布"局外中立",但无力阻止战争,暴露了军事上的无能。文章则从历史背景、制度设计、办学实践等维度对两所讲武堂进行对比分析,介绍了北洋陆军讲武堂和云南陆军讲武堂在学员来源、教官政治倾向、学习时间等方面存在显著差异,反映了不同地区在军事教育上的特点和需求。两所陆军讲武堂的创办和运作,为后来的军事教育提供了宝贵的经验和教训,对现代军事教育体系的形成都产生了深远的影响。此文章为理解清末军事教育的地方性差异提供了实证案例,特别是对两校教官政治倾向与辛亥革命响应的关联性分析,凸显了军事教育与政治变革的深层互动。

五、结语

问津书院举办的天津与云贵历史文化讨论会,不仅是对云贵会馆修缮成果的展示,更是对天津与云贵地区历史文化交流的深入挖掘和传承。专家学者从多个角度、多个层面,对会馆的历史背景、文化内涵、经济价值等进行了深入探讨交流。会议现场气氛热烈,专家学者们各抒己见,碰撞出许多思想的火花。讨论会不仅为会馆的未来发展提供了宝贵的意见和建议,也进一步加深了天津与云贵地区之间的文化交流和合作,为推动两地文化的共同繁荣和发展注入了新的活力。与会者们一致认为,云贵会馆不仅是历史文化遗产的重要组成部分,更是连接两地文化的重要桥梁,其保护和传承具有深远的历史意义和现实价值。云贵会馆的修缮为其他古建筑的合理保护及利用提供了典范。实践证明,古建筑不仅需要本体上的保护,还需要传承其所蕴含的文化价值,这种价值才是古建筑的内核和灵魂。这次会议在云贵会馆召开,可以说是在会馆里直接感受历史的声音,也可以说是对其当代文化价值的一种特殊彰显。

孔祥宸,天津师范大学历史文化学院,古籍保护研究院硕士研究生。

论明前期北直隶地区驿递网络的建立与完善

郄昊谦

【提　要】元明易代，北直隶地区的驿递网络基本承袭了元朝时的整体框架。洪武年间，由于首都地位的丧失，以及对海运的沿用，明廷对当地驿递网络的建设并未投入过多精力。其具体构成以驿站为主，递运所数量寥寥。永乐年间，为了满足迁都及北征所带来的巨大运输需求，明廷在对驿站进行重建和增置的同时，也添置了大量的递运所。自此以后，北直隶地区在全国驿递网络中的地位显著提升。其境内水陆兼备、沟通南北的驿递网络基本定型。

【关键词】明前期　北直隶　驿递制度

明朝的驿递网络覆盖全国，其建立之初以“递送使客，飞报军情，转运军需”① 为基本职能，具有极强的政治色彩。关于明代驿递机构的选址以及驿递网络的空间分布，目前学界的相关研究成果十分丰富。② 然而，其中针对明代北直隶驿递网络的研究稍显薄弱，有待深入。本文所称北直隶地区，具体指明代直隶于京师的

① 《诸司职掌》，收入《续修四库全书》第748册，上海古籍出版社，1996年，影印本，第727页。

② 杨正泰：《明代驿站考》，上海古籍出版社，1994年；张志纯、陈全仁：《明清时期甘州丝绸古道上的驿递塘铺和防御设施》，《西北史地》1998年第1期；陆韧：《明代云南的驿堡铺哨与汉族移民》，《思想战线》1999年第6期；张宪功：《明清山西交通地理研究——以驿道、铺路为中心》，陕西师范大学博士学位论文，2014年；彭成、汤晓敏：《明代江南运河沿岸驿站选址特征》，《上海交通大学学报（农业科学版）》2016年第2期；王春花：《京杭运河沿线驿站与运河关系初探——以地方志资料为中心的考察》，《中国地方志》2016年第3期。孙海刚：《明初广州府城周边急递铺分布路径研究——基于明代〈永乐大典〉广州古城图中的邮驿信息分析》，《中国地方志》2018年第5期；乌云高娃：《明代鞑靼、女真卫所与东北亚驿站交通网》，《江海学刊》2019年第6期；赵平略：《明朝西南驿递制度研究》，人民出版社，2021年。

八府二州。在正统六年(1441)明廷正式确立北京的首都地位之前,基于该区域的高层政区的名称几经更替。先后被称为“北平行中书省”“北平布政司”以及“北京行部”。尽管在明代前期,该区域高层政区的名称频繁变化,至迟到洪武二十年(1387),该区域的大致范围就已经确定。[①] 因此,为了行文上的便利,本文在论述过程中将统一称该区域为“北直隶地区”。

本文将以驿站和递运所的设置和变迁为主要研究对象,对明前期北直隶区域内驿递网络的建构和完善进行探讨;并思考政治、军事要素在其中产生了怎样的影响。不当之处还请方家指正。

一、北直隶地区元代站赤分布特征

由于明代驿递网络在很大程度上脱胎于元代。就北直隶而言更是如此,元明两代驿站和驿路在当地空间分布特征基本相同。为了便于后续的讨论,在此有必要简要介绍在北直隶地区域内,元代时站赤的空间分布特征。

在元代,北直隶基本被包含在腹里地区内,大致相当于元代中书省下山东、河东山西二宣慰司之外的部分路、府,包括大都路、保定路、河间路、平滦路(1300年改名为永平路)、真定路、顺德路、广平路、大名路以及上都路顺宁府。[②]

关于北直隶元代站赤空间分布状况的史料,存留情况相对良好。比较重要的有《经世大典》《六条政类》[③]《析津志·天下站名》[④]以及《元史》。其中,《经世大

① 郭红、靳润成:《中国行政区划通史·明代卷》,复旦大学出版社,2007年,第14页。

② 李治安、薛磊:《中国行政区划通史·元代卷》,复旦大学出版社,2009年,第26页

③ 《六条政类》作为元朝后期修纂的一部重要政书,其原书已经散佚无存。根据刘晓的考证,时下能够见到的《六条政类》佚文,主要保存在《永乐大典》卷一九四二三“勘”字韵“站赤”字目下。正是以元代站赤事务为主要内容。(刘晓:《元政书〈六条政类〉考》,《元史论丛:国际学术研讨会论文集》,中国广播电视出版社,2004年,第37—42页。)

④ 《析津志》与《经世大典》中“中书省所辖腹里各路站赤”为主要史料,且两者互为补充。前者更偏重于驿路走向的记载,而后者则收录了元代各省下辖站赤的具体情况。在成文时间上,《析津志·天下站名》要早于《经世大典》,前者的成书时间大概在至元十八年(1281)二月到至元十九年(1282)三月之间(参见默书民《〈析津志·天下站名〉成文时间考》,《中国史研究》2008年第3期,第113—119页),而后者大致形成于至元二十九年。(参见默书民《蒙元邮驿研究》,暨南大学博士学位论文,2004年,第128页)

典》"中书省所辖腹里各路站赤"和《析津志·天下站名》两者互为补充。前者收录了元代各省下辖站赤的具体情况,而后者则更偏重于驿路走向的记载。在成文时间上,《析津志·天下站名》要早于《经世大典》,前者的成书时间大概在至元十八年(1281)二年到至元十九年(1282)三月之间①,而后者大致形成于至元二十九年(1292)②。因此,通过综合两者的相关记载,可以对北直隶地区元代的站赤分布形成动态的认知。

图 1:元代腹里地区直隶省各路站赤及驿路分布③

有元一代,中书省所辖站赤数量总计 198 处,仅次于江浙行省的 262 处④。元世祖至元时期,中书省所辖直隶省站赤有 101 处,山东东西道宣慰司 43 处,河东山西道宣慰司 54 处。在直隶省下辖的各行政区中,即便是后来属于北直隶地区中的大都、保定等路,所辖站赤也有 54 处,占到腹里地区全部站赤数量的 27%左右⑤。在参考相关史料以及学界现有研究之后,笔者绘制元中书省腹里地区直隶省站赤及驿路分布如图 1 所示。

整体而言,元代腹里地区直隶省的站赤及驿路分布整体上呈北疏南密的特征,大都、保定、河间、真定四路拥有站赤数量较多。马站、车站占有绝对优势,水站分布虽然间隔较大,但运力充足,

---

① 默书民:《〈析津志·天下站名〉成文时间考》,《中国史研究》2008 年第 3 期,第 113—119 页。

② 默书民:《蒙元邮驿研究》,暨南大学博士学位论文,2004 年,第 128 页。

③ 李之勤:《〈析津志·天下站名〉校释》,三秦出版社,2018 年;赵世延等撰,周少川等辑校:《经世大典辑校》,中华书局,2020 年。底图数据:CHGIS, Version:6. (c) Fairbank Center for Chinese Studies of Harvard University and the Center for Historical Geographical Studies at Fudan University, 2016.

④ 《元史》卷一〇一,中华书局,1976 年,第 2592 页。

⑤ 赵世延等撰,周少川等辑校:《经世大典辑校》,中华书局,2020 年,第 647 页。

如河间路的三处水站,青州站、东光站和陵州站,分别拥有站船80—100只不等[①],可见水路以运送货物为主。

从驿路走向上看。北向驿路主要用以连接元上都和辽阳行省。西向驿路经过榆林、统幕,通向陕甘、宁夏地区。东向驿路虽于蓟州一分为二,但最终均通往大宁。相比之下,南向道路的分支较多,体系庞杂。该特征在中书省南部体现得尤为明显,很大程度上是因为元代的"分封投下"制度,使得中书省南部存在大量的飞地和独立设州的宗王食邑。密集地设置站赤,应该也是为了加强这些行政区与中央之间的联系。

总之,有元一代北直隶地区站赤分布重心在大都路及其以南保定、真定、河间三路。这一特征既受管辖区域的面积、地理位置影响,同时也受元朝统治者统治需求的影响。从根本上讲,是元大都政治中心地位的外在体现。

二、洪武时期北直隶地区驿递网络的构建

洪武元年(1368)正月,明太祖下令在全国范围内建置水马驿、递运所、急递铺。[②] 自此,明廷以日常统治和军事战略方针为导向,以元代的站赤网络为基础,大量设置驿递机构。递运所作为明代新增机构,专职运输大宗货物以及押送囚犯,与驿站之间各有侧重且相互独立。因此,在讨论明初北直隶地区驿递网络的建构过程时,两者不能一概而论。

(一)洪武间北平布政司境内驿路走向

于洪武二十七年(1394)成书的《寰宇通衢》,记载了由南京至全国各布政使司下辖诸府以及各都司卫所的主要驿路,是反映明初驿路交通走向的重要史料。北直隶地区境内的驿路走向,载于该书"京城至北京行部并所属各府卫"一节。[③] 需要指出的是,结合书中"北京行部"字样来看,《寰宇通衢》在永乐时期应当经历过修订。[④] 因此,若要还原北直隶地区洪武时期的驿路,还应当结合其他史料综合

---

① 赵世延等撰,周少川等辑校:《经世大典辑校》,中华书局,2020年,第652页。

② 《明太祖实录》卷二九,洪武元年正月庚子条,台湾"中央研究院"历史语言研究所,1966年,影印本,第499页。(本文中所引《明太祖实录》匀出自该版本。)

③ (明)佚名编,杨正泰点校:《寰宇通衢》,南京出版社,2019年,第41—48页。

④ 杨正泰点校:《寰宇通衢》,南京出版社,2019,导读。

考量。

首先,作为“燕行录”的一种,权近所著《奉使录》[①]是必不可少的参考。洪武二十二年(1389),权近以高丽使臣的身份经由陆路出使明朝。使团首先前往北平谒见燕王,再沿运河南下抵达南京。《奉使录》的内容以其沿途经历以及所作诗歌为主,包括明初由山海关至北平,再由北平至南京的路程。其次,还需结合《明实录》及各地方志的相关记载,与《寰宇通衢》中的记载进行比对,基本排除一些于永乐年间设置的驿站。比如,《寰宇通衢》“京城至北京行部并所属各府卫”所载水路驿程中北直隶地区路段为:

> (良店水驿)八十五里至连窝水驿,七十五里至新桥水驿,七十里至砖河水驿,七十里至乾宁水驿,七十里至流河水驿,六十里至奉新水驿,六十里至杨青水驿,一百二十里至杨村水驿,九十里至河西水驿,一百里至和合水驿,一百里至通津水驿,四十里至北京会同馆。[②]

其中可以确定为永乐时期增置的驿站有两处:一为和合驿,但无具体设置年份[③];一为奉新水驿,为永乐十三年(1415)置[④]。

另外,能够明确于洪武年间设立却未收录进《寰宇通衢》的驿站,也应当予以补充。比如保定府下辖清苑、上陈、塔崖、军城、宣化、白沟等处驿站,在《寰宇通衢》中不见记载,但根据弘治《保定郡志》可知洪武时期已经先后设置。[⑤]

综上,笔者绘制了洪武时期北直隶地区的驿站分布及驿路走向如图 2 所示。各驿站的具体地理位置,以杨正泰在《明代驿站考》中所做考证为准。

---

① 权近:《奉使录》,载林基中编:《燕行录全集》卷一,韩国东国大学出版社,2001 年,影印本。

② 杨正泰点校:《寰宇通衢》,南京出版社,2019 年,第 42 页。

③ 刘宗永点校,嘉靖《通州志略·二》卷四,收入《北京旧志汇刊》,中国书店,2007 年,第 102 页。

④ 嘉靖《河间府志》卷四《宫室志》,收入《天一阁藏明代方志选刊》第一册,上海古籍书店,1981 年,影印本,第 253 页。

⑤ 具体可参见弘治《保定郡志》卷五《官寺》,收入《天一阁藏明代方志选刊》第四册,上海古籍书店,1981 年,影印本,第 160—207 页。

图 2:明朝北直隶地区洪武时期驿站及驿路分布①

将图 2 与图 1 进行比对可以发现:与元代相比,北直隶地区境内驿路的整体结构并未发生明显变化。然而,由于全国范围内驿路网络的中心变为南京,北直隶地区在其中所扮演的角色已经发生了改变,成为连接南京和北部边疆的通道。同时,北平由全国性驿路枢纽转变为地区性枢纽。自南京北上,途经北直隶地区的驿路交会于北平燕台驿,进而分散通往宣府、开平、大宁及山海关等处。

(二)洪武年间北直隶地区驿递机构的调整

1. 驿站

自洪武二年(1369)设置北平行省以后,明廷便着手于当地驿递系统的建设工作。保定府唐县的军城驿、定兴县的宣化驿、河间府献县的乐城驿,以及永平府的

① 资料来源:杨正泰:《明代驿站考(增订本)》,上海古籍出版社,1994 年;杨正泰点校:《寰宇通衢》,南京出版社,2019 年;弘治《保定郡志》卷五《官寺》,收入《天一阁藏明代方志选刊》第三册,上海古籍书店,1981 年,影印本,第 160—207 页;弘治《永平府志》卷三《公署》,收入《天一阁藏明代方志选刊续编》第三册,上海书店,1990 年,第 107—121 页;正德《宣府镇志》卷二,明正德刻嘉靖增修本,第 51a-53b 页;嘉靖《真定府志》卷一一《建置》,收入《四库全书存目丛书》史部第 192 册,齐鲁书社,1996 年,影印本,第 150—156 页;嘉靖《河间府志》卷四《宫室志》,收入《天一阁藏明代方志选刊》第一册,上海古籍书店,1981,影印本,第 223—270 页。底图数据来源:CHGIS,Version:6. (c)Fairbank Center for Chinese Studies of Harvard University and the Center for Historical Geographical Studies at Fudan University,2016.

滦河驿被先后重建。[①] 然而,直到洪武五年(1372),明廷才开始在当地进行大规模的驿递网络的重建工作。其原因可能与明朝对蒙古用兵策略的改变有关。

在部分学者看来,洪武五年是明初对蒙古的用兵策略的一个转折点。[②] 当年,岭北之战失败后,明朝边境的蒙古势力再次活跃起来,对明朝造成了不小的困扰。明太祖不得不接受与北元政权南北对峙的局面,并将战略重心转为防御。为了保证人员与物资的日常流通,北直隶地区大规模的驿站重建工作就此展开,这也是明初北直隶地区驿站建设的第一个高峰期。

以元代时就处在驿路冲要之处的保定、河间两府为例。洪武六年(1373)至九年(1376)间,明廷先后在两地设置了七处驿站。其中保定府有六处,分别为金台驿、汾水驿、翟城驿、归义驿、清苑驿和上陈驿;河间府有一处,为鄚城驿。结合图2来看,这几处驿站的设置可以视作明初北直隶地区驿路网络重建的点睛之笔。首先,南京至北平之间陆路交通得到完善,保定府与南京之间的驿路交通也从此建立;其次,自宣化驿向西,经紫荆关连接大同府的驿路也基本搭建完成。

之后,当地的驿站建设多与都司、卫所的设置紧密相关。洪武十四年(1381),明廷设立北平山海卫指挥使司。相应的,在永平府增置迁民镇驿(即迁安驿)、榆关驿、和芦峰口驿。[③] 洪武二十年(1387)六月,纳哈出降明。明朝在东北地区的统治得到稳固,随即开始都司、卫所的设立和驿递网络的搭建。作为边防腹地,北直隶地区的驿站建设也进入到第二个高峰期。是年九月,明廷置大宁都司,其下辖大宁左、中、右三卫,会州卫,木榆卫,新城卫,均为实土卫所。辖区位置大致相当于元代中书省大宁路全部、全宁路南部、辽阳行省宁昌路西部、上都路东部兴州、

---

① 参见弘治《保定郡志》卷五《官寺》,收入《天一阁藏明代方志选刊》第四册,上海书店,1961年,影印本,第176页;万历《河间府志》卷三《宫室志》,收入《稀见中国地方志汇刊》第三册,中国书店,1992年,影印本,第58页;弘治《永平府志》卷三《公署》,收入《天一阁藏明代方志选刊续编》第3册,上海书店,1990年,第110页。

② 张立凡:《略论明代洪武期间与北元的战和》,载中国蒙古史学会编《中国蒙古史学会论文选集1983》,内蒙古出版社,1987年,第248—254页;赵立人:《洪武时期北部边防政策的形成与演变》,《史学集刊》1994年第4期;唐丰姣:《洪武至宣德时期明朝对蒙古的经略》,中央民族大学博士学位论文,2010年。

③ 《明太祖实录》卷一三九,洪武十四年九月甲申条,第2188页。

松州一带。[①] 次年，改大宁都司为北平行都司。与此同时，连接内地与大宁都司治所的驿路也基本完成搭建。洪武二十一年（1388）七月，松亭关至大宁的马驿被正式设立[②]，正是图2中富民驿和大宁驿之间的七处驿站，此前由蓝玉提议添置。[③]洪武二十七年（1394）六月，兵部受命遣官至北平布政司规划驿站的设置，“自大宁至广宁东路四百八十五里，置十驿。中路北平至开平七百六十五里，置十四驿。西路至开平六百三十里，置十三驿。土木至宣府一百里，置二驿。”[④]内地与北平都司、北平行都司之间的联系得到加强。

在增置边卫驿站的同时，明廷以河间、永平为重点，对两地驿站的运力进行提升。洪武二十年（1387），明廷顺应北平布政司的请求，为河间景州至永平抚宁县间二十二处马驿，以及河间吴桥至顺天通州间的八处水驿，增加马匹和站船。[⑤] 此外，北直隶地区内仍有零星的驿站修建活动。如洪武二十九年（1396），增置保定府盘石驿[⑥]以及河间府富庄驿、新中驿[⑦]。

纵观洪武一朝，北平布政司下辖八府共添置驿站二十四处，主要集中在永平、保定、河间、顺天四府。驿站建设的重点区域也经历了从北平布政司到北平行都司，再到北平都司的转变。整体而言，此时驿站的设置多为边疆防御体系的建设而服务。永乐以后，随着北平行都司与北平都司相继内迁，其境内驿站也被废弃或内迁。

2. 递运所

笔者在翻阅史料的过程中发现，在不同史料的记载中，递运所的设置时间多有抵牾，为考订各递运所准确的设置时间增添了难度。关于北直隶诸递运所，史料中对其建置时间的记载远不如驿站详细。目前可以明确于洪武年间设置的递运所仅有四处。包括洪武八年（1375）所设立河间府景州递运所和吴桥县连窝递

---

① 郭红、靳润成：《中国行政区划通史·明代卷》，复旦大学出版社，2007年，第304页。

② 《明太祖实录》卷一九二，洪武二十一年七月甲午条，第2889页。

③ 《明太祖实录》卷一八五，洪武二十年九月庚寅条，第2779页。

④ 《明太祖实录》卷二三三，洪武二十七年六月乙酉条，第3404页。

⑤ 《明太祖实录》卷一八五，洪武二十年九月庚寅条，第2779页。

⑥ 《明太祖实录》卷二四四，洪武二十九年正月丙子条，第3538页。

⑦ 《明太祖实录》卷二四六，洪武二十九年五月癸未条，第3569页。

运所[①]；洪武九年（1376）所设丰润县东关递运所[②]；洪武十二年（1379）所设北平齐化关递运所[③]。其余大部分递运所均为永乐年间设立。

郑宁在其针对明代递运所的研究中指出，北方密集设置的递运所连接而成的运路直指边镇，运输粮饷的用意显而易见。[④] 洪武年间，明廷十分注重对北部边防体系的建设。据相关学者统计，自洪武元年到洪武十五年（1368-1382）间，明朝统治者在北部沿边地区共设置了七十多个卫和二十多个守御千户所，约占当时全国卫所总数的三分之一强。[⑤] 明廷大举构建北边防御体系的时期，恰恰也是华北地区，尤其是山西，大量设置递运所的时期。相比之下，同期的北直隶地区递运所的设置则远远落后。

其原因大致有二。一方面，明初向边地转运税粮的形式以民运为主，官运仅占一小部分；[⑥]另一方面，则在于彼时明廷对海运的依赖。据《明史》对洪武年间北方边粮运输情况的描述：

“洪武元年北伐，命浙江、江西及苏州等九府，运粮三百万石于汴梁。已而大将军徐达令忻、崞、代、坚、台五州运粮大同。中书省符下山东行省，募水工发莱州洋海仓饷永平卫。其后海运饷北平、辽东为定制。”[⑦]

可见，通过海运向北平、辽东转运军粮实为首选。洪武七年（1374），太祖命工部“令太仓海运船附载战袄及袴”赐予辽东军士。[⑧] 洪武十三年（1380），又命工部遣官太仓、镇海、苏州三卫官军造海船166艘以备海运。[⑨] 直到永乐初，海运仍然是向北京行部、辽东运送物资的主要方式。永乐三年（1405），明成祖命陈瑄于天

---

① 《明太祖实录》卷九八，洪武八年三月乙酉条，第1678页。

② 隆庆《丰润县志》卷四，收入《四库全书存目丛书》史部第201册，齐鲁书社，1996年，影印本，第451页。

③ 《明太祖实录》卷一二二，洪武十二年正月辛巳条，第1792页。

④ 郑宁：《明代递运所考论》，《中国历史地理论丛》2017年第1期，第69—80页。

⑤ 赵立人：《洪武时期北部边防政策的形成与演变》，《史学集刊》1994年第4期，第12—16页。

⑥ 杨艳秋：《明代初期北边边粮供应制度探析》，《中州学刊》1999年第1期。

⑦ 《明史》卷七九《志第五十五·食货三》，中华书局，1974年，第1915页。

⑧ 《明太祖实录》卷七八，洪武七年正月壬申条，第1544页。

⑨ 《明太祖实录》卷一二九，洪武十三年正月庚子条，第2051页。

津卫城北造露囤一千四百所，以储海运粮草。[1] 递运所在职能上与海运高度重合，但运力却大幅度落后。这使得在北直隶地区广泛设置递运所的必要性并不突出。

三、永乐年间北直隶地区驿递网络的完善

建文帝即位后，曾对华北地区的驿递网络进行了大刀阔斧的调整，但主要是针对山西、山东以及河南等地驿递机构，北直隶地区基本未受影响。永乐年间，受迁都决策的影响，尽管南京的国都地位尚存，但明朝的政治中心不可避免地开始发生北移。另外，明成祖在位期间持相对激进的对外政策，曾开展三次北巡、五次北征。两方面因素相叠加，导致北直隶地区驿递网络所承担的压力骤然上升，进而驱动明廷对其进行完善，该过程一直持续到宣德年间才基本完成。

（一）永乐时期北直隶地区驿站的增置与整修

永乐六年（1408）八月，明成祖改顺天府燕台驿为北京会同馆，标志着北京再次成为全国驿路交通枢纽。至于北直隶地区境内驿递网络的完善工作，则自永乐元年起就已经启动。

水路方面。在永乐二年（1404）至四年（1406）之间，针对水路驿站的重修也逐步开展。此前，在洪武二十四年（1391），由于黄河决口，导致会通河淤塞。此后，洪武时期的大运河航运便基本停摆，南北之间物资运输多依赖海运，北直隶地区内的水驿也逐渐荒废。河道通畅是水驿重新运转的基础。永乐九年（1411）会通河疏浚之后，大运河重新成为沟通南、北两京的水路动脉。尤其是对于往来官员、使节来说，乘船由大运河往来于两京之间几乎成为首选。永乐十二年（1414）八月，杨士奇应召前往北京，自南京江东门出发后，一路乘船经过扬州、高邮、淮安、徐州后进入山东境内，沿会通河至临清，再沿卫河过德州进入北直隶境内，一路经过连窝、新桥、流河、杨村、和合等水驿至张家湾上岸，乘车经文明门（崇文门）入

---

① 《明太宗实录》卷四四，永乐三年七月庚戌条，第697页。

城。[①] 这条路线在以后基本固定下来。[②] 永乐中期在张家湾附近设置的潞河马驿，更是成为“南京并各布政司及诸番国往还者”的必经之处。[③]

在疏浚会通河的同时，明朝还对黄河进行了较为系统的治理。永乐九年，据工部侍郎张信所访，河南祥符县鱼王口至中滦下二十余里有黄河故道，“浚而通之，俾循故道，则水势可杀”。[④] 明成祖遂下诏疏浚黄河故道，以督浚会通河的工部尚书宋礼兼董，并命其“自曹疏河，经濮州东北入会通河”。[⑤] 工程竣工之后，明廷迅速在河南封丘、仪封、山东曹县[⑥]、濮州等地设置驿递机构。永乐二十一年(1423)，因该河道淤塞，将以上新设驿递机构革除，转而于分别于河南卫辉府、彰德府安阳县、东昌府馆陶县、临清州、大名府大名县、浚县、内黄县设置卫源、回隆、陶山、清泉、艾家口、新镇、平川、黄池八处驿站。并“移中滦等七驿夫及船于彼递送”。[⑦] 这也是明朝在大名府境内首度设置驿站。

陆路方面。永乐元年(1403)十一月，因南京与北京行部之间“驿路迂远”，成祖在两地之间新设驿站二十七处。[⑧] 其中北直隶地区有七处，集中分布在顺天府东南部与河间府东部，整体驿路相较于洪武时期的旧有驿路也更加靠东。然而，由于该路线“春夏多雨，路多水潦不便”，沿途驿站设立之后大多闲置，最终于洪熙元年尽数裁撤。《寰宇通衢》中记载的传统驿路在实际上仍为干线。其沿途驿站于永乐十三年(1415)前后相继重修，同时也另有增置。[⑨] 同年，保定府境内的其他

---

① 杨士奇:《北京纪行录》,《东里续集》卷四八，收入《文渊阁四库全书》第1239册，台湾商务印书馆，1982年，影印本，第316页。

② 据《明史·河渠志》及《明神宗实录》，为缓解漕粮、人员由水路进京时，至张家湾需被迫转为陆路的不便，成化、正德两朝均尝试疏浚通惠河，然收效甚微。直到嘉靖初年，通惠河最终疏浚成功。到万历四年，移和合驿于张家湾“专供水路”，潞河驿则“专备陆路”。(《明神宗实录》卷五〇，万历四年五月丙申条)。

③ 《明宣宗实录》卷五，洪熙元年闰七月乙巳条，第138页。

④ 《明太宗实录》卷一一四，永乐九年三月壬午条，第1457页。

⑤ 傅泽洪:《行水金鉴》卷一六〇《两河总说》，清雍正三年淮阳道署喻义堂刻本，第5b页。

⑥ 洪武四年，明廷降曹州为曹县，直至正统十年复置，以曹县、定陶县属州。此时仅有曹县。

⑦ 《明太宗实录》卷二五八，永乐二十一年四月己卯条，第2377页。

⑧ 《明宣宗实录》卷六，洪熙元年闰七月壬戌条，第172页。

⑨ 实际上，在这之前该驿路已经投入使用。永乐十二年闰十月，杨士奇在返程时，本打算按原路返回，但因张家湾一带暴风不止，河水结冰，无法成行，遂改为陆路。

驿站也得到了整修,涉及塔崖、金台和翟城三驿。[①]

总之,永乐一朝增置、重修的驿站共有二十七处,其中增置十四处,重修、扩建共十三处。综合以上所有信息,笔者绘制永乐年间北直隶地区驿站分布及驿路走向如图3所示。

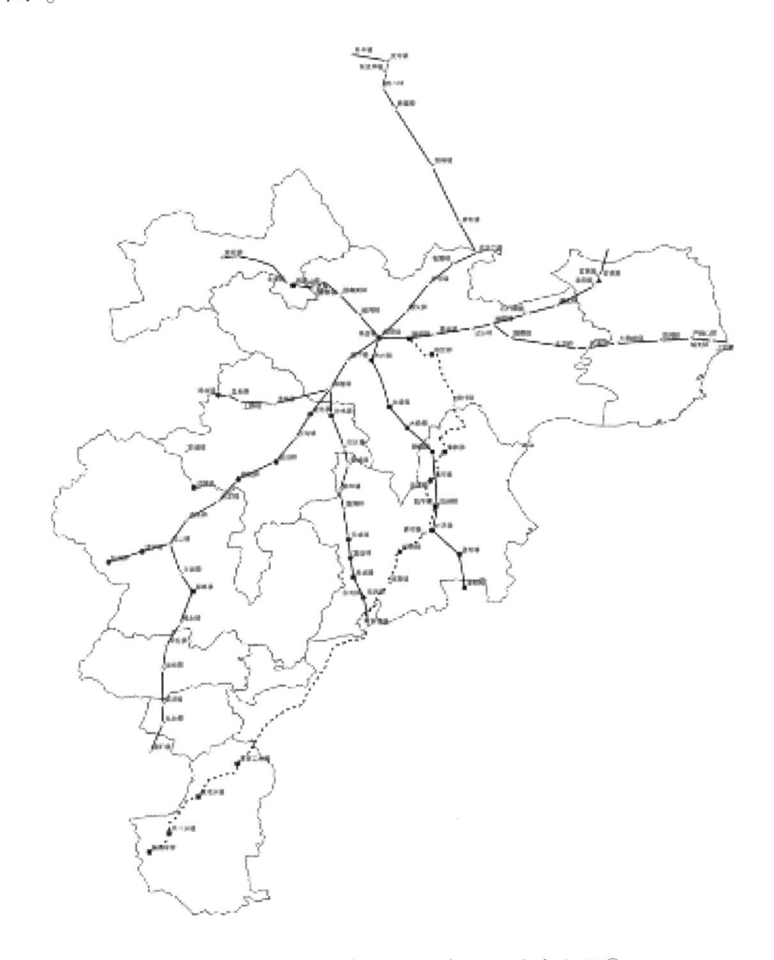

图3:北直隶地区永乐朝驿站分布及驿路走向图[②]

① 弘治《保定郡志》卷五《官寺》,收入《天一阁藏明代方志选刊》第四册,上海书店,1961年,影印本,第160、174、181页。

② 资料来源:杨正泰《明代驿站考》,上海古籍出版社,1994年。底图数据来源:CHGIS, Version:6. (c)Fairbank Center for Chinese Studies of Harvard University and the Center for Historical Geographical Studies at Fudan University,2016.

(二)永乐年间北直隶地区递运所的增置

永乐年间,北直隶地区驿递网络最大的变化还是体现在递运所的增设上。终明一代,北直隶地区大致共有递运所三十二处,永乐年间设置的就有二十七处。

其直接原因,是因营建北京而骤增的物资运输压力。在会通河疏浚以前,明成祖选择绕道卫河运送漕粮。卫河源出河南辉县,经新乡、汲县向东,由北直隶浚县、内黄县至山东馆陶县,后向东北而流,在临清与会通河交汇,北抵直沽入海。[①]永乐五年(1407),因营建北京"运输者众",明廷在卫河漕运沿线增设五处递运所,其中包括大名府大名县艾家口递运所和浚县李家道口递运所。[②] 次年,因冬季河流结冰情况严重,舟船不行,上供之物只能经陆路进京。而自山东至北京之间的陆路未设递运所,"发民间车牛载运不免烦扰"。[③] 于是成祖决定在山东德州和北京良乡之间设置递运所。永乐七年(1409)闰四月,于北京顺天府设大兴递运所,置车五十辆。十月,在良乡与景州之间设置递运所。包括固节、涿鹿、汾水、归义、鄚城、瀛海、乐城、阜城、东关九处递运所。[④] 运输需求基本得到了满足。

当时,北京对稻米的需求虽然能够通过漕运基本满足,但是小麦和各种豆类、杂粮仍需要北直隶、山东、河南等地供给,因此对中部驿路货物运输能力的需求同样旺盛。永乐十六年(1418),为了进一步增强运力,又在河南至北京沿线增置了大批递运所。包括保定府之定兴、安肃、清苑、庆都递运所,真定府之定州、真定、新乐、赵州、柏乡、栾城递运所,顺德府之内丘、邢台递运所以及广平府之临洺、邯郸递运所。[⑤] 奠定了日后河南至北京一线递运所分布的格局。

综合以上信息,笔者绘制出北直隶地区永乐朝递运所分布如图4所示。

---

① 《明史》卷八七《志第六十三·河渠五》,中华书局,1974年,第2128页。

② 《明太宗实录》卷七四,永乐五年十二月丁未条,第1027页。

③ 《明太宗实录》卷八六,永乐六年十二月辛丑条,第1148页。

④ 《明太宗实录》卷九七,永乐七年十月癸卯条,第1196页。

⑤ 《明太宗实录》卷一九九,永乐十六年四月壬午条,第2075页。

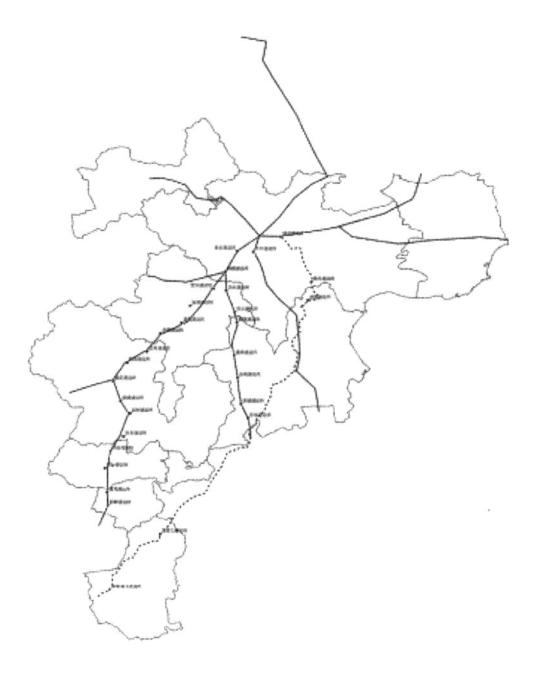

图 4:北直隶地区永乐朝新增递运所分布图①

四、结语

元明易代,明朝对北直隶地区驿递网络的建设并非另起炉灶。其空间分布格局没有发生根本性的变化。北平作为燕王府邸所在,仍然是地区性的交通枢纽。北直隶地区境内的主要驿路也得以延续。然而,由于国都地位的丧失以及对海运的沿用,洪武朝在北直隶地区驿递网络的建设上并未投入过多的精力。永乐年间,迁都北京与北征蒙古所带来的人员和物资运送需求的增长,与当地在明初时

① 资料来源:弘治《保定郡志》收入《天一阁藏明代方志选刊》第 3 册,上海古籍书店,1981 年,影印本;正德《大名府志》、刘宗永点校,嘉靖《通州志略》,收入《北京旧志汇刊》,中国书店,2007 年;嘉靖《河间府志》,收入《天一阁藏明代方志选刊》第 1 册,上海古籍书店,1961 年,影印本;嘉靖《广平府志》,收入《天一阁藏明代方志选刊》第 5 册,上海古籍书店,1961 年,影印本;万历《顺天府志》,收入《四库全书存目丛书》史部第 208 册,齐鲁书社,1996 年,影印本;万历《保定府志》,收入《日本藏中国罕见地方志丛刊》第 16 册,书目文献出版社,1992 年,影印本。底图数据:CHGIS, Version:6. (c) Fairbank Center for Chinese Studies of Harvard University and the Center for Historical Geographical Studies at Fudan University, 2016.

形成的并不完善的驿递网络之间产生矛盾,促使明廷必须做出相应的调整。经过廿年左右的完善,北直隶地区境内的驿递网络得到了极大的完善,能够满足迁都之后人员流动与物资运输的需求。北直隶地区在全国驿递网络中的地位,也伴随着国都地位的失而复得,有了显著的提升。到宣德朝,随着北边防御体系的收缩,大宁、开平两卫领土先后被弃,相关驿站或被裁撤或被内迁。至此,北直隶地区的驿递网络基本定型。显然,北直隶地区驿递网络的沿革,与明朝的地缘政治格局深度绑定。

迁都后,作为政令所出、"统万邦而抚四夷"①的京畿之地,北直隶地区境内的人员与货物往来更为密集,"东南财货与山海珍藏无不聚辇毂下,诚为塞途积路"②。其中,保定府作为"两畿十三省辐凑而来"之地,马驿"十而冲者六",递运所"五而冲者四"。③ 顺天府通州作为由运河入京以及通往蓟州、辽东等处的必经之处,"舟车夫马廪饩费为不赀,且持节往来之使,月无虚日,而一日五七至者常有之。"④《西园闻见录》中载有明末时全国苦缺驿站,顺天、保定二府众多驿站均在其列。⑤

在明代的驿传役制度下,驿递机构的运营负担最终由当地百姓承担。受限于北直隶地区的社会经济发展状况,驿传役成为萦绕在当地百姓心中挥之不去的阴霾。维持驿站运营的客观需求与北方相对落后的经济发展水平,是一对贯穿明代驿递制度始终的不可忽视的矛盾。关于明中期之后北方各省驿传役的沿革及其对北方社会造成的影响,还有待进一步的探索和讨论。

郄昊谦,南开大学历史学院博士研究生。

---

① 李贤等:《大明一统志》卷一,三秦出版社,1990年,影印本,第24页。

② 张瀚著,盛冬铃点校:《松窗梦语》,中华书局,1985年,第29页。

③ 万历《保定府志》卷二六,收入《日本藏中国罕见地方志丛刊》,书目文献出版社,1992年,影印本,第506页。

④ 刘宗永点校,嘉靖《略·二》卷四,收入《北京旧志汇刊》,中国书店出版社,2007年,第62页。

⑤ 张萱:《西园闻见录》卷七二,收入《明代传记丛刊》第122册,明文书局,1991年,影印本,第161页。

《新武周刊》及其专副刊初探

刘　彤

【提　要】本文以《新武周刊》及其专副刊为研究对象，初步探讨了在抗日战争时期的华北沦陷区内，日伪报刊在文化侵略和思想殖民中扮演了怎样的角色。《新武周刊》是由武清新民会创办的一部日伪报刊，其为日本侵略者充当了重要的政治宣传和文化渗透工具。本文首先对《新武周刊》的成立背景和历史发展进行了系统梳理。在此基础上，根据该报刊的主要内容，总结其政治、文艺、教育、科普四大专副刊的特点，指出日伪政权如何利用日伪报刊灌输思想，进而实行文化侵略。研究表明，《新武周刊》专副刊在传播新民思想、开展奴化教育方面发挥了重要作用。这些报纸在支持日伪政府舆论的同时，也试图通过不断的思想侵略，改变中国人的价值观，削弱中国人的民族意识。对《新武周刊》专副刊的研究与分析，有助于深入了解抗日战争时期日伪政府所采取的文化侵略措施及其对武清当地甚至对中国社会所产生的影响，同时，该研究也能够为新闻史学等相关学科的发展和抗日战争的历史研究提供重要的研究资料。

【关键词】《新武周刊》武清新民会　报纸专副刊　思想奴化教育

随着近代史研究的深入，日伪报刊作为抗日战争中日本侵华的重要舆论工具，越来越受到学术界的关注。专副刊作为日伪报刊的重要组成部分，涵盖文学、艺术、社会生活等各个领域，不仅反映了当时的社会状况，也反映了日本侵略者的文化渗透战略。因此，研究日伪报刊不仅有助于深入了解抗日战争期间的社会文化状况，也能够提供了解日本侵略者文化侵略策略的重要史料。深入研究日伪报刊，有助于揭露日本侵略者利用文化宣传工具进行思想控制的目的，同时了解中国人民的文化生活和思想状况，进一步促进相关学科的研究与发展，深化抗日战争史研究的意义与价值。

作为天津沦陷时期重要的地方报纸，《新武周刊》不仅是重要的新闻媒体，而且是当时社会形态的生动反映，深刻揭示了日本殖民统治在华北占领区的逐步渗透和深化。该报刊的发展历史和宗旨反映了这一特定历史时期的文化、生态和社会景观。《新武周刊》自创办以来,一直致力于宣传日本的殖民主义思想,企图树立"大东亚共荣圈"的美好愿景。它不仅包括政治宣传工具,还包括文学、艺术和社会生活的各个方面。报刊中的内容看似丰富、和谐、先进,实则充满着控制和操作。日本侵略者精心挑选了一系列文学作品、艺术批评和社会新闻,潜移默化地影响读者的思想,使沦陷区的民众逐渐接受和认同殖民统治的合法性,从而实现他们思想奴化与意识形态控制的目的。

一、武清新民会概述

武清新民会是抗日战争时期,在华北沦陷区成立的一个汉奸团体。该团体主要由华人组成,汉奸汇集,名义上是所谓的"民众团体",信奉"新民主义,建设新中国,实现东亚文化同种族之中日满三国共存共荣",实际上它是日军控制的"上意下达、下情上报的政府专用机关,更因合作社的关系终至变成进行经济工作的机关"。新民会还通过各种手段控制民众思想和行动,在沦陷区设立学校等相关机构,发行《新民报》等刊物,向人民灌输新民主义汉奸理论。这些活动在武清地区也有广泛的影响,设立武清新民会并发行《新武周刊》便是其中的一项。

武清新民会作为华北新民会在武清地区的分支,其实际是日本侵略者在该地区的政治延伸和权力工具。该组织所宣扬的"新民主义"思想,本质是日本侵略者为了巩固其殖民统治,有意制造出的一种意识形态。这种思想成了他们掩盖侵略行径、控制沦陷区人民的工具。通过宣传、教育、文化活动等手段,他们试图在思想、政治、经济和军事等多个层面对武清当地社会进行渗透和控制,削弱中国人民的抵抗意志。同时,他们还通过组织训练班、青少年团体等,试图培养一批效忠于日伪政权的当地精英,以此来加强其在当地的控制力。

随着抗日战争的不断推进和国际反法西斯战争的最终胜利,武清新民会这一依附于日伪政权的汉奸组织迎来了其必然的覆灭。日本侵略军在中国战场上连遭挫败,最终不得不接受无条件投降的命运时,武清新民会这个为日伪政权效力的组织也失去了其存在的土壤。

二、《新武周刊》发展历程

1937年日本占领天津后，成立了由汉奸出面的天津伪政权。在日本军队的控制下，1937年8月1日，伪天津市地方治安维持会成立。在日本殖民统治下，新闻和出版被严格控制。

（一）《新武周刊》创刊背景

“报纸为舆论枢纽，是人民耳目之所寄，若言论庞杂，宗旨不纯，最足以淆惑听闻，影响社会。”因而日本侵略者对报馆、通讯社查禁最甚。沦陷初期，伪治安维持会成立了“新闻管理所”，对全市的新闻发布、电台广播、报刊书籍出版发行进行全面严格控制。为了加强言论控制和新闻检查，日本侵略者在查禁封锁报馆、通讯社的同时，又出版了一些为日本侵略者服务的报纸。沦陷初期，日本人以没收或改组等手段获取了一部分“资本充足或人员阵容较整齐报馆，使其逐渐发展成为言论之中枢”。[①]

日本殖民者为了加强对被占领土的控制，通过创办日伪报刊进行宣传。由此，由日伪武清县新民会创办的《新武周刊》出现在大众视野。在此背景下，《新武周刊》成为日本侵略政策的喉舌和文化侵略的工具，承担了对侵华日军进行政治宣传和文化渗透的任务，对当时的社会产生了深远的影响。该杂志不仅在内容上保持了日本侵略者的政策，而且刊登了大量的文学材料。这些作品经常被用来掩盖战争的残酷性和侵略性，试图从文化异化的角度对中国人民进行精神控制。

（二）《新武周刊》停刊与复刊

《新武周刊》于1940年5月由新民会武清总会主办，每周一刊。据1991年版《武清县志》记载，《新武周刊》于1940年5月创刊，后来因故于1940年11月停刊。1941年5月1日复刊，复刊后的最后一期是1943年12月10日，计120期。[②]

《新武周刊》的主要专副刊可以分为政治、文艺、教育和科普四类，其主要内容涉及社评、国内外大事记、消息转载、新闻、通讯、县政要闻、论著、地方新闻、会务概况、公令、小常识、专载、新民讲座、小说连载、人物特写、文艺副刊、学生园地等

① 河北省档案馆藏：《天津市治安维持会施政报告》，1937年，第4页。

② 《新武周刊》数据来源：全国报刊索引。

诸多栏目。据前人所述,《新武周刊》的主编是刘光伯,杜堉曾担任助理编辑,于士新在城关担任教师的同时兼任了该刊物的兼职编辑,除此之外,编辑室中还有贺熙鸿、高瑞、王建中等人。

据《新武周刊》第102期第2版刊载的新闻——《县政要闻,本县剿共委员会,日昨隆重举行结成典礼》可推测出新武周刊的发行机关武清新民会的成员组织架构较为明晰。原文如下:

主任委员,牛惠清

常务委员,刘野君,贾惠民,乐恩良。

委员,柳士平,赵我朋,王越仁,胖福祥,赵光焘,牛佩琦,贺仲儒,翟云峯,张作新,赵逢寅,花复曾,刘其煜,韩永谦,钱继儒,常凤山,齐家塾,卢雯良,刘光伯,杜堉。

事务股主任,钱继儒。

股员,张绪芬,李悦春,董树棠,刘震寰,赵进廷。

联络股主任,赵光焘。

股员,陈士英,卢雯良。

雇员,李元良,黄寿彭,崔恒。①

从上述内容可见,武清新民会虽为地方性组织,但其中不乏一些在当地颇具声望的人物,如柳士平(绰号柳小五)、贺仲儒、翟云峰等。

《新武周刊》的主要目的是宣扬新闻注意,提倡“大东亚共荣”“剿灭共匪”与“友邦亲善”,作为民众之喉舌,除了宣扬“新民会是建设新中国的精神母体”“新民会是以慈爱的立场领导民众”“王道乐土是建设新武清终极目标”“建设新武清要大家一体共同协力”的宗旨,还阐释了新民会纲领:一、发扬新民精神;二、实行和平反共;三、完成国民组织;四、团结东亚民族;五、建设世界新秩序。②

三、《新武周刊》编辑贺熙鸿

贺熙鸿(1906—1990),字仲儒,晚年又名希红,武清区杨仲河村(今属城关镇)

① 本县委员会:《县政要闻,本县剿共委员会,日昨隆重举行结成典礼》,《新武周刊》1943年7月30日(2)。

② 《新民会纲领》,《新武周刊》1942年11月6日(2)。

人。二十世纪二十年代，毕业于县立师范学校。三十年代曾与津门社会名流，如李琴湘、寇梦碧、张轮远、柳学洙等多有往还。1940 年回到原籍，在新民会任职员，并以这个敌伪机构为掩护，秘密从事传送情报工作。同时担任了当时新民会征歌《新武清建设之歌》的词作者。抗战胜利后，他一度在河北省建设厅工作，新中国成立后返里。1979 年曾担任武清县政协委员。

"约旨斋"是他的书斋名，关于"约旨斋"得名，贺准城在序文中曾这样解释："爸爸（指贺熙鸿）早年以'约旨斋'名其室。他在世的时候，我没请教取此名的含义。根据他为人处世，以及对学问的专注，我认为，大概是旨趣简约，以学修养为主旨的意思。"①

贺仲儒因受名人启发，故以"约旨斋"之雅号名其斋。其在《新武周刊》的第 11 期第 4 版上发表文章《约旨斋公余随笔》（三）谈道："古今文人学子，往往颜其所居作为别署。如：李畏吾之'葆光丙舍''海藏书屋'，姚姬传之'惜抱轩'，王闿运之'湘绮楼'，袁简斋之'小仓山房'，严范孙之'蟫香馆'，梁任公之'饮冰室'。"②而后，其在文章中解释使用该书斋名的原因："笔者于民国十六年（1927），浏览典籍（指《曾文正公全集》），有感于'约旨卑思'语，盖所立意旨过大，而才薄不足以副之，转致偾事。倘约其旨，卑其思，徐徐而进，或有济乎？因取'约旨'二字，以名吾斋。"②

1941 年，《新武周刊》复刊后，贺仲儒在该报上开设了以武清为内容的《约旨斋公余随笔》专栏，给后人留下了文化史料。2010 年 1 月，贺准城在编辑其父的诗选时，以"约旨斋"作为书名，其中汇集了贺熙鸿晚年的诗词作品 350 首，同时收录了其妻丁学琴（字谱安）的诗作 135 首。《约旨斋诗选》已成为研究贺熙鸿以及武清历史文化不可多得的历史文献。

四、《新武周刊》专副刊概况

《新武周刊》自 1941 年复刊至 1943 年停刊，仅存在了两年六个月的时间，共发行了 120 期。尽管存在时间短暂、发行期数相对较少，但依然可以发现其所揭示出的时代特性与日本文化侵略的策略转变。

---

① 贺仲儒、丁谱安：《约旨斋诗选》（内部资料）。

② 贺仲儒：《约旨斋公余随笔》，《新武周刊》1941 年 7 月 9 日（4）。

本文将报刊所主要涉及的专刊、专栏、专页、副刊等共分为政治、文艺、教育和科普四大类,分别对其中的代表性文章进行了研究与总结。总结发现,政治类专副刊主要涉及日本侵略政策中的政治舆论宣传,其中包括介绍"新民主义"的内容、庆祝日本以及日伪政府所举办的政治活动报道,英美战败相关报道以及警务组织的相关内容,等等。文艺类专副刊主要发表一些文学作品,其中包括诗歌、散文、中长篇小说、文学评论等,还包括由编者所作的活动特写报道,这些活动的最终的目的也只是服务于日伪政权,表面上提供了丰富的文学作品,丰富民众生活,但这些作品充斥着日本侵略者的宣传思想,潜移默化地影响着普通大众,从而达到他们对于普通民众思想控制的目的。教育类专副刊更能体现殖民统治者的奴化教育目的,其主要刊载的是儿童作品,表面上看似是为儿童提供文学作品,提高他们的知识水平与阅读能力,但仔细研究这些作品就会发现,所刊载的文章很多都是直接或间接地表现日伪政府奴化教育的目的。试想,儿童还未精通世事,就被灌输殖民统治思想,那么殖民者的意识形态就会在儿童的成长过程中逐渐生根发芽,最终被培养成为日本在华统治的工具。科普类专副刊主要科学、医疗、防控知识的普及,表面的目的是提高民众的科学知识水平,但究其根本也是为统治者所服务的。

(一)政治类专副刊

自复刊之日起,《新武周刊》便深深刻上了文化殖民的烙印。报纸的诞生和发展是出于日本宣传殖民思想的需要,其日伪性质从一开始就是显而易见的。在其发展过程中,它与日伪政府保持着密切而复杂的关系。《新武周刊》的创办是日本文化殖民战略中的一部分,从一开始就带有殖民色彩。随着时间的推移,该报与日本殖民政府的联系既减弱,又在一定程度上加深,对武清地区的文化殖民地产生了广泛而深远的影响。

在政治类专副刊中,大量作品通过宣传战争意识,奴化民众的思想。其中,"新民讲座"专栏致力于传播新民会的理念,通过教育和宣传潜移默化地影响民众的思想。在"第二届和第三届县联协会专页"①中,集中展示了县联协会的活动和信息。为了纪念新民会成立三周年,特别出版了"本会三周年纪念论文专载"②,其

① 《第二届县联协会专页》,《新武周刊》1941年5月7日(5,6);《第三届县联协会专页》,《新武周刊》1942年5月1日(5,6)。

② 《本会三周年纪念论文专载:今后我们应该怎样》,《新武周刊》1941年5月14日(2,3,4)。

中记录了新民会三年来的工作成就和庆祝致辞。而“第三次治安强化运动特刊”[①]则聚焦于治安强化运动的进展,报道了相关新闻和文章,并概述了会务情况。在“灭美残英运动,香港克复庆祝特刊”[②]中,详细记录了英美对中国的侵略历史,报道了当时的新闻事件,以及新民会成员的重要讲话和观点。这些专刊共同构成了新民会宣传和教育民众的工具,反映了其在不同时期的政治和社会目标。

(二)文艺类专副刊

《新武周刊》的文艺类专副刊涵盖了从复刊到再次停刊的整个生命周期,但在日伪政府的严密监督下,其内容的选择不可避免地受到意识形态的操纵。这些栏目包括论著、文艺(后改为艺苑)、艺苑(前身为文艺)、社会小说、特写、长篇小说、小故事、禁毒小说、艺术、婚丧节论文等,虽然看似为读者提供了阅读平台,但实际上其内容和表达都受到严格限制,需要迎合政治宣传的需要。

在文艺类专副刊中,既有介绍武清自然风光和反映当地民风民俗的诗歌,如吕健在第四期第四版和第七期第四版分别发表的《四月十八日观南关娘娘庙会》[③]和《四月二十八日谒东关药王庙》[④]两篇诗词,记录当地庙会仕女云集,香火缭绕的民俗特点。也有歌功颂德日伪政府的散文、诗歌等作品,如第十一期第四版中,《新武周刊》刊登了王文琳的一篇诗词《贺廊坊兵营落成并序》[⑤],诗中提道:“大日本驻屯军,田中部队长驻廊坊以来,于兹二载,鬯匕不惊,地方安谧,兹值兵营落成,爰赋七律一首,藉申纪念。”又如第二十七期第四版和二十八期第四版中,吕健和高季夫分别写作《本月十八日恭逢昆公王县长莅任四周年纪念赋诗志威并希诸大吟壇赐和》[⑥]和《昆公王县长莅任四周年纪念吕系长有诗见示依韵和之》[⑦]两篇诗词祝贺王文琳上任四周年,并在诗中赞颂了王文琳的政绩,表达了对他的敬仰

① 《第三次治安强化运动特刊》,《新武周刊》1941 年 12 月 10 日。

② 《灭美残英运动》,《香港克复庆祝特刊》,《新武周刊》1941 年 12 月 29 日。

③ 吕健:《四月十八日观南关娘娘庙会》,《新武周刊》1941 年 5 月 21 日(4)。

④ 吕健:《四月二十八日谒东关药王庙》,《新武周刊》1941 年 6 月 11 日(4)。

⑤ 王文琳:《贺廊坊兵营落成并序》,《新武周刊》1941 年 7 月 9 日(4)。

⑥ 吕健:《本月十八日恭逢昆公王县长莅任四周年纪念赋诗志威并希诸大吟壇赐和》,《新武周刊》1941 年 10 月 29 日(4)。

⑦ 高季夫:《昆公王县长莅任四周年纪念吕系长有诗见示依韵和之》,《新武周刊》1941 年 11 月 5 日(4)。

和期望,希望他能继续为民众带来福祉和和平。类似的内容还有很多,从这些内容可以看出,《新武周刊》在介绍武清地区风情的同时,潜移默化地对民众进行着思想控制和文化同化,以实现思想统治。

(三)教育类专副刊

在日伪统治时期,为了实现其政治目的,日伪政府将教育领域视为关键的渗透阵地,通过强化儿童的教育,从儿童时期便以奴化思想的方式毒害儿童,企图通过教育的途径,悄无声息地扭曲年轻一代的思想观念,培养其顺从日伪政权的意识,从而达到长期稳固其政治统治的目的。《新武周刊》作为当时的重要刊物,其教育类专副刊便是这一策略的典型体现。

在教育类专副刊中,尤其是儿童乐园专栏,充斥着对民众尤其是儿童的奴化教育内容。例如,在第六十四期第四版中由城校的一位学生投稿的歌谣《治运好了歌》①以治理运河(实指日伪政权对华北的治理)为主题,通过乐观口吻表达观点,实则暗藏日伪政权的目的。歌谣开篇就强调"协力互领导",反映日伪政权企图通过集体行动加强控制。整首歌谣中还多次提及"治运好",既自我肯定了治理效果,又试图通过民众口碑巩固统治。同时,歌谣还透露出日伪政权对战争胜利的强烈期待,并希望通过战争扩大势力。歌谣最后一句"眼看市上繁荣了"则在展示治理成效的同时,又增强了民众认同感。

《治运好了歌》以正面口吻表达了日伪政权对华北治理的复杂情绪,包括自信、急躁、对战争胜利的期待、对民生安定的追求等,这些情绪共同构成了日伪政权在华北统治时期的心理状态。该专栏收录了大量儿童读者的投稿,其中不少作品与此类似,反映了日伪政权从儿童时期就开始的思想奴化,企图通过教育手段对他们进行思想渗透和同化。在该类专副刊中,还特别设置了日语学习板块,内容和覆盖面广泛。这一板块虽在客观上能够提高民众的文化水平,但日伪政权的真实意图在于通过语言教育逐步加深对民众的奴化控制和思想同化。

(四)科普类专副刊

客观上来说,科普类专副刊具有双重作用。首先,它能够客观上提高人们的医疗健康知识和科学知识。这些专栏、专页、专副刊涵盖卫生、医疗、科学、防空等多个领域,能够很大程度上普及科学知识,提高公众科学素养。但从另一个方面

---

① 《治运好了歌》,《新武周刊》1942年10月23日(4)。

来看,这些文章由编辑者筛选后再进行刊载,其内容不免充斥着统治者的思想控制,从而在科普知识的同时,不知不觉地进行意识形态的灌输,以达到奴化思想的目的。尤其是日语课程的刊载,日本统治者为了使普通民众接受、理解他们的思想,特开设“日语课程”专栏,教授中国民众学习日本语言,这既是一种语言灌输,更是一种思想奴化。但也不得不看到,日语的学习虽影响着民众的思想,但也客观上提高了他们的知识水平和学习能力,扩大了公众的视野和知识基础。这就使得中国公众在使用日语作为工具的过程中,一种更复杂和隐藏的文化和意识形态正在悄然发生。这带来了对这些外来思想的无意识认同和内化,为意识形态奴役创造了肥沃的土壤。

综上所述,《新武周刊》的专副刊看似提供了文学、艺术、教育、科学等知识,但实际上却在传播日伪的宣传思想。虽然它的存在时间很短,但其栏目的多样和深度却被日伪报刊用作奴化民众思想的工具,成为当时文化和信息控制的重要平台。通过这些内容,日伪政府试图塑造民众思想,推行殖民政策,加强对占领区的文化和意识形态控制。这种文化渗透的实质是日本侵略者企图通过破坏中国文化、奴化民众思想,从而达到殖民目的。武清新民会试图通过宣传“新民主义”来改变中国民众的价值观和信仰,削弱中国人的民族自豪感和反抗精神。新武周刊及其专副刊成为日本政府实现文化侵略政策的工具,试图改变中国民众的思想和行为,以实现其控制和同化中华民族的政治目的。

五、结语

深入研究《新武周刊》及其专副刊可以发现,很多作品表面上是文学创作,实际上是日伪政府宣传“忠”“顺”等价值观的工具,他们试图通过文章扭曲和改造中国传统文化,从而实现殖民的政治目的。这些文学作品往往通过虚构的故事表达对“新秩序”的赞美和对“旧时代”的批判,试图在读者心中播下服从与合作的种子。在为日本殖民思想宣传服务的过程中,政府通过艺术手段美化殖民统治,弱化社会反抗意识,这一点在艺术类专副刊中尤其明显。包括教育、医疗、娱乐等领域下由日伪政府统治的日常生活,不仅反映了殖民统治者对公众生活方式的深刻影响,也反映了日伪政权利用公众迫切希望了解的信息实现其统治利益,从而控制信息的流动,形成舆论,为自己的统治阶级造势。

对《新武周刊》及其专副刊进行深入研究,不仅可以揭示殖民统治下日伪报刊的传播方式,而且可以为抗战时期的社会文化研究提供新的视角和思路,填补相关领域的空白,具有重要的学术价值和历史意义。从新闻史学的视角研究这一时期的历史,不仅可以促进抗日战争历史研究的发展,而且可以不断探索日伪政府在这一过程中所实行的思想控制手段,对于认识民族团结和抗战精神具有重要意义。通过对这些史料的仔细整理和分析,可以更全面、更深入地了解抗日战争时期公众社会生活的复杂性和多样性,从而为今后的研究者提供可供参考的基础资料。在当今社会,文化殖民依然在不断重现,常以更隐秘的方式分布在全球的各个角落,警惕文化渗透和意识形态灌输也是当今社会所不可忽视的现实困境。在现代社会,只有坚持文化自立自强,自觉维护国家主权和利益,才能以史为鉴,创造更加美好的未来。

刘彤,天津师范大学新闻传播学院硕士研究生。

征稿启事

京津冀地处华北平原北部，明清时期均属直隶辖区。三地在自然环境上山河一体，人文历史上水乳交融，你中有我，我中有你，不可分割。在京津冀协同发展的背景下，强化探讨三地历史文化，分析其共性特征和个性所在，对于夯实三地历史文化研究基础，推进经济社会交流互鉴，具有重要的现实意义。天津市红楼梦研究会、天津社会科学院出版社，2025 年上半年创办《京津冀学刊》，现长期向各界征集稿件。有关说明如下：

1. 研究对象以 1949 年以前京津冀事项为主，因历史文化的承续关系，有些话题可以延至 1949 年之后。语言、民俗、民间文艺、非物质文化遗产研究及口述历史无时间限制。

2. 主要栏目包括：特稿（特约名家稿件）、学术前沿（探讨京津冀研究的基础理论或者前沿话题）、《红楼梦》研究（与京津冀有关联者优先刊出）、京津冀研究（关于三地或两地之间的整体研究或对比研究）、北京学（关于北京的研究）、天津学（关于天津的研究）、畿辅学（关于河北的研究）、文献整理（小型稀见地方文献整理或索引）、口述历史（口述内容要有存史或研究意义）、图书评论（关于京津冀研究著作的评论或序跋）、学术综述（专题研究综述或重要学术活动综述）、青年园地（刊发博硕士研究生稿件）等。

3. 文章必须以京津冀历史文化为研究主体，所谓历史包括但不限于政治史、军事史、经济史、文化史、文学史、艺术史、社会史、生活史、风俗史及学术史等。

4. 稿件形式包括但不限于论文、表谱、综述、整理、辑佚等。

5. 文稿要求原创且未经发表（含新媒体）。三个月未接到用稿通知者，作者可以另行处理。

6. 稿件及注释格式请参考附件。投稿邮箱：baoduyu@ sina. com 及 tjsdzjz@ 163. com。请注明“京津冀学刊”投稿。

《京津冀学刊》编辑部

附件

一、稿件格式

1. 主标题:华文中宋,小二,加粗

2. 副标题:黑体,四号,加粗

3. 作者:楷体,四号,加粗

4.【提要】及【关键词】首行缩进两字符,华文仿宋,五号,单倍行距(特殊文章可以不提供【提要】及【关键词】)

5. 正文:宋体,小四,首行缩进两字符,1.5倍行距

6. 正文一级标题:黑体,小四,居中

7. 注释:页下注(①②③....),宋体,小五,单倍行距

8. 作者:文后,注明单位及职称,楷体,五号

二、注释格式示例

1. 专著示例

①周雪光:《组织社会学十讲》,社会科学文献出版社,2003,第216页。

②管健:《身份污名与认同融合——城市代际移民的社会表征研究》,社会科学文献出版社,2012,第185页。

③李培林、陈光金、张翼、李炜:《中国社会和谐稳定报告》,社会科学文献出版社,2008,第197页。

④同治《酃县志》卷四《炎陵》,收入《中国地方志集成·湖南府县志辑》第18册,江苏古籍出版社,2002,影印本,第405页。

⑤章太炎:《在长沙晨光学校演说》(1925年10月),转引自汤志钧《章太炎年谱长编》下册,中华书局,1979,第823页。

2. 主编作品示例

①陆学艺主编《当代中国社会结构》,"中国社会阶层研究报告"之三,社会科学文献出版社,2010,第109页。

②陆学艺主编,唐军、宋国恺副主编《中国社会建设与社会管理:对话·争鸣》,社会科学文献出版社,2011,第288页。

③张金吾编《金文最》卷一一,光绪十七年江苏书局刻本,第18页B。

3. 章节或者文集中的文章示例

①黄源盛:《民初大理院民事审判法源问题再探》,载李贵连主编《近代法研究》第1辑,北京大学出版社,2007,第5页。

4. 期刊文章示例

①李培林、李炜:《农民工在中国转型中的经济地位和社会态度》,《社会学研究》2007年第3期。

②林建成:《试论陕甘宁边区的历史地位及其作用》,《民国档案》1997年第3期。

5. 数字出版物、网页文章等示例

①王巍:《夏鼐先生与中国考古学》,《考古》2010年第2期,HTTP://MALL.CNKI.NET/MAGAZINE/ARTICLE/KAGU201002007.HTM,访问日期:2012年6月3日。

②邱巍:《吴兴钱氏家族研究》,浙江大学博士论文,2005,第19页。据中国优秀博硕士学位论文全文数据库:HTTP://CKRD.CNKI.NET/GRID20/NAVIGATOR.ASPXID=2。

6. 报纸和大众杂志中的文章示例

①周玉清:《职工工资收入过低严重影响社会和谐稳定》,《中国经济》2006年第4期,第16页。

②鲁佛民:《对边区司法工作的几点意见》,《解放日报》1941年11月15日,第3版。

编后记

经过编者和作者的共同努力,《京津冀学刊》创刊号终于抢在 2025 年上半年面世了！创刊号的文章,涵盖了特稿、学术前沿、《红楼梦》研究、京津冀研究、北京学、天津学、畿辅学、文献整理、口述历史、图书评论、学术综述、青年园地等内容,“征稿启事”预设的主要栏目都有文章刊出。

学刊文稿以京津冀历史文化为研究主体,《红楼梦》文章如关涉京津冀会优先刊出。文稿要求原创首发,三个月未接到用稿通知者,作者可另行处理。凡未刊用的稿件,编辑部另行回函通知作者。

学刊文稿要求严格按稿件格式处理(参见“征稿启事”)。需要再次强调的是,作者务必注明准确的联系方式,包括联系电话和邮箱、微信等,以便编辑部能及时沟通。创刊号编辑过程中,有些优秀文章因校对时无法及时联系到作者,只好忍痛割爱,顺延到下一期刊出。

《京津冀学刊》编辑部

2025 年 5 月 22 日